仁科芳雄往復書簡集

現代物理学の開拓

II

宇宙線・小サイクロトロン・中間子 1936-1939

中根良平　仁科雄一郎　仁科浩二郎
矢崎裕二　江沢 洋
編

協力 財団法人仁科記念財団

みすず書房

実験を見つめる仁科芳雄．この写真はラジオアイソトープ利用50周年記念切手（1950年）に用いられた．

清水トンネル内で厚い岩を貫通する宇宙線を観測．小屋の前に立っているのは左から関戸彌太郎，仁科芳雄，藤岡由夫．荷解きしている右側が宮崎友喜雄．

1937年秋，コペンハーゲンにて，N. ボーア（中央）とW. ハイゼンベルク（右）．この年の4月にハイゼンベルクとエリザベートは結婚した．彼らは35歳と22歳であった．

上 講義の準備をするボーア．一般相対論を使ってアインシュタインを論破した時間とエネルギーの不確定性関係の話である．
左 熱心な討論．右からボーア，菊池正士，仁科芳雄．

N. ボーアは1937年4月に来日，1ヵ月滞在．東京や京都で講演した．これは東京帝大に全国から熱心な聴衆を集めて行なわれた波動力学の講義．「わかるでしょう」とすごい迫力．

ハイゼンベルクの下に留学する直前（1937）の朝永振一郎．理研で仁科と研究をしてきた．

湯川秀樹．原子核の粒子を結ぶ力の起源を考え，電子の200倍の質量をもつ新種の粒子の存在を1934年に予言した．（撮影：菊池俊吉）

小サイクロトロン．左下の2つのDを中央の電磁石の極の間に入れるとDの中で荷電粒子は円運動する．2つのDの間に高周波電圧をかけて荷電粒子をくりかえし加速する．1937年4月3日朝，重陽子ビームの発生に成功した．

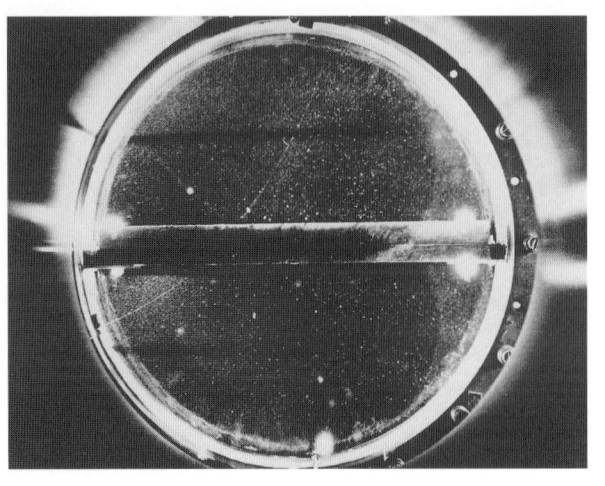

霧箱．飽和した水蒸気を膨張させて温度を下げると過飽和状態になり，荷電粒子が通ると，その道筋に沿って霧粒ができる．道筋が見える．

C.D. アンダーソン．1937年，霧箱を用いて宇宙線の中に新種の粒子を見つけた．電子より重く陽子よりは軽いことが霧粒のできかたからわかったのだ．

上　竹内柾．仁科研の実験家．霧箱に磁場をかけ新種の粒子の曲がり具合から，その質量が湯川の予言と一致することを確認．左　E.C.G. ステュッケルベルク．新粒子の研究で湯川に先を越されていると考え，留学したいと手紙をよこした．彼方にシュレーディンガーとパウリが見える．

上 石原 純（1881-1947）．日本で最初の理論物理学者．相対論，前期量子論に多数の論文がある．今世紀の物理学革命の紹介に尽力，湯川や朝永に大きな影響をあたえた．（写真は和田耕作著『石原 純――科学と短歌の人生』より）
右 大阪帝大の核実験グループ．後右から熊谷寛夫，菊池正士．前左端は伏見康治．

左から J.R. オッペンハイマー，E. フェルミ．右端の E.O. ローレンスは仁科のサイクロトロン建設を支援した．

上 L. マイトナー（左）と O. ハーン．ハーンと F. シュトラスマンは 1938 年にウランの核分裂を発見した．その実験の解釈にはマイトナーの力が大きかった．
左 仁科研の大サイクロトロン．D を引き出した．

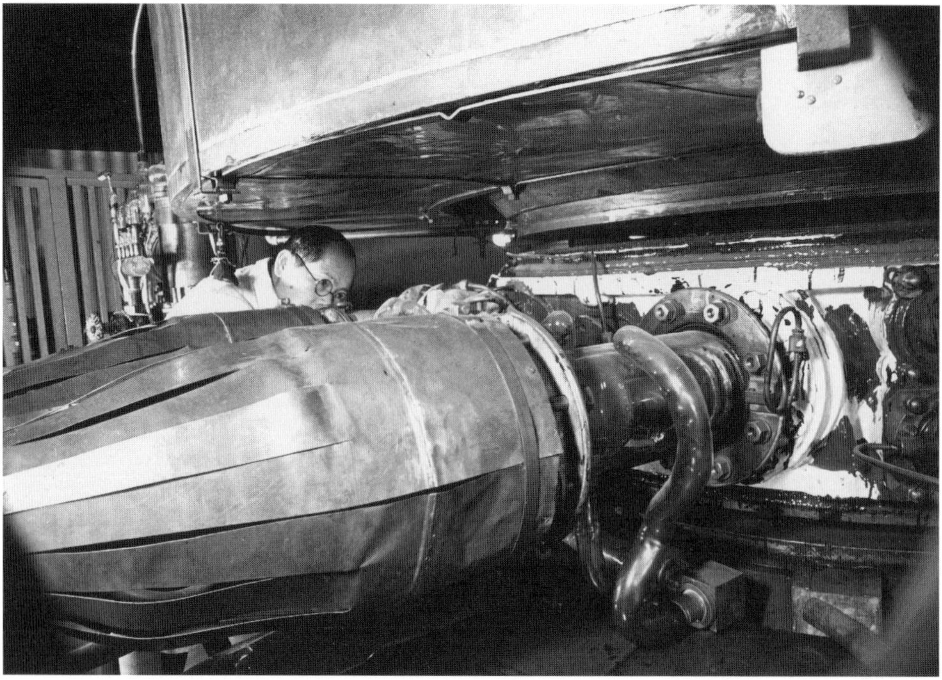

大サイクロトロンを調べる仁科芳雄．手前は D に高周波をかける共鳴器．後に電磁石の極が見える．（撮影：濱谷 浩）

凡　例

1. 本書は仁科芳雄との往復書簡，およびそれに関連する書簡・文書を集成したものである．1919年から仁科芳雄没後の1952年まで，計1400余通に及ぶ収録書簡・文書の多くは，財団法人　仁科記念財団資料室の所蔵である．ただし，株式会社　科学研究所の設立および運営に関する書簡は，仁科記念財団に膨大な量が残っているが，すべて割愛した．それ以外の機関に所蔵のものには編注を付し，所蔵元を記載した．
2. 全体を全3巻に分け，第I巻を「コペンハーゲン時代と理化学研究所・初期　1919-1935」，第II巻を「宇宙線・小サイクロトロン・中間子　1936-1939」，第III巻を「大サイクロトロン・二号研究・戦後の再出発　1940-1951」とした．
3. 第III巻末に，解説，仁科芳雄関連年譜，人物紹介，参考文献，書簡・文書執筆者リスト，人名索引，事項索引を付す．
4. 本書刊行の経緯については，第I巻所収の「はじめに」を参照されたい．
5. 内容が純粋な私信にあたるものは収録していない．私的な内容を一部に含む書簡や日記の収録にあたっては，その部分は割愛し，割愛した箇所は［略］等で示した．ほぼ同文の書簡が多数の人々に送られている場合には，そのうち代表的な一人に宛てたものだけを収録している場合もある．
6. すべての書簡は執筆された日付にもとづく時系列順に配列し，番号を付した．日付の同定は，①本文中に記載の日付，②封筒裏に記載の日付，③消印，の順に優先して依拠した．日付が消印にもとづく場合には書簡末尾に［日付は消印］と記載した．
7. ①-③あるいはその他の依拠すべき日付がない場合には，［日付不明］［月日不明］［日不明］等記載し，本文の内容と歴史的事実から執筆された時期を推測して文書を配列した．時期の推測について説明の意義があると思われる場合には編者による注でそれについて記述した．
8. 文書（日記や資料など）も書簡と同じ方針で扱い，書簡と併せてすべて時系列に従って配列した．
9. 各書簡・文書には，差出人名（差出地あるいは所属機関），受取人名（受取地あるいは所属機関），日付を示す見出しを付した．外国人名はfirst nameのイニシャル表記とfamily nameで示した．受取地と所属機関が同等とみなせる場合は所属機関を示し，出張先や旅行先，転地先での通信の場合は差出地あるいは受取地の地名を示した．読者の便宜のために国名を付記した場合も多い．
10. 見出しに記載の所属機関名あるいは地名の同定は，①本文中の記載，②封筒の記載，の順に優先して同定し，①，②あるいはその他の依拠すべき情報がない場合には本

文の内容と歴史的事実から推定した．推定のつかない場合には「差出地不明」「受取地不明」のように記載した．
11. 仁科芳雄宛／発の書簡・文書の見出しで，差出地・受取地・所属機関の記載がないものは，理化学研究所（1948年3月1日以降は株式会社 科学研究所）または仁科の自宅宛／発である．
12. 差出人・受取人よりも書簡・文書の題目がその内容を表しているものについては，見出しに題目を示している．
13. 和文の書簡・文書については，旧字は新字に直した．ただし，旧字であっても現在も通用している文字については原書簡・文書どおりとしている場合もある．旧かなづかいは原書簡・文書どおりとしたが，読みやすさを考え促音は小さくした．新かなづかいと旧かなづかいが混在している場合も原書簡・文書どおりに掲載した．本書（横組）に収録するにあたり，漢数字はほぼ算用数字に変えるなど，最小限の変更を加えた．和文書簡・文書中の外国語（欧文表記の語句）は原書簡・文書どおり掲載し，翻訳していない．
14. 読者の便宜のため最小限のルビを付した．書簡・文書本文が漢字・カナ交じり文の場合はルビをカナで，漢字・かな交じり文の場合はルビをかなで付した．ルビは各書簡・文書の初出の箇所に付した．
15. 本文中の文字の単純な書き誤りは直し，それ以外は原書簡・文書どおりとし，必要に応じて「ママ」と示すか，補足を［　］付きで挿入した．訂正・補足の説明が長くなる場合には編者による注を付した．その他，編者による本文への補いはすべて［　］付きで挿入した．文中の「左記」「下記」などはすべてそのままとした．
16. 句読点や区切りのない書簡・文書（特に，候文の場合など）には，読みやすくするため文の区切りを適宜挿入している．
17. 人名については，旧字・異体字を含む表記が正式な表記であると思われる場合には，そのまま用いている．
18. 原子核の表記は，現代の通例に合わせて $^A_Z X$ に統一した．X は元素名，A は質量数，Z は原子番号である．
19. 原書簡・文書上の文字が判読不能の箇所には，［判読できず］，あるいは不明な文字数が判っている場合には［○字不明］等で示した．
20. 書簡・文書本文中の和書名・和雑誌名は『　』入りで示した．また，欧文書名・雑誌名・新聞名はイタリックで示した．
21. 書簡に同封の文書が残っており，本書簡集にそれを収録していない場合には，書簡本文末尾に［　］入りで記載した．ただし，本文中に「別紙の通り……」のような記述があっても「別紙」の書簡・文書が残っていない場合が多数ある．葉書・絵葉書の別も本文末尾に［　］入りで記載した．特にことわらないものは封書だが，封筒が残っていない場合も多い．

― 凡　例 ―

22. 欧文書簡・文書の翻訳においては，外国人名はアルファベット表記，地名はカタカナ表記とした．翻訳文中，海外の大学・研究機関の名称には和訳名をあてたが，企業名については定訳がない場合や当該企業が現在消滅している場合に和訳名の通用する範囲が限られるため，アルファベット表記とした．
23. 欧文書簡・文書については，書簡・文書本文の末尾に［英文］［独文］［仏文］の別を示した．
24. 欧文書簡・文書の翻訳は，書簡の執筆者あるいは言語に応じて，おもに以下の翻訳者が担当した．仁科芳雄，1935 年 4 月以前の英文書簡（仁科浩二郎）；仁科芳雄，1935 年 7 月以降の英文書簡（仁科雄一郎）；N. Bohr, P.A.M. Dirac, W. Heisenberg, B. Schultz の英文書簡（山本義隆）；G. Hevesy, O. Klein, I. Waller, S. Werner の英文書簡（矢崎裕二）；E.O. Lawrence, L. Pauling, H.C. Urey の英文書簡，GHQ 関係文書（中根良平）；P.M.S. Blackett, D.M. Dennison, S.A. Goudsmit, W. Kuhn, E.C.G. Stueckelberg の英文書簡（岡村　浩）；独文および仏文書簡すべて（江沢　洋）．
25. 原書簡・文書の書式は各々異なるため，収録にあたって最小限の修正により書式をある程度統一した．また，書簡本文に含まれる差出地住所の記載のうち，市名・町名以下の番地等は割愛した．
26. 原書簡・文書に含まれている注釈は，1, 2, 3……と算用数字の番号をふって本文の該当箇所近傍に注番号を示し，書簡・文書本文の末尾にまとめて記載した．
27. 書簡・文書に言及される人物・機関・専門的術語・背景となる事件の理解に資するために，原書簡・文書の含む注釈以外に必要な注を編者が付した．編注には a, b, c……とアルファベットの番号をふって本文の該当箇所近傍に注番号を付し，本文の末尾にまとめて記載した．
28. 編注で参考文献を挙げる場合，第 III 巻末に収録の「参考文献」に含まれる文献に限って著者・編者・訳者・出版社・出版年の記載を割愛した．
29. 編注で他の文献からの引用を挙げる際，逐語的な引用ではなく編者の判断で適宜，引用内容をまとめている場合がある．
30. 本書の刊行には財団法人 仁科記念財団の協力を得た．

[目次・第Ⅱ巻]

凡　　例　　　　　　　　　　　　　　　　　　　　　　　　　　　　　i

432	仁科芳雄 → N. Bohr 夫妻 (コペンハーゲン)	1936/01/08	413
433	菊池正士 (大阪帝大) → 仁科芳雄	1936/01/29	414
434	一色貞三 (芝浦製作所) → 仁科芳雄	1936/01/31	414
435	嵯峨根遼吉 (カリフォルニア大学, バークレー) → 仁科芳雄	1936/02/05	415
436	N. Bohr (理論物理学研究所, コペンハーゲン) → 仁科芳雄	1936/02/08	417
437	仁科芳雄 → P.A.M. Dirac (ケンブリッジ大学)	1936/02/11	418
438	山司房太郎 (横須賀海軍工廠, 二次電池工場) → 仁科芳雄	1936/02/12	418
439	朝永振一郎 (差出地不明) → 山崎文男 (理化学研究所)	1936/02/20	419
440	仁科芳雄 → 名和　武 (横須賀海軍工廠)	1936/03/02	419
441	仁科芳雄 → 村田八束 (日本碍子)	1936/03/12	420
442	仁科芳雄 → 八鍬利助 (札幌測候所)	1936/03/13	421
443	森　信胤 (帝国女子医科専門学校) → 仁科芳雄	1936/03/13	422
444	仁科芳雄 → 村瀬大佐 (横須賀海軍工廠)	1936/03/14	422
445	仁科芳雄 → 古市龍雄 (横須賀海軍工廠)	1936/03/17	423
446	P.A.M. Dirac (ケンブリッジ大学) → 仁科芳雄	1936/03/25	424
447	仁科芳雄 → 名和　武 (横須賀海軍工廠)	1936/03/25	425
448	仁科芳雄 → 中泉正徳 (東京帝大, 医学部放射線科)	1936/03/27	426
449	仁科芳雄 → 平山　信 (東京帝大, 昭和11年目食準備委員会)	1936/03/30	426
450	嵯峨根遼吉 (カリフォルニア大学, バークレー) → 仁科芳雄	1936/03/30	427
451	石井千尋 (札幌) → 仁科芳雄	1936/04/12	431
452	仁科芳雄 → 林　精一郎・平塚眞咲 (古河電気工業)	1936/04/13	435
453	仁科芳雄 → 今村信次郎 (東京電気株式会社研究所)	1936/04/17	435
454	仁科芳雄 → 黒澤　滋 (北海道庁林務課)	1936/04/18	436
455	仁科芳雄 → 村上三次 (横須賀海軍工廠)	1936/04/18	436
456	仁科芳雄 → 關口鯉吉 (東京天文台)	1936/04/18	437
457	仁科芳雄 → N. Bohr (理論物理学研究所, コペンハーゲン)	1936/04/23	437
458	仁科芳雄 → P.A.M. Dirac (ケンブリッジ大学)	1936/04/25	438
459	仁科芳雄 → W. Heisenberg (ライプチッヒ大学, ドイツ)	1936/04/25	439

460	仁科芳雄 → 菊池正士 (大阪帝大)	1936/04/28	440
461	仁科芳雄 → 石黒庚平 (芝浦製作所)	1936/04/30	440
462	仁科芳雄 → P.A.M. Dirac (ケンブリッジ大学)	1936/05/05	441
463	仁科芳雄 → 今村信次郎 (東京電気株式会社研究所)	1936/05/06	441
464	仁科芳雄 → 中村清二 (東京帝大, 服部報公会)	1936/05/07	442
465	仁科芳雄 → 青山新一 (東北帝大)	1936/05/08	442
466	仁科芳雄 → 松原周助 (網走営林区署, 北海道)	1936/05/14	443
467	嵯峨根遼吉 (カリフォルニア大学, バークレー) → 仁科芳雄	1936/05/14	444
468	仁科芳雄 → 豊田博司 (日立製作所)	1936/05/19	444
469	仁科芳雄 → 荒勝文策 (台北帝大)	1936/05/20	445
470	P.A.M. Dirac (ケンブリッジ大学) → 仁科芳雄	1936/05/22	446
471	仁科芳雄 → 中原省三 (旭硝子)	1936/05/24	447
472	仁科芳雄 → J.T. Howington (The Girdler Co., アメリカ)	1936/05/25	447
473	仁科芳雄 → 大川忠吉 (芝浦製作所)	1936/05/26	448
474	W. Heisenberg (ライプチッヒ大学, ドイツ) → 仁科芳雄	1936/06/04	449
475	仁科芳雄 → 石井千尋・關戸彌太郎 (斜里岳, 北海道)	1936/06/04	450
476	仁科芳雄 → 落合麒一郎 (東京帝大)	1936/06/04	451
477	落合麒一郎 (東京帝大) → 仁科芳雄	1936/06/05	452
478	北海道庁農産課長 → 仁科芳雄 (斜里村役場気付, 北海道)	1936/06/05	454
479	仁科芳雄 → 石井千尋・關戸彌太郎 (斜里岳, 北海道)	1936/06/07	455
480	仁科芳雄 → 山司房太郎 (横須賀海軍工廠)	1936/06/09	456
481	J.T. Howington (The Girdler Co., アメリカ) → 仁科芳雄	1936/06/15	457
482	嵯峨根遼吉 (カリフォルニア大学, バークレー) → 仁科芳雄	1936/06/19	458
483	仁科芳雄・石井千尋・關戸彌太郎 (上斜里, 北海道) → 仁科研究室 (理化学研究所)	1936/06/19	462
484	小野澄之助 (網走高等女学校, 北海道) → 地球物理観測者	1936/06/21	462
485	仁科芳雄 (札幌) → 波多野貞夫 (日本学術振興会)	1936/06/23	463
486	仁科芳雄 → 長岡半太郎 (大阪帝大)	1936/06/24	464
487	落合麒一郎 (ライプチッヒ大学, ドイツ) → 西川正治・仁科芳雄 (理化学研究所)	1936/06/26	465
488	仁科芳雄 → 日本学術振興会第10小委員会 (領収書)	1936/06/27	466
489	仁科芳雄 → 松原周助 (網走営林区署, 北海道)	1936/07/01	466
490	N. Bohr (理論物理学研究所, コペンハーゲン) → 仁科芳雄	1936/07/02	467
491	仁科芳雄 → 畠山久尚 (樺太豊原町中央気象台)	1936/07/02	469
492	仁科芳雄 → 神田 茂 (東京天文台)	1936/07/08	470
493	仁科芳雄 → 山司房太郎 (横須賀海軍工廠)	1936/07/10	471

―― 目 次 ――　　　　　　　　　　　　　vii

494	朝永振一郎 (野間, 愛知)		471
	→ 有山兼孝・玉木英彦・小林 稔 (理化学研究所)	1936/07/25	
495	嵯峨根遼吉 (カリフォルニア大学, バークレー) → 仁科芳雄	1936/07/27	472
496	仁科芳雄 → 石本巳四雄 (東京帝大, 地震研究所)	1936/07/27	474
497	仁科芳雄 → 嵯峨根遼吉 (カリフォルニア大学, バークレー)	1936/07/30	474
498	仁科芳雄 → 波多野貞夫 (日本学術振興会)	1936/07/31	478
499	仁科芳雄 → P.A.M. Dirac (ケンブリッジ大学)	1936/08/01	478
500	朝永振一郎 (野間, 愛知) → 玉木英彦 (理化学研究所)	1936/08/02	479
501	仁科芳雄 → N. Bohr (理論物理学研究所, コペンハーゲン)	1936/08/03	480
502	仁科芳雄 (北軽井沢, 群馬) → 石井千尋 (理化学研究所)	1936/08/04	481
503	仁科芳雄 → 嵯峨根遼吉 (カリフォルニア大学, バークレー)	1936/08/10	482
504	仁科芳雄 (水上町, 群馬) → 阿曾沼 均 (鉄道省保線課)	1936/08/15	482
505	朝永振一郎 (野間, 愛知)		483
	→ 有山兼孝・玉木英彦・竹内 柾 (理化学研究所)	1936/08/20	
506	仁科芳雄 → 日本学術振興会第10小委員会 (領収書)	1936/08/22	483
507	仁科芳雄 → 南出保太郎 (所属, 受取地不明)	1936/08/23	484
508	朝永振一郎 (野間, 愛知) → 玉木英彦 (理化学研究所)	1936/08/24	484
509	嵯峨根遼吉 (カリフォルニア大学, バークレー) → 仁科芳雄	1936/09/02	485
510	E.O. Lawrence (カリフォルニア大学, バークレー) → 嵯峨根遼吉	1936/09/01	487
511	仁科芳雄 → 谷村先生 (中学校教諭?)	1936/10/02	489
512	N. Bohr (理論物理学研究所, コペンハーゲン) → 仁科芳雄	1936/10/05	491
513	竹内 柾 (横須賀海軍工廠) → 仁科芳雄	1936/10/11	492
514	嵯峨根遼吉 (シカゴ) → 仁科芳雄	1936/10/14	493
515	竹内 柾 (横須賀海軍工廠) → 仁科芳雄	1936/10/19	495
516	仁科芳雄 → 竹内 柾・一宮虎雄 (横須賀海軍工廠)	1936/10/22	496
517	仁科芳雄 「人工ラヂウムとはどんなものか」		497
	(ラジオ放送講演要旨, 原稿)	1936/10/26	
518	仁科芳雄 → 大川忠吉 (芝浦製作所)	1936/11/10	497
519	嵯峨根遼吉 (ケンブリッジ, イギリス) → 仁科芳雄	1936/11/17	498
520	仁科芳雄 → 小西于比古 (海軍)	1936/11/19	502
521	仁科芳雄 → 石井千尋 (陸軍)	1936/11/20	503
522	仁科芳雄 → 藤澤 信 (富士写真フィルム)	1936/11/21	504
523	嵯峨根遼吉 (リヴァプール, イギリス) → 仁科芳雄	1936/11/24	505
524	N. Bohr (理論物理学研究所, コペンハーゲン) → 仁科芳雄	1936/11/30	506
525	仁科芳雄 → 藤澤 信 (富士写真フィルム)	1936/12/03	507
526	落合麒一郎 (ライプチッヒ大学, ドイツ) → 有山兼孝 (理化学研究所)	1936/12/05	507

527	W. Kroll (ライプチッヒ, ドイツ) → 仁科芳雄	1936/12/11	509
528	仁科芳雄 → 波多野貞夫 (日本学術振興会)	1936/12/12	509
529	仁科芳雄 → 波多野貞夫 (日本学術振興会)	1936/12/13	510
530	仁科芳雄 → 宮崎重敏 (横須賀海軍航空隊)	1936/12/13	511
531	仁科芳雄 → 藤澤 信 (富士写真フィルム)	1936/12/15	511
532	仁科芳雄 → 原 五郎 (横須賀海軍航空廠)	1936/12/16	512
533	仁科芳雄 → 日本学術振興会第10小委員会（領収書）	1936/12/16	513
534	仁科芳雄 → 本多光太郎 (東北帝大)	1936/12/17	513
535	落合麒一郎 (名古屋市熱田) → 仁科芳雄	1936/12/17	514
536	竹内 柾・一宮虎雄 (横須賀海軍工廠) → 仁科芳雄	1936/12/22	514
537	朝永振一郎 (湯崎温泉, 和歌山) → 有山兼孝・玉木英彦 (理化学研究所) 1936/12/23		515
538	仁科芳雄 → 本多光太郎 (東北帝大)	1936/12/26	516
539	仁科芳雄 → 原田積善会 (世田谷区, 東京)	1937/01/05	517
540	嵯峨根遼吉 (Cavendish 研究所, ケンブリッジ) → 仁科芳雄	［日付不明］	517
541	仁科芳雄 → N. Bohr (理論物理学研究所, コペンハーゲン)	1937/01/08	519
542	仁科芳雄 → 亀山直人 (東京帝大)	1937/01/10	521
543	仁科芳雄 → 梅田 魁 (北海道帝大)	1937/01/15	522
544	N. Bohr (理論物理学研究所, コペンハーゲン) → 仁科芳雄	1937/01/16	522
545	B. Schultz (理論物理学研究所, コペンハーゲン) → 仁科芳雄	1937/01/16	523
546	仁科芳雄 → 嵯峨根遼吉 (ケンブリッジ大学)	1937/01/17	524
547	仁科芳雄 → W. Heisenberg (ライプチッヒ大学, ドイツ)	1937/01/18	525
548	仁科芳雄 → W. Kroll (ライプチッヒ大学, ドイツ)	1937/01/18	526
549	仁科芳雄 → 澤田虎夫 (海軍軍令部)	1937/01/19	526
550	梅田 魁 (北海道帝大) → 仁科芳雄	1937/01/20	527
551	仁科芳雄 → 梅田 魁 (北海道帝大)	1937/01/24	528
552	竹内 柾 (横須賀海軍工廠) → 仁科芳雄	1937/02/01	529
553	私設秘書 (理論物理学研究所, コペンハーゲン) → 仁科芳雄	1937/02/05	530
554	仁科芳雄 → 小関 勇 (名古屋郵便局)	1937/02/07	531
555	仁科芳雄 → 百田貞次 (芝浦製作所)	1937/02/07	532
556	仁科芳雄 → 村田八束 (日本碍子)	1937/02/08	533
557	仁科芳雄 → 横山英太郎 (日本無線電信)	1937/02/08	534
558	仁科芳雄 → 今岡賀雄 (東京電気無線)	1937/02/09	535
559	仁科芳雄 → N. Bohr (理論物理学研究所, コペンハーゲン)	1937/02/10	535
560	仁科芳雄 → 波多野貞夫 (日本学術振興会)	1937/02/13	536
561	仁科芳雄 → 嵯峨根遼吉 (ケンブリッジ大学)	1937/02/14	537

— 目 次 — ix

562	仁科芳雄 → B. Schultz (理論物理学研究所, コペンハーゲン)	1937/02/15	541
563	仁科芳雄 → 佐野伯爵 (国際文化振興会)	1937/02/15	541
564	仁科芳雄 → 梅田 魁 (北海道帝大)	1937/02/15	542
565	仁科芳雄 → G. Hevesy (理論物理学研究所, コペンハーゲン)	1937/02/17	543
566	池田芳郎 (北海道帝大) → 仁科芳雄	1937/02/18	544
567	梅田 魁 (北海道帝大) → 仁科芳雄	1937/02/18	544
568	仁科芳雄 → 小林謙三 (湯浅蓄電池)	1937/02/18	546
569	仁科芳雄 → 本多光太郎 (東北帝大)	1937/02/20	547
570	仁科芳雄 → N. Bohr (理論物理学研究所, コペンハーゲン)	1937/02/21	547
571	仁科芳雄 → W. Heisenberg (ライプチッヒ大学, ドイツ)	1937/02/22	549
572	落合麒一郎 (ライプチッヒ大学, ドイツ) → 仁科芳雄	1937/02/23	549
573	仁科芳雄 → 嵯峨根遼吉 (ケンブリッジ大学)	1937/02/26	550
574	仁科芳雄 → 嵯峨根遼吉 (ケンブリッジ大学)	1937/02/28	551
575	仁科芳雄 → 山司房太郎 (横須賀海軍工廠, 二次電池工場)	1937/02/28	552
576	仁科芳雄 → 梅田 魁 (北海道帝大)	1937/02/28	553
577	仁科芳雄 → 八木秀次 (大阪帝大)	1937/03/03	554
578	G. Hevesy (理論物理学研究所, コペンハーゲン) → 仁科芳雄	1937/03/08	555
579	W. Heisenberg (ライプチッヒ大学, ドイツ) → 仁科芳雄	1937/03/12	556
580	仁科芳雄 → 小野六郎 (日本郵船)	1937/03/17	557
581	仁科芳雄 → 堀 健夫 (北海道帝大)	1937/03/24	558
582	仁科芳雄 → 八木秀次 (大阪帝大)	1937/03/26	558
583	仁科芳雄 → 木村正路 (京都帝大)	1937/03/28	559
584	仁科芳雄 → 永井松三 (外務省)	1937/03/29	561
585	仁科芳雄 → 嵯峨根遼吉 (ケンブリッジ大学)	1937/03/31	562
586	「大サイクロトロン建設費」	1937/04 [日不明]	564
587	仁科芳雄 → 長岡半太郎 (帝国学士院・学術振興会)	1937/04/04	565
588	大河内正敏 (理化学研究所) → 大久保利武 (日独文化協会, 東京)	1937/04/05	566
589	仁科芳雄 → 広瀬敬一 (芝浦製作所)	1937/04/14	567
590	大河内正敏 (理化学研究所) → 古市龍雄 (横須賀海軍工廠)	1937/04/17	567
591	「ボーア博士来朝す」(帝国大学新聞, 記事)	1937/04/19	568
592	荒勝文策 (京都帝大) → 仁科芳雄	1937/05 [日不明]	569
593	梅田 魁 (北海道帝大) → 仁科芳雄	1937/05/06	569
594	W. Kroll (北海道帝大) → 仁科芳雄	1937/05/08	570
595	N. Bohr (東京) → 仁科芳雄	1937/05/08	571
596	朝永振一郎 (ドイツへの渡航船上) → 朝永三十郎 (大谷大学)	1937 [月日不明]	571
597	G. Hevesy (理論物理学研究所, コペンハーゲン) → 仁科芳雄	1937/05/14	572

598	N. Bohr (上海丸船上) → 仁科芳雄	1937/05/20	573
599	仁科芳雄 → N. Bohr (理論物理学研究所, コペンハーゲン)	1937/05/28	574
600	E.C.G. Stückelberg (ジュネーヴ大学) → 仁科芳雄 (大阪帝大)	1937/06/06	575
601	仁科芳雄 → 梅田 魁 (北海道帝大)	1937/06/08	577
602	仁科芳雄 → 萩原雄祐 (東京帝大)	1937/06/08	579
603	仁科芳雄 → 佐々木達治郎 (航空研究所)	1937/06/11	579
604	Norsk Hydro-Elektrisk Kvælstofaktieselskab (ノルウェー) → コペンハーゲン大学理論物理学研究所	1937/06/12	580
605	朝永振一郎 (ライプチッヒ大学, ドイツ) → 仁科芳雄	1937/06/24	581
606	仁科芳雄 → 中原省三 (日本化成工業, 黒崎工場, 福岡)	1937/06/29	581
607	仁科芳雄 → 亀山直人 (東京帝大)	1937/06/29	582
608	仁科芳雄 → 会澤 浩 (日本郵船)	1937/06/30	583
609	B. Schultz (理論物理学研究所, コペンハーゲン) → 仁科芳雄	1937/07/03	584
610	河原春作 (日本学術振興会) → 大谷 登 (日本郵船)	1937/07/05	584
611	日本郵船株式会社庶務課 → 河原春作 (日本学術振興会)	1937/07/06	585
612	G. Reglin (モントリオール, カナダ) → 仁科芳雄	1937/07/07	585
613	中谷宇吉郎 (伊豆, 静岡) → 仁科芳雄	[年不明] 07/09	586
614	朝永振一郎 (ベルリン) → 玉木英彦 (理化学研究所)	1937/07/11	587
615	湯川秀樹 (大阪帝大) → 仁科芳雄	1937/07/26	587
616	竹内 柾 (横須賀海軍工廠) → 仁科芳雄	1937/07/27	589
617	仁科芳雄 → 湯川秀樹 (大阪帝大)	1937/07/27	590
618	小林 稔 (住吉区, 大阪) → 仁科芳雄	1937/07/30	592
619	仁科芳雄 → 坂田昌一 (大阪帝大)	1937/08/01	593
620	仁科芳雄 → 石井千尋 (清水トンネル)	1937/08/01	594
621	N. Bohr (チスビッレ, デンマーク) → 仁科芳雄	1937/08/03	594
622	仁科芳雄 → E.C.G. Stückelberg (ジュネーヴ大学)	1937/08/03	596
623	仁科芳雄 → 湯川秀樹 (大阪帝大)	1937/08/05	601
624	仁科芳雄 → 石井千尋 (清水トンネル)	1937/08/05	602
625	友枝高彦 (日独文化協会, 東京) → 仁科芳雄	1937/08/06	603
626	湯川秀樹 (大阪帝大) → 仁科芳雄	1937/08/07	604
627	小林 稔 (住吉区, 大阪) → 仁科芳雄	1937/08/08	604
628	梅田 魁 (北海道帝大) → 仁科芳雄	1937/08/10	605
629	仁科芳雄 → 竹内 柾・一宮虎雄 (横須賀海軍工廠)	1937/08/12	606
630	仁科芳雄 → 湯川秀樹 (大阪帝大)	1937/08/12	607
631	仁科芳雄 → 小林 稔 (住吉区, 大阪)	1937/08/12	607
632	仁科芳雄 → 田中正道 (東京芝浦電気)	1937/08/12	608

── 目　次 ──   xi

633	仁科芳雄 → 高橋敏男（東京電気無線）	1937/08/12	609
634	仁科芳雄 → 梅田 魁（北海道帝大）	1937/08/13	609
635	久野拓治・高橋敏男（東京電気無線）→ 仁科芳雄	1937/08/14	610
636	湯川秀樹（大阪帝大）→ 仁科芳雄	1937/08/16	611
637	仁科芳雄 → 友枝高彦（日独文化協会，東京）	1937/08/17	611
638	Norsk Hydro-Elektrisk Kvælstofaktieselskab（ノルウェー） → コペンハーゲン大学理論物理研究所	1937/08/18	612
639	中谷宇吉郎（北海道帝大）→ 仁科芳雄	1937/08/20	613
640	湯川秀樹（大阪帝大）→ 仁科芳雄	[年不明] 08/21	614
641	仁科芳雄 → 瀧沢英夫（ラジオ放送局）	1937/08/22	614
642	N. Bohr（理論物理学研究所，コペンハーゲン）→ Norsk Hydro-Elektrisk Kvælstofaktieselskab（ノルウェー）	1937/08/25	615
643	仁科芳雄 → N. Bohr（理論物理学研究所，コペンハーゲン）	1937/08/28	616
644	仁科芳雄 → B. Schultz（理論物理学研究所，コペンハーゲン）	1937/08/28	618
645	仁科芳雄 → G. Hevesy（理論物理学研究所，コペンハーゲン）	1937/08/28	619
646	久野拓治（東京電気無線）→ 仁科芳雄	1937/08/28	621
647	桜井錠二（日本学術振興会）→ 梅津美治郎（陸軍次官）	1937/08 [日不明]	622
648	G. Hevesy（理論物理学研究所，コペンハーゲン）→ 仁科芳雄	1937/08/30	622
649	仁科芳雄 → 朝永振一郎（ライプチッヒ大学，ドイツ）	1937/08/30	623
650	仁科芳雄 → 久野拓治（東京電気無線）	1937/08/30	625
651	仁科芳雄 → 草場少佐（陸軍科学研究所）	1937/08/30	625
652	仁科芳雄 「新粒子の発見」『科学』1937年9月号，原稿	[日付不明]	626
653	G. Hevesy（理論物理学研究所，コペンハーゲン）→ 仁科芳雄	1937/09/07	632
654	朝永振一郎（ライプチッヒ大学，ドイツ）→ 玉木英彦（理化学研究所）	1937/09/07	633
655	W. Kroll（北海道帝大）→ 仁科芳雄	1937/09/08	633
656	仁科芳雄 → 嵯峨根遼吉（カリフォルニア大学，バークレー）	1937/09/11	634
657	仁科芳雄 → アメリカ物理学協会，出版マネージャー（ニューヨーク）	1937/09 [日不明]	635
658	梅田 魁（北海道帝大）→ 仁科芳雄	1937/09/12	636
659	西川正治（札幌）→ 仁科芳雄	1937/09/13	637
660	梅田 魁（北海道帝大）→ 仁科芳雄	1937/09/15	637
661	堀 健夫（北海道帝大）→ 仁科芳雄	1937/09/17	639
662	高嶺俊夫（理化学研究所）→ 仁科芳雄	1937/09/18	640
663	仁科芳雄 → 堀 健夫（北海道帝大）	1937/10/01	640
664	仁科芳雄 → N. Bohr（理論物理学研究所，コペンハーゲン）	1937/10/03	641
665	仁科芳雄 → G. Hevesy（理論物理学研究所，コペンハーゲン）	1937/10/03	642

666	仁科芳雄 → 石井千尋 (出征中)	1937/10/03	643
667	朝永振一郎 (ライプチッヒ大学, ドイツ) → 玉木英彦 (理化学研究所)	1937/10/05	645
668	堀 健夫 (北海道帝大) → 仁科芳雄	1937/10/06	645
669	嵯峨根遼吉 (カリフォルニア大学, バークレー) → 仁科芳雄	1937/10/08	646
670	湯川秀樹 (大阪帝大) → 仁科芳雄	1937/10/09	649
671	仁科芳雄 → 今岡賀雄 (東京電気無線)	1937/10/09	650
672	仁科芳雄 → 中島 俊 (日本郵船)	1937/10/09	651
673	仁科芳雄 → 友枝高彦 (日独文化協会, 東京)	1937/10/10	652
674	石井千尋 (出征中) → 仁科芳雄	1937/10/12	653
675	仁科芳雄 → 湯川秀樹 (大阪帝大)	1937/10/13	653
676	仁科芳雄 → 坂田昌一 (大阪帝大)	1937/10/13	654
677	友枝高彦 (日独文化協会, 東京) → 仁科芳雄	1937/10/13	655
678	小林 稔 (大阪帝大) → 仁科芳雄	1937/10/14	655
679	竹内 柾 (横須賀海軍工廠) → 仁科芳雄	1937/10/15	656
680	朝永振一郎 (ライプチッヒ大学, ドイツ) → 仁科芳雄	1937/10/21	657
681	J.C. Jacobsen, E. Rasmussen (理論物理学研究所, コペンハーゲン) → 仁科芳雄	1937/11/04	660
682	W. Heisenberg (ライプチッヒ大学, ドイツ) → 仁科芳雄	1937/11/11	661
683	石井千尋 (出征中) → 仁科芳雄	1937/11/19	662
684	嵯峨根遼吉 (カリフォルニア大学, バークレー) → 仁科芳雄	1937/11/29	663
685	仁科芳雄 → C.D. Anderson (カリフォルニア工科大学)	1937/12/02	664
686	仁科芳雄 → J.C. Street (ハーバード大学)	1937/12/02	665
687	黒川兼三郎 (早稲田大学) → 仁科芳雄	1937/12/06	666
688	梅田 魁 (北海道帝大) → 仁科芳雄	1937/12/27	666
689	朝永振一郎 (ライプチッヒ大学, ドイツ) → 仁科芳雄	1937/12/27	668
690	仁科芳雄 → 福田 健 (日本郵船)	1937/12/31	672
691	福田 健 (上海) → 仁科芳雄	1938/01/01	673
692	越 良輔 (呉家在) → 仁科芳雄・原子核実験室御一同 (理化学研究所)	1938/01/01	674
693	梅田 魁 (北海道帝大) → 仁科芳雄	1938/01/04	674
694	堀 健夫 (北海道帝大) → 仁科芳雄	1938/01/07	675
695	石井千尋 (南京) → 仁科芳雄	1938/01/09	675
696	石井千尋 (南京) → 仁科芳雄	1938/01/15	676
697	仁科芳雄 「飛行機による観測」(講演記録, 抜粋)	1938/01	676
698	梅田 魁 (北海道帝大) → 仁科芳雄	1938/01/24	677
699	石井千尋 (南京) → 仁科芳雄	1938/01/27	678

—— 目　次 ——　　　xiii

700	N. Bohr (理論物理学研究所, コペンハーゲン) → 仁科芳雄	1938/02/05	679
701	石井千尋 (南京) → 仁科芳雄	1938/02/08	681
702	朝永振一郎 (ライプチッヒ大学, ドイツ)		682
	→ 湯川秀樹・坂田昌一 (大阪帝大)	1938 [月日不明]	
703	青山新一 (東北帝大) → 仁科芳雄	1938/02/14	684
704	仁科芳雄 → W. Heisenberg (ライプチッヒ大学, ドイツ)	1938/02/20	684
705	木村健二郎 (東京帝大) → 仁科芳雄	1938/02/22	686
706	梅田 魁 (北海道帝大) → 仁科芳雄	1938/02/24	687
707	友枝高彦 (日独文化協会, 東京) → 仁科芳雄	1938/02/25	690
708	大河内正敏 (理化学研究所) → 大久保利武 (日独文化協会, 東京)	1938/03 [日不明]	690
709	今岡賀雄 (東京電気無線) → 仁科芳雄	1938/03/09	691
710	梅田 魁 (北海道帝大) → 仁科芳雄	1938/03/13	693
711	伊国訪日使節団見学次第	1938/03/22	694
712	萩原雄祐 (東京帝大, 東京天文台) → 仁科芳雄	1938/03/26	694
713	仁科芳雄 → 福田 健 (日本郵船)	1938/03/28	695
714	森 信胤 (帝国女子医薬専生理) 人工放射能を用いた動物実験		696
	(学会発表要旨)	1938/04/04	
715	ドイツ学術交流局 (ベルリン) → Donat (日独文化協会, 東京)	1938/04/05	698
716	杉本朝雄 (理化学研究所) → 仁科芳雄	1938/04/05	699
717	湯川秀樹 (大阪帝大) → 仁科芳雄	1938/04/08	700
718	石原 純 (杉並区, 東京) → 仁科芳雄	1938/04/13	701
719	湯川秀樹 (大阪帝大) → 仁科芳雄	1938/04/15	701
720	中谷宇吉郎 (北海道帝大) → 仁科芳雄	1938/04/16	703
721	中谷宇吉郎 (北海道帝大) → 仁科芳雄	1938/04/18	703
722	湯川秀樹 (大阪帝大) → 仁科芳雄	1938/04/18	704
723	仁科芳雄 → 久野拓治 (東京電気無線)	1938/04/28	704
724	仁科芳雄 → 中村清二 (東京帝大)	1938/04/30	705
725	仁科芳雄 → 服部報公会 (東京)	1938/04/30	705
726	仁科芳雄　服部報公賞受賞者推薦書	1938/04/30	705
727	湯川秀樹 (大阪帝大) → 仁科芳雄	1938/05/02	707
728	朝永振一郎 (ライプチッヒ大学, ドイツ)		707
	→ 湯川秀樹・坂田昌一・武谷三男 (大阪帝大)	1938/05/03	
729	杉本朝雄 (療養中, 自宅?) → 仁科芳雄	1938/05/04	709
730	梅田 魁 (北海道帝大) → 仁科芳雄	1938/05/07	711
731	杉本朝雄 (理化学研究所) → 仁科芳雄	1938/05/10	712
732	石井少尉 (差出地不明) → 仁科芳雄	1938/05/14	713

733	朝永振一郎 (ライプチッヒ大学, ドイツ) → 仁科芳雄	1938/05/15	714
734	關戸彌太郎 (金沢) → 仁科芳雄	1938/05/16	717
735	小林 稔 (大阪帝大) → 仁科芳雄	1938/05/17	717
736	杉本朝雄 (療養中, 自宅?) → 仁科芳雄	1938/05/18	718
737	梅田 魁 (北海道帝大) → 仁科芳雄	1938/05/21	719
738	杉本朝雄 (療養中, 自宅?) → 仁科芳雄	1938/05/28	720
739	湯川秀樹 (大阪帝大) → 仁科芳雄	1938/05/30	722
740	杉本朝雄 (療養中, 自宅?) → 仁科芳雄	1938/06 [日不明]	724
741	梅田 魁 (北海道帝大) → 仁科芳雄	1938/06/02	725
742	村越 司 (大連) → 仁科芳雄	1938/06/04	727
743	仁科芳雄 → 湯川秀樹 (大阪帝大)	1938/06/05	727
744	仁科芳雄 → 小林 稔 (大阪帝大)	1938/06/05	729
745	澁谷醇平 (日本アテンス商会) → 仁科芳雄	1938/06/09	730
746	石井千尋 (出征中) → 仁科芳雄	1938/06/10	730
747	湯川秀樹 (大阪帝大) → 仁科芳雄	1938/06/18	731
748	青山新一 (東北帝大) → 仁科芳雄	1938/06/29	732
749	石井千尋 (中支) → 仁科芳雄	1938/07/01	732
750	梅田 魁 (北海道帝大) → 仁科芳雄	1938/07/08	733
751	中谷宇吉郎 (北海道帝大) → 仁科芳雄	1938/07/09	735
752	湯川秀樹 (大阪帝大) → 仁科芳雄	1938/07/11	735
753	仁科芳雄 → 久野拓治 (東京電気無線)	1938/07/13	737
754	小林 稔 (大阪帝大) → 仁科芳雄	1938/07/14	737
755	坂田昌一 (軽井沢, 長野) → 仁科芳雄	1938/07/21	738
756	石井千尋 (出征中) → 仁科芳雄	1938/07/28	739
757	後藤潤生 (加西郡, 兵庫) → 仁科芳雄	1938/07/29	739
758	中谷宇吉郎 (伊豆, 静岡) → 仁科芳雄	1938/07/29	740
759	今岡賀雄 (東京電気無線) → 仁科芳雄	1938/08/11	741
760	湯川秀樹 (大阪帝大) → 仁科芳雄	1938/08/20	741
761	湯川秀樹 (大阪帝大) → 仁科芳雄	1938/09/01	742
762	小林 稔 (大阪帝大) → 仁科芳雄	1938/09/01	742
763	坂田昌一 (御影町, 兵庫) → 仁科芳雄	1938/09/02	744
764	湯川秀樹 (大阪帝大) → 仁科芳雄	1938/09/10	744
765	梅田 魁 (北海道帝大) → 仁科芳雄	1938/09/14	745
766	梅田 魁 (北海道帝大) → 仁科芳雄	1938/09/21	745
767	堀 健夫 (北海道帝大) → 仁科芳雄	1938/09/23	746
768	湯川秀樹 (大阪帝大) → 仁科芳雄	1938/09/24	746

769	堀 伸夫 (東北帝大) → 仁科芳雄	1938/09/26	747
770	堀 健夫 (北海道帝大) → 仁科芳雄	1938/10/02	748
771	中谷宇吉郎 (北海道帝大) → 仁科芳雄	1938/10/03	748
772	湯川秀樹 (大阪帝大) → 仁科芳雄	1938/10/13	749
773	菊池正士 (大阪帝大) → 仁科芳雄	1938/10/20	749
774	朝永三十郎 (大谷大学) → 仁科芳雄	1938/10/22	751
775	竹内 柾　中間子の質量測定報告メモ	1938/10/27	751
776	梅田 魁 (北海道帝大) → 仁科芳雄	1938/10/28	754
777	梅田 魁 (北海道帝大) → 仁科芳雄	1938/10/31	755
778	仁科芳雄　物理学講座内容見本 (草稿)	[日付不明]	755
779	石井千尋 (出征中) → 仁科芳雄	1938/11/01	756
780	H. Barkhausen 夫妻 (差出地不明) → 仁科芳雄	1938/11/10	756
781	梅田 魁 (北海道帝大) → 仁科芳雄	1938/11/14	757
782	藤原武夫 (広島文理科大学) → 仁科芳雄	1938/11/18	758
783	広島文理科大学物理学教室2年生一同 → 仁科芳雄	1938/11/19	758
784	湯川秀樹 (大阪帝大) → 仁科芳雄	1938/11/20	758
785	仁科芳雄 → 湯川秀樹 (大阪帝大)	1938/11/26	759
786	湯川秀樹 (大阪帝大) → 仁科芳雄	1938/11/28	760
787	中谷宇吉郎 (北海道帝大) → 仁科芳雄	1938/12/02	762
788	小林 稔 (大阪帝大) → 仁科芳雄	1938/12/08	762
789	湯川秀樹 (大阪帝大) → 仁科芳雄	1938/12/09	763
790	E. Maraini (札幌) → 仁科芳雄	1938/12/12	764
791	黒田嘉男 (京城帝大) → 仁科芳雄	1938/12/13	765
792	篠遠喜人 (東京帝大) → 仁科芳雄	1938/12/13	765
793	植村敏夫 (日本放送協会) → 仁科芳雄	1938/12/14	766
794	朝永振一郎 (ライプチッヒ大学, ドイツ) → 仁科芳雄	1938/12/14	767
795	増田時男 (差出地不明) → 仁科芳雄	1938/12/17	769
796	湯川秀樹 (大阪帝大) → 仁科芳雄	1938/12/21	770
797	篠遠喜人 (東京帝大) → 仁科芳雄	1938/12/22	770
798	坂田昌一 (大阪帝大) → 仁科芳雄	1938/12/23	771
799	湯川秀樹 (大阪帝大) → 仁科芳雄	1938/12/24	771
800	仁科芳雄　論文草稿	1938 [月日不明]	772
801	渡邊扶生 (理化学研究所) → 仁科芳雄	1938/12/30	772
802	朝永振一郎 (ライプチッヒ大学, ドイツ) → 仁科芳雄	1938/12/31	774
803	仁科芳雄 → 竹内 柾 (横須賀海軍工廠)	1938/12/31	774
804	石井千尋 (出征中) → 仁科芳雄	1939/01 [日不明]	775

805	竹内 柾 (横須賀海軍工廠) → 仁科芳雄	1939/01/03	775
806	朝永振一郎 (ライプチッヒ大学, ドイツ) → 朝永三十郎 (大谷大学)	1939/01/04	776
807	堀 健夫 (北海道帝大) → 仁科芳雄	1939/01/05	778
808	梅田 魁 (北海道帝大) → 仁科芳雄	1939/01/08	778
809	堀 伸夫 (東北帝大) → 仁科芳雄	1939/01/11	779
810	梅田 魁 (北海道帝大) → 仁科芳雄	1939/01/21	780
811	小林一三 (東京電燈) → 仁科芳雄	1939/01/28	780
812	朝永三十郎 (大谷大学) → 仁科芳雄	1939/01/28	780
813	仁科芳雄ほか2名 「メソトロンの質量について」 (*Phys. Rev.* 編集局宛原稿)	1939/01/31	781
814	梅田 魁 (北海道帝大) → 仁科芳雄	1939/02/01	783
815	朝永三十郎 (大谷大学) → 仁科芳雄	1939/02/04	784
816	朝永振一郎 学位申請書 (東京帝国大学総長宛)	1939/02	784
817	F.M. Eaton (アメリカ農務省) → 仁科芳雄・中山弘美 (理化学研究所)	1939/02/04	787
818	朝永三十郎 (大谷大学) → 仁科芳雄	1939/02/07	788
819	朝永三十郎 (大谷大学) → 仁科芳雄	1939/02/14	788
820	寺澤寛一 (東京帝大) → 仁科芳雄	1939/02/18	788
821	仁科芳雄 朝永振一郎学位論文審査報告 (草稿)	1939/02/18	789
822	仁科芳雄 嵯峨根遼吉学位論文審査報告 (草稿)	1939/02/18	790
823	朝永振一郎 (ライプチッヒ大学, ドイツ) → 玉木英彦 (理化学研究所)	1939/02 [日不明]	794
824	湯川秀樹 (大阪帝大) → 仁科芳雄	1939/02/22	794
825	仁科芳雄 → 湯川秀樹 (大阪帝大)	1939/02/23	795
826	梅田 魁 (北海道帝大) → 仁科芳雄	1939/02/23	796
827	湯川秀樹 (大阪帝大) → 仁科芳雄	[日付不明]	797
828	湯川秀樹 (大阪帝大) → 仁科芳雄	1939/03/03	797
829	梅田 魁 (北海道帝大) → 仁科芳雄	1939/03/06	797
830	荒勝文策 (京都帝大) → 仁科芳雄	1939/03/10	798
831	湯川秀樹 (大阪帝大) → 仁科芳雄	1939/03/10	799
832	森脇大五郎 (東京府立高等学校) → 仁科芳雄	1939/03/13	800
833	K. Birus (旭川, 北海道) → 仁科芳雄	1939/03/18	800
834	K. Birus (札幌) → 仁科芳雄	1939/03/18	801
835	菊池正士 (大阪帝大) → 仁科芳雄	1939/03/19	801
836	朝永三十郎 (大谷大学) → 仁科芳雄	1939/03/22	802
837	石原 純 (杉並区, 東京) → 仁科芳雄	1939/03/24	802
838	湯川秀樹 (大阪帝大) → 仁科芳雄	1939/03/26	803
839	菊池正士 (大阪帝大) → 仁科芳雄	1939/04/05	803

── 目　次 ──　　　　　　　　　　　　　　　xvii

840	仁科芳雄 → 菊池正士 (大阪帝大)	1939/04/06	805
841	三木 清 (杉並区, 東京) → 仁科芳雄	1939/04/06	806
842	湯川秀樹 (大阪帝大) → 仁科芳雄	1939/04/07	806
843	W. Heisenberg (ライプチッヒ大学, ドイツ) → 湯川秀樹 (大阪帝大)	1939/04/13	808
844	湯川秀樹 (大阪帝大) → 仁科芳雄	1939/04/16	808
845	湯川秀樹 (大阪帝大) → 仁科芳雄	1939/04/17	810
846	野上茂吉郎 (九州帝大) → 仁科芳雄	1939/04/18	810
847	湯川秀樹 (大阪帝大) → 仁科芳雄	1939/04/20	811
848	湯川秀樹 (大阪帝大) → 仁科芳雄	1939/04/23	811
849	湯川秀樹 (大阪帝大) → Ch. Lefebure (Solvay 会議運営秘書)	1939/04/25	812
850	湯川秀樹 (大阪帝大) → 仁科芳雄	1939/04/26	813
851	落合麒一郎 (東京帝大) → 仁科芳雄	1939/05/01	813
852	湯川秀樹 (大阪帝大) → 仁科芳雄	1939/05/05	813
853	木村正路 (京都帝大) → 仁科芳雄	1939/05/05	815
854	朝永三十郎 (大谷大学) → 仁科芳雄	1939/05/07	815
855	湯川秀樹 (大阪帝大) → 仁科芳雄	1939/05/08	816
856	篠遠喜人 (東京帝大) → 仁科芳雄	1939/05/09	817
857	梅田 魁 (北海道帝大) → 仁科芳雄	1939/05/11	818
858	湯川秀樹 (大阪帝大) → 仁科芳雄	1939/05/14	819
859	E. Stahel (Solvay 会議秘書) → 湯川秀樹 (大阪帝大)	1939/05/15	820
860	湯川秀樹 (大阪帝大) → 仁科芳雄	1939/05/18	821
861	P.M.S. Blackett (マンチェスター大学, イギリス) → 仁科芳雄	1939/05/22	822
862	三木 清 (杉並区, 東京) → 仁科芳雄	1939/05/22	823
863	坂田昌一 (大阪帝大) → 仁科芳雄	1939/05/26	823
864	湯川秀樹 (京都帝大) → 仁科芳雄	1939/05/27	824
865	湯川秀樹 (京都帝大) → 仁科芳雄	1939/05/31	824
866	向坂義太郎 (浦和高等学校) → 仁科芳雄	1939/06/03	825
867	湯川秀樹 (京都帝大) → 仁科芳雄	1939/06/03	825
868	仁科芳雄　湯川秀樹の旅券取得申請書（草稿）	1939/06 [日不明]	826
869	湯川秀樹 (京都帝大) → 仁科芳雄	1939/06/06	828
870	吉野源三郎 (岩波書店) → 仁科芳雄	1939/06/07	828
871	今堀克巳 (北海道帝大) → 仁科芳雄	1939/06/08	829
872	湯川秀樹 (京都帝大) → 仁科芳雄	1939/06/09	830
873	仁科芳雄　理化学研究所学術講演会講演草稿	1939/06 [日不明]	830
874	湯川秀樹 (京都帝大) → 仁科芳雄	1939/06/19	833
875	湯川秀樹 (京都帝大) → 仁科芳雄	1939/06/29	833

876	湯川秀樹 (京都帝大) → 仁科芳雄	1939/06/30	834
877	湯川秀樹 (靖国丸船上) → 仁科芳雄	1939/07/01	834
878	三木 清 (杉並区, 東京) → 仁科芳雄	1939/07/02	834
879	野上茂吉郎 (九州帝大) → 仁科芳雄	1939 [月日不明]	835
880	野上茂吉郎 (九州帝大) → 仁科芳雄	1939/07/04	835
881	湯川秀樹 (靖国丸船上) → 仁科芳雄	1939/07/07	836
882	朝永振一郎 (ライプチッヒ大学, ドイツ) → 仁科芳雄	1939/07/07	836
883	森脇大五郎 (東京府立高等学校) → 仁科芳雄	1939/07/10	838
884	今堀克己 (北海道帝大) → 仁科芳雄	1939/07/12	838
885	森脇大五郎 (東京府立高等学校) → 仁科芳雄	1939/07/24	839
886	木村健二郎 (東京帝大) → 仁科芳雄	1939/07/26	839
887	關戸彌太郎 (越後湯沢, 新潟) → 仁科芳雄	1939/07/28	840
888	梅田 魁 (北海道帝大) → 仁科芳雄	1939/07/29	841
889	湯川秀樹 (ナポリ, イタリア) → 仁科芳雄	1939/08/02	843
890	湯川秀樹 (ローマ) → 仁科芳雄	1939/08/04	843
891	關戸彌太郎 (越後湯沢, 新潟) → 仁科芳雄	1939/08/10	843
892	宮崎米治郎 (差出地不明) → 仁科芳雄	1939/08/13	846
893	關戸彌太郎 (金沢) → 仁科芳雄	1939/08/18	847
894	佐藤重平 (東京帝大, 植物研究所) → 仁科芳雄	1939/08/19	847
895	朝永三十郎 (大谷大学) → 仁科芳雄	1939/08/28	850
896	梅田 魁 (北海道帝大) → 仁科芳雄	1939/08/28	850
897	宮崎友喜雄 (越後湯沢, 新潟) → 仁科芳雄	1939/09/01	852
898	湯川秀樹 (ベルゲン, ノルウェー) → 仁科芳雄	1939/09/03	853
899	梅田 魁 (北海道帝大) → 仁科芳雄	1939/09/05	854
900	P. Debye ほか (ドイツ物理学会など) → 仁科芳雄	1939/09/06	855
901	仁科芳雄 → P.M.S. Blackett (マンチェスター大学, イギリス)	1939/09/07	855
902	中川重雄 (中野区, 東京) → 仁科研究室御一同	1939/09/08	857
903	梅田 魁 (北海道帝大) → 仁科芳雄	1939/09/13	858
904	朝永振一郎 (ドイツからの引き揚げ船上) → 仁科芳雄	1939/09/13	859
905	朝永振一郎 (靖国丸船上) → 仁科芳雄	1939/09/14	860
906	關戸彌太郎 (越後湯沢, 新潟) → 仁科芳雄	1939/09/18	860
907	松尾俊郎 (差出地不明) → 仁科芳雄	1939/09/18	861
908	朝永三十郎 (大谷大学) → 仁科芳雄	1939/09/19	861
909	湯川秀樹 (ニューヨーク) → 仁科芳雄	1939/09/20	862
910	篠遠喜人 (東京帝大) → 仁科芳雄	1939/09/26	864
911	關戸彌太郎 (越後湯沢, 新潟) → 仁科芳雄	1939/09/26	864

―― 目　次 ――　　　　　　　　　　　　　xix

912	關戸彌太郎 (越後湯沢, 新潟) → 仁科芳雄	1939/09/26	864
913	森脇大五郎 (東京府立高等学校) → 仁科芳雄	1939/09/26	865
914	K. Birus (松本, 長野) → 仁科芳雄	1939/09/27	866
915	佐藤重平 (東京帝大, 植物研究所) → 仁科芳雄	1939/10/02	866
916	森脇大五郎 (岩国町, 山口) → 仁科芳雄	1939/10/02	868
917	K. Birus (松本, 長野) → 仁科芳雄	1939/10/03	868
918	朝永三十郎 (大谷大学) → 仁科芳雄	1939/10/12	869
919	梅田 魁 (北海道帝大) → 仁科芳雄	1939/10/14	869
920	仁科芳雄 → 早船慧雲 (新潟医科大学)	1939/10/24	870
921	宮崎友喜雄 (越後湯沢, 新潟) → 仁科芳雄	1939/10/30	870
922	宮崎友喜雄 (越後湯沢, 新潟) → 仁科芳雄	1939/11/02	871
923	宮崎友喜雄 (越後湯沢, 新潟) → 仁科芳雄	1939/11/07	872
924	茅 誠司 (北海道帝大) → 仁科芳雄	1939/11/11	873
925	小林 稔 (大阪帝大) → 仁科芳雄	1939/11/12	874
926	P. Wang (カソリック大学, 北京) → 仁科芳雄	1939/11/16	874
927	湯川秀樹 (京都帝大) → 仁科芳雄	1939/11/17	875
928	荒勝文策 (京都帝大) → 仁科芳雄	1939/11/21	875
929	早船慧雲 (新潟医科大学) → 仁科芳雄	1939/11/24	876
930	中泉正徳 (奉天) → 仁科芳雄	1939/11/27	876
931	梅田 魁 (北海道帝大) → 仁科芳雄	1939/11/29	877
932	森脇大五郎 (東京府立高等学校) → 仁科芳雄	1939/12/08	877
933	湯川秀樹 (京都帝大) → 仁科芳雄	1939/12/08	877
934	湯川秀樹 (京都帝大) → 仁科芳雄	1939/12/09	878
935	増田時男 (越後湯沢, 新潟) → 仁科芳雄	1939/12 [日不明]	878

第Ⅰ巻　コペンハーゲン時代と理化学研究所・初期 1919-1935
第Ⅲ巻　大サイクロトロン・二号研究・戦後の再出発 1940-1951
　　第Ⅲ巻末付録　　解説／仁科芳雄関連年譜／人物紹介／参考文献／書簡・文書執
　　筆者リスト／人名索引／事項索引

II

宇宙線・小サイクロトロン・中間子 1936-1939

432 仁科芳雄 → N. Bohr 夫妻 （コペンハーゲン） 1936/01/08

理化学研究所　1936 年 1 月 8 日

Bohr 教授夫妻

　われわれが愛した Christian について，多くの悲しみと同情，そして感謝の念をもって受け取った御手紙に対し，全くお返事を差上げぬ内に 1 年間が過ぎてしまい，まことに申し訳ありません．研究所で毎日山積する業務のために，緊急の事項のほか手紙を書くことができない状態です．まことに悲しい事態ではありますが，現在これを変えることができません．

　Christian についての 2 回にわたる先生の追悼談話の原稿を奥様が大変ご親切に送ってくださいましたが，その内容は彼の人柄，家族と彼を囲む人々を生き生きと描写したものでした．小生は，これを読んで大変感動いたしました．私たち日本人に対する先生の御懇切なお言葉には感謝の言葉もありません．私はお言葉の原稿のコピーを保存し永く Christian を偲ぶよすがと致したく存じます．

　先生の研究所に滞在したことのある私たち日本の物理学者 7 人は，卵から出てくる象牙作りのひよこを小包で 3 週間ほど前お送りしました．これは先生の 50 歳のお誕生日のお祝いのしるしです．いま私たちの祝意をお送りするのは大変遅いのですが，遠方の地にあってコペンハーゲンでの出来事についての最新の情報が得られ難いなど種々の事情をお察しいただき，お許しをいただきますようお願い申し上げます．

　象牙細工につきましては，先生が生涯の新たな時代に入られることを象徴するもので，お誕生日の機会に相応しいと考えます．小さな記念の品により，私たちは，心より先生のご健康と御繁栄と将来の御成功をお祈り申し上げます．

　置物の裏に書かれた日本語の碑文には，概ね次のような文章が記されております．

　　50 歳のお誕生日に
　　Bohr 教授殿　1935 年 10 月 7 日
　　贈呈　　青山新一，木村健二郎，杉浦義勝，高嶺俊夫，仁科芳雄，福田光
　　　　　　治，堀 健夫

寄贈者の氏名は，日本語のアイウエオ順に記されております．

　私たちは，皆1937年春に先生ご夫妻およびHans君の当地への御来訪をお待ちいたしております．そして長期にわたって計画されたご旅行にさしさわりがおこらぬよう望んでおります．

　先生をはじめ，ご家族の皆様に心からの挨拶を送ります．[b]

仁科芳雄

  [a] 書簡393を参照．
  [b] N. Bohrよりの返信がすぐにきた．書簡436がそれである．

433 菊池正士 (大阪帝大) → 仁科芳雄　　　　　　　　1936/01/29

　こちらより差上げた手紙と行きちがひに昨晩お手紙いただきました．御採用下さる由[a]まことに有難うございました．御希望に沿ふやう充分に致します．そんなことはないとは存じますが当人の希望で他に就職したくなったとか，又はそちらで困るから止めて貰ひたいといふやうな時は，又こちらで何とか致します．こちらの試験がすみ次第そちらへ伺ふことになると存じます．では又いづれ

菊池正士

仁科芳雄　様

  [a] 1936年に仁科研に採用された一宮虎雄 (1936, 阪大卒) のことである．書簡447を参照．同年の採用は，ほかに梅田 魁 (1927, 東大卒)，有山兼孝 (1928, 東大卒)，關戸彌太郎 (1935, 北大卒)，渡邊扶生 (1925, 東大卒)，高野玉吉．1935年の採用は石井千尋 (1929, 東大卒)，山崎文男 (1931, 東大卒)，浅野芳廣 (1935, 東大卒)．

434 一色貞三 (芝浦製作所) → 仁科芳雄　　　　　　　1936/01/31

拝啓　益々御清祥奉賀候　扨今回貴著「最近に於ける物理学の発展」[a] 1部御恵与に預り御厚志の程誠に忝く厚く御礼申上候
先ハ右不取敢御礼まで　　　　　　　　　　　　　　　　　　　敬具
　1月31日

  [a] 経済倶楽部講演110, 経済倶楽部, 1936年1月30日発行．講演は1935年11月15

日に行なわれた．

435 嵯峨根遼吉（カリフォルニア大学, バークレー）→ **仁科芳雄**　　　1936/02/05

2月5日

仁科芳雄 様

　大変御無沙汰致しました．今日着いた矢崎さんからの手紙で相変らず御忙がしく活躍されてゐる様子を伺って，今年は又一つ大仕事が増す訳と御察し申上げて居ります．

　麦嶺（バークレー）では此1月は御大のローレンスが東海岸へ出掛け，クックシイの新しい cyclotron を入れて test したきり，rectifier 等を盛んに壊し，spare が無くなり，それを直す人も休みで遊びに行ったため，大体休暇といふ事になって終ひました．然さて何処か旅行といふことになると前から引続きの 13.5 日の half value period の ^{32}P の intensity を測定上，麦嶺に居る必要を生じ，結局，ゴルフの練習場へ通ふ様なことになって終ひました．S の decay curve は CS_2 によくとけるもの即 S の isotope と思はれるものだけが特別妙な形を示し，最初1日2日 growing curve になり，其後殆ど平で数日後 13.5 日の half value period になりました．此曲線を3度取って居りますが，平な日数が違ふだけで，growing curve の後 13.5 日で decay するところは皆よく一致しました．

　それでどうやら penetrating power の少い radiation を出して ^{32}P になる様な double disintegration らしく考へられるので，先 cloud chamber でしらべて見るつもりで，当地の cloud chamber の練習をやって見て居ります．Sylphon[a] を使って作った仁科研のと大体似た構造ながら，ゴムのパッキングがよく行って，殆ど練習しない人でもすぐ track が出せる様になって居ります．expansion, arc の short, camera の shutter を押す等は全部 relay で自働的に動きます．

　学期最初の談話会を無いものと思って出席せずに Lawrence の御土産話を miss したのは残念でした．今学期は A.H. Compton が来て宗教的通俗講演と大学で Cosmic Ray の summary の様な講演をしました．翌日 Radiation Lab を見学の時，Lawrence が紹介して呉れました．東京に前行ったときの話などをして中々愛想のよい人なのに驚きました．其内又東京へ行く様なことも言って居りました．

　丁度 Shankland の論文（*Phy. Rev.* **49** (1936) 8）[b] が出たばかりのことで，Lawrence が次の談話会にこれを読み，Compton の意見などを紹介して中々色々の議論が出ました．RdTh の γ でこの実験の test をやる必要があるといふことになり，Wilson chamber に鉛箔をつってやったらどうだなどといふことになった様でしたが，早速やる気になった人も居ない様でした．当地では RdTh がないから MsTh でやらねばならぬせいもあるのでせう．東京でやるよい題目と思ひますが如何でせうか．

　時にいよいよ東京でも設計を初める相ですが丁度 Lawrence, Cooksey, Kurie 等の新しい cyclotron の設計図の一部を copy して置いたのがありますから，何かのたしになるかも知れませんから御送りしませう．全部は copy してないのですが，D と D の support の部分だけです．それに filament assembly（一番新しい形の大きいもの）の分解図，Princeton の magnet，~~Thornton の新設計の oscillator~~ 等です．矢崎さんが見れば分る筈です．大き過ぎて入りませんからやめ

　唯今 Radiation Lab では約 $27\frac{1}{2}$ inch の magnet に設計図の様な $24\frac{1}{4}$ inch の D を入れて energy を約 7 million 迄上げること，及，大きな filament で intensity を増すこと，それがすんだら beam を外に intensity を損せずに取出すことの改良にかゝって居りまして，個人的の実験は当分出来相にありません．多分此 semester の終り頃に泥縄式にまとめることになるだらうと覚悟して居ります．

　近頃での news は当研究所の Livingood が Bi＋D で RaE を作ったと発表したのが sensation を引起して居ります．何処でも同じで新聞や雑誌記者が沢山来て写真を撮ったりうるさいことです．

　麦嶺は今丁度日本の 4 月の気候で梅と桜が一所に咲いて居ります．桜草は少し季節が過ぎた様です．此 semester から今迄 fall semester の間待ってゐた連中が 4, 5 名加ったので，多少古顔になり，かなり迄自分の意見で仕事が出来る様になったのは愉快です．

　明日の浅間丸に間に合はすため取急ぎ失礼しました．

　研究所の諸兄によろしく御伝声下さい．

嵯峨根遼吉
［新聞の切り抜き同封］

- a アネロイド気圧計などに用いられる半ば空気を抜いた蛇腹の金属製の箱．
- b 光子と電子の衝突において散乱された光子と電子が進む方向の間にエネルギー－運動量の保存から予想される関連がなかったと主張する実験．R.S. Shankland, An apparent failure of the photon theory of scattering, *Phys. Rev.* **49** (1936) 8-13. 輻射に関する Bohr-Kramers-Slater の説の復活を思わせ，Dirac も Does conserva-

tion of energy hold in atomic processes? という論文 (*Nature* **137** (1936) 298–299) を書いた．Shankland の実験結果は W.G. Cross と N.F. Ramsey の実験で否定された (*Phys. Rev.* **80** (1950) 929–936)．参考：武谷三男「Shankland の実験と電磁量子力学の否定について」，科学 **6** (1936) 234–236；藤岡由夫「光量子散乱と保存則」，科学 **7** (1937) 30–33．

c $^{232}_{90}\text{Th} \to {}^{228}_{88}\text{MsTh}_1 \to {}^{228}_{89}\text{MsTh}_2 \to {}^{228}_{90}\text{RdTh}$ によってできる． $^{224}_{88}\text{ThX}$ に崩壊する．

d $^{209}_{83}\text{Bi} + {}^{2}_{1}\text{D} \to {}^{210}_{83}\text{RaE} + \text{p}$ がおこったのだろう．

436 N. Bohr (理論物理学研究所，コペンハーゲン) → 仁科芳雄　　　1936/02/08

仁科 様

　あなたとその他の日本の友人たちが私の 50 歳の誕生日に大変に美しい贈り物を届けてくださったことがどれほど嬉しかったか，そしてまた皆様の友情のこもった思いやりのあるお手紙に私も家内もどれほど感激したか，言葉ではうまく表現できません．その象牙で彫ったひよこは，Christian の絵の下にブロンズの花瓶が置かれている部屋の小さな食器棚に飾られています．絵は昨年お送りした記念の小さい冊子の最後にその複製を載せたもので，花瓶を見るたびにあなたの変わらぬ友情を日々思い出しています．ひよこは誰からもたいへんに感嘆されています．そして私自身はというと，その純粋に象徴的な意味を深く味わっています．

　家内と私は来年日本に行きあなたたちすべての方々にお会いでき，また，ロマンティックで美しさにあふれたと私たちが思い描いているあなたたちのお国を自分の目で見るのを心待ちにしています．Hans にとっては素敵なアドヴェンチャーでありましょう．彼はいまでは大きな子供になり，すでに私たちはいろいろな面で手助けしてもらっています．この夏，学校を終えると，いずれにせよ最初の年次は原子物理学を専攻するようで，日本で予定している講義の準備もきっと手伝ってくれるでしょう．

　ちょうどいま，家内と私は 1 週間ほどイギリスに発つところです．ロンドンでは，私が先月練り上げた原子核の構成にかんするいくつかの新しいアイデア[a]について講演する予定です．その問題に関しては，そしてまた日本での講義のくわしいプログラムについては，戻り次第お知らせします．今日は，あなたと他の日本の友人の皆様に対する心からなる感謝の気持ちを表明させていただくにとどめます．本当にありがとうございました．家内と私から皆様のご多幸をお祈りします．

N. Bohr
［英文］

^a 原子核の液滴モデルのことか？ N. Bohr and F. Kalckar, On the Transmutation of Atomic Nuclei by Impact of Material Particles, *Kgl. Danske Videnskab. Selskab. Mat. -Fys. Medd.* **14**, no. 10 (1937) 1-40.

437 仁科芳雄 → P.A.M. Dirac （ケンブリッジ大学）　　　1936/02/11

1936年2月11日

Dirac さん

　君の本の日本語版について伺いたいことがあります．君がロシア語版に添えた補章[a]を共訳者の一人が読みましたが，その訳を今度の日本語版にも加えるのはどうでしょうか？ ロシア語からでも，もし，可能ならば原文からでも訳せます．読者にとっても，必須ではありませんが，有用であると思います．この件，どうお考えですか？ ロシア語の出版社は，日本語訳に同意してくれると思います．

　もう一つお願いがあります．日本語訳に何か一言（もちろん英語で）いただけないでしょうか？ 前書きでも後書きでも，お望みのどんな形式でも結構です．君の講義を1回ならず聴講した読者には大変価値あるものとして受け取られると思います．

　私たちは，すでに翻訳を一通り終えましたが，これを出版社に送るまでにはまだ時間がかかると思います．

　ケンブリッジにお帰りになって，お元気のことと拝察します．

Y. N.
［英文］

^a「近似的方法」，後の版では訳し直して「近似的な解き方」に変わった．

438 山司房太郎 （横須賀海軍工廠，二次電池工場） → 仁科芳雄　　1936/02/12

　先日は失礼申上げました．本日はまた宇宙線の話其他御送り下さいまして誠に難有ございました　厚く厚く御礼申上ます　次に先日途中まで申上げましたが超音波を利用して鉛粉（其他金属粉）を作る研究論文が *Zeitschrift für Physik*

に出て居ると聞きましたがこれは電解による方法で電極を超音波にて振動させてイオンがチャージを失ふて電極につく瞬間に振ひ落さるゝらしいのです　竹内君にでも昨年度の5月乃至8月号位のところを調べて頂きタイプする間貸して頂ければ結構です

[葉書, 日付は消印]

439　朝永振一郎 (差出地不明) → 山崎文男 (理化学研究所)　　　1936/02/20

おはがき有難く拝見致しました．この2,3日大分暖いので小生も大分元気が出てきました．この調子でしばらくつづいてくれればいいと思って居ます．大分長らく怠けていますから，からだも頭も退化したような気がしますが，お医者にみてもらっても別に名前をつけるほどの病気でもないということですから少し陽気がよくなれば全快するだろうと思って居ります．

[葉書]

440　仁科芳雄 → 名和　武 (横須賀海軍工廠)　　　1936/03/02

　　　　　　　　　昭和11年3月2日　　理化学研究所研究員
　　　　　　　　　　　　　　　　　　　　　　　　仁科芳雄
横須賀海軍工廠造兵部々員
名和　武[a] 殿

　　　電動発電機借用ニ関スル件[b]
　首題ノ件ニ関シ3月1日附ヲ以テ海軍中央当局ノ御意嚮御通告被下且ツ仮設物建設願書ヲ提出スベキ旨御指示被下難有拝承仕候．
　右願書ハ先般御送付申上候草稿通リ相認メ明3月3日附ヲ以テ横須賀海軍工廠長宛提出可致候．　　　　　　　　　　　　　　　　　　　　　　以上

　　　a 仁科芳雄夫人の兄．
　　　b 宇宙線粒子に磁場をかけてその軌道の曲がりを測れば，粒子の運動量がわかる（書簡60の注bを参照）．粒子のエネルギーが大きいと強い磁場が必要で，それには電磁石に大きな直流を流さなければならない．そのような電源は仁科研究室にはなかったので，横須賀軍港の海軍工廠に潜水艦の電池に充電するためにあった直流発電

441 仁科芳雄 → 村田八束 (日本碍子)　　1936/03/12

　　　　　　　　　　　3月12日　　理化学研究所
　　　　　　　　　　　　　　　　　　仁科芳雄

村田八束 様
　　　侍史
　拝復　3月10日附御芳書難有拝見致候.
　御尋ねのコンデンサー及ケノトロン外形, 寸法, 重量大体の所左の通りに御座候.
　1. コンデンサー
　　　重量　350 kg
　　　試験電圧　400 kV
　　　容量　0.02 μF
　2. ケノトロン
　　　重量　不明なるも
　　　約 100 kg 位
　3. 左記の絶縁台を追加御見積御願申上候
　右記の通りの4本足の絶縁台にて, 高さは先日御願ひしたものの3階分の高さと同等にし (つまり先日のものを一階段増したと同じ高さ), 其上に1.5米の辺を持つ正方形の鉄板を取り付け, その上に約5 kWの発電機を取付け, これを下からベルトにより回転させる様にする. 此発電機の外に小さな変圧器, ポンプ, $\frac{1}{2}$ IPのモートルなどを載せる. 其重量は5 kWの発電機を除いて 200 kg 位のものと存し, 発電機は1つのシャフトに直流発電機 (2.5 kW) と交流発電機 (2.5 kVA) とを取付けたものに御座候.

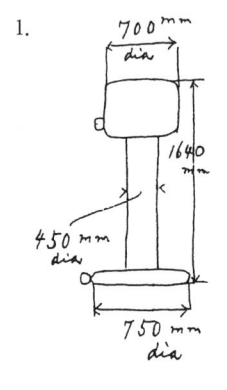

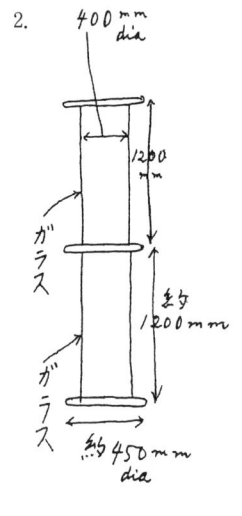

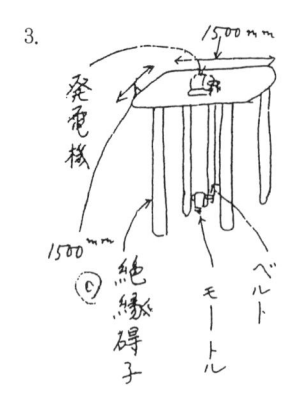

此台は先日御願した台と離して（1米位）立てる事と相成候．
右御面倒乍ら至急御見積願上候． 敬具

> a Cockcroft-Walton の直流高電圧発生装置に用いるためのものであろう．書簡 338 の注 a, b を参照．伏見康治『時代の証言』,同文書院 (1989), p. 64 に Cockcroft-Walton の装置の図がある．

442 仁科芳雄 → 八鍬利助 (札幌測候所)　　　　1936/03/13

　　　　　　　　　　　昭和 11 年 3 月 13 日　　理化学研究所
　　　　　　　　　　　　　　　　　　　　　　　　仁科芳雄

札幌測候所長
八鍬利助 様
　拝啓　其後愈々御清祥奉賀上候．
　毎々日食観測に関し御調査被下難有厚く御礼申上候．
　扨て先日福見氏より斜里岳の道路開鑿並に小屋建設に関する経費の調査御報告の写しを送附せられ難有拝見致候．然る処去る 1 月開催の当地日食準備委員会の席上にて田所教授よりの御話によれば経費軽減の方法あるやに承り居候．従って福見氏よりの御通知はこれと無関係に一般の価格調査と諒解致居候がこれにてよろしく候哉．
　次に先般御願致候山頂と山麓との有線又は無線電話による連絡を陸軍関係の人に御願する件は如何相成居候哉．
　又斜里岳の道路開鑿を道庁に御願する事は其後御協議頂き候哉．
　御多忙中無理な注文ばかり御願ひ致し誠に恐縮至極に存候へ共，観測予算が極めて制限せられ居候為め経費軽減によらざれば実施困難に御座候間御依頼申上候次第に御座候．道路の開鑿は道庁よりの御援助なき様ならば或は頂上迄の登山は放棄すべき哉とも考へ居り申候．
　時日も次第に近づき準備上の都合もこれあり候間上記の件々御願申上候．何卒宜敷御配慮の程偏に奉願上候． 敬具

二伸
　尚 4 月上旬には助手石井千尋氏を御地に出張致させ，斜里岳の実地踏査を行ふ予定に有之候．

a 1936年6月19日の北海道における日食の際，宇宙線に影響があるか観測することになった．もし，宇宙線の一部でも太陽で発生しているなら地球上で日食の影響が見られるはずである．

443 森 信胤 (帝国女子医科専門学校) → 仁科芳雄　　　1936/03/13

拝啓　其の後御無沙汰を致して居りますが，先生を始め研究室の皆々様には御健勝の事と拝察致します．下って私議御蔭様で健康で暮しては居りますが，去る3月4日当校々長額田晉先生が欧州へ出張されまして（約半年滞在）其の留守役として，校長代理に高木と云ふ教授が就任せられ，其の高木教授の役であった所の学監の役目が私に仰せつけられ，目下雑務におはれて困って居ります．何しろ学監の仕事は入・退学・学科成績，操行調査・時間割編成・試験の総締等全く高等小使ひの仕事で，目下学年末，新学年をひかへて多忙の極であります．その様な次第で此の頃は毎日殆んど，落付いて勉強の出来ない有様です．然し新学年を迎へると次第に暇になる予定であります故，その節は大いに勉強して，雑務に費した時間を補ひたいと存じて居ります．
　右の様な次第で，暫く参上致しませんでしたが，何卒御寛容下さいまして，今後も是非よろしく御指導下さいますやう一偏に御願ひ致します．　　草々
　3月13日　　　　　　　　　　　　　　　　　　　　　　　　　森　信胤

仁科芳雄　先生　机下

444 仁科芳雄 → 村瀬大佐 (横須賀海軍工廠)　　　1936/03/14

　　　　　　　　　　　昭和11年3月14日　　理化学研究所
　　　　　　　　　　　　　　　　　　　　　　　　仁科芳雄

横須賀海軍工廠造兵部
村瀬　大佐殿

　　　宇宙線研究室ノ件[a]
拝啓　爾来愈々御清祥奉賀上候．
　扨テ首題ノ件ニ就イテハ一方ナラザル御配慮ヲ辱ウシ誠ニ難有厚ク御礼申上

候.
　先般御指命相成候仮設物ノ大体図及内容物配置図今般出来致候ニ付キ，ウィルスン霧函用マグネットノ組立及基礎要領図ト共ニ別便ヲ以テ各弐通御送附申上候間御入手ノ上何卒可然御取計ラヒ被下度偏ニ奉懇願候.
　尚仮設物建設並ニ実験施行上ノ実地問題ニ関シ御工場ノ御当事者ヨリ今一度具体的ニ詳細拝聴仕リ度ク候ニ付キ来ル3月17日（火）午後弐時半御工場ニ御伺ヒ可致予定ニ御座候間前記図面ニテ御不明ノ点モ有之候ハヾ御説明可申上候.
　右不取敢要々申述候.　　　　　　　　　　　　　　　　　　　　　敬具

a 横須賀海軍工廠において大型霧箱による実験を行なうための研究室. 1936年11月19日の理研・学術講演会における仁科・竹内 柾・一宮虎雄の発表要旨はいう：10^9〜10^{10} eV の宇宙線粒子のエネルギーを測定する目的をもって，直径40 cm のウィルスン霧函を作成し，これを磁極の径50 cm，磁場18000 Oersted，重量15噸(トン)の電磁石に挿入して操作．これによって得られた写真について述べる．
　電磁石の電源に海軍工廠で潜水艦の蓄電池に充電するための特殊な電源をつかった．参考：朝永振一郎「原子核物理の思い出──『核物理事始』の先人たち」，『朝永振一郎著作集6』，pp. 30-42；「原子核物理における日英の交流」，『量子力学と私』，pp. 96-97．書簡444, 445, 447, 518, 590.
　この実験は，後に宇宙線中間子の質量の測定に発展する．参照：書簡616, 619, 652 など.

445　仁科芳雄　→　古市龍雄　(横須賀海軍工廠)　　　　　1936/03/17

　　　　　　　　　　　　　　昭和11年3月17日　　理化学研究所
　　　　　　　　　　　　　　　　　　　　　　　　　仁科芳雄
横須賀海軍工廠長
古市龍雄 閣下

　　　宇宙線研究ニ要スル電動発電機, 敷地借用
　　　並ニ仮設物建設ニ関スル件
拝啓　愈々御清祥奉賀上候.
　陳者首題ノ件ニ関シテハ先般来一方ナラザル御配慮ヲ辱ウシ，誠ニ難有恐縮ノ至リニ奉存候.
　今般同借用並ニ建設ノ件御認可被成下候御趣村瀬大佐殿ヨリ御通知ニ接シ，

誠ニ難有厚ク御礼申上候．此上ハ専心研究ニ尽瘁シ重要ナル成果ヲ挙ゲテ御高配ニ酬ユル覚悟ニ御座候間，今後共宜敷御願申上候．

執レ近日参上御挨拶可申上候ヘ共不取敢以書中御礼申述候．　　　　　敬具

446 P.A.M. Dirac（ケンブリッジ大学）→ 仁科芳雄　　1936/03/25

仁科 様

　短い「日本語版への序文」とロシア語版に含められた近似法の原稿を同封しました．[a] 近似法については，日本語版にも収録するのがよいと思います．ロシア人は他の国との著作権の協定をしていませんので，彼らから許可を得る必要はないと思います．その原稿はほかにコピーをとっていないので，使い終わったら返却してください．

　左肩の隅の印章は北京の物理学者からもらったものです．読めますか．[b]

　翻訳の進み具合をお知らせください．

　大兄と長岡氏と杉浦氏のご多幸を祈っています．

　　　　　　　　　　　　　　　　　　　　　　　　　　草々
　　　　　　　　　　　　　　　　　　　　　　　　　P.A.M. Dirac

日本語版への序文

　1929年と1935年の私の日本訪問のさいに，最新の量子力学に関連した諸問題について日本の聴衆のまえで何回か講演したのは，喜ばしいことでした．今回，拙著の日本語訳が出たことで，この問題の一般的な説明をより多くの日本の学生に読んでいただけるようになったことを，私はたいへん嬉しく思っています．

　　　　　　　　　　　　　　　　　　　　1936年3月　ケンブリッジ
　　　　　　　　　　　　　　　　　　　　　　　　　　　　　［英文］

a 書簡437を参照．
b 上：狄勒克印．下：剣橋教授．中国の友人によると，Diracを狄勒克とするのは古い用字で，現在は狄拉克と書くのだという．

447 仁科芳雄 → 名和 武（横須賀海軍工廠）　1936/03/25

昭和11年3月25日　　理化学研究所
　　　　　　　　　　　　仁科芳雄
名和 武[a] 様
　拝啓　先日は参上色々と御配慮を辱ふし誠に難有存候．両3年来の宿題[b]もどうやら着手の事となり，御厚情偏に奉感謝候．
　尚同日は水交社にて御馳走に相成これ亦厚く御礼申述候．
　尚本日芝浦製作所との交渉にて先日御話の部屋の中央にある溝に「ボルト」を埋める事につき先方より溝の深さと巾とを尋ね来り候につき，山司少佐に宛て問合せの手紙差出置申候．
　次に当方より実験に直接携はるものとして御地に出張確定せるものは，竹内柾，一宮虎雄の両人に候．前者は東京工業大学専門部（元の高等工業に当るもの）を卒業して直ちに小生の所に勤務し，約4ケ年と相成候．後者は本3月大阪帝大の物理科を卒業したるものに候．小生の方としては実験期間僅少なる故今1人派遣したくと存候へ共先日の話にては或は困難かとも存候．先日の話の様に山司少佐の処の人を借用してよろしければ問題はこれなく候も，これは真面目の話に候哉如何哉．此辺の事御序の節御一報願上候．
　尚前記両人の宿泊の件に候が，竹内は小生研究室の研究生（京都物理科出身）の友人にて横須賀工廠に勤務のものこれあり，それと同じ下宿に部屋がありさうだとの事に御座候．機密を要する工場にて仕事をするもの故下宿の事なども一応御意見承り度くと存候．右同宿人の氏名など判明の上は更に御通知可申上候へ共一寸申上置候．
　次に一宮の方は葉山に自分の別荘か何かある由にてそれより通へばよろしからんと申居候．これも序に御知らせ致置候．
　一．其後御母上様御病気如何候．先日は御見舞申上度と存じ乍ら時間が遅くなりその儘帰京致し失礼仕候．何分よろしく御伝へ願上候．
　先ハ要々申述候　　　　　　　　　　　　　　　　　　　　　　　　敬具

　　　[a] 書簡440の注a参照．
　　　[b] 書簡440の注b，444の注aを参照．

448 仁科芳雄 → 中泉正徳 （東京帝大，医学部放射線科）　　1936/03/27

　　　　　　　　　　　　昭和11年3月27日　　理化学研究所
　　　　　　　　　　　　　　　　　　　　　　　仁科芳雄
中泉正徳 様
　拝啓　中性子ノ生物学的作用ニ関シテ最近左ノ論文発表セラレ候. 最早御存ジ
ノ事カト存候ヘ共為念御一報申上候.
　　1. John H. Lawrence and Ernest O. Lawrence: The Biological Action
　　　of Neutron Rays, *Proceedings of the National Academy of Science of
　　　the United States of America,* Volume 22, No. 2, p. 124, 1936.
　　2. Raymond E. Zirkle and Paul C. Aebersold: Relative Effectiveness
　　　of X-Rays and Fast Neutrons in Retarding Growth, *ibid.,* p. 134,
　　　1936.
此結果ヨリスレバ中性子ノ生物学的作用ノ大キイ事ハ最早疑問ノ余地ナクト
存候[a]. 此上ハ異ル細胞ニ対シ作用ノ差異ノ有無並ニ其大小ガ研究対象トナルベ
キモノノ様考ヘラレ候. 此辺如何ノモノニ候哉.
　　右要々迄　　　　　　　　　　　　　　　　　　　　　　　　敬具

　　　[a] 1937年，小サイクロトロンが完成するや早速，2.9 Mevの重陽子をベリリウムに衝
　　　　撃して得た放射線を二十日鼠に照射し脾臓および精系細胞におこる変化をしらべた
　　　　（中泉正徳・村地孝一・山村好雄）．人工放射性ナトリウムなどを用い植物や動物に
　　　　おける吸収の実験も始められた（仁科・中山弘美・森 信胤）．書簡894，915，1019，
　　　　1022も参照．参考：佐藤重平「植物に及ぼす中性子の影響」，科学 **10** (1940) 171-176；
　　　　森脇大五郎「中性子と猩々蠅遺伝学」，前掲，294-299．書簡414参照．

449 仁科芳雄 → 平山 信 （東京帝大，昭和11年日食準備委員会）　　1936/03/30

　　　　　　　　　　　　昭和11年3月30日　　理化学研究所
　　　　　　　　　　　　　　　　　　　　　　　仁科芳雄[a]
昭和11年日食準備委員会委員長
平山 信 殿

　　　　日食観測準備ニ関スル件
　拝啓　首題ノ件ニ関シ学研発第295号ヲ以テ御照会相成候条項ハ別紙ノ通リニ
御座候間左様御取計ラヒ被下度候．　　　　　　　　　　　　　　　　敬具

　　　　　　　　　　記
一．観測主任者氏名　　仁科芳雄
　　　　右不在中ハ　　石井千尋
一．同行人員　主任者共 3 名乃至 4 名
一．観測者目的地着予定期日　昭和 11 年 6 月 4 日
一．滞在予定日数　22 日間
一．但一部 1 名（仁科芳雄）ハ 6 月 17 日ヨリ 7 日間
一．観測地点　斜里村斜里岳
一．宿舎　小屋建設ノ予定
一．実地視察ノ為前以テ観測者出張ノ有無
　　　4 月 4 日　石井千尋ヲ出張セシムル予定
一．其他詳細ハ石井千尋出張実地踏査ノ上決定シタシ
　　　　　　　　　　　　　　　　　　　　　以上

[a] 1935 年 9 月–1936 年 10 月の間，学術研究会議・昭和 11 年日食準備委員をつとめた．

450　嵯峨根遼吉（カリフォルニア大学, バークレー）→ 仁科芳雄　　1936/03/30 [a]

3 月 30 日

仁科芳雄 様

　先日は御手紙有難く拝見致しました．色々実験の事や東京の模様を精しく御知らせ戴きまして有難うございます．色々御返事したいことが多くて迷ひますが，御手紙に書いてある順に私のことから申上げます．御申越の通りケンブリッヂへ行ければ一番よいと思ひますが父からの手紙では論文を 1 つ早く書いたら手紙を出してやるとの話で，これが今の処何時になるやら分らずに困って居ります．S の bombardment は大体済んで居る状態ですが，1 つ S の isotope らしいものに growing curve を示すものがあって説明が困難なため，確かに S の isotope か否かの chemical test を色々やり化学の先生の所に習ひに行ったりして弱って居ります．いづれにしても此点を未だ相当確める必要があるので夏に欧洲に渡る積りで先方に頼む時にはとても間に合ひません．それで 10 月の学期始め迄には済ませる積りで居りますから，父にも論文が出来なくとも手紙を出して呉れる様に頼んで置きましたが，先生からもよろしく願ひます．6

月の Washington 大学（Oregon）の meeting には間に合はす積りで abstract 位出せると書いて置いたのももう締切に間に合はなくなりました．実験が順調に行けば supplementary program で発表するのがせいぜいです．

当研究所にもう少し長く居るのも一案で，cyclotron を習うといふ点ではもう必要を認めませんが，段々慣れて来ると古顔になって実験がやりよくなり，今迄より efficiency よく実験が出来ることは確かで，単に論文でも書くといふ点からは 10 月頃まで此処に居た方がよいかも知れません．然しこれは帰りに寄っても大体同じなので，私としては今の仕事がすみ次第欧洲に渡りたいと考へて居ります．

次に天木さんの実験は何かうまく行かぬといふ事で，1 月に天木さんからの御手紙でも承知して居りました．一つ私の腑に落ちぬ点は空気中で測定されてゐるとの話ですが，これは前にもやりまして窒素の吸着されたのや空中にあるものゝため水素中のものと比較して background が増して測定に error が多くなる様に記憶して居りますが，遠方から心配しても始らぬと思って其儘にしておきましたが，此点如何なのでせうか．もう一つは Li や B の様なものの surface に附着してゐる心配ですが，あまりはっきりせぬ様でしたら他に幾らも大切な問題のあることですから方向転換をされては如何でせう．

β 線のスペクトルは当研究所で盛にやって居りますが，私の考では scattering のふせぎ方や曲率の測定等随分無茶で，Kurie が一人で大丈夫だといってやって居りますが，やり直せば必ず違ふと思ひます．第一 magnetic field が 200〜300 ガウスで曲率半径の大きなものを平気でよい加減に計って居りますし，solid angle に対する correction など余り考へて居りません．色々なものにつきやり直す必要があると思ひます．現に Cal Tech の結果と喰違って先日 Kurie が Delsasso にやりこめられて居りました．出来るだけ早く色々なものにつきやられるとよいと思ひます．

大阪の菊池さんの別刷がつい先日 Lawrence の所へ来て colloquium でやると言って居りましたが未だやりません．colloquium で私の未完成の実験報告を先日やらされました．そろそろ人の論文の紹介をやらなくてはいけな相です．

Cosmic ray の Wilson track は最近一度に方々の報告が出て少々鼻を折られた形の様ですが，未だやることは沢山あり相ではありませんか．何時頃完成の予定ですか．

次にサイクロトロンはいよいよ手をつけ初められた相で結構です．長い間 steady に働かせることが困難なのと故障を起し勝ちなのが一番の欠点ですが，他は断然外の方法をおさへてゐる様に思はれます．経常費は電気と cooling water（米国ではこの2つが非常に高い）に機具の修繕費でせうが，故障を起し勝ちな所から人数が3人は是非必要です．

　当地のサイクロトロンでは最近 beam を外に導き出すことに成功して deuteron の Bragg curve^g や scattering の研究が初められました．別に He を入れて 11 種の α 線（0.4 μ. a.）を得て居ります．deuteron の contamination があっても別々の beam になるのなどよい所と思ひます．もうこうなると全然 radium のもってゐる ray は全部出せたことになります．

　応用方面では ^{24}Na を 20〜30 milli Curie 位作っては 桑港（サンフランシスコ）の病院で患者に注射してゐる様ですし，二十日鼠や蠅に対する neutron の影響等を盛にやって居ります$_h$．

　100 万ボルト迄のコッククロフト式を作りたいとの御話ですが，広告ならいざ知らず，建物から作り始めて現に世界中方々で実験が進められてゐる時に作り始めるのでは全然意味がない様な気がします．殊に 100 万ボルト迄では実験出来る元素の数もいくらもないことですから，大体面白い題目はすんで終ふ時分に出来上ることでせう．殊に 100 万から 150 万に上げやうとしても建物の土台から作り直さねばならぬことでせう．手前味噌か知りませんがそれだけの金を余分に magnet にかけて 1 糎（センチ）でも dia の大きな magnet を作ることが大切だと思ひます．現在だけの金で少くとも世界一の大きなものを作ることが可能であり，必ず将来要求のあることゝ思ひます．勿論サイクロトロンは始めは小さな直径のもので練習すればよいので，そのとき電気を少し余計使ふだけのことゝ思ひます．それも数十キロの桁ですから大したことではないでせう．

　もう一つは人数の点ですが，現在当研究所で 20 人の人が 1 つのサイクロトロンで働いて居りますが，それでも調子のよい時は測定器械の方で制限されてサイクロトロンを遊ばして置くことがある有様で，サイクロトロンやらコッククロフトやら何人位人数が得られる御予定ですか．中途半端な実験をいくらもやるよりか他に出来ぬ様なことを一つでも出来たらその方が余程よいのではないでせうか．特に biological effect の方で artificial radioactive substance の injection などはこれでなくては鳥渡（ちょっと）出来ないでせう．

　書忘れましたが最近化学の人が化学変化の研究に radioactive indicator として人工放射性物質を使ひ始めました．5〜6 million の deuteron ですと相当の所までこれますから，此方面の将来も大きいことでせう．勿論 radium などで得られぬ大勢力の α 線を数十瓦（グラム）乃至数百瓦に相当する強さのものを得てこれによる核の破壊の研究は非常に興味のあることであり，益々大きな magnet を要求すると思ひます．

magnetのuniformityを先日filamentを取り換へてゐる間にNewsonと測定したのがありますから御送りします．此程度のhomogeneityで結構よいbeamを得て居ります．pole pieceの形はPrincetonのがよい様で，Michigan, Chicago大体同じ形にする様でした．

矢崎さんが行かれてからのcyclotronの改良は大してありませんがdeflecting plate[j]の位置を少し動かしてvoltを余計にかけtarget boxを取はずしてZnSをぬってbeamの位置を見てそこに穴をあけwindowを取付けた迄です．rectifierは1万ボルト0.8 amp位の水銀入のG.E.製のものを12使ふ様になってから，一度も故障がありません．それとoscillatorのpumpもdiaの大きなものにして今度はCencoの代りにMegavacにする予定になって居ります．plateにhigh voltageをかけるに従ってcathode ray punctureが増しcompressed airのjetで硝子の部分のcoolingをやって居ります．もう一つはDeflecting plateが多少大きいため此処につけるcondenserがoverloadになり，最近は直径30 cm位高さも30 cm位のwater cool附の手製のcondenser（銅板の輪，transformer oil入，capacity 400〜500 cm）[k]を使って居ります．

それから建物のすまぬ内に多少shieldingを御考へになって置かれた方がよいと思ひます．相当のpowerの発振器ですからラヂオの雑音で問題になる心配があります．当地の受信器は大体separationのよいものが多いので苦情は2, 3あった様でしたが簡単なshieldでよくなりましたが，日本のは分離のひどく悪いのが多いことですから心配です．

堀君の実験色々御心配戴いて有難うございました．何か一つでも纏れば大した拾物ですが六ヶ敷いことでもう其内何とか知らせがあること\思って居ります．仁科研への人の話は中々思ふ様にならず残念でした．もう1人2人よさ相なのを探して置いたらとも思ひますが致方ありません．

嵯峨根遼吉

ウィルソン函の話を一つ忘れました．それはProf. Brodeの話によると，アルコール（プロピルアルコール）を使ふとそのdropの光に対するscattering characteristicがwater dropの場合と違って，直角の方へも相当intensity強くscatterするので電球でfast β がとれるとのことです．

    [a] 消印は4月4日．封筒の裏に「戒厳令依開緘」と押印してある．
    [b] 書簡423の注aを見よ．

c 書簡 435 を参照.
d 1937年12月15日の理研・学術講演会に天木敏夫を含む6名による講演「β線スペクトル」が見える．書簡497によれば，もっと広い実験かもしれない．
e カリフォルニア工科大学．書簡426の注bも参照．
f 小サイクロトロン．1936年に設計をはじめ，1937年4月に完成した．
g 電離箱のなかで，粒子が走った距離 x に対して単位距離あたりの生成イオン数 dn/dx をプロットした曲線．
h 書簡448の注aを参照．
i 計画中のサイクロトロンの磁極の直径（56 cm）を大きくしたいと言っている．加速エネルギーの上限はD.の直径（56 cm）と磁場の強さできまる．
j これでサイクロトロン内の粒子の軌道を曲げて外にとりだす．
k 電磁気のc.g.s. Gauss系では電気容量は長さの次元をもち，単位はcmである．

451 石井千尋 (札幌) → 仁科芳雄　　1936/04/12

斜里岳調査報告[a]

1. 登山路

上斜里より上斜里原野を江鳶（エトンビ）に至り，江鳶の農場部落より国有林の林内歩道にて登山する．

林内歩道はチェプサクエトンビ川の本流にそふて登る景勝道と云ふべきもので，600米位から上は沢の中を岩石を渉り岩洞をくゞって進むもので，この歩道を改修する事は，景勝地の故を以て斜里岳保勝会及び営林区署ともに反対と考へて居る．

しかし我々の荷物を運ぶ位の事は何とか出来ると何れも考へて居る．

2. 観測予定地

斜里岳旧火口内の一丘で北北東位に斜里岳参角点を望み，これから東→東南まで火口壁にてかこまれて，南から大体西に向って開いて居り，チエプサクエトンビ川（魚の居ない川の意）の水源まで数丁程度と解せられる．時期の早い中は雪どけの水が沢山得られる筈である．

また，林内歩道からは数十間程度の場所故新らたなる道路を要しない．

一面這松であって，土地は岩であるから掘立て小屋は出来ない．土台つきにすべきである．

現在は雪が（多分）6尺位ある．

風当りは大部弱いと考へられる．

高度は目測及アネロイド推定．1300米，面積充分．

4月6日，午前中　道庁に於て農産課長に面会．八鍬氏とも会ひました．

何はともあれ場所を見て来いとの事で，同夜出発．道庁の測候助手と，山林気象の師手とに案内されて網走営林区署に行き，色々と相談の上網走営林区署の師手，網走町の有志で斜里の冬山の大家（北大出），道庁の測候師手等と上斜里に向ひ，登山口江嶌の農家に一宿．

8日午前6時出発．チェプサク江嶌川右の尾根の方から登山．天気が非常によく，800米以上はピッケルとアイゼンにて登り頂上についたのが2時頃．途中色々と候補地をさがし，遂に1300米辺の通称お花畠下に見つけました．

帰着したのは午後7時．それより予定地の小屋立て可能性を吟味した所，難関に迷込み遂に論じて12時に至り，電報を書いて翌日は別な所をさがす事にしました．

9日，8時半出発　チェプサクエトンビ川の左の尾根を登り，700米位の所にまた候補地を発見して帰り，荷馬車にて江嶌から上斜里に帰りました．

上斜里の駅にて請負業辻氏，保勝会長，駅長等と色々相談し，同夜網走泊り．

10日　網走営林区署に於て色々相談し，適当な列車なきため午後は網走測候所を尋ね，また網走刑務所を見学して，同夜行にて札幌に帰りました．

11日　道庁に農産課長を尋ねた処出張中で14日の夜おそく帰られる由．

それで八鍬氏にお話をし，また田所部長に大体の経過と御願ひをして置きました．

3. 小屋を如何にして予定地に建てるか．

8日に登山した結論では，時日があれば雪の上を荷物を運搬して途中に足だまりを作り，そこを根拠として我々の予定地に作り得る筈である．而して若し雪が消えると，小屋材料の運搬は何人が考へても見込なしと云ふ事になるらしいのです．

而して8日の夜の結論は（結論を下したのは網走営林区署の技手，網走町の木材商，北大専科出の北大山岳部員，道庁の技手，及小生，並に江嶌の青年）．

しかるに9日に至り，上斜里の請負師辻なる者は雪のある中に1ヶ月見込んでもらへば，坪60円位で引受る見込がつくと申します．

その後営林区署の方々に色々の御経験から充分吟味してもらった所は，営林区署の常雇の造林人夫によれば，材料を買込んでも470円位で充分出来るとのお話です．

この点を農産課長と林務課長とによくお話申して，何とか500円位で作れる

様にしたいと存じます．
　而して，小屋を立てる場合には場所が国有林の中の事でもありますので，営林区署の指導カントクを願ふ考へです．

4. 荷物運搬
　荷物中，bomb は成るべく小型の荷作りをしないと岩のトンネル等がくゞれ無い．
　而して bomb 以外は雪の有無にかゝわらず何とかなるものと考へて支障ありません．
　而して上斜里の辻の見つもりは重量 160 貫にて 320 円（片道）．
　営林区署では片道 120 円で充分とのお話．

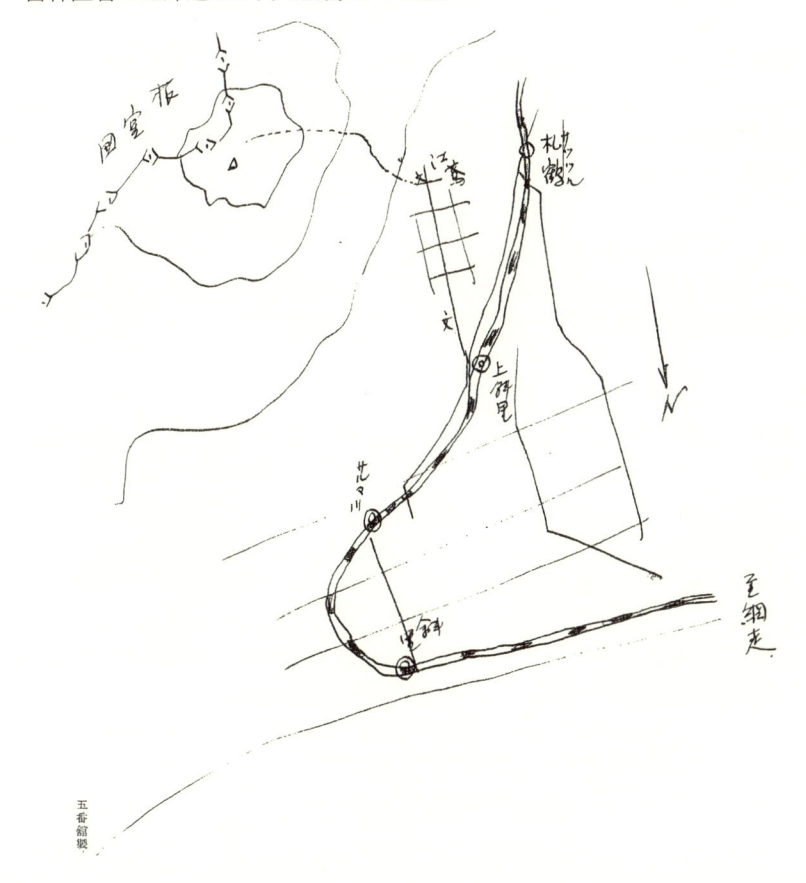

何れにしても1つ丈はbombのpressure guageはlead pipeをみぢかく本体につける様に工場に頼んで置いていたゞき度いと思ひます．私は10糎のPbの外に出る様にたのんで置きましたが，それでは運搬考へものです．

尚，斜里村長の調査はきわめて不適格で，例へば8合目まで駄馬等は真赤なうそ．この地方駄馬なし．馬はあるも荷ぐら無く，馬が入るのは5合以下です．

斜里は外国人も来る事故，斜里村長の調査等あまり信頼出来ぬと云ふ点を福見さんに御知らせ申し置く事も必要かと存じます．

斜里村長不信用の意味に於て私は立ちよりませんでした．上斜里駅長，上斜里の斜里岳保勝会，特にまた網走営林区署長の非常なる御厚意にあづかりました．

5. 無線通信の件

農産課長の言によると，絶対的の必要性ある場合には兵とともに借りる例が沢山あるが，あった方が良いと云ふ比較的の必要性ではたのみにくいとの事．従って陸軍には交渉して見なかったとの話です．無しでも我慢出来ませう．

予定地から江鳶小学校まで中間に物はありません．

6. 熊の話，特に浅野君に

保証出来ません．大体食はれるものではありませんと．しかし営林区署の山歩き専門家でも見た事の無い人もあります．

7. 燃料及ストーヴ

燃料は常雇人夫で一寸下から上げられ相です．ストーヴの小さいのがありまして多分上るでせう．

8. 予算は

別紙［省略］の如く考へます．

明13日林務課長を尋ね，田所先生にも一度お目にかゝる筈です．出来れば15日に農産課長にも一度会って行き度いと考へて居ります．

尚，山についての報告を一応申上げます．
4月12日　北二条　山形屋旅館にて

石井千尋

仁科 先生

　只今電報いたゞきました．

　　　a 書簡442の注aを参照．
　　　b 文章が切れているが，これで原文のまま．

452　仁科芳雄 → 林 精一郎・平塚眞咲 (古河電気工業)　　　1936/04/13

　　　　　　　　　　　　昭和11年4月13日　　理化学研究所
　　　　　　　　　　　　　　　　　　　　　　　仁科芳雄
古河電気工業株式会社　技術部研究課
林 精一郎 様
平塚眞咲 様

　　　シールド　ケーブル御寄贈の件
拝啓　愈々御清祥の段奉賀上候．
　扨て今般当研究室一宮虎雄よりシールド　ケーブル6米御配慮御願申上候処早速御寄贈被下研究上便宜を得申候事多大に有之厚く御礼申述候．
　右不取敢以書中御礼のみ申上候．　　　　　　　　　　　　敬具

453　仁科芳雄 → 今村信次郎 (東京電気株式会社研究所)　　1936/04/17

　　　　　　　　　　　　昭和11年4月17日　　理化学研究所
　　　　　　　　　　　　　　　　　　　　　　　仁科芳雄
東京電気株式会社研究所
今村信次郎 様

　　　アルゴン瓦斯の件
拝啓　一昨日は参上致し種々御配慮を辱ふし毎ゝ乍ら誠に難有厚く御礼申上候．尚昨日は態々首題の件に関し御親切に御電話頂き奉謝上候．然る処本日北海道の日食観測地を実地踏査して帰所致候助手の報告により，今般の日食にはアル

ゴン瓦斯は使用せざる事に決定致候につき折角御配慮頂き甚だ勝手には存候へ共今回は中止の事と致し可申,何卒不悪御諒承奉願上候.

然し将来はアルゴン瓦斯使用の予定に御座候間日食観測後（7月以後）には又々御願申上ぐる事と相成可申其際は宜敷御願申上候. 就ては甚だ恐れ入り候へ共今回御願申上候純度95％のものにて，御話被下度候. ボンブに100気圧に詰めたるものの価格大約相解り候はゞ御一報被下度御依頼申上候. 尚今回御知らせ願上候ボンブの容積は約24立（リットル）と記憶致候が如何哉序に御報願上候.

右御報並に御願迄申述候.　　　　　　　　　　　　　　　　　　　　敬具

454 仁科芳雄 → 黒澤 滋 （北海道庁林務課）　　　　1936/04/18

　　　　　　　　　　　昭和11年4月18日　　理化学研究所
　　　　　　　　　　　　　　　　　　　　仁科芳雄

北海道庁林務課
黒澤 滋 殿

拝啓　春暖相催候処愈々御清祥奉賀候.

扨テ今般ハ斜里岳上ニ於ケル日食観測準備ノ為，助手石井千尋儀参上致候際ハ態々（わざわざ）網走迄モ御出張被下，細大トナク万事一方ナラザル御配慮ヲ辱ウシ誠ニ難有厚ク御礼申上候. 殊ニ御地ニ於ケル準備万端御尽力に預リ着々御手配被成下候由，御蔭ヲ以テ観測可能ナリトノ自信ヲ得，一同安心シテ器械ノ完成ヲ急ギ居申候. 来ル5月25日迄ニハ山上ニ運搬終了致候様準備相進メ居候間，何卒乍此上何分ノ御配慮御願申上度偏ニ奉願上候.

右不取敢御礼旁御願迄申述候.　　　　　　　　　　　　　　　　　敬具

二伸
両3日前願書御送附申上置候，宜敷御取計ラヒ願上候.

455 仁科芳雄 → 村上三次 （横須賀海軍工廠）　　　　1936/04/18

　　　　　　　　　　　昭和11年4月18日　　理化学研究所
　　　　　　　　　　　　　　　　　　　　仁科芳雄

横須賀海軍工廠造兵部
村上三次 殿

　　　探照燈試驗ノ件
拝啓　過日ハ首題ノ件ニ関シ助手竹内柾儀参上致候処万端周到ナル御準備被成下詳細ナル試驗ヲ御施行頂キ誠ニ難有厚ク御礼申上候. 孰レ近日参上御礼申述ベク候へ共不取敢以書中御礼申述候.
　尚試驗ノ結果ニヨレバ該探照燈ノ強度ハ小生等ノ目的ニハ弱過ギルコト判明致シ大イニ失望致居候. 其後当方ニテモ種々考慮ヲ費シ居候へ共未ダ成案ヲ得ズ甚ダ苦慮致居候. 今般ノ實驗モ万事其成否ハ照明ノ強度如何ニ懸リ居ルコトニテ聊カ閉口致居候. 孰レ近日参上ノ際又ゞ御配慮御願申上度ト存居候.
　不取敢御礼旁ゞ御願申上候. 　　　　　　　　　　　　　　　　敬具

二伸
　尚過日試驗御施行被下候諸氏ニ宜敷御礼御伝へ願上候.

456　仁科芳雄　→　關口鯉吉（東京天文台）　　　　　　1936/04/18

　　　　　　　　　　　　　　　　　　昭和 11 年 4 月 18 日
　　　　　　　　　　　　　　　　　　　　仁科芳雄
關口鯉吉 様
拝啓　過日は御多用中態ゞ御枉駕被下日食観測に関し御親切なる御勧告を辱ふし難有厚く御礼申上候. 然る処昨日石井千尋君現地踏査して帰所致候. 其報告によれば道庁の林務課にて既に網走営林区署に指令を発して斜里岳上に小屋建設の準備を開始したる由にて其厚意に対しても今更変更致す事不可能と相成申候につき御親切を無にして誠に相済不申候へ共此度は御許し被下度不悪思召願上候.
　右不取敢要ゞ申述候. 　　　　　　　　　　　　　　　　敬具

457　仁科芳雄　→　N. Bohr（理論物理学研究所, コペンハーゲン）　　　　1936/04/23

　　　　　　　　　　　　　理化学研究所, 東京　　1936 年 4 月 23 日

Bohr 先生

　2月8日付の御手紙大変ありがたく拝見致しました．これは大分前にいただいたのですが，そこで触れておられた原子核の構造に関する論文^{a}は，Nature 誌に出版され，核の諸現象に関する私どもの見解に多大の影響を与えました．私の考えでは，先生の新しい理論は，以前の理論よりもずっと解答に近いのではないかと存じます．理論的な扱いは難しくなりましたけれど．理論物理学者たちはこの問題にどのように取り組もうとしているのでしょうか？　先生が論文で予告された Kalckar 氏との共著論文の発表をお待ち致しております．また，お考えの最近の発展を知りたいものと思います．

　先生の日本への旅行プログラムおよび来年の御講義の予定ですが，まずわれわれの計画立案の基礎として，先生の大まかなご指示をいただきたいと存じます．それは，全体で何回の講義をお考えか，またどのくらいの期間この国に滞在を御希望になるかに依存するからです．しばしば書きましたとおり，私どもはできる限り長く滞在していただくことを希望しております．私の了解では，長岡教授が 1934 年 9 月に申し出でられた旅費を含む総額 2 万円に変更はございません．

　今度こそは，長期にわたって計画された旅を実現されますよう，そして先生をはじめ，Bohr 夫人，Hans 君に東京でお会いできる日を鶴首してお待ち申し上げます．

仁科芳雄
［英文］

　　^{a} N. Bohr, Neutron capture and nuclear constitution, Nature 137（1936）344–348.「中性子捕捉と核構造」，科学 6（1936）240–243.

458　仁科芳雄　→　P.A.M. Dirac （ケンブリッジ大学）　　　1936/04/25

Dirac さん

　3月25日付の御親切なお手紙と君の本の「日本語版への序文」，日本語版に含める「近似法」の原稿^a，ありがとうございました．

　翻訳は印刷所に送ったところです．序文と近似法はまだで，これから追加します．本体の印刷が終わるまでに何ヵ月もかかるでしょうから．

　近似法の原稿は，用が済みしだい送り返します．

日本語版への序文をタイプしたもの，同封します．私たちの出版社は，あなたのサインが欲しいと言っています．原文にはなかったので，タイプしたものにサインして私あてに送り返してください．

北京の物理学者がくれた印章[b]は興味深いものです．下の字は直ちに読めますが，上の字は難しい．同じ文字でも私たちの発音と現代中国の発音はひどく違うことが分かります．私たちの発音は古い中国語からきているのでしょう．

自然界の保存法則に関するあなたの興味深い論文[c]を読んでいます．ミクロ物理学で保存法則が成り立たないという理由は，Shankland の実験，[d] β 線スペクトル，量子電磁力学の混迷のほかにもありますか[e]？

仁科芳雄
［英文］

[a] 書簡 446 参照．
[b] 書簡 446 とその注 b を見よ．
[c] P.A.M. Dirac, Does conservation of energy hold in atomic processes? *Nature* **137** (1936) 298–299.
[d] 書簡 435 の注 b を参照．
[e] Dirac からの返信：470．

459 仁科芳雄 → W. Heisenberg （ライプチッヒ大学，ドイツ） 1936/04/25

東京　1936 年 4 月 25 日
理化学研究所

Heisenberg 様

何ヵ月も前から，ライプチッヒ大学物理学教室とわれわれの研究所の間で物理学者の交換が計画されてきました．あなたの所から最近帰ってきた有山氏によれば，計画実現の準備はすでに双方で整い，あなたもそうお考えのように思われます．この交換が，互いの文化の理解を深めるのに多くを寄与するのは喜ばしいことです．

われわれの研究所の状況を言えば，所長・大河内伯爵は，物理学者一人を私の研究室からあなたの教室に送り，お返しとして一人を私の研究室に採用するという結論に達しています．いまや私の方の候補の名前をあげて君の了解を得るべきときだと思います．候補は，もう何年も私の研究室で量子論を研究してきた朝永振一郎ですが，いかがでしょうか．朝永は私の研究室の最良の若手理

論物理学者であり，われわれの目的によく適していると信じます．
　上に書いたとおり，あなたの側からの物理学者が私の研究室で働くことになるわけですが，量子論を専攻する適当な物理学者を送っていただけたら幸いです．交換物理学者の期限は1年であると了解しています．
　もう一度こちらに来る機会はありませんか？　来春にはBohrが日本にくると言っています．今度こそ長らく考えられてきた旅行が実現することを願っています．

心からの挨拶をこめて
仁科芳雄
［独文］

460　仁科芳雄　→　菊池正士（大阪帝大）　　　　1936/04/28

昭和11年4月28日
仁科芳雄

菊池正士　様

　拝啓　コインシデンス　サーキットの詳細な御通知有り難う御座いました．こちらでも其後大分改善しましたが，御知らせにより色々参考となり，更によくなると思って居ります．
　こちらは今 rare earth elements の γ を調べて居りますが，物によっては測定不能かと思って居ります．
　不取敢御礼のみ申上げます．　　　　　　　　　　　　　　　　敬具

461　仁科芳雄　→　石黒庚平（芝浦製作所）　　　　1936/04/30

昭和11年4月30日　　理化学研究所
仁科芳雄

芝浦製作所商務部
石黒庚平　殿

　　　　宇宙線研究用電磁石ノ納期ニ関スル件
　拝啓　首題ノ件ニ関シ過日電話ニテ御話有之候所其後如何ノ成行ニ候哉御通知

被下度候．若シ納入遅延トモ相成候時ハ速ニ海軍当局ニ通告シ夫レ夫レノ処置
ヲ必要ト致候間成行判明次第御報知被下度候．　　　　　　　　　　　匆々

462　仁科芳雄　→　P.A.M. Dirac　(ケンブリッジ大学)　　　　1936/05/05

　　　　　　　　　　　　　　　　　　　理化学研究所　　1936年5月5日

Dirac さん
　近似法の原稿，同封してお送りします．これで翻訳^{a}も終わりです．いま翻訳
の第1章の校正を受け取りました．いくらか変更をしなければなりませんので，
次の章の校正を受け取るまでには多少の時間がかかるでしょう．
　　　　　　　　　　　　　　　　　　　　　　　　　　　　　　　仁科芳雄
　　　　　　　　　　　　　　　　　　　　　　　　　　　　　　　　［英文］

  ^{a} 書簡 201, 202, 221, 384, 395, 409, 437, 446, 458 を参照．P.A.M. Dirac『量子
　　　力学』［原書第2版］，仁科芳雄・朝永振一郎・小林 稔・玉木英彦訳，岩波書店が
　　　1936年12月10日に発行される．1943年というから，まだ原書の第3版が出るまえ
　　　のことである．東大の化学科2年生だった垣花秀武（元名大・プラズマ研究所・所
　　　長，東京工業大学名誉教授）が山手線の混んでいる車中で立ったまま Dirac を読ん
　　　でいたところ，前に座っていた中年の紳士が立ち上がり「よい本を読んでいますね．
　　　座り給え」と話しかけてきた．それが仁科芳雄博士であった．参考：垣花秀武「わ
　　　が道を歩む」，原子力学会誌 **35** (1993) 393．垣花は後に理研の仁科研究室に入る．

463　仁科芳雄　→　今村信次郎　(東京電気株式会社研究所)　　　1936/05/06

　　　　　　　　　　　　　　　昭和11年5月6日　　　理化学研究所
　　　　　　　　　　　　　　　　　　　　　　　　　　仁科芳雄
東京電気株式会社研究所
今村信次郎 様

拝啓　一昨日は御電話頂き候処留守中にて失礼仕候．又本日は御手紙被下難有
拝見仕候．
　アルゴン瓦斯の件^{a}については御多忙中一方ならざる御配慮を辱ふし厚く御礼
申上候．
　明7日午后小生　短波発振管の件につき一度研究所へ御伺ひ致度と存居候間，

其際助手同伴アルゴン瓦斯拝受可致候間宜敷御願申上候.
　右不取敢御願旁ゝ要旨申述候.　　　　　　　　　　　　　敬具

　　a 書簡453を参照.

464　仁科芳雄　→　中村清二　(東京帝大, 服部報公会)　　1936/05/07

　　　　　　　　　　　　　　昭和11年5月7日　　理化学研究所
　　　　　　　　　　　　　　　　　　　　　　　　仁科芳雄
中村清二　先生
拝啓　服部報公会[a]ノ申請書ガ回送サレテ参リマシタカラ御覧ニ入レマス. 申請総額2万3990円トナリ, 例年ノ例ニヨリマスト, 大約此半額ニ査定ノ必要ガアルノデハナイカト存ジマス.
　ナルベク早クト云フ会ノ意嚮ノ様デ御座イマスカラ, 明日晩ニデモ御差支ヘナケレバ御伺ヒ申上ゲタイト存ジマス. 明朝ハ約束ガアリマシテ川崎ノ東京電気ヘ参リ, 午后モ先約デ手ガ引ケマセン. 孰レ明日電話デデモ御都合ヲ御伺ヒスルコトニ致シマス.　　　　　　　　　　　　　　　　　　　　敬具

　　a 書簡347の注aを参照.

465　仁科芳雄　→　青山新一　(東北帝大)　　1936/05/08

　　　　　　　　　　　　　　昭和11年5月8日
　　　　　　　　　　　　　　　　　　　仁科芳雄
青山新一　様
拝啓　御手紙難有奉存候.
　扨て小生の所にてヘリウム瓦斯購入致し度と存候. 嘗て御手許にて御購入なされ候経験談拝聴致候こと有之候. 今度講演会にて御上京の節先方の宛所など詳細拝聴致度と存居候間何分よろしく御願申上候.
　尚今後講演会の題目は理研の編纂係へ御送附被下候方好都合と存候間左様御願申上候.　　　　　　　　　　　　　　　　　　　　　　　　　敬具

466 仁科芳雄 → 松原周助 (網走営林区署, 北海道) 1936/05/14

昭和 11 年 5 月 14 日　理化学研究所
仁科芳雄

網走営林区署長
松原周助 殿

　　　日食観測ノ件[a]
拝啓　其後愈々御清祥奉賀上候.
　扨テ本日ハ電報 2 通難有正ニ入手仕候. 器械ノ方ハ其後昼夜努力ヲ続ケ漸ク完成致シ可申予定ニテ, 返電ニテ申上候通リ 5 月 17 日午后 1 時 30 分ノ列車ニテ発送, 5 月 19 日午后 2 時 18 分列車ニテ上斜里駅着ノ予定ニ御座候. コレヨリ早クハ今更如何トモ致シ難ク何卒不悪御諒承ノ程奉願上候.
　斜里岳上ノ小屋建設ニツイテハ引続キ誠ニ一方ナラザル御配慮ヲ辱ウシ, 現地当局者及従業者諸氏ノ絶大ナル御尽力ニヨリ困難ヲ排シテ着々御進捗被下候趣伝聞仕リ, 只々感激ノ至リニ不堪厚ク御礼申上候. 時日モ愈々切迫致候ニツキ観測者石井千尋, 關戸彌太郎両人ハ
　　5 月 16 日午后 7 時上野駅発
　　　　17 日午后 7 時 40 分札幌駅着
　札幌ニ 1 泊, 道庁ニテノ打合セヲナシ, 食料品等ノ準備ヲ調ヘ
　　5 月 18 日午后 9 時 7 分札幌発
上斜里に向ヒ可申, 両人ノ内 1 人ハ網走経由ニテ御地ニ参上御挨拶申上グル予定ニ御座候. 尤モ時間ノ都合ニテ場合ニヨリテハ多少ノ変更致スヤモ計リ難クト存候.
　孰レニ致シテモ器械ト略同時ニ上斜里着, 斜里岳ヘノ運搬ニハ同伴致スベキ予定ニ御座候.
　右ノ次第ニ御座候間何卒此上乍ラ御配慮被下度偏ニ奉懇願候.
　尚, 小生ハ本月下旬米国ヨリ到着ノ器械ヲ携ヘ 6 月 13 日午后 7 時発 14 日晩札幌着, 15 日午后 10 時 50 分札幌発列車ニテ御地ニ向ヒ可申 16 日午前 10 時 8 分網走着ノ上参上御挨拶可申上, 同日午后上斜里ニ向ヒ 17 日登山ノ予定ニ御座候間, 何卒宜敷御願申上候. 小生携行ノ器械ハ軽キモノニテ人夫 1 人ニテ登山可能カト存居候 (寝具其他ハ別トシテ).
　右不取敢御願旁々御通知申述候.　　　　　　　　　敬具

ª 書簡442の注aを参照．

467 嵯峨根遼吉（カリフォルニア大学, バークレー）→ 仁科芳雄　　1936/05/14

5月14日

仁科芳雄 様

　先日はコッククロフト宛に依頼状を書いて戴きまして[a]有難うございます．相変らず色々と用が多くてさぞかし御忙しいことゝ御察し致して居ります．私の方は近頃はbeamを外に取出す方の改造改良が主で，自分の実験が何時出来るかも分らずに少々閉口して居ります．此調子では夏過ぎまで待たなければならないかも知れません．

　beamを取出す装置のdrawingのcopyを取りましたから御送りします．最近直した処及図によく表はれて居ない処は赤鉛筆で書込んで置きました．

　当地のcyclotronも次の学期からはいよいよ10ミリオンのbeamを得る様に改造する予定になって居ります．cyclotronは未だ中々改良の余地が沢山ある様で，結局少し仕事をやっては次々と改良をつゞけてゐる有様です．1年近くも欧洲に行って来たら余程変ってゐることでせう．

　RochesterやPrincetonのものも此処数ヶ月の内にbeamが得られる様ですし，Bohrの処でも作るとかいふ話を聞きました．Cambridgeのは今此処に居るKinseyが10月からやるのだ相です．

　時に欧洲の見学の模様がよく分りませんので，Bohr先生其他宛に御暇の時に紹介状を作って送って下さいませんでせうか．米国内は紹介状は全然不必要の様ですし，此処に居る人だけからもらっただけでも充分と思ひます．

　皆様によろしく．御自愛専一に

嵯峨根遼吉

ª 書簡450で仁科に「Cockcroftに手紙をだすよう父（長岡半太郎）に頼んで下さい，先生からもよろしく」と依頼した．

468 仁科芳雄 → 豊田博司（日立製作所）　　1936/05/19

昭和11年5月19日　　理化学研究所

仁科芳雄

日立製作所
豊田博司 様
拝啓 其後御無沙汰致候. 扨テ今般「元素ノ人工変換」ニ用フル左記ノ大電磁石[a]ノ見積御願致度, 当地ノ貴製作所出張所ノ人ニ明日当所ヘ来所ヲ依頼致居候. 孰レ御地ノ当局者ノ方ヘ照会セラルヽ事ト存候. 何卒可然御配慮被下度候.

　Dノ大サハ極ノ形ニテ決定スルモノニテ恐ラク 1.5 乃至 1.6 米位カト存候. 此点ハ明日貴所員ニ詳細申述ベク候. 磁場ノ強サハ 1 万 7000 ガウスニ候.

　若シ見積可能ナラバ至急御願申上度　芝浦製作所ノ方ヨリモ見積提出セラレ居候.

　右ニ関シ貴所ノ方ノ御意嚮ダケニテモ至急御知ラセ被下度御願申上候.

敬具

二伸
　尚上記マグネットハ 125.0 糎(センチ)ノ直径ノ処ノ磁場ヲ使フモノニテ此磁場ノ uniformity に 2% ノ不均一ヲ許スモノニ候.

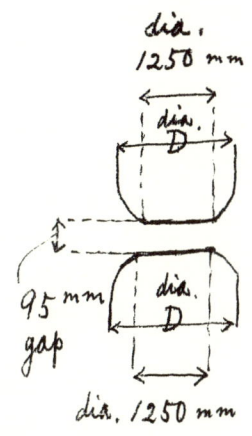

> dia. 1250 mm
> dia. D
> 95 mm gap
> dia. D
> dia. 1250 mm

[a] 大サイクロトロン用の電磁石（重さ 197 トン. 参考：新間啓三・山崎文男・杉本朝雄・田島英三「『六十吋（大型）サイクロトロン』建設報告」, 科学研究所報告 **27** (1951) 156-172; J.L. Heilbron and R.W. Seidel, *Lawrence and His Laboratory*, Univ. California Press (1989), p. 310, 321). この時期にもう大サイクロトロンが考えられていた. 小サイクロトロンの設計がはじまったのが, この年であり, 完成は 1937 年 4 月のことである.

469　仁科芳雄 → 荒勝文策（台北帝大）　　　　　　　1936/05/20

昭和 11 年 5 月 20 日　理化学研究所
仁科芳雄

台北帝大理農学部
荒勝文策 様
拝啓　其後愈々御情祥奉賀候.

扨テ去ル4月御上京ノ際ハ，御目ニカヽリ種々御話承リ愉快ニ存候．

其時御話有之候製糖会社トカノ宇宙線測定器ノ件ニツキ，価格等御通知申上御意嚮承リ度ト存候．実ハ，阿里山ヘモ1台据付クルコトト相成居リ此方ノ器械ハ正確ナル価格ハ未ダ判明致シ不申候．

今度北海道ノ日食ニ持参シタルモノハ此器械ニテ，其製作費ハ1個作ル時ト数個作ル時トハ格段ノ差異有之候タメ明確ニハ申上兼ネ候ヘ共，大体ニ於テ3000円乃至3500円ト見積リ居候．

此外ニ昨年富士山頂ノ観測ニ使用シタル器械コレアリ候．此方ハ完成シタルモノニテ若シ御希望ナラバコレヲ御譲リシテモ宜敷候．此方ノ製作費ハ1700円ニ候．然シ，此器械ノ方ハ前記阿里山ニ据付クルモノヨリハ著シク小サク，ionization chamber ノ容積モ $\frac{1}{50} \sim \frac{1}{60}$ ニ過ギズ候．即チ前記阿里山ニ据付クルモノハ 20〜25 litres ナルニ比シ，此方ハ 0.4 litre ニ候．従ッテ感度モヤハリ $\frac{1}{50} \sim \frac{1}{60}$ トナル訳ニ候．尤モ小サイ方ハ中ノ瓦斯ノ気圧ヲ高メ得ル故　今少シ感度ハ高メ得ルモノカト存候．然シソレモヤハリ $\frac{1}{30} \sim \frac{1}{40}$ ノ感度ト存候．即チ大ナル方ハ少クトモ30倍乃至40倍ノ感度ヲ有シ，価格ハ約2倍トナル訳ニ候．

右ノ次第ニツキ，御相談ノ上至急御意嚮御知ラセ被下度御願申上候．

実は大キイ方ハ　南洋パラオ島，阿里山，富士山，東京，豊原（樺太）ノ5観測所ニ据付クルモノニテ，若シ此方ヲ御希望トアラバ更ニ1個ヲ増シテ6個作ルコトト相成可申候．5個作ルカ6個作ルカニヨリ ionization chamber ノ鋳物ヲ注文スルニ1個ノ増減ヲ必要トスルコトニ御座候．此注文ハ御返事ノ到着次第コレヲ発スルコトト相成居候ニツキ，此点至急御決定御通知願上候．

其後御研究如何ニ候哉．先般御話ノ linear amplifier の鉄箱ノ厚サハ1糎（センチ）トノ御話ニ御座候処，コレハ必ズ1糎ノ必要コレアリ候哉．或ハ多少ハ薄クテモヨロシキ哉．御経験御知ラセ願上候．

右要々迄御尋ネ申上候．　　　　　　　　　　　　　　　　　　　　敬具

　　a 書簡442の注a参照．
　　b 書簡399の注a参照．

470　P.A.M. Dirac（ケンブリッジ大学）→ 仁科芳雄　　　　　　　1936/05/22

仁科　様

タイプで打った「日本語版への序文」[a]を同封します.
　私が非保存を信じた唯一の理由[b]は大兄が言っておられるとおりです. つまり最大の理由は現在の量子電気力学の不満足な性格にあります.

P.A.M. Dirac
[英文]

　[a] 書簡446, 458を参照.
　[b] 書簡458に対する答え. R. Shanklandの実験に促されて相対論的な過程におけるエネルギーの保存を疑った. 書簡435およびその注bを参照.

471　仁科芳雄 → 中原省三 (旭硝子)　　　1936/05/24

昭和11年5月24日　　理化学研究所
仁科芳雄

旭硝子株式会社
中原省三　様

　拝啓　過日ハ参上仕リ, 宇宙線研究費ノ件ニ関シ御多忙中ニモ拘ラズ一方ナラザル御配慮ヲ賜ハリ, 洵ニ難有ク感銘ノ至リニ不堪厚ク御礼申上候.
　亀山先生ヨリ承リ候ヘバ, 其後更ニ歩ヲ進メテ御尽力頂キ候趣, 何ト御礼申上様モ之無候. 一昨22日朝, 大河内所長ニモ面会致シ, 実状ヲ述ベ篤ト依頼致候処, 山田会長ニ面会ノ際ハ充分御願スル旨申述ベラレ候.
　何卒今後共宜敷御高配賜ハリ度, 偏ニ奉懇願候. 過日御約束申上候宇宙線研究ノ経過並ニ計画ノ概要同封御送附申上候間, 御覧被下度候. 早速御送附可申上ノ処, 理化学研究所ノ年中行事ナル研究成績発表ノ講演会開催中多忙ノ為延引仕候段不悪御思召被下度候.
　尚, 別紙ニ関シ更ニ詳細ナル説明御入用ナラバ何時ニテモ御送附可申上候. 右不取敢御願旁々御礼申述候.　　　　　　　　　　　　　　　敬具

二伸　尚, 小生ノ経歴並ニ業績同封御送附申上候.

472　仁科芳雄 → J.T. Howington (The Girdler Co., アメリカ)　1936/05/25

James Howington 様

The Helium Gas Company　副社長
ケンタッキー州ルイヴィル，アメリカ

東京　　1936年5月25日

拝啓　原子核の崩壊の研究のため，95% Heliumを標準温度および圧力で12 m³発注いたしたく存じます．

　日本　仙台市の石原寅次郎教授より，貴社のことを伺いました．このガスをお送りいただけるかどうか，またその価格もお知らせいただければ幸甚に存じます．

　上記物質の貴国よりの輸出については，その用途について日本国政府あるいは外務省の保証書が必要と存じます．保証書は取得する予定であります．もし貴国の科学者の参考人が必要ならば，A. H. Compton教授あるいはR. A. Millikan教授にお願いできます．

敬具

仁科芳雄，理博

追伸　小生は，バークレーのE.O. Lawrence教授がサイクロトロン加速器で実験しておられるのと同様にヘリウムガスを使用することを予定しております．

［英文］

473　仁科芳雄　→　大川忠吉（芝浦製作所）　　　1936/05/26

昭和11年5月26日　　理化学研究所
仁科芳雄

芝浦製作所設計課
大川忠吉　様

　　　宇宙線研究用電磁石ノ件[a]
拝啓　其後御無沙汰致候処愈々御清祥奉賀候．
　扨テ首題ノ件ニ就テハ多大ノ御配慮ヲ辱ウシ御蔭ヲ以テ追々完成ニ近ヅキ居候由，誠ニ難有厚ク御礼申述候．
　同電磁石ノ試験ハ貴工場ニテハ如何ナル程度ニ御施行被下候哉．小生ノ希望トシテハ磁界ノuniformityヲ貴工場ニテ試験シテ頂ケバ非常ニ好都合ニ御座候．小生ノ方ニテハ横須賀ノ実験室[b]ニテコレヲ試験スルハ相当ノ困難ヲ感ジ申候ニツキ，出来得レバ御願申上度ト存候．此辺如何ノモノニ御座候哉．或ハ必

要ニ応ジテハ当方助手差向ケテモ宜敷ト存候.
　右不取敢御願迄申述候.　　　　　　　　　　　　　　　　　　敬具

　　a 磁場の中では荷電粒子は円運動をする．円軌道の半径を測れば粒子の運動量が知れる．ここにいう電磁石は，この原理によって宇宙線粒子の運動量を測るために用いる．書簡60の注 b, 書簡444の注 a を参照.
　　b 書簡440, 444, 445 を参照.

474　W. Heisenberg（ライプチッヒ大学，ドイツ）→ 仁科芳雄　　1936/06/04

　　　　　　　　　　　　　　　　　　　　　　ライプチッヒ大学，理論物理学教室
　　　　　　　　　　　　　　　　　　　　　　ライプチッヒ　　36年6月4日
理化学研究所
仁科芳雄　様

仁科 様！
　お手紙[a]，ありがとうございました．あなたが提案された日本の物理学者は喜んで受け入れましょう．これによって，われわれのコペンハーゲン時代の協力が間接的にもせよ再びよみがえるのは嬉しいことです．残念なことに，この交換に関してドイツの物理学者の送り出しは，いま大きな困難にぶつかっています．ドイツ学術交流局[b]は，私のところで働いてきたドイツの物理学者を一人，日本のあなたの研究室に送ることを了解しています．そのために私は Kroll 博士を提案していました．彼は有山氏とも親しく，金属の理論についていろいろの論文を発表してきました．残念なことですが，ドイツ学術交流局は，彼は政治的な姿勢のために国家社会主義的ドイツの代表として相応しくないと信じています．現在，私の教室で働いている若い物理学者で日本に送り出すような者は他にいませんので，ドイツ学術交流局を通してドイツの物理学者を送り出すという計画は当面，実行できません．この状況は来年1年かけても早急に変わるようには見えないのです．それでも，そちらから送られてくる物理学者は心から歓迎します．
　Kroll は，事情によっては，個人的に有山氏との友情に頼って日本で何か小さな働き口をみつける努力をしたいと言ってきました．というわけで，私は，Kroll を誠実で勤勉な働き手として評価していること，Kroll が疑いなく現代の原子物理学を優れてマスターしていることを付け加えたいと思います．また

Kroll は教室において常に他の同僚たちのよき友人であります．

他の日本の共通の友人たちに心からの挨拶を送ります．奥様によろしく．

W. Heisenberg

［独文］

    a 書簡 459.
    b Deutscher Akademischer Austauschdienst E.V.「学術交流局」が当時の訳語だが，社団法人（E.V.）であるから，この訳語は適当ではあるまい．

475 仁科芳雄 → 石井千尋・關戸彌太郎（斜里岳，北海道）　1936/06/04

昭和11年6月4日
仁科芳雄

石井　君
關戸　君

拝啓　5月30日附ノ石井君ノ御手紙，關戸君ノ6月1日附ノ御手紙共ニ難有拝見．

一．古瀬氏ヘノ茶托ノ件承知シマシタ．

一．感謝状ノ見本ガ今日出来マシタ．コレヲ8枚学振ノ人ニ書イテ貰ヒ額縁（黒）ニ入レテ持ッテ行キマス．若シ追加ガアレバ大至急先方ノ宛名ヲ知ラセテ下サイ．

一．服装，夜具ニツキ詳細ニ御通知下サレ有リ難ウゴザイマシタ．御知ラセノ日程デヤッテ行キマス．

一．観測が始マッタ由，喜ンデ居リマス．コチラモソレニ従ッテヤリマセウ．但シコチラハ水銀ノ為遅レ，今日アルゴンヲ20気圧入レマシタ．浅野君ノ話ニヨルト「ウラニウム」ノ方ノ電離ハ気圧ニ比例シテ増スガ，宇宙線ノ方ハ1気圧ノモノニ比ベテ気圧ニ比例シテ居ナイソウデス．但シ10気圧カラハ直線的ニハ増シテ居ルガ，1気圧ノ時ニ比ベルト増加ガ少イ，ツマリ1気圧ノ時ノ宇宙線ガ特ニ大キナ価ヲ示シテ居ル様ナ結果ダサウデス．ソチラデJガ少イ[a]ト云フノハ何カソンナ事デモアルノデハナイデスカ．

一．昨日3度目ニ税関ニ行ッテ遂ニ Neher[b] ノ器械ヲ取

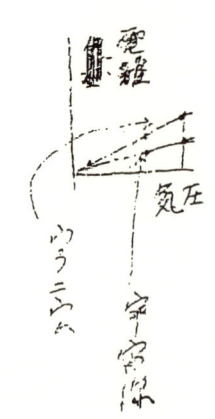

ッテ来マシタ．今日開イテ見ルト電池モ鉛モフィルム（長サ不明）モ入ッ
テ居リマス．サテ鉛ハドウシタモノデショウ．又松原サンヲ煩ハスノモ気
ノ毒デスカラ小生ノ考デハ鉛ハ持ッテ行カズ，電池ト器械トヲ働セ乍ラ持
ッテ行キ，電池ハ上斜里ニ置イテ器械ダケ持ッテ登ッテハドウカト思ヒマ
ス．若シ何カ御意見アラバ至急御知ラセ下サイ．明日使用方法ヲ書イタモ
ノヲ読ンデ少シ写真ヲ採ッテ見マセウ．鉛モ持ッテ行クトシタラ至急電報
デモ知ラセテ下サイ．鉛ハ持タナイ積リデ松原氏に重量，容積ヲ通知スル
積リデ居マス．明日重量ト容積トヲ御知ラセシマス．

フィルムハ着キマシタカ．

　　右要々迄．　　　　　　　　　　　　　　　　　　　　　　敬具

- a　J は宇宙線が電離箱を通っておこす電離電流の意．
- b　宇宙線を観測する野外用の電離計として Millikan と Neher が製作した（*Phys. Rev.* **50** (1936) 151）．仁科は，これを輸入し，皆既日食が宇宙線に影響するかどうかを調べた．観測の結果については書簡 743，744 を参照．この後，電離計は清水トンネル内に移され，800 m の水深に相当する地下まで宇宙線が到達していることを発見する（書簡 502，507，887，891，893，897，921，922，923，938，939，940，941，959 を参照）．さらに，高度 7000 m までの宇宙線強度の高度依存性（書簡 529，532，549，568），海上における緯度効果（書簡 690，713，1050 を参照）も調べた．戦後，広島，長崎の原爆被爆地におけるγ線強度観測などにも利用された（参照：書簡 1214-1223，1295）．
- c　網走営林区署長．書簡 466 を参照．

476　仁科芳雄 → 落合麒一郎（東京帝大）　　　　　　1936/06/04

　　　　　　　　　　　　　昭和 11 年 6 月 4 日　　理化学研究所
　　　　　　　　　　　　　　　　　　　　　　　　　仁科芳雄

落合麒一郎　様

拝啓　度々ノ御手紙難有拝見致シマシタ．其都度西川サンカラ返事ヲ出サレタ
ノデ最後ノ 5 月 18 日附ノ御手紙ヘハ私カラ返事致シマス．

　此御手紙ハ小生ノ H 教授宛ノ手紙ノ着イタ直後ト云フ事デシタガ，両 3 日
前有山君宛ノ御電報カラシテ遂ニ K 氏ハ来ラレナイ事ニナッタト云フ事ガ決
定セラレタ事ト思ヒマス．ソレデモ Austausch Physiker ガ中止サレタノデハ
ナイト考ヘマス．ソレデ H 教授宛ノ小生ノ手紙ニモ書イタ通リ，理研所長ト
シテハ朝永君ヲ適任者ト認メ，従ッテ独乙カラノ人ハ小生ノ研究室ニ引受ケナ

クテハナラヌ事ニナッテ居リマス．其為ニ独乙カラ来ル人ハ量子論ヲヤル人デナイト私ノ方デハ一寸縁ガ遠イ事ニナリマス．孰レH教授モ小生ノ手紙ニ対シテ何トカ返事ノアルコトト思ヒマスガ，量子論ヲヤッテ居ル適任者ヲ通告シテ呉レルコトト期待シテ居ル次第デス．

次ニ来ラレナクナッタK氏ハ気ノ毒ナコトデス．コチラデ職ヲ得ルト云フコトハ小生等ノ方デハ何トモナリマセン．殊ニ Austausch Physiker デ行ク人来ル人ニ相当ノ金ガ必要デスカラ，ソレ以上ハ中々困難デス．或ハ独乙語ノ教師ト云フコトナラ有ルカモ知レマセンガ，コレハドウモ小生ノ方トハ縁ガ遠クテ全然小生ニハ解リマセン．ソレデ大賀氏ヨリノ電報モアリ，有山氏ガ真鍋サンニデモ会ッテ文部省デモ尋ネテ見ヨウト云フ事ニナッテ居マス．

今日ノコチラノ状況デハ中々困難ナ問題ダト思ハレマス．

色々ト御面倒ヲカケテ恐レ入リマス．此上乍ラドウカ宜敷御願ヒシマス．

敬具

  [a] W. Heisenberg. 名前の頭文字しか書いてないのは検閲を恐れてのことだろうか．ここで言う手紙は書簡459．
  [b] Wolfgang Kroll.
  [c] 交換物理学者．
  [d] 書簡459．

477 落合麒一郎（東京帝大） → 仁科芳雄　　1936/06/05

拝啓　其後例の件に就て経過御報告申上ます．

 H教授[a]は大学のディレクターに交渉されまして，数日の後クロル氏はディレクターと面談，交換学生たる事を明確に拒絶されました．又小生もアオスタオシュデーンスト（A.D.）[b]のライプチッヒ支局より話しに来いとの通知をうけ参上しました処，

一．独乙学生にて交換学生の資格あるものは，第1に独乙国民（ナチオナル ゾチアリスト）[c]の代表者たるに足る人物たること．同時に量子論に於て仕事の出来る人物たること．此の2つの条件は絶対に必要である．然るに残念乍らこの条件に適合する候補者は今年見当らない．従て今年は独乙側より学生を送ることは不可能である．

一．依て今年は，日本より学生を受けつけるだけで交換と云ふ事にはならない．

一．以上の経過はユーバーシャール教授より日本へ通知する筈である．

大体以上の事を聞きました．即ち日本側の学生は受けとる，しかしそれに対して独乙側の候補者は居ないから，今年は独乙からは送らないと云ふ事になりました．
　然るに，クロル氏は此の決定を聞いて，交換学生でなく個人であくまでも行き度いと云ひ出しまして，有山君に電報を打って日本で生活するだけの収入を得る途があるか聞いて呉れとの事を頼まれ，其の返答次第によってもし多少望みがあるならば，只今ライプチッヒ留学を終へ6月末ライプチッヒ発日本へ帰朝の予定である処の文理科大学助教授関谷 力氏と同行し度いと申します．
　我々ライプチッヒ在留の邦人もいろいろ相談しましたが，日本で生活を保証する仕事があるかどうか勿論明言するわけには行かず，語学の教授又は論文の訂正等も考へられぬ事はありませんが，独乙語では範囲が比較的狭い様に思はれ，又すぐに其の様な仕事が見つかると云ふわけにも行きませんので大に困ります．しかしあまり気の毒であるので免も角有山君に電報したわけです．
　次に独乙側で不適当と認める人物をあくまで日本で連れて行かうとする事は，事柄は小さい乍ら日独国交或は将来の交換学生の交渉に就て円滑をさまたげはしないかと云ふ事も考へられます．これに対しては我々は，交換学生の件は之で一と先づ解決したので，今后のクロル氏の行動はクロル氏の個人としての自由意志に基くものであるが，只我々は個人として援助すると云ふにとどめなければならないと思ひます．
　以上要するに，
　独乙側では適当な候補者無しと云ふこと．
　日本側の候補者はうけとると云ふこと．
　クロル氏は個人としてあくまで日本へ行くと決心したこと．
　我々は個人として同君の為に尽力しやうとして居ること（例へば関谷氏等も日本の知人に頼んで見やうと申して居られました）．
　6月5日　　　　　　　　　　　　　　　　　　　　落合麒一郎

仁科芳雄 様

    a 書簡476の注a参照．
    b ドイツ学術交流局のこと．書簡474の注b参照．
    c 原書簡のルビ．Nationalsozialist．国家社会主義者，略して，ナチ．

478 北海道庁農産課長 → 仁科芳雄 (斜里村役場気附, 北海道) 1936/06/05

子農第 1816 号

昭和 11 年 6 月 5 日
北海道庁　農産課長

斜里村役場気附　仁科芳雄 殿

　　　日食観測ニ関スル件[a]
　日食観測地ニ於ケル警戒ニ関シテハ学術研究会議昭和 11 年日食準備委員会ヨリ通報ノ次第モ有之候ニ付別紙印刷物ヲ観測地附近住民及参集者ニ配布シ且警察官吏トモ協議シ取締上遺漏ナキ様関係支庁長市長ニ対シ通牒置候条御了承相成度
　右通報候也

　　　●日食観測地に於ける注意事項
　本年 6 月 19 日の日食には内外の学者其の他多数の人々が遥々本道に参りまして之を観測するのでありますが，此の日食観測は学術上極めて重要なる事業であるのみならず，僅か 2 分足らずの短い時間内に之を行はなければならないものでありますから，地元住民其の他観測地に参集した人々は特に次の事柄に充分御注意の上各観測者が此の大切な観測事業を完全に遂行し得る様御協力を願ひます．
　1　皆既日食地点では約 2 分間は満月の夜の暗さになりますが戸外の燈火（電燈，ランプ，ローソク，提灯等）は絶対に点火せぬこと，又写真のフラッシュ，自動車のヘッドライトも同様点火せぬこと．
　2　観測機械の据附場所や，観測して居る所に接近して観測の妨げをせぬこと，特に日食の当日は観測して居る箇所から約 1 町半以内に近寄らぬこと．
　3　日食の当日は観測場所の近傍（約 10 町以内）で天空に煙の漂ふ様な焚火をせぬこと．
　4　日食の当日特に日食中は観測場所の近傍で無線電信受信の妨害になる様な高音を発しないこと．
　5　其の他観測者の掲示等に克く注意して観測の妨げをせぬこと．

昭和 11 年 6 月

北海道庁

a 書簡 442 の注 a，およびその後の関連書簡 451，466，475 を参照．

479 仁科芳雄 → 石井千尋・關戸彌太郎 (斜里岳，北海道)　　1936/06/07

昭和 11 年 6 月 7 日
仁科芳雄

石井 君
關戸 君

拝啓　6 月 3 日附ニテ学研ヨリノ書面ノ件難有拝見．Neher ノ器械ノ大サ，重サ左 [図] ノ通リデス．

　エレクトロメターノ方ハ問題ハナク，コレヲ運搬スル訳デスガ電池ノ方ガ問題デス．先便デハコレヲ上斜里ニ残シテ登山スル様ニ書キマシタガ，開イテ見ルト，チャント電池ニ合フ様ナ「プラッグ」ガ付イテ居リ，ソレヲ入レルト，エレクトロメター charging 用ノマグネットモ電燈モ皆一時に circuit ガ入ル様ニナッテ居リマス．若シコレヲ持ッテ行カナイトスルト，「プラッグ」ヲハヅシテマグネット，エレクトロメター，電球ノ circuit ニ必要ナ電圧ヲ別々ニ加ヘテヤル必要ガアリマス．ソノ circuit ノ「ターミナル」モ，プラッグノドノ「ターミナル」ガドレニ相当スルノカ，外カラ見テハ一寸判リマセン．ソレデスカラ出来レバ持ッテ行ッタ方ガ好イトハ思ヒマスガ，又々松原サンニ迷惑ヲ掛ケル様デハ気ノ毒デスカラ，ドーシタモノカト考ヘテ居マス．ソチラデハドンナ事情デスカ．若シ大シタ問題デナケレバ持ッテ上リタイト思ヒマス．トモカク上斜里迄ハ持ッテ行キマス．

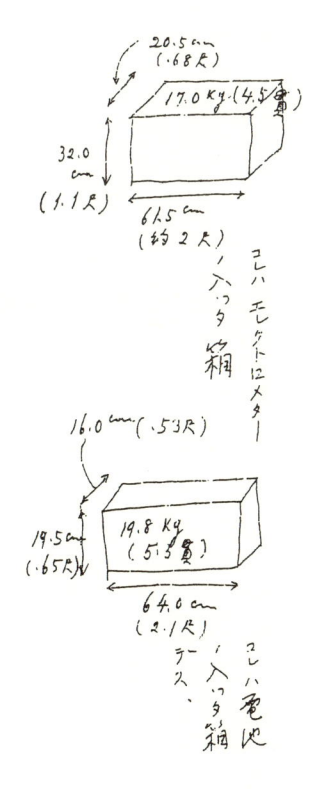

今松原サンニモ手紙ヲ出シテ置キマシタ．「2個ノ内1個ハ確実ニ持ッテ上ルガ1個ハ未定デ石井氏ノ方トモ打合セ中デ，決定ノ上ハ石井氏カラカ当方ヨリカ御通知スル．トモカク又運搬ノ人夫ヲ御願ヒスル」ト云フ意味デシタ．ソレデソチラノ事情ヲ考慮ニ入レテ電池ノ方ヲ持ッテ上ルカドーカヲ決メテ松原サンニ通知シテ呉レマセンカ．御願シマス．

先日ノ御手紙デ，高ジョウ足袋（ゴム裏）ヲソチラデ用意シテ下サルトノ事，大サハ10文デス．1足御願ヒシマス．コチラカラモ1足持ッテ行クツモリデハ居マス．

昨日アストンガ来マシタ．小生明日鎌倉地方ヲ案内シマス．先生ハ14日晩当地ヲ発シテソチラニ行キマス．

今日ハ日曜デスガ，芝浦ヘ器械ノ試験ニ行キマス．中々忙シイデス．

右要々迄．

浅野君ノ方ハ明後日アタリカラ屋上ノ室ニ入レテ愈々観測ヲ初メルト思ヒマス．

右要々迄． 匆々

a 書簡475の注cを見よ．

480 仁科芳雄 → 山司房太郎 (横須賀海軍工廠)　　1936/06/09

　　　　　　　　　昭和11年6月9日　　理化学研究所
　　　　　　　　　　　　　　　　　　　仁科芳雄

横須賀海軍工廠造兵部
山司房太郎 殿

　　　宇宙線研究用マグネット[a]搬入ノ件
拝啓　宇宙線研究ニ関シテハ引続キ多大ノ御配慮ヲ蒙リ難有厚ク御礼申上候．
　扨テ首題ノマグネットハ，竹本運送ヲシテ来ル6月12日搬入致サセ候様芝浦製作所ヨリ手配致サセ候間，何卒可然御諒承奉願上候．
　搬入ノ時間ハ確実ニハ申上兼候ヘ共，午后1時カ2時頃ノ様申居候．尚，若シ確実ノ時間判明致候ハゞ御通知可申上候．
　同日ハ其頃小生モ参上致スベク，助手2名モ同伴ノ予定ニ御座候．
　右不取敢御願迄申述候．　　　　　　　　　　　　　　　　敬具

二伸　本日ハ度々電話ニテ御邪魔仕候．マグネットノ方ハ設計ノ誤謬（芝浦ノ方ノ）ラシク存候ヘ共今更如何トモ致シ難ク，磁場2万ガウスノ所ヲ1万8500ガウス位ニテ我慢スルヨリ外無之，遺憾ノ次第ニ候ヘ共何共致方ナク諦メ申候．

_a 書簡440，444の注を参照．磁石が重かったので，横須賀まで運ぶ途中の橋が落ちると心配した（「座談　仁科先生を偲んで」『朝永振一郎著作集6』，pp. 73–74）．

481　J.T. Howington （The Girdler Co., アメリカ）→ 仁科芳雄　1936/06/15

The Girdler Co.
ルイヴィル，ケンタッキー州
1936年6月15日

拝啓　5月25日のご照会^aのヘリウム・ガスは，合衆国政府の輸出許可が得られ次第お送りできます．本日許可申請をしましたので，ご注文をいただければほとんど遅れなしに積み出しできます．この許可を得るために日本政府からのいかなる保証も必要としていませんが，貴国にヘリウムを輸入するための許可は必要かと存じます．

　ご照会のヘリウムの量は2筒以上3筒以内ということでしたので，3筒の許可を申請しております．各々の筒には195立方フィートが入り，貴殿の要望は約424立方フィートです．

　ヘリウムだけの正味の価格はカンザス州デクスタで1筒当たり25ドルです．鉄の円筒の価格は，装備を含めて，デクスタで1筒当たり30ドルです．輸出のための木枠をかける費用は1筒当たり5ドルです．したがってデクスタでの価格は1筒当たり60ドルとなります．

　通常，積出はUniversal Carloading & Distributing Companyで行なうことにしております．この会社は荷物をサンフランシスコまたはシアトルで受け取り，カンザス州デクスタから港までの内陸の運送料を支払い，日本に向けて送り出します．彼らは費用と手数料を直接請求します．もし他の船会社をお望みなら，もちろん貴殿の指示に従います．

　ご注文を喜んでお待ちいたしております．ご注文いただき次第できる限り迅速に取り扱います．　　　　　　　　　　　　　　　　　　　　敬具

The Girdler Co.
副社長 James T. Howington
［英文］

ª 書簡 472.

482 嵯峨根遼吉（カリフォルニア大学, バークレー） → **仁科芳雄**　　1936/06/19

　大変御無沙汰致しました．御変りもなく御精励のことゝ存じます．研究所では段々人数が増加するため，一度に3人位を当番にして（後の人は手伝）其内の1人が boss になり，全責任を負ふて勝手にサイクロトロンの調正をやる様になり，初めは下端になって居たのですが，近頃 boss になったので9月頃迄居る決心をして居ります．もう一つの原因は英国から未だ何の返事もないことゝ，近頃は改造ばかりを続けてゐて exposure が全然出来ないので自分の実験の纏りがつかぬためです．英国の方は Liverpool の Chadwick の所なら Kinsey に頼めば入れて呉れ相ですからのんびりして居ります．

　サイクロトロンは目下 beam の取出方法に工夫を続けてゐる訳ですが，此前も矢崎さんへ御知らせした通り，deflector を1ケ増すことでも adjust が困難になり強い beam を得られない所から，遂に2ケの deflecting plate を使ふことを断念して唯1ケのまゝにし，長さを少し増し，サイクロトロンのタンクの上下の鉄板へ $\frac{1}{2}$ 吋の穴を図1の様にあけて，el. field の代りに mag. field を弱めて beam を取出す工夫をした処，簡単な shim の入れ方で 20μ 近所の beam を取出すことに成功しました（intensity は oscillator の power を増すと未だどんどん増し相です）．結局，最初に取出した beam は ↙ の方向であったのが，今度は ↗ の様になったのですから，先大体の要求はみたされたことになり，最近は D の形を図2の様にして filament の附近を丸く切抜いてどう intensity に影響するかをやって居ります．これがすめば，次には D の厚さを更に増すことにより intensity が2倍近所になる予想で test することになって居ります．一方 oscillator の方はタンクの内で一度 discharge をやると，その度に oscillation が止められて次に normal の oscillation が起りにくいので，1つの oscilla-

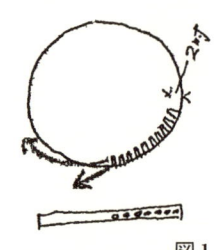

図1

図2

tion の振動を amplify して D に加へる方法を Kinsey の使ってゐた oscillation を利用して test した処,stability が大分よいことが分り,今 Sloan が amplifier に使用する目的で screen grid の Tube を設計して居ります.此秋から此方法を取ることになるでせう.

今一つの trouble は D を support する frange pipe が oscillator の power を増すと dielectric loss の heating で crack が入ることで,以前には cathode ray によるものと思ってそればかり気にしてゐたのですが,cathode ray spot は最初の evacuation を oscillation を使用してやらずに trans に water resistance を入れて discharge をやらして evacuation をやると,12 時間で baking が出来て spot が出なくなることが分りました.結局 Pyrex の frange pipe を使用してゐたのでは input の power が制限されることが分り,Pyrex pipe を使用せぬ方法を考へて居ります.即,現在では schematic に書けば図 3 の様な connection になって居りますが,それを図 4 の様にするので tank coil は D の support を各 1 回 turn させればよく,外から osc からの primary coil (これも one turn) を間にはさめばよいだらうといふことになって居ります.結局鉛筆で書いた様な vacuum tight の wall の中に全部入れられて D は neutral earth の処で支へられることになります.此計画も近い内に実行されるでせう.

もう一つの計画は最近 Lawrence は何処からか fund を得て building を 1 つたて,現在より少し大きい位の magnet を作って,医療と物理と半分半分位の積りでサイクロトロンを作る相で,来年私が欧州から帰る頃には beam を出して見たいと言って居られました.現在の magnet も此秋から 10 million の beam を得る様に全体の pole piece の area を使ふことにする予定で,その新しいサイクロトロンの設計の為現在色々な test ばかりやって居る訳です.

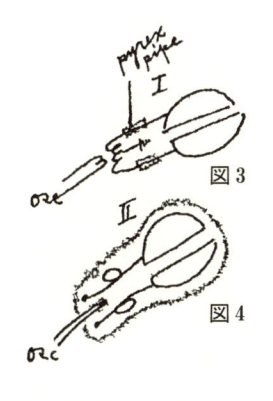

今一つこれは御知らせしたかどうか忘れて了ったのですが,osc の anode へ加へる電圧が相当に ripple のあることが分り,star connection の 3 つの trans の terminal へ各 water box をつけて carbon rod の高さを各別々に adjust して ripple minimum の位置を見つけて使用して居ります.ripple meter は簡単に condenser と choke で A. C. part を取出し CuO の整流器を入れて milli amp meter で計って居ます.

サイクロトロンの近況は大体以上の様なものです.

処で最近 Pasadena の Cal Tech^b が休暇になるといふので，少し無理して Los へ行って参りました．Car で相棒を乗せて行ったため，sight seeing の予定などのためあまりゆっくり見学は出来ませんでしたが，聞いたことを少し御知らせ致しませう．

Berkeley に居た Oppenheimer が居る筈だからとのことで紹介状を持たずに行った処，Oppenheimer は昨日 Berkeley に行ったといふことで面喰ひましたが，勇気を出して一面識のない Anderson やら Neher あたりをいきなり襲って，Oppenheimer が居ないからと自己紹介で行きましたら，親切に色々の人に紹介して呉れました．Neher は今 self recording balloon を Texas で飛ばす準備中で，日本へ先日送ったのと同じだといって ionization chamber を見せて呉れました．quartz fibre を fuse する小さな burner やらその時使ふ stereo の microscope, Pt foil をつける装置など説明して自分で作るつもりかなどと聞いて居ました．兎に角手先の器用な人の様です．Anderson は相変らず前と同じ装置で，Pikes Peak へ行ったのも最初の cloud chamber です．今は其儘で Trailer に全部装置した儘中庭で cosmic ray の写真を撮って居ります．中に入ってゐないのは圧搾空気を作る装置と magnetic field に使用する dynamo 位で，随分狭い所でやって居ます．今度は金がないから軍艦で Panama の方へ行く相です．Pikes Peak の結果は其内 *Phys. Review* に出る筈だ相で absorption は Bethe-Heitler でよさ相だし，burst の数の高度による変化も ionization chamber によるのと大体は一致する．heavy particle の track，殊に gas 中での cosmic ray による disintegration などに興味を感じて居る様でした．

東京で撮った写真を見せたら，Neddermeyer と一所に見ながら中々よく撮れてゐると御世辞を言って居りました．装置の点からいふと Berkeley の Prof. Brode の cloud chamber の方が余程進歩してゐる様です．これはいづれ blue print を貰ふ約束をして居りますから其内御送りしませう．specific ionization は英国で Blackett が小さな chamber を普通の chamber の上に置いて普通の chamber で energy を測定し，小さい chamber を多分 reduced press でゆっくり expand させて drop の数を数へる方法でやってゐるとの話でした．Millikan の cosmic ray の photon 説を持出したら，にやにや笑ひながら，御前はどう思ふかと逆襲に来て，photon が無いとは言へないだらうと言ひ，particle が初めから来るといふことは否定出来ない，多分，mixture だらうと言って居ました．Neher の先日の南洋の結果は Clay のとは大部違うし，Neher の方が確だらうからと，未だ未だ問題が残ってゐることをほのめかして居りました．

書忘れましたが Anderson の cloud chamber はゴム式で trigger は我々と同様

直接 piston をおさへて居ります。但我々の様に sharp edge を使用せずに roller bearing になって居ります（Prof. Brode のも同様）。此点は真似したら如何かと思ひます。Anderson はこの直接おさへる方が Blackett の様に間接に行くより時間的に早いと言って居ります。Lauritsen の所では Delsasso Fowler がしきりと Li の high energy γ ray の Pb による absorption を cloud chamber で測定して居りました。即，absorber のあるときと無いときとで cloud chamber の中程に張ってある Pb foil から出る pair の数の相違で定め様としてゐる様で，此方法が今の処高勢力の γ 線の吸収を測定する唯一の方法だと言って居りました。次には多分 B をやる積りで居るとのことです。magnet は 9″. 41 内径 14″. 65 外径 4 吋高さで BS 8 番各 433 turn で割合に小さいのですが cloud chamber の近所を特によく water jacket で冷し，magnet 自身は少し位暑くなってもかまはぬことにすれば，秒の fraction の間 200 amp 位流せば 3000 gauss は出るといって居ります。我々の magnet に比すれば大分小さいのですから，contactor と circuit breaker を使へば我々の magnet なら大分大きな field が出来相な気がして来ました。

他に 1 ミリオンピークの trans 2 ケで高圧の X 線を患者にあてゝ居る所を見ました。trans の形が住友のコンデンサーに似て居るのが面白かっただけで，大したこともない様です。Wooldridge の Hertz 式の isotope の separation は割合に準備実験もなにもしてゐないのに驚いただけで，硝子管の大きさやらポンプの speed も色々のものを集めて兎に角そう大差なく行って了う様です。

一つ面白かったのは集った gas の種類をしらべるのに Fibre gauge といふのを使って居りました。quartz fibre の low press の gas 中での振動の damping が色々の gas で違ふのを利用して居るので，1914 年頃の研究だ相です。

もう 1 人 Aingth の high intensity の mass spectrograph で ^{40}K を分けてこれの radio activity をしらべてゐる人が居りました。intensity が相当に強いらしいので一寸興味を感じました。其外 α ray の scattering の研究を 2, 3 人やって居ります。Houston 指導の下に nuclear field の形を定め様としてゐるのだ相です。其後で Millikan に鳥渡(ちょっと)あって御礼を言って帰って来ました。仁科の所に 1 月程前に ionization chamber を送ったといふ様なことを言って居りましたが，何か銀行の頭取にでも会った感じなのですぐ退却しました。

翌日でしたかハワイ生れの日本人の二世がたづねて来て，今年 Cal Tech を出て今後数年 nuclear physics を Lauritsen の所で勉強して PhD を取る積りだといって居りましたが，Cal Tech の色々の模様を聞くには便利な人かも知れません。渡辺賢一とかいって寄宿舎かなにかに居る様です。

其後 Mt. Wilson へ行ったり Mexico の Agna Caliente など見物に行ったので多少予定より遅れて Seattle の Washington Meeting に行く元気がなくなって止めて了ひました．

先は順序もなく最近の收穫を御知らせ致します．東京のサイクロトロンの進步は其後如何ですか．研究室の諸兄によろしく御伝へ願ひます．日蝕の結果は如何ですか．

6月19日 嵯峨根遼吉

仁科芳雄 様

  a 20マイクロアンペア近辺．
  b カリフォルニア工科大学．

483 仁科芳雄・石井千尋・關戸彌太郎 (上斜里，北海道)
  → 仁科研究室 (理化学研究所)   1936/06/19

昨日石井君に引っ張って貰って登って来ました．此大雪山が正面に見えますが，麓の観測隊の気をもませる様な天気です   仁科芳雄

先生中々御健脚です．無理さへしなければどこまででも登られますし，天気はまたこの上なく思はせぶりです   斜里仙人

クマは足跡だけ．クモも示威運動だけの事を下界の人達の為に祈ってゐます．尤も吾々の豆ランプの上にも時々クモが坐りこんで困ります   雲カイ

[葉書，日付は消印]

484 小野澄之助 (網走高等女学校，北海道) → 地球物理観測者   1936/06/21

前略 今回の日食観測は各部御関係の方々の非常なる御努力により各隊共御成功の趣拝聞欣慶の至りに奉存候．之に関し少くとも地球物理観測として行はれたる地磁気地電流 KH 層及宇宙線等は相関連するものに有之候へ共各観測結果を綜合して出版致置方研究資料文献保存の目的として適当なるものと存じ候．尤もそれぞれ他の御事情も可有之完全なる綜合と致すことは困難と存じ申候へ

共別紙私見の程度にて御賛同を得ば出版費は文部本省又は学研当局と協議致し其の見込を得て更に各位と御協議申上たる上実行に着手致さば如何と存じ候.
之につき一応貴兄相承はり度御手数乍ら7月3日までに折返し御返事を得度奉伺候.
　追而御返事は東京宛に願度又右期日までに御返事無之節は御賛同なきものと認め御賛同の方々のみの間に於て御協議を進め申す可くにつき御含み置願ひ度候.
　6月21日　　　　　　　　　　　　　　　　　網走高等女学校気付
　　　　　　　　　　　　　　　　　　　　　　　　　　小野澄之助
地球物理観測者　殿

地球物理日食観測綜合報告に関する件　(私見)
1, 報告は観測方法並にその結果のみに限り理論的論議結論の如きは寧ろ避けること（但し簡単なる予想追記結論附加等はなし得ることゝす）
2, 所属大学官庁研究所等の報告と重複を妨けさる方針とすること（出版物配布先の異るべきにより）
3, 計数等に日子を要する向の分は概報とし取纏めを早むること（7月末又は8月中旬位を原稿提出期とし印刷製本所要期間2ヶ月半位と見て置けば如何）
4, 事情によりて賛同なき向には加入を強ひざること
5, 其の他の事項並に右各項の修正削除等本計画賛同者の御意見取纏め（7月上旬中と予定）決定すること
　追て本計画の実現は公式の刊行物と可相成につきそれぞれ関係者と打合せを要すること勿論の義此の点及び出版費支出方交渉の必要上至急に貴兄相承の必要有之点等御含み置願度候.

485　仁科芳雄　(札幌)　→　波多野貞夫　(日本学術振興会)　　1936/06/23

　　　　　　　　　　　　　　　　　　　昭和11年6月23日　札幌ニテ
　　　　　　　　　　　　　　　　　　　　　　　　仁科芳雄
日本学術振興会
波多野貞夫　様
　拝啓　其後愈々御清祥奉賀上候.

扨テ小生去ル13日東京発斜里岳ニ於ケル観測所ニ参リ，日食中ノ宇宙線観測ヲ終リ21日下山，昨22日当地ニ参リ本日ヨリ3日間帝大物理学教室ニテ講義致シ，26日頃出発帰京可仕予定ニ御座候.

　斜里岳ノ観測小屋ハ山頂ニ近キ1260米ノ地点ニ建設セラレ居リ，未ダ残雪谷間ヲ埋ムル状況ニ御座候．此観測小屋ノ建設ト観測器械ノ運搬トハ実ニ多大ノ犠牲ヲ払ッテ道庁林務課長ヲ始メ網走営林区署長以下ノ諸官，並ニ現地青年団，消防組，防火組合ナドノ公設団体ノ援助ニヨリ成就シタルモノニテ，精神的ニモ物質的ニモ是等ノ後援ナカリセバ今般ノ観測ハ全ク不可能事ナリシコトヲ現地ニ於テ痛感致候．尚，観測器械ヲ山上ヨリ運ビ下ス事モ運ビ上ゲタル以上ノ困難ナル仕事ニテ，前記諸官民ノ再犠牲ニヨリ茲約1週間乃至10日ヲ要シテ遂行セラルヽ事ト相成居候．是等従業者ハ文字通リ命掛ケニテ危険ナル仕事ヲ遂行致居候事，只ヽ感激致候事ニ御座候．

　観測ノ結果ハ今尚石井，關戸両助手ノ継続致居候測定結果並ニ東京ニ於テ浅野助手ノ行ヒ候観測結果ヲ孰レモ精細ニ測定シタル上，互ニ相比較シテ後始メテ結論ヲ下シ得ルモノニシテ，今日断定ヲ下スコトハ早計ニ御座候ヘ共，現地ノ観測結果ヲ一見シタル印象ニヨレバ，日食ハ宇宙線ニ影響ヲ及ボサザルモノノ様存ゼラレ候.[a]

　孰レ詳細ハ帰京後御報告可申上候ヘ共，右不取敢御通知ノミ申述候．

敬具

　　[a] 観測の成果については書簡486の注aを参照．

486　仁科芳雄　→　長岡半太郎（大阪帝大）　　1936/06/24

　　　　　　　　　　　　　　昭和11年6月24日　　仁科芳雄

長岡　先生

　拝啓　此拙書ノ着ク頃ハ或ハ未ダ大阪カラ御帰リニナラヌカトモ思ヒマス．私ハ廿一日朝斜里ノ観測小屋ヲ出テ下山シ地方ノ有力者ニ御礼ニ巡リ，廿二日夜当地札幌ニ着キ昨廿三日カラ講義ヲシテ居リマス．明日廿五日講義ヲ終リ，明後廿六日出発帰京致しマス．廿八日ハ日曜デスカラ廿九日ニハ理研ニ出マス．斜里岳ノ観測小屋ハ山頂ニ近イ一二六〇米ノ地点ニ建設セラレタモノデアリマシテ其建設材料ノ運搬，雪中ノ建設作業，観測器機ノ運搬ニハ道庁林務課長ヲ始メ網走営林区署長以下ノ諸官並ニ現地青年団，消防組，防火組合ナドノ諸公

設団体ナドガ多大ナ犠牲ヲ払ッテ文字通リノ献身的奉仕ニヨッテ成就シタモノデアリマシテ是等ノ後援ガナカッタナラバ今般ノ観測ハ全ク不可能デアッタト云フ事ヲ現地デックヅク感じマシタ．

　尚コレカラ観測器機ヲ山カラ運ビ下ス事ハ運ビ上ゲタ時以上ノ困難ナ仕事デアリマシテ前記諸官民ノ再度ノ犠牲ニヨリ茲一週間乃至十日ヲ費シテ逆行セラレル事ニナッテ居リマス．コレハ全ク命掛ケノ危険ナ仕事モアル様ニ思ハレマス．

　今度ノ観測結果ヲ申上ゲルノハ未ダ早過ギマス．石井，關戸ノ両助手ハ茲数日間観測ヲ継続シマス．

　其結果ヲ待チ且ツ東京ニ於テ浅野助手ノ行ヒマシタ観測結果ト照シ合セ，精細ナ測定ヲシタ後デナイト結論ハ下スコトガ出来マセン．只現地ノ観測結果ヲ一見シタ所デハ，日食ハ宇宙線ニ影響ヲ及ボスモノデハナイ様ナ印象ヲ得マシタ．然シ只今断定ヲ下スコトハ尚早デアリマス．[a]

　白井君ノ結果ハ如何デシタカ？　忙シイノデ未ダ同君ニハ会フ機会ガアリマセンデシタ．

　孰レ帰京ノ上御話承リ度イト存ジマス．　　　　　　　　　　　敬具

　英国観測隊ハ気ノ毒デシタ．ロイヅ以外ハ全部駄目ダッタト聞キマシタ．

　　[a] 観測の成果については：Y. Nishina, C. Ishii, Y. Asano and Y. Sekido, Cosmic rays during the solar eclipse of June 19, 1936, *Jap. J. Astr. Geophys.* **14** (1937) 265-275.

487 落合麒一郎 (ライプチッヒ大学, ドイツ)
　　→　西川正治・仁科芳雄 (理化学研究所)　　　　　1936/06/26

　　　　　　　　　　　　　　　　　　　　昭和11年6月26日
　　　　　　　　　　　　　　　　　　　　　　落合麒一郎

西川正治 先生
仁科芳雄 先生
　御手紙有難う存じました．要点だけ簡単に申し上ます．[a]
　交換学生は決して中止されたのではありません．只独乙には今の処理研の要求に応ずる候補者がない故学生を送る事は出来ないと云ふだけです．それ故日

本からは勿論 H 教授[b]の所へ来る事が出来ます.この点はユーバーシャール教授から既に通知を発した事と小生は了解して居ります.

次に K 君[c]の問題は余り気の毒なので,小生等は出すぎた事と承知しながら尽力して居ると云ふにすぎません.勿論 K 君には専門の学問で職を得る事の殆ど望みない事をよく話してあります.K 君も勿論それは承知です.(ドイツに於ても殆ど望ない由)同君は大学の所在地で語学の教師をしながら専門の学問をやりたいと云ふ意向です.

    [a] 書簡 459, 474, 476, 477 を参照.
    [b] 書簡 476 の注 a を参照.
    [c] 書簡 476 およびその注 b,書簡 477 を参照.

488 仁科芳雄 → 日本学術振興会第 10 小委員会(領収書)
1936/06/27

        領収証
        一金 340 円 60 銭也
          但シ斜里岳日食観測出張旅費
        右正ニ領収候也

昭和 11 年 6 月 27 日

                                    仁科芳雄

日本学術振興会
第 10 小委員会[a] 御中

    [a] 学術振興会は,1932 年 12 月 28 日に発足,主として研究費の補助に当たった.第 10 小委員会は 1934 年 1 月 29 日に宇宙線の研究を目的に設置された.中央気象台長の岡田武松が委員長,仁科は研究主任となった.仁科研究室の宇宙線研究が本格化したのは,この委員会ができてからである.1937 年に原子核研究も行なうことになり,長岡半太郎が委員長となった.書簡 333 の注 a,書簡 348 の注 g,書簡 555 の注 a も参照.参考:『科学と歴史』, pp. 214-224;『科学の社会史』(上), pp. 155-169;『長岡半太郎伝』, pp. 592-596.

489 仁科芳雄 → 松原周助 (網走営林区署,北海道)
1936/07/01

                      昭和 11 年 7 月 1 日   理化学研究所

仁科芳雄

網走営林区署長
松原周助 様
拝啓　先般日食観測[a]ノ為御地ニ出張致候際ハ誠ニ一方ナラザル御配慮ヲ蒙リ，斜里岳登山ヨリ観測終了後御地出発ニ至ル迄万端細大御高配ヲ辱ウシ，御蔭ヲ以テ観測モ無事終了致シ候事偏ニ御援助ノ賜ト厚ク御礼申上候．

殊ニ観測ニ至ル迄ノ準備並ニ今般ハ観測器械ノ搬下ニ就イテハ全ク言語ニ尽シ難キ御心労相供ヘ，只々感激ノ至リ不堪候．又観測後御地出発ニ際シテハ御多忙中ニモ拘ラズ種々御歓待ヲ頂キ難有万々奉拝謝候．

数日前「記念コップ」110個御送附申上置候間，何卒可然御分配被下度願上候．コレハ御地ニテ黒澤技師ト打合セ決定致候モノニテ，其分配分ハ同技師ト御打合セ済ミノ事ト存ジ候．若シ此点今尚未定ノ様ナラバ同技師ト御文通ノ上御都合宜敷キ様御取計ラヒ被下度願上候．

尚日本学術振興会長ヨリ網走営林区署ヘノ感謝状モ両3日前御送附申上置候間，御入手被下候事ト存候．此感謝状ニ対スル額縁ハ先般他ノ感謝状ト同時ニ予備トシテ送附致候モノコレアル筈ナリトノ事ニ御座候間，コレヲ御使用被下度，其所在ハ奥山氏又ハ御署ノ人ニ御尋ネ被下候ハバ御判明ノ事カト存候．宜敷御願申上候．石井，關戸両助手モ最早下山ノ事カトモ存ゼラレ候．器械ノ搬下ニ就テハ又々御心労相供ヘ候事ト恐縮致居候．

帰京後早速此手紙差上度ト存ジ乍ラ留守中ノ事務山積致居候為延引失礼致候．何卒不悪御海容被下度候．

貴署御次席ノ方ノ御姓名相洩レ失礼致候．出発ノ際態々(わざわざ)停車場ニ御見送リ被下難有存候．何卒宜敷御伝聞願上候．

時節柄別シテ御自愛ノ程奉祈上候．　　　　　　　　　　　　敬具

[a] 書簡442の注aを参照．成果については書簡486とその注aを参照．

490　N. Bohr（理論物理学研究所, コペンハーゲン）→ 仁科芳雄　　　1936/07/02

仁科 様
　先月はここでの仕事の重圧に押しつぶされていたので，4月23日付のあなたの親切なお手紙[a]に礼状を出せなくて申し訳ありませんでした．特に忙しかったのは，現時点での原子論の諸問題に関する会議のひとつを開催していたから

なのです．KramersやPauliやHeisenbergをふくめて研究所のかつての仲間たちの多くと再会できたのは嬉しかったです．今回Kleinが来られなかったのは残念です．私たち全員，あなたのことを懐かしんでいます．世界のこちら側で一度あなたにお会いしたいものですね．しかしその前に，私と家内は来春Hansとともに日本を訪れることを心待ちにしています．Hansは最近学校の[卒業]試験を好成績で終えたばかりです．私たちは2月の初めにコペンハーゲンを発ち，アメリカを経由して日本には4月の初めに着く予定でいます．日本には約1ヵ月滞在のつもりで，だいたい10回の講義で，基本的な問題や未解決の問題をふくめて原子論の原理の概要を展開できればよいと思っています．

　量子力学に関して多くの論評を呼び起こしたEinsteinの批判にこたえる昨夏のちょっとした論文を同封します．このところ私は，量子電気力学における測定に関する研究をRosenfeldと続けています．現在の電子論の整合性と限界についてのいくつかの教訓的な結果を導き出す，電気密度の揺らぎについての論文をそのうちに公表するつもりでいます．原子核の問題についての私の論文も一部同封します．しかし，Kalckarと共著の私の論文は他の仕事のためにまだ完全なものではありませんが，この夏中には公表したいと願っています．きわめて初等的な考察によって，核反応に関する実験的証拠の理にかなった定性的な説明を得ることが実際に可能なように思われます．

　日本への道すがら，この問題をRutherfordやLawrenceと議論する機会がもてて最新の結果をあなたにお伝えできるようにと望んでいます．ここで私たちが有している結果に対しては，現在Hevesyが原子核研究のきわめて大規模な計画をたててあらためて調べています．そしてさまざまな寄贈があったおかげで，私たちは高電圧発生装置やサイクロトロンを望むことも可能になるでしょう．それらは今年の年末までには完成すると期待されています．

　家族全員からあなたとあなたの奥さんとそして日本の古い友人たちによろしく．Christianの絵の前に置かれた美しい花瓶と，わが家を訪れた誰もが感嘆する愛くるしいひよこを見るたび皆さんのことを思い出しています．

N. Bohr

[英文]

a 書簡457.

b A. Einstein, B. Podolsky and N. Rosen, Can Quantum-Mechanical Description of Physical Reality be considered Complete? *Phys. Rev.* **47** (1935) 777–780,「物理的実在についての量子力学的記述は完全であると考えることができるであろうか」谷川安孝訳，『アインシュタイン選集1』所収，共立出版，1971.

c N. Bohr, Quantum Mechanics and Physical Reality, *Nature* **136** (1935) 65;
Can Quantum-Mechanical Description of Physical Reality be considered Complete? *Phys. Rev.* **48** (1935) 696-702, 「量子力学と物理的実在」「物理的実在の量子力学的記述は完全と考えうるのか？」,『因果性と相補性』, pp. 101-119.
d 書簡 345 およびその注 a 参照.
e 核反応の複合核理論の論文か？ N. Bohr, *Nature* **137** (1936) 344-348.
f N. Bohr and F. Kalckar, On the Transmutation of Atomic Nuclei by Impact of Material Particles, I; General Theoretical Remarks, *Kgl. Danske Videnskab. Selskab. Mat.-Fys. Medd.* **14**, no. 10 (1937) 1-40.
g 書簡 371 を参照.

491 仁科芳雄 → 畠山久尚 (樺太豊原町中央気象台) 1936/07/02

昭和 11 年 7 月 2 日　理化学研究所
仁科芳雄

樺太豊原町中央気象台　臨時豊原地磁気観測所長
畠山久尚 様
拝啓　時下愈々御清祥奉賀上候.
　扨テ中央気象台長岡田武松先生ヲ委員長トスル日本学術振興会第 10 小委員会（宇宙線研究）ニ於テハ，日本及其附近ニ於ケル宇宙線ノ測定ヲ計画シ，委員長ノ御諒解ノ下ニ，南洋パラオ島，台湾阿里山，富士山，東京（理研），豊原ノ 5 観測所ニ御依頼シテ連続的ニ宇宙線強度ノ同時観測ヲスル様ノ決定有之，目下小生等ハ各観測所ニ据付クベキ宇宙線計ヲ設計製作中ニ御座候. コレガ完成ノ上ハコレヲ各観測所ニ御送附申上ゲ記録ヲ御願致スコトト相成可申，正式ニハ委員長ヨリ委細御依頼ノ事ト存候.
　此宇宙線計ハ凡テ自働記録式ト致シ，只時々フィルムノ取替ヘト時計ヲ巻クノミニテ他ニ特ニ手数ナキ様ニ製作可致予定ニ御座候. フィルムハ当地ニ御送附ヲ願ヒ現像スルカ，或ハ各観測所ニ於テ必要トアラバ現像ヲ御願ヒスルカ，ソレハ後日御都合ニヨリ御定メ願上度ト存居候.
　此宇宙線計ハ未ダ製作中ニ御座候へ共，過日ノ皆既日食ニ際シテハ，コレヲ斜里岳ノ頂上附近ニ運ビ上ゲ，日食ガ宇宙線ニ影響スルヤ否ヤヲ観測致候. 其際宇宙線計ヲ包囲スル鉛モ持参致候. 此鉛ハ 10 cm×10 cm×5 cm ノ大サノモノニテ之レヲ 80 個用ヒ宇宙線以外ノ放射線並ニ宇宙線ノ軟成分ヲ取除ク様致申候. 此観測ハ終了シ目下観測器械ヲ山ヨリ運ビ下シ居申候. 其上ハ荷作シテ

東京ニ送リ返ス事ト相成申スベク候.

　然ル処右鉛ハ孰レハ御地ヘモ宇宙線計完成ト共ニ御送附可申上モノニ御座候ニツキ, 寧ロ北海道上斜里ヨリノ直チニ御手許ニ御送附申上グレバ運賃ノ節約トモ相成好都合ト存ジ, 先般札幌ニテ岡田先生ニ此事ヲ申述候処, ソレガ宜敷シ（ママ）カラントノ御話ニ有之候間可然御取計ラヒ可申候ニ付キ, 何卒宜敷御願申上候. コレハ将来使用致ス鉛ノ全部ニテハ無之, 更ニ同ジ位追加御送附申上グル事ト存居候.

　此鉛ハ重量トシテ約 160 貫位有之哉ト存候ニツキ, 誠ニ乍御面倒適当ノ所ニ御保存願上候.

　右不取敢御依頼迄申述候.　　　　　　　　　　　　　　　　　敬具

492　仁科芳雄 → 神田 茂（東京天文台）　　　　　　　　1936/07/08

昭和 11 年 7 月 8 日　理化学研究所
　　　　　　　　　　　　仁科芳雄

東京天文台
神田 茂 様
拝啓　愈々御清祥奉賀上候.

　扨テ 6 月 22 日附御尊書ヲ以テ Nova Cepheus ノ発見御通知被下誠ニ難有厚ク御礼申上候. 小生ハ 6 月 27 日日食観測ヨリ帰京後拝見仕候.

　新星ト宇宙線トノ関係ハ目下問題ト相成居候モノニテ其[a]研究ニハ極メテ便宜ヲ得申候. 目下観測中ニテ其内ニ何トカ結果ヲ得ルコトト存候.

　何卒今後共新星発見ノ度毎ニ御通知ヲ得レバ研究上極メテ好都合ニ御座候間, 左様御取計ラヒ被下度御願申上候.

　早速御礼可申上ノ処留守中ノ事務山積致候為延引失礼仕候段御海恕被下度候.

　右御礼旁々御願迄申述候.　　　　　　　　　　　　　　　　　敬具

　　　[a]『宇宙線』, p. 225 を参照. 宇宙線の超新星起源説（W. Baade, F. Zwicky）が紹介されている.

493 仁科芳雄 → 山司房太郎 (横須賀海軍工廠)　　　1936/07/10

　　　　　　　　　昭和11年7月10日　理化学研究所
　　　　　　　　　　　　　　　　　　仁科芳雄
横須賀海軍工廠電池実験部
山司房太郎 様
拝啓　昨日ハ種々御歓待ニ預リ難有御礼申上候.
　扨テ御話ノ「ラヂウム」ハ借出ス事ハ困難ニ御座候.
　然シ小生ノ実験室ニテ「ラヂウムエマネーション」ハ時々癌研究所ヨリ貰ヒ居候間，来週ノ木曜日ニ御地ニ参リ候際約50乃至30ミリキュリー持参可致候. コレニテ御希望ノ試験ハ可能ト存ゼラレ候.
　右要々迄.　　　　　　　　　　　　　　　　　　　　　敬具

　ラヂウムエマネーション[a]ノ半減ノ寿命ハ4日足ラズニ候間，直チニ実験出来ル様御準備置被下度候.

　　[a] 書簡382の注gを参照.

494 朝永振一郎 (野間, 愛知)
　　　→ 有山兼孝・玉木英彦・小林 稔 (理化学研究所)　　1936/07/25

昨日こちらへ来ました.
こちらは小学生中学生で大にぎわいです．お天気がつづけよかしと思っています．
　　　　　　　　　　　　　　　25日　　蝦蛄[a]

ひねる[小林 稔]氏は今日おかえりかしら.
岩波[b]の方をよろしくお願します.
　　　　　　　　　　　　　　　　　　　　[絵葉書]

　[a] 「しゃこ」は理研における朝永のあだ名．小林 稔の回想（伊藤大介編『追想 朝永振一郎』，自然選書，中央公論社 (1981), p. 72）：ある晩，いつもの仲間で鮨を食いに行ったとき，高嶺研の富山小太郎氏が鮨ダネのシャコを見て，朝永さんによく似ているなといったので，理研では朝永さんのことをそれ以来シャコとかシャコさんとかよぶようになった．朝永が着ていた洋服の柄がシャコに似ていたからだという

説もある．このように理研の悪童たちにはほとんどあだ名がついていた．仁科先生もかげでは親しみをこめてオヤカタとよばれていた．
b Diracの『量子力学』の仁科・朝永・小林・玉木による翻訳が12月に岩波書店から出版される（書簡458およびその注を見よ）．そのための校正などの作業のことだろう．

495 嵯峨根遼吉 (カリフォルニア大学, バークレー) → 仁科芳雄　　1936/07/27

大変御無沙汰致しました．日食もすんでほっと一息なさったことでせうが8月の暑さでさぞかしまた汗をかいて居られることゝ存じます．研究所の方は相変らず細かい処を少しづゝ変へては結果を見て居ります．従って私自身の実験は全く進みませぬ．ニューヨークのK.K. DarrowやHarvardのBlackなどゝいふ人が来ましたが大して耳よりな話もありませぬ．9月の初めに又色々の人に会へるだらうと楽みにして居ります．

時にクックセイがサイクロトロン製作についての注意を書いて処々に送ったのをきいて，ねだって日本にも2部もらひました．1部は大阪に送る積りです．中に所々分りにく相な所にヒントになる程度に書込んで置きました．多少は役に立つことゝ思ひます．早くとも9月の初迄は麦嶺（バークレー）に居りますから分りませんでしたら聞いて戴きます．

先日スタンフォード大学見学に参りました．大体がX線の実験ばかりで，電圧計や安全装置などに多少得る所がありましたが，大したことはありませんでした．唯一つHansenといふ人がいつか一度麦嶺で話したのを御知らせしたことがあったと思ひましたが，電磁波の定常波を作らせて高速電子を得る方法をやって居ります．直径1米余の円壔（とう）形の電極の内部に真空管

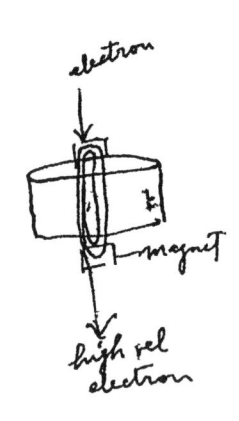

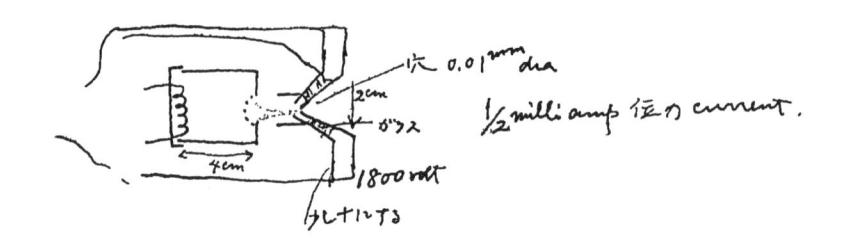

に相当するものを3ヶ作って大きなタンクで真空になる様にして居ります．予定によれば数ミリオンボルトの電子はすぐ出来ることになって居て，加速の回数が数十回出来る様になれば数十ミリオンの電子が出来る積りとのことです．小規模のもので電磁波の定常波を作る予備実験は既に成功してゐる相ですから或はよいかも知れません．うまく行くと今年中にsetして来年の内には成否が分ると言って居りました．他に中性子発生装置を1つ作って居りますが，未だ組立中です．イオン源の形だけ面白いと思って聞いて来ました．此形を定めるだけに半年以上かゝった相です．20万ヴォルト位かける積りの様です．H^+ が90％以上になるとの話でした．

　理研の方の実験は如何ですか．先日矢崎氏の所へ当大学を出られた根岸氏にヘリウムを持って行って戴きましたが多分届いたことゝ存じます．ボンブが重くなるので気の毒でしたから小さいのを買ひました．9弗少しゝしましたが日本での値段を知らないのでいくらも得にならなかったのではないかと思って居ります．もっと必要でしたら私の帰る時に，或は兄貴の帰る時に持って参ります．大学で実験に使うと言ったら簡単に売って呉れましたから．

　時に私の処へは未だケンブリッヂから返事が参りませんが，今日父からの手紙では，先生の処へコックロフト[b]からの返事で大体行ってよさ相な話とのこと．私から何か依頼状の様なものを書いた方がよいでせうか．今一つの問題はあまり返事がないのでキンゼイのすゝめでチャドウィックの所へ依頼状を出したのですが，其儘にして置いてよいものでせうか．私としては論文は書けなくとも両方に数ヶ月位居て見たい様な気もするのですがどんなものでせう．研究室の諸兄によろしく．

7月27日　　　　　　　　　　　　　　　　　　　　　　　　　　嵯峨根遼吉

仁科芳雄　様

　東海岸の大学見学の時にリプリントがあった方が都合がよいと思ひますので間に合ひ相でしたら誰かに送らせて戴けませんでせうか．
　数日前 Shinjiro Akimoto といふ岡山の高等学校での御友達とかいふ方が麦嶺に御着になりました．しばらく滞在とのこと．帝国農事試験所に居られる方です．

[a] 長岡半太郎のこと．書簡423の注aを参照．
[b] Cockcroft. 普通コッククロフトと書くが，本来の発音はコックロフトの方に近い．

496 仁科芳雄 → 石本巳四雄 (東京帝大, 地震研究所)　　　1936/07/27

　　　　　　　　　　　　昭和11年7月27日　　理化学研究所
　　　　　　　　　　　　　　　　　　　　　　　仁科芳雄

石本巳四雄 様
　拝啓　今日震研ニ御伺ヒシマシタ所御避暑中トノ事デ此手紙ヲ書キマス．
　実ハ宿題ノ丹那隧道内ニ於ケル宇宙線ノ強度測定ヲ至急実施スル必要ガ起リ
マシタノデ，御願ヒシタイト存ジマス．必要ナ交渉ガアレバ御紹介状ヲ頂イテ
小生ガ当局ニ直接参ッテ差支ヘアリマセン．器械ノ重量ハ鉛ガアリマスカラ約
400キロ瓦(グラム)デス．問題ハコレヲ如何シテ「トンネル」内ニ運ブカト云フ事，
観測所内ノ状況，観測地点ノ地表ヨリノ深度等デス．
　洵ニ御面倒ノ事ヲ御願シマスガドウカヨロシク．　　　　　　　　敬具

497 仁科芳雄 → 嵯峨根遼吉 (カリフォルニア大学, バークレー)　　　1936/07/30

　　　　　　　　　　　　1936年7月30日　　仁科芳雄

嵯峨根 君
　4月以来3通御手紙頂キマシタ．忙シイノデ今日ヤット御返事スル次第デス．
先ヅ
一．直径1米乃至1米25糎(センチ)位ノサイクロトロンヲ作ル計画ガ大分前カラアリ，
1米25糎ノモノハ芝浦ノ見積ガ拾万6千円ト云フコトデス．他ニ「日立」ノ
方ノ見積ヲ取ッテ居ルノデスガ未ダ来マセン．ソレデ一度米国ノ見積ヲ取ッテ
ハドウカト云フ意見ガ起リ矢崎君カラ其事ヲ御手許ニ通ジタト思ヒマス．ソレ
デ小生モ今日 Lawrence 教授ニ手紙ヲ出シテ米国ノ製作所デハ何処ガ好イカヲ
アナタノ手許ヘ教ヘテ呉レル様ニ書キマシタ．
　ソレデ其値段ノ問合セハアナタノ手数ヲカケルノモ大変デスカラ三井物産ノ
方ヘ直接調ベテ貰ッテハドウカト思ヒマス．
　恰度先日三井物産ノ友人ト会ッタノデ一寸其話ヲシマシタ所ガ，ソレハ是非
ヤッテ見様ト云フ事デシタ．ソレデ恐ラク三井物産ノ方カラ何カ紹介ガ来ルト
思ヒマスカラ宜敷御願ヒシマス．尤モ Lawrence 教授ノ方カラノ話デ間ニ三井
物産ノ様ナ商人ヲ入レテハ困ルト云フ様ナコトガアッタラ，話ヲ纏メテ後三井
ノ手ニ渡スト云フコトニナルカモシレマセン．ソーナルトアナタノ方モ忙シイ

ノデスカラ直接ノ交渉ハ小生ガ当ッテ差支ヘアリマセンカラ左様シテ下サイ．
ツマリ Lawrence 教授ノ世話デ研究ノ為メト云フ様ナコトデ安ク出来ルト云フ
様ナコトガアレバ，或ハ初メカラ商人ガ入ッテハ不味コトガアルカモシレマセ
ン．モシソンナコトガナケレバ初メカラ三井ノ方ニ任セテ好イト思ヒマス．此
辺ドンナモノデスカ．外国ノコトデスカラ安クハナラナイカト思ヒマスガ．

　尚，此見積ハ米国ノ値段ガドンナモノカヲ知ルノデスガ，モシコチラデ国産
ニシナクテハナラヌト云フ議ガ上ノ方カラ出レバ，米国デハ駄目ニナリマス．
然シ未ダ寄附ガ得ラレルカドウカモ不明ナノデスカラ未ダ国産ニスベキヤ否ヤ
ト云フコトハ問題ニ上ラナイワケデス．若シ国産ノ必要ガナク而カモ米国ノ方
ガ安イカ，若クハ同等デアレバ，米国デ作ッタ方ガ経験ガアルダケ好イト小生
ハ考ヘテ居マス．現ニ先般横須賀ニ据付ケタマグネットモ捲線ノ抵抗ガ予定ヨ
リ1割大キク出来タト云フ様ナコトガアリマスカラ．トモカク Lawrence 教授
カラ話ヲ聞イテ宜敷御願シマス．同教授ニ手紙ヲ出シタノハコチラノ事情ヲ先
方ニモ知ラセテ公然ト調査ヲシタ方ガ好イト思ッタカラデス．尚，此手紙ノ終
ニアナタガ英国剣橋(ケンブリッヂ)ニ行キ度イト云フ希望ノアルコト，並ニ帰途又御地ニ立
寄リタイト云フコトナドモ書キ添ヘテ置キマシタ．

一．サイクロトロンニツイテハ度々情報ヲ有リ難ウ．コチラデハ目下2個作ッ
テ居リマス．1ツハビームヲ取リ出ス方，他ハ元ノ儘ノ古イ型ノモノデス．後
者デ経験ヲ得テカラ前者ニ移ル考デス．一方ハ8月一パイカ9月半頃ニハ出来
ルデショウ．然シ家ノ建築ガ9月一パイカヽル様デスカラ愈々始メルノハ10
月ニ入ッテカラノ事ト思ヒマス．ウマク行ッテ3ミリオンノ D ガ得ラレル訳
デス．デスカラドウシテモ大キイ方ノサイクロトロンヲ作ル必要ガアリマス．
目下矢崎君ガ東京電燈ノ方ヘ再寄附ヲ交渉シテ呉レテ居マス．

一．ケンブリッヂカラ何トカ云ッテ来マシタカ．コックロフト(e)カラハ，
　　20th May, 1936.
　　Dear Dr. Nishina,
　　　　Thank you for your letter about Dr. Sagane. I have handed this to
　　Lord Rutherford who is responsible for admission to the Cavendish Labora-
　　tory and I hope that it will be possible to admit him to the Laboratory.
　　Lord Rutherford is writing to Dr. Sagane direct.
　　　　　　　　　　　　　　　　　　　　　　　I am, Your truly

ト云フ手紙ガ北海道ノ日食カラ帰ッテ来タラ机ノ上ニ来テ居マシタ．ラザフォ
ードカラハ未ダ何トモ云ッテ来マセンカ．小生ガコックロフトニ手紙ヲ出スト
キ長岡先生カラハラザフォードニ出シテ頂クコトニナッテ居タノデシタガ，コ
レハオ忙シイノデ未ダ行ッテ居ナイ様デス．然シ先日日食デ Aston ガ来又 Str-

attonモ来タノデ両方共先生カラヨク依頼シテ置イタ処，承知シタト云フ話デアッタト先生カラ聞キマシタ．コンナコトデスカララザフォードカラ何トカ云ッテ来ルト思ヒマス．

或ハ此手紙ノ着ク頃ハ渡欧準備デ忙シイカト思フノデ前記ノサイクロトロンノ値段ノ問合セモ困難カトモ考ヘタノデスガ，若シサウダッタラ小生ト直接交渉ニシテ下サイ．尤モ必ズ米国デ作ルカドウカハ未定デスカラ此点ハ確定的デナイノデ少シ困リマス．

一．其後Sノ実験如何デスカ．中々面白イ事ダト思ヒマス．

一．コチラノ実験モ理論モ一寸沈滞デス（仁科研ノコト）．新間，山崎両氏ハ neutron capture ノトキノ γ ヲウィルソン函デヤルコトニナリ其準備中．杉本君モ今1本 discharge tube ヲ23号館ノ地下室ニ立テ中性子ノ実験（エネルギー損失，但シガンマ線ヲ出シテ）ヲ始メルコトニナリ，コレモ準備中デス．ドウモ実験ノ速度ガ遅イノデ大阪ニハ負ケデス．天木君ハ今一度水素ヲ入レタ電離槽デ前ノコトヲ繰リ返シテ居マスガ，今迄ノ処デハ α ハAl以外ハ出ナイラシイト云ッテ居リマス．竹内君ト一宮君トハ横須賀ニ行キ40 cmノ chamber ヲヤッテ居マスガ field ハ未ダ思フ様ニ出マセン．又照明ガ相当ニ困難デ目下アーク燈ヲ使ッテヤット β 線ガ貧弱乍ラ写真ニ撮レル様ニナリマシタガ，愈々本当ノ写真ノ撮レルノハ未ダ前途遼遠デス．

宇宙線ノ方ハ6月19日ノ日食デ北海道ノ斜里岳ノ1,260米ノ地点ト理研トデ観測シマシタガ，予期通リ何ノ effect モ無イ様デス．先日ノ御手紙ノ Neher ノ器械モ持ッテ行キマシタ．何シロ道ノナイ処ヲ200貫近イモノヲ運ンダノデスカラ大変デシタ．道庁ノ林務課ニ依頼シテヤッテ貰ッタワケデス．コレモ日食ノ影響ガアルト云ッタ人ガアッタノデヤッテ見タノデシタ．以上コチラノ状況ヲ述ベマシタ．

一．β 線スペクトルハコチラデモヤリタイノデスガ，ドウモ Source ガ弱イノデサイクロトロンノ出来次第始メタイト思ッテ居マス．

一．100万ヴォルトノコックロフト式ノ装置ヲ作ルコトハ意味ナシトノ御意見，御尤モト思ヒマス．此点ハ御手紙ノ来ル前カラ色々ト論議セラレテ居ッタ問題デスガ，最近矢張リ作ラウト云フ意見ガ西川サンナドカラモ出テ来，又広告ト云フコトモ一応考ヘル必要ガアルト云フ議論モ出，三井ノ方ノ申請ニモ高イ建築ト云フコトガ実施案トナッテ居リ，又サイクロトロンノ機嫌ノ悪イ時使ウト云フ意見モ出，又 electron ヲ加速スルノニモ使ヘルト云フ話モ出，ソレヤコレヤデ目下作ルト云フコトニ意見ガ殆ド決定シマシタ．只人ノ問題ハ御手紙ノ通リデス．コレハ問題デスガサイクロトロンガウマク行カナイ時ニト云フ様ナ

コトデトモカク作ルコトニナリマシタ．然シコレハ全ク小生ニトッテモ疑問デス．只広告価値ハアルデショウ．其上ニコンデンサーナドハモウ前ニ注文シテ出来テ居ルノデ，コレカラ入要ナノハ建築ダケトスレバ１万円カ１万5000円デ済ムト云フノデ作ラウト云フコトニナッタ様デス．

一．目下建築ハ23号館前ノ広場ヘ建テ始メマシタ．雑然トシタモノトナッテ居リマス．

又正門ノ右側ニモ高イ５階建ノ大キナ精密機械ノ建物ガ出来テ居マス．其両方ノタメ運動場ハ全ク使ヘナイワケデス．

[中略]

一．建物ノ shielding ノ件御注進アリガタウ．コレハ東京電気ノ方ノ人ニ見テ貰フコトニシテ居マス．

一．欧洲ノ方ノ紹介状ハ次ノ便デ送リマス．Bohr, Hevesy, Jacobsen, Heisenberg, Klein, Dirac 位ナモノデス．

剣橋(ケンブリッジ)方ハ紹介状ハ不要ト思ヒマスシ，独乙ノ方ハ実験家ハ小生知ラナイノデ上ノ人々位ノモノデス．巴里ノ人々ハ剣橋ノコッククロフトニ紹介シテ貰ッタ方ガ好イト思ヒマス．小生個人的ニ知ッタ人ガアリマセンカラ．独乙ノ実験家ニハ Heisenberg カラ紹介シテ貰ッテ下サイ．伊太利ノ人モ剣橋カ又ハ Heisenberg ニデモ依頼シテ下サイ．

Bohr サンハ来年２月丁抹発(デンマーク)米国ニ渡リ，４月初ニ日本ニ来ラレルコトニナッテ居マス．

一．最近ノ御手紙ニヨルサイクロトロンノ改良点ナド我々ノ設計ニ非常ニ参考ニナリマシタ．此方ハ矢崎，渡邊扶生両君ガ大将ニナッテヤッテ居マス．

一．Cal. Tech ノ御話面白ク拝見シマシタ．宇宙線ノ方ハ風船ヲ飛バスコト，水中ノ測定ナド色々コチラデモ計画ハシテ居マスガ，先立ツモノハオ金デス．ドウモ仁科研モ毎年赤字バカリ出シテ衆目ヲ惹クシ，オ金ノ調達ニ苦心惨憺ノ状デス．コンナ事ヤ建築ノ事ヤデ何モ面白イ勉強モ出来マセン．少々イヤニナッテ来マシタ．コンナ事ヲシテ居ル内ニ年ヲトッテ死ンデ了ウト思ヘバ案外ツマラナイモノデス．コンナコトヲ云フノハ尚ツマラナイ話デスガ，トモカクコチラハ暑イデス．昨日ナド８年目ノ暑サダトカ云ッテ35度ヲ大分越シタ様デス．８月３日カラ９日迄理研ハ休暇デス．

　　マア御自愛専一ニ　　　　　　　　　　　　　　　　　　不一

二伸　昨日根岸ト云フ人ガヘリウムヲ持参シテ呉レマシタ．小生不在デ会ヘマセンデシタガ色々御世話様デシタ．ヘリウムハコチラカラモ目下大量ニ注文シ

テ居マス．
　尚，三井カラ貰ッタ金デ仕事ヲ始メル頭目株ノ処ハ西川，中泉，飯盛ノ諸先生デス．東京電燈ノ金ハ経常費ト云フコトニナッテ居マス．

- a 書簡 467, 482, 495.
- b いわゆる大サイクロトロン．その見積もりの話は 5 月からはじまっている．書簡 468 を見よ．小サイクロトロンが完成するのは 1937 年 4 月である．
- c 書簡 468.
- d 書簡 444 とその注および書簡 518 を参照．
- e 書簡 495 の注 b を見よ．
- f 第 I 巻口絵の理研の写真で，23 号館と 11 号館の間の広場の 23 号館寄り南東端．
- g 第 I 巻口絵の理研の写真で，不忍通りから 2 号館に向かう太い道への入り口が正門．

498　仁科芳雄　→　波多野貞夫　(日本学術振興会)　　　　　1936/07/31

　　　　　　　　　　　　　　　　昭和 11 年 7 月 31 日　　理化学研究所
　　　　　　　　　　　　　　　　　　　　　　　　　　　　　　仁科芳雄

日本学術振興会
波多野貞夫　様
　拝啓　先般来飛行機ニヨル宇宙線研究ノ件度々御電話頂キ難有奉存候．別紙ノ通リ要件相認メ申候間，何卒可然御取計ラヒ奉願上候．
　尚理研ハ 8 月 2 日（日曜日）ヨリ 8 月 9 日（日曜日）迄ハ休暇ニテ電話不通ト相成可申，私儀モ或ハ旅行致スヤト存候．9 月 10 日ヨリ[a]ハ普通ノ通リ出勤可致候．
　右御願迄申述候．　　　　　　　　　　　　　　　　　　　　　　　敬具

- a 「8 月 10 日ヨリ」の誤りかもしれない．というのは，8 月 4 日に仁科が書いた書簡 502 に「コレカラ軽井沢ニ行キ 9 日夜帰京 10 日ニハ出勤」とあるから．原文のままの「9 月 10 日ヨリ」でも誤りとはいえない．

499　仁科芳雄　→　P.A.M. Dirac　(ケンブリッジ大学)　　　　1936/08/01

　　　　　　　　　　　　　　　　　　　　　東京　　1936 年 8 月 1 日
　　　　　　　　　　　　　　　　　　　　　　　　　理化学研究所

Dirac さん

　1ヵ月ほど前に日食観測の旅行からもどりました．5月22日付の御親切なお手紙とタイプした「日本版の序文」をありがとうございました．前書きは校正[a]が終わるところで，間もなく印刷されるものと思います．

仁科芳雄

追伸　たった今，Bohr 先生から手紙[b]をいただきましたが，先生ご夫妻は来年4月に Hans 君を連れて，アメリカ経由で，こちらに来られるとのことです．

［英文］

　　a 書簡470を参照．書簡437, 446, 458も．
　　b 書簡490．

500 朝永振一郎 (野間，愛知) → 玉木英彦 (理化学研究所)　　1936/08/02

　おてがみ有難く拝見致しました．ペーパー校正[a]について色々とお手数をかけました．ディラックの方も続々と到着．ひねるさんの方からもやってきます．そろそろとこちらも始めました．

　私はこちらに来てから大変元気になりました．毎日散歩したり，ひるねしたり，日なたぼっこしたりです．海へは入りたいけれど用心しています．大分日にやけました．小学生らの水泳練習は大部分引きあげて今は少し浜が静かです．来月になると又にぎやかになってきます．昨年の北カルより食物豊富で助かります．今年は炊事がかりが居ますからインチキ料理師も助手の方を引受けています．暑中御自愛を祈ります．

叚古虫(しゃこ)[c] 拝

野間というのは源義朝の殺された所です．
　イナヌマさんの名前を教えて下さい．

［絵葉書］

　　a Y. Nishina, S. Tomonaga and H. Tamaki, A Note on the Interaction of the Neutron and the Proton, *Sci. Pap. Inst. Phys. -Chem. Res.* **30** (1936) 61-69.
　　b 書簡494の注bを参照．
　　c 書簡494の注aを参照．

501 仁科芳雄 → N. Bohr （理論物理学研究所,コペンハーゲン） 1936/08/03

理化学研究所　1936年8月3日

Bohr 教授

　7月2日付のご親切，かつ興味ある御手紙[a]ありがとうございました．先生，奥様，そして Hans 君が来年4月にお出でくださると伺い，私ども，たいへん喜んでおります．長い間にわたって計画された御旅行が実現するということはとても嬉しいことです．私どもは揃って先生と御家族に東京でお目にかかるのを楽しみにしておりますし，また先生の御講義を伺い討論することは私どもにとって大変有益なことであります．

　長岡教授に，先生のおつもりをお知らせ致してあります．長岡教授はわが国の2大財閥「三井」「三菱」から資金を調達することを考えておられ，同教授は程なくこの問題は解決できると考えておられます．したがいまして，資金問題は前便で申し上げたとおりに決着がついているとの仮定のもとに，旅行の準備をお進め下さいますようお願い申し上げます．

　お手紙を拝見して，去る6月に先生の研究所で開かれた会議は大変興味深いものであったに違いないと思いました．Nature 誌でその短い報告を拝見しましたが，数多くの有益な討論がなされたものと想像できます．私どもはそのような討議の中心から遠く離れておりますので，先生が当地においでになりましたならば，そうした問題について多くを学ぶことができるものと考えております．

　先生の2編の論文の別刷[b]，大変ありがとうございました．両論文は出版された当時，私どもの研究室で盛んに討論されましたが，数ヵ所われわれにはよく理解できないところがありました．おそらく来年，先生がこちらにお越しの折，お答えいただけるものと思います．

　私の研究室では最近理論，実験ともあまり多くの仕事をしておりません．現在，私どもはサイクロトロンと高電圧装置，そしてそれらを収納する建物などの建設に時間をとられております．サイクロトロンは10月末には運転を開始できるものと見込んでおります．しかしながら，マグネットは直径66 cm[c]，磁場の強さは14,000 ガウスで，充分な大きさではありません．したがいまして，より大きなマグネットを建設するための資金を獲得すべく努力中であります．お手紙では，先生もまたサイクロトロンと高圧装置を建設中の由，たいへん興味深いことです．

　上記に関連して質問が一つあります．私どもの研究室では高電圧電源を建設

すべきかを検討してまいりました．Cockcroft の方法によって得られる高電圧は 100 万，ないし 200 万ヴォルト，あるいはケンブリッジで計画中の方式では最高 300 万ヴォルトに留まります．このような施設で得られるエネルギーは，たとえば直径 66 cm，磁場 17,000 ガウスのサイクロトロンで得られるものよりもずっと小さいのです．したがいまして，私どもの中には，高電圧施設の建設計画は放棄すべし，建設資金はサイクロトロンの磁極の直径の増加にあてる方が有用，と主張する者がおります．しかしながら別の理由でコッククロフト型の高電圧装置の建設を主張する者もおります．私どもの場合この問題の決着は緊急を要します．

お手紙によりますと，先生はサイクロトロンと高圧電源の両方を建設なさるとのことですが，先生はサイクロトロンと高圧電源の両者をどのような目的にお使いになるおつもりでしょうか？　このような問題についてお答えいただくには時間的余裕のおありにならないことは存じておりますので，研究室のどなたかに私の質問に答えさせてくだされば幸甚に存じます．お答は私どもの緊急の問題の解決に大いに助けとなります．

本日はこれにて失礼いたします．日本への旅行について何かお知りになりたいことがありますならばどうぞ御遠慮なくお尋ねください．

仁科芳雄

追伸　先生の私どもの国へのご来訪に関連しまして種々の場合に先生の御略歴が必要になると存じます．どこでこの資料を入手すればよいのかお知らせいただければ幸甚に存じます．

[英文]

 a　書簡 490．
 b　書簡 490 の注 c と f を参照．
 c　(小)サイクロトロンが完成したのは 1937 年 4 月である．

502　仁科芳雄 (北軽井沢, 群馬) → **石井千尋** (理化学研究所)　　1936/08/04

8 月 4 日　　仁科芳雄

石井　君

　今日石本博士ト一緒ニ鉄道省ニ行ッテ来マシタガ，丹那ノ方ハ汽車ト汽車トノ間ガ 30 分以上無イノデ（昼夜ヲ通ジ）危険ト云フコトニナリ，清水トンネル

ト云フコトニナリ其手配ヲ頼ンデ来マシタ.
　実施ハ8月13, 4日頃カラ約1週間ノ予定デス. 小生コレカラ北軽井沢ニ行キ, 9日夜帰京10日ニハ出勤シテ居マスカラ, ソレカラ御相談シマセウ.

草々

　群馬県吾妻郡北軽井沢法政大学村デス.
　トンネルノ方ハ簡単デスカラ關戸君ハ不要デス.

503　仁科芳雄 → 嵯峨根遼吉 (カリフォルニア大学, バークレー)　　　1936/08/10

昭和11年8月10日
仁科芳雄

嵯峨根 君
　欧洲ノ方ノ紹介状ヲ同封シテ送リマス. 役ニ立ツカドウカハ疑問デスガ.
　コペンハーゲンノハ3通書イテ置キマシタ. ヨク留守ナコトガアルノデ此中ノ誰カ1人ハ居ルデショウ.
　最近ノ Bohr サンカラノ手紙ニヨルト, コペンハーゲンニモ「サイクロトロン」並ニ高圧装置ヲ作ルサウデ, 今年中ニハ完成ノ予定ダト云フコトデス.
　右要々迄.
　御自愛専一ニ

504　仁科芳雄 (水上町, 群馬) → 阿曾沼 均 (鉄道省保線課)　　　1936/08/15

昭和11年8月15日　水上ニテ
仁科芳雄

鉄道省保線課長
阿曾沼 均 様
　拝啓　先般来ハ度々御配慮相供ヘ洵ニ恐縮ニ奉存上候. 御蔭ヲ以テ万端極メテ好都合ニ進ミ感謝ノ至リニ不堪厚ク御礼申上候.
　昨日当地着直チニ清水トンネルニ入リ観測ヲ開始致候. 毎日1度現場ニ参リ約1週間継続ノ予定ニ御座候.
　右不取敢御礼ノミ申述候.

敬具

二伸
　数日前岡山六高ノ松尾先生ニ会遇致シ候際宜敷トノ御伝言有之候.

505　朝永振一郎 (野間, 愛知)
　　　→ 有山兼孝・玉木英彦・竹内 柾 (理化学研究所)　　1936/08/20

　久里浜よりのお便り有難く拝見致しました. こちらの海ももう大分人が減って少々淋しくなりました. けれども小生はもうしばらくがんばるつもりです. 色は黒くなりましたが肥る方はだめです. 親方［仁科芳雄］は清水トンネルにもぐった由新聞で見ました.
　　　　　　　　　　　　　　　　　　　　　　知多半島の蝦蛄[a]
　英彦氏に. 先日ディラックの論文有難う. まだ読んでいません, 見ただけ. こちらは今おぼんです. 坊主横行.

　　[a]　書簡494の注a参照.

506　仁科芳雄 → 日本学術振興会第10小委員会 (領収書)
　　　　　　　　　　　　　　　　　　　　　　　　　　　1936/08/22

　　　　　　　　　　　領収証
　　　　　　一金 178 円 54 銭也
　　　　　　　但シ清水隧道内宇宙線観測[a]出張旅費
　　　　　　右正ニ領収候也
昭和11年8月22日
　　　　　　　　　　　　　　　　　　　　　　　　　仁科芳雄
日本学術振興会
第10小委員会[b] 御中

　　[a]　成果：Y. Nishina and C. Ishii, A cosmic ray burst at a depth equivalent to 800 m of water, *Nature* **138** (1936) 721–722. 水深800m相当の地下で宇宙線が原子核に衝突して爆砕をおこすのを見いだした. この深さまでは宇宙線は来ないといわれていた. Neher型電離計による測定. 仁科も過剰イオン化 (書簡243の注b参照) の見積りに悩んだ. そこで爆発現象の発見は宇宙線がこの深さまできていることの確かな証拠となった. 新聞記事にもなった：地殻300米を貫き意外の爆発現象, 仁

科博士・貴重な発見, 東京朝日新聞, 1936年9月4日. 仁科談「バーストがこんな深いところで認められたのは初めてです」を引いて, 外国では地下30mまでは爆発現象が認められているが, 300mでの発見は世界最初であると述べている. 参考：根本順吉「宇宙線の観測を続ける人——理研・宮崎友喜雄」, 自然1961年8月号, pp. 50-57.『宇宙線』, p. 164.
b 書簡348の注g, 488の注a参照. 555の注aも参照.

507 仁科芳雄 → 南出保太郎 (所属, 受取地不明)　　　　1936/08/23

拝啓　先般来清水トンネル内に於ける宇宙線研究の為御地に出張致候際は御多忙中にも不拘, 到着の御出迎より出発の御見送に至る迄終始細大となく万端御配慮を辱ふし, 殊に観測地点の撰択, 現場への御案内, 宿泊の御斡旋等一方ならざる御尽力に預り, 御蔭を以て観測は極めて好都合に進捗致し, 宇宙線研究上多大の収穫を得候事[a], 洵に難有厚く御礼申述候.
　何卒今後共宜敷御援助の程偏に奉願上候. 時節柄別して御自愛専一に祈上候. 先ハ不取敢御礼のみ申述候.　　　　　　　　　　　　　　　敬具
　8月23日　　　　　　　　　　　　　　　　　　　　　　　仁科芳雄

南出保太郎 様
　　　　侍史

二伸
　御地よりの帰途北軽井沢に立寄り25日帰京の予定に御座候

> a 理研・第30回学術講演会, 第2日 (1936年11月19日) における発表：仁科芳雄・石井千尋「清水隧道に於ける宇宙線の測定」. プログラムには「測定の結果を述べる」としか書いていない. 書簡506の注aを見よ.

508 朝永振一郎 (野間, 愛知) → 玉木英彦 (理化学研究所)　　　1936/08/24

こちらは大変涼しくなりました. 東京は如何ですか. 昨夜は旧暦の7月7日で七夕祭がありました. 私もそろそろ田舎を引上げねばなりませんが, 29日にこちらを去るつもりです. 2, 3日京都にいて, それから上京します. 郵便がまごつくといけませんから一寸おしらせしておきます.

蝦蛄生[a] 頓首

[絵葉書]

a 書簡494の注a参照.

509 嵯峨根遼吉（カリフォルニア大学，バークレー）→ 仁科芳雄　　　1936/09/02

　7月30日付の御手紙を頂戴してからもう1週間余りになりまして御返事が遅れて相済みませぬ．丁度8月4日にローレンスが東海岸から帰って参りますと，今迄のクックシーの次の設計の為のテスト実験をやめてビームを4ヶ月振位に得られたので急にいそがしくなり，其後殆毎日夜業をして居ります．大体15マイクロ位ながらかなりsteadyに出ますので，鼠にニュートロンをあてる実験などはX rayと同様γ単位で測定して同じだけあてる様にしますと前の3分ノ1位の時間ですみます．Sのtargetなどはbeamが強すぎてcoolingが頭痛の種です．

　テストの結果としては鉄板に穴をあけてビームを取出すのはビームのintensityをへらすので大体失敗と考へられてゐる様です．Dの真中辺をくりぬいたのも失敗の様でしたが，Dの深さと半径を増したのは未だ実験未完了ながら，ビームの強さが大部増す様です（25マイクロ no adjustmentで得られました．30位にはなるでせう）．

　ビームの強さが強くなるにしたがって身体に対するニュートロンの影響を心配してビームの出てゐる間は絶対にサイクロトロンの室は入らぬことにして居ります．此点は建物の室の取り方に影響があると思ひますから一応考へて戴く必要があると思ます．即サイクロトロンは相当離れた所からコントロールする必要のあること，すぐ近所の室に人が立働らくことは危険であること，勿論，真上の2階の室も相当にきくでせう．

　時に例のマグネットの見積の件[b]ですが，極くざっとした見積りでよいことゝ思ひますが，大部不徹底な点があるので弱って居ります．
　1. 設計を全部製作所へ依頼するや否や（多分依頼する）
　2. ポールピースの形を当方で指定するや否や（多分勝手）
　3. 銅の巻線迄同一製作所に依頼するや否や（なるべく一所）
の様な疑問があるのですが括弧内の様に推量する心算に致しました．三井からはいつも御世話になってゐる内田氏から書類と一所に御話がありましたが（理

研からまはった図面）多分参考の御積りで御書きになった図面と思ひますが, 前後矛盾して居る様に考へられますのには一番弱って居ります. 即ポールピース直径として1米25糎(センチ)としてありますのは, ポールフェース直径1米25糎即有効磁場の直径として図面1及図面4に書いてある通りと致しますと, 普通に言ひますポールピースの直径即絞らぬ前の直径は図面1によりますと64吋(インチ)近くに書いてあります. 所がミシガンの図面に50吋の方に赤で underline がしてありますのと, 注文書の方に銅を含めて約100噸(トン)といふのは有効面積の直径は1米25以下といふ様にもとれます. 内田氏の方の話によりますと, 桑港(サンフランシスコ)の物産にはエンジニヤーは居ないので, 大体どの様な物が作りたいのか大体の図を書いて呉れとの御話ですので, 結局独断で図を書いて見積を取ることに致しました. 別便の通り.

又昨日丁度ローレンスの所へ US スチールの人が来たので話を聞いて見ますと, 鉄の値段としては 200 噸でも 100 噸でも封度(ポンド)当りの値段は大して変らぬと云って居りました. yoke などの継目はぐるりとウエルドしたのが一番安上りで相当丈夫だし, 取壊すときはウエルドの所だけけづればよいといふことを言って居りました. 一番大切なのはポールフェースの平行といふことで, 日本で御注文の時は出来るだけ強調して戴きたいと思ひます. 唯今ミシガンでは削り直しをやったとの話でした. 又, サイクロトロンのタンクの壁をノンマグネチックスチールで作れば底の鉄板とのウエルドが簡単に出来て具合がよからうとの話でした. 結局大きさが御考と違って居りましたら, 大体の比例でも大して差が無いと思ひます（銅の方は一寸違ふ様ですが）.

プリンストンでは鉄はカーネギーイリノイ, 工賃 1000 弗を含めて鉄の全部が 2600 弗, 銅は Revere Copper Co. 封度当り 12 仙(セント)半, 捲線は町工場で 975 弗, タンクは 310 弗 Berkley Perforating Co. といふことで, プリンストン渡しで総計 6985 弗になる様です. 2万 5000 円程度の様に思はれますので, 芝浦と比較にならない様な気がします. 尤も芝浦のは pole face の直径 1 米 25 でそれですと鉄を 200 噸以上使ふのでせうから話は別ですが. シカゴでも鉄だけ 5500 弗（アームコ）, ミシガンでは 4800 弗, 銅やら捲線が夫々 3750 弗及 500 弗とのこと（鉄は半径の 3 乗, 銅は 2 乗で増す勘定の様です）. 同封の Lawrence に頼んで聞いてもらった返事の copy を参照願ひます. 此様な話ですといづれも鉄は鉄の会社, 銅は銅の会社と別々に作らせて組合せた様子で, 或は此様にした方が大分安くつくのではないかと思はれます. それで鉄だけの見積もとって貰ふことに頼んで置きました. 三井の人には要求が本当に呑み込めて居ない様ですから, 本当に御注文のときは今一度細かに英文で説明書を書いて戴いた方が

余程安全と思はれます．若し色々の会社に鉄は鉄，銅は銅と頼むのですと大体の設計は先生の方でして戴く必要があるでせう．

　私一個のマグネットに対する意見としては，タンクの蓋の鉄板を4糎よりも厚目にして例へば5糎にして gap 175 粍を 195 粍にした方が磁場を加へた時に起る真空の減りの回数がへらせると思はれます．欲をいへば oil tank の間をなるべく広くして身体が楽に入る様にすることですが，此点は先日御送りしたバークレイの 200 噸のマグネットは，極端にこれを強調してゐる訳で，理由は患者をサイクロトロンの出来るだけそばによせるのが目的であり，yoke を遠くまではなして oscillator 其他の位置の制限をのぞいて働き易くしてある訳です．シカゴの様に pole だけ大きくして後で拡張出来る様にしたのも面白いと思ひます．私の実験の recovery curve は sample の wet なのが段々にかはいて来るための absorption の変化によるらしく，其後注意する程 intensity がへりますのでやめにして ^{34}Cl 或は ^{33}Cl の positron の energy distribution をやっただけで大体纏めて英国に行くつもりに致しました．丁度寺沢先生が East につかれる様子なので出来るだけ早く行かうと思って目下大車輪です．多分9月15日頃にはバークレイを出発出来はしないかと思って居ります．

　ウィルソンチャンバーの方のテクニークで御知らせし様と思ふことがあるのですが，何となく纏(まとま)らな相な気がして後にゆづります．先は取急ぎ御返事迄．
　9月2日　　　　　　　　　　　　　　　　　　　　　　嵯峨根遼吉

仁科芳雄 様

　アンダーソンの写真の const curvature で立派に curvature の計れる様な heavy particle の track が目下大問題になって議論されて居ります．其後 Beams, Snoddy, Fowler, Segrè, Bloch, Gamow, Saha などが参りました．

  [a] 書簡 497.
  [b] 書簡 468, 497 およびその注 b を参照.
  [c] 1 pound は 453.6 g.

510　E.O. Lawrence （カリフォルニア大学, バークレー）→ 嵯峨根遼吉　　1936/09/01 [a]

　　　　　　　　　　　　　　　　　　　　　　　　　　バークレー，物理教室
　　　　　　　　　　　　　　　　　　　　　　　　　　1936年9月1日

Lawrence 教授より嵯峨根 博士宛

プリンストン・マグネットの大きさと値段が分かりました．プリンストンの White 博士は，プリンストン・マグネットの複製の購入について手紙をだすなら，ペンシルヴァニア州ピッツバーグ，Carnegie Building の Carnegie Illinois 鋼鉄会社，販売支配人 A.H. Warren Jr 氏宛にせよと書いてきています．

シカゴ・マグネットについては Newson 博士の次の手紙を引用しましょう：

> 私たちはマグネットを最終的に Armco から 5,500 ドルで買おうと思っています．Carnegie より 200 ドル高いのですが，Armco は注文を厳しく守ると約束しています．極間を .003″ の精度で平行にすることを保証していますが，あなたからミシガンでのトラブルをお聞きしたので，この精密さは非常に価値あるものと思われます．Armco はまた精細な機械仕上げを約束しており，これも値打ちがあります．私たちのマグネットはこちらでご覧になった時より少し変更されました．コアは直径 50″ にしましたが，ヨークは 45″ のコアに対するものです．大きいコアが特に良いということはありませんが，もし必要ならヨークは全 50″ のマグネットに合わせて大きくすることができるでしょう．私たちはオイルタンクの強制冷却を計画していますので，普通のタンクにおけるほどの余地はありませんが，それでも充分なスペースはあると思います．
>
> 嵯峨根がわが国のマグネットに興味をもつなら，Armco に直接行くことを薦めます．Carnegie はマグネットを造ることを明らかに嫌がっており，入札値段を送ってくるまで 1 ヵ月以上も待たせました．
>
> もし嵯峨根が望むなら見ることができるように，私たちが買おうとしているマグネットのプリントを同封します．私たちはシカゴ渡し FOB で 5500 ドルを払います．オハイオ州ミドルタウンにある American Rolling Mills Co. の販売マネージャー C.C. Clark 氏に手紙をお書きになるとよいと思います．彼は非常に親切です．

ミシガン・マグネットについて Cork 博士が次のように書いてきました．彼らはミシガン州デトロイトの American Brass 社のマネージャー C.F. Craig 氏の世話で 1 ポンドあたり 12.5 セントで銅を 15 トン買い，配達料こみで 3750 ドル払いました．銅は厚さ 1/16″，幅 1-3.8 インチの紐状です．鋼は J.C. Shields 氏の世話で Carnegie 鋼鉄会社から，配達料こみ 1 ポンドあたり 2.3 セントで 80 トン購入しました．鋼は "低メタロイド鋼−ロールした板−機械仕上

げ"といわれています．機械製作の値段は1120ドル，従って鋼の全額は4800ドルです．銅リボンを巻きつける費用は，――紙が1ポンドあたり16セントで500ポンド，グリプタルが1ガロンあたり3.50ドルで500ポンド――計500ドルでした．

[英文，同封：Data of Princeton Magnetと題されたグラフ，Suggested Design of 100 Ton Electromagnetと題された図，およびThe Rikagaku Kenkyusho Electro Magnetと題されたE.O. Lawrenceから鉄鋼会社への書簡（M.C. HendersonからChadwick宛）の抜書．]

a 書簡509に同封されていたので，日付は前だが，ここにおく．
b サイクロトロンの磁場をつくるための電磁石．
c FOB Chicago：シカゴでの貨車渡し．そこまでの経費は売主が払うという条件．Free on boardの略．

511 仁科芳雄 → 谷村先生（中学校教諭？） 1936/10/02

拝復　過日ハ御親切ナ御はがきヲ頂キ誠ニ有リ難ウ御座イマシタ．早速御返事ヲト思ヒ乍ラ毎々毎々ノ雑務ニ追ハレ良心ニ恥ヂ乍ラ今日迄モ延引致シマシタ．何卒悪カラズ御許シ願上ゲマス．

　扨テ御知ラセノ件興味深ク拝見致シマシタ．電子ノ質量ニ就テノ概念ヲ一般ノ人ニ解ル様ニスルニハ全ク好イ材料ト存ジマス．凡テノ事ハ斯様ニ具象的ニ頭ニ入レルト云フ事ニ依ッテ理解ヲ早メ得ルト存ジマス．英国ノ科学者ノ行キ方ニハ斯様ニ徹底的ナ処ガアリマス．日本ノ教育者モ此点注意スベキ事カト思ハレマス．勿論其方ダケニ重キヲ措イテ抽象的ノ事ヲ忘レルト云フ事モソノ反対ト同様ノ弊ガアルト考ヘマス．

　以上ハ一般ノ人ニ関スルコトデアリマスガ吾々専門ノ方デハ毎日 10^x ト云フ数字ヲ取扱ッテ居マス．但シ x ハ −40 カラ +40 位ノ間ニアルモノデアリマス．ソノ結果トシテ恰度普通ノ人ガ秤ヤ物尺デ測ル様ニ問題ノ対象ニヨッテ x ノ大サデ直グ大小ノ見当ガ付ク様ナ習慣ニナッテ居リマス．従ッテソンナ人ニハ地球ノ大サナドデ云フヨリハ 10^x ノ x デ云フ方ガヨク解ルト云フ事情ニアリマス．然シコレハ専門家ダケノ話デアリマシテ一般ノ人ニハ少クトモ初メハ御指示ノ様ナ具象的ノ解説ヲ必要ト致シマス．ソコデ御はがきヲ拝見シテ「理科年表」ノ古イノヲ引ッパリ出シマシテ御説ノ様ナ他ノ例ヲ探シテ見マシタ．

1. 御指示ノ点ハ簡単ニ云ヒ表ハセバ次ノ通リト存ジマス:——
   1グラム:電子質量≈地球ノ容積:直径1.2 cm ノ球ノ容積
   ≈地球ノ質量:磁鉄鉱直径1.2 cm ノ球質量
   但シ地球ノ密度 (5.5) ト磁鉄鉱ノ密度 (5.2) トヲ大体等シイト見テノ話デアリマス
2. 水素原子ノ直径≈10^{-8} cm
   1 cm:水素原子ノ直径≈地球ノ直径:12 cm
   但シ地球ノ直径1.2×10^9 cm トシテ
3. 水素原子核即チプロトン (陽子) ノ直径≈10^{-13} cm
   1 cm:水素原子核ノ直径≈太陽カラ地球ヘノ距離:1 cm
   但シ太陽カラ地球ヘノ距離≈1.5×10^{13} cm
   水素原子核ノ直径ハ 10^{-13} cm ノ order デスカラ今 1.5×10^{-13} cm トシマシタ
4. 水素原子ノ直径ト水素原子核ノ直径トノ比
   (コレハ大体ノ話ニスレバ水素以外ノ元素デモ同様デス．重イ元素ノ原子ノ大サハ増シマスガ其原子核ノ大サモ増シマスカラ．但シソレハ大ザッパナ話デス)
   2. ト 3. トノ数字カラシテ
   原子核ノ直径:原子ノ直径≈10^{-12}〜10^{-13} cm:10^{-8} cm
   ≈地球直径 (1.2×10^9 cm):
   太陽ヨリ地球迄ノ距離 (1.5×10^{13} cm)
   但シ 10^{-12} cm ヲ取ッテノ話，10^{-13} ヲトルト，≈1 cm:1 km
5. 富士山ノ容積
   高サ3.5 km (海抜ハ約3.8 km)，底面ノ半径ヲ 15 km ト仮定シ其容積ヲ次ノ式デ出セルト仮定シマス^a: V = $\frac{1}{5}$×高サ×底面積
   ≈$\frac{1}{5}$×3.5×10^5×π×(1.5×10^6)²=5×10^{17} cm³
   今富士山ヲ形成スル物質ノ密度ト砂ノ密度トガ等シイト仮定シマスト
   1グラム:電子質量≈富士山ノ重サ:rナル半径ノ砂ノ重サ
   此rヲ求メマスト $r=2.2×10^{-3}$ cm
   ∴ 1グラム:電子質量≈富士山ノ重サ:$\frac{1}{23}$ mm 直径ノ砂ノ重サトナリマス．コレハ余話ニナリマスガ半径1 mm ノ直径ノ砂バカリデ富士山ガ出来テ居ルトスルト其砂ノ数ハ幾ラカト申シマス $\frac{5\times10^{17}}{\frac{4\pi}{3}\times(10^{-1})^3}$≈1.2×$10^{20}$ デアリマス．
   デアリマスカラ「浜ノ真砂」ナド云フモノハコレヨリヅット少イ訳デアリマ

スカラ 10^x ト云フ形ニスレバ x ハ大シタモノデハアリマセン．
6. 米粒トノ比較
　　米粒ノ容積ハ $2.5×10^{-2}$ cm^3 ｝位デアリマセウ．依テ
　　〃　重量ハ $2.0×10^{-2}$ gr
　1グラム：電子質量 ≈ 米 $2.2×10^{26}$ 粒ノ目方：米1粒ノ目方
　$2.2×10^{26}$ 粒ノ容積ハ $2.5×10^{-2}$ cm$^2×2.2×10^{26}=5.6×10^{24}$ cm^3
　此容積ハ富士山ヲ1千百万個 $(1.1×10^7)$ 集メタモノニナリマス．ツマリ
　1グラム：電子質量 ≈ 富士山1千百万個ヲ米デ満シタ目方：米1粒ノ目方
電子質量ノ代リニ水素原子質量ヲトレバソレハ約2000倍デアリマスカラ上ノ比ガ皆ソレダケ減ジテ来マス．

此処迄書キマシタ処ガ用事ガ出来マシタカラコレデ擱筆致シマス．
　ドウカ御自愛専一ニ祈上ゲマス　　　　　　　　　　　　　　　　敬具
　10月2日　　　　　　　　　　　　　　　　　　　　　　　　仁科芳雄

谷村　先生
　　　侍史

　　　[a] もし富士山を円錐形と仮定すれば係数は 1/3 になる．

512　N. Bohr （理論物理学研究所, コペンハーゲン） → 仁科芳雄　　　　　1936/10/05

仁科芳雄　様
　8月3日付のあなたの親切なお手紙[a]に対する返事がおそくなって申し訳ありません．じつは私は，この夏フィンランドに旅行したので，数週間前に帰国してからは差し迫った仕事に忙殺されていました．
　あなたが語っておられる計画にはおおいに興味をそそられましたが，あいにくと，私はあなたの御質問にかんしては十分に価値のあるアドヴァイスを差し上げることができません．私たち自身は，幸運にもデンマークの電気技術の会社から直径90 cm の円形領域にわたって2万ガウスの磁場を作る大きなマグネットを提供してもらいました．そのうえ，私たちはカールスベリ財団の援助で恒常的に100万ヴォルトの電圧を出しうる高電圧発生装置を手に入れました．それは衝撃により200万ヴォルトまで高めることができます．もちろん私たちは，サイクロトロンの装置があなたも御存知のように多くの目的にとってずっ

と都合がよいことは認めていますが，高電圧発生装置をとくに電子の加速とサイクロトロンが適していないずっと硬いX線を作り出すために使用するつもりです。

現在私は，この春 Nature に載せた論文で公表した核反応に関する一般的な見解をよりくわしく展開した論文を Kalckar に協力してもらって仕上げるのに忙殺されています．そして少し前にあなたにお知らせした，電荷と電磁場の測定にかんして Rosenfeld と一緒にやった仕事の論文をまもなくあなたにお送りできるでしょう．この論文の完成がかなり遅れているのは，昨年私の体調がすぐれなかったからですが，原子核の問題にかんする原稿が私の手を離れたらすぐに仕上げたいと思っています．

私も家内も Hans も日本旅行をたいへん楽しみにしています．日本にはサンフランシスコ経由で4月初めには着く予定です．計画を立てはじめている講義について詳しいことは，後日書き送ります．そしてあなたがご所望の略歴のようなものは，早い機会にお送りしましょう．

私たち全員からあなたとあなたの奥様と日本のすべての共通の友人のご多幸をお祈りします．

N. Bohr
［英文］

 a 書簡 501.
 b 理研の Cockcroft-Walton 加速器の建設は，100万 eV を目標に仁科研の山崎文男・新間啓三が進めていたが，1936年に Rutherford の下から西川研に帰った篠原健一が鳩山道夫らと引き継いだ．100万 eV までは行かなかったが，数十万 eV まで陽子を加速できるようになり，フッ素を衝撃して 6MeV の γ 線を出し鉛に当てて発生する陰陽電子対のエネルギー分布をしらべ（K. Shinohara and M. Hatoyama, *Sci. Pap. Inst. Phys. -Chem. Res.* **38**（1941）253, **38**（1941）326），また気体に当てて電子からも電子対が発生することを確かめた（K. Shinohara and M. Hatoyama, *Phys. Rev.* **59**（1941）461, *Sci. Pap. Inst. Phys-Chem. Res.* **39**（1941）8）．
 c 書簡 490 の注 e.
 d 書簡 490 の注 f.
 e 書簡 345, 注 a の論文．

513 竹内 柾（横須賀海軍工廠）[a] → 仁科芳雄　　1936/10/11

前略　土曜日に取急ぎましたので左記の事柄を忘れました．何卒御願致します．
1. 真空用ゴム管（6mm の管が固く入るもの．アルコール瓦斯入換用に用ひます．長

さ 50 cm もあれば結構です.)
2. フィルム. ネオペルゼンゾ 使用し終り. Spezial Fliegerfilm も少なくなりましたので買って頂きたいと思ひます. 値段と相談ですが, Spezial Fliegerfilm の方が幾分ヌケが宜しいです.
此の前の値段は山崎君の所の台帳に抜書してあります. Film 欄.
右2項宜しく御願ひ申上げます.
今日(月)は120 V 発電機(アーク用)が2台共 40 V で使用中でこちらは使へません. Zähler^b をやってゐます. 1本前と同じ位のが出来ました.

[葉書]

 ^{a} 書簡444 の注 a を見よ.
 ^{b} 計数管.

514 嵯峨根遼吉 (シカゴ) → 仁科芳雄   1936/10/14

 大変御無沙汰致しました. 御変りもなく御研究のことゝ存じます. 寺沢先生が9月末に 桑港(サンフランシスコ) に御出とのこと故急に立つのをやめまして, 10月3日浅間丸を見送った翌々日, 2人の友達と一所に自動車で米大陸膝栗毛に出掛けまして約10日かゝってシカゴに参りました. 途中ネバダやワイオミングの砂漠の様な荒地を通るのは少し苦痛でしたが, ソールトレーク市やデンバーあたりの黄葉は実にきれいでした. 殊によかったのはロッキー国立公園のドライブで, 久し振に見る雪の山は何ともいへませんでした.
 デンバーから約40 哩(マイル) のボールダーにあるコロラド大学にブロックソンをたづねて, 高圧電離槽の電離電流の特性曲線, イオンの recombination の実験装置を見ましたが, 米国にもこんな大学があるかと思ふ位教室が狭く装置も大したものではなく, 鳥渡(ちょっと)気の毒に思はれる程でした. 目下 200 気圧迄の空気の場合をやって居る様でした. 所々リレーを使って安全装置やタイミングに自動装置を使う所は米国式がしのばれる様な気がしました. アルゴンやヘリウムはやる心算ではあるが先の先の話の様です. 教授は未だ若く, 福島さんをよく知ってゐる様な話でした.
 其後2日してシカゴに到着し, シカゴ大学にバークレーの旧友ニューソンを訪ねました処, 非常に親切にづっと一緒について方々の実験室を案内して呉れました.
 先最初はサイクロトロンなのですが, 当地のは未だ組立てられて居ないので,

マグネットは予定より3,4週間遅れて来週月曜に搬入とかで見られませんでした（これは鉄だけ）．銅はストリップが沢山買ってありまして10ミルの紙で絶縁し，ワーニッシュ[a]で焼きかためる予定だ相ですが，自分の処で巻くのだ相です．冷却のオイルのタンクは10%のマンガニーズ，5%のニッケルの入った特種の殆どノンマグネチックの鉄で底を作るのだ相です．アークウェルドで小さな町工場に頼む様でした．Manganese Steel Forge Co. Philadelphia の製品で，stainless steelの半値とのことです．場処は昔のパワーハウスで，広いものです．ダイナモハ前から其処にあった350キロのが其儘にしてあります．コンクリートの土台の上に数枚の薄い鉛の板を置いて其上に置いてしまふ様で，ボールトも何も締付けることはしない様です．此処ではコンプトンの宇宙線の研究用の磁石がありました．ポールピースの直径1呎（フィート）3万ガウス（円錐のポールピース）ウィルソン函による宇宙線の研究が行はれ様としてゐる処ですが，冷却用の油が何かよごれてゐたとかで中のコイルが短絡し焼けて了った様でした．この油を水で冷却する装置はサイクロトロンの磁石の冷却と兼用にするのだ相です．発振器及サイクロトロンのタンク等は大体部分品がそろった処の様でした．大していふ程のこともないのですが，出来るだけハンダ付をやめて銀鑞を使って居ります．これはノンマグネチックスチールでウェルデングをやれば一番よいので，ニューソンが作り初めた頃には皆気がつかなかったことの様です．

次にJesseといふ人がやってゐる宇宙線の気球を上げてやる研究を見ました．17米の短波の発振器をのせて行くのですが，どんどん改良して行く途中の様でした．正確度も10%位 Al 箔を下に上はセロハンで温度を保つ方法をやってゐます．日本でやるなら落て来る気球をひろうのは望めませんから是非此方法をとらねばならぬでせう．気圧をシグナルで送る方法など鳥渡面白いと思ひましたが他にどんな方法があるかよく知らないので分りません．他にベンネットとコンプトンのやった大きなコスミックレーメーターを見ました．目下バーストの研究に使用してゐる様です．丁度何時か東京で探して得られなかったシネブロマイド紙を使ってゐましたから，名前を聞きましたら Eastman Kodak の Insurance Bromide Paper Grade A といふのだ相です．R. S. I. 1934 5 415 の別刷[b]を呉れました．大してこれのまねは難しい処はなさ相ですが，船などにのせただけにきちんと商品の様になって居り，ランプ用電池もアルカリの1次電池を使ってゐます．（気球からのシグナルの受信器は見られませんでした．12球位のGE製のsetだ相です）．これによるバーストは鉛の厚さ4,5糎（センチ）位の処に数のmaxが来る相です．鉛のシールドの方はわざわざ職工の処まで行って聞きま

したが，要するにとかした鉛を一辺に休まずに流し，型の上方に気泡のにげる管を4,5本つけ型がよくかはいてゐれば穴などは決して出来ぬといって居ました．テストはしたことがない様ですが，密度の測定をやれば分るだらうとの話です．他に前の宇宙線用のウィルソン凾を見ましたが，底のゴムの中にメタルの板を入れて了ったものを使って居ました．ゴムにはアクワダグをぬって伝導をよくしてゐます．他はブラケットと同様計数管によるコントロールも出来る様になってゐましたが大してうまいと思ひません．天井に cellulose nitrate (biologist の使うもの) を使うと言ってゐます．プロピルアルコールで寒天の様になって居りました．多少白濁ですが充分使へます．Harkins, Newson の neutron proton の scattering が theory と合はず Kurie と同様になったのはもう御読みになって居られるでせう．カメラがレールの上を走って reprojection に使へる様にしてあります．Dempster の mass spectrogaph は大分うまく行く様な話で，露出も1秒以上から数十分迄止りとのことです．他にコックロフト[c]式60万ボルトのをやってゐましたが完成迄未だ未だの様です．先は忘れぬ内に御報告迄．

明日イリノイ大学に参ります．御自愛専一に研究室の諸兄によろしく．

10月14日　　　　　　　　　　　　　　　　　　　　　　　　　　嵯峨根遼吉

仁科芳雄 様

 a ワニス．
 b *Reviews of Scientific Instruments* 5 (1934) 415.
 c 書簡495の注b参照．Cockcroft 式高電圧装置については伏見康治『時代の証言——原子科学者の昭和史』，同文書院 (1989), pp. 61-66 を参照．

515　竹内 柾 (横須賀海軍工廠) → 仁科芳雄　　　　　　　　　1936/10/19

先週は土曜日に参りませんでしたので一寸当方の様子御報告致します．

木曜日に shutter を magnet の壁に取付けて50枚程写真を撮りました．その内よく出てゐるのを金曜日1日光学工場で測定致しました．1本測るのに約20〜30分を要します．

午前10時頃から貸して頂きましたので，14本測りました．linear にならないので困りました．原因を調べやうと今日 (月曜日) 木曜日の日誌と比べましたが，coincidence を待つ時間とも関係なく，困りました．

測定した点を方眼紙にplotしました所丁度trackが下方へヅレて居る様に思はれます．arcがつく[a]のが遅すぎてtrackが落ち始めて写真を撮るのでないかと思ひます．arcを早くつけて今一度撮る予定と致しました．実験にかゝった所pendulumに代用のswitchが壊れましたので，材料をもらって修繕する積りです．今日中にはarcを早くしたtrackを撮る積りです．

金曜日，光学工場から昼食に帰った時，名和大佐から"comparatorの事に就いては他へ口外せぬ様""先生に報せて呉れ"との事で御座いました．遅れましたがお取次致します．取敢へず御報告申し上げます．

横厰，池実にて

竹内 柾

仁科芳雄 様

a ウィルソン霧箱の粒子の飛跡をアーク灯で照明して写真をとった．書簡312の注bおよび書簡455参照．

516 仁科芳雄 → 竹内 柾・一宮虎雄 (横須賀海軍工厰)　　1936/10/22

昭和11年10月22日　　理化学研究所

仁科芳雄

竹内 君
一宮 君

昨日帰リニ名和工務主任ニ[a]「水銀マノメーター」ノ件ヲ依頼シテ置イタカラ其手配ヲシテ貰ッタコトト思ヒマス．其時例ノ「シャッター」ノ話ガ出テ，工場デ作ッテヤラウト云フ話デアッタノデ，宜敷ク御願ヒスルト云ッテ置イタカラ此方モ手配アッタ事ト思ヒマス．

次ニ別封デ S. N. L. ヲ送リマス．劈頭ニ Compton ノ chamber ガ出テ居マス．[b]大敵ガ現ハレタワケデ，吾々大イニ努力シテヤラウデハナイカ．或ハ吾々ノヨリハ少シ好イノカモシレナイガトモカク相手トシテ戦ヒ甲斐ノアル好敵手デアルカラ，コレデ吾々ノ方デ相当ノ成績ヲ挙ゲレバ世界ノ舞台ニ乗リ出スコトニナリ，大イニ愉快ダト思フ．

此 S. N. L. ハ実ハモウ1ヶ月カ40日以前ニ来テ居タノダガ，他ノ雑誌ノ間ニ入ッテ今日迄放置シテアッタコトヲ発見．少々手落デアッタ訳ダガ今更致シ方ナイ．トモカク緊褌一番ヲ要スルト思フ．

名和工務主任ニモ此雑誌ヲ見セテ，吾々ノヤルコトガ相当世界ノ注目ヲ惹ク様ニナルカモシレヌ（ウマク行ケバ）コトヲ知ラセテ呉レ給ヘ．
　右要々迄　　　　　　　　　　　　　　　　　　　　　匆々

- a 名和 武．仁科の義兄．書簡 440, 447 を参照．
- b *Science News Letter.* Washington の Science Service が 1921 年から発行する週刊誌．1989 年に *Science News* と改題した．

517 仁科芳雄 「人工ラヂウムとはどんなものか」
　　（ラジオ放送講演要旨，原稿）　　　　　　　1936/10/26

昭和 11 年 10 月 26 日　　放送要旨
人工ラヂウムとはどんなものか．

仁科芳雄

人工ラヂウムといふ名は余り妥当な名称ではないかも知れない．といふのは人工で真の元素ラヂウムを作るといふのではなくて，人工でラヂウムに似た性質を持つ別の元素を作るといふ意味であるからである．即ち普通の路傍にある元素の原子核を変へることにより，放射性を持つ地上に無い新しい元素を作ることが出来る．

此発見，其発生方法，其種類，性質，寿命，其学術的応用，其実用価値，其地球物理学乃至は天体物理学的意義等に就て述べる．

以上

518 仁科芳雄 → 大川忠吉（芝浦製作所）　　　　　1936/11/10

昭和 11 年 11 月 10 日　　理化学研究所
仁科芳雄

芝浦製作所設計課長
大川忠吉 様

　　　宇宙線研究用 500 KW 電磁石ノ件
拝啓　時下愈々御清祥奉賀候．
扨テ本電磁石製作ニ就テハ種々御配慮ヲ辱ウシ難有厚ク御礼申上候．同器ハ

横須賀海軍工廠電池実験部（田浦）ニ据付ケ実験致居候[a]．然ル処最近磁場ノ正確ナル測定ヲ行ヒ候処貴工場ニテ立会試験ノ際得ラレタル結果ト齟齬スル数値ヲ得候ニツキ，更ニ反覆測定致候ヘ共同様ノ結果ヲ得タル旨助手ヨリ報告ヲ受ケ候．即チ貴工場ニテハコイルニ通ス電流約

　　1,000 アンペア　ニテ　18,000 乃至 19,000 ガウス

ヲ得タルニ対シ当方ニテハ

　　1,000 アンペア　ニテ　16,000 乃至 17,000 ガウス

ヲ得ルニ過ギズ[b]，此割合ヲ以テスレバ所定ノ 1,250 アンペアニテモ 20,000 ガウスヲ得ルコトハ到底不可能ナルコト磁化曲線ヨリ推知セラルヽ様存ゼラレ候．

　又右 1,000 アンペアヲ通スニ要スル電圧ハ約 400 ヴォルトニテコレモ貴工場ニテ試験シタル際ノ電圧ヨリハ高キ様考ヘラレ候．此割合ヲ以テスレバ予定ノ 1,250 アンペアヲ通スニハ約 500 ヴォルトヲ要スルコトト相成可申候．

　右齟齬ノ原因ガ何処ニ存スルヤ全ク不明ニテ困リ居リ申候．就テハ御多忙中誠ニ恐入リ候ヘ共同電磁石ノ係ノ人ニテ其特性ニ精通セル貴所員ニ一度現状ヲ調査御願申上度ト存候．何卒右御取計ラヒ被下度御依頼申上候．

　田浦ヘハ小生明 11 日（水）午后 1 時頃ニハ参リ居リ可申，其次ハ 17 日（火）又ハ 18 日（水）午后参リ可申候ニツキ，其時御出デ下サラバ好都合カト存候如何ニ御座候哉．尚同現場ハ極秘ノ箇所ニテ入所厳重ニ候間前以テ御出デノ時日御通知被下候ハヾ先方ヘ通知致置可申候．尚先方ノ部員ハ名和造兵大佐ヲ御尋ネ下サラバ宜敷或ハ山司造兵少佐ニテモ可ト存候．

　此実験ハ目下米国シカゴ大学ノ Compton 教授ノ処ノモノト競争ノ形ト相成[c]，磁場ノ強サニ於テ少シニテモ優越ヲ争ヒ居ル次第ニテ焦慮致居候ニツキ何卒宜敷御取計ラヒ願上候．　　　　　　　　　　　　　　　　　　　　　　　　敬具

　　　[a] 書簡 444 の注 a および書簡 480, 516 を参照．
　　　[b] 書簡 497 の注 d のあたりで仁科は「捲線の抵抗が予定より 1 割大きい」と言っている．
　　　[c] 書簡 516 を参照．

519 嵯峨根遼吉 (ケンブリッジ, イギリス) → 仁科芳雄　　　　1936/11/17

大変御無沙汰しました．方々の大学を見ると御知らせしたいものが多くなって結局いつかまとめてといふ気になり一向書けません．マグネットの御参考だけなりと御送り致します．

紐　育(ニューヨーク)では三井物産の係の人に会ひまして大体話をして見ました．ざっとした見積位は御手下に参ったことゝ存じます．

　私は11月4日発のクイーンメリーで英国に参り，3日かゞりでラザーフォードに会ひましたが，ウィルソン函の仕事なら手伝をしてもよいが，高圧の方は人が多勢で今は困るとのこと．今年中に新築が出来て来年からなら手伝って貰ひたいとのこと故，5ヶ月位の滞在にウィルソン函を手伝ひだすと高圧の方に変りにく相なのでその間に独逸，コペンハーゲンの方を歩く心算りにしました．

　此処2,3日馬鹿な顔をして人のやる実験を見て廻り，顔なじみになるのが習慣だ相です．今リーとギルバートが4気圧のウィルソン函に酸素をつめて菊池さんのトラック^{a}をさがして居ます．本当は中性子の散乱の研究即リコイルの到程^{b}と角度との統計をとって居たのですが．

11月17日　　　　　　　　　　　　　　　　　　　　　嵯峨根遼吉

仁科芳雄　様

　　　　　　　　　　新マグネットに対する考

yoke	電気が比較的安価な日本ではCarnegieの方がよい様に思はれる．但，Armcoの新製品Castが安価なれば別問題．
pole piece	forgeするとmachiningは安価だ相ですがCastに比し余程高価の様です．鉄会社の意見次第でせう．
machining	日本でも充分出来て安上りかとも思はれますが．
pole pieceの形	鉄の種類により研究が必要でせうが多少違っても大して損にはならず後で補正も出来相です．今度作る2度目のBerkeleyの形など簡単でよさ相ではないですか．
銅	stripが断然よいでせう．
捲線	東京の町工場にやらせたら段然安いと思ひますが如何．
絶縁	紙で油に入れるべきでせう．ホンウルシとかいふ理研関係のウルシでかぶれずに曲げても中々とれぬのが出来た相ですが試みられたら如何です． 　　　ウルシ研究所　芝区西芝浦3丁目2番地．
tankの底	manganese steelがよさ相に思はれます．これにするのでしたらChicagoの成績をきいた方がよいと思ひます．
cooling	大形のmagnetは皆oil coolingの様で結局tank及oilを更に

coolする装置及pump等必要になります.

　鉄と銅及捲線は別々にした方が大分安価になるのではないでせうか．特に捲線は鳥渡(ちょっと)計算して町工場に頼めばよい様な気がします．少し位間違っても大してひゞかないのではないでせうか？

　電気の価格と銅の値段によっては air cooling とか partly cooling 即一layer だけ pipe を使う式のものを考へるのも必要かと思ひます．銅は大部余分に必要でせうが．

		Columbia	Berkeley	Chicago	Illinois
ア)	yoke maker 方式			Armco forge	多分 Armco?
イ)	pole piece	Armco Cast	Mild steel?	Armco forge	
ウ)	machining	大砲製造所	水車製造所	Armco	
エ)	pole piece ノ形	Betheノニ近イ	段形	ヨイ加減ノテーパー	円筒
オ)	銅	strip	strip	strip	wire
カ)	捲線	出来合	出来合	自製	自製
キ)	絶縁	紙，油	紙，油	10 milノ紙，ベークデ焼ク，油	木綿
ク)	coil ノ current	200	150		
ケ)	pole piece ノ 直径	1米	多分1米現在27″	40″?	小20″位?
コ)	upper oil tank	上ダケ全部真鍮製，町工場	底ダケ真鍮鋳物	*Manganese Steel ヲ底ダケツカウ welding 85% Fe 10% Mn 5% Ni	ナシ
サ)	cooling	oil	oil	oil	air
シ)	水アカ			ヨシ	

　　　（つづき）

		Purdue	Michigan	Rochester	Princeton	Bortole
ア)		Carnegie cast	Carnegie cast	Armco forge	Carnegie cast	Armco forge
イ)		〃	〃	〃	Carnegie forge	〃
ウ)		汽関車製造所	Carnegie	多分 Armco	?	Armco
エ)		Betheノ計算	現在必要以上ニシボル	少シシボル	特種ノ型	?
オ)		circular pipe dia $\frac{3}{8}″$ (肉厚$\frac{1}{4}$)	strip	rectangular pipe	strip	strip
カ)		自製	?	G. E.	小工場	自製
キ)		布テープ及ピッケ	紙，グリプトール	布片テープ	紙	紙，油
ク)		150				
ケ)		40″	50″	小26″	40″	40″

コ)	ナシ	ナシ	ナシ	真鍮ノ輪ヲ weld シテ失敗, 油ガ減ル, 町工場	?
サ)	蒸溜水	air	水道	現在 air, oil ノ予定	oil
シ)	悪シ	悪シ	ヨシ		

* Manganese Steel Forge Co. Philadelphia ノ製品
mild steel ト簡単ニ weld 出来テ, permeability 1.03
値段 Stainless steel ノ $\frac{1}{2}$ トノ事

見て歩いて気のついた鳥渡した注意事項
1. pole piece の gap を今のより 1 吋(インチ)位大きくして tank の蓋を厚くした方がよい様に思はれます.
   1) Berkeley での max current (100 μ ampere?) 確実に 50 μ ampere 出したのは D を厚くしたもので, tank を高くする要求があり相です.
   2) 直径が大きくなると蓋の板がしなり勝で leak の原因になる.
   3) ion source として low voltage arc 式のものゝ利用の可能性が Livingston により確められた様ですから, 其様な source を使ふ時への space の準備.
2. 上の oil tank の over flow の口(くち)は oil の level が一定以上になると急に広くなる様にする注意が必要です. Berkeley では丸 pipe 其儘のため時々困ります.
3. 捲線の terminal は 2 つの layer 毎位に取出して series parallel に接続出来る様にすること. 即左捲きと右捲を重ねて内径の処でつなげばよい.
4. machining の正確度の必要さは多少疑問になって来ました. Princeton では field intensity が $\frac{1}{10}$ % 迄正確でも shimming が必要だ相です.
5. 下の tank の蓋は木の儘にせず Al の様なものを張るとワックスが取りやすくてきれいにして置ける様です.

a 菊池正士が唱えた中性子と電子の直接相互作用 (書簡 773 の注 c を参照) によって跳ね飛ばされた電子の軌跡であろうか? 参考: 伏見康治『時代の証言——原子科学者の昭和史』, 同文書院 (1989), pp. 137-144. ここに菊池の仮説に関連して J.R. Oppenheimer や G.T. Seaborg が登場する.
b 飛程.

520 仁科芳雄 → 小西于比古 (海軍)　　　　　　1936/11/19

　　　　　　　　　　　　昭和 11 年 11 月 19 日　　理化学研究所
　　　　　　　　　　　　　　　　　　　　　　　　仁科芳雄

小西于比古 様
拝啓　其後御疎遠ニ打過失礼仕候処愈々御清祥ノ条奉賀上候.

　扨テ小生目下, 日本学術振興会ノ宇宙線研究ノ方 (第 10 小委員会)[a] 担当致シ居リ, 各種ノ実験ニ従事致居候. 其一トシテ過般別紙ノ通リノ願書ヲ理事長桜井博士ノ名ヲ以テ海軍ニ依頼致候[b]. コレハ将来成層圏ニ於ケル宇宙線研究ノ準備トモ申スベキモノニシテ, コレニヨリ宇宙線ノ何タルヤヲ探求スル第一歩ト愚考致居候.

　此願書提出後, 去ル 11 月 13 日海軍省軍務局第 1 課ノ山賀少佐ヨリ呼出シ有之候間, 出頭ノ上詳細ノ説明致候処, 内地ニ於ケル飛行ハ多分年内ニ横須賀ニ於テ実施可能ナルベシトノ事ニ御座候.

　然シパラオ島ノ飛行ハ海軍ノ飛行機無之ニ付不可能ニシテ, コレハ南洋庁ニ依頼シ, 其所有ノ水上機ニテ施行スルヨリ外ナカルベク, 此方ハ小西大佐ノ方ヘ尋ネテ見ルコトトスベシトノ御話ニ御座候.

　爾来毎日多忙ヲ極メ候為, 今日迄遷延致候. 或ハ山賀少佐ノ方ヨリ既ニ御手許ニ照会有之候事カトモ存居候.

　就テハ御多忙中誠ニ恐縮ニ奉存候ヘ共, 左記ノ件々御知ラセ被下度, 御願申上候.

1. 別紙願書ニ記載ノ第 1 種飛行ハ南洋庁ノ飛行機ヲ用ヒテ, 願書ニアル飛行条件ノ下ニテ, 高度ハ幾程昇飛シ得ルモノニ候哉.
2. 同様ニ第 2 種飛行ノ高度ハ幾程迄可能ニ候哉.
3. 南洋庁ニ於テハ斯様ナル依頼ヲ引キ受ケテ呉レル可能性有之モノニ候哉.
　可能性有之候様ナラバ学術振興会理事長ヨリ南洋庁宛願書差出ス様ニ可致候.

　此願書提出ノ頃ハ第 1 種飛行ノミニテモ意義有之候モノニ御座候. 然ル処其後四囲ノ状況ノ変化ニヨリ第 2 種飛行ヲ伴ハザルトキハ価値少キ事ト相成候ニ付キ両方共施行致度ト存居候.

　尚学術振興会ノ方ヨリ関係官庁ニ交渉シテ実施ヲ便ナラシムルコトアラバ万事出来得ル限リ取計ラヒ可申ニツキ, 御知ラセ被下度シトノ事振興会常務主任波多野貞夫氏ヨリモ伝言有之候.

　孰レニシテモ昇飛高度ガ 3000 米ヲ越エヌ様ニテハ実施ハ考ヘ物ニテ 4000 米

ニ達シ得レバ実施スル価値アリト愚考致居候.
　右御面倒相供ヘ恐縮至極ニ存候ヘ共,何卒宜敷御願申上候.
　時節柄御自愛奉祈上候.
　尚,宇宙線ニ関スル拙文別刷別便ニテ御送附申上候.　　　　　　　敬具
　尚,本件実施ノ事トナラバ小生又ハ助手御地ヘ出張ノ事ト相成可申ト存候.

  a 書簡488の注aを参照.
  b 桜井学振理事長から海軍への依頼ではないが,参照:書簡498.
  c 仁科の解説には次のものがある.「宇宙線」,科学知識,1934年4月号;「宇宙線の話」,中央公論,1935年6月号;「宇宙線の話」,朝日新聞,1935年10月27-30日.「最近における物理学の発展」,経済倶楽部講演110(1936年1月),経済倶楽部(宇宙線に関する節がある);「陽電子の発見と宇宙線の発見——ノーベル賞のアンダーソンとヘス」,読売新聞,1936年11月15日.やや後のことになるが,「宇宙線の話」,科学人,1巻1号(1941年3月).

521　仁科芳雄 → 石井千尋（陸軍）　　　　　　　　　　　　　　1936/11/20

　　　　　　　　　　　　　　　　　　　　　　　　　　昭和11年11月20日
　　　　　　　　　　　　　　　　　　　　　　　　　　　　仁科芳雄

石井千尋　君
前略　明後22日早朝ヨリ研究室員一同並ニ高嶺研究室ノ藤岡,富山,須賀三君及ビコレニ北海道ノ梅田君ヲ加ヘテ,足柄方面又ハ丹那盆地（何レニスルカハ今晩決定）ニ遠足スルコトニナリマシタ.貴下ノ御除隊ハ21日カ,22日カ不明,或ハ22日デハナカッタカト思ッテ打電シタ次第デス.
　梅田君ハ1日出発ヲ延期シテ参加シテ居ルノデ此上ノ延期ハ困難トノ事.又,次ノ日曜トスルト他ニ差支ヘモアル人ガアルト云フノデ,トウトウ22日ニ決定シタ様デス.ドウカ参加出来ル様祈ッテ居リマスガ,不可能ダッタラ仕方アリマセン.来年ニシマセウ.
　海軍ノ方ハ先日一度海軍省ニ出頭シテ説明シタノデスガ,未ダ其儘デス.
　万事拝眉ノ上ニテ.　　　　　　　　　　　　　　　　　　　　　匆々

  a 入隊は書簡502（1936年8月4日）より後にはちがいないが,もう除隊か？

522 仁科芳雄 → 藤澤 信 (富士写真フィルム)　　1936/11/21

昭和11年11月21日　　理化学研究所
仁科芳雄

富士写真フィルム株式会社々宅
藤澤 信 様
拝啓　時下愈々御清祥奉賀候.
　扨テ小生等目下宇宙線ノ研究ニ従事致居候. 茲一両年来写真乾板ニヨル宇宙線ノ研究[a]ガ欧米（殊ニ米国）ニ於テ行ハレ居リ, 小生等モ此方法使用致度ト存居候処, 最近日本ニ於テモ竹内時男博士ガコレニ着手セラレ, 其際使用セラレタル乾板ハ御手許ニテ御製作ノモノト聞及ビ申候. 就テハ小生等モコレヲ使用致度ト存居候. 只小生等ノ方ニテハ使用条件モ或ハ多少異ル事カトモ存候ニツキ変更ヲ御願ヒスル必要有之哉ト存ゼラレ候. 其主ナルモノハ左ノ通ニ御座候.
1. 乾板ハ硝子ニ非ズシテフィルムトスルコト.
2. 出来得レバフィルムノ両面ニ感光膜ヲ付ケルコト.
3. フィルムノ大サハ手札形或ハコレニ近キモノ.
4. 此フィルムヲ数十枚重ネコレヲ枠ニ挾ンデ平面ニスルコト. 斯様ナルモノ50乃至60個ヲ要スルコト. 枠ハ当方ニテ製作可致候.
5. 重ネタル「フィルム」ニハ番号ヲ付ケ現像後順序ガ解ル様ニスルコト.
6. コレヲ1個所ニ数ヶ月モ放置スルモノニ候間其間ニ変化セザルモノナルコト.

等ニ御座候. 斯様ノモノ御製作ヲ願フコト可能ニ候哉如何哉. 又製作期間, 価格等ニツキ御話承リ度ト存候ニツキ, 一度御地ニ参リ御目ニ掛リ度ト存居候. 或ハ御上京ノ機アラバ其際何処カニテ拝眉ノ機ヲ得レバ一層好都合カト存候.
　先日当研究所ノ飯盛博士ヨリモ御話承リ, 且ツ福島氏ヨリハ御都合ヲ伺ヒ被下由ニテ或ハ手紙差出サレ候事カト存候.
　御多忙中洵ニ恐縮至極ニ存候へ共何卒宜敷御願申上度, 御都合御知ラセ被下度候.
　　　　　　　　　　　　　　　　　　　　　　　　　　　敬具

二伸　飯盛博士ノ御紹介状同封致候.

---

a 参照：藤澤 信「日本の素粒子研究用乾板」, 科学 **20** (1950) 242；山口省太郎「写真乾板による宇宙線の研究」, 前掲, 243-253. 書簡 525, 531, 1057, 1083, 1084.

523 嵯峨根遼吉 (リヴァプール, イギリス) → 仁科芳雄　　　1936/11/24

其後東京の景気は如何ですか. 旅烏で方々飛んで歩いてゐては鳥渡(ちょっと)手紙も受取れない訳です. 剣橋(ケンブリッジ)で御目見得をしてから, 鳥渡キンゼーを訪ねてリバプールに参りました. 数日内に欧洲大陸に渡って方々の見学を今年中続ける積りです. リバプールに参りますと全くの英国の気候で毎日ひどい霧, 煙の香を楽んでゐる訳ですが, 大学は剣橋と違ってひどく若々しく, 丁度東京の大学と理研の様な差を感じて居ります. チャドウイックはバークレーで聞いてゐたのでは常に機嫌が悪いとの話でしたが, 私が運がよかったのか色々と親切にして世話をして呉れました. やせてゐて何処か神経質らしい感じが清水先生を思はせます. 教室は建物ばかりでチャドウイックが来る迄はろくに仕事をしなかったとかで, 先生自身でレースの買入れなどに当って居られました. 英国も今年になってから急に軍備でレースなどは買う約束のものまで取られて了うと言って怒って居られました. 宇宙線の specific ionization を計るとかで J. E. ウイリアムスが高圧チャンバーをやってゐるのと大リチャードソンの息子のリチャードソンが β 線の下のリミットといった問題をやるとていやに深いチャンバーをやって居りますが, いづれも準備中で室ばかりがらんとして居ります. 他には counter をやる人が 1 人居るだけです. サイクロトロンを入れる地下室は 3 部屋相当大きいのがとってありました. neutron の effect を上げる為に control desk とサイクロトロンとを両方の端に置くのだ相です.

一つ御知らせしたいのはマグネットですが, 剣橋のコックロフト[a]と共同研究をして全く同じものをヴィッカースに頼んだ相ですが, その要求が日本に似てゐるので急に御知らせしやうと思ひます. それは英国では電気は大学で払うので考慮に入れずパワーをひどく使うことにしてゐます. 此点日本は電気が安いので同様にそれだけ鉄が倹約出来る訳です. 即ポールピースの底の直径 43.5 吋ポールフェースの直径 35.5 吋(インチ) で鉄は全部で 46 噸(トン) といふ少さです. パワーを 68 kW も使ひます. 而も冷却はブラケットの磁石で計算通りにゆくといふので, ファンで空気を送り, 空気冷却にする様です.

もう一つは上下のヨークがコイル全部を覆って居ないからとての stray field を集める意味で [右図] の様にコイルの外径と殆同じ横幅のヨークを使う様です. 唯此様にすると殆真四角になりビームを取出すのに不便な処から, asymmetry にした様でした.

此様に考へると日本では日本に一番よい様な磁石がある訳ですが,

中々難しい問題でせう．然し一方少し位違っても，又それなりに何処か特徴のあることになり相です．

　私は此間から鳥渡気になってゐるのですが，コイルの冷却をウイルソン函の時やった様に直接水につけて了っては如何かと考へてゐるので，駄目だったらそれからでもオイル冷却にしたらよいのではないかといふ気がします．絶縁にはベークエナメルウルシ等考へられ温度上昇による膨脹でどの位迄もつかなどといふことは割合簡単に試験が出来相な気がしてゐるのですが，大きいマグネットの問題が今如何なってゐるのか分りませんが，役に立たない迄も御参考迄に御知らせします．

　11月24日　　　　　　　　　　　　　　　　　　　　　　　　　嵯峨根遼吉

仁科芳雄　様

　　　a 書簡495の注b参照．

524　N. Bohr (理論物理学研究所，コペンハーゲン) → 仁科芳雄　　　1936/11/30

仁科　様

　私たちが現在日本旅行の計画を念入りに進め，クックの旅行代理店と細かな打ち合わせをやっていることをお伝えします．日本航路の蒸気船でサンフランシスコを3月31日に発って東京には4月14日ごろに着く予定です．[a] 日本に1ヵ月滞在して後，カナダ経由でデンマークに戻る前に1週間ほど中国に立ち寄りたいと思っています．

　往路にアメリカのいくつかの大学を訪れるために，私たちは1月の末以前にはすでにコペンハーゲンを発っているつもりなので，金銭上の取り決めがあなたの最新の手紙に記されていたとおりに現在確定しているのかどうか，そしてデンマークの外貨事情のためにそうしていただけると有難いのですが，私への謝礼の一部を日本への旅行費用の支払いにあてるために事前にコペンハーゲンに送っていただけるのかどうか，そのことをできるかぎり早く知らせてください．これらの問題について簡単な電報がいただけますか．

　家内もHansも私も旅行をたいへんに楽しみにしています．現在，私たちは3人とも日本についての本を読んでいます．そして新しい見聞の期待に胸をときめかせています．

あなたとあなたの奥様とそして共通の日本の友人たちすべてに家内と私からよろしく.

                                         Niels Bohr

追伸　略歴は Schultz 嬢から近日中に送られるでしょう.
                                              ［英文］

　　a 書簡 490, 501 を参照.

525　仁科芳雄　→　藤澤　信（富士写真フィルム）　　　　1936/12/03

　　　　　　　　昭和 11 年 12 月 3 日　　理化学研究所
　　　　　　　　　　　　　　　　　　　　仁科芳雄
富士写真フィルム株式会社
藤澤　信様
拝啓　過日ハ御多忙中ニモ拘ラズ態々(わざわざ)御光来被下難有奉存候[a].
　其際御話ノフィルムハ其後如何相成申候哉. 何時頃御送附被下候哉. 実験ノ都合モ有之候間御面倒ナガラ御一報願上候.
　　右御願迄申述候　　　　　　　　　　　　　　　　　　　　　敬具

　　a 参照：書簡 522.

526　落合麒一郎（ライプチッヒ大学, ドイツ）　→　有山兼孝（理化学研究所）
　　　　　　　　　　　　　　　　　　　　　　　　1936/12/05

拝啓　先達て御手紙を頂きましたがつい御返事がおくれてしまって誠に申訳ありません. 小生予定を変更してこの冬学期の終まで当地に滞在の事と致し, D と D との衝突によって T^a と proton とを発生する reaction の計算を始めました.
　先日 U 教授[b]に会って話をききました所,
  1. 有山君からの手紙に対し近日中に必ず返事を出す.
  2. 独乙側に適当な人がないので直ちに実現は多少困難であるが H 教授[c]とよく話し合ひ, 且つ近日中に伯林(ベルリン)の交換学生本部ともうち合せて十分尽力する.

との返答を得ました．
　この5月頃 Wf. 君^{d}の話が駄目になった時小生が当地の Austausch Dienst^e を訪ねて得た返答即ち
1. 独乙側に目下適任者がないこと
2. それでも理研とライプチッヒ物理教室との間の交換学生は中止にならないこと

この原則は今も変りのないことと小生了解して居ります．
　然るに今まで何等話が進まなかったのは Wf. 君の話が駄目になり他に人がない所から U 教授はしばらく積極的に活動せずに逃げて居ったからであると思はれます．
　以前に小生から西川先生にあててドイツ側に人がなくても日本からの学生はうけとると云ふ意味の事を御通知申上げました^f．これは小生大賀君と共に当地の Austausch Dienst でたしかに聞いた話です．そして U 教授からこの事を理研へ通知する筈だとたしかに聞きました．尤も其の時対応に出て来たのはナチの学生でしたが，小生が伯林の本部から「此の男に会って話を聞け」と指定された男ですからでたらめを言ったとは思ひません．
　然るに目下の U 教授の話ではドイツ側の適任者発見まで実現困難との事で，以前の話と一寸違ふ様ですが，今更何とも致し方ありません．原則は原則としてドイツ側としても日本からうけとるならドイツの学生も送りたいのは当然でせうから．
　もう U 教授からの返答が貴兄の所へとどいて居るかも知れませんが一応小生の知った所だけ申上ました．Wf. 君この頃しょげて居ます．先日真鍋氏へ電報をうったり手紙を出したりしてしきりにあせって居ますが，さう簡単に行く筈はありません．気の毒ですが何とも致し方ありません．
　西川，仁科両先生によろしく御伝へ下さい．
12月5日　　　　　　　　　　　　　　　　　　　　　　　　　　落合麒一郎

有山兼孝 様

　　a 三重水素の原子核．菊池正士は1938年の著『原子核及び元素の人工転換』，岩波書店，（上），p. 36 に「水素に ^{3}H という同位体があるかどうかという問題は其の後いろいろ研究され，度々その存在を確かめたという報告があったが現在では認められていない」と書いている．ただし，それに続けて「ただし原子壊変の実験からは ^{3}H の存在が予想されている」と付け加えている．H.A. Bethe と R.F. Bacher はレヴュー (*Rev. Mod. Phys.* **8** (1936) 82-229) において ^{3}H を安定同位体の表に加えている (p. 84)．今日では，この原子核は半減期12年で β 崩壊することが知られている．

b H. Überschaar 教授.
  c W. Heisenberg 教授.
  d Wolfgang Kroll. 書簡 476, 487, 527, 550, 551 を参照.
  e ドイツ学術交流局のこと. 書簡 474 の注 b 参照.
  f 仁科にも言ってきている. 書簡 474. なお, 書簡 477, 487 を見よ.

527 W. Kroll （ライプチッヒ, ドイツ） → 仁科芳雄   1936/12/11

                                    ライプチッヒ   36 年 12 月 11 日
教授！
　今日は一つお願いをすることをお許しください. 私のことは, 有山氏, 藤岡氏, 梅田氏を通じてお聞きおよびのことと存じます. また Heisenberg 教授も私のことを書き送ってくださいました. 私は, しばらく日本に行ってあなたの研究所を知り, そこで働きたいと願っております. あなたのところで働くことをお許し願えませんでしょうか？　もし, お許しいただけるなら, あなたの研究所で働くことへの招請を含む研究所からの正式の招待状を送ってください.
　私のお願いが過大なご負担にならないことを希望しつつ
                                                        W. Kroll
                                                         ［独文］

  a 書簡 459, 474, 477, 487, 526 を参照.

528 仁科芳雄 → 波多野貞夫 （日本学術振興会）   1936/12/12

                          昭和 11 年 12 月 12 日   理化学研究所
                                                  仁科芳雄
日本学術振興会
波多野貞夫 様

　　第 10（宇宙線）小委員会委員会開催ノ件
拝啓　昨日電話ニテ申上候通リ, 本件左記ノ通リ開催致度ト存候間, 各委員ニ御通被下度御願申上候. 尚, 各委員共　同日ハ差支無之由ノ内諾ヲ得居申候間, 左様御了知願上候.

第10小委員会開催
時日　昭和11年12月22日（火）午后1時30分
場所　理化学研究所講堂
議題　1.　昭和11年度ノ研究報告
　　　　　（イ）日食時ニ於ケル宇宙線観測
　　　　　（ロ）清水トンネルニ於ケル宇宙線観測
　　　　　（ハ）飛行機ニヨル宇宙線ノ観測
　　　　　（ニ）5ヶ所ニ据付クベキ宇宙線計製作ノ経過
　　　2.　将来ノ計画
　　　3.　昭和12年度予算
　　　4.　其他

以上

a　書簡488の注aを参照.

529　仁科芳雄　→　波多野貞夫　（日本学術振興会）　　　　1936/12/13

昭和11年12月13日　　理化学研究所
仁科芳雄

日本学術振興会
波多野貞夫　様

飛行機ニヨル宇宙線研究ニ関スル礼状ノ件
拝啓　去ル12月8日，横須賀海軍航空隊ニ於テ飛行機ニヨル宇宙線観測施行ノ際ハ左記ノ諸氏ノ御尽力ニヨリ万事好都合ニ相運ビ申候ニツキ適当ニ学振ヨリ礼状御差出被下度御願申上候.
　　横須賀海軍航空隊司令
　　　　　海軍大佐　　三並貞三殿
　　横須賀海軍航空隊副長
　　　　　海軍大佐　　酒巻宗孝殿
　　横須賀海軍航空隊飛行長
　　　　　海軍中佐　　宮崎重敏殿

横須賀海軍航空隊
　　　海軍大尉　　川島忠一殿
　　飛行実施者
　　横須賀海軍航空隊
　　　　　　　　高岡中尉殿
　　外ニ下士官 1 名

　　　　　　　　　　　　　　　　　　　　　　　　　　以上
　　尚今一度前回ト全ク同様ノ観測ヲ近日中施行致度ト存居候　　　敬具

　　　a 書簡 498 参照.

530　仁科芳雄 → 宮崎重敏（横須賀海軍航空隊）　　　　1936/12/13

　　　　　　　　　　　昭和 11 年 12 月 13 日　　理化学研究所
　　　　　　　　　　　　　　　　　　　　　　　　仁科芳雄
横須賀海軍航空隊飛行長
海軍中佐　宮崎重敏　殿
　拝啓　時下愈々御清祥奉賀上候.
　扨テ去ル 12 月 8 日飛行機ニヨル宇宙線研究ノ実施ニ関シテハ御公務御多忙中ニモ拘ラズ多大ノ御配慮ヲ辱ウシ, 御蔭ヲ以テ万端極メテ好都合ニ相運ビ観測ノ結果ハ宇宙線研究上甚ダ有益ノ資料ト相成候段洵ニ難有厚ク御礼申述候.
　尚先日モ御依頼申上候通リ今一度前回同様ノ飛行御実施方近々御願申上度, 時日ノ決定等詳細ハ御指示ニ従ヒ電話ヲ以テ御打合セ申上度, コレハ先日ノ観測結果ヲ充分検討整理ノ上ニテ御願致度ト存居候.
　右不取敢乍延引御礼ノミ申述候.　　　　　　　　　　　敬具

　　　a 書簡 498 参照.

531　仁科芳雄 → 藤澤　信（富士写真フィルム）　　　　1936/12/15

　　　　　　　　　　　昭和 11 年 12 月 15 日　　理化学研究所
　　　　　　　　　　　　　　　　　　　　　　　　仁科芳雄

富士写真フィルム会社
藤澤 信 様
拝啓　其後愈々御清祥奉賀候.
　抑テ昨日ハ「レントゲンフィルム」「シネポヂフィルム」並ニ特製フィルム3箱御送附被下[a], 御多忙中誠ニ恐縮ニ奉存候. 近々此3者ヲ比較ノ上ニテ製作方御願可申上候. 間モナク海軍飛行機ニヨル宇宙線研究ヲ実施可致候ニ付キ, 其際試験可致候.
　尚御手紙ニヨレバ宇宙線用特製フィルムハ相当ノ数量カ極少量カトノ御話ニ御座候. 相当ノ数量トハ手札大約幾板ニ相成申スベク候哉. 御序ノ節御知ラセ被下度御願申上候.
　先ハ御礼ノミ申述候.
敬具

　　a 書簡 522, 525 を参照.

532 仁科芳雄 → 原 五郎（横須賀海軍航空廠）　　　1936/12/16

昭和 11 年 12 月 16 日　　理化学研究所
仁科芳雄

横須賀海軍航空廠長
原 五郎 閣下
拝啓　予而御配慮ヲ蒙リ居候飛行機ニヨル宇宙線ノ研究ハ御蔭ヲ以テ御地航空隊ニ於テ実施セラルヽ事ニ御決定被下, 其1部トシテ去ル12月8日第1回ノ飛行観測ヲナシ下サレ, 高度6500米ニ昇飛, 次デ本日第2回ノ飛行観測ヲナシ下サレ高度7000米[a]ニ及ビ申候. 此両度ノ飛行ニヨリ此高度ニ於ケル吾国最初ノ宇宙線測定値ヲ得タル次第ニテ, 宇宙線研究上有益ナル資料ヲ得申候事厚ク御礼申上候.
　孰レ其内御地ニ参リ候際拝眉ノ上御礼可申上候ヘ共不取敢要々申述候.
敬具

　　a Neher 型電離計（書簡 475 の注 b を参照）による測定. 高度 7000 m で宇宙線強度は地上の 15 倍に達することを見いだした. 宇宙線強度の高度依存性を測定して仁科らがつくった美しいグラフを文書 697 に示す.

533 仁科芳雄 → 日本学術振興会第 10 小委員会（領収書）
                                                        1936/12/16

　　　　　　　　　領収証
　　　　　一金 15 円 84 銭也
　　　　　　但シ横須賀航空隊飛行機ニヨル宇宙線観測出張旅費
　　　　　右正ニ領収候也
昭和 11 年 12 月 16 日　　　　　　　　　　　　　　　　仁科芳雄

日本学術振興会
第 10 小委員会[a] 御中

　　　a 書簡 488 の注 a 参照.

534 仁科芳雄 → 本多光太郎（東北帝大）   1936/12/17

　　　　　　　　　昭和 11 年 12 月 17 日　　理化学研究所
　　　　　　　　　　　　　　　　　　　　　　仁科芳雄
東北帝国大学
本多光太郎 先生
　拝啓　時下愈々御清祥奉賀上候.
　扨テ来年 4 月初 Bohr 教授来朝ノ事ト相成候ニツキ，其招聘費ニ関シ長岡先生色々御配慮被下居候処 2 万円ハ三井，三菱ニテ各 1 万円支出ヲ願フコトニ相成，目下長岡先生ヨリ話ヲ御進メ被下居候. 三井ノ方ハ申請書ヲ先年提出致候へ共[a]，三菱ノ方ハ未ダ提出致居不申候ニツキ，三井ヘ提出セルモノト全ク同ジモノヲ作製致候間，何卒御賛同御調印ノ上至急御返送奉願上候.
　尚三井ヘ提出致候モノハ当時非常ニ急ヲ要シ候為，地方ノ御方々ニハ御調印ヲ頂ク暇ナク提出致シ後ヨリ御承諾ヲ得タル様記憶致居候.
　右不取敢御願申上候. 重ネテ至急御取運ビノ程奉願上候.　　　　敬具

　　　a 書簡 355 を参照. Bohr への謝金の額については参照：書簡 348, 366.

535 落合麒一郎 (名古屋市熱田) → 仁科芳雄　　　　1936/12/17

本日出発^{a}の節は御見送をいただきまして誠に有難う存じます．
先日お話の件其の他小生にて間に合ひますことなら喜んで致しますからどうか御利用下さい，
右御礼申上ます．
12月17日

[葉書]

　　　^{a} 名古屋市熱田からの葉書である．ライプチッヒに向けての出発だろうか？ 1937年
　　　2月23日にはライプチッヒからの書簡572がある．

536 竹内 柾・一宮虎雄 (横須賀海軍工廠) → 仁科芳雄　　　　1936/12/22

仁科 先生
　其後の状況御報告申し上げます．
1) 金網を入れて撮りましたが^a, 金網が光ってtrackは仲々わかりません．βも撮って見ましたが, βでさえ困難です．
2) shutterは非常に早くゆきます．暖まる事はない様です．
3) shutterが早くなったので金網を止めてshutterの早くなったeffectを明日見る予定です．
4) 金網はexpandする中, フワフワと動きました．然し β は可成り良く見えます．写真は26日に持って参る積りです．
5) 今迄の使用電力を職工さんが知らせてくれました．山司さん達からの公式のものではありません．
　　　D. C. magnet用　total 約 7500 KW （total 約 19 hrs, 20回）
　　　D. C. arc用　　　　　100 KW
　　　A. C.　　　　　　　　 45 KW
6) 今日 magnetic field を 3 cm pole から離れた所, 中央で測定致しました^b．
　　　945A　16800 gauss （standardで）
　　　　　　18200　〃　（芝浦にて）
　　　　ratio　1.08
　　　　　16800 gauss （芝浦から持って来た coil）

```
              16200    〃    (我々のもの)
           ratio    1.035
   750A   14600 gauss  (standard)
              16300    〃    (芝浦にて)
           ratio    1.09
              14900    〃    (芝浦からもってきたもの)
```

　以上ノ結果，芝浦にて測定した中の値は約8〜9%大きく出てゐる．

　先日芝浦がもって来た coil は resistance が大きいがそのまゝ使へばよい値を出す．resistance の calibration を入れれば大きすぎる値となる．

　我々の coil はそのまゝでは少さすぎる値．resistance を correction すれば可成り良い値．

　詳しくは26日に報告申し上げます．

以上
竹内・一宮　於横廠・池実

a　書簡515を参照．arc がつくまでに track が落ちて「下方ヘズレル」のを防ぐために金網を入れたのだろう．
b　書簡518を参照．また，書簡444の注 a を見よ．Bohr の研究所の電磁石については書簡512を見よ．c.g.s. ガウス系では磁場の単位は Oersted，磁束密度の単位は Gauss．真空中では数値は同じである．

537　朝永振一郎（湯崎温泉，和歌山）→　**有山兼孝・玉木英彦**（理化学研究所）

1936/12/23

　今日こちらへ来ました．この絵［白浜海岸の写真］で見ると犬ボエに似ていますが，まだ実物は見ません．そのうち近くを方々見物致します．今日はただお湯に入っただけです．

シャコ生[a]
［絵葉書］

a　理研における朝永の渾名．書簡494の注 a を参照．

538 仁科芳雄 → 本多光太郎（東北帝大）　1936/12/26

　　　　　　　　　　　　昭和11年12月26日　　理化学研究所
　　　　　　　　　　　　　　　　　　　　　　仁科芳雄

本多光太郎 先生

拝啓　先般ハ Bohr 教授招聘費ニ関シ，御手数相供ヘ恐入リ申候．然ル処其後長岡先生ヨリ，「弐万円」ハ教授ニ手渡シスベキモノニテ其他ノ費用モアリ[a]，又若シ三井，三菱ノ方ガ実現セザル場合ヲモ考ヘテ，原田積善会ノ方ヘモ話ヲシ置キタルニツキ同様ノ申請書ヲ差出スベシトノ御話有之候[b]．依テ，三菱提出ノモノノ最後ヲ少シ変更シテ別紙ノ通リ相認メ申候間，御覧ノ上御調印被下度奉願上候．

　積善会モ至急ヲ要シ申候由，恐縮ニ奉存候ヘ共左様御手配奉願上候．度々御面倒相供ヘ候段不悪御許容被下度候.　　　　　　　　　　　　　　　　　敬具

---

[a] 書簡 348, 366, 534 を参照．

[b] 原田積善会は，1920年，原田二郎が家を断ち全財産1020万円を投じて設立した．その目的は財団の寄付行為によれば次のとおり：「専ラ国家及社会ノ公共事業ニシテ，奨励ヲ要スヘキモノハ，之ヲ奨励シ補助スヘキモノハ之ヲ補助シ，薦賞スヘキモノハ之ヲ薦賞スル等コレ等各般ノ施設ニ必要ナル経費ハ当然其ノ収益中ヨリ支弁セラルヘク同時ニ二郎カ永年ノ宿志タル国民中中産階級ノ救済ニ向ッテモ其幾分ヲ裨補セントス．」財団設立の申請を受けた内務省・社会局は，それまでの救貧教化の範囲を超えた構想をもてあました．前例がないばかりか，社会局の所管を超えているというのだった．結局，原 敬首相と床次内相の政治的決断によって申請は正式に受理された．

初年度は第一次世界大戦後の大恐慌に悩む中産階級を含む生活困窮者の応急救済300件，16万円の助成にとどまったが，1922年には日本学士院に学術研究奨励のため100年間，毎年1万円ずつ寄付することにするなど，文化事業にも範囲を広げ，助成は305件，33万円となった．Bohr が来日した1937年には助成総額は162万円に達しており，教授のための支出は記述されていない．

原田二郎は1849年，三重県松坂市の，武士といっても格の低い同心の家に生まれたが，学問にすぐれ京都で学び，東京に移って英語と医術を学ぶかたわら横浜に出向き英米人から直接に洋学を学んだ．大蔵省を経て横浜の銀行の頭取となったが，ある事件の責任をとって辞任，いったん郷里に帰るが，鴻池銀行および鴻池家の再建に力をつくした．積善会の創設は，その後である．参考：原田積善会『四十五年の歩み』(1966)；川添 登・山岡義典『日本の企業家と社会文化事業』，東洋経済新報社 (1987).

539 仁科芳雄 → 原田積善会 （世田谷区，東京）　　　1937/01/05

　　　　　　　　　　　昭和12年1月5日　　理化学研究所
　　　　　　　　　　　　　　　　　　　　仁科芳雄

原田積善会 御中[a]
拝啓　愈々御清祥奉賀候.
　扨テ世界ニ於ケル現代物理学ノ第一人者ニシテ我ガ学界ト関係浅カラザル丁抹（デンマーク）コペンハーゲン大学教授 Bohr 博士ヲ招聘シ，依ッテ我国文化ノ地位ヲ欧米ニ紹介シ，併セテ我ガ学術ノ発展ヲ促スコトハ既ニ数年前ヨリ企図セラレ居候処，今般愈々実現ノ運ビト相成，来ル4月中旬，夫人，令息同伴来朝セラルル予定ニ御座候.
　此招聘資金ニ就テハ我ガ学界ノ耆宿（きしゅく）ニシテ指導者タル長岡半太郎博士ノ御尽力ニヨリ目下調達セラレ居申候．然ルニ先般貴会ノ小山松吉氏ト御面会有之候節，長岡博士ヨリ貴会ノ御援助方ヲ懇請セラレ候処，申請書類ヲ提出シ置ケバ御尽力被下候御趣ノ御話有之候由ニテ，長岡先生ヨリ小生ニ其提出方御命令相成候ニツキ，別紙ノ通リ我国物理学界並ニ化学界ニ於ケル同方面関係ノ代表的学者ノ連署ヲ以テ申請書調製致シ同封御送附申上候間，何卒可然御援助被下候様御取計ラヒノ程偏ニ奉懇願候.
　尚御不明ノ点等有之候ハヾ早速参上詳細御説明可申上候間，理化学研究所宛御一報願上候.　　　　　　　　　　　　　　　　　　　　　　　敬具

　　　[a] 書簡 538 の注 b を参照.

540 嵯峨根遼吉 （Cavendish研究所，ケンブリッジ） → 仁科芳雄　　[日付不明][a]

　　　　　　　[Lawrence から嵯峨根への書簡][b]
　　　　　　　　　　　　　　バークレー　　1937年1月6日

嵯峨根 さん
　お手紙を楽しく読ませていただき，研究室の皆にも見せました．またクリスマスカード有難うございました．君は今月中は暫くキャヴェンディッシュ研究所に帰られないだろうと思って，手紙を書くのを遅らせていました．
　キャヴェンディッシュ研究所が立て込んでいると聞いて残念です．しかしそ

れでも何ヵ月かで何か仕事をまとめる機会があるだろうと期待しています．いずれにせよ，Rutherford 卿，Cockcroft 博士，Oliphant 博士やその他の人々と接触されることは貴方の滞在を大変貴重なものにするでしょう．

　こちらは皆とても忙しく，研究所の仕事はうまく進んでいます．もちろん，何人かは新しい研究室の計画に多くの時間を割いています．建物についての建築家の計画もうまく進んでいますし，新サイクロトロン設計についてはいま大変よい構想が生まれてきています．マグネットは約190トンの鉄と30トンの銅でつくり，磁極面の直径は60″，真空室内の有効間隔は9″です．この配置でディーは幅4″，加速直径54″にできるでしょう．これで25ミリオン・ヴォルトまでのエネルギーをもつ重陽子の強い電流が得られるはずです．

　マグネットの鉄の値段がわかりましたので，発注するばかりになっています．機械加工ずみでバークレー引き渡し約1万4000ドルという最低の値段を Carnegie Illinois 鋼鉄会社が提示しました．東京マグネットの注文を貴方はまだしていないのではないかと思います．私の記憶では，君は三井に発注の交渉をさせていましたね．

　Charlie Litton が造った新しい発振器がほとんど完成しましたので，近い将来それを使うときが楽しみです．Charlie は発振器に関して技術的に完璧な仕事をしたので，この新しい装置に較べると現在の発振器は酷いものに見えます．この新しい装置は大きな満足を与えてくれるでしょう．

　サイクロトロンはこのところ非常によく稼動しています．現在，われわれは古い $1\frac{1}{4}$″ 内幅の狭いディーを用い常に25から30マイクロアンペアーの重陽子流を得ています．この電流は現在進行中の核研究では十分な大きさなので，建設中のマグネットを用いる大きいサイクロトロンが稼動するまで，より大きな電流を求める努力はしません．けれども貴方がここを去られてからイオンビームを引き出す方法が改良されたことは言っておかなければなりません．サイクロトロンの主室の真空をこわすことなくターゲットを真空中で交換することができる非常に便利な真空ゲートができました．ゲートにはゴムのガスケットを用いています．ついでながら，ゴムのガスケットは非常に信頼性があることが分かってきています．マグネットの壁から外の空気中に撃ちだされた重陽子ビームの写真を同封します．接続した真空の管の長さは6フィートです．この写真は Rutherford 卿に送りましたので，おそらくもう見られたでしょう．

　Don Cooksey は現在のマグネットを用いた，直径37″の新しいサイクロトロンを建設しており，それはほぼ2ヵ月後には現在のサイクロトロンと交代すると期待しています．新しいサイクロトロンは現在のに比べ大きく改良したも

のになるはずです．ゴム・ガスケットは被覆板などいろいろなところに利用され，実際上ワックスはなくなるでしょう．ディーは幅3″で，全体は信頼性と利便性を求めて設計されています．この新しいサイクロトロン室と新しい発振器を用いて，核研究用の満足な設備というわれわれの夢に近づいた装置をもつことになるでしょう．

12月15日付の *Physical Review* の貴方御自身の論文[d]を君は既に見たと思います．私も読みました，これはよく読まれています．おめでとう．

いま研究所で行なわれているいろいろな核研究についてお話したいのですが，報告すべき特別に変わったものはありません．論文が出ますから見て下さい．

昨年は君と楽しい日々を送りましたが，いつでも帰って来られることを大いに歓迎します．東京に帰られる前に数ヵ月間ここに来るよう計画しませんか．

新年お目出とう，妻，Eric そして私より

Earnest. O. Lawrence

追信　ところで，コペンハーゲンのサイクロトロンで彼らが行なった進歩について聞かせてください．Heisenberg 教授がサイクロトロンについて尋ねたと君のクリスマスカードにありましたが，彼はサイクロトロン建設を計画しているのでしょうか．

嵯峨根遼吉 博士
キャベンディッシュ研究所
イギリス，ケンブリッジ

［英文］

　a　1937年1月6日付の書簡の転送なので，同じ日の位置におく．実際には，Lawrence の手紙がイギリスにいる嵯峨根に届くまでに何日かを要しているだろう．
　b　イギリス留学中の嵯峨根が，サイクロトロン建設の参考のために東京の仁科に転送した．
　c　書簡426の注aを参照．
　d　R. Sagane, Radioactivity induced in Sulphur, *Phys. Rev.* **50**（1936）1141.

541　仁科芳雄 → N. Bohr（理論物理学研究所，コペンハーゲン）　　　1937/01/08

東京　1937年1月8日

理化学研究所

Bohr 先生

　この手紙が先生のコペンハーゲン御出発の前にお手元に届くかどうか自信がありません．去る11月30日付で先生のお手紙をいただいて以来，お返事を差し上げる努力をしてまいりましたが，この国で年末年始に重なる緊急の用務のため，それを果たすことができませんでした．

　去る12月28日にお送りした1万円はすでにお受け取りいただいたものと思います．電報でお知らせしたように私どもは最初この金額を12月26日にお送りするつもりでした．しかしながら政府の許可が必要といわれ，やむなく遅れることになりました．また，いただいた電報に従いこのお金をポンドにしてお送りしようとしましたが，後で知ったところでは，銀行のある避けがたい事情により送金は円のままでなされたそうで，先生に御迷惑をかけたのではないかと思います．そうであれば，お詫び申し上げねばなりません．

　もし1万円で不足でしたらどうぞお知らせ下さい．謝金の残りは，お申し出いただけばお送りできるものと思います．

　私ども一同，御到着を鶴首してお待ち申し上げております．4月14日は，ことによると桜の花には少々遅すぎるかもしれません．年によっては4月の初めに咲くこともあり4月10日あたりが満開のこともあります．予断は不可能です．しかし4月20日あたりに到着されても，いずれかの種類の桜の開花を御覧になれると思います．従いまして，4月14日に御到着になれば，この国のどこかで何らかの桜の花を御覧になれるはずです．桜の満開の期間は比較的短く，1週間ないし10日程度でしょう．しかし桜の花が日本で御覧になりたい唯一のものではないと存じます．

　先生がこちらで講義をなさる際の御計画ができましたら，大略をお教えいただければ幸甚です．3月初旬に御講義の大略をいただければ，3月中旬に学生の休暇（3週間）が始まる前に公示することができます．万一，日本到着の期日に変更がありましたならば，できるだけ早く私にお知らせ下さい．

　先生の10月5日付のお手紙は当地に10月末に到着いたしました．コペンハーゲン研究者たちの核物理学の装置と御自身の研究に関する親切な情報をお送りいただき，ありがとうございます．私は，それらについての一層の情報と日本に来られる途上に見聞されたことに対するご意見を伺うのを楽しみにしております．

仁科芳雄

追伸　先生の御略歴をお知らせいただきたく存じます.

[英文]

    a 書簡 524.
    b 書簡 512.
    c 1937 年 1 月 16 日にコペンハーゲン発の書簡 545 に同封されて送られてくる.

542　仁科芳雄 → 亀山直人 （東京帝大）　　　　　　　1937/01/10

昭和 12 年 1 月 10 日　　理化学研究所
仁科芳雄

亀山直人 先生
拝啓　其後愈々御清祥奉賀上候.
　扨テ先般ハ宇宙線研究費ノ件ニ関シ御多忙中ニモ拘ラズ種々御配慮ヲ辱ウシ洵ニ難有厚ク御礼申上候.
　御指示ニ従ヒ山田会長ト早速電話ニテ打合セ候上旧臘 28 日旭硝子会社ニテ御目ニカヽリ, 将来ノ計画ニ付キ御話申上候処, ヨク御諒解頂キ, 孰レ新春ニ入リ岩崎男ノ御都合宜シキ時小生ヨリ宇宙線ニ関スル御話ヲ致シ研究計画ニ就キテモヨク御説明申上ゲ御諒解ヲ得ル様ニ致スベシトノ事ニテ御別レ申候事ニ御座候間左様御諒承奉願上候.
　尚其際直チニ着手スベキ計画トシテ御援助ヲ申出候ハ「成層圏ニ於ケル宇宙線ノ研究」ニ御座候. 此研究費ノ予算ハ昨年申出候通リ約 3 万円ヲ要シ, 2 年間ニ実施スル予定ニ有之候. 而シテ日本学術振興会ニ於テモ此研究ヲ進ムベキ事委員会ニテ決議セラレ候ニツキ, 此方ヨリモ約 1 万円ノ予算ヲ昭和 12 年度ニ請求スルコトニ相成居候. 依テ岩崎男ノ方ヨリ 1 万円ノ御援助ヲ願ヒ得レバ, 両者合シテ 2 万円ト相成候ニ付キ, コレニテ最初ノ 1 年間乃至 1 ヶ年半ノ研究費ハ十分ニ候間, コレヨリ十分成績ヲ挙ゲ其後ノ事ハ其時ニ至ッテ方針決定トスル様致度キ旨申上置候. 尤モ最初ノ 1 ヶ年間ハ殆ド準備ニノミ費ス事ニ御座候間, 目ニ見ヘタル実績ハ或ハ次ノ 1 年ニ至ラザレバ表ハレザル事カトモ存候ヘ共, 其道ノ人ヨリ見レバ進捗ノ如何ハ明瞭ト存ゼラレ候.
　右成層圏ノ実験ヲ致ス事ト相成候ハヾ, 阿里山上ノウヰルソン霧函ノ研究, 田沢湖底ニ於ケル研究ハ自然他日ニ譲ル事ト相成候. 宇宙線ノ本質把握ニハ此 3 問題ノ中成層圏ノ研究ガ最モ近道ト考ヘラレ候間, 先ヅコレニ着手スルコトニ決定致候次第ニ有之候.

右山田会長ヘノ御話ノ次第大略御通知申上候．何卒乍此上宜敷御配慮ノ程奉懇願候．
　早速此拙書差上度ト存ジ乍ラ多忙ノ為延引失礼仕候段不悪御海恕被下度候．
敬具

- a 旭硝子株式会社の会長，書簡607参照．
- b 岩崎小弥太男爵．
- c 高度7000mまでの宇宙線の観測について書簡532を参照．成層圏は高度10 – 50 km．

543 仁科芳雄 → 梅田 魁 (北海道帝大)　1937/01/15

昭和12年1月15日
仁科芳雄

梅田 魁 殿
拝啓　其後御変リアリマセンカ．赤チャン御丈夫ニ御育チノ事ト思ヒマス．
　扨テ共立社ノ講座ノ件デスガ，昨年暮ニコチラデ一同相談シテ理論ノ方ノ方針ハ大体定メマシタ．小生ハドーモ忙シイノデ殆ド部屋ノ人バカリニヤッテ貰フ積リデ居リマス．其時「原子核ノ理論」ハ元々朝永君ノ受持ダッタノデスガ，理論ノ方ノ受持ガ相当多量ニアリ，又，若シ留学ト云フ事ニナルト到底手ガ付ケラレナイノデ，理論［実験？］ノ方ハコチラデ引受ケマスカラ，ソノ代リニ「原子核ノ理論」ノ方ヲアナタニヤッテ貰ウ様ニト云フコトニ議ガ一決シタノデシタ．ドウカ左様ニ御引受ヲ御願ヒシマス．
　講座ノ方ノ目次モ近々集ッタモノダケデモ印刷シテ配布スル積リデス．
　　右御願迄　　　　　　　　　　　　　　　　　　　　　　　　　　　　匆々

- a シリーズ「量子物理学」(共立社)．仁科が『量子力学』の「概論」を富山小太郎・朝永振一郎と，「各論」を小林稔・玉木英彦とともに担当，『原子核物理学』は「実験」を杉浦義勝，「理論」を梅田 魁が担当した．

544 N. Bohr (理論物理学研究所, コペンハーゲン) → 仁科芳雄　1937/01/16

仁科 様

日本における講義の謝礼の半額を事前に送金する労をとっていただいて，ありがとうございます．旅費の準備にとっては，現在のところ当地では調達するのがきわめて困難な外貨を有していることは，きわめて好都合なのです．

このところ，私の不在のあいだの研究所にかかわるすべての問題を取り決めておき，またいくつもの論文を仕上げるのに忙殺されていました．それらの論文は，そのうちにあなたにコピーをお送りできると思います．しかし，この仕事のあいだ，明日出発することになる旅行の期待が大きな励みになっていました．

3月の初めからの私のアドレスは，バークレー，カリフォルニア大学物理学教室です．そしてそこで，私が手紙か電報ですぐに返事ができるように，あなたから，私の講義やあなたがなにか情報を必要とする他の事柄について問い合わせを受け取れたら嬉しく思います．以前にお知らせしたように，4月1日にサンフランシスコから日本航路の蒸気船で発ち，順調にゆけば4月14日に東京に着く予定です．

私たち一同からあなたの御多幸を祈ります．そして，まもなくあなたとあなたの奥様と日本のすべての旧友にお会いできることを楽しみにしています．

Niels Bohr
［英文］

    [a] 書簡524, 541を参照．

545 B. Schultz (理論物理学研究所, コペンハーゲン) → 仁科芳雄　　1937/01/16

仁科 博士

Bohr先生の奥様が，あなたがBohr教授についての若干の情報を先生が日本に着かれる以前にほしがっているとおっしゃられました．あなたが必要としておられる情報がどのようなものかが正確なところわからないので，デンマーク伝記事典に公表されている記事を同封します．あなたがまだデンマーク語を十分に覚えておられて，そこにあなたが必要とされている情報を見出しうるものと期待しております．

あなたとあなたの御家族の御健康をお祈りします．

Betty Schultz
［英文, N. Bohrの略歴同封］

546 仁科芳雄 → 嵯峨根遼吉 (ケンブリッジ大学)　　　1937/01/17

昭和12年1月17日　理化学研究所
仁科芳雄

嵯峨根遼吉 君

　拝啓　加洲御出発以来度々有益ナ御手紙[a]ヲ有リ難ウ．色々ノ点デ我々ハ非常ニ啓発サレテ居マス．此点厚ク御礼申シマス．ソレニモ拘ラズコチラカラハ一本ノ手紙モ出サズ実ニ申訳ナイ次第デス．幾重ニモ詫ビル次第デス．

　今日モ色々ト書キ度イ事ハ山程アルノデスガ、ホンノ僅カノ時間ヲ割イテ書イテ居ルノデ只2項ダケ申述ベマス．孰レ其内ニ暇ガアルト思ヒマスカラ其時他ノ事ヲ御知ラセシマセウ．［中略］

　三井物産カラノ見積リハヤット来マシタ．然シマダ steel ノ部分[b]ダケノ値段デス．大体100トンノ steel ノ部分ガ3万5千円、ソレニ運賃、税関約8千円合計4万2千円余ト云フノデ、思ッタヨリハ高ク Chicago ナドノ2倍以上ノ様デス．コレハ鋼ガ高クナッタノカ三井ヲ通ス為カヨク分リマセン．銅ノ値段ガ大体鋼ノ部ト同程度ラシイデスカラ全体デ8万円カ9万円トナリマス．ソレデモ芝浦ノ10万6千円ヨリハ安イ様デス．

　其内ニコチラデモ色々考ヘテ Lawrence ノ所ノ200トンノモノト同ジモノヲ買ハウデハナイカト云フ意見ガ強クナリ、先日三井ノ人ニ Lawrence ノ所ヘ行ッテ値段ヲ聞イテ貰フ様ニ打電シ、小生カラモ先生ニ依頼ノ打電シタノデスガ、三井カラノ返事ニ Lawrence ハ未ダ注文シテ居ナイノデ値段ガ解ラナイト云フ事デ、一寸オカシイト思フノデスガドーモ致シ方アリマセン．ソレデ Lawrence ニ手紙ヲ出シテ一緒ニ注文シテ貰ヘナイカト尋ネテ見ル積リデ居マス．上記ノ100トンノモノカラ推シテ此値段ハ恐ラク16万円カ17万円スルノデハナイカト考ヘテ居マス．ソウナルト又金ヲ引出スノニ大鉢巻ヲシナクテハナラヌト苦ニシテ居マス．三井ノ方ニハヤハリ200トンノモノノ見積リヲ取ッテ貰フ様ニ頼ンデハ置キマシタガ、ドウモ三井ヲ通スト高クナルノデハナイカト思ヒマス．

　右取急ギ要々迄．　　　　　　　　　　　　　　　　　　　　　不一

---

a 書簡519，523．
b いわゆる大サイクロトロン用電磁石の鉄心である（小サイクロトロンの完成は1937年4月）．国内での見積りについては書簡497も見よ．財源については書簡586．

547 仁科芳雄 → W. Heisenberg（ライプチッヒ大学，ドイツ） 1937/01/18

理化学研究所 1937年1月18日

W. Heisenberg 教授
ライプチッヒ大学，理論物理学教室

Heisenberg 様

　去る6月のご親切なお手紙^a，ありがとうございました．物理学者の交換計画にそれほど大きな困難があるとは，私たちには大きな失望です．それにもかかわらず私の提案した日本の物理学者・朝永氏を御親切にあなたの教室で採用してくださることを，お手紙から知りました．朝永は来る4月にこちらを発ち6月に貴方のところに参る予定でおります．これでよろしいでしょうか．

　あなたのお手紙と同時に，あなたのところで働いている落合氏^{b}から次のように言ってきました．問題の困難な事情について Überschaar 教授から知らせがあるとライプチッヒの学術交流局から通知があったというのです．こうなったら，ドイツ学術交流局とわれわれの研究所の間に必要な正式の書簡の往来が行なわれ交換も軌道に乗るでしょう――残念ながら，はじめは一方通行でしょうが．このため，今日まで Überschaar 教授からの手紙を空しく待っており，それであなたへのお手紙も書けなかったのです．交流局に正式の書簡の往復を急がせてはいただけませんか．それがあれば，われわれの物理学者も実際に4月に出発できます．

　最近，Kroll 博士から手紙を受け取りました^c．有山氏から聞いたところでは，彼は日本で小さな仕事を得る可能性が多分あるそうです．このことは落合氏に書き送りましたので，Kroll 氏に伝えてくれるでしょう．

　ついに Bohr が日本に来ます．Bohr 夫人と Hans と一緒に4月中旬にアメリカ経由で来て，おそらく1ヵ月，日本に滞在するでしょう．あなたは日本に来る機会はありませんか？

　超輻射^{d}のシャワーに関する論文の別刷を送ってくださり，ありがとうございました．大いに興味をそそられました．われわれの研究室であなたの理論を実験で証明するつもりです．

　　　　　　　　　　　　　心からの挨拶と前もっての感謝^{e}をこめて

a 書簡 474.
  b 書簡 474 の注 b 参照.
  c 書簡 527.
  d W. Heisenberg, Zur Theorie der "Schauer" in der Höhenstrahlung, Zs. f. Phys. **101** (1936) 533–540.
  e Mit bestem Dank im voraus. 英語なら Thank you in advance. 「前もってお礼を言っておきます」の意で, 何か依頼をしたときにこう付言する.

548 仁科芳雄 → W. Kroll (ライプチッヒ大学, ドイツ) 　　　1937/01/18

　　　　　　　　　　　　　理化学研究所　　1937 年 1 月 18 日
Wolfgang Kroll 博士

博士！
　12 月 11 日付のお手紙^a, ありがたく拝受. 今日, 落合先生に手紙を書きましたので, 彼が様子をお知らせるでしょう.

　　　　　　　　　　　　　　　　　　　心からの挨拶をこめて
　　　　　　　　　　　　　　　　　　　　　　　　　　　［独文］

  a 書簡 527.

549 仁科芳雄 → 澤田虎夫 (海軍軍令部) 　　　　　1937/01/19

　　　　　　　　　　　昭和 12 年 1 月 19 日　　理化学研究所
　　　　　　　　　　　　　　　　　　　　　　　仁科芳雄

海軍々令部
澤田虎夫 様
　拝復　御葉書難有拝見致候.
　実ハ南洋パラオ島ニ於テ宇宙線研究ノ為飛行機ヲ飛バセテ貰フ件ニ関シ, 小西于比古氏ニ手紙ヲ出シテ問合ハセ候処, 貴兄ノ処ニモ参上相談シ軍務局第 1 課長ニ紹介シテ貰ッテ頼ンデ見ヨトノ返事ヲ得候間, 旧臘 28 日ト先日ト両会^b

出掛ケ候処28日ハ横須賀へ御出張，先日ハ御風邪トノ事ニテ共ニ意ヲ果サズ帰リ申候．孰レ其内参上御邪魔可致候間，宜敷御願申上候．

此件ニ関シテハ先般来軍務局第1課ノ山賀中佐ニ色々御世話ニ相成，既ニ横須賀航空隊ノ方ハ其一部ヲ施行被下，其結果モ有益ノ収穫有之候.

只南洋ノ方トナルト相当ノ困難ヲ伴フ事ニ候間，コレガ情況並ニ実行ノ可能性等ニツキ一応御尋ネ致シタル上研究実施ノ可否決定致度ト存居候．

孰レ拝眉ノ上ニテ万々可申述候　　　　　　　　　　　　　　敬具

  a　書簡520.
  b　「会」には「とき」「おり」の意味がある.
  c　書簡532.

550　梅田　魁（北海道帝大）　→　仁科芳雄　　　　　　　　1937/01/20

拝啓　お忙しい先生に又ひっかゝりを作ってすみませんが，
要件1　茅さんと前から一度有山君をよんでmetalの話をきかうと云って居りました．冬休みになんて始め云っておりましたら，私の家のゴタゴタで延期になり有山君の都合とこちらの都合とで2月の4,5日頃から14,5日位に来て貰って，茅さんの教室員と私の教室員とで新しい金属の取扱ひを話して貰ふことにしたいと思ひます．1回は一般の雑談会で話して貰ふ．就ては仁科研究室員に来て貰ふ訳で，一応先生のお許御了解をお願ひ致したいと存じます．よろしうございますか．
要件2　本日クロルから，自費でどうしても日本に行く，就ては金を持って出る為には日本からoffiziellなEinladungが必要だといふのです．茅さんと話しましたら自費でくる，且別に給料を要求しないなら，悪かあるまい，態ゞ総長の名でなくとも，理学部長か或はPhysikalisches InstitutのDirektorとして池田さんの名で出して貰ったら充分でないかといふ話で，こんな時はどういふ形式がいゝでせう．無論部長，総長への諒解は必要でせう．講義にeinladenするとなると事面倒ですが，私がmitarbeitenするGast Forscherとしてeinladenする位なら面倒ないと思ひます．来たら50円位なら私の講座から金を出せると思ひますが，finanziellのことはもっとクロルに確めねばなりません．先生の御意見はどうでせう．クロルの手紙同封致します．こちらなら理研のAustauschakademikerには障らないし，又単に私の昔の交誼でmitarbeiten

する Forscher をといふならさう大げさではないからいゝかとも思ひますが，後に禍を残しますかしら．

　以上要件のみ．先生の御意見，有山君にでもお話下さって寄越させて下さいまし．その御意見に基いてこっちでもっと総長あたりへ話をすゝめます．

敬具

1月20日　　　　　　　　　　　　　　　　　　　　　　　　　　梅田　魁

仁科　先生

　　a 書簡 526 にいう Wf. 君．書簡 476, 487, 526, 527, 571, 572, 655, 673, 677, 707, 1063 を参照．
　　b 協同研究する．
　　c 交換学者．

551　仁科芳雄 → 梅田　魁（北海道帝大）　　　　　　　　　1937/01/24

昭和12年1月24日
仁科芳雄

梅田 君
拝復　1月19日，21日ノ両度ノ御手紙難有拝見．
一．共立社ノ「原子核理論」御引受被下有リ難ウ御座イマシタ．目録モ入手シマシタ．
一．クロルカラハ小生ノ処ヘモ頼ンデ来マシタ．詳細ハ有山君カラ貴兄宛ニ御通知ノ通リ，理研ノ方ヘ呼ブ事ハ交換留学生ノ問題ガアル為困難ナノデ実ハアナタノ方ヘ御願ヒシタ訳デス．御手紙ニヨリソチラデ呼ベルトナレバ大変好都合デス．理学部長カラ出セレバ好イデショウガ，困難ナラバ物理教室カラデモ結構デス．殊ニ此地ニハ茅君ノ様ニマグネヲ専門ニヤッテ居ル人モアル事デスカラ，其理論ノ方ノ専門家ヲ招ブト云フ事ハ形式上ノミナラズ実質的ニ有利ナ事ト考ヘマスカラ，ドウカ此地ヘ招ブ事ニ御願ヒシマス．
　　只此招待状ヲ直接クロルニ出シテ果シテクロルガ入手スルヤ否ヤハ充分注意ヲ要スル問題デス．有山君カラ伝ヘタ事ト思ヒマスガ，京都ノ真鍋氏カラオリンピックノ為体育協会カラ通訳トシテクロルヲ雇ウト云フ事ヲ昨年11月頃カ10月頃ニクロルニ云ッテヤッタノダサウデスガ，此招待状ハ

ドウモクロルノ手ニ渡ッテ居ナイラシク，此件ニ関シテハ日本ノ誰ノ処ヘモ今以テ一言ノ返事モナイサウデス．何デモクロルハ相当注意サレテ居ルノデハナイカト云フ話デス．ソレ故御地カラノ招待状モ直接クロルニ宛テナイデ誰カ他ノ人ノ処ニ送ッテ手渡シテ貰フ必要ガアルト思ヒマス．

小生ハ先日ノクロルノ手紙ニ対スル返事トシテハ，落合君ニ日本文デ書イテ伝ヘテ貰ヒマシタ．ソノ返事ハ，要スルニ理研ハ困難デアルコト，俸給ヲ必要トスルヤ否ヤノ点ガ不明ナ為他ニ依頼スルニシテモ確実ナ事ガ云ヘナイト云フ事デシタ．今度ノ手紙デ俸給不要ト云フノデスカラ此点ハ大分明ニナッテ来マシタ．

トモカク御地カラ招待状ガ出レバ非常ニ好都合デス．

一．有山君ノ札幌行大賛成デス．御地ノ為ニモ有山君ノ為ニモ．
一．サイクロトロンハ未ダ働キマセン．準備ニ意外ノ時日ガ必要デス．
一．数物ノ特別会合ハ何時カ御話ノ様ニ「固体論」デ如何デスカ．池田，茅両君ノ御意嚮ヲ尋ネテ見テ下サイ．池田サンノ処デノ実験ガ進ミ且ツ其方ノ討論ヲ希望セラルヽ様ナラバ，更ニ「原子核」ヲ加ヘテモ好イデスガ，ソレニハ菊池，西川，杉浦，荒勝諸氏ガ其時御地ニ行ケルカドウカヲ先ヅ明ニスル必要ガアリマス．若シ必要トアレバ小生カラ其意嚮ヲ尋ネテ見テモ好イデスガ，ソレヨリ先ニ御地ノ意嚮ヲ定メテ下サイ．小生ノ考デハ「固体論」ダケデモ好イノデハナイデスカ．

右要々迄．
赤チャン御丈夫デスカ．奥様ニモヨロシク　　　　　　　　　不一

   a 書簡550．
   b 書簡543の注a参照．
   c 書簡527．
   d 数学物理学会．数学と物理学の合同の学会として1877年に設立され，1945年12月15日の総会をもって解散するまで続いた．その後，1946年4月28日に日本物理学会が，1946年6月2日に日本数学会が発足した．参考：小谷正雄「日本数学物理学会の解散と日本物理学会及び日本数学会の誕生」，科学 **16** (1946) 188-190；座談会「数学学会の分離と二つの科学」（出席者：弥永昌吉・伏見康治・今井 功・岡部康憲・小嶋 泉・桑原邦郎・江沢 洋），日本物理学会誌 **51** (1996) 26-36.

552 竹内 柾 (横須賀海軍工廠) → **仁科芳雄**　　　　　　1937/02/01

本日光学工場でcurveを測りました．

15,000 gauss で $3 \cdot 10^{10}$ eV に相当する位曲ったのが最も悪いものです．（端の曲りも入れてです．これを数糎（実物大なら数糎）捨てればもっとよい事になります．）時間の都合で6本しか測れませんでした．尚数本撮り又測ってこの位でしたら field を入れてやらうと思ひます．今日は field は使へませんでした．

新しい Al の disc は wt. が 2.3 kg です．前のは 2.75 と書いてありますから約 15% 軽くなつただけの様です．新しい disc に使ふビロードが有る積りでした所，山崎君の方へでも渡したのか，もう無かったのか，こちらには全然有りませんでした．

ビロードを使用せず表面に黒いデューコを塗ってその上に acetyl cellulose を流したらと思ってゐます．水曜日にお出で下さる折に，3号館の僕の居た室に acet. cell. が紙に包んでレッテルがついて居ると思ひますので，御面倒乍ら御持参さる様御願申上げます．ビロードも有れば結構ですから，鈴木へ少し奮発して頂いて，善いのを御注文下されませんでせうか．

新しい disc も使って見たく思ひます．wt. の点も変りますが，囲りの gap が 1 mm あったのが 0.2 mm になったら渦が減るか或は逆に増すか興味がありますので．

然し折角 $3 \cdot 10^{10}$ 位迄行くのだったらとも思って未だ chamber を分解せずに居ます．それでは水曜に御出での折に亦．水曜迄は今の chamber でやって居ります．

取敢へず御報告旁々御願ひまで．

2月1日 　　　　　　　　　　　　　　　　　　　　　　於 横廠池実

　　　　　　　　　　　　　　　　　　　　　　　　　　　　竹内 柾

仁科芳雄 様

553 私設秘書 (理論物理学研究所, コペンハーゲン) → 仁科芳雄　　1937/02/05

仁科 教授

あなたがすでにご推測されたとおり，あなたの1月8日付の手紙は Bohr 教授の出発前には届いておりません．私のほうから御礼申し上げます．私が責任をもってそれを教授に転送いたします．そしてあなたの御質問に教授がただちに答えれられるように，それが一刻も早く教授に届くことを望んでいます．昨年の12月にあなたから送っていただいた1万円については，確かに届いているとお伝えできます．

私設秘書[b] ［署名，判読できず］

［英文］

a 書簡541.
b Niels Bohr Archive のリストでは B. Schultz の書簡になっているが，差出人のサインは Schultz とは読めない.

554 仁科芳雄 → 小関 勇（名古屋郵便局）　　　1937/02/07

　　　　　　　　昭和12年2月7日　　理化学研究所
　　　　　　　　　　　　　　　　　　仁科芳雄

名古屋郵便局
小関 勇 殿[a]

拝啓　御申越ノ宇宙線ト KH 層トノ関聯ハ，目下学術振興会第10小委員会ノ事業トシテ研究中ノ問題ニ有之候．之レガ為ニハ宇宙線ノ連続的精密測定ヲ必要ト致スモノニ有之．此目的ヲ以テ目下 Steinke 型宇宙線計ニヨル観測ヲ約1ヶ年間理研ニ於テ施行致シ居候．然シ此器械ハ真ノ意味ノ連続観測ニハ無之，約1時間ノ平均値ヲ示ス様ニ相成居候為メ真ノ連続観測ヲスル器械ヲ目下理研ニテ製作中ニテ，完成ノ上ハ南洋パラオ島，台湾阿里山，富士山頂，東京，樺太豊原ノ5個所ニ据付ケテ同時観測ヲ行ヒ，宇宙線ト気象，地球磁気，KH 層等ノ地球物理学的現象並ニ天体現象トノ聯関ヲ求メル事ニ相成居リ，コレハ昭和12年度ニハ完成ノ予定ニ候．

　右ノ次第ニテ小生手許ニハ Steinke 宇宙線計ノ記録ハ有之候ヘ共，コレハ其儘ニテハ使用出来ズ各種ノ補正ヲ必要ト致候ニ付キ，目下ソノ計算中ニ候．ソノ上ニテ他現象トノ聯関ヲ求メル事ト相成可申此問題ハ進行中ニ候間，未ダ御通知出来得ル迄ニハ至リ不申，其内アル程度ノ結論ヲ得タル上ニテ御通知可致候．

　以上ハ小生等ノ研究現状ニ候ヘ共，今日迄ノ経験ヨリシテ地上ニ於ケル宇宙線強度ト電離層トニハ殆ド聯関ナキ様ニ候．ソレハ日食ト宇宙線トハ聯関ナク，又デリンジャー現象ト宇宙線トモ関係ナカリシ事観測結果ノ示ス所ニ候．

　然シ之レハ地上ノ宇宙線ノ話ニテ，成層圏ノ宇宙線トハ或ハ聯関アルヤモ知レズ，之レハ将来ノ研究問題ニ候．尚，宇宙線ノ強度ノ変化ハ地上ニテハ極メテ僅少ニテ，気圧ノ変化ヲ除ケバ 1% 以下ニ候．

　以上要々申述候．　　　　　　　　　　　　　　　　　　匆々

a 多忙の中，市井の人からの質問にもていねいに答えていたことがわかる．ほかにも，たとえば書簡511．

555 仁科芳雄 → 百田貞次 (芝浦製作所)　　1937/02/07

昭和12年2月7日　　理化学研究所
仁科芳雄

芝浦製作所
百田貞次 様
拝啓 其後御無音ニ打過失礼仕候処愈々御清祥奉賀上候．
　抑テ今般日本学術振興会第10小委員会ハ改組セラレ，従来ノ宇宙線ノ研究ヲナス部門ニ更ニ原子核ヲ研究スル部門ヲ加フルコトニ内定セラレ候．而シテ同小委員会ノ委員長ハ長岡半太郎博士ヲ煩ハス事ト相成可申[a]，原子核研究ノ部門ノ委員ハ荒勝文策，菊池正士，杉浦義勝，西川正治，仁科芳雄ノ諸氏選定セラルベキ予定ニ御座候．此部門ノ事業トシテハ先ヅ手始メニ昭和12年度ニハ理化学研究所ニ大ナル「サイクロトロン」，即チ200噸(トン)位ノ「マグネット」ト高周波電圧トニヨリ高速度「イオン」ヲ発生スル装置ヲ設置シ，之レニヨリ元素ノ人工変換ヲ行ハシムル予定ト相成居候．
　就テハ同器ニ使用スル電気機械，殊ニマグネットノ製作ニ関シテ将来ノ各種ノ場合ノ相談役トシテ御社ヨリ誰方カ1人同小委員会ノ嘱託トシテ委嘱方御願申上度ト存候間，何卒御承諾御取計ラヒ御依頼申上候．尚同人選ニツイテハ器械ノ設計並ニ製作ノ御相談ヲ願フニ御便利ノ地位ニ居ラレル方，且ツ，器械注文ノ場合ナドニモ好都合ノ人ニ御願申上度ト存候間，可然御取計ラヒノ人偏ニ奉願上候．
　尚同器ニ用フル短波発信器ソノ他ノ器械ニ関スル相談役トシテハ，東京電気無線株式会社ノ今岡賀雄氏ニ嘱託スルコトヲ目下交渉中ニ御座候．之レハ多分承諾セラルル事ト存居候．
　右不取敢御依頼ノミ申述候．孰レ近日参上御意見拝承致度ト存居候間，御考慮置被下度御多忙中恐縮ニ存候ヘ共宜敷御願申上候．　　　　　敬具

a 学術振興会の第10小委員会（書簡488の注aを参照）は，1937年3月31日，宇宙線・原子核第10小委員会に改組拡充された．委員には新たに荒勝文策（京都帝大），杉浦義勝（理研）が加わり，委員長に長岡半太郎，宇宙線研究の主宰に岡田武松が選ばれた（1940年に湯川秀樹も委員となる）．長岡は，このとき評議員会で次のよ

うに述べた：

「日本無線電信会社よりポールゼン・アークの機械が，また三井報恩会より15万円が寄付されたのを元手としてサイクロトロンを本邦で製作し試験中であるが，これは300万エレクトロン・ボルトを出すにすぎないから，すべての元素につき［原子変換を］試験するには不十分である．それ故，本会では之に近き縁故ある宇宙線の小委員会に更に原子転換試験の部を新設し，積立金10万円をさき大なるサイクロトロンを製作し1千万エレクトロン・ボルトを超ゆる機械を新設し，あらゆる元素にこれを適用する計画を建てた．理研に寄付せられた無電会社の発電機を利用し，また試験費として東京電燈会社よりどう研究所に寄付された10万円をこれにあつることにした．」

そして，こう付け加えている．「この方面を研究せらるる科学者医学者の便宜を計り，相当の学識経験等ある人は来たりて試験しうるようになっている故，理研のみの人の用に供するのでは決してない．」すでに共同利用が言われていることに注目したい．

参考：『長岡半太郎伝』, pp. 592–593；長岡半太郎「総合研究の必要」, 学術振興, 第3号 (1937).

仁科研究室では，1936年にすでに大サイクロトロンの建設を考えていた（書簡497）を参照．

556 仁科芳雄 → 村田八束 (日本碍子) 　　　　1937/02/08

　　　　　　　　　　昭和12年2月8日　　理化学研究所
　　　　　　　　　　　　　　　　　　　　仁科芳雄

日本碍子株式会社
村田八束 様

拝啓　其後愈々御清祥奉賀候．

絶縁台ニ関シテハ引続キ御配慮被下難有御礼申上候．

扨テ次ノ通リノ磁器円筒至急御見積リ被下度御願申上候.

1. 円筒外径45 cm 全長 120 cm．外面ハ平滑ニテモ［右図］ノ様ニテモ宜シク候．個数4個．此内径ハ幾程ト相成ベク候哉．

　コレハ中ヲ真空ニシ各個ニ直流電圧40万ヴォルトヲ掛ケテ使用スルモノニ候．真空ノ方ハ上葉サヘヨク付イテ居レバ充分持ツ様ニ御座候．

　　右不取敢御願迄申述候　　　　　　　　　　敬具

二伸　コレハ嘗テ住友ノコンデンサーニ使用シタモノガ使ヘヌカト存候．但シ上下ハ塞ガズ［右図］トスル必要有之候．

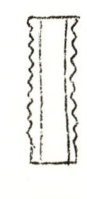

557 仁科芳雄 → 横山英太郎 （日本無線電信）　　1937/02/08

　　　　　　　　　　昭和12年2月8日　　理化学研究所
　　　　　　　　　　　　　　　　　　　　仁科芳雄

日本無線電信株式会社
横山英太郎 様

　　　御寄贈ニ与ル器械記念ノ件
拝啓　其後御無沙汰ニ打過申候処愈々御清祥奉賀上候．
　扨テ一昨年特別ノ御好意ヲ以テ御社ヨリ御寄贈ヲ仰ギ申候電磁石[a]，電動発電機其他ノ諸器械ハ夫レ夫レ必要ニ応ジ改造ヲ施シタルモノモ有之，孰レモ元素ノ人工変換，人工放射能研究ニ使用ノ目的ヲ以テ順次据付ケヲ終ヘツヽ有之候．中ニハ既ニ運転開始ノ運ビニ進メルモノモ有之，今後該研究ノ進捗ト共ニ必要欠クベカラザルモノト相成可申，我国ノ学術研究ノ促進ニ貢献スル処蓋シ多大ナルモノ有之ト存候．
　就テハ之レ等器械ガ御社ノ御寄贈ニナルモノタルコトヲ明示シ永クコレヲ記念センガ為メ，別紙ノ通リノ文面ヲ金属板ニ刻ミ夫レ夫レノ器械ニ貼付スル様長岡先生ヨリモ御申付ケ有之候．
　右ニ関シ御意見有之候ハヾ御一報被下度，尚同文面ニ訂正スベキ点有之候ハヾ乍御面倒御通知御願申上候．
　先ハ要々ノミ申述候．　　　　　　　　　　　　　　　　　　　敬具

　　[a] 不要になったパウルゼン・アーク用の電磁石2基が寄贈され，その1基が小サイクロトロンに利用された．他の1基は，第二次大戦後のサイクロトロン再建に用いられた．パウルゼン・アークとは：V. Paulsen が発見したアークで，鋼を電極に用い水素，アルコールなどに強い磁場をかけアークを発生させると1MHz程度の非減衰高周波振動が得られる．その後 S.O. Pedersen によって改良され，船舶無線通信などに用いられた．理研にきた電磁石は対米通信用に使われていた．E.O. Lawrence が最初1930年につくったサイクロトロンは直径10cm程度のものだったが，3番目に用いた磁石は奇しくも対日通信用のもの（直径55cm）だった．書簡423の注cを参照．

558 仁科芳雄 → 今岡賀雄 (東京電気無線)　　　　　　　　1937/02/09

　　　　　　　　　　　　　昭和12年2月9日　　理化学研究所
　　　　　　　　　　　　　　　　　　　　　　　仁科芳雄

東京電気無線株式会社
今岡賀雄 様
拝啓　愈々御清祥奉賀候.
　扨テ今般日本学術振興会第10小委員会ハ改組セラルル事ト相成, 従来ノ宇宙線研究ヲナス部門ニ更ニ原子核ヲ研究スル部門ヲ加フルコトニ内定セラレ候ニ就テハ, 過日, 宗重役ヲ経テ原子核ノ部門ノ嘱託ニ御願申上候処早速御快諾被下難有奉存候. 此部門ノ事業ノ手初メトシテ, 昭和12年度ニハ理化学研究所ニ大ナル「サイクロトロン」ヲ設置スル予定ニテ, コレニヨリ元素ノ人工変換ヲ行ハシム計画ニ有之候. 従ッテコレニ要スル短波発振器其他諸種ノ器械製作ニ関シ万端御相談御願申上度, 宜敷御諒承願上候.
　尚同小委員会ノ委員長ハ長岡先生ノ予定ニテ, 原子核ノ委員ハ荒勝文策, 菊池正士, 杉浦義勝, 西川正治, 仁科芳雄ノ諸氏ニ内定致居候. 又電気器械製作ニ関スル嘱託トシテ芝浦製作所ヨリ1名御願ヒスル事ト相成居候. 其氏名ハ未定ニ御座候.　　　　　　　　　　　　　　　　　　　　　　敬具

二伸　正式ノ嘱託委嘱ハ学振ノ方ヨリ後日御通知可致事ト存候.

　　a 書簡488の注aおよび書簡555の注aを参照.

559 仁科芳雄 → N. Bohr (理論物理学研究所, コペンハーゲン)　　1937/02/10

　　　　　　　　　　　　東京　　1937年2月10日
　　　　　　　　　　　　　　　　理化学研究所

Bohr 先生
　1月16日付のお手紙, 大変ありがとうございました. 本日到着いたしました. お手紙を拝見しますと, 私の1月8日付の手紙は先生のご出発前には届いていなかったようです.
　上記の手紙に, 私は先生の御講義の大略を日本の聴講者に広く, かつできる限り早く予め公示したいので, お知らせくださいと書きました. また日本御滞

在中の日程を立てねばなりませんので，先生が1週間の間に何回講義をなさる御意向なのかが分かりますと大変好都合です．また先生には日本の各地を見ていただきたく，おそらく興味をもってくださると思っております．これには，連続的でないとしても全体で大体2週間はかかると思われます．御講義を短時間に集中するか，長期間に分散させるかも問題です．前者の方が観光には便利ですが，お疲れになるでしょう．ですから，1週間に何回の講義をなさるか，教えてください．講義を観光より前にすませてしまうか，観光の前，あるいは混ぜて行なうかも知らせてください．それによってプログラム全体が変わるからです．要するに，御滞在中，何週間にわたり何回の講義を，どの時期になさりたいのかを伺いたいのです．

　先生の御意見を伺った後，先生方に最善の日程をつくるように努めます．しかしながら，日がきまっている行事もあり，妥協が必要なこともあり得ます．たとえば天皇陛下の園遊会は4月20日ですが，これには先生方も招待されるよう手配したいと思っております．もし参加をご希望ならば，そのとき東京におられる必要があります．

　日本を御覧になる前にこれらの質問にお答えになるのが難しいことはよく分かります．先生方がこれらに関して特別な好みをおもちであるかどうか，お尋ねしているのです．特別なお好みがないならば，暫定的に大まかな御滞在の日程をつくりましょう．これは近似的なもので，御希望次第で変更可能です．その場合，前もって先生のご承認をいただくことになります．先生の当地でのご講演の回数を電報でお知らせくだされば，幸甚です．

　先生の御略歴はSchultz嬢が送って下さいました．ありがとうございます．この書類は先生の御経歴を当局に提出するのに必要でした．

　一同，揃って先生の日本へのご来駕をお待ち申し上げております．

〔英文〕

  a 書簡544.
  b 書簡541.
  c 書簡545を見よ．書簡501および541の追伸も参照．

560　仁科芳雄　→　波多野貞夫（日本学術振興会）　　　　1937/02/13

昭和12年2月13日　　理化学研究所
仁科芳雄

日本学術振興会
波多野貞夫 様
　拝啓　第 10 小（宇宙線，原子核）委員会ノ原子核ノ方ノ嘱託ハ左ノ 2 氏ニ内諾[a]ヲ得置申候間，委員会ノ改組決定ノ上ハ正式ニ委嘱方御願申上候.
　一．東京電気無線株式会社　製造部副長　今岡賀雄
　一．芝浦製作所　技師長　風岡憲一郎

以上

二伸
　Bohr 教授招聘費ニ関シテハ三井ヨリ本日長岡先生ノ許ニ通知有之（考査課長佐々木氏ヨリ），7 千円出金ニ決定シタル由[b]ニ御座候.
　三菱ノ方ガコレニ対シテ如何ナル態度ニ出ラルヽカガ問題ニテ，長岡先生ハ「15 日頃三菱ノ千田氏ヲ訪ヒ，1 万円或ハソレ以上ノ出金ヲ依頼シ，三菱ノ方ニテ 1 万円ト決定スレバ，其決定ヲ持ッテ三井ニ行キ，更ニ 3 千円ノ増額ヲ依頼スル考ヘナリ」ト申サレ候．若シ三井ニ御出デノ序有之候ハヾ，1 万円出金ヲ承諾方御依頼被下度願上候.

　　　[a] 書簡 555 の注 a 参照.
　　　[b] 書簡 534 を参照.

561　仁科芳雄 → 嵯峨根遼吉（ケンブリッジ大学）　　1937/02/14

　　　　　　　　　昭和 12 年 2 月 14 日　　理化学研究所
　　　　　　　　　　　　　　　　　　　　仁科芳雄

嵯峨根遼吉 君
　拝啓　1 月 5 日附ノ御手紙ハ約 10 日バカリ以前ニ，1 月 24 日附ノモノハ昨日，孰レモ有リ難ク拝見シマシタ．今度ノ御手紙バカリデハナク，何時モ御手紙ニヨッテ得ル処多大ナモノガアリマス．此点幾重ニモ厚ク御礼申シマス．研究室ノ皆ンナデ読ンデハ色々ト話ヲシテ居ルワケデス．
　スカンヂナヴィヤ見物ノ事，独乙ノ事面白ク拝見シマシタ．先ヅ用事ノ方カラ片付ケマス.
1. ゼノンガ 1 気圧 1 立（リットル）入ガ 200 マークトノ事．日本デハドノ位カ知レマセンガ，トモ角ソレ位ハスルト思ヒマスカラ買ッテ帰ッテ下サイ．「クリプト

ン」モ同様ニ買ッテ下サイ．米国ヲ持ッテ廻ッテモ直接送ラセテモドチラデモ好イデス．

ソノ他何カ日本ニ無クテ必要ナト思ハレルモノガアッタラ買ッテ置イテ下サイ．オ金ガ入用ダト思ヒマスカラ £30 ダケ送リマセウ．但シ今日ハ日曜デスカラ明日理研ニ手続ヲサセマス．更ニオ金ガ入用ダッタラ云ッテ寄越シテ下サイ．

2. 稀土類ノサンプルデスガ，之レハ量ガ少クテ到底話ニナラナイト思ヒマス．コレハ今日デハ到底手ニ入ラヌモノモアリ，化学ノ方デモ欲シイト云フ人ガアルノデ送リカネマス．コチラデハ中性子ノ capture ニ使ヒ度イノデ，少シバカリヤッテ見タノデスガ其量ガ少イノデ思フ様ニ行カズ，「サイクロトロン」デモ出来テカラソレヲヤラウト云フ事ニシテ居リマス．此方ハ材料ハ減ラナイノデ好イノデスガ，何分今小生ノ所ニアル材料ノ量デ足リルカドウカガ問題トナッテ居ルノデ，コレハ出来ルダケ分ケナイ方ガ好イト云フコトニナッテ居ル次第デス．

3. サイクロトロンノ大マグネットハ此前ノ拙書ニアル様ニ Lawrence ニ注文シテ呉レト依頼シテヤリマシタ．ソレガ恰度今日頃着イテ居ル筈デス．貴君ノ手紙ニヨッテモ明ナ通リ Lawrence ハ三井ノ桑港(サンフランシスコ)支店ノ人ニハ事実ハ云ハヌラシイ様デス．ツマリ未ダ注文シテ居ナイト云ッテ逃ゲタラシイ様デス．コレハ御手紙ノ通リ三井ノヤリ口ガ悪イカラ L. 先生モ相手ニシナイノデハナイカト思ヒマス．

小生ノ方デハ注文シテ居ナイト三井カラ通知ガアッタノデオカシイトハ思ヒマシタガ，「注文シテ居ナイソウダガ，ソレデハアナタノ所ノト同ジモノヲ一緒ニ注文シテ貰ヘナイデアラウカ，注文シテ貰ヘルナラバ，鉄ノ部ト銅ノ部トノ別々ノ値段ヲ電報デ知ラセテ呉レ．ソノ上デ確定的ニ注文ヲ御願ヒシタイト思フカラ」ト云フ事ヲ云ッテヤッタ訳デス．従ッテ玆 1 週間位デ何トカ打電スルダラウト思ッテ居マス．尤モ米国デモ鉄ヤ銅ガ騰貴シテ居ル様デスカラ，又新シク値段ヲ尋ネル必要ガアル訳デスカラ，タトヘ注文シテ呉レルトシテモ或ハ未ダ相当ノ時日ヲ要スルカモ知レマセン．然シ注文シテ呉レルカ否カガ第1ノ問題デス．

先日ノ手紙ニモ「此厄介ナ事ヲ御願スル理由ハ，吾々ハ大キナマグネットニ就テハ経験ガ少イカラ，米国デ買フトナルト結局アナタノ advice ニ頼ル外ハナイコト，又三井ノ方ハ専門家ガ居ナイカラ手紙ノ往復ニ時間ヲ費スコト，ノ 2 ツデアル」旨ヲ云ッテ頼ンデヤリマシタ．トモカク経験ガナイノデ Lawrence ニ頼ムノガ一番早クテ好イダラウト云フ事ニナッタノデ

ス．モ少シ早ク云ッテヤル事ガ出来レバ好カッタノデスガ，ソレハ資金ノ方ガ得ラレル目当ガナカッタカラデス．矢崎君ガ東京電燈ノ方ヲ交渉シテ呉レテ居タノデスガ，長イ間待ッテ遂ニ駄目トナリマシタ．ソコデ色々ト考ヘタ末，学術振興会ニ頼ンデ波多野サンカラ特別実験費ノ名ヲ以テ積立金カラ 10 万円出シテ貰フ事ニシマシタ．ソレガドウヤラ確実ニナッタノガ今年ニ入ッテカラデス．ソンナ訳デ今年ニナッテ急ニ注文ヲ急グ事ニナッタ次第デス．此学術振興会ノ方ハ，学振ノ小委員会ノ仕事トシテヤルノデ，此小委員会ガ理研ニ大サイクロトロンヲ設置シテ研究ヲスルト云フ形ニナルノデス．コレモ未ダ決定シタ訳デハナク，3 月ニナッテ委員会デ決定セラレルノデス．

　トモカク Lawrence ト同ジ様ナモノヲ作ラウト云フ事ニナッテ居マスガ，若シ材料騰貴トカ日本ニ対シテハ高クナルトカ云フ事ニナレバ 10 万円デハ不足スルカモシレマセン．ソウシタラ又金ヲ集メルノニ一苦労デス．モウ金ヲ集メル事ハ少々イヤニナリマシタ．コンナ事ヲシテ居テハ研究ハ手ニ着キマセン．

　以上ノ次第デスカラトモカク Lawrence ノ返事ヲ待ッテ，ソノ上デ今後ノ方針ヲ立テ度イト思ヒマス．或ハ場合ニヨッテハ貴君ニ米国ヘ渡ッテ貰ハナクテハナラヌカモ知レマセン．剣橋（ケンブリッジ）ノ方ガ余り短イト，ラザフォード，コックロフトノ気ヲ悪クスル様ナ事ガアッテハ将来ノ為ヨクアリマセンカラ，ソレハ呉レ呉レモ注意ヲ要シマス．然シソウデナカッタラ米国ヘ渡ッテ交渉ヲ御願ヒスルカモシレマセン．小生モ加州ヘ行ッテ L. ニ会ッテ話ヲシテモ好イトモ思ヒマシタガ，4 月 15 日ニハ Bohr サンガヤッテ来ルノデ出来マセン．トモカク L. 教授カラノ返事ヲ待ッテ情報ヲ上ゲマス．

　前述ノ 10 万円ハ「サイクロトロン」ノ凡テノ設備ヲ含ムト云フ事デシタガ，200 トンヲ買ッテハ　ソレハ困難デショウ．トモカク先日ノ三井ノ見積デハ困リマスガ，多少ハ足ガ出テモ致方アリマセン．

4. Bohr サンハ加州大学ニ 3 月ノ初カラ終迄居テ，ソレカラ日本ニ来ルサウデス．コンナ関係デ L. 教授トノ交渉ハ案外ウマク行クカモ知レヌト思ッテ居マス．但シコレハコチラノ勝手ナ考カモ知レマセン．

5. 其後仕事ハドウデスカ．先日ノ高圧装置並ニイオン源ノスケッチ共ニ有リ難ウ．実ハ篠原君ガ帰ッテ来テカラ新間，山崎ト 3 氏デ高圧ノ方ヲ設計シテ居ルノデ大イニ参考ニナリマシタ．コチラハ　コックロフトノ 100 万ヴォルトヲ作ルコトニシ，6 間ニ 7 間，天井 35 尺ト云フ建物ヲ目下建築中デス．

6. バークレーノ御仕事ハ昨日コロキウムデヤリマシタ．中々面白イト思ヒマシタ．
7. コチラノ仕事ハ小生ガ忙シイノデ余リ進ミマセン．新間，山崎両氏ハ中性子ノ capture ノトキノγノエネルギーヲ霧函デ撮ッテ居ルノデスガ，去年ノ５月頃カラ未ダ本式ノ所迄行キマセン．杉本君ハ天木君ト一緒ニ菊池君ノ例ノエレクトロン^{f}ヲ霧函デ見ルコトヲ，コレモ５月頃カラ始メタノデスガ未ダ何トモ云ヘマセン．先日ノ御手紙ニ Dee 等ガ同ジ事ヲヤッテ居タト云フノデ気ヲモンデ居ルノデスガ，ドウニモナリマセン．

   竹内，一宮両君ハ横須賀デヤッテ居マスガドウモ track ガ mag. field ナクテモ霧函ノアル場所デ弯曲ヲ起ス事ガアルノデ，ソレヲ直ス事ニ時間ヲ取ラレテ未ダ本式ノ所ヘ行キマセン．コレハドウモ直ラナイ様ナノデ困ッテ居マス．

   サイクロトロンハ１週間モスレバ愈々組立ヲ終ルト思ヒマス．^{g}ソレカラ真空ト云フ問題ガアリマスカラ，本当ニ働クノハ３月ニ入ッテカラダラウト思ヒマス．

   コチラノ　マグネットノ　コイルガ大キ過ギルト云フオ話デシタガ，コレデ芝浦ニ頼ンデ　ヤット　コイルトコイルトノ間ヲアレダケ開ケテ貰ッタノデス．アレ以上ハ出来ナイト云フノデス．然シコレデドウニカ多少ノ不便ハアッテモヤレサウデス．

   以上，思ヒ出シタ儘ヲ書キマシタ．モウ ice ノ下ニ入リマシタカ．右要々迄． 　　　　　　　　　　　　　　　　　　　　　　　　　　　匆々

Bohr サンハ日本ニ１月滞在，支那ニ行ッテ１週間，ソレカラ加奈多ヲ通ッテ帰ルサウデス．

   ^{a} 嵯峨根の「１月５日附の手紙」は残っていない．これは書簡 540 のことか．この書簡は Lawrence が嵯峨根に宛てたものだが，それを仁科が記憶で書いて差出人と日付を間違えたのではないかとも考えられるが，それはあり得ない．１月６日付のLawrence の手紙がイギリスにいる嵯峨根に届き，それが転送されて２月14日より（仁科が書いているように）「10日ばかり前に」東京に着くことは，ないだろう．確かに Lawrence は，この書簡 540 を仁科にも直接に送っているが，書簡 585 によれば，それが仁科に届くのは（なぜか）３月31日の「2, 3日前」である．
   書簡 585 によれば，また「ローレンスよりの２月20日の打電」「三井に注文」「嵯峨根の送った Lawrence の手紙のコピーが届く」の順に事はおこったと考えられる．よって，２月14日には Lawrence の手紙は仁科に届いていない．
   「１月24日附のもの」も残っていない．

b ケンブリッジ大学にいる嵯峨根が理研の仁科に希土類のサンプルを送るよう頼んだのだろう.
c 書簡 546.
d 第 10 小委員会. 書簡 488 の注 a, 書簡 555, 558 を参照.
e 書簡 495 の注 b 参照.
f 書簡 773 の注 c を見よ. また書簡 519 の注 a をも参照.
g 大サイクロトロンの電磁石の据付完了は 1938 年 6 月になった.

562 仁科芳雄 → B. Schultz (理論物理学研究所, コペンハーゲン)　　　1937/02/15

　　　　　　　　　　　　　　　　　東京　　1937 年 2 月 15 日
　　　　　　　　　　　　　　　　　　　　　理化学研究所

Schultz さん
　Bohr 先生の履歴をお送りいただきご親切に感謝いたします.^{a} 同先生の御経歴の資料を政府関係者に提出するのに必要でした.
　私どもは皆, 先生ご夫妻と Hans 君にお会いするのを楽しみにしております. 御一行は 4 月 15 日に御到着のはずです. コペンハーゲンのいろいろなニュースを知らせてくださることでしょう.
　大分長い間お手紙を差し上げず申し訳ありません. 最近は多忙のあまり, 止むを得ざる場合のほか手紙を書くことができないのです. 全く嘆かわしい状態ですが, いまのところ変えることができません.
　この頃はいかがお過ごしですか? Bohr 先生のお留守の間はご自分の時間がたくさんおありですか? どうか, お時間のあるときお便りをください.
　　　　　　　　　　　　　　　　　　　　楽しい思い出を込めて
　　　　　　　　　　　　　　　　　　　　　　　　仁科芳雄
　　　　　　　　　　　　　　　　　　　　　　　　　　　　［英文］

a 書簡 545.

563 仁科芳雄 → 佐野伯爵 (国際文化振興会)　　　1937/02/15

　　　　　　　　　　　　　　　　　昭和 12 年 2 月 15 日
　　　　　　　　　　　　　　　　　　　　　仁科芳雄

佐野伯爵 閣下

拝復　御手紙難有拝見仕候.

　文化振興会ノ方種々御配慮ヲ辱ウシ洵ニ難有奉存候. 尚, 今後共宜敷御願申上候.

　三井, 三菱ノ方ハ長岡先生本日議会ノ方長引キタル為明 16 日御出被下, 御話有之事ト相成居申候.

　本日丁抹公使（デンマーク）ヲ訪ネ, 観桜会の御召ノ件依頼致置候. 尚, 序ニ Bohr 教授ノ丁抹ニ於ケル勲等ヲ尋ネ申候処, 5 等級ノ中, 上ヨリ 3 等カ 4 等位ノ処ノ様申居候.

　尚, 今後共万事御配慮御願申上度, 孰レ其内参上御目ニ掛リ, 御話申上度ト存居候.

　文化振興会ヨリノ文書同封致候間御入手被下度候.　　　　　　　　敬具

　　　a 国際文化振興会. 書簡 584 参照.
　　　b 長岡は 1934 年 2 月 12 日に貴族院議員となり, 敗戦後, 帝国議会が終わるまで 13 年間にわたり議席を保った. 参考『長岡半太郎伝』, pp. 604-607, 684-687.

564　仁科芳雄 → 梅田 魁（北海道帝大）　1937/02/15

　　　　　　　　　　昭和 12 年 2 月 15 日　　理化学研究所
　　　　　　　　　　　　　　　　　　　　　　仁科芳雄

梅田 君

拝啓　其後御変りありませんか. 有山君の講義も此手紙の着く頃はもう済んで了って居ると思ひます. 面白い結果でもありましたか. どうか収穫のあった事を祈って居ります.

　扨て今日此手紙を書いたのは, 朝永君の件で御願するわけです. 同君の留学も殆ど問題なく確定致しました. 船も決定したので, 次は旅券の問題です（船は 5 月 5 日 ? 出帆, 6 月 21 日マルセーユ着）.

　旅券は official にしたいのですが, 理研ではどうにもならないので, 若し御地の大学で講師といふ事にして貰って出張といふ様な事にはして貰へないでしょうか. これを御地の人に御相談願ひます. 恐らくそんな例がないといふので六ヶ敷いかと思ひますが, 御相談願ひます.

　此件については, 此手紙と同時に池田サンにも手紙を出して頼んで置きまし

た.

　赤チャン如何ですか，奥様によろしく　　　　　　　　　　　　　　敬具

- a 朝永振一郎は1937年から第二次世界大戦勃発の1939年までHeisenbergの下で学んだ．「滞独日記」が『朝永振一郎著作集・別巻2』にある．部分的には『量子力学と私』にも入っている．
- b 池田芳郎（書簡4の注aを見よ）．当時，北海道帝大の物理教室主任であった．その返事：書簡566．

565 仁科芳雄 → G. Hevesy （理論物理学研究所，コペンハーゲン）　　　　1937/02/17

　　　　　　　　　　　　　　　　　　　東京　　1937年2月17日
　　　　　　　　　　　　　　　　　　　　　　　　理化学研究所

Hevesy 教授

　実は先生にお願いしたいことがありまして，このお手紙を差し上げます．Norsk Hydro 電力会社のつくる重水のコペンハーゲンでの価格は，いかほどでしょうか？

　昨年6月まで私たちは，これを5ノルウェークローネの50%引き，すなわち2.5クローネで最低99%の純度保証のD_2Oを，私ども自身の科学研究目的のためにのみ使用という条件で購入しておりました．その後，日本での販売はある代理店に取って代わられ，値段の割引を一切しなくなりました．500グラムまたは1000グラムのD_2Oが中性子の実験に必要なので，これは大きな違いになります．そこで，コペンハーゲンでの値段を知りたいのです．もし値段がこちらよりも低い場合には，そちらで購入して私どもに送ってくださいませんか？　値段が分かり次第，私の方から小切手をお送り致します．もちろん，先生に御迷惑はかけたくありませんので，もしこれが御面倒な場合には，ぜひ御遠慮なくそうおっしゃって下さい．

　この前お手紙を差し上げてから大分時日がたちました．何通かのお手紙，お葉書，先生の興味あるお仕事についての論文をいただいております[a]．私は全部を読ませていただき感謝しております．何の御返事も差上げず申し訳ありません．最近，私は多忙を極め，かつてのように手紙を書くことができません．

　先生および御家族は如何お過ごしですか？　皆様お元気のことと思います．Bohr 先生ご一家は4月15日に御来日の予定で，私どもは長い間待ちに待った再会を楽しみにしております．

Y. N.
[英文]

a 残っている書簡でいえば，仁科が「この前」Hevesy に書いたのは書簡 324（1933年 7 月 18 日）である．それ以来，Hevesy は仁科に書簡 332（1933 年 8 月 4 日）を書いている．

566 池田芳郎（北海道帝大） → 仁科芳雄　　　　　　　　　　1937/02/18

拝啓　御手紙拝見しました．朝永君の件，「朝永氏が独逸国に行かれたならば，その地学界の情報を北大物理（梅田君でもよいし貴兄を通じて小生へでもよいし）に知らせてくれる」と云ふ名義で講師と云ふ名をつけたらと思って教授会の承認を得ました．総長には部長から願出することとなり，その許可は大概くれることと思ってます．総長がそれでも足らないと云へば一度当地に来てもらいたいと思ってます．

　いづれ確定の上は御知らせいたします．

池田芳郎拝

仁科芳雄 様
　　　御玉案下

a 書簡 564，567 を参照．

567 梅田 魁（北海道帝大） → 仁科芳雄　　　　　　　　　　1937/02/18

復啓

1．御手紙拝見致しました．朝永さんの留学決定本当によかったでした．仁科研究室の一員として，又日本の理論屋の席末をけがす 1 人として御同慶に堪えません．就てはオフィシャルの件，早速教室の人と相談しましたら，堀さんに異論のある筈はなし，茅さんも研究者には出来るだけ便宜を図ってあげるに賛成といふし，池田さんは「全然関係のない人を突然理由なしにも変だから，何か理由を考へて教授会さへ通れば」といって色々と理由を考へられました．教室主任としての責任上，無理ない訳です．朝永さんを束縛せず教授会もとほる理由として，先生と当物理教室との関係をのべ，朝永さんが行かれる所がハ

イゼンベルグの所で私の恩師であり，理論物理は世界のニュースをどんどんきいてないと困るので，丁度理論の中心に出かけられる朝永さんと密接な関係をつけ情報を送って貰ふことは，私のみならず物理教室全体の為だからと理由づけられました．今日教授会はパスしました．始め下相談だけの結果を手紙に書きかけましたが，それでは意味ないと思ひ教授会のすむのを待ちました．教授会にかける前，田所さんに総長の意嚮をきいて貰ひましたら，難しいことを云はずにしてくれる由．唯「何か関係がないと困る」といふので，「何れ帰朝したら雑誌会で話をして貰ふ様になるだらうし，又この大学は若いのだから，こうやって外国へ研究に行く人とは関係をつけておく方がいゝ」と仲々旨くやってくれました．唯「京都大学で何故してくれないのだらう．他大学で決してしないことを，こゝのみがといふのも困る」といふのだったさうです．私へのお手紙には其事なく田所さんに説明出来ませんでしたが，池田さんへのお手紙をあとから伺ひ其事が説明出来ました．何れにしても教授会をとほったので総長もパスです．

2. 有山さんも無事済ませ，直営の生ビールも飲んで帰りました．寄書を書かうといふ乍ら私が講義で時間なく書きそこねました．茅さんと私と両教室員のみがきゝましたが，私は金属のことは殆ど読まないので面白いでした．分らぬ事はドンドン訊ね乍ら，手が殖えたらこっちの方にもつっこんで行きたい気が致します．numerical integration の人足仕事の問題は学生のテーマとして好適ですから Kroll でも来たらそっちにも手をのばしませう．

3. 有山さんが云ひ残して行きましたが，討論会の件，
池田さん「何も云分を持たない．犬馬の労はとる．」
茅さん「テーマはどっちでもよい．Kern にきまればそれでもよい．」
堀さん「毎年 Kern といふのも面白くないが，さて何をとなると他にない．solid state にすれば殆ど東北の magne. 屋ばかりになり仙台でやるのとちっとも変らないから賛成しない．∴［ゆえに］今更訂正も変だから Kern にしといてしいゝが始めに誰か Zusammenfassung（理論なり実験なり比較的 spezial なテーマで，例へば Kernreaktion の沢山あるのを systematisieren して予め表にして配ってくれるといったことをする）をして，それに基いて Diskussion といふ方がよくはないか．昨年の様に Einzelproblem ばかりでなく，この，Zusammenfassung のあとで Einzelproblem をやる様にしたら．」

堀さんの意見には私も賛成．就ては，丁度嵯峨根さんも帰朝されることだし，嵯峨根さんなら弁も達者だから聴く方も気持よく聴けるから，大変いゝと思ひますがどんなものでせう．

然し何れにしても先生が討論会は主宰されてるのですから，私達の意見を汲み入れる必要もない訳ですが，有山さんからの依頼を果し唯郵便屋の役をつとめました．悪しからず思召し下さい．

　4. Kroll[b]の件については有山さんが話されることと思ひます．来てくれたら本当にいゝと思ひます．心待して居るのです．案外手数をとりました．

　5. Deuteron-Deuteron の Bemerkung, Austauschintegral に関する Bemerkung，宜敷く願上げます．

　6. Bloch の Thomas-Fermi Gaskugel の dynamisches Verfahren を，Kern に使ふことを，とうとう一寸始めて見ました．Bloch が Dichte と Geschwindigkeitspotential につき Schwingungsgleichung をたててやったのを，Dichtematrix と Geschwindigkeitspotentialmatrix につき Schwingungsgleichung をたてるといふ方針です．何もならぬかも知れませんが，学生の練習に一つの試みをやって居ます．

　7. 読むべきものが続々と出て閉口して居ります．早く休みにならぬことにはだめです．お蔭様で赤坊はとても好調．妻も大分しっかりして一寸三越に買物位には行ける様になりました．

　御奥様に宜敷くお伝へ願上げます．妻が7月の数物の時には御奥様に是非来て戴く様にお誘ひするんだと云って居ります．

　　　　　　　　　　　　　　　　　　　　　　　　　　　　敬具

　2月18日　　　　　　　　　　　　　　　　　　　　　　梅田　魁

仁科　先生

    [a] 書簡 564 を参照．
    [b] 書簡 474, 527, 550, 551 を参照．
    [c] 書簡 551 の注 d 参照．

568　仁科芳雄 → 小林謙三（湯浅蓄電池）　　　1937/02/18

　　　　　　　　　　　　　昭和12年2月18日　　理化学研究所
　　　　　　　　　　　　　　　　　　　　　　　仁科芳雄

湯浅蓄電池株式会社工場
小林謙三　様
拝啓　愈々御清祥奉賀上候．
　扨テ昨夏横須賀二次電池工場ニテ御目ニ掛リ候際御願申上候高圧電池ノ件，

其後御考慮被下候哉如何哉．実ハ今般愈々上空（地上約2乃至3万米）[a]ノ宇宙線研究ニ着手致ス事ト相成候ニ就テハ右ノ電池必要ト相成候ニツキ，御多忙中誠ニ恐入候ヘ共御一考ヲ煩ハシ度御願申上候．

> [a] 書簡542およびその注cを見よ．これまでの観測について書簡498, 529, 530, 549および書簡532の注aを参照．

569 仁科芳雄 → 本多光太郎（東北帝大）　　　1937/02/20

　　　　　　　　　　　昭和12年2月20日　　理化学研究所
　　　　　　　　　　　　　　　　　　　　　仁科芳雄

東北帝国大学総長
本多　先生
　拝啓　其後愈々御清祥奉賀候．
　扨テBohr教授招聘資金ニ関シ種々御手数相供ヘ恐縮仕候．然ル処三井，三菱ヨリハ申請ノ各壱万円宛ヲ7千円宛ニ減額援助セラルル事ニ決定セラレ候[a]ニ付，其埋メ合セトシテ今般住友ヘ6千円申請スル様長岡先生ヨリ御命令有之候ニ付，別紙御調印ノ上至急御返送奉願上候．
　尚，今般Bohr教授招聘委員会ナルモノヲ組織シテ招聘ノ主体トシテ動ク事ト相成申候．先般来資金ノ申請書ニ御調印願上候方々ニハ委員ヲ御依頼致候事ト相成申候間，右御承諾奉願上候．同委員会委員長ハ長岡先生ニ御願スル事ト相成居申候．
　Bohr教授ハ4月15日横浜着約1ヶ月滞在，渡支ノ上約1週間滞支，カナダヲ経テ帰国セラルヽ予定ニ御座候．
　先ハ御願迄申述候．
　住友ヘノ申請書ハ別紙ヲ以テ御送附申上候．　　　　　　　　敬具

> [a] 書簡560の二伸を参照．

570 仁科芳雄 → N. Bohr（理論物理学研究所，コペンハーゲン）　　　1937/02/21

　　　　　　　　　　　　東京　1937年2月21日
　　　　　　　　　　　　　　　理化学研究所

Bohr 先生

　2月10日付[a]のお手紙でお知らせしましたとおり，私どもは，先生の日本御滞在中のスケジュールについて相談を重ねております．先生のご講義の正確な回数および講義題目が分かりませんので，予定表はあくまでも暫定的なものでしかなく，汽船会社から通知を受けた先生の到着予定日，4月15日の朝のほかは何も確定いたしておりません．

　しかしながら，予めいろいろ準備をする必要がありますので，フレキシブルな予定表をつくりました．ここに同封いたします．これはご決定を助ける示唆でしかなく，先生のご希望次第で如何ようにも変えることができます．実際，大幅な変更があると思っております．この案は考えの土台として役立つかと存じますので，ご意見をできるだけ早くお知らせいただければと存じます．と申しますのは，ご講演のプログラム，会食，歓迎会など予定をきめねばならず，いろいろの問い合わせが私にきているからです．

　この暫定的予定表の基本として，去る7月2日のお手紙にありました「10回の講義で原子理論の原理を要約し最も初等的な部分から解かれていない問題まで含める」という線に沿って10回の講義をお願いすることに致したく存じます[b]．しかしながら物理学の現状は常に発展途上にあり，先生のお考えにも種々の変化が生じることと思われますので，講義回数10回というのも厳密なものとは考えておりません．あくまでも考え方の基本として定めたものです．10回というのは1ヵ月の滞在にしては多すぎるかもしれません．すべては主題と内容，そして講義に対する先生の姿勢によることです．最も重要なことは，先生の理論と今日の物理学の諸問題に対する御意見に私どもが馴染むことであると思います．この意味では自由懇談あるいは討論も役立つかもしれません．どうかご遠慮なく先生の御意見やお好みによって全てをおきめになって下さい．私たちは先生にこの国のいろいろの地方をお見せしたいと願っております．1ヵ月の滞在はあまりにも短か過ぎると思います．

　中国への御旅行は，長崎から始まるようにしてありますが，そこから上海へは一晩の船旅で行けます．中国のどの部分を訪問なさりたいのか私にはわかりません．もし北京ならば最終日の予定は変えなくてはならぬかもしれません．と申しますのは，北京に行くのにどの道をとるべきか，まだ尋ねていないからです．しかしこの変更は重要なことではないでしょう．

　もうカナダへのお帰りの船を予約されましたか？　もしされたならば汽船の名前と出航の日付をお知らせ願います．もし先生への謝礼金が不足するようならば，どうぞご遠慮なくお聞かせ下さい．

私ども一同から宜しく，そして横浜港で歓迎する日を楽しみに．

仁科芳雄
[英文]

  a 書簡 559.
  b 書簡 490 参照.

571 仁科芳雄 → W. Heisenberg（ライプチッヒ大学，ドイツ）　　1937/02/22

東京　　1937年2月22日
理化学研究所

W. Heisenberg 教授
ライプチッヒ大学，理論物理学教室

Heisenberg 様！
　2月初めにあなたの大学の外国部から電報があり，私どもから物理学者を送り出せることが分かりました．受け入れて下さることに感謝します．
　先便に書いたとおり朝永氏は4月にこちらを発ちたいと言っていました．しかし，Bohr がアメリカ経由で4月半ばに来て一連の講義をします．朝永は Bohr にお目にかかり講義も聴きたいと望んでおります．そのためには，出発を5月9日まで延ばさなければなりません．彼の乗る船は6月20日にはナポリに着き，すぐ彼はライプチッヒに参ります．これで御都合はよろしいでしょうか．
　梅田は Kroll を北海道大学に招くことを決めました．Kroll の気に入るとよいのですが．

心からの挨拶をこめて
[独文]

  a 書簡 547.

572 落合麒一郎（ライプチッヒ大学，ドイツ）→ 仁科芳雄　　1937/02/23

拝復　1月18日及24日附手紙拝見致しました．H教授に伺ひました処，都合

よく話が運んで日本からの交換アカデミカーは来て宜しいと云ふ事になり，U 教授から通知を発したから万事オールライトだとの御返答で，小生も始めて安心致しました．(あの頃少々多忙で御事事を書くのがおくれてしまひ申訳ありません)これで日本からの交換アカデミカーの問題は決定致したと思ひます．次にセコンダリーの話で，例のK君の事です．H 教授の下には同君の外に全く候補者がないので，此の頃，H 教授は同君の話を又一度むしかへして交渉致された処，だんだん有望になって来ました．しかしK君はそれより前から独立渡日の決心をかため，すでに準備をして居り，梅田氏からの好意あるアインラードゥングが来たので大に喜びまして，3月5日ロンドン発伏見丸で日本に向ひます．そこへ交換アカデミカーの話がも一度問題に上り，多少話がこんがらがって来たわけですが，K君の渡日は既に決定して居りますので，交換学者の問題は同君に於て適当に取捨される事と思ひます．

次に，小生は3月中旬 H 教授が旅行から帰られて後，もう一度お目にかかり，仕事の方が片づかなくても3月一杯でドイツを引上げる積りです．

2月23日　　　　　　　　　　　　　　　　　　　　　　　　　落合麒一郎

仁科芳雄 様

    [a] W. Heisenberg.
    [b] H. Übeschaar 教授，書簡 547 参照．
    [c] W. Kroll. 書簡 526 の注 d および 571 を参照．

573　仁科芳雄 → 嵯峨根遼吉 (ケンブリッジ大学)　　　　1937/02/26

昭和12年2月26日　理化学研究所
仁科芳雄

嵯峨根遼吉 君

拝啓　先日 £30 送金シ様ト思ッテ事務所ノ方へ頼ンダノデシタガ，手続上面倒ナ事ガアルカラ24日迄待ッテ呉レト云ノデ，ヤット一昨日郵便為替デ送ッテ呉レマシタ．何時頃ケンブリッヂ出発デスカ．勿論ソレ迄ニハ間ニ合ッテ呉レル様ニ祈ッテ居リマス．

次ニ 200 トンノマグネットデスガ，Lawrence カラ22日ニ左ノ様ナ電報ヲ受取リマシタ．

Price negotiations our magnet unfinished would gladly assist by ordering

your magnet but American companies require foreign orders through export department will furnish Mitsui complete details Lawrence.
コレニ対シテ
Thanks telegram appreciate your assistance please ask American company to reduce export price for scientific purpose expecting cable for price Nishina

ドウモ此前ノ三井ヨリノ見積ガ高カッタノハ export price ニナッタ為ト思ハレル節ガアルノデ, 前記ノ通リ打電シタワケデス. コレデ三井ガドンナ手続ヲ取ルカガ問題デスガ, Lawrence ノ方デ三井ヲ通シタ方ガ面倒ガ少イト思ッタデショウカラ, トモカク先方カラノ通知ヲ待ツコトトシテ居ルワケデス.

小生ノ考ヘデハ 15 万円ト 20 万円トノ間デハナイカト思ヒマス. イヅレ通知ガ来タラ又知ラセマス.

一. ヘリウムヲ買ヒマシタ (米国カラ)[a]. 1 本ノボンベガ 1 気圧ニ直シテ 195 立法呎(フィート)デ代価 $2.5, 純度 95%, コレヲ 2 本買ヒマシタ, ボンベノ方ガ高クテ 1 本 $30 デス.

一. サイクロトロンハ略(ほぼ)組立ヲ終リマシタ. コレカラ真空ニスル所デス. コレガ一仕事デス.

右要々迄. 匆々

[a] 書簡 465, 472, 481 を参照.

574 仁科芳雄 → 嵯峨根遼吉 (ケンブリッジ大学)　　1937/02/28

昭和 12 年 2 月 28 日　　理化学研究所
仁科芳雄

嵯峨根遼吉 君

2月8日ノ御手紙難有拝見

一. マグネットハ其後 Lawrence カラ何ノ通知モナク, 三井カラモ何トモ云ッテ来マセン. 目下代金ノ交渉中ト思ヒマス. 何レニシテモ Lawrence ノモノヨリハ余程高クナルデショウ. Lawrence ガ三井ヲ通スト云ッテ来タノハドウ云フ理由カ判明シマセヌガ, 兎モ角三井ヲ通スト云ッテ来タノデスカラ, ソシテ三井ヲ通サヌトナルト Lawrence ニ相当手数ガ掛ル事デショウカラ, 今ノ所デハトモカク三井又ハ Lawrence カラノ通知ヲ俟ツ事トシテ居マス[a].

shipping ノ件モソレカラ後ニ決定スル積リデス. Lawrence ノモノノ図 (ア

ナタカラ送ッテ貰ッタモノ）ヲ見ルト，piece 20 tons ノモノガ最モ重イ様デスカラ，コレナラバ東京市内ノ運搬ハソンナニ困難デハアリマセン．

　コイルヲコチラデ捲クカドウカハ先方カラ値段ノ通知ガアッテカラ後ニコチラノ値段ト比較シ，又納期ノ問題モ考慮シテ決定ショウト云フ事ニナッテ居マス．

　一．数物ノ年会ハ今年ハ札幌デ7月18日カラ始リマス[b]．例ノ原子ノ方ノ討論会ハ今年ハヤハリ原子核，宇宙線ガ問題デ，7月18日ニ行ハレル予定デス．ソレデ其時ニハ個々ノ論文ヲ読ム前ニ原子核問題ノ簡単ナ綜合報告ヲヤッテカラニスルト聴衆ニ都合ガ好イカラ，ソンナ工合ニシテ呉レト云フ希望ガ札幌ノ大学カラ来テ居マス[c]．ソレデ若シ貴君ガ7月18日ニ札幌ヘ行ケル様ニ帰レルナラ，その綜合報告ヲヤッテ貰フト好イノデスガ，日程ハドウデスカ．勿論米国ヘ渡ッテ見ナイト判キリシナイデショウガ，若シ其前ニ予定ガ知レタラ通知下サイ．

　勿論コレハ大シタ事デハナイノデスカラ，米国ノ見学ヤ仕事ノ方ガ第一デ，ソレヲ繰リ合セテ迄札幌ニ行ク必要ハ毛頭アリマセン．若シ帰ッテ居ッタラト云フニ過ギナイノデス．

　先日ノ手紙以来当地ニモ報告スル事ハアリマセン．Bohr サンノ来朝デ忙シイデス．

　サイクロトロンハ両3日中ニ真空ノ試験ヲヤルデショウ．　　　　　　　　匆々

　　　[a] 書簡 540, 546, 561, 573 を参照．
　　　[b] 書簡 551 の注 d 参照．
　　　[c] 書簡 567．

575　仁科芳雄 → 山司房太郎 (横須賀海軍工廠，二次電池工場)　　1937/02/28

　　　　　　　　　　　　　　　　　　　　　　　昭和12年2月28日
　　　　　　　　　　　　　　　　　　　　　　　　　　仁科芳雄

山司房太郎 様

　拝啓　先般来一方ナラヌ御配慮ヲ辱ウ致居候．宇宙線研究用ノ高圧ノ電池[a]ハ当方ニテ製作スルコトト相定メ申候間，何卒左様御諒承被下度候．低圧（2ヴォルト 0.25 アンペア）ノモノハ御製作御願スルコト可能ニ御座候哉．可能ナラバ御願致度ト存候．孰レ来ル3日参上ノ際御話承リ度ト存候．

右要々申述候.   敬具

  a 高圧の電池は湯浅蓄電池につくれるか問い合わせていたが，今度は海軍工廠に注文
    している．書簡568を参照．

576 仁科芳雄 → 梅田 魁 (北海道帝大)   1937/02/28

                                                       昭和12年2月28日
                                                             仁科芳雄

梅田 魁 学兄
拝啓　18日ノ御手紙[a]ト25日ノ御ハガキ共有リ難ク拝見シマシタ．
　朝永君ノ件ニ就テハ誠ニ一方ナラヌ御配慮ヲ辱ウシ有リ難ウ御座イマシタ．
万事好都合ニ済ミマシタ由厚ク御礼申上ゲマス．留学中先方ノニュスヲ送ル事，
又帰朝後ソチラニ行ッテ雑誌会デ話ヲスル事共ニ朝永君ハ勿論承諾シテ居リマ
ス．只出発前ニソチラニ行ク事ハ身体ヲ自重スル為ナルベクヤリ度クナイト云
フ希望デス．トモカク万事好都合ニ済ンデ厚ク御礼申述ベマス．
一. Krollノ件モ万事都合ヨク運ンダトノ事，御尽力ノ程御察シシマス．4月
    20日着ト云ヘバ恰度Bohrサンガ着イテ間モナイ事デスカラ，忙シイ時デ或
    ハ十分ノ御世話モ出来ナイカモ知レマセンガ，出来ルダケノ事ハ致シマセウ．
一. Bohrサント云ヘバ，今度Bohr教授招聘委員会ナルモノヲ組織シ，長岡
    先生ヲ委員長トシ招聘ノ主体トシテ動ク事ニナリマシタ．貴兄ハコペンハー
    ゲンニ行ッタ事ガアルノデスカラ，ドウカ委員ノ一員ニ御願シマス．
一. 数物ノ討論会ノ件ハ先日ノ御手紙ノ次第ヲ話シテ西川，藤岡両氏ニモ相談
    シマシタ所，矢張Kernガ好イダラウト云フ事デスカラ，ドウカ左様御願シ
    マス．
　　綜合報告ノ件ハ誰カ考ヘテ置キマセウ．嵯峨根君ガソレ迄ニ帰レバ同君ニ
    頼ミマスガ，若シ晩イ様デシタラ他ノ人ニスル必要ガアリマス．ドウモ晩ク
    ナルノデハナイカト思ッテ居マスガ，コレモ同君ガ再ビ米国ニ行ッテ見テカ
    ラデナイト確定シナイト思ヒマス．
一. D-D[d]ノ計算ニツイテハ，最早朝永君カラ話ガアッタ事ト思ヒマス．
　　右不取敢要々ノミ．
　　御奥様ニヨロシク．赤チャン御元気ト思ヒマス．小生Bohrサンノ件デ忙シ
クシテ居マス．
                                                                        敬具

a 書簡 567.
b 書簡 564, 566, 567 を参照.
c 書簡 526 の注 d および書簡 474, 476, 487, 527, 550, 551, 571, 572 など参照.
d 書簡 551 の注 d 参照.

577 仁科芳雄 → 八木秀次（大阪帝大） 1937/03/03

昭和 12 年 3 月 3 日　　理化学研究所
仁科芳雄

大阪帝国大学
八木秀次　様
　拝啓　愈々御清祥奉賀上候.
　扨テ今般 Bohr 教授招聘ノ事ト相成，来ル 4 月 15 日夫人令息同伴横浜ニ到着セラルヽ予定ニ御座候.
　同招聘資金ノ調達ニ関シテハ先年来長岡先生種々御配慮ナシ被下，三井，三菱ヨリ各壱万円宛ノ援助ヲ請ヒ，関係ノ物理，化学ノ方ノ学者ノ調印セル申請書ヲ提出シタル次第ニ御座候. 其際長岡先生ハ大阪帝大総長御在職中ニアラセラレ候関係ヨリ貴大学ヲ代表シテ御調印スルト仰セラレ，且ツ急ヲ要シタル為メ御地理学部ノ御方ノ御名前ハ出サズシテ提出致候.
　Bohr 教授ニハ招聘費トシテ弐万円ヲ贈呈スル事ニ相成居リ，従ッテ歓迎費，案内費等ハ此外ニ必要ニ有之. 電気学会ノ例ニ見ルモ約 5 千円位ハ準備セザルベカラザル次第ニ候. 依テ去ル 1 月当地原田積善会ニモ同様ノ申請書ヲ提出シ 5 千円ノ援助ヲ請ヒ候. 其際ニモ長岡先生ヨリ前同様ノ申請書ヲ出セヨトノ御仰セ有之，且ツ非常ニ急ヲ要シ候為，貴大学ハ矢張リ長岡先生ニ代表シテ頂ク事トシテ提出致候.
　然ル処原田積善会ハ申請額通リ援助セラレタルモ，三井，三菱ハ各 7 千円ニ減額援助ノ事ニ決定セラレ，従ッテ残額 6 千円ヲ御地住友ニ申請セヨト長岡先生ヨリ御仰有之候ニ付，別紙ノ通リ申請書調製致候. 然シ此度ハ御地ニ申請ノ事ニモ有之候間，御地理学部ヨリモ御調印者ヲ必要ト存ジ，長岡先生ニモ御話申上ゲ御名前ヲ拝借致ス事トシ，従来ノ申請書ノ最後ニ御尊名ヲ認メ申候段，甚ダ失礼至極ニ存候ヘ共何卒事情御諒察ノ上御調印願上候.
　尚御調印ノ上ハ，住友ノ小倉氏宛ノ封筒同封致置候間，コレニ封入ノ上書留郵便ヲ以テ直チニ御送附願上候. 仙台，京都等ニ転送ノ為時日遷延致居候間，

恐レ入候ヘ共, ナルベク至急御運ビ願上候.

　一. 今般 Bohr 教授招聘委員会ナルモノヲ組織シ, 長岡先生ヲ委員長トシテ招聘ノ主体トシテ動クコトト相成ベキ予定ニ御座候. 御地ヨリハ御尊台並ニ菊池正士博士ニ委員トシテ御尽力御願致度候間, 宜敷御願申上候.

　Bohr 教授ノ日程ハ講演ノ数並ニ回数等不明ノ為未定ニ候ヘ共, 間モナク到着ノ上決定致スベクト存居候. 確定ノ上ハ御通知可申上候ヘ共, 何カ特ニ御注文有之候ハバ御知ラセ被下度候. 目下ノ情勢ニテハ 5 月 10 日前後ニ御地ニ行カレ 1 回ノ講演ヲセラルル様ニ相成事カト存居候.

　一. 同教授ハ日本ニ約 1 ヶ月滞在ノ上渡支, 約 1 週間滞支ノ上カナダヲ経テ帰国セラル、予定ニ候.

　　右御願迄申上候　　　　　　　　　　　　　　　　　　　　　敬具

　　　a 書簡 538 の注 b 参照.
　　　b 書簡 569 を参照.

578　G. Hevesy （理論物理学研究所, コペンハーゲン） → 仁科芳雄　　　1937/03/08

　　　　　　　　　　　コペンハーゲン大学, 理論物理学研究所
　　　　　　　　　　　　コペンハーゲン　　1937 年 3 月 8 日

仁科 博士

　2 月 17 日付のお手紙, いただいたところです. お元気の由, また間もなく Bohr 先生の来訪を迎えるところとお聞きしてとても喜んでおります. 私たち夫婦は東京など, そちらの観光地で過ごした喜びの日々と, そちらでしていただいた独特のご親切を最高の思い出としております. さて, D_2O 1000 グラムを早速ノルウェーに注文しました (99% です). これが着いたら保険を掛けてそちらに転送します. つきましてはボーア研究所宛に 2500 ノルウェー・クローネに相当する額の小切手をお送り下さるようお願い致します (ポンドでもドルでも, あるいはスカンディナヴィア諸国のどこの通貨でも結構です). この 2500 ノルウェー・クローネをノルウェーの会社に支払う必要があります. 送料や保険料は後程お知らせします. これは別に急ぎません. しかし研究所の厳しい財政事情を考えると, 上記の金額は急ぎお送りいただけると幸いです.

　今日でちょうど 3 週間前のことになりますが, 女の子が生まれ, 私たちの子供は 4 人になりました. 赤子も妻もいたって健やかで, 私たちはこの出来事を

とても喜んでいます.

　研究所の生活は相変わらず楽しいですが,日本から人が一人も来ていないのは寂しい思いがします.今,ここに来ているのはイギリス,オランダ,チェコスロヴァキア,ドイツの人たちです.

　奥様はいかがお過ごしでしょうか? 坊ちゃんはもう大きくなられたことでしょう.私たちがお宅をお訪ねしたのはもう6年前ですから.こちらでは皆で,いずれそのうちあなた方がコペンハーゲンにお出でになるのを待ち望んでいます.奥様をはじめ理研や大学の皆様に何卒よろしくお伝え下さい.

　妻からも何卒よろしくとのことです.

G. Hevesy

［英文］

 a 書簡 565.
 b 書簡 565 を参照.

579 W. Heisenberg（ライプチッヒ大学, ドイツ）→ 仁科芳雄　　1937/03/12

　　　　　　　　　　　ライプチッヒ大学,理論物理学教室
　　　　　　　　　　　ライプチッヒ　　1937年3月12日

東京
仁科芳雄 様

仁科 様!

　交換についてのお手紙[a],ありがとうございました.その後,Kroll 博士を交換学生として日本に送ることについて公式なドイツの立場は決まっていません.Kroll は決定を見る前にこちらを発ってしまいましたので,Kroll が日本に交換学生として入れるのか,梅田氏の招待だけで入るのか,私にも分かりません.この招待については Kroll も私も感謝しています.

　朝永氏は大いに歓迎します.しかし,彼の到着の日は都合が悪くなりました.ドイツでは7月1日から10月末まで休暇です.私は,7月と8月の初めには多分,軍隊に入ります.10月には暫時ジュネーヴに講義に行きます.したがって,休暇中は短期間しかライプチッヒにいないでしょう.ですから,朝永氏はライプチッヒでの研究を10月半ばに始めるのがよいと思われます.その前

にヨーロッパの他の大学を訪問することも考えられますが，交換学生にそれが許されるかどうか私には分かりません．いずれにしても，朝永氏との協同研究は大きな喜びです．

心からの挨拶をこめて，特に Bohr 一家にも

W. Heisenberg

［独文］

    a 書簡 571.

580 仁科芳雄 → 小野六郎（日本郵船）　　　　　　　　　　1937/03/17

昭和 12 年 3 月 17 日　　理化学研究所
仁科芳雄

日本郵船株式会社
小野六郎 様
　拝啓　昨日ハ御電話被下難有奉存候．
　加州大学ローレンス教授ヘノ贈品ノ件一方ナラザル御配慮ヲ辱ウシ厚ク御礼申上候．同品ノ米国ニ於ケル関税其他費用
　　　　金 25 円 74 銭也
御指示ニ従ヒ小為替同封御送附申上候間，御手数恐レ入リ候ヘ共可然御取計ラヒ被下度奉願上候．
　同教授ヨリハ深甚ノ謝意ヲ表シ来リ，今後吾ガ学界ノ為メニモ至極好都合ニ御座候．厚ク御礼申述候．
　先般御願申上候宇宙線測定器ヲ汽船ニ乗セル件[a]ハ其後器械ノ準備ニ時日ヲ要シ居候処近々完成ノ見込ニ候間，試験ノ上具体的ノ願書提出可致候．何卒宜敷御願申上候．
　尚右器械ノ搭載ヲ御依頼致シ度キ汽船ハ濠洲航路北野丸，4 月 12 日横浜出帆，ニ御座候．

    a 宇宙線の強度が緯度によってどう変わるかを調べるためオーストラリア航路の船に宇宙線計を積んで測定した．この年の 4 月から翌年 3 月まで．その結果について参照：書簡 608, 713 および文書 1050.

581 仁科芳雄 → 堀 健夫 (北海道帝大)　　　　　　　　1937/03/24

昭和12年3月24日
仁科芳雄

堀 健夫 様

拝啓, 其後御変リアリマセンデスカ. Bohr サンノ来朝モ次第ニ近ヅキ色々ト忙シクシテ居マス. ソレニ就イテ今回ノ来朝ヲ機トシテ Bohr サン叙勲ノ議ガ起リ, 目下ソノ方ノ工作中デス. 本日書類ヲ作リ学術振興会ノ波多野理事ニ御願シテソレデ好イカドウカヲ見テ貰ッテ居リマス. 此申請書ハ丁抹デ世話ニナッタ人々ノ属スル大学ノ総長, 研究所長及ビ学振ノ理事長連署デ提出スル形式ヲ採ルコトニナッテ居マス. 此事ハ東京帝大, 東北帝大, 東京文理科大, 理研, 学振ハ皆内諾済ミニナッテ居リマス. ソレデ御地ノ高岡熊雄総長ニモ貴兄カラ一度内諾ヲ得テ頂キ度イト思ヒマス. ソウシテ置イテ後カラ書類ヲ送リマスカラ調印シテ御返送ヲ御願ヒシマス.

　叙勲ノ理由ハ吾々ガ多人数世話ニナッタト云フコトニアルノデス. ソレデ, 其世話ニナッタモノガ, ドレダケ日本ノ為ニナッタカト云フコトヲ明記セヨト云フ命令ガアッタノデ, 昨日モ吾々一同会合シテソレヲ相談シテ書イタ訳デスガ, 自分ノ事ヲ自分デ賞メルノデ全ク閉口シタ次第デス. 然シ大イニ心臓ヲ強クシ面ノ皮ヲ鉄トシ, 実際ヨリモ amplify シテ書イタ嫌イガアリマス. 然シコレハ致シ方ナイ事ダト云フコトデスカラ, 其積リデ書類ヲ読ンデモ驚カナイ様ニ御願ヒシマス. 又貴兄ノコペンハーゲンニ於ケル滞留期間モ皆ンナノ記憶ヲ辿ッテ書イタノデ甚ダ怪シカッタノデスガ, 貴兄ニ尋ネル時日ガ無イノデ致方ナク書類ノ通リ書キマシタ. コレモ間違ッテ居タラ大目ニ見テ置イテ下サイ.
　右御願迄.
　　　　　　　　　　　　　　　　　　　　　　　　　　　　敬具

582 仁科芳雄 → 八木秀次 (大阪帝大)　　　　　　　　1937/03/26

昭和12年3月26日
仁科芳雄

八木秀次 先生

拝啓, 24日附御手紙難有拝見致シマシタ.
　御手数恐レ入リマシタ[a]. 住友カラノ寄附[b]ハ昨日長岡先生ノ御手許ニ到着致シ, 万事好都合ニ運ビマシタ. 難有御礼申述ベマス.

次ニボーア教授ノプログラムヲ大体作リマシタ．御地デノ講演ハ5月12日午前中ト云フコトニ予定シテ居リマスガ，御都合如何デ御座イマスカ．御地ヘ宿泊セラレルトスレバ，5月11日ノ夜デスガ，コレハ京都見物ノ都合ト御地ノ都合トデ決定セラレルコトト思ヒマス．

只今コチラノ人々ノ評議デ予定シタプログラムデハ，5月12日講演ノ後，午後3時40分神戸出帆ノ船デ別府行ト云フコトニナルカ，或ハ5月12日晩ハ大阪ニ宿泊シテ翌5月13日，朝10時40分宮島ヘ向ッテ行カレルカ此二ツノ中孰レカダト考ヘテ居リマス．此二ツノ可能性ハボーア教授ガ支那ニ行カレルニ孰レノ道ヲ採ラレルカト云フコトデ決定サレル事カラ起ッテ来マシタ．ソレハ支那ノ方ヘ希望モアルコトデスカラボーア教授来着ノ上デナイト決定困難ト思ハレマス．来着ガ4月15日デスカラソノ上デ定メテモ差支ヘナイカト存ジマス．兎モ角コチラノ人々ノ意嚮ノ大体ヲ御伝ヘシマス．モシ御地ノ御注文，御意見ガ御座イマシタラバ乍御面倒御一報御願致シマス． 敬具

^a 書簡577を参照．
^b 書簡569，577を参照．

583 仁科芳雄 → 木村正路 (京都帝大)　　　　1937/03/28

昭和12年3月28日
仁科芳雄

木村 様

拝啓，先日ハ住友ヘ出ス申請書ノ件デ電報ナド色々御配慮相供ヘ恐縮ニ存ジマシタ．コチラノ都合ガアッタモノデスカラ御尋ネシタ次第デシタ．

住友ノ方モ3千円出シテ貰ヒマシタ^a．然シ電気学会ノ例ヲ調ベテ見マスト，ドウシテモ2万5千円ハ必要ナノデコチラデ色々ト奔走シテ，逸見製作所，日本電気工業会社，伊藤竹之助（伊藤忠商事会社）氏ニ各1千円ヲ出シテ貰ヒ，コレデ全部デ2万5千円トナリマシタ．

次ニ Bohr 教授日程ノ件デスガ，其後高嶺サン外皆サント御相談シマシテ，目下プログラム製作中デアリマスガ，大体定マリマシタカラ，各方面ノ御都合ヲ伺ッテソレデ好カッタラ確定スルツモリデ居リマス．ソレデ御地ノ方ハ，

　5月 6日　東京発（汽車燕号）名古屋乗替
　　　　　　伊勢行．伊勢宿泊．

7日　伊勢神宮参拝．奈良行．奈良宿泊．

8日　奈良見物．奈良泊（コレハ土曜日故夕方京都行ノ電車ハ込ミ合フニツキ奈良ニ泊ッタ方ヨシトノ説ニ従ヒ）．

9日　朝ヨリ京都行．京都見物．京都泊．

10日　京都帝大講義．演題 Causality in Atomic Theory
時間ハ午前10時ヨリカ又ハ午后2時ヨリカ御都合ヨロシキ方御撰定被下度若シ他ノ時間ノ方ヨロシケレバソレニテモ宜敷ト存ジマス，講演時間ハ不明デスガ1時間半カ2時間デハナイカト思ヒマス．
講演後京都見物．京都泊．

11日　京都見物．京都泊（コレハ大阪泊ニテモ差支ヘアリマセン，此点ハ大阪ノ大学ノ方ト連絡ヲ必要トシマス，先日大阪ノ方ヘモ八木サンニ此事ヲ通知シテ置キマシタ）．

12日　阪大講演．講題 Atomic Nuclei
講演ハ午前中．午后3時40分，神戸出帆，別府へ向フカ又ハ此日大阪ニ1泊シテ

13日　午前10時40分，大阪発列車ニテ宮島へ向フカ．

此最後ノ所ガ未定デス．コレハ支那ノ何処へ向ハレルカニヨリ決定セラレル問題デ，支那側ノ希望モアル事デスカラ Bohr サン来着ノ上定メマス．ソレデモ晩クハナイデショウ．

ソレカラ後ハ九州デ別府，阿蘇，雲仙見物．5月16日カ18日ニ支那ニ向ハレルコトニ予定シテ居マス．

コチラデ予定致シマシタノハ上記ノ通リデスガ，是レニツイテ御地ノ御都合，御意見，ヲ至急御通知ラセ願ヒ上ゲマス．殊ニ御地ノ講演時間ノ御決定御通知ヲ御急ギ願ヒマス．ソレハ講演プログラムヲ決定シテ1日モ早ク各方面ニ通知スル必要ガアリマスカラ．

ソレカラ宿泊ノホテルモ，5月9，10，11日ノ3日間「都ホテル」ニリザーヴ頂ケマセンデショウカ．部屋ハダブル1室，ソレニ隣ッタシングル1室．上等ノ部屋ヲ御願ヒシマス．コレハ Bohr サン夫妻ノ部屋ト令息ノ部屋デス．若シ隣ッタ部屋ガ無ケレバ，余リ離レナイ処ヘ得ラレレバ結構デス．ソレカラ誰カコチラカラ附イテ行ク人ガ1人アルト思ヒマスカラ，更ニシングル1部屋ヲ御願ヒシマス．コレハ少シ位離レテ居ッテモ差支ヘアリマセン．合計ダブル1，シングル2トナリマス．

以上，御面倒ノ事御願致シマスガ，何卒宜敷御願申上ゲマス．　　　　敬具

二伸

　尚御地ノ見物ニハドーカ御尽力下サル様御願ヒ致シマス．コチラノモノハ全ク不案内デ何モ解リマセンカラ．

　殊ニ先日モ御申越頂キマシタ御所，離宮等ノ拝観ハ御世話御願致シマス．ドウカ予メ御手配ヲ御願ヒ申シマス．若シ当地ニテナスベキ方宜シケレバ，拝観ノ時日御決定下サレ御通知下サレバ，早速手配致シマス．先日ノ御手紙ニヨレバ御地ニテモ出来ルカト承ッテ居マスガ如何デショウカ．服装ノ事ハ教授来着ノ上伝ヘマス．観桜会モアルコトデスカラ服装ハアルト思ヒマス（教授，夫人，令息共）．

　　　a 住友に依頼したのは 6000 円であった．書簡 569, 577 を参照．

584　仁科芳雄　→　永井松三　(外務省)　　　　　　　　　　1937/03/29

　　　　　　　　　　　　　昭和 12 年 3 月 29 日　　理化学研究所
　　　　　　　　　　　　　　　　　　　　　　　　　　仁科芳雄

永井松三　閣下

拝啓　陽春ノ候ニ御座候処愈々御清祥奉賀候．

　扨テ来ル 4 月 15 日来朝ノ Bohr 教授叙勲ノ件ハ先般ノ御指示ニ従ヒ丁抹(デンマーク)ニ留学セル学者ノ所属スル大学総長及研究所長連署ニテ文部大臣ニ申請致ス事ト相成，其上ニ日本学術振興会ヲモ加ヘル様ニトノ長与総長ノ御意見モ有之，同封ノ別紙ノ通リ申請書作製目下調印中ニ御座候．

　而シテ文部省ノ方ハ学術振興会ノ常務理事波多野貞夫氏御奔走被下，次官，恩賞課長以下ノ人々ノ諒解済ト相成候由御通知有之候．其際波多野氏ヨリ「外務省並ニ賞勲局ノ諒解ヲ得ルコト必要ニツキ其手配ヲスル様ニ」トノ御話有之候．

　外務省ノ方ハ先般ノ御芳書ニヨレバ閣下ヨリ協力方御申込被下候御趣ト拝承致候．就テハ私ガ外務省ニ出頭シテ右書類持参説明致スニハ何処へ参ルベキニ候哉．御多忙中洵ニ恐縮ニ奉存上候ヘ共御一報被下度御願申上候．若シ御名刺ニテモ御紹介必要ノ様ナラバ洵ニ御面倒乍ラ可然御願申上候．

　賞勲局ノ方ハ孰レ後日長岡半太郎先生ヲ煩ハシテ諒解ヲ得ル様相成候カト存居候．

国際文化振興会ノ方ハ4月26日（月）午后，お茶ノ会御願致度ク，会ノ方ノ都合聞合セ方ヲ目下佐野伯ニ依頼致居候次第ニ御座候ヘ共，若シ御序ノ節モ有之候ハヾ当方ノ希望御伝ヘ被下度願上候.

　教授滞在プログラムハ目下作製中ニテ各方面ノ都合ヲ聞合セ居候．其上ニテ確定可致，確定ノ上ハ御通知可申上候.

　尚今般招聘ノ主体トシテ行動スベキ「ボーア教授招聘委員会」ナルモノヲ組織シ，長岡半太郎先生ヲ委員長ニ御願ヒスルコトト相成居候．閣下ニモ同委員トシテ御尊名ヲ列シ被下御尽力ノ程偏ニ御願申上候．先般白鳥公使ニモ面会ノ際同様ノ御承諾ヲ得申候．

　右重ネ重ネ御願迄申述候. 　　　　　　　　　　　　　　　　　　　　　　敬具

　　a 書簡581を参照.
　　b 書簡563.

585 仁科芳雄 → 嵯峨根遼吉 (ケンブリッジ大学)　　　1937/03/31

　　　　　　　　　　　　　　　　　　　　　　　　　昭和12年3月31日
　　　　　　　　　　　　　　　　　　　　　　　　　　仁科芳雄

嵯峨根　君
　3月10日附（コレハ今着イタ処デス）並ニ其前ノ御手紙難有拝見.
　ローレンスカラノ手紙同封返送シマス．コレハ同ジコピーヲローレンスカラモ送ッテ来マシタ（2, 3日前ニ）．ソレデ昨日直チニ打電シタワケデス.
　今日ノ御手紙デ小生カラ「コックロフト」ニ依頼ノ手紙ヲト云フコトデスガ，ソチラノ仕事ガ一寸段落ガ付カナイトソチラニ迷惑ヲカケルトカ悪感情ヲ残スコトハ日本人ノ将来ノ為メ悪イト思ヒマス．ソレデ，ソチラガ何ノ程度迄段落ガ付イタノカ好ク解リマセンガ，寧ロ「ラザフォード」（或ハコックロフト）ニ会ッテヨク事情ヲ話シ，「マグネット」ノ注文ノ negotiation，製作ノ supervision デローレンスカラモ日本ノ方カラモ仕事ノ方ガ一段落付イタラ米国ニ渡ル様ニト云ッテ来タノデ，時機ガ来タラ行キタイト云フコトヲ話シテ置クト好イト思ヒマス．ソウスレバ工合ノ好イ時ニナッテ更ニ一度云ヘバ好イト考ヘマス．実際ハラザフォードニコチラカラデモ手紙ヲ出セバ好イノデショウガ，小生ハ初メカララザフォードニハ手紙ヲ出シテ居ナイノデ，出セバ「コックロフト」デスガ，ドウモ前ノ経験カラ云ッテ直接「ラザフォード」ニ云ハナイト却

ッテ結果ガ好クナイ様デス.長岡先生カラモ此件ハ一寸頼ミ難イデショウカラ,ソウスルト直接アナタカラ云ッテ貰フノガ一番好イ様デス.

　ソレカラ,ローレンスカラノ(アナタ宛ノ)手紙デ見ルト三井ヲ通サナイ方ガ好イト云フ話デスガ,然シ4月1日カラ又鉄ノ値段ガ上ルト云フコトヲローレンスモ前ノ電報デ知ラセテ来テ居ルシ,早ク注文シタ方ガ好イト云フ考ヘモアッタノデ当地ノ三井ト連絡ヲ取ッテ(実際ハローレンスヨリ2月20日ノ打電デ三井ニ詳細ヲ知ラセルト云ッテ来タノデ,コチラハ三井ト連絡ヲ取レバ好イト考ヘテヤッタ訳デス.アナタ宛ノ手紙ノコピーハ三井ヲ通シテ注文ヲ済マセタ翌日着キマシタ),桑港(サンフランシスコ)ノ三井カラ又代価ヲ聞カセタ処,

　　　steel　　　　$12,000　(190 tons ナラン)
　　　machining　　$ 2,500
　　　copper coil　$12,600

デ数日中ニローレンス教授ハ注文ヲ発スル予定,汽船積込ハ確定シナイガ5ケ月ノ見込,運送ト代金支払ハ三井ニテ,製作構造ノ方ハローレンスニテ監督スル」ト云フ返事ヲ得タノデ,小生ノ方カラハ,3月27日ニローレンスニ,三井カラハ桑港支店ヘ3月29日ニ,ソレゾレ上記値段ニテ注文ヲ発シマシタ.但シ運賃,精算額,支払条件ハ後日ノ協定ニ俟ツト云フコトヲ当地ノ三井ト理研トデ契約シマシタ.

　上記ノ値段デ工作費ガローレンスノ通知ヨリ$500多イノデスガ,ローレンスノモ approx ノ値ダッタノデコンナコトニナッタノダロウト皆ンナ善意ニ解シテ居マス.

　又,銅ノ方ハコレガ30トンナラバ日本ノ銅材料ダケノ値ヨリモ安イ位デスカラ注文ト云フコトニシタノデス.

　従ッテ注文ハ済ンダワケデスカラソノ negotiation の必要ハナクナッタ訳デス.只構造上ノ事デ色々ト監督シ又日本ノ事情(地震)ヤ理研ノ建物ノ条件ニ応ジテローレンスノモノヨリハ多少変更ヲ必要トスルカモシレマセン.コンナ事デ貴君ニ行ッテ貰フト非常ニ好都合デス.然シ前ニモ述ベタ通リケンブリッヂノ感情ノ事モ考ヘル必要モアリマスカラ,勝手ニ飛ビ出ス訳ニモ行カナイデショウ.其辺ノ時機ハソチラノ人ニ腹ヲ割ッテヨク相談シテ定メルノガ一番好イト思ヒマス.遠方デハ一寸事情ガ解ラナイノデ手ガ出セヌ様ナ気ガシマス.

　トモカク注文済デスカラ,ソンナニ急遽出発スル必要モナイデショウ.ソレデ加州行ノ時日ガ大体見当ガ付イタラ電報デ知ラセテ下サイ.又ローレンスニモ知ラセテ下サイ.電報ガ好イデショウ.

　コチラデ打電シタノハ,モシ貴君ガ渡米ガ6,7月頃ニモナル様デアッタラ,

矢崎君カ渡辺君ニ行ッテ貰ハウカト云ッテ居ル処デ，ソレヲ定メルタメ貴君ノ御意嚮ヲ尋ネタワケデス．

　小生ニ出掛ケヨトノ御話デスガ，目下ノ事情デハ駄目デス．ボーアサンガ5月20日頃ニハ立チマスガ，学術振興会トノ交渉（マグネットノ件），宇宙線研究委員会ノ仕事（目下，パイロットバルーンヲ飛バス話アリ）ナドデ，此夏休デモ済マナケレバドウニモナリマセン．ソレデハ遅過ギマス．

　サイクロトロンハ先日秩父宮御台覧デ大騒ギヲヤリマシタ．未ダビームハ出マセンガ，両3日中ニハ何トカナルト思ヒマス．

　右要々迄

［手紙の余白に追記］

　ボーアサンガ此15日ニ着キマス．忙シイノデ閉口デス．準備ノ中デ一番困ルノハ日本人ノ文句ノ多イ事デス．

　ヨク考ヘタ後「コックロフト」ニハ小生カラ矢張リ手紙ヲ出スコトニシマセウ．イヅレコピーハ直グ送リマス．ローレンスノ今一方ノ手紙モコピーヲ取ッタラ返送シマス．

- a　書簡540．
- b　書簡495の注b参照．
- c　大サイクロトロンに用いる電磁石の鉄心．
- d　Lawrenceは，書簡540に「機械加工ずみでバークレー引き渡し約1万4000ドル」と書いている．これは，三井のいうsteel 12,000ドル，machining 2,500ドルの和より500ドル安い．
- e　建設中の小サイクロトロンからビームがでたのは1937年4月3日の朝だといわれる（森脇大五郎「仁科先生と放射線生物学」，『仁科芳雄』，p. 154）．中性子をつくったのは4月3日の夜11時である（書簡587）．それを待たずに大サイクロトロンの電磁石（磁極直径 60インチ=1.52 m，重量 220トン）を発注している．100トン以上の電磁石をもつサイクロトロンの建設は，1935年の原子核実験室の創設当初からの宿願であった（書簡468, 510, 523, 546, 555を参照）．建設費について文書561，586を参照．「マグネット購入費は日本学術振興会から」とある．参考：書簡555の注a．

586「大サイクロトロン建設費」　　　　　　　　　1937/04［日不明］

大サイクロトロン建設費
1. 出力120キロワット高周波発振器　　　　　　　　100千円

2. 高速度イオン発生器
   サイクロトロン（直径1.5米）2個及ビ附属機械　　　30
3. 200トンマグネット
   関税，汽船運賃，手数料（三井物産）　　　　　　　30
4. 200トンマグネット据付　　　　　　　　　　　　　10
5. 油冷却装置1式，変圧器，電動発電機及附属装置　　10
   合　　計　　　　　　　　　　　　　　　　　180千円

此外ニ200トンマグネット購入費110千円ハ日本学術振興会ヨリ支出

[執筆者不明の文書]

587　仁科芳雄　→　長岡半太郎（帝国学士院・学術振興会）[a]　　　1937/04/04

拝啓　別紙ノ通リノBohr教授歓迎晩餐会ノ案内状ヲ招聘委員会委員長ノ名ヲ以テ招聘金出資者，招聘委員会委員等ニ出シ度イト存ジマス．コレハ高嶺，西川，杉浦，木村，福田諸氏ト相談シテ定メタモノデアリマス．イズレ明日御目ニ掛リ詳細御話承リマシタ上決定シタイト存ジマスガ，一寸前以テ御目ニ掛ケテ置キマス．此校正ハ不用デスカラ御捨テ願ヒ上ゲマス．[b]

「サイクロトロン」[c]ハ御蔭様デ昨夜11時頃愈々中性子ヲ出ス事ガ判明シマシタ．イズレ明日御覧願ヒ度イト存ジマス．　　　　　　　　　敬具

4月4日　　　　　　　　　　　　　　　　　　　　仁科芳雄

長岡　先生

[a] 長岡半太郎は71歳，1937年3月31日に学術振興会・第10小委員会（宇宙線・原子核）委員長に選ばれている．1939年2月28日には学術振興会理事長．1939年3月12日に帝国学士院長になった．さかのぼれば，1931年5月1日に大阪帝大総長，1934年2月12日に貴族院議員となり，6月22日に大阪帝大総長を辞す．1935年2月3日に理化学研究所理事となっている．

[b] Bohrは4月15日，横浜に着き，19日から27日まで（22, 25日は休み）東大で連続講演，28日には一般講演，続いて東北大，京大，阪大で講演した．参考：仁科芳雄「Niels Bohr教授の来日に際して」，科学 **7** (1937) 207-210；藤岡由夫，N. Bohr教授の講演，*ibid.*, 278-281, 323-327；藤岡由夫『物理学ノート』，河出書房 (1942), pp. 126-174；三宅宏司「N. ボーア来日記」，科学史研究 **23** (1984) 181-183．Bohrの一般講演の記録：「原子」，仁科芳雄訳述，科学知識，1937年7月号，pp. 10-17．続いて，長岡半太郎「ボーア教授を紹介する」，日本学術振興会理事・

海軍中将・波多野貞夫「ボーア教授講演会を催して」が載っている．
c このサイクロトロンは次の寄付を得て建設された：日本無線株式会社（KDDの前身）から，日露戦争のころ無線電信に使われたパウルゼン・アーク発振器用の電磁石，三井報恩会（1933年創立）から建屋と付属品の費用として15万円，東京電燈会社（東京電力株式会社の前身）から経常費として10万円．参照：書簡557；『科学と歴史』，p. 225．建設に用いた技術について，日野川静枝「サイクロトロン開発の各国比較——巨大科学の起源を探る」，科学史研究 **45** (2006) 34-37．

588 大河内正敏（理化学研究所）→ 大久保利武（日独文化協会，東京）
1937/04/05

昭和12年4月5日
東京市本郷区駒込上富士前町31
理化学研究所長
子爵
工学博士　大河内正敏

麴町区内山下町1丁目2
東京市政会館内
財団法人　日独文化協会会長
侯爵　大久保利武　殿

　　　留学生交換ノ件
拝啓　陽春ノ候愈々御清祥奉賀上候．
　陳者今般独逸ライプチッヒ大学教授エッチ，ユーバーシャール（H. Ueberschaar）博士ノ仲介ニヨリ，ライプチッヒ大学外国係（Akademische Auslandsstelle an der Universität Leipzig）ト当研究所トノ間ニ於テ左記条件ノ下ニ留学生交換ノ契約内定致候間乍恐縮貴会ヨリ独逸留学生交換局（Deutscher Akademischer Austauschdienst）[a] 宛可然公文書御差出被下度奉願上候．
1. 理化学研究所仁科研究室ヨリノ派遣者（理化学研究所長ヨリ推薦）
   (Abteilung Nishina, the Institute of Physical and Chemical Research)
   　　　　　朝永振一郎
1. 独逸大学ヨリノ派遣者（ライプチッヒ大学理論物理学教授ヨリ推薦）
   　　　　　未　　定
1. 期　間　　1箇年間
1. 留学費　　独逸大学ヨリノ派遣者ニ対シテハ当所ヨリ1箇月150円宛，当所ヨリノ派遣者ニ対シテハ独逸留学生交換局（Deutscher

　　　　Akademischer Austauschdienst) ヨリ 1 箇月 150 馬克宛支給
　　　ノコト
其他ノ条件ハ他ノ普通ノ交換留学生ニ同ジ

　　　　　　　　　　　　　　　　　　　　　　　　　　　　以上

　　a　書簡 474 の注 b 参照.

589　仁科芳雄 → 広瀬敬一　(芝浦製作所)　　　　　　1937/04/14

　　　　　　　　　　　昭和 12 年 4 月 14 日　　理化学研究所
　　　　　　　　　　　　　　　　　　　　　　　　仁科芳雄
芝浦製作所
広瀬敬一　様
　拝啓　御手紙難有拝見致候.
　宇宙線研究用マグネットノ件拝承致候. 発電機 400 ヴォルトノ場合ニハコイルヲ一部分並列トシテ 1500 アンペア出ス様ニトノ御話ニ御座候. 然ル処発電機ノ方ガ 1250 アンペア以上出シテ呉レテハ困ルトノ事ニテ目下実際ハ 1100 アンペア以上ハ出サヌ様ニト申居候間, コレハ困難ト存居候. 且ツ水ノ方モ夏ニナルト 1000 アンペアニテモ水ガ沸騰シテ実験相当困難ト相成居候間, コレ以上電力ヲ出スコトハ横須賀ニテハ困難ニ候.
　大井町ノ方ナラバ電圧ハ高ク候故水サヘアレバ仰ノ通リナシ得ルカト存候.
　横須賀ノ方ハ今暫ク継続スルコトニ相成居候間, コレガ期限切レ候後カ或ハ横須賀ノ方ノ水ガ増セル場合ニハ又々御相談可申上候間宜敷御願申上候.
　　　　　　　　　　　　　　　　　　　　　　　　　　　　敬具

590　大河内正敏 (理化学研究所) → 古市龍雄 (横須賀海軍工廠)　　1937/04/17

　　　　　　　　　　　昭和 12 年 4 月 17 日　　財団法人　理化学研究所
　　　　　　　　　　　　　　　　　　　所長　工学博士　大河内正敏
　　　　　　　　　　　　　　　　　　　　　　子　　爵
横須賀海軍工廠長　古市龍雄　殿

宇宙線研究追加御願

拝啓　宇宙線研究ノ件ニ就テハ昨年来多大ノ御配慮ヲ辱フシ洵ニ難有奉存候　同研究モ予定ノ通リ進捗仕リ3月末日ヲ以テ実験ヲ終了致シ約240本ノ宇宙線飛跡ノ撮影ヲ得目下其ノ検討中ニ有之候　然ル処最近英国ノ研究者「ブラッケット」ハ約800本ノ宇宙線飛跡ヲ得其ノ研究結果ヲ発表致候　其論文ハ去ル4月上旬当地ニ到着致候ニツキ精細ニコレヲ検討致候結果当方ニ於テモ略々同数ノ飛跡ヲ得ルニ非サレハコレニ匹敵スル研究結果ヲ得ラレサル事明瞭ト相成申候　就テハ折角ノ実験ヲ有意義ナラシムル為更ニ約600本ノ飛跡ヲ撮影スルノ必要ニ迫ラレ申候ニ付キ洵ニ勝手仕間敷存候得共何卒事情御諒察ノ上向フ6箇月間同実験ノ追加実施方御許可相成度此段及御願候也

591「ボーア博士来朝す」（帝国大学新聞，記事）　　　1937/04/19

ボーア博士来朝す[a]

ボーア博士は15日浅間丸で来朝，帝国ホテルに落ち着き，17日は午後7時から東京会館で開かれた「ボーア教授招聘委員会」主催の歓迎会に臨んだ．席上，博士のテーブルスピーチは左の如くであった．

　私の業績に対して長岡博士は甚大な賞賛の辞を贈られたが，もし私が理学界に貢献するところがあったとすれば，これはみな諸氏との共同研究の賜物であり，私一人の力の致す所ではない．日本理学界で私の知っている長岡，仁科，木村，青山，杉浦の諸氏は夫々特徴をもっているが，その学に対する真摯さをもって私を励まし，一緒に勉強してきた．今や日本の科学界は素晴らしい発展を遂げて科学に関しては日本に知られていないことはないような状態にあるが，このときに当たってデンマークと日本はなお一層その連絡を緊密にし学術の発展に努力せねばならぬと思う．

なお本学における連続講演は，既報のごとく

　▽19日（月）4時　法学部25番教室　▽20日（火）同上　▽21日午前10時　理学部2号館　▽23, 24, 26, 27日　同上．演題は「原子論原理[b]」である．

講演会には本学はもちろん，学[c]外の名士を集めるものと期待されている．

　[a] Bohrは日本に約1ヵ月滞在，続いて中国に1週間滞在して帰国した．書簡587の注bを見よ．

b 講演の記録：書簡 587 の注 b.
c 藤岡由夫は報告（書簡 587 注 b）に Bohr の「最初の 2 日の講演は一般聴衆を相手としたもので，講堂も広く，聴衆も千名にも及んだであろうか」と書いている．講堂とは東京帝大・法学部 25 番教室であった．第 3-6 日の講演は理学部 2 号館講堂で行なわれた．

592 荒勝文策 (京都帝大) → 仁科芳雄　　　　　1937/05 [日不明]

拝啓　先達は失礼仕候　あの後ユックリと種々御拝聴致度御座候処其機を得ず帰京致し残念ニ存候　其節御尋ねのボール教授の京都ニての演題ハ
　Causality in Atomic Theory
にて当方では新聞紙上等ニては
「原子論に於ける因果律」
と訳し居りし様皆々記憶ニ有之候
　右取り敢へず御報告申上候
「原子核」の予算関係等御尽力の段多謝仕候
　火曜日　　　　　　　　　　　　　　　　　　　　　　　　荒勝文策

仁科学兄　殿

593 梅田 魁 (北海道帝大) → 仁科芳雄　　　　　1937/05/06

　此度上京の節は色々御厄介になりまして誠に難有うございました．お忙しい所を色々とお願ひまで致しまして申訳ございません．
　ボーア先生のも面白くきかせて戴いて感銘深いものがあります．先生の筆記は何かに発表されないんでせうか．皆が期待して居ります．永倉君等直接聴講出来なかった人はひどく待望して居ります．Discussion の日に午前中といふ話で午後を他に約束をしてしまったら，午前中が菊池さんだけで済んでしまって，残念乍ら午後の機会を失ってしまひました．朝永君の話であとで先生から皆がもう一度話を伺った由，私も本当にきゝたかったのにと残念です．
　朝永君の旅券も先生に直接足を運んで戴いたお蔭で旨く行き安心致しました．
　クロルの件につき早速お忙しい所をお手紙下され誠に恐れ入りました．先生のお手紙で総長もクロル[a]がどんな人間かといふことや何か分って非常な好意を

示してくれ，お蔭様で私が大変やり易くなりました．部長も，小樽高商に1週数時間教へに行く様今運動してくれてゐます（1週数時間程度で5.60円になるらしいです）旨く行くか分りませんが，教室として50円出すことは確定致しましたから，こんな口が旨く行けば経済問題は片がつくと思ひます．住宅も，田所さんが自分の家に室があいてゐるし，2人の息子さん（大学）の語学の為にも少し位お小遣を出してでも置いてよいなんていひ出してゐますが，クロルは窮屈だからどこか1人でといってゐます．100円以上の収入となれば自分でアパートでやって行けるでせう．今は私の所に居ります　もう毎日2人で教室に通ってゐます．私のやりかけの問題を手伝ってくれます．落着いたらSupraleitungをやる積りらしいです．

　討論会の特別講演は先生もうお引受下さったことに皆が確信して居りますから，どうぞそのお積りで願上げます．

　右不取敢御礼申上げます．

　上京の節御奥様にお目にかゝり，数物の時是非お越し下さる様にと御勧める積りでしたのにその機会なく残念でなりません．よろしくお伝へ願上げます．

5月6日　　　　　　　　　　　　　　　　　　　　　　　　　　梅田 魁

仁科 先生

　　　a 書簡594の注aを参照．
　　　b 書簡551の注dを参照．

594　W. Kroll（北海道帝大）→ 仁科芳雄　　　1937/05/08

　　　　　　　　　　　　　　　　　　　　　札幌　　1937年5月8日

尊敬する教授

　ここに来て1週間，再び物理をすべく努力しております．ドイツからここまでの長旅の間，それをする機会が少なかったからです．遠くまできましたが，その大部分は先生に負うものです．私のためにお骨折り下さったことにお礼を申し上げます．やがて東京に行く機会に恵まれ，先生の研究所を訪ねたいと願っております．かつてお訪ねしたときには，たいへん友好的に迎えていただきました．

　研究所の方々にもよろしく．

　　　　　　　　　　　　　　　　　　　　　　　　　　　　　W. Kroll

^a 参照：書簡 474, 487, 527, 550, 551, 579, 673, 677, 682, 707, 919.

595 N. Bohr （東京） → 仁科芳雄　　　　　　　　　　　1937/05/08

日本での講義の謝礼および旅費の補填として1万2千円有難く受け取りました．

東京　1937年5月8日
N. Bohr

[英文]

[独文]（※位置は冒頭）

596 朝永振一郎 （ドイツへの渡航船上） → 朝永三十郎 （大谷大学）
　　　　　　　　　　　　　　　　　　　　　　1937年[月日不明]

　一昨日はじめてそちらからのお手紙うけとりました．いよいよ明後日はナポリ着でそろそろ本当の外国旅行になりますので少々心細い気もちがします．今までは何といっても日本国内と何もちがったことはありませんし，毎日誠にのんきで丁度夏休みのように遊んでばかりいたのですから，今は学校のはじまる前みたいにおちつかない気もちです．
　カイロ見物は5ポンドふんぱつしてやりましたが，音にのみきいていたピラミッドやなにかを実地で見て今さらおどろいたことです．紅海は，今年は気ちがい陽気で大変涼しく，温度は毎日80度（摂氏27度）位，ただアデンという所はおそろしいあつい所で，そこに船が碇泊したときは100度（摂氏38度）位もあったかと思います．
　船では今活動しゃしんがありますが，つまらないから途中でにげ出しているところです．港につくまえに必らず活動があります．先日からスキヤキ会が1度，お茶の会が1度，それから運動会が2,3日つづいて，音楽会がありました．音楽会はマックス・ヤクスキというムサシノ音楽学校の先生でカノコギ夫人を知ってる若いポーランド人で（このこともう書きましたかしら），私はドイツ語の練習にと思って親しくしていましたが，この先生日本語が得意だから日本語ばかりしゃべりたがってだめです．さて運動会は，私が日本人の委員ということにされて誠に弱りましたがどうやらこのマックス氏に手つだってもらって無事

終了いたしました．

あしたはにもつのつめかえやなにかをしていよいよ上陸ということになりますが，ナポリのさんばしに立ってさてそれからどうなることやら．但し，市村与市氏というおじいさんと1泊一しょにすることはきまって居ります．それから汽車はドイツ人の女の人と一しょになるかもしれません．この人はケルンに行くというおしげおばさんに似たフロイラインです．女の人だからあんまりたよりにするわけにはいきませんが，Ich kann nicht Ihnen helfen, weil Sie viel Bescheid sein müssen.（「あなたの方がずっとよくご存知でしょうから，お手伝いはできません」と言おうとしたもの）とことわってありますから大丈夫です．ナポリでは多分あまり見物する時間はないと思いますが，イタリヤは何れゆっくりとあとから来るつもりです．

船でとったしゃしんをおなぐさみに送ります．私もルンペンみたいですが，そのよこにユカタをきたおぎょうぎの悪いのがマックス氏で，私のうしろが市村氏，そのとなりが龍大の金ゴウ氏です．若い東洋人が6人ばかり居るのはシャムの留学生，ケルンに行く女の人は前の左から3人目の人です．前列にいる船員が船長です．西洋人のお客はみんなあんまり教育のありそうな連中は居ないらしいです．どうもみな品が悪いです．マックス氏など風体はまことに悪いがこの人が一ばん人がらがよさそうです．

又いずれ，上陸を終っておちつきましたら．

しん

皆々様

先日アデンで入れようとした手紙はナポリの方が早いというのでナポリで入れます．

    a 朝永はドイツとの交換留学生としてライプチッヒに向かっている．書簡474, 571, 579, 588を参照．

---

597 G. Hevesy (理論物理学研究所，コペンハーゲン) → 仁科芳雄　　　1937/05/14

コペンハーゲン大学，理論物理学研究所
コペンハーゲン　1937年5月14日

仁科 博士殿

しばらく前に重水^{a}をイギリスの船でお送りしました．6月21日，横浜に到着の予定です．重水が無事にお手許に届くことを願っています．ここに送り状を同封いたします．御覧のとおりこちらの研究所で送料，保険料などに払った額のうち，そちらからの為替手形でまかないきれない分が112デンマーク・クローネと7エールあります．ご都合のよい折にこの額を研究所にお送り下さい．

最近 Frisch 博士と Koch 博士が，重水中の中性子の吸収を，10％の重水60リットルを使って測定しました．この重水は Norsk Hydro から借りたものです．私はこの頃もっぱら生物の研究をしており，このために大変忙しく過ごしています．かつてハフニウムの結晶をつくった部屋では，今，猫の肝臓，ねずみの門歯，犬の血液などが照射を受けています．Tempora mutantur!^{b}［時勢は変わる］

わが家は一同皆とても元気に過ごしています．そちらの皆さんのご多幸，ご発展をお祈りします．

Bohr 先生ご夫妻はそちらで大歓待をしていただきましたね．デンマークの新聞には，ご夫妻が日本に滞在して暖かいおもてなしを受けている様子が詳しく載りました．「ベアリンスケ・ティーゼネ」紙（*Berlingske Tidende*）では，Bohr 先生とあなたが一緒に写っている写真も見ましたよ．

では，妻ともども，奥様と私たち夫婦共通の知人の皆様に何卒よろしくお伝え下さるようお願い致します．

G. Hevesy

［英文］

a 重水を電気分解して重水素ガスをつくり，これをイオン化して小サイクロトロンで加速，リチウム原子核にぶつけて中性子を発生させた．参照：書簡 578, 609, 638, 642, 644, 645, 664.

b In the rooms where once hafnium was crystalized now are ignited livers of cats……を，こう訳した．

598 N. Bohr（上海丸船上）→ 仁科芳雄　　　　　　　　　　1937/05/20

仁科 様

私たちは日本での素晴らしい日々と日本の誠実な友人たちの思い出にひたっています^a．この気持ちと感謝は簡単な言葉ではとうてい表現できません．ただ一言，あなたから親切な電報を頂いたおかげで，私たちがいまもってあなたの

親身な心遣いと気配りに包まれていることを身にしみて感じていることを言わせてください．そんなわけで私たちの船旅が快適であることだけは，お伝えしなければなりません．すでに中国の海岸が見えるようになりました．

　皆様の御多幸をお祈りします．

N. Bohr
［英文，葉書］

　　　[a] 書簡 587 の注 b を参照．

599　仁科芳雄 → N. Bohr （理論物理学研究所，コペンハーゲン）　　1937/05/28

理化学研究所　　1937 年 5 月 28 日

Bohr さん[a]

　あなたが横浜に着かれたとき，すでに，当地におられるのは 5 週間余りということを承知しておりました．にもかかわらず，長崎であなたを見送る時が遂にきたとき，私は大変悲しい思いに暮れました．あまり遠くない将来に再会できるという希望でわずかながらも私の悲しみは和らげられたにすぎません．

　ご旅行中の船から御親切なお葉書[b]ありがとうございました．お葉書から船内の旅行が快適だったことを知り，ほっとしました．あの晩は強風が吹き，博多のホテルのベッドではガタガタいう音に目をさますほどでした．私は途中で故郷を訪問して東京にもどり，数日になります．何を見ても，あなたと家族と御一緒した楽しく印象的で多忙だった日々が思い出されます．申すまでもなく，私どもは皆，あなた方の御訪問に感謝しております．私個人としては御滞在中におっしゃったことに多くの考えるべきことがあり，また多くの激励と心の安らぎ，そして生きる力を与えられました．

　満州国経由の日程を電報で知らせて下さるようお願いいたします．旅行中のあなた方のお世話を権威筋にお願いするために必要なのです．日本学術振興会の波多野中将と東京帝国大学の長与総長は，すでにこのことについて書面を送っておられますが，御到着の日取りは不確定として残してありました．

　御依頼の木箱はすべて無事に横浜に郵送しました．すべてが円滑に進むならば，これらの荷物はデンマーク船に積み込まれ，本日出航のはずです．この荷物が全てコペンハーゲンに良い状態で到着するよう祈っております．

　京都の哲学者，田辺教授は，京都新聞に出た批判について私に答えましたが，

同教授のご意見は「これらの記事を真面目に取り上げる必要はない．何故なら，かれらに確とした論点があるわけではなく反感のみがあるのだから，理詰めで同意を要求してもむだだ」ということでした．私も全く彼と同意見で，これ以上気にすることはないと思います．

　中国の旅行が快適で，あなた方にとって興味深いものであり，何も不都合なことがなかったことを願っております．私が旅に御一緒できたらよかったのですが，皆さんが満州とシベリアも快適に旅行されコペンハーゲンに無事お帰りになることを心より祈っております．

　どうかご家族の皆様，Hevesy 御一家，Schultz 嬢，研究所の皆様，そしてご帰還の途上で Kapitza, Klein 御一家に，どうか宜しくお伝え願います

　家内および子どもたちからも奥様，Hans 君に宜しくと申しております．

仁科芳雄

追伸　先生の叙勲についてご尽力いただいた方々のお名前のリストに次の方々を加えてくださいますようお願いいたします．

　　長岡半太郎教授　　東京市本郷区　理化学研究所
　　波多野貞夫中将　　東京市麹町区　虎ノ門　文部省

　本日，ご自宅に長岡教授のご住所と，大阪帝国大学より寄贈されました人形についての説明書をお送りいたしました．

［英文］

 a　Dear Bohr. 以前は Dear Professor Bohr だった．この呼びかけの変化は，仁科が 5 週間の Bohr 滞在中に親交を深めたことの現れであろう．Bohr は 1932 年 9 月 12 日に Dear Nishina としている．
 b　書簡 598.

600　E.C.G. Stückelberg（ジュネーヴ大学）　→　**仁科芳雄**（大阪帝大）
1937/06/06

ジュネーヴ大学，物理学教室
J. Weigle 教室主任
E.C.G. Stückelberg 教授
1937 年 6 月 6 日

大阪帝国大学，物理学教室[a]
仁科芳雄 教授

仁科 教授

　ほぼ10年前，プリンストンでお近づきになる栄を得ました．私は常に，貴方がディラック理論を初心者の私に教えて下さったことを記憶しております．

　貴方の共同研究者，湯川博士は，ご親切にも最近いくつかの別刷を送って下さいました．彼の考え方は私のと似ておりますが，ただいくらか速いようです．原子核によるK電子の吸収は実際1935年9月に彼によって予言されました．[b]私が昨年，1936年6月に公表しました時には，不運にも彼の仕事を何も知りませんでした．私はNatureにこの事実を説明する短い記事を投稿しました（私の論文は6月に同じ雑誌に載りました）．

　しなしながらMøllerは実質的に同じ計算を「独自の発見」として今年1月（Phys. Rev. **51**, 84（1937））にもう一度発表しております．したがって貴方の共同研究者の研究に言及するのは彼の義務でもあります．現在では（他のコペンハーゲンの人たちのNatureでの発表を見るかぎり）この「効果」はMøllerの発見だとされているようです．湯川博士はこれらの事実に注意を呼び起こすべきだと信じます．

　実際，私は，湯川博士の着想をもう一度発表しようとしていたとき，運よく素粒子の相互作用についての湯川博士の別刷を受け取ったのでした．この論文の第2部が既に発表されたか，またはまだ準備中なのかを知りたいと思います．

　添付いたしました短信を[c]Natureに送りました．湯川博士の予言した（なお言えば3年後に私によっても予言された）[d]粒子が遂に観測されたことを述べています．私は一般化した遅延ポテンシャルについてのいくらか長い報告を「統一場の理論」の第3部として発表したいと考えており，その別刷は最近受け取られたはずです．それを仕上げる前に日本でのあなた方の研究の状況を知りたいと存じます．それに私の論文（おそらく Helv. Phys. Acta. に出ます）の中で正当な位置を与えるためです．この粒子は陽電子に優るとも劣らない基本的な発見だと本当に信じます．確認されれば湯川はこの物語においてディラックの位置を占めるはずです．

　日本が［学界の中心から］離れているのは残念です．実は，もし受け入れていただけるなら，私は休暇をとって大阪を勉強の場所としたいと思います．

　しかしながら私の計画には，運悪くいささか重要な問題点があります．つまり資金的な問題です．貴国での生活費がわかりません．一般的にどのくらいの

費用がかかるか教えていただけませんか．私は結婚しております．外国人の応募できる奨学金が日本にあれば，とても興味があります．実際のところ私はドイツ語（母国語），英語（主にプリンストンで過ごしましたから）およびもちろんフランス語で講義することができます．

どうか湯川博士によろしく，そして私の祝意をお伝え下さい．

Emil C. G. Stueckelberg

[英文，書留航空便]

1 *Helv. Phys. Acta.* **9** 533 (1936), *C. R. Soc. Phys. et nat. Genève* **53**, 69 (1936), *Nat.* **137** (June) 1070 (1936).
a 仁科は大阪大学にいると思っている．
b H. Yukawa and S. Sakata, On the Theory of the β-Disintegration and the Allied Phenomena, *Proc. Phys. -Math. Soc. Jap.* **17** (1935) 467–479; On the Nuclear Transformation with the Absorption of the Orbital Electron, *Phys. Rev.* **51** (1937) 677–678 (L).
c それらしい論文は *Nature* には見当たらないが，*Physical Review* にはある：E.C.G. Stückelberg, On the Existence of Heavy Electrons, *Phys. Rev.* **52** (1937) 1113–1114.
d 3年後というのは？ 湯川が中間子の着想を得て大阪大学の菊池研究室で発表したのは1934年10月であった．論文の発表は1935年2月になる．Stueckelberg は着想を1936年に発表している：Radioactive β-Decay and Nuclear Exchange Force as a Consequence of a Unitary Field Theory, *Nature* **137** (1936) 1032. 核力を生み出すために交換される粒子の質量については何も言っていない．

なお，R.P. Crease, C.C. Mann『セコンド・クリエーション』，鎮目恭夫・林一・小原洋二訳，早川書房（1991），p. 232 とその前後を参照．Stueckelberg のアイデアが Pauli に却下されたことが語られている．

601 仁科芳雄 → 梅田 魁（北海道帝大） 1937/06/08

昭和12年6月8日

仁科芳雄

梅田 魁 様

　拝啓　過日ハ電報，御手紙[a]ナド難有拝見シマシタ．左ニ要件ダケ申述ベマス．
一．数物[b]ノ特別講演ノ件，其後ボーアサンノ為返事が延引シタノデ今更何トモ申サレマセン．承知致シマシタ．題ハ

　　「最近ノ原子核並ニ宇宙線ノ研究」

　　トシマセウ．

コレハ先般池田サンカラ手紙ヲ貰ツタノデ以上ノ事ヲ返事スル筈デシタガ, 忙シイノデ其儘ニナツタモノデス.
一. 小生数物ノ講演ニ別紙ノ２題ヲ出シマスカラ宜シク御願ヒシマス. コレハ吉田サンニ送ル筈デスガ忙シイノデ此手紙ニ同封シマス. コレハ討論会ノ方ニ入レテ下サッテモドチラデモ宜シイト思ヒマス.
一. 先日ノ理研 *Scientific Papers* ヘノ論文出シテ置キマシタ.
　（a）朝永君ト共著ノ Heitler-London ノ分子ノ問題ニ関スルモノノ中ノ Austauschintegral ノ中ニ

$$\phi_1(a)\phi_2(b)V\phi_1(b)\phi_2(a)d\tau$$ ノ形ノ V (Coulomb potential)

　　ガ皆落チテ居ル様ニ思ヒマシタ.
　　何デモナイ事デスガ校正ノトキ入レテ置カレタ方ガヨクハナイカト思ヒマス.
　（b）次ニ Flüssigkeitsmodell ノ方デスガ, 飛行便デ御送附ノ論文ノ序モ出シテ置キマシタ.
　然シ小生ノ考ヘデハ Bohr サンノ論文ヲ引キ合ヒニ出シテ其方法ノ数学的取扱ヒノ一方法デアル様ニ述ベテアルト思ヒマスガ, コレハドウカト思ヒマス.
　ト云フノハ先日 Bohr サンニ質問シタトキニモ話ガアッタ様ニ Fermi gas トシテ取扱フコトハ近似トシテハ非常ニ悪イノデ宜シクナイ. ツマリ, 悪イ近似ノ極端ノ方カラ始メルト云フコトニナルワケデス. コレハアノ論文ニ引用セラレタ (Solvay Congress) Heisenberg ノ potential ガ neutron-proton ノ potential カラ得ラレル const. ヲ用ヒテハ実験ト一致シナイモノトナルト云フコトカラデモ解リマス. 只 normal state デハ Fermi gas ノ degeneration ガアルカラ偶然一致シタ結果ヲ得ルノダト云フノガ Bohr サンノ意見デシタ. ツマリ Heisenberg ノ potential ノ中ニアル const. ハ empirical ニ定メルノデスガ, コレヲ normal state デ合セテモソレハ恐ラク excited state ニハ合ハナイモノデハナイカト思ヒマス.
　gas 全体トシテノ振動ニヨッテ得ラレルモノハ excited state カラノ遷移デ生ズル輻射デアリマスカラ, 従ッテ近似ノ好イモノガ得ラレルトハ思ハレマセン. 此点カラ云ヘバ恐ラク Bohr ノ水滴ノ model ノ方ガ好イ近似ヲ与ヘルノデハナイカト思ヒマス. 現ニ compound system ノ life time ガ大体正シイ結果ヲ得ルト云ッテ居ル事カラ考ヘレバ gas ノ model ノ方ハ恐ラク悪イ近似ヲ与ヘルト考ヘラレマス.
　勿論大体ノ order ハ出ルデショウガ, ソレ以上ノコトハ Bohr ノ水滴ノ

modelノ方ガ簡単ニ出ルノデハナイデショウカ．

　従ッテ論文ノ終ノ方ニアル様ニ「スペクトル」ヲ詳シク計算スルト云フコトガ意味ガアルカドウカ解ラヌト思ヒマス．

　以上ハ小生ノ考デ或ハ誤ッテ居ルカモ知レマセン．誤ッテ居タラ御許シ下サイ．然シ以上ノ様ナ考ヘデスカラ論文ノ最後ニアル小生ノ名前ハ削ッテ置イテ下サイ．

　又，小生ノ意見トシテハ序ノ文章ヲ更ニ書キ直シテ Bohr ノ論文トハ全ク independent ニ只「gas ノ振動トシテ取扱ッテ見ル」ト云フ意味ノコトヲ述ベラレテハドウカト思ヒマス．コレハ校正デ訂正出来ルカトモ思ヒマス．

　以上小生ノ考ヘヲ率直ニ述ベマシタ．

　汽車ノ時間ニ間ニ合ハナイノデ，コレデ止メマス． 　　　　　匁々

　特別講演ノ件，池田サンニハ忙シイカラ別ニ手紙ヲ出シマセン．御詫ヲ伝ヘテ置イテ下サイ．

　　　a 書簡 593.
　　　b 書簡 551 の注 d 参照.

602 仁科芳雄 → 萩原雄祐 (東京帝大)　　　　　　1937/06/08

　　　　　　　　　　　　　　　　　　　　昭和12年6月8日
　　　　　　　　　　　　　　　　　　　　　　仁科芳雄

萩原雄祐 様
拝啓　其後御変リアリマセンカ．
　扨テ interstellar space ノ物質密度ハ平均ドノ位デスカ．御面倒乍ラ御知ラセ下サイ．尚其出所モ序ニ御願ヒシマス． 　　　　　　　　敬具

603 仁科芳雄 → 佐々木達治郎 (航空研究所)　　　　1937/06/11

　　　　　　　　　　　　　昭和12年6月11日　　理化学研究所
　　　　　　　　　　　　　　　　　　　　　　　　仁科芳雄
航空研究所

佐々木達治郎 様

拝啓　愈々御清祥ノ条奉賀上候.

　扨テ最近御研究所ノ富塚教授ヨリ承リ候ヘバ, 陸軍ノ立川ノ倉庫ニハ自動車ニ据付ケタル発動機直結発電機及ビ之レニ附属ノスペリー探照燈ニシテ不用トナレルモノ有之候由, 実ハ小生研究室ニテハ宇宙線研究用トシテ右様ノモノ必要コレアリ候ヘ共, 経費ノ関係上購入困難ニシテ数年来ノ宿題ト致居候モノニ有之候. 宇宙線研究用トシテハ 30 kW 乃至 50 kW ヲ必要ト致候為或ハ数台ヲ並列トスルヲ要スルカトモ存候.

　孰レニ致シテモコレハ宇宙線研究用トシテハ極メテ適当ノモノト存ゼラレ候ニツキ, 若シ譲受ケラルヽモノナラバ可然御配慮御願申上度ト存候. 一応事情御知ラセ被下度奉願上候.
　　　　　　　　　　　　　　　　　　　　　　　　　　　　　　敬具

　尚, 右ノ使用途ハウヰルソン霧凾ニヨル宇宙線研究ニ於テ霧凾ヲ入ル、磁場ヲ作ル為ト, 霧凾ノ照明トニ御座候. コレヲ各地ニ運搬シテ実験致スモノニ御座候.

　右機械ノ規格（電圧, 電流）モ承知致度ト存候.

604　Norsk Hydro-Elektrisk Kvælstofaktieselskab （ノルウェー）[a]
　　→ コペンハーゲン大学理論物理学研究所　　　1937/06/12

　　　　　　　　　　　　　　　　　　　　　　　　Oslo 12/6-1937

University Institute for Theoretical Physics　御中

　今月1日付の貴殿の手紙受けとりました. また 2,512 ノルウェー・クローネのチェックによる振り込みありがとうございました. これは請求書 No. 6303 に対する支払いとして貴殿の貸方に記帳しました.　　　　　敬具
　　　　　　　　Norsk Hydro-Elektrisk Kvælstofaktieselskab
　　　　　　　　　　　　　　　　　　　　［訳者不明の翻訳文］

　　　a　ノルウェー水力発電・窒素会社.

605 朝永振一郎（ライプチッヒ大学, ドイツ） → 仁科芳雄　　　1937/06/24

　その後お変りないことと存じます．私も無事一昨日ライプチヒに着きました．早速ユーバーシャール氏を訪問し，ハイゼンベルクは本日インスティチュートで会いました．ハイゼンベルクは今忙しいので一寸の間話をしただけで，あとはオイラーが教室を案内してくれました．もうゼミナールもすんでしまったので，会った人も大分と少く5人位でしたが，紹介された人もあまり覚えていません．おいおいと知り合いになりたいと思っています．どうも言葉がうまくいかないのでさけなく思って居ります．当分はそちらの方に力を入れたいと思っています．

24日
朝永
[絵葉書]

606 仁科芳雄 → 中原省三（日本化成工業, 黒崎工場, 福岡）　　　1937/06/29

昭和12年6月29日　　理化学研究所
仁科芳雄

日本化成工業黒崎工場
中原省三 様
　拝啓　昨日ハ久方振リニテ御目ニ掛リ洵ニ欣快至極ニ奉存上候．
　扨テ昨年来一方ナラザル御配慮ヲ蒙リ居候宇宙線研究費ノ件モ，昨日山田会長殿ニ御供致シ三菱ノ方ニ参リ串田総理事殿，三好常務殿ニ面会，宇宙線ノ説明申上候際，愈々金壱万円御交付被下難有拝受仕候．コレモ恐ラク今回御尊台様ノ直接ノ御尽力ニヨリ急速ニ相運ビ候事ト只々感佩ノ至リニ不堪候．研究者一同モ深ク感激致シ，目的ニ向ッテ邁進固ク其達成ヲ期シ居申候．
　気球ニヨル成層圏ノ研究モ着々其準備ヲ進メ居リ，今年末迄ニハ準備実験ヲ完成シ，明年ニ入リ愈々飛昇実施ノ運ビニ致シ度クト努力罷在候．本実験ハ相当ニ困難ヲ予想セラレ居候ヘ共成功スレバ宇宙線研究上重要ナル資料ヲ与フルモノト存ゼラレ候．
　尚，三菱ヨリノ研究費御援助ハ日本学術振興会ノ予算ト合シテコレヲ「成層圏ノ宇宙線研究」ニ費スコトハ山田会長殿ニ数ケ月前御説明申上置候．其際今後ノ研究費援助ニ関シテハ本年度末ノ成績ニヨリ其時改メテ御話申上グルコトニ相定メ申候間，左様御諒承奉願上候．

先ハ不取敢御礼旁々要々申述候.
時節柄御自愛専一ニ被遊度候.　　　　　　　　　　　　　　　敬具

二伸
　岩崎男ニモ近々小生ヨリ宇宙線ノ御説明申上グル様ニトノ旨三好常務殿ヨリ御話有之候.

- a 書簡 542 を参照.
- b 書簡 585 に「目下, パイロットバルーンを飛ばす話あり」と書いている.
- c 書簡 542 の注 b 参照.

607　仁科芳雄 → 亀山直人 (東京帝大)　　　　　　　　1937/06/29

　　　　　　　　　　　　昭和 12 年 6 月 29 日　　理化学研究所
　　　　　　　　　　　　　　　　　　　　　　　　仁科芳雄

東大工学部応用化学科
亀山　先生
拝啓　其後愈々御清祥奉賀上候.
　扨テ昨年来一方ナラザル御配慮ヲ蒙リ居候宇宙線研究費ノ件モ, 昨 28 日旭硝子ノ山田会長殿ニ御目ニ掛リ, 御供致シテ三菱ノ方ニ参リ愈々金壱万円御交附被下難有拝受仕候. 其際串田総理事殿, 三好常務殿ニモ宇宙線ノ説明申上候. 此貴重ナル御援助モ一ニ先生ノ御尽力ニヨリ中原様ヲ通シテ山田会長殿, 岩崎男ヲ動カサレ候ニヨルモノト只々感佩ノ至リニ不堪候, 研究者一同モ深ク感激致シ, 目的ニ向ッテ邁進固ク其達成ヲ期シ居申候.
　気球ニヨル成層圏ノ研究モ着々其準備ヲ進メ居リ, 今年末迄ニハ準備実験ヲ完了致シ, 明年ニ入リ愈々飛昇実施ノ運ビニ致シ度クト努力罷在候. 本実験ハ相当ニ困難ヲ予想セラレ居候ヘ共成功スレバ宇宙線研究上重要ナル資料ヲ提供スルモノト存ゼラレ候.
　尚, 今回ノ三菱ヨリノ研究費援助ハ日本学術振興会ノ予算ト合シテコレヲ「成層圏ノ宇宙線研究」ニ費スコトハ数ケ月前山田会長殿ニ申上置候. 其際, 今後ノ研究費援助ニ関シテハ本年度末ノ成績ニヨリ其時ニ至リ改メテ御話申上グルコトニ相定メ申候次第ニ御座候間, 左様御諒承被下度候.
　右不取敢御礼旁々要々申述候.

時節柄別シテ御自愛被遊度候.　　　　　　　　　　　　　　　　　　敬具

二伸

昨日山田会長殿ノ御部屋ニテ中原様ニ御目ニカヽリ申候. 今回モ色々御尽力被下候事ト存居候.

岩崎男ニモ近々小生ヨリ宇宙線ノ御説明申上グル様ニトノ旨三好常務殿ヨリ御話有之候.

  [a] 書簡542を参照.
  [b] 書簡542の注b参照.

608　仁科芳雄 → 会澤 浩 (日本郵船)　　　　　　　　1937/06/30

　　　　　　　　　　　　　昭和12年6月30日　　理化学研究所
　　　　　　　　　　　　　　　　　　　　　　　　仁科芳雄

北野丸船長
会澤 浩 様

拝啓　一昨日ハ御多忙中御邪魔致シ失礼仕候. 一方ナラザル御配慮ヲ辱ウシ厚ク御礼申上候. 其際申上候通リ, 御多忙中却テ御迷惑カトモ存候ヘ共, 若シ御興味モ有之候バ, 当理研見物旁々御来駕ヲ願ヒ, 続イテ夕方粗餐差上度ト存居候間, 御都合ノ宜シキ日御知ラセ被下度奉願上候.

尚, 1等運転士岡部重作様, 2等運転士楠戸準一様, 並ニ横浜郵船支店ノ中川清吾様ノ御三氏ヘモ同様御案内申上置候間, 御同道願上候.

当日ハ若シ御差支ナケレバ丸ノ内, 郵船会社ノ方ヘ御迎ヘニ人ヲ差上ゲ可申候間, 午後2時会社ノ方ヘ御参集被下候ハバ好都合カト存候.

尚, 船ノ方ニテ其他ニ宇宙線測定ノ方ニ御尽力被下候御方有之候ハヾ, 何卒御同道被下度待居申候.

宇宙線ノ「フィルム」ハ本日現像致候処万事極メテ好結果ニテ一同喜ビ居リ, 厚ク御礼申上候. コレヨリ興味アル成果ヲ得ルコトト期待致居候[a].

先ハ御案内迄申上候.　　　　　　　　　　　　　　　　　　　　　敬具

  [a] 1937年から1938年にかけて, 日本郵船の好意により北野丸のオーストラリア往復4回, 平安丸のシアトル往復4回にわたりNeher宇宙線計を積んで宇宙線強度の緯度依存性を観測した. その観測は, くりかえすことになる. 書簡610, 611を参照.

609 B. Schultz （理論物理学研究所,コペンハーゲン） → 仁科芳雄   1937/07/03

仁科 博士

　重水に関連した支払いの残りである112,02クローネを受け取りました[a]．同時に，Norsk Hydro-Elektrisk Kvælstofaktieselskab 社からの受け取り通知をお送りします．

　たいへん嬉しいことに，あなたが近々もう一度コペンハーゲンにこられるかもしれないとBohr教授と奥様からお聞きしました．もう一度あなたにお目にかかれるなんて，嬉しいですね．Bohr教授と奥様とHansさんは日本で過ごされた日々を大変楽しまれたようで，私は撮ってこられた写真を見るのを心待ちにしています．

Betty Schultz
［英文］

[a] 書簡 578, 597 を参照．

610 河原春作 （日本学術振興会） → 大谷 登 （日本郵船）   1937/07/05

昭和12年7月5日
日本学術振興会理事長代理　河原春作

日本郵船株式会社
大谷　登殿

　　　宇宙線計ノ再度汽船搭載方御願
拝啓　初夏ノ候愈々御清祥奉賀候．
　扨テ去ル3月29日付ヲ以テ御願申上候宇宙線計ヲ濠洲航路北野丸ニ搭載ノ件ハ，多大ノ御配慮ト当事者ノ一方ナラザル御尽力トニヨリ予期通リノ好成績ヲ挙ゲ，日本ヲ中心トスル広キ範囲ニ於ケル宇宙線ノ研究ニ第一歩ヲ進メタルモノトシテ重要ナル意義ヲ有スルモノニ有之候．
　然ル処米国コンプトン博士等ハ米国，濠洲間ニ於テ同様ノ測定ヲ行ヒ，而モ其ノ正確ヲ期スルガ為同ジ航路ニ於テ6往復ノ間連続観測ヲナシ，興味アル結

果ヲ得居候^a. 従テ我国ニ於テモ正確度ヲ進メンガ為ニハ今一度前回同様ノ測定ヲ必要トスルコト相成候. 就テハ洵ニ申上兼候得共来ル7月12日横浜出帆ノ北野丸ニ前回ト同ジ条件ニヨリ同ジ測定器ヲ御搭載被下, 此貴重ナル研究ヲ御援助ノ程偏ニ奉願上候.^{b}　　　　　　　　　　　　　　　　敬具

- a 仁科はComptonの結果を次の講演で引用している：仁科芳雄「最近の物理学」（講演：1936年5月13, 14, 15日），海軍技術研究所，1936年12月15日刊.
- b 書簡608の注aおよび書簡611, 666, 690を参照.

611　日本郵船株式会社庶務課　→　河原春作（日本学術振興会）　1937/07/06

庶各外号　　　　　　　　　　　　　　　　　　　日本郵船株式会社
　　　　　　　　　　　　　　　　　　　　　　　　　　　　庶務課

日本学術振興会理事長代理
河原春作　殿　　　　　　　　　　　　　　　昭和12年7月6日
　拝復　益々御清栄奉賀候.
　陳者曩ニ当社船北野丸ニ御搭載有之候貴会宇宙線計ヲ7月12日横浜発同船ニ再ビ搭載御希望ノ由, 7月5日附貴翰^{a}拝誦仕候. 就而御依頼越ノ趣早速同船船長ニ移牒シ諸便宜御取計可申上様指図致置候間, 右御諒承被下度候. 敬具

- a 書簡610を参照.

612　G. Reglin（モントリオール，カナダ）　→　仁科芳雄　1937/07/07

　　　　　　　　　　　　　　　　カナダ，モントリオール　1937年7月7日
　Terrestrial Magnetism and Atmospheric Electricity^a の最新号に載った最近の出版物のリストを見て，論文
　　　　"1936年6月19日の日食の間の宇宙線の測定"
　　　　　　　　　　　仁科芳雄，石井千尋，浅野芳廣，關戸彌太郎
が14巻, 2号の265–275ページに載っていることに気づきました．この論文がぜひ読みたいので，コピーを送っていただけませんか．経費は喜んで負担いたします.
　早くしていただければ，ありがたく存じます.

G. Reglin
M. L. H. P 315号室
モントリオール, ケベック
カナダ
[英文]

^a 雑誌名がまちがっている．本当は *Japanese Journal of Astronomy and Geophysics*（日本天文学及地球物理学輯報）である．巻・号・ページは正しい．

613 中谷宇吉郎 （伊豆, 静岡） → 仁科芳雄　　　　　　　　　　[年不明] 07/09^a

拝復　御手紙難有う御座いました．
　宮崎君^bの方はちっとも急ぎませんから何卒陸軍科学研究所^cの方の方を御進め願ひます．ラヂオゾンデをやって居た人ならば早速役に立つことと思ひます．そしてもし陸軍の方で手離さないといふ風なことがあったら改めて御話願ひます．どうせ8月一杯位は宮崎君は待って居てもよろしい状態で居りますから．
　とりあへず御返事迄．　　　　　　　　　　　　　　　　　　　匆々
　一つ温泉へでも行って見る気は御座いませんか．伊東へでも少し遊びに見えませんか．
　妻も子供も元気で居りますから御放神を願ひます．匆々
7月9日　　　　　　　　　　　　　　　　　　　　　　　　　　中谷宇吉郎

仁科芳雄　様

^a この書簡には7月9日としか書かれていない．しかし，発信地が伊豆である．中谷は1936年11月から2年間，肝臓ジストマを患い伊豆の伊東で療養生活をした（太田文平『中谷宇吉郎の生涯』，学生社 (1977), p. 96）．この書簡が書かれた7月9日は，書簡751の書かれた日と同じで発信地も同じであるが，文面から見て年まで同じであるはずがない．療養期間中の7月9日で，1938年でないとすれば1937年しかない．また，宮崎は1939年1月に仁科研に入っているので（注b），文面から見て1939年ではあり得ない．

^b 宮崎友喜雄．1939年1月に北海道大学の中谷宇吉郎研から仁科研究室に移り宇宙線部門に入った．参考：宮崎友喜雄「電離箱，計数管による宇宙線研究」，『仁科芳雄』，p. 114．

^c 書簡 646, 647, 651 および 620, 633, 723 を参照．

614 朝永振一郎（ベルリン）→ 玉木英彦（理化学研究所）　　　1937/07/11

　お手紙と飛行郵便の原稿その他拝見しました．計算の方は只今拝見して居ますが，何やかやと気がおちつかず，あまり能率よく進みません．今も現にベルリンに銀行や大使館の用事で出てきましたが，ついついと長居をしてサボっている次第です．ベルリンというところは日本人が多いので日本食をたべて少し目方がふえました．原稿をドイツ語で書く件[a]はドイツ語の練習になっていいですが，私が計算の実地をさぼってしまったので，色々はっきりしないところなど出てきたときお話が出来ないので困りはしないかと思っています．計算を今拝見していますからその上書けそうだったら練習のつもりで作文をしてみましょう．しかしそちらでも，あてにしないで書いて，早く出来た方を利用することにしませんか．この間ワング氏と話しましたら彼も吾々のようなのをやろうと思ったが，計算がややこしいのでやめたとかやめないとかいうことです．こちらの連中が何をやっていたのかまだ判りません．とにかく私は目下ドイツ語ととっくんで疲ろうこんぱいの有様です．有山さんご存知の（多分）レオ氏と日独語交換教授をやるつもりですが，まだはじめていません．目下小説を字引と首引でよんでいるところ，その進度から見ると1年ぐらいここにいてもどうにもなりそうにないので，少し長くいることを考えねばなるまいかと思っています．ライプチヒの名所は大体見ましたし，地理的なことならもう大分よく判りましたが，人情風俗はまだ判りません．ベルリンは，ウンターデンリンデンとティヤガルテンと，王城のあたり．この絵［Berlin. Ehrenmal］はヤスクニ神社というところです．

　　　　　　　　　　　　　　　　　　　　　　　　　　　　　蝦蛄（しゃこ）[b]
　　　　　　　　　　　　　　　　　　　　　　　　　　　　　　［絵葉書］

[a] この頃の玉木との共著論文は次のものだが，これは英語で書かれている：S. Tomonaga and H. Tamaki, On the Collision of a High Energy Neutrino with a Neutron, *Sci. Pap. Inst. Phys. -Chem. Res.* **33** (1937) 288-298. 書簡 649, 654 を参照．
[b] 書簡 494 の注 a 参照．

615 湯川秀樹（大阪帝大）→ 仁科芳雄　　　1937/07/26

拝啓　暫らく御無沙汰致して居りますが，益々御元気の事と拝察致します．扨

て先日来 Stückelberg 教授の件に関し，種々御配慮を煩し有難く存じます．大変延引致しましたが御訊ねの件御返事申上ます．

　同教授来阪希望に就いては菊池さんにも相談致しましたが，八木教授も秋迄外遊中ですし，大学の方から費用を出すことは困難かも知れぬが，来られゝば出来る丈歓迎したいとの意向でした．小生個人としては，つまらぬ論文を相当に評価して呉れたことに対し，充分感謝の意を表したいと思ひます．先生の御意見も御座いませうから，御申聞下さる様御願ひします．

　小生の方の研究の進行に関しては，長らく打っちゃってありましたのを，ぼつぼつ見直し始めた所です．この夏休みには何とかまとめたいと思ってますが，覚束ないものです．第一，最善の mathematical force を選び出すことが仲々困難で，like particle force の問題，magnetic moment の問題等，凡てと consistent にしようとすると非常に複雑になります．（或ひは Stückelberg もいふ様に（?）neutral な quantum も必要になるかも知れませんが，併しそんなものは実験的に容易に他と識別し得ないでせうから，なるべく無しですましたいものと思ひます）．この点 Oppenheimer が *Phys. Rev.* (June 15 Letter) でいってることはある程度迄真理ですが，だからといって理論全体が本質的に誤ってゐるかの如くいってるのは甚だ心外です．更に，重粒子に対する wave equation が Dirac 型であるとも断言出来ませんし，like particle と unlike particle の force の equality も現在の実験から一義的にいひうることでもない様に思はれますから，今直ぐに厳密な理論を建設することは色々な意味で困難です．（完全な理論は Selbstenergie に関聯する space time の quantisation の問題が解かれた上でないと駄目でせうが，之に就いては，*Zeitschrift* に度々出て居る March といふ人のやり方は，改良すれば物になるのではないかと愚察して居ります．）併し，いづれにしても，新しい particle が Bose の statistics に従ひ，field の意味を有するならば，それは通常の light quantum と相当に密接な analogy を有するでせうから（∴ heavy electron といふよりは蓋ろ heavy quantum といふべきではないでせうか．）さうすると結局 Maxwell の field equation に相当する linear な式を導き出さねばならぬのかとも思ひます．併し，この様な analogy がどこまで続くかは勿論疑問です．

　尚旧作の様な簡単な理論の範囲内でも色々な effect の cross section の order をきめることには意味がある筈ですが，余り問題が沢山ありすぎて，どこから手をつけるべきか，迷って居ます．

　当方理論専門は，小生と坂田君丈で心細い次第です．今後貴研究室の皆様の御教示御協力を御願ひ出来れば仕合せと存じます．

尚 Stückelberg の理論は (four dimensional な意味ではありますが) scalar な potential を取る点で少くとも first approximation として小生の理論と一致してる様です．同教授の理論がもっと先に進んでるのでしたら，小生の方に気兼ねせずに発表される様御伝へ下さいませ．

最後に小生にあっては理論を進めるよりも，正確な実験結果を知ることが先決問題です．Heitler-Bethe の理論を正しいとして論ずる間接的方法丈でなく，もっと直接に $\frac{e}{m}$ を定める実験 (例へば Anderson の変な track) がないと何だか不安です．先生の方でも何か新しい結果を得られたのでしたら是非御聞せ下さい．[d]

尚色々述べたいこともありますが余り長くなりますから今回はこの位にしておきます．

Stückelberg 教授に対しては海外に知己を得たことを感謝して居る旨，御伝へ下さる様御願ひ申上ます．

先は御返事のみ．乱筆多謝．

7月26日　　　　　　　　　　　　　　　　　　　　　　　　　　　湯川秀樹

仁科芳雄 先生
　　　玉案下

追而　Stückelberg 氏の手紙御入用かと存じますので同封致し置きます．

- [a] 書簡 600 を見よ．
- [b] 中間子の予言，中間子場の量子化と核力の導出，そして原子核による K 電子捕獲，(書簡 600 の注 b を見よ)．
- [c] J.R. Oppenheimer and R. Serber, Note on the Nature of Cosmic Ray Particles, *Phys. Rev.* **51** (1937) 1113 (L).
- [d] 霧箱による観測で，粒子の質量 m をきめるには，飛跡のイオン密度からエネルギー損失を出し，磁場をかけて円軌道の半径から運動量 p を求める．p がわかれば Bethe-Heitler の式でエネルギー損失は m の関数になるから，これから m がきめられる．エネルギー損失は，たとえば鉛の中でのものを使うこともできる．

616 竹内 柾 (横須賀海軍工廠) → 仁科芳雄　　　　　1937/07/27

明 28 日水曜は例月通り工員の給料支払日で半日で皆帰ります．
僕等も半日では仕事が大して出来ませんので明日は休みたいと思ひます．

今日になって気がついたので取敢へず御通知申上げます．
　track は未だ曲がったのは撮れません．[a] もう1本か2本撮れないと何だか不安です．
　今迄に撮った中でも幾分曲がったのはあるかもしれません．comparator で測らないと一寸わからない程度ですが．
　先日の1本も energy loss をした後が曲がってゐたので initial を測ったので若し同じ initial energy のものでも大きな energy loss をしてゐないと真直に見えるのではないかといふ様な気もします．
　何はともあれもう1本は撮って $\pi/7\sim6$ [b] だといふ事にしたいものです．
　取急ぎ御通知まで．

竹内柾

仁科芳雄 様
27/VII '37

- [a] 霧箱で湯川の予言した粒子を捉え質量を測ろうとしている．それを捉えれば，そして質量が湯川の予言のとおりならば，湯川の予言した粒子が実際に存在することを証明したことになる．そう考えて実験している．
- [b] 湯川の粒子の質量のこと，π は陽子の質量を表わす．仁科「新粒子の発見」，科学 **7**, no. 10 (1937) 408–411 の図3から知れる．その原稿は文書 652 に収録してある．$\pi/7\sim6$ は陽子の質量の 1/7 から 1/6 ということ．湯川の予言した粒子の質量にほぼ等しい．
  書簡 617 で仁科は「全ク新シイ粒子」があり「質量ガ陽子ノ 1/6 乃至 1/7」だといっている．竹内のこの書簡 616 と同じ日に書かれたものであるのに．

617　仁科芳雄 → 湯川秀樹（大阪帝大）　　　　　1937/07/27

昭和12年7月27日
仁科芳雄

湯川秀樹 様
　拝復　手紙ヲ書カウト思ッテ居ル処ヘ丁度御手紙ヲ受取リマシタ．[a] 実ハ今日貴下ノ note ガ『数物雑誌』ニ出タノヲ小林, 玉木両君ト discuss シ, 又先般ノ Oppenheimer ノ letter ト合シテ話ヲシタ所デシタ．
　アナタノ御手紙ニアル通リ「Oppenheimer ノ云フコトニ一理ハアルガ, 然シソウ何モカモ一時ニ解ケルモノデハナイ」ト云フノガ小生ノ意見デシタ．
　只一ツ小生ノ意見トシテ云ヒ度イ事ハ, アナタノ U-quanta ノ理論ハ, 従来

ノβ線ノ理論カラハ heavy particle 間ノ相互作用ノ大サガ出ナイノデ, ソレヲ出ス為メニ提唱シタモノデアルト云フノハ今日デハ面白クナイト思ハレマス. 相互作用ノ integral ハ diverge スルノデ, ソノ打切リ場所ノ選ビ方デドンナ価デモ出テ来ルト思ヒマス. ソレヨリモソンナ ambiguity ノアル理論ヲ改良シテ ambiguity ノ無イモノトシタト云フ点ヲ強調スベキデアラウト思ヒマス.

次ニ小生等ノ実験ニツイテ御知ラセシマス. 小生等ハ Bohr サンガ御地ニ行カレタトキモ話シタ通リ, shower ヲ利用シテ宇宙線ノ中ニ電子ト陽子トヲ区別スル実験ヲヤッテ居リマシタ. 其結果得ラレル $H\rho$ ノ価カラ云フト, 鉛ノ厚サ 3.5 糎(センチ)ノモノハ通過出来ナイ筈デアルノニ, 之ヲ通過スルモノガ沢山アルト云フ事ヲ知リ, 全ク新シイ粒子ノ存在ヲ認メタノデシタ. 其頃恰度 Street, Stevenson 並ニ Anderson, Neddermeyer ガ track ノ「イオン」密度等カラシテ同様ノ結果ヲ発表シタノガ来マシタ. ソレデ小生等ハ更ニ此粒子ノ $\frac{e}{m}$ ヲ求メル事ヲ考ヘマシタガ, 結局其鉛ニ於ケル range ヲ求メ e ハ electron ト同ジトシテ m ヲ求メマスト, 陽子ノ $\frac{1}{6}$ 乃至 $\frac{1}{7}$ ノ間ニアルコトガ大体解リマシタ. 然シ此点ハ更ニ精確ヲ期スルタメ実験ヲ進メテ居マス.

heavy quantum ト云フ名前ハ面白イ名前デス. 然シ吾々ハソノ物質ニ対スル behavior カラ云フト proton ニ近イノデ light proton ト云フ方ガ妥当デハナイカト考ヘテ居マス. トモカク e ト m トガアル以上物質ニ近イ粒子デアル点ハ quantum ト云フヨリハ proton ト云ッタ方ガ感ジガヨク出ル様ニ思ハレマス. 然シコレハ実験ノ方カラノ話デ理論ノ方カラハ heavy quantum ハヨク感ジガ出マス. トモカク提唱者タルアナタニ名前ハ御任セシマス. 只 heavy electron ト云フヨリハ light proton ト云ッタ方ガ好イト思ヒマス. radiation ヲ生ズル事ノ少イ点カラ云ッテモ proton ニ近イト思ヒマス.

此粒子ノ存在ヲ実証スルコトハアナタノ理論ガ出テカラズット小生ノ頭ヲ去ラナカッタ問題デス. 然シソノ方法ニ困ッテ居マシタ. ソレハ shower ナルモノガ常ニ決定的ノ結果ヲ迷ハセタノデシタ. 所ガ今度 shower ノ理論ガ出テ電子, 陽子ヲ区別スル方法ガ与ヘラレタノデ, 若シヤアナタノ云ハレタ粒子ガ出テ来ナイカト思ッタノデシタガ果シテ左様デシタ.

尚小生等ノ今日迄ノ実験ニヨルト宇宙線ノ hard component ニハ陽子モ含マレテ居ル様デス.

又陽子カ新粒子カガヨク解リマセンガ, 何レニシテモ鉛デ到底止リサウモナイ大キナエネルギーノモノガ時々止メラレテ居リマス. コレハ原子ヲ崩壊セシメテ居ルノダロウト思ヒマス.

即チ Bohr ノ意味ノ原子核ノ爆発ヲ起シテ居ルノダラウト考ヘテ居マス. コ

レヲ理論ト実験トデ比較スルタメニハ新粒子ト proton 又は中性子トノ衝突ノ cross section ヲ出ス必要ガアルノデ, 今日モ玉木, 小林両君ニ此計算ヲ依頼シタノデシタ. 小林君ハ今日帰郷スルトノ話デシタカラ, 恐ラク御地デ御目ニカヽルト思ヒマスカラ, コレ等ノ点デ御話下サイ (小林君ハ御手紙ノ着イタコトハ知ラナイデ立チマシタ). 御手紙ノ通リ, ヤルベキ問題ハ随分アリマス. 一ツ御互ニ協力シテ折角コチラデ提唱シタ理論ノ帰結ヲ work out シヨウデハアリマセンカ. 手紙デオ互ニ意見ヲ交換スレバ好イト思ヒマス. 然シサシ当リ小林君ガソチラニ行キマスカラ御話シ置キ下サイ. 次ニ Stückelberg ニハ両3日中ニ手紙ヲ書イテ色々ノ点ニ関スル御意見ヲ伝ヘテ置キマス.

ソレカラ御地ヘ行クカ東京ニ来ルカ孰レニモ来ルカ其辺ノ事ヲ尋ネテ見マセウ. 何レニシテモ金ヲ出スコトハ困難デショウ. 先生ハ小生ガ大阪ニ居ルト思ッテ居ルラシイ様デスカラ此辺ノ認識カラ改メテカヽル必要ガアリマス.

尚宇宙線ノ現象ハ shower ノ理論, 新粒子ノ発見ナドデ其解釈ガ非常ニ明瞭ニナッテ来マシタ. 小生等ノ目下ノ問題ハ地下ニ於ケル宇宙線ノ問題デ, コレニヨリ宇宙線現象ニ neutrino ガ役ヲ演ジテ居ルカドウカ^{e}ヲ知リ度イト思ッテ居マス.

理論ノ方カラモ何カ注文ガアッタラ御申越下サイ.

右不取敢要々迄. 　　　　　　　　　　　　　　　　　　　　　　　匆々

- a 書簡 615.
- b $H\rho$ については書簡 60 の注 b を参照.
- c 鉛における range (飛程) とは, 鉛に入射した粒子が止まるまでに走る距離. 鉛を通過する際のエネルギー損失から粒子のエネルギーを求めたのである. 書簡 616 を参照.
- d 宇宙線粒子がシャワーのようにたくさん降ってくる現象. 重い粒子の大規模なシャワーはない. 文書 652 を参照.
- e ニュートリノは, 他の粒子と違って相互作用が極端に弱いので地中深くまで達するだろうと考えた.

618 小林 稔 (住吉区, 大阪) → 仁科芳雄　　　　　　　　　　1937/07/30

一昨日こちらへ帰って参りました. 大阪は御地に較べずっと暑さ酷しく閉口して居ります. 昨日大学ヘ一寸行って参りました 丁度湯川様も坂田君も居られましたので, 例の U 量子の話等伺ひました. 湯川様が急いで居られましたので, もっと詳しいことを承りたいと思ひ乍ら残念でしたが, 又その内に一度

お訪ねすることにして帰りました.

　朝永様の論文同封してお送り致します. 清書だけでもしてと思ってゐましたが, 遅くなってはと存じますので, そのまゝに致しました. 休みを利用して共立社の講座[a]を片附けたいと思ひ頑張ってゐますが中々はかどりません. 来月の10日過に上京するつもりで居ります.

　暑さの折柄御一同様の御健康を切に祈り上げます.

7月30日　　　　　　　　　　　　　　　　　　　　　　　　　　小林 稔

仁科 先生

　　a　仁科芳雄編輯・量子物理学講座の『量子力学（各論）』, 仁科芳雄, 小林 稔, 玉木英彦の共同執筆. 書簡543の注aも参照.

619　仁科芳雄　→　坂田昌一（大阪帝大）　　　　　　　　　1937/08/01

　暑中御見舞難有拝見しました. 皆様御変りありませんか.

　湯川さんの粒子は吾々の方でも存在を認め, 其質量を定めて居ます. 只今の処でprotonの$\frac{1}{6}$か$\frac{1}{7}$位です[a]. 但しこれは確実ではありません.

　重粒子[b]の磁率は出ましたか.

　β線の理論は湯川さんの理論ではどんな変更を見るのですか. 最初の論文では変化ない様に書いてあったと思ひますが, 其後如何なったのですか. 此点湯川君にもよく尋ねて至急御知らせ願ひます.

　尚小生等の実験については先日湯川君に知らせて置きました. 小林君もよく知って居る事ですから聞いて下さい.

　但し宇宙線のhard componentにprotonがある様に云ひましたが, これは未だ確実とは云はれません. 御自愛専一に.　　　　　　　　　　　　匆々

8月1日　　　　　　　　　　　　　　　　　　　　　　　　　　仁科芳雄

昌一 様

　　a　書簡616を参照.
　　b　湯川粒子はheavy quantumともよばれたので, 重粒子は湯川粒子の意味かもしれない. その磁気モーメントは次の論文で求められている：H. Yukawa, S. Sakata and M. Taketani, On the Interaction of Elementary Particles, III, *Proc. Phys.-Math. Soc. Jap.* **20** (1938) 319-340. この論文には陽子と中性子の異常磁気モーメントも求めてある. 重粒子が, これらの粒子を意味することもあろうか？

620 仁科芳雄 → 石井千尋 (清水トンネル)　　　　　　1937/08/01

昭和12年8月1日
仁科芳雄

石井千尋 君

拝啓　先日ハ御手紙難有拝見シマシタ.
　札幌カラ帰ッテ早速手紙ヲ書カウト思ヒ乍ラ, モウ10日バカリ経ッテ了ヒマシタ. 其後御元気デ御勤務ノ事ト思ヒマス. 暑イノデ御察シシマス.
　コチラハ茲1週間休ミデス. 關戸君ハ4, 5日前カラ休暇ヲトリマシタ. 浅野君ハ今日カラデス. 何レモ約2週間ハ休ムツモリデ, 増田君ハ続ケテ来テ居マス. ナルベク誰カ一人ハ来テ居ル様ニスル考ヘデス.
　昨日東京電気無線ノ久野, 高橋両氏ガ来テ色色ト打合セヲシテ行キマシタ. 未ダdataヲ集メテ居ルトノ事デ, 陸軍ヤ気象台ノ方ヲ調査シテ居タ様デス. ソレデ計数管ノ「コインシデンス」回路迄ハコチラデヤリ, ソレカラ先ノ発信, 受信ハ先方デヤッテ貰フコトニシマシタ. 受信ノ方モ電池ヲ電源トスルモノヲ一応設計シテ貰フコトニシマシタ. 恐ラク都会ヲ出ルト交流ノ使ヘナイ処ガ多イダラウト考ヘタカラデス.
　ソレカラ気圧ト温度トハC. W. ノcarrierを出シ, コレニ気圧ト温度トヲ両方乗セル様ニショウトノ事デス. ツマリ二ツノmodulationノ音ノ周波数ヲ著シク離シテ置イテ, ソノ音ノ周波数ヲ夫レ夫レ気圧, 温度ニヨリ変化サセ, 而カモコレヲ自働的ニ記録サセ様ト云フ話デス. ソレデトモカク一度設計シテ見ルト云フコトデシタ. 孰レ出来タ設計ニツイテ更ニ検討スルコトト思ヒマス.
　御多忙中コンナコトヲ考ヘテ居ル暇モナイデショウガ, 何カ気ガ付イタコトガアッタラ知ラセテ下サイ.
　右要々迄.
　御自愛専一ニ.　　　　　　　　　　　　　　　　　　　　　　　　匆々

621 N. Bohr (チスビッレ, デンマーク) → 仁科芳雄　　　　　　1937/08/03

仁科 様
　長旅から戻って以来数週間は忙しくしていましたが, 現在はここチスビッレ

で子供たちにかこまれ落ち着いております．子供たちは全員健康そうで安心しました．私たちは毎日，日本でのすばらしい経験のことを語りあい，あなたや他の誠実な友人の方々に思いを馳せています．私たちはあなたのお国の驚くほどの美しさや魅力をけっして忘れることはないでしょう．いまでもしばしば，あなたや高嶺さんや木村さんや杉浦さんや福田さんや青山さんとともに松島や日光や箱根や宮島や雲仙を旅しているかのような，あるいはあなたとともに京都の離宮の清らかな美しさに見ほれ，鎌倉や仙台や奈良の寺院の厳粛な威厳に深く感動しているような気になります．

真の友人とともにいたことの幸せは，すべて私たちの心のなかは言うに言われぬ美しい一幅の絵としてしまわれています．もちろん，それらがこころよく調和しているのは，隅々まで行き届いたあなたの心配りのおかげです．私たちの心のなかでもっとも大切にしている絵のひとつは，あなたの奥様が［日本の］古来の楽器で美しく演奏され，あなたの小さな子供たちが日本の御馳走の盛られた小さな盆のまえの座布団に座っているところです．私たちはまた，長崎の埠頭に立っておられた私たちの友人たち——いまではそのなかに親切で誠実な桑木さんをいつも含めていますが——をしばしば思い出します．蛇行した航跡はしだいに消えてゆきましたが，しかしそのとき私たちはもっと深いところでいつまでも結び付けられていることを感じていました．

その後もあなたがどれくらい親切に私たちのことに心を配ってくださっていたのかを，中国にいる間をとおしてあなたからの何通もの電報と，満州国ではお役人がどの方も私たちに親切きわめて快適な旅をすることのできるように私たちのために手配されていたことからその都度感じ取ることができました．中国でも興味深く気持ちよく過ごすことができました．私たちは素晴らしい歴史的遺跡がいっぱいの北京と杭州のような美しい処を見物し，どこでも中国の科学者たちにたいへんに親切にされました．中国の科学者たちは研究のための条件を創り出そうと鋭意努力をしていて，国際的な科学者の共同体に加わることにたいへんに意欲的です．

実際，遠く離れた歴史の古い国々を知ることは素敵な経験であり，そして私の旅行が日本の物理学者との以前からの絆をより強くする結果になったとすれば，とりわけ嬉しいことです．お約束したように，この点について役立つと思われる私たちのすべての仕事と議論をあなたにお送りするようにします．Schultz[a]嬢があなた方によろしくと言っていますが，まもなく *Science* に載る予定の短信の原稿のコピーを数日中に送るでしょう．そしてその日本語版を，以前に私たちが話し合ったように，準一般誌に載せていただいたならば，私が大変

に感謝している日本訪問と日本での講義の思い出となるでしょう．そしてまた，先日，堀［健夫］氏から嬉しい手紙をいただきました．氏は拙著『原子理論と自然記述』をご兄弟と共同で日本語に翻訳したいと，親切に申し出てくださいました．氏への手紙に書いておいたようにもちろん翻訳は大歓迎ですが，私たちはすでのこの問題を検討しているので，万事あなたと話し合っていただきたいと氏にはお願いしておきました．

ところで，家族全員と研究所の誰もがなによりもあなたの当地訪問をたいへん喜び，心待ちにしています．そして9月がいいのですが，Rockefeller 財団の理事と会い次第，いろいろの問題を検討するつもりです．詳細はいずれお伝えします．2, 3週間後にコペンハーゲンに戻ったなら，お約束した写真をあなたと他のすべての友人の方々にお送りし，そして前田侯爵と研究所の所長および大学の学長へのもっときちんとした感謝状を書くつもりです．その頃にはたくさんの貴重な贈り物を入れた荷物が到着するでしょう．私たちはそれらの贈り物を家に飾るのを楽しみにしていますし，子供たちはたいへん見たがっています．

あなたとあなたの奥様と子供さんたち，そして日本にいるすべての共通の友人の方々の御多幸を祈っています．

N. Bohr
［英文］

a N. Bohr, Transmutation of Atomic Nuclei, *Science* **86** (1937), 161-165,「原子核の変換」,『量子力学の誕生』;「原子核の変換」, 科学 **7** (1937) 485.

b N. Bohr, *Atomtheorie und Naturbeschreibung*, Springer Verlag, Berlin (1931). 堀の翻訳は出なかった．書簡668を見よ．後に,『原子理論と自然記述』, 井上健訳, みすず書房 (1990).

622 仁科芳雄 → E.C.G. Stückelberg（ジュネーヴ大学）　1937/08/03

東京　1937年8月3日
理化学研究所

E.C.G. Stückelberg 教授
ジュネーヴ大学　物理学教室

Stückelberg 教授

6月6日付のご親切な興味深いお手紙[a]ありがとうございました．このお手紙は大阪大学から東大に，そして私たちの研究所にと回送されてきました．お手紙は，7月初旬に到着したに違いないと思います．不幸にも，私は東京を離れており，お手紙を日本の北部から帰った10日ほど前に拝見しました．私はお手紙を大阪大学の湯川君に送って，彼の理論の現状について尋ね，大阪大学の何人かの人たちに，あなたが訪問することが可能であるかどうかを尋ねました．湯川君の返事をもらいましたので，この手紙を差し上げる次第です．

もちろん1928年にプリンストンであなたを訪ねた際に大変楽しい時間を過ごしたことをはっきりと憶えております．それ以来，あなたは論文の別刷を出版の度に送ってくださいましたが，私たちは，それをとても興味深く勉強させていただきました．

先ず第一に大阪と東京での物理の研究事情についてお話した方がよろしいでしょう．私自身は日本のどの大学にも所属しておりません．理化学研究所という，天皇よりの御下賜金と企業からの寄付によって設立された半官半民の研究所におります．この研究所は現在，純粋基礎研究とその工業的な応用研究に従事しており，政府からの補助金は毎年わずかばかりのため応用研究の成果で研究費を稼ぎ出しております．

湯川氏は30歳を越したばかりですが，大阪大学の助教授で，現在八木［秀次］教室主任の下で研究しております．八木教授は応用物理学の講義をしておられますが，無線通信の専門家です．同教室では，菊池教授が原子核物理の実験に従事しております．ですから湯川，そして菊池教授の助手である坂田氏のみが大阪大学で現代理論物理学に従事している研究者です．しかしながら湯川氏は大変優秀で，新しく発見された新粒子は全く彼自身の考えによるものです．私は彼の理論が提出されようというときに，一度だけこの問題を討論する機会をもっただけです．[b]

東京大学には何人かの若い理論物理学者がおりますが，その大部分の研究は分子理論の研究に関するものです．若干の分光学的研究以外に注目すべき実験は行なわれておりません．

私たちの研究所には若手の理論物理学の研究者が3人おります．朝永，小林，そして玉木君ですが，彼等は核問題に取り組んでおり，あとの2人，武藤［俊之助］，有山［兼孝］は固体物理の理論を研究しております．朝永君は今年6月Heisenbergの下で研究するためライプチッヒに留学いたしました．従ってあなたの路線で働いている研究者は2名のみということになります．小生自身，同じ問題に取り組んできましたが，核物理学の実験研究および宇宙線に関して

膨大な仕事を抱えているため積極的に理論研究に加わるだけの時間的余裕がありません．従って上記の研究者たちとこれからやらねばならぬこと，今までやられたことについて討論しているのみです．

私の研究室での実験について申し上げるならば，われわれは数ヵ月ほど前に，23トンのマグネットで約3 MeVの重陽子線を作り出すサイクロトロンを建設しました．私たちはこの装置を核物理および生物学の研究に用いるつもりでおります．これに加えて，約220トンのマグネットでサイクロトロンを建設します．もし満足にはたらけば約20 MeVの重陽子線をつくりだすはずです．カリフォルニア大学のローレンス教授には，この件について多大のご援助をいただいております．この装置は1年もすれば完成するでしょう．サイクロトロンとは別に，2, 3ヵ月をかけてMV程度の高電圧装置を立ち上げます．宇宙線の研究では，直径40 cmのウィルソンの霧箱を運転しており，後ほど述べますが，これによって私たちも重い電子の存在を発見しました．また宇宙線の本質を解明するため成層圏および地下で宇宙線の測定を行なっております．以上が私の直接関係している実験です．

私たちの研究所には物理学，化学，工学についての実験研究者が沢山はたらいております．物理学では，長岡教授が卓越した研究者として知られており，現在主に分光学の研究に従事しておられます．高嶺・石田両博士は各々独立に同様な課題について研究をしています．西川教授，杉浦博士は，核物理の実験です．私の考えでは，あなたが来日に関連して興味をおもちになりそうな問題は本質的には以上でつきるのではないかと思います．ここに述べた詳細がお役に立てば幸いです．

日本での生活費についてご質問がありました．もちろん大きな幅があり，私は外国人の標準的な生活費がどのようなものか存じません．と言うのは　国内の人は外国人よりも通常，少ない支出で生活できるからです．しかし私の想像では2人で少なくとも月300ないし400円程度は必要でしょう．これより少なくすることもできますが，あまり大きな差は無理でしょう．すべてはどのような生活をするかによるのです．これはあくまでも小生の推量であって，正確な計算にもとづいたものではありません．ついでに付け加えますが，1円は現在1シリング2ペンス（英国スターリング）または米国通貨で28ないし29セントです．

私たちはもちろん，あなたの来日を歓迎いたします．大阪であろうと東京であろうと二つの都市は急行で8時間の距離です．あなたが来日なされば，日本での現代理論物理学の進歩に少なからず貢献なさることでしょう．不幸にして

私たちには外国人が応募できるフェローシップの制度がないのです．ただしドイツとフランスは例外で，これらの国との間には研究者の交流計画があります．私どもにとって不利益な交換レートのために，わが国で外国の科学者の生活を援助することは困難なのです．10年前，私がヨーロッパから帰国する前は，この研究所で働くヨーロッパの研究者が何人かおりました．ところが現在は誰一人おりません．もちろん私たちは，あなたの快適な生活を保障するのに，できるだけのことは致したいと思います．しかし，それができたとしても現在の状態では，経済的に多くをお約束できません．あなたが語学を教えるということも可能です．しかし，少なくとも始めは大きな助けにはならないでしょう．もしスイスと日本の間に教授交換の制度ができるならば，事情は好転するでしょう．しかし，この提案はスイス側からなされなければなりません．そしてその実現にはある程度の時間が必要でしょう．

　先日，私は東京のスイス公使館に電話し職員と話をしました．あなたのご計画について説明し，外国人にとって通常の生活費がどのくらいのものかを尋ねました．彼は生活の仕方によって異なるので，簡単には答えにくい，けれども月250ないし300円は最低必要だろうと職員は申しました．この金額は，単に生活費だけであって，衣服の費用は含んでおりません．この額は上述の私の推定からかけ離れたものではありません．また彼はこれは極くおよその推定額だから，もし詳細をお知りになりたければ，前サンクトガレン大学教授で，現在はおそらくベルン市社会経済課の職員である Paul Keller 氏にお尋ねになった方がよろしいということでした．彼は休職期間中，日本に約9ヵ月間滞在した経験があり，あなたが必要とする知識は全て与えることのできる立場にあります．

　さて話題を物理に移しましょう．あなたは「統一場の理論」の第三部を公表する予定だとお書きになりましたね．湯川と私は大きな興味をもち，ぜひ拝見したいと思います．湯川は最近，短信を *Proceedings of Physico-Mathematical Society* の 19 巻 7 号 1937 年 712 頁に出版しました．彼の手紙によると，しばらくこの問題に手をつけていなかったが極く最近この問題に再び本気で取り組み始めたということです．Oppenheimer と Serber が *Physical Review* のレターの形で (*Phys. Rev.* **51** (1937) 1113) 提出した異議は未だに克服されていませんが，彼は理論が正しい路線にのっていると信じております．間もなく最近の研究成果を公表するつもりでおります．彼からの手紙によれば，あなたの理論は第一近似の範囲で彼自身のものと一致するということです．彼は成果を認めていただいたことに大変感謝しております．くれぐれもよろしくと申しております．

次に，宇宙線の透過力の強い成分についての私たちの実験結果にあなたは興味をおもちになるのではないかと思います．BhabhaとHeitler，そしてOppenheimerとCarlsonがシャワーについての理論を発表して以来，上述の大型Wilson霧箱を用いて海面の高さの宇宙線はどれだけの部分が電子と光子から成り，どれだけが陽子によるものかを測定しようとしました．方法は霧箱の中に入れられた鉛の板（厚さ1.5ないし3.5 cm）を透過する宇宙線粒子の飛跡を写真乾板で測定するというもので，鉛板の厚みは電子が衝突でシャワーを作り出すのに対し，陽子はシャワーを全く発生せずに透過するという現象に注目しました．その結果，海面上で宇宙線粒子の10ないし20％は電子であり，残りはシャワーを全く引き起こさないので重粒子であるということが分かりました．しかしながら，後者の粒子の中に，陽子と同じ$H\rho$をもちながら，はるかに高い鉛に対する透過力をもつものが多くあったのは驚きでした．これと同時にStreetとStevenson，さらに続いてAndersonとNeddermeyerの論文が手に入りました．私たちの結果は彼等のと一般的に一致するのです．われわれは以来，実験を継続し，新しい粒子の質量のもっと正確な値を求めようとしております．その電荷が電子と同じと仮定して，われわれは鉛板の中での臨界飛程を見いだすのです．飛跡の曲率から粒子のエネルギーを知り，イオン化のみでエネルギーが失われると仮定して，その質量を計算することができます．現在までのところ，質量をきめることができる飛跡を私たちは1本だけ得ています．その質量は陽子の1/7ないし1/6でありました．この結果は暫定的なものに過ぎず，将来変わるかもしれません．最終的な値が得られるのは，臨界エネルギーをもつ飛跡をもっと多く手に入れてからです．

　海面上の宇宙線が全て上述の透過成分よりなる新粒子なのか，一部分は陽子なのかは，いまのところ分かっておりません．一つだけ言えるのは，これらの粒子は厚さ3.5 cmの鉛板で止められるということが，ときとしてあるということです．これが陽子であろうと，新しい粒子であろうと，このような大きなエネルギー損失はイオン化では説明できません．これが鉛の原子核の崩壊によるものか，それとも他の相互作用によるものかは将来の問題です．われわれは上述の結果を *Physical Review* の「レター」欄に投稿する予定です．

　あなたの訪日について，私どもが提供できる情報または援助できることがあれば御遠慮なくお便り下さい．

仁科芳雄〈理博〉

追伸　現在，われわれは，北支方面で戦争状態にあり，これは間もなく片づく

と思っておりますが，どのくらい時日がかかるのかは誰も見当がつきません．

　もう一人大阪大学の若い理論物理学者，伏見のことを申し上げるのを忘れておりました．彼はいま量子論の数学的基礎について研究しています．

[英文]

- a 書簡 600．
- b 1933年4月の日本数学物理学会の年会（東北帝大）における講演で，湯川は「核力は電子によって媒介されるとしたら多くの困難に出会う」ことを指摘した．仁科は「ボース統計に従う電子を考えたらどうか」と示唆した．湯川は，知られていない粒子の存在を仮定することに躊躇したが，1934年に核力を媒介する粒子は質量が電子の200倍程度でなければならないことに気づき，新粒子の導入に踏み切った．それはボース粒子だった．参考：『旅人』，p. 225, pp. 233-235.
- c 湯川の予言した粒子のこと．これは後に中間子とよばれる．
- d $H\rho$ を測ると粒子の運動量 p が知れるが（書簡60の注b），それが大きいなら粒子のエネルギーは pc にほぼ等しい．c は光速である．
- e 書簡616およびその注bを参照．
- f 1937年7月7日，北京郊外の盧溝橋で日中両軍が衝突，日本は対中戦争を始める．

623　仁科芳雄　→　湯川秀樹（大阪帝大）　　1937/08/05

　　　　　　　　　　昭和12年8月5日　　理化学研究所
　　　　　　　　　　　　　　　　　　　　仁科芳雄

湯川秀樹 君

拝啓　其後如何デスカ．理論ノ方デ何カ新シイ事ガ出マシタカ．

　扨テアナタノ理論ノ帰結ニツイテ，又吾々ノ実験ト理論トノ関聯並ニ論文等ニ就イテ，オ互ニヨク話シ合ッテ出来ルダケ吾国ニ於ケル理論並ニ実験ノ方ノ収穫ヲ多クスルタメニ，一度会合シテ討議ヲ行ッテハドウデショウカ．

　サシ当リ小生ノ方ノ問題トスル処ハ新粒子ノエネルギー損失ノ問題デス．先日ノ拙書ニモ書イタ通リ，ドウモ鉛3.5糎（センチ）デハ電離ニヨルダケデハ到底止メラレナイ様ナエネルギーノモノ（コレハ陽子カ新粒子カハ不明）ガ時々止メラレテ居ルノデ，コレガ原子核破壊カ又他ニエネルギー損失ノ理由ガアルノカ，又ハ陽子ヨリモ更ニ重イ粒子ナノカ，此辺ノ事ガ判明シナイノデス．コレガ当面ノ討議題目デス．

　其他ニアナタノ方ノ理論ノ帰結ガ伺ヒ度イト思ヒマスシ，吾々ノ実験ノ結果

ニ就テ今少シ討議ヲ重ネタイト思ヒマス．コレハ要スルニ此新粒子ニ関スル問題ノ帰結ヲ早ク進メタイト云フ希望ニ外ナラナイノデス．勿論ソレハ理論的ニモ実験的ニモ．

ソレデ小林君其他ノ人ガ帰京スルノヲ待ッテ本月15日ト20日トノ間ニ1日当地デ相談会ヲ開イテハドウデショウカ．当地デヤル理由ハ，コチラノ方ガ御地ヨリハ少シ涼シイト思ハレルカラデス．

コレニ対シテハ色々ノ反対意見モ出ルデショウ．ソンナコトヲスルヨリハ1日モ早ク計算ヲ進メタ方ガ好イトカ，未ダソンナコトヲスルノハ早過ギルトカ．然シ恰度休暇デモアリ，オ互ニ仕事ニ刺戟ヤ暗示ヲ得ルト云フ方カラ云ッテモ好イ時機デハナイデショウカ．

又新粒子ノ名前ノ問題モアリマスカラ好クハナイデショウカ．御地カラハアナタト坂田君ト来テ貰ヘバ好イト思ヒマス．ソノ旅費（但シ実費ニ少シ毛ノ生エタ位ノモノ）ハコチラカラ出シマス．

コチラノ人ハ玉木，小林両君，実験ノ方デ竹内，一宮両君位ノモノ，或ハ理論ノ方デ富山，有山君ナド其頃在京デアッタラ加ハッテ貰ッテモ宜シイ．

以上ニ対スル御意見御知ラセ下サイ．勿論時機ハモット晩クテモヨロシイ．然シ9月ニ入ラヌ方ガ好イカト思ヒマス．学校ガ始マリマスカラ．

要スルニ日本デ提唱サレタ理論ヲナルベク早ク日本デ完成サセ度イト云フノガ動機デス．コンナ集リナラバ更ニ今後何度モヤッテ好イト思ヒマス．

Stückelberg ニハ返事ヲ出シテ置キマシタ．先日ノ『数物』[b] ノ note ノ別刷ヲ送ッテヤッテ下サイ．

右御尋ネ迄． 匆々

[a] この企てが後に「中間子討論会」に発展した．理研の講演会や学会の年会のあと理論家と宇宙線の実験家が集まり自由に討論したのである．参考：坂田昌一『物理学と方法』，岩波書店 (1951), p. 78．これは，さらに「素粒子論グループ」に発展する．参考：広重 徹『戦後日本の科学運動』，p. 180．
[b] 数学物理学会の学会誌．

624 仁科芳雄 → 石井千尋 (清水トンネル)　　　　1937/08/05

昭和 12 年 8 月 5 日　理化学研究所
仁科芳雄

石井 君

4日附御手紙拝見.

coincidence ノ amplifier モ将来ハ先方ニ頼ム様ニナルト思ヒマスガ, 計数管ノ方ガ未ダ充分出来テナイノデ, コチラデ一応 amplifier 迄ヤッテ, 好イト云フ見当ガ付イタ処デ先方へ渡スト云フコトニシマシタ. 従ッテソレ迄ハ先方モ data ガ確実デナイノデ, 設計モ判キリシナイト思ヒマス. 然シ設計シテ貰ッテ居ル間ニコチラモ進ムカラ, 其内ニ先方へ渡セルト思ヒマス.

気圧ト気温トノ double modulation ハ極メテ簡単デ, マダマダ沢山乗セラレルトハ久野氏ノ話デス[a]. ソレデ其方法ノ詳細ハ尋ネナカッタノデスガ, 何デモ極メテ容易ダト引キ受ケテ呉レタノデ, トモカク設計ヲシテ貰フコトニ頼ミマシタ.

孰レニシテモ万事設計ヲ見テカラノ話デス. 設計ガ来タラ御知ラセシマス.

気象台ノ方ハ 8 月 16 日ヤルトノ事デス. 東京電気ノ久野[b], 高橋氏モ見タイト云フ話ナノデ, 気象台ニ見学ヲ依頼シテ置キマシタ.

右要々迄　　　　　　　　　　　　　　　　　　　　　　　　　匆々

[a] 注 b の久野のことであろう.
[b] (株)東京電気無線の久野拓治. 書簡 635, 646, 650 を参照.

625　友枝高彦（日独文化協会, 東京）→ 仁科芳雄　　　1937/08/06

拝啓　益御清栄の段奉賀候. 陳者貴研究所と莱府大学（ライプチッヒ）との間の交換学生の件につき別紙の通り来信有之候につき貴覧に供候.　　　　敬具

昭和 12 年 8 月 6 日　　　　　　　　　　　　　　　　　　　　友枝高彦

仁科芳雄 殿
　　　侍史

[以下, 添付の書簡. 独文, 書留]

　　　　　　　　　　　　　　　　　　　　　（社）ドイツ学術交流局[a]
　　　　　　　　　　　　　　　　　　　局長　退役将軍 Ewald von Massow
　　　　　　　　　　　　　　　　　　　　　　　1937 年 7 月 16 日

日比谷公園・市政会館
日独文化協会
会長　大久保 公爵殿

会長殿！

　将軍 von Massow 氏は，4月17日付のお手紙を5月5日に受け取られ，その処理を私に託されました．私は，次のことをお伝えします．ドイツ学術交流局は理化学研究所の仁科教授との交換計画を喜んで遂行いたします．しかし，ドイツ側の候補の指名がまだできておりません．そのため，お手紙への返事が遅れており，申し訳なく存じます．その間，朝永振一郎氏がライプチッヒに到着されました．ドイツ学術交流局は，彼に7月1日から12ヵ月にわたり毎月150ライヒスマルクを支給し，ドイツからの候補者が東京到着の日から毎月15円の奨学金を12ヵ月にわたって受け取ることを期待します．

　ドイツ物理学者の指名が早く行なわれることを希望します．

　　　a 書簡474の注bを参照．友枝高彦については書簡637の注aを見よ．

626　湯川秀樹（大阪帝大）　→　仁科芳雄　　　　　　　1937/08/07

拝復　新粒子に関する貴地の御会合に小生も参加させて頂けます由誠に有難く存じます．但し小生の方には未だ何も材料が出来て居りませんし，それまでに少しでも考へをまとめて置き度存じますので19日か20日位にして頂ければ最も好都合と存じます．^{a}

　坂田さんは只今旅行中ですが10日頃帰宅の由故充分間に合ふ筈です．尚旅費の事まで御高配を煩し恐縮ですが当方から進んで参上致すべき筈の所ですから小生の方は御辞退致します．唯坂田さんの分丈出ますれば望外の喜びと存じます．

　先は右御返事のみ　　　　　　　　　　　　　　　　　　　　　　　早々
　　　　　　　　　　　　　　　　　　　　　　　　　　　　　［葉書，日付は消印］

　　　a 書簡623参照，その注aも．

627　小林　稔（住吉区，大阪）　→　仁科芳雄　　　　　　1937/08/08

酷暑の折柄先生にはお障りもございませんか，お伺ひ申し上げます．皆様には今年も北軽井沢へお出掛けの由承りましたが先生は研究室へもお出になるこ

とゝ思ひ昨日大和より西瓜を少々お送り致しました．軽井沢の方と思ひましたが所書を失念致しましたので，着きましたら研究室の皆様でお上り下されば結構です．私は大変勝手乍らもう1週間程休ませて頂き度う存じます．共立社の方[a]を早く片づけたいと思ひ乍らいろいろ雑用が多く中々はかどりません．計算も気になってゐるのですが，時節柄御自愛御専一の程祈り上げます．

[葉書]

 [a] 書簡618の注aを見よ．書簡543の注aも参照．

628 梅田 魁 (北海道帝大) → 仁科芳雄　　　1937/08/10

仁科 先生

1. 先日は御丁寧にお礼状戴き恐縮致しました　何も行届かなくて申訳ございません．手の具合が未だに悪いのでつい書くのがおっくうで失礼してしまいました．数物[a]がすんだらガッカリしたのとあのあとこゝがとても暑く東京と変らなかったのですっかりのびてしまいボンヤリして居ります．先生お元気に相変らず理研へ出ていらっしゃる様子，私達も夏がかき入れ時なのに捗しくなくていけません．

2. 朝永さんの論文 Kroll に見て貰ひました．Kroll も丁度仕事が一段落つき書き上げてた最中でしたので一通り見てくれました．丁度タイピストも休みといふお話なのでこゝで打たせました．別便でお送りします．（手が悪いので妻に直させましたからきたなくてすみません）お手紙を頂く日帰り道々 relative coord. ばかりの函数で Hartree の H に対応するものを造ったらなど考へ relative coord. を全部とっては linearly dependent なので困るからせめて重心からの距離をとったらなんて考へて家へ帰りついたらお手紙で朝永君の[b]がそれに関連した事なのでおかしく思ひました．

3. Kroll も短いのですが Zur Theorie der Druck Abhängigkeit von Leitfähigkeit und Thermokraft der einwertigen Metalle といふのがまとまってくれて政治的に非常に具合がよいでした．今月下旬何やかの用事で上京すると云って居ります．十和田湖を見て有山君の行ってる富士見へも行く積りらしいです．

3. Bethe の theoretical[c] が出て夏休中の仕事が出来てしまひました．Kroll も echt Bethe と云ってあきれてゐます．もうこんなに材料がたまったかと驚

いてゐます. liquid drop model の所で私達と同じやうな事を書いてゐます. 早く丁寧に見たいと思ひますが教室中を廻覧中で待遠しいです. 共立社の原稿^{d}も up to date に書くのが心配です.
4. 先生 light proton^e の mass は詳しく決りましたか.
5. 乍末筆御奥様お加減其後如何でいらっしゃいますか. 妻が御手紙差上げねばと云ひ乍ら御無沙汰して居ります. どうぞよろしくお伝へ願上げます.

梅田 魁

  a 書簡 551 の注 d を参照.
  b S. Tomonaga, Bemerkungen über die Kinetische Kernenergie im Hartree-Fock Modell, *Sci. Pap. Inst. Phys.-Chem. Res.* **32** (1937) 229.
  c 書簡 729 の注 a を見よ.
  d 書簡 543 およびその注 a を参照.
  e 湯川の中間子のこと. light proton とよぶことは仁科の提案. 書簡 617 を参照.

629 仁科芳雄 → 竹内 柾・一宮虎雄 (横須賀海軍工廠)　1937/08/12

昭和 12 年 8 月 12 日
仁科芳雄

竹内 君
一宮 君
 昨夜話スコトヲ忘レタコトヲ書キマス.
1. 昨日書イテ貰ッテ居タ mass-$H\rho$ 曲線ヲ至急送ッテ下サイ. 『科学』ニ出ス^{a}ノデスカラ.
2. triple coincidence ヲナルベク早クヤッテ見テ下サイ. 来ル 19 日ノ討議会^{b}ニ於テ「果シテ軽陽子ガ鉛デ止メラレルヤ否ヤ」ハ重要問題トナリマスカラ, 少シデモ手掛リヲ得テ置キ度イト思ヒマス.
3. 昨夜ノ X ヲ 8 デ割ッタノハ誤デシタ. X ハ比ヲ取ッタノデスカラ一方ガ 8 倍サレルト同時ニ他方モ 8 倍セラレテ居ルノデスカラ. 従ッテアレデハ loss ガ大キイカ小サイカ判ラナカッタ訳デス.
 右要々迄   匆々

4. 湯川君等トノ会合ヲ本月 20 日ト云ヒマシタガ, コレハ本月 19 日ニ変更シマス. 時間ハ後ニ通知シマス. 場所ハ理研原子核実験室.

a 「新粒子の発見」, 科学, **7** (1937) 408-411. その原稿は 652 に収録.
  b 書簡 623 参照, その注 a も.

630 仁科芳雄 → 湯川秀樹 (大阪帝大)   1937/08/12

昭和 12 年 8 月 12 日
仁科芳雄

湯川 君
　御ハガキ難有拝見シマシタ. 会合ノ時日ハ本月 19 日ニシタイト思ヒマス. 時間ハ午前 9 時カ 10 時頃. コレハアナタノ方ノ御都合ノ好イ時間ニシマスカラ知ラセテ呉レマセンカ.
　場所ハ理化学研究所, 原子核実験室. 尤モ此処ハ暑イカモ知レマセンカラ, ソウシタラ又何処カヘ行キマセウ. 以上坂田君ニモ伝ヘテ下サイ.
　旅費ハ孰レコチラデ御相談致シマセウ. コレハ小生ノ研究室ノ方カラ出シテ置ケバ好イノデスカラ少シモ御遠慮ニハ及ビマセン. 但シソチラニ送金スルコトハ面倒デスカラ, コチラニ御出デノ時御渡シシマス. コレモ坂田君ニ御伝ヘ下サイ.　　　　　　　　　　　　　　　　　　　　　　　匆々

　時間ヲ午前 9 時カ 10 時ト云ヒマシタガ, コレハ午后ニナッテモ或ハ晩デモ差支ヘアリマセン. 御都合ノ好イ時ヲ知ラセテ下サイ.
　出席者ハ, コチラデハ仁科, 小林, 玉木, 竹内, 一宮, ソチラデ湯川, 坂田, ト考ヘテ居マスガ, 此外ニ御希望ガアレバ御申出デ下サイ.

  a 書簡 623 参照, その注 a も.

631 仁科芳雄 → 小林 稔 (住吉区, 大阪)   1937/08/12

昭和 12 年 8 月 12 日
仁科芳雄

小林 君
　御ハガキ難有拝見. 又西瓜ヲ沢山送ッテ下サッテ有リ難ウ. 皆ンナデ喜ンデ食ベテ居マス. 御礼申上ゲマス.

扨テ例ノ湯川君ノ理論ニ関スル懇談会[a]ノ様ナモノヲ開イテ, 折角湯川君ノ提唱シタモノナノダカラ, コチラデ理論的ニモ実験的ニモ展開サセテ行ク契機ヲ捕ヘテハドウカト思ッテ湯川君ニ相談シタ処, 幸ニ承諾ヲ得タノデ, 本月19日, 湯川, 坂田両君ヲ迎ヘテ当地デオ互ニ話シヲスルコトニ定メマシタカラ御承知下サイ.

時間ハ大阪ノ方ノ人ノ都合モアル事ト思ヒマスカラ, ソレニ従フコトニシ通知ヲ頼ンデ置キマシタ.

場所ハ理研, 原子核実験室. 但シ余リ暑カッタラ涼シイ所ヘ行クツモリ.

出席者ハ前両君ト, 当地デハ小林, 玉木, 竹内, 一宮ノ諸君位デハドウカト思ッテ居マス.

右要々迄 匆々

御令閨様ニヨロシク. 小生ノ所デハ皆ンナ北軽ヘ本月初カラ行ッテ居マス. 小生ハズット理研ヘ出テ居リマス.

[a] 書簡623参照, その注aも.

632 仁科芳雄 → 田中正道 (東京芝浦電気)　　1937/08/12

拝啓　今日ノ御出発ヲ御見送リ出来ナイノハ遺憾デス. 参ル積リデシタガドウシテモ避ケラレナイ差支ヘノ為駄目ニナリマシタ. 何卒御無事御旅行ヲ祈ッテ居マス.

「アンダースン」博士ヘノ写真ハ未ダ満足ナノガ出来ナイノデ残念乍ラ御好意ヲ無ニスルコトニナリマシタ. 其内ニ面白イモノガ得ラレタラバ米国宛ニ御送リ致シマセウ.

重ネテ御旅行ノ愉快ナランコトヲ祈リマス.

敬具

8月12日　　　　　　　　　　　　　　　　　　　　　　　　　仁科芳雄

田中正道　様

カリフォルニヤ大学ノローレンス教授, 嵯峨根君ニヨロシク. 誠ニ御面倒乍ラ別封嵯峨根君ニ御渡シ下サイ.

633 仁科芳雄 → 高橋敏男（東京電気無線）　　　　　　　　1937/08/12

　　　　　　　　　　　　昭和12年8月12日　　理化学研究所
　　　　　　　　　　　　　　　　　　　　　　仁科芳雄
東京[電気]無線株式会社
高橋敏男 様
　拝啓　過日ハ御多忙中遠路態々(わざわざ)御来所ヲ辱ウシ難有奉謝候. 扨テ其際申上候中央気象台ノラヂオゾンデ見学ノ件ハ昨日先方ヨリ電話有之, 特許ニ関スル事項有之候為メ見学ヲ辞(やめ)ル旨申来リ候間, コレハ中止ノ事ニ御諒承願上候.
　就テハ先般御願申上候装置ノ電源ニ関シ, 今一度御打合セ申上度, 当研究所ノ野口孝重博士ト同道関係者3,4人御社ニ参上致シ度候ニツキ, 御都合宜シキ時日御知ラセ被下度, 出来得レバ本月21日以後ノ方当方ニハ好都合ニ御座候ヘ共, 19日, 20日ノ両日ヲ除ケバ他ノ日ニテモ宜敷ク候.
　尚此件ニ関シテハ御社久野氏ヘモ同様ノ拙書差出置候間, 御打合セノ上御都合御知ラセ被下度願上候.　　　　　　　　　　　　　　　　　　敬具

　　　a 書簡620を参照.

634 仁科芳雄 → 梅田 魁（北海道帝大）　　　　　　　　1937/08/13

　　　　　　　　　　　　昭和12年8月13日　　理化学研究所
　　　　　　　　　　　　　　　　　　　　　　仁科芳雄
梅田 魁 様
　御手紙並ニ朝永君論文タイプ迄シテ送ッテ下サッテ有リ難ウ御座イマシタ. 大助カリデシタ. クロルニモドウカ宜敷御礼ヲ云ッテ下サイ. 別ニ手紙ヲ出シマセンカラ.
　Betheノ本ニハ全ク驚カサレマス. ヨク出来ルモノデス. マダ読ム暇ガアリマセン.
　light protonノ mass ハ未ダアノ儘デス. 実験結果カラハ protonノ 1/6乃至 1/7と出マス. ドウモ少シ大キ過ギル様ニ思ヒマスガ仕方ナイノデソノ儘デ Phys. Rev. ニ note を出シテ置キマシタ. 或ハ nuclear collision ヲ行ッタ為ニ大キク出過ギタノカトモ思ハレマス. トモカクモット同様ナ写真ガ沢山ナクテ

ハ確カナ事ハ云ハレマセン.

奥様ニヨロシク. 小生ノ方ハズット東京ニ居マス. 家族ハ北軽井沢ニ行キマシタ.

此19日頃大阪カラ湯川, 坂田両君ニ来テ貰ッテ新粒子ノ懇談会ヲスル積リデス. 湯川君ノ理論ハ1, 2ノ点ヲ除イテハ好イ様デス. 或ハ新粒子ハヤハリ湯川君ノ云ッタモノダロウト思ハレマス.

先ハ御礼迄. 御自愛専一ニ　　　　　　　　　　　　　　　　敬具

a 書簡628およびその注cを参照.
b 仁科は書簡617で湯川粒子をlight protonと呼ぶことを提案している.
c 書簡617を参照. その注bも.
d 書簡649の注g.

635 久野拓治・高橋敏男 (東京電気無線) → 仁科芳雄　　1937/08/14

　　　　　　　　　　8月14日　　東京電気無線株式会社製造部
　　　　　　　　　　　　　　　　　　　　　　　　　久野拓治
　　　　　　　　　　　　　　　　　　　　　　　　　高橋敏男

仁科芳雄 殿
　　　侍史

拝復　時下酷暑の砌益々御清勝の段大慶至極に存じ上げます. 偖, 過日は種々御教示にあづかり今又御丁重なる御挨拶に接し誠に有難く厚く御礼申上げます.

　気球送受信機の件にて御来社[a]を賜はります趣, 若し私共両人にて御役に立つ事で御座いますれば当方より参上致すべきが当然と考へられますので, 御電話をいたゞけますなら日時御示しの際何時にても参上仕ります.

　尚御来社の栄を得ます場合は23日月曜日午前中適当かと存じて居りますから, 御待ち申し上げて居ります.

　尚当方地上用受信機の設計を概略完了, 送信方式の決定と送信条件の確定次第, 詳細仮仕様製作致し度き心算に居ります次第, 簡単ながら近況御報告迄申上げます.

　　　右御返事迄.　　　　　　　　　　　　　　　　　　　　　　敬具

a 書簡633を参照.

636 湯川秀樹（大阪帝大）→ 仁科芳雄　　　　　　　　　　　　　1937/08/16

拝復　御手紙拝読．小生及び坂田さんは 18 日のかもめで上京の予定です．19 日[a]は何時でも差支御座いません．兎に角 19 日朝 9 時頃に理研へ参ります．
　先は取敢ず右御返事のみ．早々

西宮市苦楽園
湯川秀樹
［葉書，日付は消印］

　　a 書簡 623 とその注 a，書簡 626, 630 を参照．

637 仁科芳雄 → 友枝高彦（日独文化協会，東京）　　　　　　　1937/08/17

　　　　　　　　　　　　昭和 12 年 8 月 17 日　　理化学研究所
　　　　　　　　　　　　　　　　　　　　　　　　仁科芳雄

日独文化協会
友枝高彦[a] 様

拝復　愈々御清祥奉賀上候．
　過日ハ萊府（ライプチッヒ）大学ヨリ当研究所トノ交換学生ニ関スル来信（写）[b] 御親切ニ御送附被下難有拝見仕候．先方ノ御響モ正ニ拝承致候．適当ナル交換学生ノ候補者通知有之次第当研究所長ノ許諾ヲ経タル上小生ニ於テ引受ケ可申候．
　種々御配慮ヲ辱ウ致候処朝永振一郎君モ無事ニ萊府ニ到着致シ，目下休暇ヲ利用シテ語学ノ練習ニ専念致居候旨申越候．
　右不取敢御礼旁々御通知迄申述候．　　　　　　　　　　　　　敬具

　　a 東京帝国大学・文学部教授．東京市本郷区曙町で仁科の近くに住んでいた．参考：
　　　山崎文男「空襲下共同生活の 1 年」，自然，1979 年 10 月号．
　　b 書簡 625．

638 Norsk Hydro-Elektrisk Kvælstofaktieselskab （ノルウェー）[a]
→ コペンハーゲン大学理論物理研究所　　1937/08/18

18/8 - 1938[b]

重水について

　今年3月8日付の――B. Schultz 氏署名による――手紙で理論物理大学研究所は 99% 重水 1000 g を注文され，これは今年 4 月 15 日頃納入されました．

　今年 3 月 11 日付の 10% 重水 60 ℓ の貸与に関する手紙――G. Hevesy 教授照会――に関しては，私共はこれを受諾し，私共の請求書によると，4 月 8 日に研究所に納入されました．

　これに関連し次の事柄をお知らせしたいと思います．

　我が社の日本における重水販売代理者は理化学研究所の仁科教授と 500 g の重水について長い間交渉していると報告してきました．我が社の代理人が改めて上記の教授に苦情を申し込んだ結果，今年の始めにすでに彼は 500 g の重水を手に入れていたことが明らかになりました．さらに我々が得た情報によりますと，Prof. Nishina はコペンハーゲンの大学の Prof. Niels Boor（ママ）（又はこれに似た名前の教授）と知人であることがわかりました．Prof. Niels Boor（ママ）は日本の教授に重水 500 g を委託しておいたようです．これは彼に感謝の意を表する為のようでした．

　我々は重水を自分で使用する場合にのみ納入しています．これについては販売の条件になっている通り，購入者は又売りすることはできません．つまり他の人の手に渡ってはいけないことになっています．

　この点に関し今年 4 月 8 日の請求書分について具申したいと思います．

　もちろん我々は上記の日本から得た情報が完全に正しいのかどうか，何か誤解があるのか確かではありません．我々は代理者にたゞちにこの点を明らかにさせる義務がありますので，恐縮ではございますが貴殿に納入した重水の一部が他に渡され，更に上記の日本の Prof. Nishina に渡されたかおたずねしたいと思います．

　上記の質問について貴研究所が何か参考になる事を，お知らせ下さり，事が明らかになれば大変幸いに存じます．　　　　　　　　　　　　　　敬具

Norsk Hydro-Electric Nitrogen Corp.

［訳者不明の翻訳文］

a 書簡604の注aを参照．
b 日本語訳のみが残っている．日付が18/8-1938となっているが，誤りであろう．なぜなら，書簡642（1937年8月25日付）は，これに対する返信と考えられるが年がちがう．書簡に「今月19日付の手紙に関し」とあるところから月日は正しいと考えられる．本書簡の日付は，正しくは1937年8月18日であると考える．玉木英彦（「Hevesy－仁科書簡集について」，*NKZ* **18**（1983），22-32）は「今月19日付の手紙」は「Bohrの研究所で実験に使うというので値引きしているものを，ノルスク・ヒドロから見れば得体の知れない日本人に転売するなど，不都合だ」というのだったと書いている．書簡597およびその注a，書簡645を見よ．

639 中谷宇吉郎（北海道帝大）→ 仁科芳雄　　　　　　　　1937/08/20

拝復　御手紙難有う御座いました．私は1週間程前に上京5日間で帰って参りました．丁度軽井沢へ行かれ御留守だったもので失礼しました．

今度は子供の病後で心配だったもので出来る丈け早く帰りました，大した事もなく，只病後の為一寸した失敗が取りかへしつかぬ様になると悪いので只今非常に注意して居ります．

共立社の講座[a]の件承知致しました．御指図の如くとりあへず少し宛読みかけて見ませう．どうせ実験の方しかろくにかけませんが，その点は何卒御了承を御願ひします．

帰札匆々忙しいもので簡単乍ら一寸御挨拶迄．早々
8月20日　　　　　　　　　　　　　　　　　　　　　　　　　　中谷宇吉郎

仁科芳雄　様

衝突イオン化電圧とスペクトルのイオン化電圧との関係はいづれゆっくりスペクトルをかゝれる方と相談致します．

a この頃，刊行された仁科芳雄編集の「量子物理学講座」（共立社）には中谷の著は入っていない．書簡543の注a，618の注a参照．

640 湯川秀樹（大阪帝大）→ 仁科芳雄　　　　　　　　　[年不明] 08/21[a]

拝啓　昨日帰宅致しました．昨日は色々有益なるお話を承り且又御鄭重なる御

もてなしに預り，愉快なる1日を過させて頂きましたことを厚く御礼申上ます．尚又旅費迄御心配下され恐縮に存じます．

　先は取敢ず右御礼まで，いづれ又先生の方の実験が進み新しい結果の知らせて頂ける日を鶴首して居ります．理論の方も精々早く定量的な結果を出したいと思って居ります．　　　　　　　　　　　　　　　　　　　　　早々
8月21日

[葉書，日付は消印]

　　a 発信年不明．1937年8月19日には書簡623, 636の会があり，湯川は理研で「Heavy Quantaについて」講演しているので，ここに入れる．8月21日は，1939年には外遊中，1940年には北海道で入院，7月28日に大阪に帰ってからも静養中であった．1938, 1941年の可能性は残っている．

641　仁科芳雄　→　瀧沢英夫（ラジオ放送局）　　　1937/08/22

　　　　　　　　　　　　昭和12年8月22日　　理化学研究所
　　　　　　　　　　　　　　　　　　　　　　仁科芳雄

放送局
瀧沢英夫　様
拝啓　先般御話ノ来ル8月28日「ラヂオ随筆」ニ於ケル小生放送ノ演題並ニ要旨別紙ノ通リニ御座候間，可然御取計ラヒ被下度候．　　　　敬具

　　　（人ト其）環境[a]

　人ハ環境ニ適応スル能力ノ極メテ大キナモノデアル．又非常ナ環境ニ於テハ自ラモ驚クヤウナ事ヲ奇蹟的ニヤッテノケル．コレガ生キモノ特ニ人間ノ特性デアル．

　コレカラ考ヘテ見ルト個人ノ先天的天分ト云フモノト後天的ニ修得シタモノトノ区別ハ困難デアリ，多クノ人ノ考ヘル様ニ天分ナルモノガ動カスベカラザル重要性ヲ有スルモノトハ思ハレナイ．

　トモカク環境ガ人ヲ作リ其人ガ環境ヲ作ル．ソシテ社会ハ上ッタリ下ッタリシテ歴史ヲ作ッテ行ク．　　　　　　　　　　　　　　　　　　　（終）

　　a 同じ題の，同じ趣旨の随筆が雑誌・中央公論，1938年1月号に載っている．

642 N. Bohr (理論物理学研究所, コペンハーゲン) → Norsk Hydro-Elektrisk Kvælstofaktieselskab[a] (ノルウェー)   1937/08/25

25/8-1937　　University Institute
　　　　　　　　Theoretical Physics

Norsk Hydro-Electric Nitrogen Corp. sec. H. 殿

　貴殿の今月19日付の私の指揮する当研究所宛の手紙に関しましては，貴社の日本代理人が疑った事は本当でありますので，私は心から残念に思っています．
　つまり，私は3月8日に注文したあと6ヵ月間海外旅行の為留守にしていたのですが，Norsk Hydro から納入された重水の一部は Prof. Nishina の指揮する理化学研究所に転送され[b]，これについては代金と送料を受け取っていました．旅行中，4月15日から5月20日まで日本に滞在し，Prof. Nishina も訪問しましたが，この人は，私の親密な友達で，また彼は，1922年から1927年までコペンハーゲンに滞在中共同研究者として我が研究所とも密接な関係を持っていました．この時（旅行中）も，また他の方面からも貴殿からの手紙を受けとるまでは，このことについては何も聞いていませんでした．現在当研究所の共同研究者の多くは休暇中ですので，今の時点で私の言えることは，多分品物の発送をアレンジした科学者は，ビジネスの知識をあまりもたなく，貴殿の転売の禁止は形式的なもので，転売禁止の理由は，転売により不当な利益を得ることを防ぐためのものと誤解していたのであろうということです．1週間以内に，この件に関係していた者が，休暇から帰りますので，帰り次第，事の真相を調べ，貴殿の質問に答えたいと思います．
　私達のおかした誤ちに対し，当研究所を代表し心から陳謝致すと共に，私達は貴殿及び貴殿の東京代理人が納得のいくような方法でこの問題解決に協力することを約束致します．
　　　　　　　　　　　　　　　　　　　　　　　　　　　　　　　　敬具
　　　　　　　　　　　　　　　　　　　　　　　　　　　ニールス・ボーア
　　　　　　　　　　　　　　　　　　　　　　　　　　［訳者不明の翻訳文］

[a] 書簡604の注a参照．
[b] これは書簡638に対する返事であろう．書簡653, 664, 665を見よ．

643 仁科芳雄 → N. Bohr （理論物理学研究所,コペンハーゲン） 1937/08/28

理化学研究所　1937 年 8 月 28 日

Bohr さん

　数日前にたいへん御親切かつ心温まるお手紙と「原子核の変換」[a]に関するあなたの論文の原稿をたいへん有難うございました．

　私の思うには，あなたの日本訪問は私どもの国における物理学および関連科学のみならず，哲学，遺伝学および生物学におけるランドマークとなるでありましょう．この考え方に同意する科学者がどれほどいるかは私には分かりませんが，少なくともあなたと接触を保ち，あなたのご意見を理解した人々は充分同意するであろうと思います．事実，そのような意見を聞く機会がありました．いずれにしましても，あなたの訪問は私自身の科学上の生活にとって激励と啓発の源泉でしたし，これからもそうあり続けることでしょう．あなたの言われたいろいろの言葉をしばしば思い出します．それが私の生活に生気と勇気を与え，種々の困難と意気消沈の中から引っ張り上げてくれるのです．

　とにかく，あなたと私ども物理学者にとって，昔からの絆が御訪問と特に家族同士の接触を通じてますます強められるのを見るのは大変嬉しいことですし，また満足するところです．私どもコペンハーゲンのあなたの研究所で働いたものにとっては，あなたがして下さったことに対するお礼として，できる限りのことを分担することは大きな喜びでした．

　皆様が全てお元気でご帰宅になったと伺い，たいへん喜んでおります．皆さんがここを去られて以来，私たちはいつもあなた方の滞在のことを思い出しております．それは私たち全てにとって忘れ難い思い出でした．私たちは，会えば必ずいろいろの折にあなた方と経験したことを話し合っております．

　これに関連しまして，あなた方は幸運にも，ちょうど良い時期に当地においでになったと思います．今だったら中国を旅行することは，おそらく不可能だったと思います．御存知のとおり，日本と中国の間には激しい戦争がおこっております．東洋がこのような事態にあるのは大変な不幸です．私は平和が遠からず取り戻されると期待しておりますが，現在のところ，どのくらい時日がかかるのか誰にも予想出来ません．もし戦争が近いうちには終わらないとしますと，科学研究のための十分な資金が手に入らなくなる可能性があり，研究は著しく遅れることとなるでしょう．

　あなたの Science 誌の短い論文「原子核の変換」[a]は日本語に翻訳し準一般向けの科学雑誌『科学』の 10 月号に載せるようにします．翻訳は私が目をとお

します．

　Erkenntnis［認識論］誌に掲載されましたあなたの短い論文「因果律 (Kausalität) と相補性 (Komplementalität)」については，付き合いのある出版社およびこの問題に興味をもつ数人の人たちと相談しました．私どもの得た結論は次のようなものです．すなわち，もしあなたの同意が得られるならば，これと「光と生命」を一緒にしてパンフレットの形で出版すべきだ．また彼等が提案するには，「原子核の変換」とあなたの *Nature* 誌の「中性子の捕獲と原子核の構造」の日本語訳を一緒にしてパンフレットの形で出版すべきだというのです．この2つのパンフレットは，あなたの訪問の思い出となるといいます．そして彼等は小生に翻訳を全て任せるといっています．そうする場合には，私は研究所の何人かと相談し，特に哲学の論文については桑木［或雄］教授その他の人々と相談したいと思います．この提案について，あなたのご意見をお聞かせください．

　あなたの著作『原子理論と自然記述』についてですが，あなたが雲仙で言われた御意見を出版社に伝えました．もちろん彼等は翻訳の出版を切望しておりまして，私の研究室の理論家たちが，私の監督の下で，Dirac の本に対してしたように翻訳をすることを切望しております．これについて，あなたのご意見を伺おうと思っていましたが，お手紙によると堀 健夫氏も翻訳を希望しているとのこと．さっそく彼と連絡をとり，この問題について意見を満足のゆくように纏めた上，その結果をご報告し，御意見を伺うつもりです．

　ロックフェラー財団の援助により私のコペンハーゲン訪問を実現するという御親切なお心遣いに対し大いに感謝いたします．もちろん再びコペンハーゲンを訪問して，あなたのご家族や研究所の方々にお会いできれば，これほどの幸せなことはありません．ロックフェラー財団の理事長とあなたとのお話し合いの結果を伺って，私の方針を定めたいと存じます．

　あなたが日本を離れてから，サイクロトロンを改善してまいりましたが，現在 2.9 MV のエネルギーで 3 ないし 4 マイクロアンペアという，マグネットの飽和による限界まで到達できております．私どもは電流値を増加させようと努力中ですが，まだ成功しておりません．医学の研究者は中性子の生物学的効果について，研究し，いくつか興味ある結果を得ました．*Nature* 誌に短い論文を送りました．そのコピーを別便でお送りいたします．

　もう一つ，あなたが興味をもたれるのではと思われるのは宇宙線粒子の研究です．大阪大学で討論した際にお話したことですが，大きな Wilson 霧箱を使って宇宙線の粒子が鉛板を通過する際のエネルギー損失を研究してきました．

その中で，高いエネルギーでは電子より輻射が少なく，低いエネルギーでは陽子よりイオン化が少ない粒子があることを見いだしました[e]．この最も自然な説明は，私どもの考えによれば，質量が電子よりも大きく陽子よりも小さい粒子の存在を仮定することです．この説明はユニークとはいえませんけれども．同様の結論は Neddermeyer と Anderson により，さらには Street と Stevenson，および Crussard と Leprince-Ringuet によっても唱えられています．私どもは現在，この粒子のより正確な質量の値を得る努力をしています[f]．*Physical Review* の編集者への「レター」の欄に投稿した論文のコピーをお送りいたします．

もしできますならば，あなたの写真を 2 枚，署名入りでいただけませんでしょうか．生け花を Bohr 夫人にお目にかけた山田家に 1 枚，あなたの喉を診断したお医者さんに 1 枚，差し上げたいのです．

今日までには，すでに荷物の箱は無事に到着したものと思います．カラーフィルムは全てうまく現像されましたでしょうか？ 全て綺麗にできてきたことを希望します．

仁科芳雄

［英文］

- a 書簡 621 で「送る」と約束されていた論文である．その翻訳：N. Bohr「原子核の変換」，科学 **7**（1937）485-488．
- b 注 c の『因果性と相補性』に収録されている．
- c 翻訳は遅れた．まず部分訳がでた：原子物理学における認識論的諸問題に関するアインシュタインとの討論，所収『現代の科学 II』（世界の名著 66），中央公論社（1970）．全訳は『原子理論と自然記述』，井上 健訳，みすず書房（1990）．さらに増補して「1925 年以降のボーアの論文の主要なものはすべて収録した」という次の 2 冊がある：『因果性と相補性』，『量子力学の誕生』．
- d 仁科の下，研究室の朝永振一郎，小林 稔，玉木英彦が協同して翻訳にあたった．書簡 384 の注 b，書簡 462 の注 a を参照．
- e 書簡 649 の注 g の論文に書いてある．
- f 書簡 616，619 を参照．

644 仁科芳雄 → B. Schultz （理論物理学研究所，コペンハーゲン） 1937/08/28

理化学研究所　1937 年 8 月 28 日

Schultz さん

7月3日付のご親切なお手紙[a]と重水の領収書を少し前にいただきました．ありがとうございました．お返事をないがしろにして申し訳ありません．いつもご親切に研究所で起こっているさまざまのことを教えて下さって本当にありがとうございます．私はお便りに限りなく興味をもっているのですが，お返事を差し上げずにいることを申し訳なく思います．これからは，このようなことのないように努めるつもりです．

　重水のことについては，たいへん御苦労をおかけしました[b]．私たちは非常に喜んで毎日使っております．

　私たちはBohr先生御夫妻とHans君がこちらに来られたとき，とても楽しい時を過ごしました．すでに当地で撮った彼等の写真をご覧になったことと思います．

　今どうしておられますか？　私たちは皆元気にしております．何時か再びコペンハーゲンを訪問して，あなたをはじめ研究所の友だちに会えることは考えても楽しいことです．

　楽しい思い出と共に，ごきげんよう．

仁科芳雄
［英文］

　　[a] 書簡609.
　　[b] 書簡578，597参照.

645　仁科芳雄 → G. Hevesy（理論物理学研究所, コペンハーゲン）　　1937/08/28

東京　　1937年8月28日
理化学研究所

Hevesy 教授[a]

　あなたの3月8日，および5月14日付のお手紙に対してお返事を差し上げていないこと，そして重水を供給して下さったご親切とご苦労に対して感謝を申し上げていないことにお詫びしなければなりません．筆不精について良心の呵責に悩まされながら，お手紙を手元に携えて，時間ができたら手紙を書こうと思いつつ毎日を過ごしてきました．

　まずは6月20日頃に当地に到着した重水[b]に心からお礼を申し上げねばなりません．全ては支障なく運び，いま私たちは，いただいた重水とわれわれのサ

イクロトロンを使って中性子を生成しています．重水を使うたびコペンハーゲンの方々に感謝の想いを送っております．

　次に，あなたと奥様に何ヵ月か前に女の赤ちゃんが生まれたとのことを伺いました．お祝いをずっと前に送るべきであったのですが，多忙に紛れてそれを果たせず大変に申し訳ありません．奥様はお元気ですか？　ご家族は皆様お元気のことと思います．

　Bohr教授とご家族を日本にお迎えしたことは大きな喜びでした．個人的なことですが，これは私の科学上の生活にとって大変な激励と啓発となり一生忘れられません．私たちは一緒に日本の各地を訪問しました．そのほとんどを，あなたは既に訪問しておられます．教授御一行が平和なときに当地へ来られたのは幸運であったといえましょう．今となっては，中国を旅行することは，ご存知のように彼の地での戦争のため不可能の状態です．このような悲惨な出来事が避けられないということは，まことに不幸と申さねばなりません．

　あなたの重要な数々の論文やBohr教授のお話より，あなたが生物学上画期的な研究をしておられることは存じております．私どもも，あなたと同じ問題で研究を行なうつもりでおります．私どもの医学研究者たちは，中性子によって引き起こされる生物学上の効果数例について研究をしております．Bohr教授のもとに，彼等がNature誌に投稿した短報を送っておきますが，これは間もなく掲載されることと思います．

　私どものサイクロトロンは，2.9 MeVで約3ないし4マイクロアンペアのビームを出しています．この電流を増加させようと思っておりますが，まだ成功してはおりません．すでにBohr教授からお聞きになったと思いますが，私どもは220トンの電磁石を据え付ける予定ですので，それを使えば，25 MeVのビームを発生させることが，うまくゆけばですが，可能のはずです．カリフォルニア大学のLawrence教授がたいへん御親切にこの電磁石を私どものために注文して下さいました．この装置を来年のいつか完成させる予定です．このようなサイクロトロンの組み立てと運転はそう簡単にスムーズに行かぬことは十分承知しております．

　私の家族は皆元気にしております．あなた方にお会いした年上の子供は7歳になり，この4月から学校に通い始めました．下の子供は5歳で，幼稚園に通っております．

　終わりにもう一度重水のお礼を述べさせてください．

　御夫人をはじめあなたのお子さんたちによろしく．

Y. Nishina

[英文]

a　Hevesy は放射性同位体を用いるトレーサー法を発明した（参考：A. Pais, *Niels Bohr's Times*, Oxford Univ. Press (1991), pp. 388-394）．仁科のサイクロトロンによる生体組織照射の研究は，Hevesy の仕事にヒントを得たものと思われる．編者の一人（仁科雄一郎）が子どものとき，仁科は自身が幼い頃の経験を思い出して東京の両国の金魚問屋に琉金を買いにでかけた．春になって金魚が産卵の時期を迎えると，これに放射線をあてた．赤い金魚から異なる色の金魚ができないかという突拍子もない突然変異の夢を抱いていたのである．

b　書簡 578, 597, 609 を参照．また，638, 642, 648, 664 も参照．

c　Bohr 夫妻と子息 Hans は 1937 年 4 月 15 日に横浜に着き約 1 ヵ月滞在した．文書 591 を参照．

d　1937 年 7 月 7 日深夜，盧溝橋で日中両軍が衝突，日中戦争がはじまった．日本政府は華北の治安維持のため派兵を声明，北支事変と命名したが，7 月 28 日には華北で総攻撃開始，8 月 13 日には上海で海軍陸戦隊と中国軍が交戦を開始，8 月 15 日には全面戦争に発展，9 月 2 日に支那事変と改名した．宣戦布告なしなので事変といった．

646　久野拓治（東京電気無線）→　仁科芳雄　　　　1937/08/28

　　　　　　　　　　昭和 12 年 8 月 28 日　　東京電気無線株式会社
　　　　　　　　　　　　　　　　　　　　　　　　　　　　久野拓治

理化学研究所
仁科芳雄 殿
前略　先日ハ失礼仕リ候．

　陳者　昨日陸軍科学研究所ニ草場少佐殿ヲ訪問，ラヂオゾンデニ就キ色々ト話ヲ承リ候．同氏ハコノ数年来実験ヲ続ケ，最近モ毎日 1, 2 回飛翔試験ヲ試ミ居リ，種々面白キ話ヲ承リ候．高層気象ニ就イテモ多クノ実験結果アリ，其他風船，飛翔方法等ニ就イテモ種々意見有之候ヘバ，何人カ同氏ノ所ニ訪問セシメラレレバ種々得ル所アルベシト存ジ候．

　尚同氏ハ数年来コノ方面ノ仕事ヲ担当セラレ，我国ニ於テハ此ノ方面ノ特許皆無ノ時ナリシヲモッテ，相当根本的ナル特許数箇ヲ陸軍大臣ノ名ニ於テ所持セラル、由ニ候．就テハ秘密特許ナル関係上，ソノ内容ヲ明ニスル事ヲ得ズ．先生ヨリ陸軍大臣宛ラヂオゾンデノ実験ヲナスニ就キ，陸軍所有ノ秘密特許ヲ使用スルニ至ルヤモ知レザル由届出デヲナセバ，多分，草場少佐ノ指導ヲ仰グ様ニト云フ事ニナルト存ジ候．コノ点ニ就キテモ同少佐ト打合セヲ願ヒタク存ジ候．同少佐ハ小生トハ大学時代ノ同窓ナルヲモッテ仕事ハ円滑ニ進ム可シト

信ジ居リ候.
　先ハ右御願ヒ迄.　　　　　　　　　　　　　　　　　　　　　草々

　　　　a 書簡620, 633を参照.
　　　　b 書簡647, 650, 651を参照.

647 桜井錠二 (日本学術振興会) → 梅津美治郎 (陸軍次官)　1937/08[a] [日不明]

　　　　　　　　昭和　年　月　日　　日本学術振興会理事長
　　　　　　　　　　　　　　　　　　　　　　　　桜井錠二[b]
陸軍次官　梅津美治郎　殿

　　　　陸軍科学研究所ノ発明ニ拘ル特許権ヲ
　　　　宇宙線研究ニ使用許可願ノ件
拝啓　時下益々御清栄奉賀候.陳者本会ニ於テハ昭和9年来宇宙線研究ノ為専門家ニ委嘱シテ委員会ヲ組織シ鋭意之ガ綜合研究ニ努力中ニ候処, 今般成層圏ニ於ケル宇宙線ノ研究ニ着手致ス事ト相成候ニ就テハ, 陸軍科学研究所ノ発明ニ係ルラヂオゾンデニ関スル特許権[c]ヲ同研究ニ使用致度, 恐縮至極ニ存候ヘ共右御許可相成度此段御願申上候.　　　　　　　　　　　　　敬具

　　　　a 日付がない. しかし, 書簡646の後, 650の前のものである.
　　　　b 筆跡から見て仁科の代筆と思われる.
　　　　c 書簡646, 650を参照.

648 G. Hevesy (理論物理学研究所,コペンハーゲン) → 仁科芳雄　1937/08/30

　　　　　　　　　　　コペンハーゲン大学, 理論物理学研究所
　　　　　　　　　　　　コペンハーゲン　1937年8月30日
仁科　様
　最近, そちらの重水をめぐって当研究所とNorsk Hydro社の間で交わされた書簡[a]の写しを同封します. 御覧のとおり, Hydro社の最後の手紙はとても好意的な書き方になっています. Bohr先生はこの問題がこんな風に決着をみたことをたいへん喜んでおられます. この書簡をお送りするのは偏に, Bohr

先生が取られた態度をあなたにもお知らせしようと思ったからです．これにはきっとあなたも関心を寄せるのではないか，と考えたまでです．Bohr 先生も，また私も，あなたと東京の商社の代表との間に何も面倒なことが起こっていなければよいが，と願っています．

　来週，この研究所で会議があります．あなたがお見えになれないのは残念至極です．

　わが家は皆，元気に過ごしています．また，Bohr 先生御夫妻から，そちらも御同様とお聞きして喜んでおります．

　私はちょっとハンガリーに行って戻って来たばかりですが，相変わらず大忙しです．

　では，妻ともども，奥様と友人の皆様によろしくお伝え下さるようお願いいたします．

G. Hevesy
［英文］

  a この書簡はないが（内容からいって書簡 638 ではない），書簡 638, 642, 664 を参照.

649　仁科芳雄 → 朝永振一郎（ライプチッヒ大学，ドイツ）　　　1937/08/30

昭和 12 年 8 月 30 日
仁科芳雄

朝永　君

　途中カラノ御便リ並ニ着イテカラノ御ハガキ共ニ難有入手シマシタ．

　其後如何デスカ．此手紙ノ着ク頃ハソロソロ皆ンナ帰ッテ来ルコトカト思ヒマス．

　コチラハ日支事変デ一色ニ塗ラレテ居マス．物理ナドハ顧ミル人モナイト云フ様ナ勢デス．

　小林君カラ受取ッタアナタノ論文ハ北海道ノ梅田君ニ送リ，Kroll ニ訂正シテ貰ッテ Scientific Papers ニ出シマシタ．今日別刷ガ来タ様デスカラソチラニ送ッテ貰ヒマセウ．

　梅田，クロル両氏ニ御礼ノ手紙ヲ出シテ置イテ下サイ．ソレカラアナタト玉木君トノ論文ハ玉木君ガ英語デ書イテ小生ノ手許へ持ッテ来テ居マス．玉木君ノ話デハ，アナタノトコチラノト早ク出来タ方ヲ出スノダト云フ事ニシテアル

トノコト，ソノツモリデ目下英語ヲ修正シテ居マス．済ンダトキ未ダアナタカラノガ来テ居ナカッタラコチラノヲ理研ノ S. P.[e] ニ出スコトニシマスカラ左様御承知下サイ．

　竹内，一宮君トヤッテ居ル宇宙線ノ研究結果ハ Street-Stevenson, Neddermeyer-Anderson, Crussard-Leprinee-Ringuet ト同結果ヲ得マシタ．電子ト陽子トノ間ノ質量ノモノガアレバ好イコトニナリマス[f]．コレハ湯川君ノ粒子デアラウト云フコトニナリマシタ．尤モ未ダ確証ガ得ラレタワケデハアリマセンガ，質量ガ大体一致スルカラデス．ソレデ 10 日バカリ前ニ湯川，坂田ノ両氏ニ大阪カラ来テ貰ッテ色々話ヲシマシタ．直接ニ何モ収穫ハアリマセンデシタガ，間接ニハ得ル処アッタカモシレマセン．吾々ノ結果ハ Phys. Rev. ノ Letter[g] ニ出シマシタ．目下ハ質量ノ決定ヲショウト実験ヲ進メテ居マス．

　先日 Naturwiss. ニ出タ御地ノ Grönblom ノ結果ハ面白イト思ハレマス．然シ次ノ approx ヲヤッタラドウナルノデショウカ．ツマリ，収斂スルノデショウカ．

　モウ 9 月ニ近イノニ中々涼シクナリマセン．去ル 7 月御尊父様ガ来ラレテ色々話ヲシマシタ．7 月ノ数物大会[h]ニハ札幌ニ行キマシタ．涼シイダケデモヨカッタト思ヒマス．Kroll モ元気ラシイ様デシタ．目下富士見ノ山ニ有山君ノ処ヘ行ッテ居マス．両 3 日中ニ東京ヘヤッテ来ル筈デス．9 月中頃迄ニハ札幌ヘ帰ルサウデス．

　先日友枝サンノ処ヘ，交換学者ノ方ノコトデ手紙ガ来テ，ソノ写ヲ送ッテ貰ヒマシタ[i]．別ニ変ッタコトモナクアナタガ御地ニ着イタコト，又独乙ノ方ノ候補者ガ決ッタラコチラニ寄越スト云フ事デシタ．

　ハイセンベルグニ宜敷伝ヘテ下サイ．忙シイノデ手紙ガ書ケナイカラ許シテ呉レト云ッテ下サイ．

　何ヨリモ健康ガ大切ダカラ御用心ナサイ．　　　　　　　　　　敬具

　　　a　書簡 605．書簡 596, 614 も参照．
　　　b　書簡 645 の注 d を参照．
　　　c　書簡 618 および書簡 628 の注 b を参照．
　　　d　書簡 654 の注 a にあげた論文．
　　　e　理研の *Scientific Papers*. 書簡 614 とその注 a を参照．
　　　f　書簡 616, 617, 619 および 652 を参照．
　　　g　*Physical Review* の Letters to the Editor に送り，8 月 28 日付で受理されたが，長すぎるといって返され，本論文になった：Y. Nishina, M. Takeuchi and T. Ichimiya, On the Nature of Cosmic Ray Particles, *Phys. Rev.* **52** (1937) 1198–1199.
　　　h　書簡 551 の注 d 参照．

i 書簡637を参照.

650 仁科芳雄 → 久野拓治 (東京電気無線)　　　　　　　　1937/08/30

　　　　　　　　　　　　　昭和12年8月30日　　理化学研究所
　　　　　　　　　　　　　　　　　　　　　　　　仁科芳雄

東京電気無線株式会社
久野拓治 様
　拝啓　先日ハ暑中遠路ニモ不拘態々(わざわざ)御来駕被下種々御協議ヲ辱ウシ難有奉存候.
又本日ハ御親切ナル御指示[a]ヲ頂キ奉感謝候. 早速草場少佐殿ニ電話ヲ以テ御願
致シ, 来ル9月2日 (木) 午后2時科研ニ参リ (助手2名同伴) 候事ヲ打合セ申
候. 執レ陸軍大臣宛ノ願書等ノ手続等指示ヲ受ケ, 又実験上ノ教示ヲモ願フ考
ヘニ御座候.
　先般御話ノ気圧ト温度トノ記録方法ニ御座候ガ, コレハ可聴音波ノ方ハ
　　　F.V. Heart: A Direct-Reading Frequency Meter
　　　　Suitable for High Speed Recording,
　　　　Review of Scientific Instruments
　　　　Vol. 6, No. 2, p. 43, 1935
ノ方法ニヨリ直接記録サセ, 超音波ノ方ハ今一ツノ超音波ヲ之レニ重畳サセ,
其「ビート」ヲ上記同様ニ記録サセテハ如何ノモノニ候哉. 御相談被下度願上
候.
　右御礼旁々要々迄. 高橋サンニモ宜敷御伝ヘ被下度候.　　　　　　敬具

　　a 書簡646に関連した指示であろう.

651 仁科芳雄 → 草場少佐 (陸軍科学研究所)　　　　　　　1937/08/30

　　　　　　　　　　　　　昭和12年8月30日　　理化学研究所
　　　　　　　　　　　　　　　　　　　　　　　　仁科芳雄

陸軍科学研究所
草場少佐 殿
　拝啓　只今ハ電話ニテ失礼仕候. 其際申上候通リ, 来ル9月2日 (木曜日) 参
上致シ, 種々御願申上度且ツ御教示ヲ賜リ度[a]ト存候間, 何卒宜敷御願申上候.

尚助手2名同伴致度，時間ハ午后2時科研ニ参リ可申候．　　　　　　敬具

  [a] 書簡646，647を参照．

652 仁科芳雄 「新粒子の発見」(『科学』1937年9月号, 原稿)[a]
[日付不明]

新粒子の発見
仁科芳雄

緒　言

　宇宙線粒子の有つエネルギーは吾々が地上で与へ得る範囲を遥に超えて居る．従てこれによって起される現象は吾々の従来経験しなかった新しいものがある．為にその研究は吾々を予想外の発見に導いて来た．例へば陽電子の発見であるとか，又はシャワーの現象などはこれである．そして興味あることには，これ等は皆それが発見せられる前に理論的には予言せられて居たものであるといふ事である．最近に至ってこれと類似の重要な発見が又宇宙線研究の収穫として成し遂げられた．それは宇宙線粒子の中に電子と陽子との中間の質量を有し，陰陽孰れの電気をも帯びた2種の粒子の存在を発見せられた事である．そして其存在は2年以上も前に吾が湯川秀樹氏によって予言せられたものであるといふ事は愉快に絶へない．日本の物理学も此方面にそろそろ芽を萌き始めた様に思はれる．どうか斯界に携はる各自の心掛によって此芽を真直ぐに成長させ，空に聳ゆる大木とさせ度いものである．

宇宙線の本質

　此問題は宇宙線の発見以来，随分議論せられたものである．処で最近に至ってBhabha-Heitler[1]並にCarlson-Oppenheimer[2]により，シャワー現象の理論が提起せられ，それが実験的にも大体に於て確証せられた結果，宇宙線の本質も大体に於て其全貌を把み得た感がある．恐らく地球に来て居る宇宙線の大部分は陰陽電子であって，これに光子も多少交って居るかも知れない．今後は恐らく其細項に就いて研究の歩が進められるであらう．然し此外ニ透過力の大きい成分がある．それは地上に到達するものの大部分又地下に到達するものの殆んど全部をなすものであって，これに就ては尚，研究すべき多くの点が残されて居る．而して茲に述べる様に此硬成分に新粒子の存在が発見せられたのである．

　以前から宇宙線には少くとも2成分があって，一は物質に対する透過力が小

さく他は大きいとせられて居た．例へば Regener によれば質量吸収係数とは前者に於ては物質により変化し空気又は水に対し状況により $\frac{\mu}{\rho}=4\sim 8\times 10^{-3}$ cm² g⁻¹ 鉛に対しては 30×10^{-3} cm² g⁻¹ である．後者は凡ての物質に対し一定であって，測定状況により $\frac{\mu}{\rho}=1\sim 0.3\times 10^{-3}$ cm² g⁻¹

Compton, Bethe[3]，並に Auger[4] は此透過力の小さい所謂，軟成分は電子であって硬成分は陽子であるといふ仮説を与へた．

処で前述のシャワーの理論によると，此仮説は Wilson 霧函により其実否を確かめ得る筈である．シャワーといふのは，よく知られて居る通りに宇宙線が物質に衝突すると，平均 10^8 eV 程度のエネルギーをもつ多くの陰陽電子を発生せしめる．宇宙線に特有の現象である．此理論は第1図に示す通り［図1］，例へば陰又は陽電子が非常に大きなエネルギーを有って飛んで来て，鉛の原子に衝突したとすると，其原子核の作用を受けて，其一部のエネルギーを γ 線光子として放射する．此 γ 線光子は鉛を通る間に原子核の作用を受けて陰陽電子を創成す

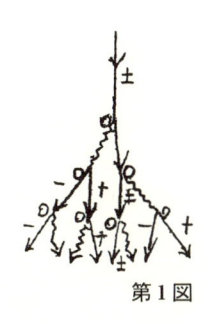

第1図

る．そして其各は又其一部のエネルギーを γ 線として放出する．これを反覆すること図に示す通りであって，これにより非常に多くの陰陽電子が作られる．普通の宇宙線粒子の場合（$10^9 \sim 10^{10}$ eV）には鉛の中で数ミリ米毎にこれ等の創成，輻射の現象が繰り返されるものである．これは最初来るものが電子でなくて，エネルギーの大きな光子である時も全く同様である．只初めの作用が陰陽電子の創成から出発するに過ぎない．

そこで Wilson 霧函の中央に適当の厚さ（1～3糎）の鉛の板を入れ，これに宇宙線粒子が衝突した時の写真を撮れば，もしそれが電子であればシャワーか又は少くとも輻射によるエネルギー損失が見られる．処が若し最初の粒子が陽子であるとどうかと云ふと，γ 線の輻射は電子の場合の数百万分の一となるから物質に衝突しても，シャワーを生じない．只電離によるエネルギー損失があるだけである．従って陽子の方がエネルギーの大きい場合には物質の透過度は大きくなる．

これに反し陽子ならばそんな大きなエネルギー損失はなく，只電離によるものだけに過ぎない筈である．

此実験は多くの人によって試みられた．そして実際シャワーを生じエネルギー損失の大きい粒子と生じない粒子とのある事が知られ，前者はこれを電子と

考へると大体に於て理論に合致することが知られた。[5]

　処でこれは前記宇宙線の軟成分に関することである．即ち前述の人々の仮説の一部はこれで実証せられ，宇宙線の軟成分は電子であることが解った．

　そして其物質を透過する時の吸収は主としてシャワー現象の発生によるものである事が知られる．勿論シャワーによって出来た多くの粒子のエネルギーは，結局は電離作用に消費せられるものであることは間違ない．

　然らば宇宙線の硬成分は何であらうか．前記の人々はこれを陽子と考へたのであった．所が研究の結果，大部分は寧ろ陽子でない事を示して居る．そして其検討の結果，茲に新粒子の存在が発見せられるに至つた．

Street-Stevenson の実験

　此研究者は第2図に示す様な装置により実験を行った。[6] G は Geiger-Müller の計数管で，$C.C_1$ は磁場に入れた Wilson 霧函，$C.C_2$ は磁場のない霧函である．此4個の計数管を同時に粒子が通った時，両方のWilson 霧函が同時に作動する様に装置してある．今 H を磁場の強さ (oersteds) とし，ρ を粒子の飛跡の曲率半径 (cm) とすれば，次の様な結果を得た．

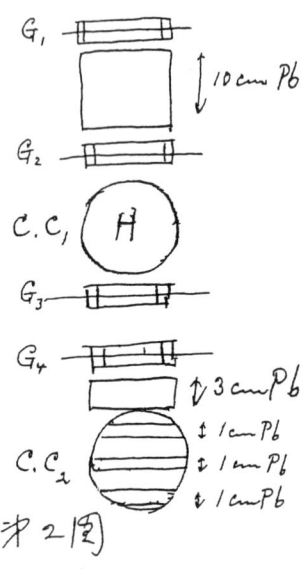

$H\rho \times 10^{-6}$	分布 (%)	$C.C_2$ ノ上ニアル 3 cm Pb ヲ通過セルモノ (%)	$C.C_2$ ノ内ノ 3 cm Pb ヲモ通過セルモノ (%)
>5	49	100	100
2.5～5	19	90	70
1.5～2.5	23	90	70
0.7～1.5	9	70	30

　上の10 cm の鉛は軟成分なる電子を吸収する用をする．従って霧函に表はれる飛跡は殆ど硬成分によるものだけである．それは電子ならば到底上記の厚さの鉛は通過し得ない筈である．又 1 cm Pb を 500 回通過する間に，1回のシャワーが表はれただけであるといふ事からも知られる．

そこで此硬成分のものは陽子であるかといふにさうではない．それは上記に掲げた $H\rho$ の陽子は電離作用のため上に示しただけの厚さの鉛を通過し得ないものが多い筈であるにも拘らず，実際は通過し得る．又 $H\rho=2.5\times10^6$ の陽子の飛跡は当然，イオン密度が多くて他のものから見分け得る筈であるが，実際は電子の場合と差はない．これは明に電子よりも重く陽子よりも軽い粒子の存在を意味するものである．

Neddermeyer-Anderson の実験[7]

此人達は磁場に置いた Wilson 霧函の中に 1 cm の厚さの白金の板を入れ，これを 5×10^8 eV 迄のエネルギーの宇宙線粒子が通過する際のエネルギー損失を求めて見た処が，それが2群に分れた．一方は，シャワーの理論に合致する損失であってこれは軟成分を表はし電子である証拠である．他方はエネルギーの損失がこれよりも著しく少いから勿論電子ではない．又陽子でもないといふ事は，観測された $H\rho$ と其飛跡のイオン密度との関係は陽子に対するものに相当して居ない．$H\rho=4.5\times10^5$ Oersteds-cm の粒子に於て，イオン密度は陽子のものの 25 分の1に過ぎない．これと同じ様な結果が既に前に得られて居る[8]．これは質量が電子と陽子との中間に位する粒子によるものである事を結論せしめる．

Crussard-Leprince-Ringuet の実験

此二人の実験は長さ 50×15 cm の細長い Wilson 霧函を，有名な Paris の Académie の大磁石の間に入れ，霧函の中央に 5 mm の鉄板を置き，これを $2\times10^8\sim10^9$ eV の宇宙線粒子が通過する際生ずるエネルギー損失を求めたものである[9]．その結果によると，これ等の粒子のエネルギー損失は，これを電子と考へて予期せられるものよりは著しく小さい．然し陽子とも考へられない．なぜかと云へば，其飛跡のイオン密度は陽子と考へて予期せられるものよりも著しく少い場合が認められたからである．即ち前両者と同様の結果を得て居る．

仁科-竹内-一宮の実験

直径 50 cm の Wilson 霧函を 17,000 oersteds の磁場に入れ，霧函の中央に厚さ 1.5 cm の鉛板を置き，霧函の上に平行に並べた2つの計数管を通過する宇宙線粒子によって霧函を働かせる様にすると，第3図と第4図とに示す様な2種の写真が得られる[省略]．前者は電子であって輻射による大きなエネルギー損失を示し，後者は硬成分の透過力の大きい粒子を示して居る．吾々の実験

によると電子は全体の10〜20%に過ぎない．但しこれは5×10^8 eV以上の粒子についてであって，それ以下のものは磁場に作用せられて写真に撮れない．

そこで此硬成分を検討して見ると，前述と同様にこれは電子と陽子との中間の質量を有つものであることが解った．そこで吾々は進んで其質量を次の方法で決定し様とした．此実験に於ては中央の鉛板の厚さを3.5 cmとし，又霧函の上の計数管の間に20 cmの厚さの鉛を入れ電子を取除くことにした．吾々の実験によれば此新粒子は物質に衝突した際に輻射によりエネルギーを失ふことは稀であるといふ事が知れた．それは此粒子は恐らく電離によって其エネルギーの大部分を失ふものであらうと考へられる．此点は新粒子は電子よりは寧ろ陽子に類似して居る．エネルギー従って$H\rho$がある値以下となると，陽子と新粒子との差は飛跡のイオン密度に表はれて来るが，$H\rho$が大きくなると差は解らなくなる．然し其鉛の中の飛程は同じ$H\rho$に対しても質量の差が敏感に利いて来る．そこで第5図の様に色々の飛程に対する質量－$H\rho$の曲線を作って置き，霧函による実験によって飛程と$H\rho$とを求めれば質量が求められる．これは勿論粒子の電気量は同じと仮定しての話であるが，それは他の実験から略々確実な様である．そして電気の符号は陰陽両極ある．

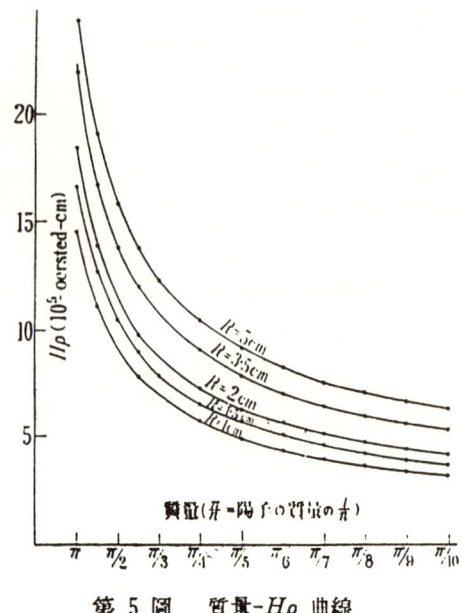

第6図〔省略〕は上述の方法により質量の決定を行ふに用ひた写真である．鉛の中の損失が大きい様なエネルギーの粒子でないと質量の正確度が得られない．此写真によって粒子は鉛の中で約10°其進路を曲げられて居る．此時のエネルギー損失は全く不明であるが，これを定める方法はないので損失ないものと仮定し，飛程を求めて$H\rho$から質量を計算すると，陽子の質量の$\frac{1}{6} \sim \frac{1}{7}$となる．もし鉛の中の衝突でエネルギーの損失があれば更に質量は小さくなる．

第5図　質量－$H\rho$曲線

此点は更に将来の決定を待つ事とする．

Street は此質量を電子の 5〜50 倍とし，Oppenheimer, Serber は実験よりすると電子の 100〜200 倍又は 100 倍以下でもあり得ると云って居る[10]．吾々の上述の価はこれに比べて著しく大きい様であるが，これは暫定的のものであるから何とも云へない[e]．

湯川の理論

湯川氏によると中性子と陽子との相互作用は一つの新しい場を通して生ずるものであって，恰度電子間の作用が電磁場を通して行はれると同様である．さうすると電磁場の量子論によって光量子なるものが存在すると同様に，此新しい場の量子論によれば一つの量子が存在する筈である[11]．それは質量と電気量とを有って居る．これが此新しい粒子に相当するものであって，中性子と陽子との相互作用の到程値から其質量は電子の約 200 倍であらうと推定せられた．此粒子は光量子同様に Bose-Einstein の統計に従ひ，電気量は陰陽の両種あり得る．これは Pauli-Weiskopf の理論でも肯定されて居る（*Helv. Phys.* **7**, 709, 1934）．此理論に従へば，斯様な粒子は普通の原子核変換の際には表はれて来ない．何となればその際にはこれを創成するだけのエネルギー（10^8 eV 以上）が不足であるから．又此粒子は原子核に衝突するとこれに捕へられ，そして核の陽子を中性子に又は中性子を陽子にする．そして同時に生ずる剰余のエネルギー（10^8 eV 以上）により恐らく原子核をバラバラに崩壊せしめ，又はエネルギーの高いγ線を放射するであらう．Wilson 霧函の写真に現はれて居る宇宙線による原子核の崩壊の中には，此作用によるものがあるかも知れない．又此量子は中性微子並に電子とも相互作用があるから，負のエネルギーにある中性微子を電子として，これにエネルギーを与へ，反中性微子と陰電子とを創成せしめ，よって同様に負のエネルギーの電子を中性微子として中性微子と陽電子との創成を行ふことにより，自らは消滅して了ふ事もあるであらう．これ等の作用のために此粒子は永く地上に存在し得ないと考へられる[f]．

---

[1] H.J. Bhabha, W. Heitler; *Proc. Roy. Soc.* A, **195** (1937), 432.
[2] J.F. Carlson, J.R. Oppenheimer; *Phys. Rev.* **51** (1937), 220.
[3] *Nature* **134**, (1934), 734.
[4] P. Auger, *Jour. de Phys.* VI (1935), 226.
[5] L. Fussel jr, *Phys. Rev.* **51** (1937), 1005.
   R.B. Brode, A.S. Merle, *Phys. Rev.* **51** (1937), 1006.
   C.D. Anderson, S.H. Neddermeyer, *Phys. Rev.* **51** (1937), 884.

P. Auger, P. Ehrenfest, *Jour. de Phys.* VIII (1937), 204.
6 J.C. Street, E.C. Stevenson, *Phys. Rev.* 51 (1927), 1005.
7 *Phys. Rev.* 51 (1937), 884.
8 C.D. Anderson, S.H. Neddermeyer; *Intern. Conf. Physics*, London Vol. 1 (1934), 182; *Phys. Rev.* 50 (1936), 268.
9 [J. Crussard, L. Leprince-Ringuet] *Jour. de Phys.* VIII (1937), 213.
10 [J.R. Oppenheimer, R. Serber] *Phys. Rev.* 51 (1937), 1113.
11 [H. Yukawa] *Proc. Phys. Math. Soc. Japan* 17 (1935), 48.

a 「新粒子の発見」, 科学 7 (1937) 408–411 の原稿. 実際に印刷されたものより詳しい. 湯川が理論的に予想したものと思われる粒子が J.C. Street-E.C. Stevenson, S.H. Neddermeyer-C.D. Andrson, J. Crussard-L. Leprince-Ringuet により宇宙線のなかに見いだされ, 仁科らの実験もこれを捉えたことを述べている (書簡 685, 686 を参照). その粒子の質量を原稿では陽子の質量の 1/6-1/7 としているが, 印刷のとき 1/10 に直した (書簡 657 を参照).

b $H\rho$ について書簡 60 の注 b を参照. ここでは c.g.s. ガウス単位系を用い数値だけ書いている. この磁場をつくる電磁石には直流の大電流がいるので, 横須賀海軍工廠の二次電池工場 (潜水艦用蓄電池に充電する) に電磁石を運び込んで実験が行なわれた (書簡 522, 590 参照). 雑誌・科学の論文の末尾に海軍当局への謝辞があるのはそのためである. 書簡 473, 480, 518 も参照.

c 雑誌・科学に載ったとき写真は 1 枚だけになった.

d この質量の決定法は, 書簡 615 の注 d に述べた飛跡の密度を使う方法とは異なっている. そこで「たとえば」以下に述べた方法である.

e 湯川は彼の粒子の質量を電子の質量のおよそ 200 倍と予言していた. 陽子の質量は電子の質量のおよそ 1800 倍だから, Oppenheimer, Serber の推定も仁科たちの測定結果も湯川の予言に近かったといえよう.

f 雑誌・科学に載ったものには海軍と服部報公会への謝辞が加わった.

653 G. Hevesy (理論物理学研究所, コペンハーゲン) → 仁科芳雄   1937/09/07

コペンハーゲン大学, 理論物理学研究所
コペンハーゲン   1937 年 9 月 7 日

仁科 様

先日, 当研究所と Norsk Hydro 社との間の往復書簡の写しをお送りしました. ここに, 2 通の手紙を追加, 同封いたします.

御一家の皆様のご健勝と, 中国で起こっている戦争による支障のないことをお祈りしています.

妻と下の子供二人はまだチスビッレにおり, 美しい秋を楽しんでいます. 妻と私は来月ボローニャで行なわれる Galvani 記念の催しに参加するつもりです.

それ以外は，このところ落ち着き気味の生活です．
皆さんから何卒よろしくとのことです．

G. Hevesy
[英文]

 a 「先日」送ったものは書簡604を含み，今度追加した「2通」は638と642か？

654 朝永振一郎（ライプチッヒ大学，ドイツ）→ 玉木英彦（理化学研究所）
1937/09/07

お手紙ならびに英作文拝見致しました．色々お手数をかけて恐縮です．私の独作文も半分位試みて，そのままにしていたところです．どうも怠けぐせがついて困って居ります．かえって勉強は日本にいた方がよく出来そうな気がして居ります．ちょいちょいと鉛筆で書き入れてみましたからごらん下さい．但し取捨はおまかせ致しますから先生と相談して下さい．私のドイツ語は一向に進歩してくれませんが，急いでもだめだろうとあきらめて居ります．

この2,3日前までライプチヒはメッセで大変ににぎやかでした．色々見せものが出ましたが，こういうものの気分はどこも同じです．但し日本のおふじさんみたいにグロなものはありませんし，も少し大じかけです．

戦争は思ったより大きくなったので心配になりますが，何ともこちらにいて様子も判らずに居ます．大分ちょいちょい知人の中にとられたという人があるというので，研究室の方もどうかと思って居ましたら石井さんが出られたとは，きっとひるめし時は色々な話でもちきっているだろうと思っています．何れにしても早くかたがついてほしいと思います．又いずれ．

振一郎

 a 次の論文である．S. Tomonaga and H. Tamaki, On the Collision of a High Energy Neutrino with a Neutron, *Sci. Pap. Inst. Phys. -Chem. Res.* **33** (1937) 288–293. 書簡649の注cを見よ．
 b 書簡666, 674を参照．

655 W. Kroll（北海道帝大）→ 仁科芳雄
1937/09/08

教授！

東京滞在中の御親切に改めて感謝いたします．私はここに無事到着[a]，すべてに変わりありません．ここでの仕事が延長できるか，いつまでかという問いに対する答は現在まだ与えられていません．しかし，いまの状況からすれば，私の仕事の継続には何の障害もないと言えます．とはいえ，今後，他の可能性が生じれば，それを受け入れなければならないでしょう．交換の件が何とかなれば幸いです．いま私が恐れているのは，それによって再志願が困難になること，すなわち，一度志願したら次はドイツで申請をやりなおすことを考えねばならないという理由から，志願書が書けなくなることです．

Spranger教授は，先生の書簡に加えて梅田氏のお手紙を提出してはどうかとおっしゃっています．そのお手紙を同封しますが，理研との交換が行なわれている現在，それが必要かどうか私には分からなくなりました．このお手紙をSpranger教授に送るかどうか，お任せしたいと思います．

私のために重ねてくださったお骨折りに心から感謝します．

W. Kroll

［独文］

[a] 書簡593, 594を見よ．書簡476, 487, 527, 571, 572も参照．

656 仁科芳雄 → 嵯峨根遼吉（カリフォルニア大学, バークレー）　1937/09/11

昭和12年9月11日　理化学研究所
仁科芳雄

嵯峨根 君

其後未ダ芝浦ノ見積[a]ガ来ナイノデ催促シテ居ル処デス．アナタノ設計モ其内ニ来ルデショウ，又先日三井ノ方ヘ電報デ尋ネタ件ノソチラカラノ返事ヲモ見テ万事ヲ決定スルト云フコトニナッテ居マス．

1. コレハ全ク他ノ御願ヒデスガ[ママ]，実ハ宇宙線ノ方デ気球ヲ飛バセルノデ軽イ電池ガ欲シイワケデス．先日 Electronics ニ同封ノ様ナ広告ヲ見付ケテ商人鈴木ヲシテ買ハセ様トシタ所，輸出禁止ダト云フ事ナノデス．ソレデ若シアナタガ買ッテ持チ出シ得タラバ2個買ッテ帰ッテ下サイ．御願ヒシマス．

コチラノサイクロトロンの電流ノ増サナイ理由ガ不明デ困ッテ居マス．中ノpressureガ1万分ノ数mmナノデスガ，コレハソチラデモ同様デシタカ[b]，場合ニヨッテハ1万分ノ8mmト云フ様ニシテ居マス．トモカク目下ノ所全ク判

ラナイノデ閉口シテ居マス．
　　右御願迄　　　　　　　　　　　　　　　　　　　匆々

- a 大サイクロトロンの電磁石の見積と思われる．芝浦製作所（東芝の前身）への見積の依頼は残っていないが，日立への依頼はある．書簡468である．なお，書簡510，540，586を参照．
- b これは1937年4月に運転開始した小サイクロトロンのこと．大サイクロトロンは1938年6月に電磁石の据付を完了した．
  　小サイクロトロンの出力は3 MeVの重水素核で初め2.3μAであったが15μAまでいった（書簡669）．1938年に嵯峨根が帰国してから，2月に入所した田島英三と3ヵ月あまり「シム」を入れて調整した結果，最高で60μA程度にまでなった．しかし，この最高値で運転するとビームの取り出し窓にはった白金箔が熱で破れてしまうし，実験者に放射線の危険が生ずるので40μAで使った．参考：田島英三『ある原子物理学者の生涯』，新人物往来社（1995），pp. 42-43．

657 仁科芳雄 → アメリカ物理学協会，出版マネージャー（ニューヨーク）
1937/09［日不明］

日本帝国電報

出版マネージャー
アメリカ物理学協会
ニューヨーク

私たちのレター[a]の訂正を Physical Review の編集者にお願い．
8月5日の原稿の3ページ，第16行に1/7ないし1/6のオーダーとあるのを1/10に訂正．[b]
　　　　　　　　　　　　　　　　　　　　　　　　　　　　　仁科
　　　　　　　　　　　　　　　　　　　　　　　　　　　　　［電報］

- a レターとして Phys. Rev. に投稿したが（8月28日受理），長すぎるという理由で本論文となり12月号に載った：Y. Nishina, M. Takeuchi and T. Ichimiya, On the Nature of Cosmic-Ray Particles, Phys. Rev. **52** (1937) 1198-1199．霧箱で湯川の予言した粒子と思われるものの飛跡をとらえたという報告である．
- b 霧箱でとらえた粒子の質量を陽子の質量の1/10と訂正している．印刷になった論文では1/7-1/10となっている（書簡679には1/7-1/10という数字も見える．この後で再び訂正したのだろうか？）．湯川の予言は電子の質量の200倍であったから，陽子の質量の1/9である．この年，より早く S.H. Neddermeyer and C.D. Anderson および J.C. Street and E.C. Stevenson がやはり新粒子を発見したが，質量は電子と陽子の中間という以上にはきめられなかった．書簡616, 617, 619, 622を参照．

658 梅田 魁 (北海道帝大) → 仁科芳雄　　　　　　　　1937/09/12

仁科 先生
1. Kroll をとほし Bohr さんの原稿拝借の所おそくなり電報を頂戴いたし何とも恐縮で申訳ございません．すぐ Typist に複写させて居りましたが用事の暇に打つのでおそくなってしまひました．今日は大急ぎで手分けして打ってしまひました　お許し下さい．
2. Kroll が大変お厄介になった由ᵃ又色々御面倒を又お願ひして来た由誠に申訳なく思って居ります．お忙しい所を，
3. 『科学』へ御発表の論説ᵇ面白く拝見致しました　湯川さんの上京で面白い Discussion があったことと思ひます．何か面白いことがありましたのでしたら有山君にでも書いてくれる様お命じ願ひたうございます．
4. 赤坊が一寸病気したのでごたごたして暫らくサボってしまひました．先日来 Kroll の Energy level の Bethe の計算 (free particle model) に Wechselwirkung を入れた Baerdean の Korrektion で重い Kern では Coulomb W. W. も neglect できぬだらうと思ひ計算して見ましたら，Fermi Energy (E_m) の所の level の数 $N(E_m)$ と W. W. なしの時の $N_0(E_m)$ との比 $N_0/N \simeq 2$ の所 Coulomb で 9.05 位の差異でした．

　Kern Energy level distribution を free particle model でなく Oszillatormodell (軽い所でせうが) でやったらと思ってやって見たのですが，計算はすんだのですが数値を入れる段になり Kern の Anregung が 8 MV に対し Heisenberg が Oszillatormodell で Massendefekt を計算した時の $h\nu$ (之が single particle energy level の one step) が 8 MV より大きいので，Kern 全体の Anregung を individual particle の Anregung の sum でやるといふ訳に行かなくなりつまってしまひました．Bardeen の様に W. W. を入れてしまはねば駄目なのでせう．単に Oszillator Pot. で W. W. を入れた積りにはなれぬらしいです．
5. 明日西川先生が御来札になるので楽しみにして居ります．
6. 御奥様其後御病気如何でせうか．妻も赤坊にかまけて御無沙汰ばかりいたしまして．
7. 手が完全に復旧せず参って居ります．

　　　　　　　　　　　　　　　　　　　　　　　　　　梅田 魁
　　　　　　　　　　　　　　　　　　　　　　　　　　[日付は消印]

a 書簡 655 およびその注 a を参照.
b 文書 652 を参照.

659 西川正治 (札幌) → 仁科芳雄　　　1937/09/13

拝啓　残暑は如何ですか，一昨日当地へ参りました．気候は丁度よろしう御座います．本日梅田君への御手紙にインヂウムが御入用の由，何時でも中川君か篠原君に御話下されば，御用立致す事と存じます．嵯峨根君から手紙で数物を11月に延したいとの希望でした．貴兄から既に御申し送りがあったと存じますが，小生からも返事を出して置きませう，バークレーの仕事の速いのには驚嘆します．先は右申上度迄早々

　　　　　　　　　　　　　　　　　　　　　札幌グランドホテル
9月13日　　　　　　　　　　　　　　　　　　西川正治
　　　　　　　　　　　　　　　　　　　　　　　　　　　［葉書］

a 書簡 551 の注 d 参照.

660 梅田 魁 (北海道帝大) → 仁科芳雄　　　1937/09/15

仁科 先生
1. お手紙拝見致しました．クロルのことにつき色々お手数煩はし申訳ございません．今度の上京でこんな話をするとは露知らなかったのでした．予め話があれば理研と Leipzig との Austausch だといふ位は話したのでしたのに，このことは彼も了解しました．
　Kroll は別にこゝに何時迄といふ義務はないでせう．嘱託ですから大体期限をつけ（殊に外人の場合は必ず）1年といふことになってゐますが之は来年も無論つゞけられます．茅さんなどの意向は交換留学生となりそのあと又こゝに戻ってくるのはちっとも差支へないだらうと云ふのです．要するに私自身の研究費をさけないので不足分は茅さんが補ってくれるといひます．唯教室の人が了解すればいゝのですから．教室に未来永劫居られるかといふと金が私の研究費からは 25 円が max で，茅さんのいふには今度部長も代るし Kroll がこゝでした仕事（間もなく紀要に出る）を見せて茅さんと私二人で現在日本ではこっちの

方が少いから是非ほしいんだといへば総長が 25 円位はだしてくれるだらうといってゐます．でも 100 円ですからこゝ 1, 2 年はそれで足りるでせうが，結局経済的にこゝに永く止ることは困難でせう．皆の了解は勿論つくと思ひますけれど今こゝで向ふ何年間といふ訳には参りません．要するに金で beschränkt なのです．

　彼が交換学生となって理研に 1 年行くことは別に北大は反対しないと思ひます．

彼自身は 1) 理研で勉強すること自身は wissenschaftlich に好ましい．
　　　　　2) 東京では Nazis 関係がうるさいからその点では東京は行きたくない．生活も札幌が楽だから．
　　　　　3) 友枝さんがいひ出したのをムゲに断れなかったし，もし将来独語教師になるのだったら，もしなれるなら交換学生になりたい．

といふのでした．

　ですから何れにしても，交換学生になれたらなった方がいゝのだと思ひます．1 年後こゝに又収容することも困難ではなささうですから．もしなれなければその内総長部長の代った後 25 円位ふやす様に茅さんと運動する積りです．

　お返事として以上で充分か分りませんが．

2. 講座は皆 3 月説です．堀さんは絶対に，茅さんは無理すれば 11 月でも出来ぬことはないが何れにしても一般論が先きに出ることを仮定する，といふのです．私も新しい Bethe のを入れる為には 3 月説です．

3. 西川先生にはお伝へ致しました　先生からお返事あったことと思ひます．

4. 推薦状同封致します．

5. Euler から手紙が来たので写しを同封します．丁度彼が今 Höhenstrahlung の Zusammenstellung をやってる由ですから先生から light proton[d] のことを書いてやって戴ければどんなによろこぶことでせう．

6. 堀さんに会へずお返事が 1 日おくれました．

7. 御奥様によろしく願上げます．

梅田　魁

    [a] Kroll がドイツと日本の交換留学生になりたいと思っているということだろうか？書簡 655 を参照．
    [b] 書簡 476, 487, 527, 571, 572, 593, 594, 655 を参照．
    [c] 書簡 543 の注 a，618 の注 a も参照．共立社の講座の原稿が 3 月でないと完成しないと言っている．
    [d] 湯川粒子（中間子）のこと．書簡 634 の注 b を参照．

661 堀 健夫 (北海道帝大) → 仁科芳雄　　　　　　　1937/09/17

拝啓　御無沙汰申上ました．其後相変らず御元気の事と存上ます．私事過ぐる3週間余り満鮮旅行をやって，2,3日前無事帰札致した処です．偖，一寸御願致し度いことがあるのですが，実は七月初旬でしたか Bohr 先生に御手紙を差上げて，先生の著書 Atomic Theory and the Description of Nature の翻訳^{a}をさせて貰ひ度い旨御願致しました処，丁度私の留守中に返事が参って居りまして「日本訳の出ることは非常に望ましいことで君及君の弟さん*に共訳で出して貰ふことを喜んで承認する」といふことで御座います．但し「仁科さんが自分が日本を去る前にあの本を日本版で出し度い様な意向を洩して居られたが，仁科さんには definite plan があった様には思へない．然し念の為め仁科さんと宜敷く協議願ひ度い」と附加へてあります．そこで若し貴兄の方でどなたか翻訳を始めて居られるのでしたら私の方は断念致しますが，若しまだ誰も着手して居られないのでしたら，私と私の弟にどうか翻訳権を御譲り下さいませんでせうか．御願申上ます．

　＊弟（堀 伸夫）は既に御承知かも存じませんが，京都文科哲学科（田辺 元さんの弟子）を卒業後東北大学で理論物理をやり，目下北大副手の名義で阿部良夫さんの仕事（主として翻訳物）の手伝をして居る者です．哲学をやった関係上 Bohr さんの理論には特に興味を持って居る様で，Bohr さんのあの書物を翻訳することを非常に望んで居ます．私自身も勉強し度い気持から，一所に訳せたらといふので Bohr さんに直接御願した次第で御座います．

　甚だ勝手ですが，至急御願迄．

　　　　　　　　　　　　　　　　　　　　　　　　　　　　　草々
　　　　　　　　　　　　　　　　　　　　　　　　　　　　　堀 健夫

仁科芳雄 様

　a　その経緯については書簡 621, 643 を参照．この翻訳は出なかった．書簡 668 を参照．後に，『原子理論と自然記述』井上 健訳，みすず書房（1990）．大部分，次の本に含まれている：『因果性と相補性』．なお後者の訳注を参照．

662 高嶺俊夫 (理化学研究所) → 仁科芳雄　　　　　1937/09/18

9月18日

拝啓　来る23日（木曜）夕からラポルテ[a]夫妻を拙宅によび晩餐を一緒にし様と思ひますが，若し御差支なくば御加はり願へれば幸甚の至りに存じます．至ってSimpleにやるつもりにて，お客としては同夫妻の外は大兄と須賀君と2人のつもりです．妻は4時頃からと先方へ申しましたが御忙しければもっと遅く来られても構ひません．私は当日は好天気ならゴルフに行くので矢張り4時には間に合はぬと云ったらL氏がI give you the permissionと云ひました．
(御来否一寸妻に御電話を願ひます)

どうかなるたけ御繰合せを．

先は右迄

匆々

理研にて　　高嶺俊夫

[a] Otto Laporte. 1928年，京都大学の木村正路の招聘で来日，原子スペクトル理論の講義をした．これを学生であった湯川と朝永も聴いた．ドイツ人であるが1924年にアメリカに移り，1926年からミシガン大学につとめた．第二次大戦後は1954-56，1961-63年に東京のアメリカ大使館付の科学官をした．

663 仁科芳雄 → 堀 健夫 (北海道帝大)　　　　　1937/10/01

昭和12年10月1日
仁科芳雄

北大理学部
堀 健夫 様

拝復　過日ハ御手紙難有拝見シマシタ．ソレヨリ前ニ御手紙差出ス筈デシタガ，親戚ニ不幸ナドアッテ今日迄延引シテ居マシタ．

扨テ問題ノBohrサンノ本ノ翻訳ノ件[a]デスガ，コレハ実ハ話ノ始マリハ岩波書店ノ方カラデ，Bohrサンノ在京中ニ翻訳ノ承諾ヲ得テ置イテ呉レトノ事デシタカラ，ソノ旨ヲ通ジテBohrサンニ依頼シタ所承諾セラレ，雲仙ニ於テ万事任セルト云フ事デ別レタノデシタ．ソレデ帰京岩波ノ方ニ其話ヲシタ所，前ノDiracノ本ノ様ニ研究室ノ人共著デヤッテ呉レトノ事デシタ．此本ハBohrサンノ来ラレル前ニ研究室ノモノ一同デコロキウムヲヤリ，議論モ相当ニアリマシタノデ岩波ノ方へ承諾シタ訳デシタ．ソノ旨ヲBohrサンニ手紙ヲ出サウ

ト思ッタノデスガ,忙シイノデ其儘ニシテ居タ所ヘ Bohr サンカラ手紙ガ来テ,アナタノ話ガアッタノデス.
　Bohr サント小生トノ間ノ本件ニ関スル手紙ノ一節ハ別紙ノ通リデ,御解リノ事ト思ヒマス.
　以上ノ次第デ問題ハ岩波ノ方カラ出タノデスカラ,先日岩波ノ方ヘアナタノ意嚮ヲ伝ヘ,此翻訳ヲアナタニ御依頼シテ好イカト尋ネマシタ所,「ヨク相談シテ御返事スル」ト云フコトニナッテ居マス.其返事アリ次第何分ノ御通知致シマスカラ左様御了承願ヒマス.
　以上ノ次第デ翻訳其物ニハ未ダ手ヲツケタ訳デハアリマセン.
　右不取敢御返事迄.　　　　　　　　　　　　　　　　　　　匆々

　　a　書簡661およびその注を参照.

664　仁科芳雄　→　N. Bohr（理論物理学研究所,コペンハーゲン）　　1937/10/03

　　　　　　　　　　　　　　　　　東京　　1937年10月3日
Bohr さん
　この度あなたとあなたの研究所に対し,Norsk Hydro 社からの重水について,まことに不快な面倒を引き起こしてしまったことを心よりお詫びいたします.このような重大な誤りを犯したことを私は非常に後悔しております.[a] 同時にあなたがこの問題を円満に解決して下さったことに感謝いたします.その後,Norsk Hydro 社からも,この会社の日本の代理店からも全く問い合わせの連絡がありませんので,代理店の人々はノルウェーの会社との交信に満足しているものと思います.このような問題の解決は,あなたの御努力によるものであり,心より感謝申し上げます.私どもは毎日,重水をサイクロトロンの実験に使っておりますが,以前にも増してこれが貴重に思えてきました.
　あなたの Science 誌に掲載された短信の翻訳[b]が出版されました.私は出版社にこの雑誌のコピーを1部あなたに送るよう申しつけておきました.この論文の別刷も後ほど別便で送られるものと思います.
　Science 誌の論文とあなたから渡された原稿との間には若干の相違が見つかりました.すなわち,Science 誌の164頁の2段目のパラグラフの文末にある

　　　「したがって上記の考え方は,第3図において第2段階から第3段階へ

の温度変化が比較的小さいときにのみ，この簡単な形で適用できる」

は，いただいた原稿の6頁にあるべきなのに欠落しております．これは故意に省略されたものかどうか伺います．私の翻訳ではこれを補足しておきました．もちろん必要ならば，訂正を出すことができます．

フランス・パリでの物理学・化学・生物学の再会・国際会議のプログラムに，あなたの講義の予告が載っていました．何か面白い討論がありましたでしょうか？

あなたと御家族がご健康であられるように祈っております．私どもは皆元気にしております．

仁科芳雄
［英文］

a 重水入手の経緯については書簡 565, 578, 597, 604, 609, 645 とその注，およびそこで生じた問題について 638, 642, 648, 664, 665 を見よ．
b 書簡 643 の注 a.

665 仁科芳雄 → G. Hevesy （理論物理学研究所，コペンハーゲン）　　　1937/10/03

東京　1937年10月3日
理化学研究所

Hevesy さん

8月30日付，および9月7日付の御親切なお手紙，および Bohr 教授と Norsk Hydro 社との間に交わされた手紙のコピーをいただき，本当にありがとうございました．私の不注意で，ボーア教授，あなた，そして研究所の皆様にこのような不愉快な経験を与えてしまったことを大変申し訳なく思っております．Bohr 教授がこの問題を円満に解決して下さったことに何とお礼を申し上げるべきか分かりません．私たちはその後 Norsk Hydro 社からも，同社の日本の代理店側からも何も問い合わせを受けておりません．私たちは毎日，重水を使っており，今ではそれが以前にも増して貴重に思えてきました．

ボローニャでの Galvani 祝賀祭を楽しまれたことと思います．ご家族の皆様も大変お元気のことでしょう．ご研究はその後どのように進んでおりますか？最近 Nature 誌であなたの大変興味ある短報を拝見しました．

私どもは，まだ中国との戦争から大きな圧力を受けてはおりません．もしこ

の事態が長引くならば，私どもの研究活動は縮小せざるを得ないでしょう．
　私どものサイクロトロンは，3 MV で 15 マイクロアンペアのビームを出していますが，これを何か良い問題に使いたいと思っております．
　私の家族は皆元気にしております．

仁科芳雄

[英文]

　ａ　書簡 664 およびその注 a を参照．

666　仁科芳雄　→　石井千尋 (出征中)　　　1937/10/03

昭和 12 年 10 月 3 日
仁科芳雄

石井　君

拝啓　御出征ノコトハ御尊父様ヨリノ御手紙ニヨリ先月中頃承知シテ居マシタ．早速手紙ヲト思ヒ乍ラ親戚ノ不幸ヤ理研ノ雑務デ今日迄延引シマシタ．悪カラズ．

　其後御変リアリマセンカ．軍務御多忙御察シシマス．ドウカ身体ヲ出来ルダケ大切ニシテ，御国ノ為ニ尽シテ下サイ．ソシテ凱旋ノ日ヲ待ッテ居マス．

　宇宙線ノ方ハアナタガ居ナクナッテ淋シクナリマシタ．仕事ノ進捗ガソレダケ遅クハナリマシタガ，然シ一同此時局ニ際シテモ吾ガ学界ハ余裕ガアルト云フコトヲ示スタメ大イニ努力シテ居マス．此度木下サンカラ中学校ニ行ッテ居テ途中デ止メタ人デ，コレカラ夜学ニデモ入ラウカト云フ人デ，短波ノ方ガ得意デ私設局ヲ持ッテ居ルトカ云フ男ヲ使ハナイカトノ話ガアリ，コレヲ採用スルコトニナリマシタ．

　去ル 9 月 28 日ニ北野丸ガ帰ッテ来マシタ．ソレデ今一度繰リ返シテ貰フコトニ船長ニ依頼シマシタ．今度ハ電池モ一度取リ代ヘタダケダサウデス．蓋モ明ケズ何ノ故障モナカッタ由．然シヤハリ前ト同様ニシドニーノ近所デ reading ガ film ノ外ニ出テ了ッテ居マス．ドウモ温度ノ為メ電池ノ電圧ガ下ルノデハナイカト考ヘテ居マス．今度ハ電池ヲ取リ替ヘルツモリデス．出帆ハ 10 月 11 日ノ由．

　「ラヂオゾンデ」ノ方ハ東京電気ノ方ガ一向ニ進ミマセン．アナタガ出発スルトキ云ッテ居ラレタ通リ，軍需品ノ方ニ手ヲ取ラレテ吾々ノ方ハ後廻シトナ

ルノデス．コレハ軍需動員ノ法律デ定メラレタノデス．従ッテ「ラヂオゾンデ」ハ中々進マナイト思ヒマス．前ニ御通知シテカラ後9月初ニ今一度久野,高橋両氏ニ会ヒ（理研ニテ）話ヲシマシタ．マダ吾々ノ counter ノ方ガ少シモ進マナイノデ発信ノ方モ具体化シマセンガ，要スルニ C. W. ヲ出シテ宇宙線ノ shock デコレヲ切ル様ニスルトノコト．又温度ト気圧トハ前述ノ通リ可聴波ト超音波トデ modulate シソノ freq. ヲ変ヘル様ニスルトノコト．ソシテ filter シテ受信シ，コレヲ分ケルトノ事デス．ソレヲ如何ニシテ record スルカハ先方ノ設計ハ相当面倒デアッタノデ，私案ヲ後カラ通知シテ置キマシタガ，其後何トモ返事ガアリマセン．イヅレソノ内又会ッテ相談シ度イト思ヒマス．トモカク未ダ設計ガ全ク未定ト云フ時代デス．

御多忙中コンナコトヲ読ム暇モナイカトモ思ヒマスガトモカク現状御知ラセシマス．

ソレカラ俸給ノ件デ9月初ニ学振ノ方カラ通知ガアリ，文部省カラノ意嚮モアルノデ現俸カラ軍隊ノ方ノ俸給ヲ（但シ戦時手当ヲ除ク）差引イタモノヲ支給スルコトニシテ呉レト云ッテ来マシタ．洵ニ面倒デスガ学振ノ規程トアラバ致方アリマセンカラ左様シ度イト思ヒマス．就テハ差引ク額ヲ序ノ節御知ラセ下サイ．

先ハ不取敢要々ノミ．　　　　　　　　　　　　　　　　　　　　　匆々

［余白に］
◎ラヂオゾンデニ就テハ陸軍ノ科研ガ広範囲ノ特許ヲ持ッテ居ルノデ科研ニ行ッテ了解ヲ得，又陸軍ノ次官ノ許可ヲ得マシタ．
◎此手紙ノ宛所ハ御尊父様カラ承リマシタ．
◎理研カラハ最近高嶺研ノ杉浦正君ガ召集サレマシタ．

<blockquote>
a 書簡 674, 683, 695, 696, 699, 701, 732, 746, 749, 756, 779, 804 を参照．書簡 742 とその注 a も見よ．
b 書簡 610, 672, 690 を参照．
c 1937年9月10日に軍需工業動員法の適用に関する法律が公布され，同法の戦時規定を支那事変に適用することになった．
d 書簡 650 を参照．
e 書簡 646, 647 を参照．
</blockquote>

667 朝永振一郎 (ライプチッヒ大学, ドイツ) → 玉木英彦 (理化学研究所)
1937/10/05

　その後お変りありませんか. 計算はすっかり拝見致しました. 何もかもそちらにお願してしまって恐縮です. 小生はやっとドイツ語を卒業にして本職をこれからみっちりやるつもりですが, たくさん雑誌がたまって閉口しています.
　今日インスティチュートに出て少ししょげているところです (今までインスティチュートは敬遠していたのです). ハイゼンベルクとオイラーに会いました. 他の連中には会えませんでしたが, 冬学期の講義の目録を御覧に入れる以外にまだ何も話の種はありません. ハイゼンベルクは Neuere Fortschritte der Theorie des Atomkerns,^{a} これは面白そうです. フントは Theorie der Elektrizität u. Magnetismus.^{b} ゼミナールは über die Struktur der Materie.^{c} その他 Möbius: Höhenstrahlung.^{d}
　この前の書きものは書トメで送りましたが, シベリヤ経由と書かなかったので, どちらで行ったかしらと思っています.
　ハトさん^{e}がベルリンに来ました. そのうちに会えると思っています.

[絵葉書]

^{a} 原子核理論の新しい進歩.
^{b} 電気と磁気の理論.
^{c} 物質の構造について.
^{d} 宇宙線.
^{e} 鳩山道夫.

668 堀 健夫 (北海道帝大) → 仁科芳雄　　　　　　　　　　　1937/10/06

仁科芳雄 学兄

　　　　　　　　　　　　　　　　　10月6日　　堀 健夫 拝

拝復　御手紙有難く拝見仕りました. Bohr さんの書物の翻訳の件に就いて誠にいらぬ御心配を相懸け恐縮致して居ります. 貴兄並研究室の方々の共著で出版なさる御意志のあった事を露知らず差出がましい事を致しまして心から相済まぬことゝ存じて居ります. 私の方は只の思ひ付きで私と弟の勉強の為め一つは弟が財政的に苦しんで居るのを少しでも助けてやり度いといふ意志から考へ付いた事なので, 貴研究室の方で既にコロキウムで議論もおやりになった上一定の御計画で出版の御意志を有せられるのであって見れば申上ぐる迄もなく貴

兄の方で御計画の通り仕事を御進め下さるのが至当であり，私方は翻訳権譲渡御願の件は取消し申上ます故どうぞ御遠慮なく御自由に御予定を御進め下さいます様御願申上ます．知らなかったこととは言へ洵に失礼な事申上ましたこと何分不悪御寛恕下さいます様，又それにも不拘色々御配慮迄賜りましたことに対し真に厚く御礼申上ます． 敬具

    a 書簡621の注b，661を参照．

669 嵯峨根遼吉（カリフォルニア大学, バークレー） → 仁科芳雄　　1937/10/08

9月22日付御手紙今晩拝見致しました．今日旅順の木谷要一氏及福岡の井上氏といふ御医者様外満鉄の旧友数人見送りのついでに手紙を差上げた処でした．先日のバッテリーを桑港(サンフランシスコ)の会社にきゝましたが未だ型録にも出て居ないのではっきり分りません．うまく行けば今日の3人に頼まうと思ったのでしたがだめでした．其内何とか返事があることゝ思って居ります．

御手紙の一，の芝浦の御話は多分先方で普通に銅を使ったときの積りで話されたことゝ思ひますが，今度の様に銅が充分で200-300アムペアなら安全電流なのですから，問題は別です．銅の分量は電力代によったのでした．ですから前にも申上げた様に日本では銅を半分にしてもよい位であったのです．もう芝浦からの返事が来てゐることゝ思ひますが，全然問題なしと思って居ります．

二，oil tankは納期2, 3ヶ月でしたら石川島にやらせたら如何でせう．oil tankといってもoilを中に入れるのにcoilを締める鋳物など必要で，これは未だ見積りに入って居りません様子です．30万サーキュラーミル位のleadも必要ですが，これは大したことではありますまい．先日御送りしたblue printで御分りのことゝ存じます．当地では未だに鉄の方が定まらないのでのんびりして居ります．それで石川島が戦争の為に特に値段をあげてゐるのでない限り，日本で作る方が安価であり，万一工合の悪くなったとき，例へば洩りがあるといふ様なときに簡単に修繕出来る便宜があると思ひます．尤も，確かならずといふ電報の方が後に出された様ですから，これも駄目になったのでせうか．

steelの方のmachiningはやってみてからなければ安くするといふのでしたら多分安くなると思ひます．日本式に考へて体裁のよいものを作るためplateの方も全部削る積りにしてゐるのではないでせうか．

たとへ1万5千円かゝっても，税及運賃荷造りでまだまだ相当浮くことを予

想して居るのです．即米大陸の運賃と，大西洋，太平洋合せての運賃が大して変らぬ模様ですから，これは鉄の会社の返事をきかぬと分らないのです．三井を通しての電報ですと当地でやる決心をされた様子ですが，何弗の倹約になるか御存知なくて御決定になったのですから，返事のあり次第今一応 [度?] 電報で御伺致しませう．

　鉄の寸法の変更は，最大原因はゴムガスケットにより今迄 50% 以上の時間を浪費してゐた leak 探しが今だに一度もないからです．ために leak 探しを楽にする目的で作った oil tank 横の space が不必要となったことです．これが大体見当ついたのでローレンスが yoke の plate を増すなら pole dia も増したがよいと言ったとき，此無駄をはぶいて 66″ にしました．これの寸法を見たローレンスも今迄の贅沢すぎる設計に気がついてゐるので急に直径を増すことになり 72″ になったのは前申上げた通りです．60″ の直径のタンクにしても未だ硝子の insulator で D support が出来る見込があり，D の厚さにより intensity の増す割合は予期の通りであったので（次乗に近い）10 吋（インチ）の gap にした訳でした．但，目下昔一度試みて失敗した jet を使用する計画をやってゐますので，これが成功すれば又 gap は小さくなることでせう．私の考へでは最初は D の厚さ 3 乃至 4 吋，D と top + bottom plate の間を 3 吋位とってやると，osc の方の困難がへって楽に beam が得られると思ってゐます．D の厚さを厚くすると D の adjustment は随分楽になります．116 μA 出たのも一つに D の厚さによると考へられます．

　銅の方は前にも言った様に充分買ってあります．volt を 220 とかある値にしやうとすると困難ですが，その limit がないのですから，あるだけよい形に巻けばよいと安心してゐます．oil tank の size は [図]．

　後は oil tank が大きすぎて手が cyclotron にとゞかなくなることだけ気をつければよいので，丁度よい寸法になってゐる積りです．但 yoke と oil tank の間は 1 呎（フィート）あれば 1 人がやっと通過出来るのですが，我々は少し小さいから今少しけずれます．それで追加の side yoke の鉄板を頼むときに上下の 192″ の板を長くするかといふ点で色々考へたのですが，図の A の点でも flux density がへってゐるのに何も点線の様にのばすこともなから

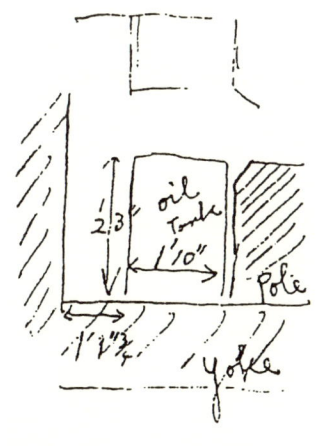

うし，必要なら三角の板でもあてれば間に合うと思ふ様になりました．それに tank と yoke の間を人が必ずしも通れる必要はないのです．現在出来てゐる cyclotron magnet は何処のも此処のが通れる様にはなってゐません．場合によっては yoke の外側を合せて1呎1吋位に U.C. で概略計算してゐる処を4吋けづってもよいと考へて居ります．今日出した手紙にも書いた様に，板が Flat でない処から実力6,7吋位になって了うかも知れません．

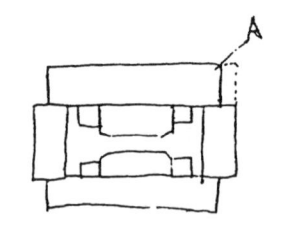

　五の37吋 blue print はもう御覧になってゐると思ひますが，一度発送したのが小包の size の limit より大きいといって中央郵便局迄行ってから返送されました．元々 over size で返ったのだから学校の mail box に入る訳がありません．それで mail box の上にのってゐたのですが，私は一向気がつきませず，背の低いのも手伝ったのでせう，大分長いことのってゐたかして遂に友人の1人が注意して呉れました．飛んだ失敗を致しました．バークレーの郵便局では小包の size の limit など知らないで，今度出すとき確めても中々分らなかったのですから呑気なものです．

　七の1万8千ガウスといふのは電報でも御知らせし，手紙でも申上げた様に cyclotron の magnet は1万8千ガウス出るものとは限らないので field を弱くして dia を大きくした方が都合がよければ其様にすべきです．gap が増して来れば当然1万6千以下1万4千位がよい処ではないでしょうか．

　osc の方は昨今当地では又 self exciting の demountable tube に帰り相です．要するに gas burst の surge の多いことが他の osc と違う点で，これに対する安定さがあれば self exciting の方が簡単なだけ故障の数がへります．丁度 Princeton の電気教室で使い初めたとかいふ 60 cycle に resonance する circuit を primary side に入れると，current const. の circuit が出来，gas burst があっても，trans の primary の current が増さない．結局 2ndary の volt がおちて tube を保護することが出来るとの話で，この circuit を使う様子です．問題は相当の電流の通せる reactor と 900 μF 位の大きな capacity が必要で，相当の費用が必要の様です．

　九の私の滞在期間は今日の手紙でも御伺したことながら machining をやりだしたら来年まで居なくてはならない相です．大学の方は未だ寺沢先生から返事がありませんが多分よいことゝ思ってゐます．

　東京のサイクロトロン，15 μA 出たとすれば大成功です．D の厚さを本当に

知らないのですが大したことでない様に写真から思はれました.
　御申越の様な mag. field sensitive の leak は当地でも盛んにあったもので, それを知るために ion gauge を pumping tube の途中, 即 mag field が弱くなって ion gauge の置ける一番近くに置いてあります. 近頃では vac gauge は殆 ion gauge のみを使って Pirani[c] など殆ど使ひません. 御地でも多分 osc を働かせる最中でも press を気をつけて居られた筈と思って居りますが, 或は short wave の pick up かなにかで使って居られなかったのでせうか. ラヂオに使う shielding 用の Al の cover と shielding wire を使へば pick up は大抵とめられる筈ですが, もう一つは lead の contact をよくハンダ付すること, bad contact が時に rectifier になって micro counter で読みが出ることがあります.
　10月8日　　　　　　　　　　　　　　　　　　　　　　　　嵯峨根遼吉

仁科芳雄 様

　　a　この手紙は残っていない. 書簡656が最も近い.
　　b　発振器. 加速のためディーにかける振動電圧を供給するもの. 書簡671を参照.
　　c　Pirani ゲージ. 気体の熱伝導率が圧力に依存することを利用した真空計.

670　湯川秀樹（大阪帝大）→ 仁科芳雄　　　　　　　　1937/10/09

　拝啓　暫らく御不沙汰致して居りますが, 益々御元気の事と拝察します. その後実験の方は如何ですか. 新しい結果が御座いましたら御教示を御願ひ致します.
　扨て当方もその後相変らず多くの困難に遭遇して弱って居りますが, 兎も角も大体の結果をまとめて *Phys. Rev.* の letter として送って置きましたが, 出るのは遠い先の事ですから, 取敢ず copy を同封致します[a].
　その内容を一口に申しますと, like particle force は scalar potential を考へた範囲内で, 坂田さんの努力により非常に簡単な形になることがわかりましたが, 絶対値が少し小さ過ぎます. 或は neutral quanta も必要かとも思はれます.
　次にこの前に東京でも問題になりました, cosmic ray の hard component の absorption[b] の問題ですが, 例の quanta が nucleus に absorb され, 一つの heavy particle が emit される cross section は, 前に申したのより大分大きくなります. 未だ少し小さ過ぎますが, この他に同じ程度の process が沢山並存

しますから，実際とあまり矛盾しないかとも思ひます．

又, potential に対する quadratic な式を linearize して，Maxwell 型の式にすることも成功しました．その結果例の quanta は spin 1, magnetic moment $\frac{e\hbar}{2m_Uc}$ を持ち得ることになり，之から heavy particle の magnetic moment を求めると，実際とよくあひます．但し，これは heavy particle の mass の原因は U-field による self energy を考へての話です．

以上近況御一報のみ．乱筆多謝 　　　　　　　　　　　　　　草々

[論文同封]

a 坂田昌一・武谷三男と共著の On the Theory of the New Particle in Cosmic Ray を Phys. Rev. に 1937 年 10 月 4 日に投稿．12 月 2 日，掲載拒否の通知を受けた．
b 書簡 623 を見よ．

671 仁科芳雄 → 今岡賀雄 (東京電気無線) 　　1937/10/09

昭和 12 年 10 月 9 日　理化学研究所
　　　　　　　　　　仁科芳雄

東京電気無線株式会社
今岡賀雄 様

拝啓　愈々御清祥奉賀候．

過般ハ御社久野拓治氏御多忙中御来所被下難有奉存候．御蔭ヲ以テ万事判明致シ厚ク御礼申上候．

扨テ其際久野氏ヘモ御話申上候通リ，学術振興会ノ第 10 小委員会ノ事業トシテ目下建設中ノ大サイクロトロン（重量 230 噸ノマグネット付）ニ使用致スベキ発振器製作方御依頼申上度，時局柄御迷惑トハ存候ヘ共何分ノ御援助御願申上候．

同発振器ノ仕様左ノ通リニ御座候．
発振器
1. 出力　50 キロワット
1. 波長　18 米乃至 38 米
1. 水晶発振器ニヨル波長制御装置（マスターオシレーター）付
整流器
1. 右発振器ニ使用スベキ整流器

但シ当所電源ハ3300ヴォルトニツキ, プレート電圧ニ従ヒ変圧器ヲ要スルコト存候. コレハ如何致スベキ哉.

納期
1. 昭和13年4月末日[a]

コレハ困難ノ事カト存候ヘ共, 此サイクロトロンハ米国加州大学ノモノト同ジ大サニテ, マグネットハ両者同時ニ出来上ルモノニ有之. 従ッテ先方ヨリ余リ遅レテ仕事ヲ始メテハ殆ド其建設目的ノ過半ヲ失フモノニ御座候間, ナルベク速ニ仕事ヲ開始致スベキ様委員会ヨリ要望セラレ居候.

以上御多忙中恐レ入リ候ヘ共御設計御見積リ奉願上候.

尚コレハ日本学術振興会ノ事業ニテ予算ノ方モ切リ詰メラレ居候間, 御見積価格ノ点何卒然ルベク御配慮被下度御願申上候.

又発振器ト整流器トハ別々ニ御見積願上候.

右要々迄御依頼申上候.　　　　　　　　　　　　　　　　敬具

[a] 小サイクロトロンが完成したのは1937年4月であった. 書簡585の注eを参照. 大サイクロトロンの電磁石据付が完了したのは1938年6月である.

672　仁科芳雄 → 中島 俊（日本郵船）　　　　　　　1937/10/09

　　　　　　　　　　　昭和12年10月9日　　理化学研究所
　　　　　　　　　　　　　　　　　　　　　仁科芳雄
北野丸
中島 俊 様

拝啓　過日ハ御芳墨拝見難有奉存候.

今回ハ御多忙ニテ当所ヘ御来訪ノ機ヲ得ズ残念ニ存候. 何卒次回ハ御枉駕(おうが)ノ程待居候.

扨テ再ビ御願申上候宇宙線計[a]ハ, 明10日, 北野丸迄持参致シ, 午前10時頃積込可致候ニ付, 何卒宜敷御配慮被下度御願申上候. 尚積込ハ全部当方ノ助手並ニ人夫ニテ相済マス可申候. 先ハ御願迄申上候.　　　　敬具

11日御出帆ノ際ハ参上ノ予定ニ御座候.

[a] 書簡666, 690を参照.

673　仁科芳雄　→　友枝高彦（日独文化協会，東京）　　1937/10/10

昭和 12 年 10 月 10 日　　理化学研究所
仁科芳雄

日独文化協会
友枝高彦[a] 様

拝啓　昨日ハ御電話ニテ失礼仕候．其際ノ御指示ニ従ヒ留学生交換ノ件ニ関スル理研所長ヨリ日独文化協会長宛ノ書面ノ文案別紙ノ通リ相認メ申候間，御多忙中恐縮ニ奉存候ヘ共御高覧ノ上御指図賜ハリ度，ソノ上ニテ提出可致候間何卒宜敷御願申上候．　　　　　　　　　　　　　　　　　　　　　　敬具

東京市本郷区駒込上富士前町 31
理化学研究所長
子爵　工学博士　大河内正敏
昭和 12 年 10 月 18 日

麹町区内山下町 1 丁目 2　東京市政会館内
財団法人　日独文化協会会長
侯爵　大久保利武　殿

　　　　留学生交換ノ件
拝啓　秋冷ノ候愈々御清祥奉賀上候．陳者予而御配慮ヲ蒙リ居候ライプチッヒ大学ト当研究所トノ留学生交換ノ儀ハ，今春実施ノ事ト相成，当研究所ヨリハ仁科研究室研究生朝永振一郎ヲ派遣シ，同人ハ去ル 7 月ヨリライプチッヒ大学理論物理学教室ニ於テ，ハイセンベルグ教授ノ下ニ研究致居候ヘ共，ライプチッヒ大学ヨリノ派遣者ハ適任者無之為メ，未ダ派遣ノ運ビニ至ラザル次第ニ御座候．
　然ルニ目下北海道帝国大学ニ於テ理論物理学ノ研究ニ従事セル，クロル博士 (Dr. Wolfgang Kroll)[b] ハ元ライプチッヒ大学ニ於テハイセンベルグ教授ノ下ニ量子論ノ研鑽ヲ積ミ，人物業績共ニ本交換留学生トシテ最モ適任者ニシテ，仁科研究室ニ於テ量子論ノ研究ニ従事スルコトハ彼我ノ為裨益スル所大ナルモノアルベキ旨，主任研究員仁科芳雄博士ヨリ申出有之候ニ就キ，クロル博士ヲ独逸側ノ派遣者トシテ採用サレ度キ様，貴協会ヨリ独逸留学生交換局 (Deutscher Akademischer Austauschdienst)[c] 宛可然御依頼被下度奉願上候．

尚北海道帝国大学教授梅田 魁博士ヨリノ推薦状茲許同封申上候.　　敬具

a 書簡637の注aを参照．
b 書簡474, 527, 550, 655, 660, 677, 707を参照．
c 書簡474の注bを参照．

674 石井千尋 (出征中) → 仁科芳雄　　　　　　　　　　　1937/10/12

仁科芳雄 先生

　　　　　　　　　　　　　昭和12年10月12日　　石井千尋

　夏の間を浜松で過して冷しくなったので渡って来ました．北平の近くにしばらく居りましたが最近地上勤務員を引き具して南進しました．^a
　只今38度50分位の場所に居ります．宇宙線からは完全に離されて居ります．これから2度位前進すると黄河が見える近くまで行く事と思って居ります．
　そこまで進むや否やは我々下の方では良くわかりません．戦場とは云ひながら相当第一線の後方ですから匪賊，敗残兵等以外に敵とする様なものも出ては来ませんが，一寸と兵舎から出るのにも拳銃と刀は手離せません．夜飛行場等へ出かける時は銃ケンを附けた兵2名位をつれて行かねば出られません．
　先月30日頃小生も40名位兵をつれて某地に於て匪賊に出合って同行した兵6名が一寸と10米位離れた所で敵ノ手榴弾で重軽傷を受けました．一寸とした戦闘をやりました．
　毎日地図とにらめっこをして飛行場に居ります．
　尚小生の宛名は当分の間
　　　　北支派遣徳川部隊本部気附園田部隊上田隊

　　　　　　　　　　　　　　　　　　　　　　石井千尋 少尉

a 書簡666とその注aを参照．石井は航空兵である（書簡742の注a）．

675 仁科芳雄 → 湯川秀樹 (大阪帝大)　　　　　　　　　　1937/10/13

　　　　　　　　　　　昭和12年10月13日　　理化学研究所
　　　　　　　　　　　　　　　　　　　　　　仁科芳雄

湯川秀樹 様

拝復　御手紙並ニ Phys. Rev. ヘノ寄書難有拝見. 忙シイノデマダ熟読シテ居マセンガ, ソノ内小林君ナドトヨク話ヲシテ見ルツモリデス. トモカク結果ハ非常ニ面白ク愉快ノ至リデス. ドウカ此上共此方面ヲ促進セラルル様祈ッテ居リマス.

　コチラノ実験ハ其後中々思フ様ナモノガ取レマセン. 更ニ 1 本好イノガ得ラレタダケデス. ソレハ陽子ノ $\frac{1}{7}$ 乃至 $\frac{1}{8}$ ノ質量ヲ与ヘマス. 但シコレハ Bloch ノエネルギー損失（電離ニヨル）ニ依ルトシタノデス. 此前ノモノヲ Bloch ノ式デヤッテ見ルト, 質量ハ大キク $\frac{1}{5}$ カ $\frac{1}{6}$ ニナリマス.[b] コレハ写真デモ解ル通リ, nuclear collision ヲシテ居ルノデ電離以外ノエネルギー損失ガアッタ為ダト思ハレマス.

　執レニシテモ吾々ノ見テ居ルモノハ secondary ノモノラシイ様デス. 従ッテ数モ少イノデショウ.

　吾々モ Phys. Rev. ニ寄書シタノデスガ, 8 月初ニ出シタノガ 11 月中頃デナクテハコチラニ手ニ入ラナイ様デス.

　右要々迄.

　御自愛専一ニ.　　　　　　　　　　　　　　　　　　　　匆々

　小生ノ所ノ玉木君ガ召集命令ヲ受ケ 16 日ニ入営シマス.

　　　[a]「レター」のこと. 書簡 670 を参照.
　　　[b] 書簡 679 を参照.

676　仁科芳雄　→　坂田昌一（大阪帝大）　　　1937/10/13

　　　　　　　　　　　　昭和 12 年 10 月 13 日　　理化学研究所
　　　　　　　　　　　　　　　　　　　　　　　　　仁科芳雄

坂田昌一 殿

拝啓　過日ハ御手紙有リ難ウ御座イマシタ. 又結構ナ松茸沢山御送リ下サッテ厚ク御礼申述ベマス.

　湯川, 武谷, 両氏ト共著ノ Phys. Rev. ヘノ寄書[a]拝見シマシタ. 面白イ結果デ非常ニ愉快ニ思ッテ居マス. コチラノ実験ハ其後更ニ 1 本 track ヲ得マシタ. ソレニヨルト陽子ノ $\frac{1}{7}$ 乃至 $\frac{1}{8}$ トナリマス. 但シコレハ Bloch ノ energy loss ノ式ニ依ッタモノデス. 此式ニヨルト前ノ track ニヨルモノハ陽子ノ $\frac{1}{6}$ カ $\frac{1}{5}$

ニ出マス．コレハ恐ラク nuclear scattering ガアッテ何カ電離以外ノ energy loss ヲシテ居ルノダト解釈シテ居マス．
　先ハ要々迄．
　折角御努力ヲ祈ッテ居マス． 　　　　　　　　　　　　　　匆々

　　　a 書簡670を参照．

677 友枝高彦（日独文化協会，東京）→ 仁科芳雄　　　　1937/10/13

拝啓　去る10日附貴翰[a]難有拝誦仕候．ドクトル，クロル君御推薦の件，御同封の文にて至極結構と存じその上貴方より伯林（ベルリン）へ交換可仕候間左様御願ひし度右お返事まで申上候． 　　　　　　　　　　　　　　　　　　敬具
10月13日　　　　　　　　　　　　　　　　　　　　　　　友枝高彦[b]

仁科　博士　侍史

　　　a 書簡673．
　　　b 637の注a参照．

678 小林　稔（大阪帝大）→ 仁科芳雄　　　　1937/10/14

　上京中はいろいろとお世話になりました．厚くお礼申し上げます．又思ひがけぬ御馳走に預り恐縮致して居ります．宇宙線の湯川粒子の発生消滅に関して種々御高教を賜りまして有難うございました．この問題は現在の理論の弱点と強く結びついてゐるので閉口してゐます．しかしそれだけ将来の理論に近づく手がかりとなるのではないかと愚考して居ります．お教へ下さいましたことを中心に勉強を進めて行きたいと思って居ります．
　ボルン・インフェルドの場の光の散乱に関する論文[a]本日初校を受取りました．お忙しい所を丁寧にお目を通して戴きましてありがとうございました．随分間違ひが多かったので赤面して居ります．すぐ校正して返送致しました．又勝手に別刷規定外に100部請求致しましたがお許し下さい．
　奥様には御不快の御由何卒お大事に存し下さいますやうよろしく御鳳声をお願ひ申し上げます．

10月14日　　　　　　　　　　　　　　　　　　　　　　　　　小林 稔

仁科 先生

[a] S. Tomonaga and M. Kobayasi, Scattering and Splitting of Photons on the Non-linear Field Theory of Born and Infeld, *Sci. Pap. Inst. Phys. -Chem. Res.* **34** (1938) 1643–1649.

679 竹内 柾（横須賀海軍工廠）→ 仁科芳雄　　　1937/10/15

前略　昨日御話の件下記の通りです．

$H\rho_i = 7.4 \pm 0.3 \cdot 10^5$

$H\rho_f = 4.9 \pm 0.3 \cdot 10^5$

誤差は大体です．1回の測定で最大の誤差の値です．
上の数値から[a]

	$H\rho_i \cdot 10^{-5}$	$H\rho_f \cdot 10^{-5}$	mass
max. energy loss	7.7 ⟶	4.6	約 $\frac{1}{6.5}$
prob. 〃	7.4 ⟶	4.9	〃 $\frac{1}{8}$
min	7.1 ⟶	5.2	〃 $\frac{1}{15}$

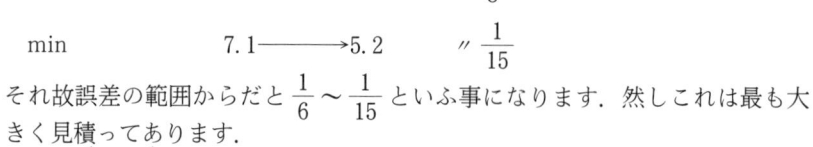

それ故誤差の範囲からだと $\frac{1}{6} \sim \frac{1}{15}$ といふ事になります．然しこれは最も大きく見積ってあります．

結局 $\frac{1}{7} \sim \frac{1}{10}$ とでも書く所でせうか．先生の御一存でよい様に御願ひ申し上げます．

track が斜に入ってゐるので，Pb を 4.8 cm 位通ってゐます．

前のは　　$H\rho_i$　$7.0 \pm 0.7 \cdot 10^5$

　　　　　$H\rho_f$　$2.4 \pm 0.1 \cdot 10^5$

			mass
max.	7.7 ⟶	2.3	約 $\frac{1}{4}$
prob.	7.0 ⟶	2.4	〃 $\frac{1}{5}$

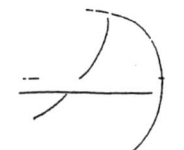

min　　6.3⟶2.1　〃 $\frac{1}{6}$

となります．これは Pb 3.5 cm 通ったとしました．
どうぞ適当にして頂きます．[b]

今日午後 generator が都合してもらへましたので写真を撮りました．Pb 80 cm 積んで撮りました．（出来ただけの鉛）今迄約 1 時間で film 1 本でした (chamber の上に 40 cm Pb あり)．今度は 40＋80＝120 cm となったためか約 1 時間半を要しました．

track 10 数本，殆んど真直なのばかりです．1 本可成り曲ったのがありましたが，斜で Pb にあたらずだめでした．

御返事朝の間，忘れてゐましたのでおそくなりました．

それから鉛 150 cm 積む予定でしたが，あの枠が 140 cm しか入らないので最大 140 cm として実験を致します．一寸御通知申し上げます．

10 月 15 日　　　　　　　　　　　　　　　竹内 柾

仁科芳雄 様

[a]　ここに probable energy loss として与えられている $H\rho$ の値と「結局［陽子の質量の］1/7〜1/10 とでも書く所でしょうか」としている粒子の質量の値は次の論文の主張と一致する．Y. Nishina, M. Takeuchi and T. Ichimiya, *Phys. Rev* **52** (1937) 1198-1199 (Received August 28, 1937)．論文受理の日付が，この竹内の手紙より前なのは何故だろう？　つづいて同著者の *Phys. Rev.* **55** (1939) 585-389 (L) もあるが，投稿が 1939 年 1 月 31 日で，質量を (170±9)×(電子の質量) としている (すなわち陽子の質量の 1/10)．

[b]　($H\rho_i=7\times10^5$ gauss·cm, $H\rho_f=4\times10^5$ gauss·cm) の飛跡の写真が『宇宙線』，p. 192 に載っている．これが本書簡の第 1 の例にあたると思われるが，中間子の質量は陽子の 1/10 とされている．($H\rho_i=7.0\times10^5$ gauss·cm, $H\rho_f=2.43\times10^5$ gauss·cm) の飛跡の写真は科学 **7** (1937) 410 に載っており，これが本書簡の第 2 の例にあたると思われるが，中間子の質量は，やはり陽子の 1/10 とされている．*Phys. Rev.* **55** (1939) の質量は $H\rho$ と飛程から求めたのである．

680　朝永振一郎（ライプチッヒ大学, ドイツ）→　仁科芳雄　　　　1937/10/21

お手紙有り難く拝見致しました．すぐに御返事を差上げねばならないところを例の不精で延引してしまいました．相変らず御活動の模様をうかがって，少

しばかり慚愧にたへない様な気もちが致します．私はこちらへ来てから，物理をすっかり忘れた様な生活をして，インスティテュートはやっとこの2週間ばかり前まで敬遠して居りました．従って，専門の方に関してはまだ何もお知らせ出来ませんが，今日はじめてのコロキウムがあってフントがスレーターのシュプラライトング[a]の理論に就いて語りました．ハイゼンベルクは今，ボロニャの学会に行って留守です．今日のコロキウムはまだ人数がそろはなくて，あまり華々しくもありませんでしたが，オイラーがなかなか熱心です．こゝの連中は核のモデルをハートリー式のから一段進めることに熱中してゐるらしいですが，詳しいことはまた何れお便りするつもりです．冬学期の講義は，ハイゼンベルクが核に関するものをやり，ゼミナールの目録は次に示すやうに宇宙線と核の問題が中心となるらしいので楽しみにして居ります．

Höhenstrahlung[b]
(Euler) 1. Bhabha Heitler Schower.
(Heisen.) 1. Heisenberg Schower.
(Heisenb.) 1. Durchgang schneller Teilchen durch Kerne.[c]
(Bagge Volz) 1. Magnetische Ablenkung d. Höhenstrahlung.[d]

Kerne
1. Vielteilchensystem.[e]
1. Klassische Model.
1. Schwingungen Model.[f]
1. α-Teilchen Model.
(Hund) 1. Hartree u./α-Model.
(Bagge Volz) 1. Wechselwirkung der Teilchen.[g]
1. Übergänge zwischen Kerns.[ママ][h]
1. Progresse mit langsamen und schnellen Neutronen.
1. Sternprozesse.[i]

これが大体今年中のプログラムの由です．今日のフントの話は，何しろフントは有山さんから聞いてゐた通り非常に明瞭にゆっくりと話をするのでよく判りましたが，連中同志のディスカッションはどうも判らないので残念です．次第になれる事とは思ひますが，理研のコロキウムの時の様に振舞ふことはとても望みなささうで，従ってせっかくの御馳走も一寸消化しにくいことになりさうに思って居ります．

先日，あるエレクトロテヒニカーから手紙で，理研の方に交換の候補者がま

だ見つからない由だが、自分の専門がちがうのでむつかしいとは思ふが、どういふ事になってゐるのか知りたいむね言って来ましたので、今は物理学者が要求されてゐるむね返事して、この話は一段落となりました．ハイゼンベルクにはオイラーを通じてかういふ手紙が来たといふことを話してもらっただけですから、彼の意向は判りませんが、今後かういふ話が出たときのために一応そちらのお考へをおたづねしておきたいと思ひます．即ち、やはりクロルの様な理論物理学者にかぎるか、それともあまり候補者が見つからない場合には少し条件をゆるめてでも実現を望んだ方がよいか、といふことです．さうであればどの程度までゆるめるかといふやうな問題です．もっともどれ位ゆるめたらば候補者を見出し得るかは私には今何も判りません．これはたゞ一寸参考のためにお聞きしておきたいと思ふだけで、問題が出たときに私の個人の考へといふことにしてハイゼンベルクその他に話をするためです．

　こちらへ来ましてから幸ひ一寸した風邪位の外、体の方は全く元気で居ります．たゞ頭が少しにぶくなったやうな気がします．夏中は大へん気候がよいのでその点そちらよりたしかに楽に感じました．これから追々と寒さに向ひますが、もうスティームで室内は夏より暖い位です．たゞ天気が悪い日が多いので多少不快に感じます．旅行はまだ一向にして居ません．たゞベルリンとドレスデンに行っただけですが、この冬休みは少し外を見やうかと思って居ります．そちらでは戦争[j]がなかなか大きいらしいし、石井さんも出征されたと聞きましたが宇宙線の研究の方に支障があるやうなことがなければと思って居ります．それから又、文部省の留学生の留学費も2，3割方へらされた[k]といふことですが、さういふことであれば私の方も一人前のまゝちょうだいするのは何か悪いやうな気がしますし、又今のところそれでも充分やって行けさうに思はれますから、この点御考慮下さるやう．カワセ管理で金を外国に出すことがなかなか困難だといふやうな話も聞きましたから、一寸、こんなことを申上げました．

　はるかに御健勝を祈ります．
　10月21日　　　　　　　　　　　　　　　　　　　朝永振一郎

仁科芳雄 様

　清水［武雄］研の渡辺慧氏が4，5日前から来られました．日本人が2人になって心強く思ってゐます．

　　[a] 超伝導．
　　[b] 宇宙線．

c 高速粒子の原子核貫通.
d 宇宙線の磁場による曲がり.
e 多粒子系.
f 振動子模型.
g 粒子間相互作用.
h 原子核の変換.
i 星状過程.
j 1937年7月7日，盧溝橋で日中両軍衝突，日中戦争はじまる．9月5日，日本海軍が全中国沿岸封鎖を宣言．9月22日，中国・国民党と中国共産党が国共合作宣言書を公表．9月25日，日本政府は日華紛争に関する国際連盟諮問委員会の招請を拒絶（日本は，すでに1933年3月に国際連盟の脱退を通告している）．9月28日には国際連盟は日本の中国都市爆撃非難決議を採択．
k 1937年9月28日，日本政府は閣議で海外留学・派遣の抑制を決定．1938年9月には文科関係の中止を決定．

681 J.C. Jacobsen, E. Rasmussen (理論物理学研究所,コペンハーゲン) → 仁科芳雄　　　　　1937/11/04

理論物理学研究所
コペンハーゲン　1937年11月4日

理化学研究所
仁科芳雄　教授

皆様

　1938年春はBohr教授の原子理論の第一論文[a]が *Philosophical Magazine* に掲載されてから25年目に当たります．これを記念して当研究所の現在の共同研究者はBohr教授に研究所のすべての共同研究者の写真集を贈呈してお祝したいと考えました．この写真集はできる限り完全であるべきですので，貴殿の写真と署名をできるだけ早くお送りいただければ幸甚に存じます．
　お手数を煩わせて恐縮です．　　　　　　　　　　　　　　　敬具
　　　　　　　　　　　J.C. Jacobsen　　Ebbet Rasmussen

同封した封筒を返信にお使い下さい．
　なお，2通余計に同封いたしましたので，高嶺博士と青山博士にお送りいただければ幸いです．お二人の住所を存じませんので．

[英文]

a N. Bohr, On the Constitution of Atoms and Molecules, *Phil. Mag.* **26** (1913) 1-25.

682 W. Heisenberg (ライプチッヒ大学, ドイツ) → 仁科芳雄　　1937/11/11

仁科芳雄 様!

　重い電子に関する論文[a]のコピー[b]をありがとうございました．深い興味をもって研究しました．いまや私は，この粒子の存在を信じ，この新粒子がどのような性質をもつのか好奇心で一杯です．いろいろの質量の不安定粒子に崩壊することも考えるべきでしょう．その場合には，一つのきまった種類を考える理由もないでしょう．貴方たちのさらなる研究が待たれます．

　もう一つ，あなたたちの論文で興味を引かれた点があります．見たところ重い粒子で，エネルギーが高いにもかかわらず，厚さ 3.5 cm の鉛に入射してその中で止まったように見えるという報告です．あなたは，この粒子が原子核と衝突してエネルギーを失ったと考えていますが，私は他の解釈を提案したいと思います．その粒子が核と衝突し，多くのエネルギーは失わず，しかし交換力のために陽子が中性子に変わったこともあり得るということです．私が最近行なった計算では――その校正のコピーを同封しますが――この過程は核内でのエネルギー損失より高い頻度でおこります．いずれにしても，あなたの実験がこのような解釈を許すか否か見直してみる価値があるでしょう．もちろん，核衝突で，いま理論的には予見できない新しい過程がおこっているのもよいことです．

　朝永がライプチッヒに来てしばらくになりますが，セミナーで勤勉に協同しています．その間，Debye 教授の学生 Birus 博士が――これまで実験をしてきた人ですが――日本のあなたの研究所で交換学生として働きたいと志願してきました．これが公式の場所でどう扱われるか，私には分かりません．Birus は私には知る限りよい，信頼できそうな印象です．全面的に推薦します．

　最近コペンハーゲンに行きましたが，Bohr が日本での経験を感激して話してくれました．

　日本の共通の友人たちへの心からの挨拶をこめて

W. Heisenberg
[独文]

a 湯川の予言した新粒子のこと．中間子．湯川は heavy quantum とよび，Stückelberg (*Phys. Rev.* **51** (1937) 41) や N. Kemmer (*Proc. Roy. Soc.* **66** (1938) 127) らは heavy electron, 仁科は light proton (書簡 617) とよんだ. 参照：書簡 799, 「中間子という名前の確定まで」,『日本科学技術史大系 13 物理科学』, 日本科学史学会編, 第一法規出版 (1970), pp. 284–286.

b 次の論文, 刊行は 12 月なので, 送ったのは原稿である. Y. Nishina, M. Takeuchi and T. Ichimiya, On the Nature of Cosmic-Ray Particles, *Phys. Rev.* **52** (1937) 1198–1199.

683 石井千尋 (出征中) → 仁科芳雄　　　　　　　　1937/11/19

11 月 19 日雪が降って居ります．図ノ様にして保温して居ます．
至って元気です．早々[a]

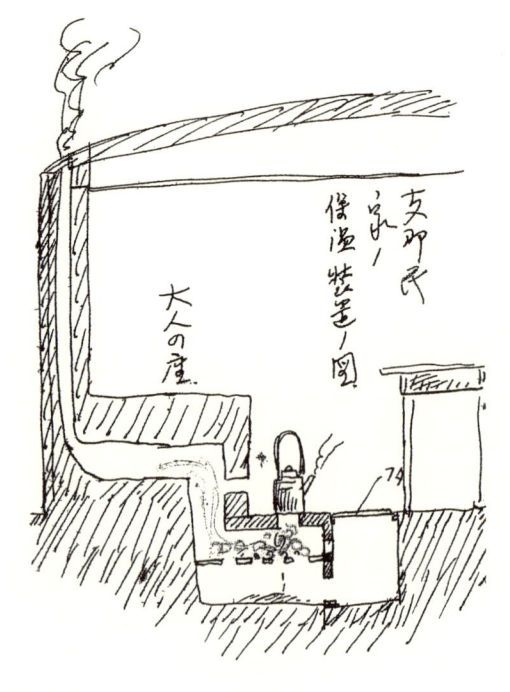

[図：支那民家ノ保温装置ノ図，大人の座]

［葉書］

a 書簡 666 とその注を参照．

684 嵯峨根遼吉 (カリフォルニア大学, バークレー) → 仁科芳雄　　　1937/11/29

　大変御無沙汰して申訳ありません. 鉄の方が一段落済むとあとはコイリングとオイルタンクだけで, Gardner Electric へ交渉に行かうと思ひながら, 締めるのに使う真鍮の鋳物の見積りが来てよくきまってからではどうかといふ三井の人の意見により, 大学での入札の結果をまって居りましたが, 来週来週と言ひながら中々見積りが得られません. 従って何も申上げることもなく, 其内には実験の方も忙しくなって来て, ついつい御無沙汰致しました.

　真鍮の鋳物の入札は大学の purchasing department の予定より高価なものが多く, 入札を何度かやり直したのだ相で昨日行って聞いた話では大体 Apex といふ会社にやらせる様になった模様です. Gardner Electric と同じ Emeryville といふ Oakland と Berkeley の間にはさまった工場町の小さな工場の様です. 見積は $684.20 といふことで, 大学の係の人が行って今日 cheque して来る筈で, よければ我々の方も同じものを注文する積りで居ります.

　此外に lead の wire や spacer の maple 等の extra charge が $100 位かゝる模様です. 1, 2 日の内に Gardner Electric に参る積りで居ります.

　oil tank の方の製図は大体終つて, 後は Prof. Lawrence が cheque すればよいばかりになって居ります. 三井の人は注文するのならなるべく私の居る内に注文して呉れといって居りますが, 大したものでもないから青写真が出来次第御送りすることにして, 米国で注文する様でしたら U. C. の通りにしてもらひ, 具合の悪い時は日本で直してもよいかと思ひます.

　私の帰る日取は 12 月 22 日の船に致しました. 12 月半ばの船に乗ったのでは冬の休暇に帰る様なものですし, 一船のばせばスタンフォードの meeting にも出られますからのばすことに致しました. *Bulletin* で御覧になると思ひますが, Ga, Ge の辺の isotope の実験の報告をする積りで居ります. Y, Zr 辺のをやって居たのですが最近 Cork が報告して居るのと少し一致しない所があるので, 大事をとってやめて居ますが, 帰る迄には何とかはっきりさせたいと思って居ます.

　先日の御手紙の osc[a] の power の話ですが, 私もぼんやりして居ましたが, 今迄私は input で言って居た積りでした. 現在の osc も input 40 kW がせいぜいの様です. 東京の現在の小さな cyclotron に output 30 kW の osc では osc の方は充分な power が supply されて居る訳ですね. いつぞやの御手紙で osc の方の volt を 1 万以上に上げると書いて居られたときに, よく stable に

働くと思って居りましたが, power が大きいと多少の gas burst の disturbance 位平気なのでしょう. ですから 60″の cyclotron でも現在の 30 kW で充分とは行かないまでも beam は得られることゝ思はれます.

当地でも new cyclotron の design に関する予備実験をそろそろ初めました. 木で full size の形を作り, 銅板をはって同じ capacity を得る様にして居りますが, 60″といふと随分大きなものです. 私の帰る迄には少しは結果が得られるかと期待して居ります.

ローレンスは最近又賞金をもらい, 他からの寄附金もあって, 金の方は充分あるから色々思ひついたらどしどし予備実験をやって見ろと言って居ます. 建物も殆出来上り, 鉄の入るのを待って居ります.

先生が大学で講義をされる様になった^bのは大変結構なことです. 当地でも1週2回 Oppenheimer の seminary がありまして, 理論の人 3, 4 人が主になって時々実験の綜合報告を Radiation Lab のものが間にやりますが, 大変面白いものです. 講義の外に此様な seminary が出来たらほ結構と思ひますが如何なものでしょう. 理研の研究室で既にやって居られるかも知れませんけれど.

もう帰る迄に 3 週間しかありません. やらねばならぬことばかり未だ沢山残って居ます. Pasadena^c へも今一度行きたいと思って居りましたが 3 日間とまとまった暇が得られるか疑問です.

当地だからこそ未だ外套なしで平気で居りますが, 東京はもう大分寒くなったことでせう. 御自愛専一に.

研究室の諸兄にもよろしく.

11 月 29 日　　　　　　　　　　　　　　　　　　　　　　　嵯峨根遼吉

仁科芳雄 様

   a 書簡 671 および 669 の注 b を見よ.
   b 仁科は 1937 年 10 月 16 日から 1942 年 12 月 19 日まで東京帝国大学理学部物理学科の講師をつとめた. 参考：『東京大学百年史 理学部』, 東京大学 (1987), p. 23.
   c 書簡 56 の注 e 参照.

685　仁科芳雄　→　C.D. Anderson　(カリフォルニア工科大学)　　　1937/12/02

東京　1937 年 12 月 2 日
理化学研究所

Carl D. Anderson 博士
Norman Bridge 研究所，カリフォルニア工科大学
カリフォルニア州パサデナ

Anderson 博士

あなたが大分前に Neddermeyer 博士と共同で公表された，宇宙線の中から発見された新粒子に関する論文は[a]，私どもにとりまして大変興味のある成果です．と申しますのは，私どもも当時同じような研究をしていたからです．

去る8月，私どもは研究成果の要約を Physical Review の「レター」として投稿しました[b]．この論文が出版されるまでには大分時間がかかると思いますので，別便でこの論文のコピーをお送りいたします．この論文に関心をおもちいただければ，幸甚に存じます．

仁科芳雄

[英文]

[a] S.H. Neddermeyer and C.D. Anderson, Phys. Rev. **51** (1937) 884-886.
[b] Y. Nishina, M. Takeuchi and T. Ichimiya, On the Nature of Cosmic-Ray Particles, Phys. Rev. **52** (1937) 1198-1199. この論文は8月28日に受理されているが，長すぎるという理由でレターとしては掲載されず，Phys. Rev. の12月号に本論文として載った．書簡657とその注aも参照．

686 仁科芳雄 → J.C. Street （ハーバード大学）　　1937/12/02

理化学研究所
東京　　1937年12月2日

J.C. Street 博士
Research Laboratory of Physics, ハーバード大学
マサチューセッツ州ケンブリッジ

Street 博士

私どもは，あなたが Stevenson 博士ともに宇宙線の中に新粒子が存在するとされた研究[a]に大変興味をもちました．というのは，私たちもその当時，同じような研究をしていたからです．数日前に私たちは，あなた方の同じ主題についての非常に興味ある論文を Physical Review で読みました．

去る8月に私どもはこの研究結果の要約を *Physical Review* の「レター」として投稿しました。この論文が出版されるまでには，未だ大分時間がかかるように思えますので，別便でこの論文のコピーをお送り致します．この論文の結果に興味をおもちいただければ幸甚に存じます．

仁科芳雄（理学博士）

[英文]

a J.C. Street and E.C. Stevenson, *Phys. Rev.* 51 (1937) 1005.
b 書簡685の注bを参照．

687 黒川兼三郎（早稲田大学） → 仁科芳雄　　　　1937/12/06

早稲田大学
黒川兼三郎

仁科芳雄 様
　　　侍史

拝啓　愈々御清祥之段奉賀候
　扨て予て御願申上候電気学会50年紀念号『本邦に於ける輓近の電気工学』原論之件に御座候が御多用中甚だ恐縮には存候へども学会よりの催促も有之可及的早かに御取まとめの程願はしく先日野口氏を通じ事情申上候やうの次第にて何分よろしく願上候a　　　　　　　　　　　　　　　　　　　　　敬具
　昭和12年12月6日

a 記念号は，『電気学会五十年史』，電気学会（1938）となり大正時代までの電気工学界を回顧するものとなった．仁科は書かなかった．

688 梅田 魁（北海道帝大） → 仁科芳雄　　　　1937/12/27

仁科 先生
1. 此度上京の節は色々御厄介になりまして難有う存じました．汽車も30分の延着で大した遅れもなく無事帰りました．すぐ御礼状を書く筈の所急に妻の入院騒ぎがありゴタゴタして遅れ申訳ございません．

2. 本日は愈々結構な紀州をお送り下さいまして誠に難有うございました．大好物でスキーには欠くべからざるもの．
　たゞ一々こう御心配下さってはお忙しい先生をお煩はせするのみで誠に申訳なく存じます．私としては唯五番館のみが本場の石狩鮭を持って居りその独特の白い身を味って戴きたいだけなので，どうぞ之からは放っておいて下さいます様御願ひ申上げます．
3. Kroll の論文で先生御紹介といふのは
　　　　　Vorgelegt von Herrn Y. Nishina
ださうです（Mitglied といふだけを表はすので Herrn だけで Titel などなしで）．急ぐと思って編纂係へ直接伝へておきました．校正刷が今日来ました．
　　　　　Eingeführt von
となって居りましたが直しておかうと思ひます．
　Kroll も Birus といふのは知りませんでした．前からの関係があるので Kroll 自身も Austauschakademiker を余り期待して居りません．望み薄の様に思ってるらしいです．お忙しい先生をお煩はせして本当に相済みません．
4. 仰せにより私論文別刷一まとめお送り致しました．碌なものなくお恥しいです．Elektron-Elektron の Ausstrahlung[b] は gesamt W. Q.[c] 迄出すのが仲々終らぬので随分おそくなったのですが丁度紀要の第1巻の頁が残ったので中間報告とした訳です．Klein Paradox に関するものは Sauter のとぶつかってしまひました．この1月に出る Amplitudenfaktor に関するものも *Phys. Rev.* あたりとぶつかりはせぬかと気になります．先日講演会でのも一つの方の Kerniveau Verteilung[d] に関するのは一寸図を書くのがおくれ28日迄に間に合せられないので来月5日迄待って戴いて2月号に出して戴く積りです．今日有山さんから電報で編纂係が5日迄待つと云って来ましたので．
5. 先日帰りがけに御奥様に一寸お目にかゝりましたがお疲れの様に御見受け致しました．御心配のこととお察し申上げます．妻もひどく御心配申上げて居ります．宜敷くお伝へ下さいませ．
6. 以上要用のみ，御礼まで．

　　　　　　　　　　　　　　　　　　　　　　　梅田　魁

　　　[a] 書簡 673 およびその注 b を参照．
　　　[b] 輻射の放出．
　　　[c] gesamt Wirkungsquerschnitt. 全作用断面積．
　　　[d] 原子核のエネルギー準位の分布．

689 朝永振一郎 (ライプチッヒ大学, ドイツ) → 仁科芳雄　　　1937/12/27

　その後お変り御座いませんか．私も当地へ来てから丁度半年たちましたが，おかげ様で大した事故もなくすごして居ります．学期がはじまってやっと様子が大分判って来ましたが，今はクリスマスの休みで怠けて居ります．丁度そちらの正月と同じく，毎日お菓子だのごちそうだの，その他飲む方の機会が多すぎて少々いけない時期のやうに思はれます．

　さて，ハイゼンベルク講義は実に親切に，やさしい話をわかりよく，やるので感心して居ります．今学期はギムナジウム出たての初歩の学生が多いとかで，量子論も知らない学生にやる講義ですから大へん骨もおれるでせうが，講義の外に演習があって，そのとき，色々と質問に答へたり，問題をやらせたりしてゐる空気はなかなかシンミリしたものです．（演習問題を御覧に入れませう．）

　ゼミナールは宇宙線の話が終って，次に，中性子陽子の間の力のデスカション（フォルツ，ケンマー，ウキーン，ヘルツ等の仕事），次に核の熱力学で今年は終りとなりました．オイラーはハイトラー－ババの理論を紹介して，あの理論で，色々な今までの実験（アイオニゼーション，コインシデンス，レーゲナー曲線，ロッシ曲線）の吟味をすっかりやって，それらの実験のうちカスケードの理論で説明のつく部分（ソフトコンポーネント）を除き去って，あとののこり即ちアンダソン粒子がどれ位残るかを見せました．ハイトラーがやったやうに宇宙線電子のエネルギースペクトルを $E^{-2.5}dE$ と仮定して，ロッシ曲線のコブの所が丁度カスケード理論と形が一致することを示しました．若し，コインシデンスにソフトなのは入らないやうに，カウンターの間に鉛を入れると，はじめからコブのないカーヴ（2）が得られるわけですが，それが丁度ハイトラー＝ブハブハの理論でコブをとり去ったものと一致するといふ話です．そしてこの第2の実験でカウンターを動かすものは，カスケードで出来た電子ではあり得ないから，上の鉛でアンダソン粒子が作ったハードな電子だらうから，この実験でアンダソン粒子と電子との相互作用がしらべられるといふ話をしました．例へば上図の x_0 といふ厚さは，そのやうにして出来る電子のレーンジを示すし，コブの所の大きさと，2図の大きさとで空中にある電子とアンダソン粒子の数の比が判らうといふのです．但し，後の結論に対しては，アンダソン粒子が電子をとび出さすクロスセクションが要りますが，これにはアンダソン粒子のアイオニゼーション及びペアクリエーションの order が判ってゐますから，それをつかってハイトラーが電子は大へん少いといってゐるさうです．（小林君の計算がこゝで何かものを言ふでせう）．そして，ハイトラーはこれから電子のスペクトルを出

して，大体 10^8 volt 以下のところでは，宇宙線は全部電子らしく，その辺から電子は急に減少して，アンダソン粒子がほとんど大部分になると言ってゐる由です．($E^{-2.5}dE$ はその少い電子のスペクトルです)．アンダソン粒子が電子を出すメカニズムはアイオニゼーションとペアクリエーションだけとして実験の説明がつくか，その他に，アンダソン粒子自身何かやる（例へば湯川君の理論がものを言ふかもしれません）ことがあるか，そこまではくわしく理論も実けんもいってゐないやうです．

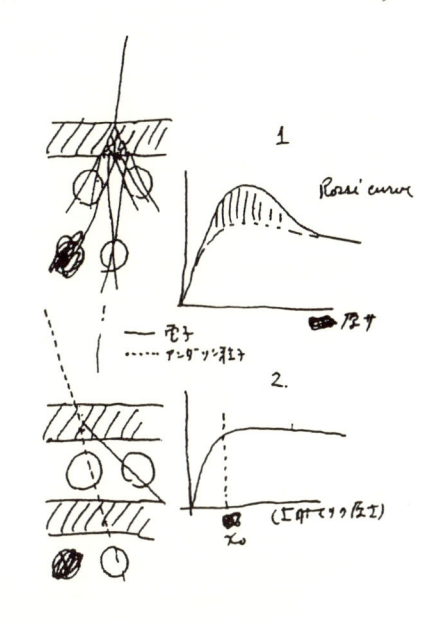

それから又，もう一つは，ハイゼンベルク流のシャワーが考へられるわけで，これらは何れも，カスケードのなるたけ起らない物（即ちうすい，そして重くないメタル）をつかって色々な実験をやることを要求するらしいです．ハイゼンベルクのシャワーは先に ZS に出した β ray の理論によるものの他に，先日 Nature に出した原子核の爆発によるものがあって，実験の方は Blau, Wambacher (Nature 140 585)^a が写真乾板内に発見してゐます．この実験はまだアウスボイテ^{b}を知るまでになってゐませんから，ハイゼンベルクの理論が正しいかどうか判りませんが，爆発粒子のエネルギー分布は，大体彼の理論で説明つくらしい様子です．彼はこの実験の分布から，核の力のライヒワイテ^{c}を大体 $0.9\, r_0$ $\left(r_0 = \dfrac{e^2}{mc^2}\right)$ と出してゐます．

ハイゼンベルクはこの理論で核を通常の物質に大へんアナロガスに考へられることを強調してゐます．つまりこれは高エネルギー粒子が核を通るとき，その通りみちにそって，直角の方向に（丁度 δ ray^d の様に）核内の粒子をはねとばして行く，その「δ ray」がもしうまく核の外に出れば，それが爆発になるといふのです．これは丁度通常の場合のアイオニゼーションに相当する．この他に，通常のブレムズング^{e}に相当して，入射粒子が核内で核粒子と衝突して急にまげられ，そのとき，輻射（但この時は軽粒子の輻射を出

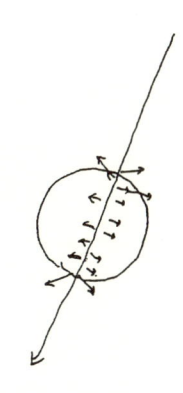

す）を出すことがあり得る．これは即ちβの爆発であって先に ZS で示した現象だといふのです．湯川君の理論について一寸聞いてみたこともありますが，今のところ何とも言へないといふ立場らしいです．一つの万能な考へ方として，面白く又たしかにほんとうの所もあるのであらうが，実験がもう少し進まないと，何とも言へないといふことです．

　さて，私自身何をしたらよいか大へん迷って居りましたが，大変妙な問題，即ち，核の中の熱の伝導やディフュージョンなどといふ誠にインチキなことを少し考へてみることになりました．まだ少しも形式的なフォーミュレーションをやってゐませんから，出来るか出来ないか，出来ても役に立つかどうか判りませんが，ハイゼンベルクと会話をするテーマとして，少しやってみるつもりです．或は半月位で行つまるかもしれません．ハイゼンベルクは誠にお世辞がよくて，大へん witzig なとか私は gespannt してゐるなど言ひましたが，彼は誰にでも，どんな問題にでもこんなことを言ってゐるらしいから，あてになりません．渡辺 慧さんは ^{5}He のエネルギーの計算をやってみると言って居られます．何しろまだまだ理研にゐた時のように勝手にしたいほうだいに雑誌をかりて行ったり，人にものを相談したり出来ないし，こちらの頭も何だかも一つはっきりしないので能率の悪いことはおびただしいものです．

　最後に先生の御健康を祈ります．

12 月 27 日　　　　　　　　　　　　　　　　　　　　　　　　朝永振一郎

仁科芳雄 様

　後半期分の滞在費，事務の方からの送金受取りました．

原子核物理演習問題

1) 重陽子と重陽子が衝突すると 2 つの反応がおこる．すなわち，生ずるのは

　　　(a) 三重水素と陽子
　　　(b) 質量数 3 のヘリウム核と中性子

$$: \quad {}^2_1D + {}^2_1D \rightarrow \begin{cases} {}^3_1T + {}^1_1H \\ {}^3_1He + {}^1_0n \end{cases}$$

　重陽子を 100,000 ボルトで加速したとき，陽子，中性子，三重水素，He 核の［運動］エネルギーはいくらになるか？

2) 質量数 27 のアルミニウム核に α 粒子を当てると，陽子あるいは中性子が出る．第 1 の場合，質量数 30 の珪素核が残り，第 2 の場合には質量数 30

でβ放射能をもつ燐の原子核ができ，陽電子を出して珪素核に変わる：

$$^{27}_{13}\text{Al} + ^{4}_{2}\text{He} \rightleftarrows ^{30}_{14}\text{Si} + ^{1}_{1}\text{H}$$
$$^{30}_{15}\text{P} + ^{1}_{0}\text{n}$$
$$\searrow ^{30}_{14}\text{Si} + e^{+} + ^{0}_{0}\nu$$

RaC′ のプレパラートからの α 線（7.68 MeV）を用いて実験するとしたら，陽子，中性子のエネルギーはいくらになるか？ 陽電子のスペクトルの上端はいくらか？

---

1) 核物質を 2 成分の流体（陽子流体と中性子流体）と見るとき，陽子と中性子のモルあたりのエネルギー，体積はいくらになるか？
2) 最大の結合エネルギーを与える $N-Z$ を $N+Z$ の関数としてもとめよ．これは，どのくらいの精度で安定な核の領域を与えるか？
3) ^{28}Si 核において，質量欠損に次の各項はどれだけの割合で寄与するか？ 体積エネルギー，表面張力，クーロン反発力，中性子過剰．

---

1) β 安定な，原子番号 Z，質量数 $N+Z$ の原子核における α 粒子（また陽子）に対する Gamow の山の高さをもとめよ．500,000 eV（また 300 万 eV）の陽子に対する Gamow の山の幅はいくらか？ それらの値を $^{20}_{10}$Ne および $^{214}_{84}$Ra に対して計算せよ．
2) 中性子が衝突によって周囲と室温の熱平衡になっている．これが Pt の核（$Z=78$）に入ると，各粒子の運動エネルギーは平均でどれだけ増すか？

---

1) $N+Z=A$ 個の粒子からなる原子核において，全エネルギー U（単位：MeV）と温度 kT（単位：MeV）の間に

$$U = 0.218 A^{2/3}(kT)^{7/3}$$

の関係があると仮定する．^{107}Ag の核が遅い中性子を捕捉した後の，この核の温度，エントロピーおよび比熱をもとめよ．
2) 質量 m の粒子は弾性的な力（ポテンシャル，$V(r) = \alpha r^2$）のもとで，どのように運動するか？ Newton の運動方程式によって，また Schrö-

dinger の方程式によって調べよ．

---

1) 重陽子におけるポテンシャルの深さ A と半径 a の関係を数値的にもとめ，グラフに描け．
2) 重陽子において，ポテンシャルを Gauss 型

$$V(r) = Ae^{-r^2/a^2}$$

とし，講義で用いた波動関数 $\Psi(r) = e^{-\beta r^2}$ を改良せよ．エネルギー固有値はどう改良されるか？

---

1) エネルギー $E = 1\,\text{MeV}$ の中性子は，半径 $a = e^2/(mc^2)$，深さ $A = 20\,\text{MeV}$ の井戸型ポテンシャルによってどのように散乱されるか？ 全断面積および散乱の角分布をもとめよ．

[a] M. Blau u. H. Wambacher, Disintegration Process by Cosmic Rays with the Simultaneous Emission of Several Heavy Particles, *Nature* **140** (1937) 585. 写真乾板で宇宙線の核衝突をとらえ，多数の粒子が星状に飛び出すことを見出した．核の爆発といわれる．
[b] Ausbeute＝収量．ここでは核の爆発で放出される粒子の数の頻度分布のことか？
[c] Reichweite＝到達距離．
[d] 荷電粒子の飛跡に沿って原子から叩き出される電子．
[e] Bremsung＝制動輻射．

---

690 仁科芳雄 → 福田 健 (日本郵船)   1937/12/31

昭和12年12月31日   理化学研究所
                                 仁科芳雄

北野丸船長[a]
福田 健 様
拝啓　本年モ愈々暮ル、事ト相成候処愈々御清祥奉賀上候．
　扨テ今般ハ宇宙線測定ニ就テ誠ニ一方ナラザル御配慮ヲ辱ウシ御蔭ヲ以テ非常ニ好成績ヲ挙ゲ学界ノ為慶賀ノ至リニ奉存候．先般御入港ノ際ハ1日日取ヲ

間違ヘ候為，御出迎ヘニモ参リ不申誠ニ失礼仕候段不悪御海容被下度候．

　今回ノ測定ニテ第3回ノ航海終了致シ，今一回行ヘバ恰度満1個年ノ測定ヲ終了致スコトト相成，測定ノ気候ニヨル変化ノ有無判明可致候ニ就テハ，誠ニ御迷惑千万ノ儀トハ存候ヘ共，今一航海測定器ヲ御搭載頂ケバ吾等モ最終ノ目的ヲ達シ得ルコトニ御座候．[b] 何卒宜敷御願申上候．

　全体御目ニ掛リ御願可申上筈ノ処年末ナルト御住所承知不致乍失礼以書面御願申上候．

　尚来ル1月6日ヨリ理化学研究所モ休暇明ケト相成候間，御参観被下候ハヾ御案内可申上候．モシ御枉駕(おうが)被下候様ナラバ前以テ左記ニ御一報願上候．

[余白に] 芽出度新春ヲ迎ヘ被遊候様祈上候

　　　　　　　　　　　　　　　　　　本郷区曙町19　仁科芳雄

先ハ御願旁々申述候．　　　　　　　　　　　　　　　　　　敬具

- [a] 北野丸船長．宇宙線強度の緯度依存性を調べる観測機器を搭載して太平洋を航行した．書簡610とその注bを参照．仁科雄一郎（芳雄の長男）の感想：福田船長には一方ならぬお世話になった．海の男そのもので，物理一徹の父に共鳴するところがあったらしい．後に留学する雄一郎をわざわざ横浜港まで見送りにきてくださった．
- [b] 書簡610, 666, 672を参照．観測の成果は理研・第33回学術講演会（1938年6月15日）に「宇宙線の緯度効果（続）」として仁科芳雄・石井千尋・浅野芳廣・關戸彌太郎が発表している．

691　福田 健（上海）→ 仁科芳雄　　　　　　　　1938/01/01

拝啓　輝かしき戦捷の新年を迎へ謹んで御一同様の御清福を祈奉り候

　扨本船此度無事大任を終り候　解傭と相成り本年1月中旬より元の濠州航路に戻り銃後の勤に服する事と相成候

　陸軍御用船として軍務に服するの光栄に浴したる事5ケ月余，此間何等の事故些少の海難もなく軍部の御計画に絶対支障を来さず本重大任を完了致し候は誠に幸福の次第にて徴傭中の陰に陽に辱ふしたる御懇篤なる御援助に対し厚く御礼申上候

　本月7,8日頃には久振に帰京の出来得る筈に付其節は拝顔御礼申述べ度候

　先は右御挨拶迄如斯御座候　　　　　　　　　　　匆々　頓首

　1月1日　　　　　　　　　　　　　　　　　　於上海

　　　　　　　　　　　　　　　　　　　　北野丸　福田 健[a]

仁科芳雄 様
　　　侍史

　　　a　書簡690の注a参照．

692　越　良輔 (呉家荘) → 仁科芳雄・原子核実験室御一同 (理化学研究所)
　　　　　　　　　　　　　　　　　　　　　　　　　1938/01/01

謹賀新年
　昭和13年の新春を迎へるに当り遠く東洋文明の発祥地たる大黄河の流域より平素の疎遠と銃後の御後援を謝すると共に皆々様の御健康を祈ります．
　只今は済南攻略もあっけなく済んだ後とて黄河をはさんで済南の対岸にある呉家荘の部落に待機して居ります．私は御蔭を以て元気で新春を迎へましたから他事乍ら御休心下さい．
　　昭和13年元旦　呉家荘にて　　　　　　　　　　　　　　　越　良輔

仁科　先生
原子核実験室御一同　様

693　梅田　魁 (北海道帝大) → 仁科芳雄　　　　　　　　1938/01/04

拝啓　先日私の論文原稿お願ひ申上げましたが編纂へお廻し戴いた事と存じます　度々お手数煩しまして申訳ございません．
　実は先日戴いたもの丁度妻入院騒ぎの時で開かずに外側を見て御礼状差上げましたが愈々お蔭様で退院し（函が紀州の函で）開けましたら何とザボン　とても大好物　お正月にクロルも室に参りまして，コロンボで食べて以来久し振りだと喜んで戴いたのでした．丁度御奥様から御案内状もとゞき失礼してしまったと話したことでした．妻も今ねたりおきたりして居ります．
　有山さんからお願ひしましたが先日のハイゼンベルグの手紙[a]もう一度拝見したく存じます　クロルの件でなく wissenschaftlich の部分をお願ひ申上げます．御奥様によろしくお伝へ願上げます．
　　　　　　　　　　　　　　　　　　　　　　　　　　　　　　敬具
　　　　　　　　　　　　　　　　　　　　　　　　　　　　　　［葉書］

　　　a　書簡682か？

694 堀 健夫 (北海道帝大) → 仁科芳雄　　　　　　　　　　1938/01/07

拝復　御手紙拝誦仕りました．目出度く新年を御迎への事と拝察致します．私事相変らず健在奮闘罷在りますから御休神下さいませ．扨 Bohr 先生へ写真送付の件[a]は私の処へは先月依頼状が参りましたので早速写して既に送ってやりました．大さは同封の状袋より少し小さい目（8つ切り？）です．

　当地ハ今年ハ雪が多く連中盛に活動して居ます．私ハ中谷君の留守を受持たなくてハならないので少々忙しく時々山登りする位です．仕事の方も人手が足りぬやら雑務やらで仲々進捗しませんが切角努力中です．御自愛御専一祈上ます．

先づハ右要用而已

1月7日　　　　　　　　　　　　　　　　　　　　　　　　堀 健夫

仁科芳雄 様

　[a] 書簡 681 を参照．

695 石井千尋 (南京) → 仁科芳雄　　　　　　　　　　　1938/01/09

仁科 先生 足下

　　　　　　　　　　　　　　　　　　1月9日　石井千尋

　昨今揚子江の上流の大都市〇京[a]の城外に居ります[b]．

　元気で毎日暮して居ります．

　無線の班長，高射機関銃班長，であり同時に会計主任の役をつとめて居ります．

　城内で見付けて来た農業用発動機と活動写真館から取って来たアーク用の発動機を利用して発電所を作って居ります．

　最近でも敵の飛行機が近くまで来ます．市内は惨たるものです．

　敗戦と云ふものが如何にみぢめなものかをつくづく感じます．　　　匆々

　[a] 原文が機密保持のためか「〇京」となっている．しかし，1月15日に書かれた書簡 696 に「敵の首都に入って2週間」とあるのでこの都市は南京とわかる．蔣介石は

1927年4月，南京に国民政府を樹立していた．1937年11月に重慶に遷都した．
b 書簡666とその注を参照．

696 石井千尋 (南京) → 仁科芳雄　　　　　　　　　　　　　1938/01/15

仁科芳雄 先生 足下
　　　　　　　　　　　　　　　　　　　　　　　1月15日　石井千尋
　敵の首都に入って2週間[a]，色々の跡を見ました．敗け戦丈はするもので無いと云ふ事をつくづく感じます．当史料編纂所の如き所，明の故宮の故物を展ランせしめし所，其他色々の史料の如きものが沢山ある筈ですがそれがみな荒されて居ります．
　また近い所の町には古い有名な寺院等も沢山ある様子です．かゝる所にある各種の史料の如きものは学振[b]あたりで史料を集めるために委員でも出されたらどうかと思はれる様な感がする事が多々あります．
　無論大切なものは彼等がもってにげたでせうが我々の目につく物が未だ未だ残って居ります．但し，南京の市には自然科学方面の研究所の様なものはみあたりません．
　国民政府が営々として首府の建設の途中にあった事をよく物語って居ります．至って元気で発動機とダイナモを結合して兵舎に電気をつけたりして居ります．
　　　　　　　　　　　　　　　　　　　　　　　　　　　　　　匁々

　　a 南京陥落は1937年12月13日．日本軍は市内に脱ぎ捨てられた多数の軍服を発見，残留市民を平服に着替えた中国軍人とみなし，大虐殺事件をおこす．1938年1月16日に近衛内閣は中国に和平交渉打ち切りを通告，国民政府は相手にせずと声明．
　　b 学術振興会．書簡333の注a，488の注aなど参照．

697 仁科芳雄 「飛行機による観測」（講演記録，抜粋）　　　1938/01

　　　　　　　　　　　6. 飛行機ニヨル観測[a]
　海軍省当局ノ特別ナル好意ニヨリ，昭和11年12月8日及ビ16日ノ両日ニ亘リ，横須賀海軍航空隊ニ於テ，Neher宇宙線計ヲ飛行機ニ搭載シ，高度数千米ニ至ル迄ノ宇宙線強度ヲ測定スルコトヲ得タ．コレハ我国ニ於ケル最高地点ノ宇宙線測定デアッタ．

第21図ハ其結果ヲ示スモノデ，横軸ハ大気ノ頂上ヨリ測ッタ其厚サヲ，水ノ層ニ直シテ表ハシタモノ，縦軸ハ宇宙線強度ヲ J デ測ッタモノデアル．此結果ハ前述ノ富士山ニ於ケル測定値，並ニ外国ノ同様ナ高度ニ於ケル測定値ト合致シテ居ル．

此観測ハ将来成層圏ニ於ケル宇宙線ノ観測準備ニ参考トナルベキ，貴重ナル資料ヲ与ヘルモノトシテモ有意義デアッタ．

此観測ニ多大ナ援助ヲ与ヘラレタ海軍ノ当事者ニ深甚ノ謝意ヲ表スルモノデアル．

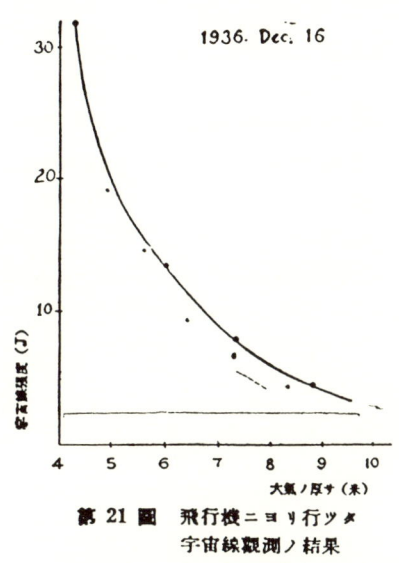

第21図 飛行機ニヨリ行ッタ宇宙線観測ノ結果

[a] 仁科らは飛行機を用いて宇宙線強度の高度変化を測定したが（参照：書簡532, 549），論文にはしていない．上図は，仁科芳雄「宇宙線の研究」，『委員総会・研究報告講演集』，学術振興会・学術部，1938年1月，pp. 15-44 の p. 41 に載っているグラフである．

698 梅田 魁 (北海道帝大) → 仁科芳雄   1938/01/24

仁科 先生

1. 其後お変りありませんか．御奥様のお加減如何でゐらっしゃいます 御心配のこととお察しお噂申上げて居ります．

2. *Phys. Rev.* に先生のやっと出ましたね[a]，米国人でないが故にこんなに延引させるのでせうか．

3. Bohr-Kalckar が出ました[b]．大分 Addendum が加はり校正から印刷迄1年かゝるなど echt Bohr ですね．

　所で nuclear level distribution に関し講演会でやったのの校正刷最中の所に之が来たので追加訂正を要しあはてました．

　Bohr Kalckar p. 37 に
the fundamental modes of motion in nuclei have energy values, which are nearly equidistant.
と書いてありますが Oszillatormodell には automatisch に入ってゐると思ったことでした．

　この前軽い Element の Oszillatormodell の Eigenschwingung（Energielevel $\varSigma = \left(n + \dfrac{3}{2}\right) h\nu$ の $h\nu$）は Heisenberg の計算から deduce 出来る（He, O, Ca）が重いのでは $N=Z$ でないので Heisenberg の計算をそのまゝ進める訳に行かず重いのの $h\nu$ は Extrapolation したと申上げましたが Landau（実は前にも読んでゐたのですが原稿を書く時は気がつかず Bohr-Kalckar に interesting contribution と書いてあるので又引っぱり出して見て次のことに気がつきました）の考へを加へることにより次の様にきまりました．

　　　　Excitation energy $= \alpha \tau^2$　　　$\tau = kT$

［後略］[c]

　　[a] 書簡685の注 b を参照．
　　[b] 書簡490の注 f を参照．
　　[c] L.D. Landau, Zur statistischen Theorie der Kerne, *Phys. Zs. Sowjet.* **11**（1937）556–565.「後略」としたところで Landau を引用して α は粒子数に比例するといっている．

699　石井千尋 (南京) → 仁科芳雄　　　　　　　　　1938/01/27

前略　御慰問下されたる品々本1月27日北支より廻って到着有難くいたゞきました．

　近頃北支まわりの郵便も追々到着して居ります．とりあへず御礼申上げます．
　1月27日

　　　　　　　　　　　　　　　　　　　　上，派，値賀部隊上田部隊

石井 少尉
［葉書］

700 N. Bohr （理論物理学研究所,コペンハーゲン） → 仁科芳雄ᵃ　　1938/02/05

1938年2月5日

仁科 さん

　長らく御無沙汰しましたが，ここ何ヵ月かの間に私たちは大きな損失と悲しみをもち，すべてが滞ったのです．第一に Rutherford の急死ᵇ．彼は66歳でした．この悲しいニュースはボローニャの Galvani 学会の参加者すべてに大きなショックをあたえましたᶜ．そこから，私は直ちにウェスト・ミンスター寺院における彼のお葬式に行きました．式は忘れがたく荘厳な美しいものでした．私にとって Rutherford は偉大な先生であるだけでなく，私の一生で二度と出会えない父のような友人でありましたᵈ．このようなときには，幸いに今も続いている友人たちのことを，いつにも増して思うものです．われわれの思いが，あなたや他の信じあえる日本の友人たちに到ることは言うまでもありません．Rutherford が仕事の最中に，そして彼の力が絶頂のときに亡くなったことは，ある意味で彼の素晴らしい人生の最後を飾るもので，同時に他の誰よりも彼を深く偲ばせるものです．もう一つ，最近ショックなことがあり，われわれを深く悲しませました．若くて最も有望であったデンマークの物理学者 Kalckar の急逝です．彼は，素晴らしい，そして気高い人格によって研究所の皆に愛されていました．私にとっては，彼は最も価値のある信頼できる共同研究者であったばかりか，家族の皆が損失を深く悲しむ個人的な友人でもあったのです．デンマーク式に思い出を表わすため，研究所の皆に代わって私が彼のお葬式で述べた言葉を同封します．

　Kalckar が亡くなったことは，もちろん，われわれの共同研究の計画を崩してしまいました．第一の論文ᵉが出たばかりです．たくさんの別刷を別便でお送りします．私は，この論文に引用した Kalckar 自身の仕事をどうすべきか，まだきめかねています．それは，かなり進んでいましたが，彼が書き残したものは，たいへん少ないのです．きまりましたら，もう一度お手紙してお知らせしましょう．この悲しみと，世界全体の危険な動きがもたらす深い心配の中で，最大の慰めと希望は間違いなく，世界の科学者の協力によって知識が着実に進んでいるというところにあります．この意味で，私は，あなたとあなたのグル

ープの宇宙線現象への見事な貢献を追ってゆくこと，そして湯川の独創的かつ遠大な構想（それは核力の起源に関するわれわれの見解に予想外の調和を約束しています）への世界的な評価を知ることが大きな喜びです．

このような基礎的な諸問題を別としても，複雑な原子核の諸性質の研究は，私が日本を後にしてから，特に Bothe と共同研究者による硬 γ 線による核の破壊についての見事な研究により着実に進歩しました．ちょっとみると，これらの現象は衝突による核の破壊と対照をなしているかのようですが，私が *Nature* に送ったばかりの短信（コピーを同封）によれば，見かけの困難は，われわれが日本で議論した核反応に関する見解の自然な拡張によって，簡単に説明できるように思われます．

お約束したとおり，私たちの仕事の進展は逐一お知らせします．あなたが沢山の貴重な思い出を残していったデンマークでもう一度お会いすることを，私たちがどんなに望んでいるかは言うまでもありません．Rockfeller［財団］の人たちが最近訪ねてきました．私たちの提案に非常に同情的でしたが，訪問科学者に対する給与は現在の彼らの計画には適合しないようでした．東洋側のほうの現在の状況では，今年，日本のお仕事を離れることは難しかろうと思います．しかし，まもなく事情が好転し，あなたの旅行の費用が他のところから調達できて，1939 年の夏に開くわれわれの毎年の会議であなたに会えるように願っています．

私たちの家では，日本でいただいた多くの美しい贈り物を毎日楽しんでいます．それらは，しばらく前によい状態で届き，私たちの友人たちが皆，感嘆しています．特に，あなたと奥さんがくださった美しい掛け軸はちょうどよい場所にかけてあり，それを見るたびに私たちは日本の山々の景色の魅惑的な美しさの印象を新たにしています．写真も，ほとんど全てよくできて，日本の町の生活の際立った特徴である色彩に富んで美しい着物の生き生きとした印象を伝えてくれます．

貴方とご家族，そして他の日本の友人たちに心をこめた挨拶を送り，御健康を祈ります．

追伸　同時に，桑木に手紙を出します．彼は最近，素敵な手紙と，弁慶を描いた印象的な大きな版画を送ってくれました．また，長岡と名古屋と前田侯爵にも手紙を書きます．これらの人々にはたいへん感謝していますが，お手紙するのが種々の予期せぬ事情のため遅れて申し訳なく思っております．アメリカで撮って，あなたにも見せた写真は，焼き増しをたくさんニューヨークに注文し

てあります.届き次第,送りますから,友人たちと山田夫人,そして親切に治療してくれた東京のお医者さんに分けてあげてください.

a Niels Bohr Archive 蔵.
b E. Rutherford は 1937 年 10 月 19 日に亡くなった. ヘルニアを患い補助具をつけていたが,元気で快活であった. 10 月 14 日に気分が悪くなり,ヘルニアの手術をした. 術後は良好であったが,17 日の日曜日に嘔吐し,再度の手術も考えられたが年齢等から無理とされ,静かに死を迎えた.参考:M. Oliphant, *Rutherford: Recollections of the Cambridge Days,* Elsevier (1972).
c 悲報を受けて Bohr が Galvani 学会で述べた弔辞の概要は, *Nature* **140** (1937) 752. 実際の Bohr の言葉は,はるかに感動的なものであったという.注 a の Oliphant による.
d Bohr にとって Rutherford との出会いが決定的だったことについて,参考:L. Rosenfeld and E. Rudinger「決定的な年月 1911–1918 年」, S. Rozental 編『ニールス・ボーア』, pp. 35–80; L. Rosenfeld「ボーア原子模型の成立」,江沢 洋訳,自然 1968 年 4, 5, 6, 10 月.
e 書簡 436 の注 a, 490 の注 f の論文.
f N. Bohr, Nuclear Photo-Effect, *Nature* **141** (1938) 326; Resonance in Nuclear Photo-Effect, *Nature* **141** (1938) 1096.

701 石井千尋 (南京) → 仁科芳雄　　　　　　　　　　1938/02/08

仁科芳雄 先生

　　　　　　　　　　　　　　昭和 13 年 2 月 8 日　　石井千尋
　研究室を離れて以来 7 ケ月大部色々の様子も変りました事と存じます.多分今頃は嵯峨根君が活動して居らるゝ事と思ひます.
　こちらの方も相当の変化を見ました[a].最初北京を見て以来北支の邑を自動車で行った時代から上海南京を攻撃してそこに自分等の住居を作るに到るまで,或は北支 5 省全部を完全に手にし或は中支の要地を完全に手に入るゝ等,一方では一つの国家が亡びんとし一方に一つの国が生れんとする事[b],字に書けばそれ丈での様ですがそのかげに戦死傷者を沢山出してやっと今日まで来ました.
　思ふに私等今日こゝにボンヤリ生きて居る方が不思議な様な気もします.敗残の首都にやっと生気が復活して来ました.震災後の横浜の様な町に兵隊以外に歩かなかった南京も近頃では朝早くから支那人が歩く様になって参りました.
　しかし決して元の南京には戻らぬでせう.城内北端近くに自然科学研究所がありますがどうも人類とか地質生物と云ふ様なものばかりで物理などやらなか

った様子です．
　もっとさがしたらあるかも知れません．
　目新らしいものでもありましたら報告いたします．匆々
　研究室皆々様に宜しく．

    a 書簡666とその注を参照．
    b 中支那派遣軍の指導で中華民国維新政府が南京に成立したのは1938年3月28日である．王兆銘が和平建国宣言を発表して新中央政府が成立するのは1940年3月12日になる．

702 朝永振一郎（ライプチッヒ大学，ドイツ）→ 湯川秀樹・坂田昌一（大阪帝大）
1938［月日不明］

　その後御元気に御研究の由慶賀にたえません．先日は別刷をお送り下さって有がとう存じます．又凡児さん［坂田］は年賀状を下さったのに，お返事もせずに失礼致しました．その後 U ［中間子論］の方はどう発展しましたか．形式的の困難が色々おありの由凡児さんのお手紙にありましたが，それらの困難にかかわらず甚だ魅力のある理論ですから何とかして完成されて，日本の学界のために気をはかれんことを祈って居ます．アメリカ方面では多少スケプチックの由ですが，こちらハイゼンベルクは，始めはかなり疑っていましたが，このごろはかなり興味をもっている様子です．先日も講義のとき，この理論をかなりくわしく紹介して，半年前であったらこの理論を受取ることは出来なかったであろうが，今では大変面白く思えるということを言いました．もちろん，まだ仮説が多すぎるし，自由度が多すぎるから今後どちらの方に発展さすべきかは判らないけれどそのうち実験の方もすすんでくるから，大いに期待しているということです．「ネーチュア」でハイトラーが似たことを言っているらしいですが，もうこのことは御承知でしょう．

　私は相変らず凡児さんのお察しに反してドイツ語はペラペラせず弱っています．こちらへきて判ることは人のもって生れた性分というものを変えるのは実にむつかしいということで，私の引こみ思案がますます甚だしくなって，そのためにことばが一向だめらしいです．ハイゼンベルクは（フントも）大変親切で話もよくやってくれますが，他の連中は何かやはりうちとけにくい気がして，相変らずふるさとが恋しいです．

　私はいま核の粘性と核の中の熱の伝導を計算しています．はじめはハイゼンベルクのバクハツの理論で，直接はねとばされて出てくる粒子にくらべて，あ

とで蒸発で出てくるおそい粒子がわりに少ないのが問題となったので，それは伝導が悪いため，熱が核全体にひろがる前に局部的に熱せられた温度の高いところから蒸発がおこってしまうのではないかと思ったのです．ハイゼンベルクは大変面白い問題だろうと言ってくれましたが，何しろ核のモデルをつかわねばならず，そのために核を一ばんかんたんにフェルミガスとしていますから，大へん大ざっぱなものしか出てこないと思います．粘性の方は，ボーアの考えた核の振動は，どれ位長くつづくかということを見ようと思っているのです．核の粘性が少なければ核は長く振動しているから，例えば核にγをあてたとき，コヒレントな散乱がわり方多く，粘性が多ければ核はすぐ熱せられるからコヒレントなのより黒体輻射に似て，色々なγが出てくるだろうなどということです．しかしフェルミガスの仮定はあまり大ざっぱすぎるので（分子のショウトツのクロスセクションが分子間の距離より大きいこと，分子運動の波長が分子間の距離より大きいこと——この２つがこの仮定はいけないことを示しているのです）このごろは始めほどの元気もなく，何となく竜頭蛇尾の感じでげんめつ悲哀的の感じがおこっています．

その後，日本の様子はどうですか．このごろはしばらくこちらの新聞に支那事変の記事が少くなりました．こちらの社会情勢というものも私にはなかなかほんとのことが判らなくなり出しました．一度判ったと思ったことも又あやしくなってきます．

ハイゼンベルクのところには先日双子が生れました．先生はうれしそうです．

最後に御自愛を祈ります．

蝦蛄[e]

湯川 兄
凡児 兄

    [a] この書簡には日付がないが，書簡をここに置く根拠として，
      (1) 書簡 702 の最後に「ハイゼンベルクのところに先日双子が生まれました」とある．双子が生まれた日は分からないが，
      (2) Heisenberg が 1938 年 2 月 12 日付けで Sommerfeld に「子供は健やかに育ち，妻もまたすっかり元気になりました」という手紙を書いている（参考：A. Hermann『ハイゼンベルクの思想と生涯』，山崎和夫・内藤道雄訳，講談社（1977），pp. 113-114.）．
      (3) W. Pauli が 1938 年 2 月 22 日に Heisenberg に宛てて「対創成，おめでとう！」という手紙を書いている（参考：G. J. Toomer ed., *Woflgang Pauli-Wissenschaftlicher Briefwechsel mit Bohr, Einstein, Heisenberg u. a.*, vol. II: 1930-1939. Springer（1985），pp. 551-552）．

(2) から見て,子供が生まれたのは2月12日の1週間前とすると2月5日となり,それを (1) で朝永が「先日」と書いていることから,朝永がこれを書いたのは2月8日前後だろう. 2月8日より後と見るのが無難か? そして,書簡703の書かれた2月14日より前であることは確実であろう. なお, 1938年2月には朝永の「滞独日記」は未だない.
　　　Heisenberg は子供の名前を Wolfgang と Maria とした. Wolfgang は Pauli にあやかったものである (参考 : D.C. Cassidy, *Uncertainty: The Life and Science of Werner Heisenberg*, Freeman (1991), p. 372).

b H. Fröhlich and W. Heitler, Magnetic Moments of the Proton and Neutron, *Nature* 141 (1938) 37-38.

c 書簡 689, 728, 733 を参照.

d 1938年2月のドイツでは Hitler が軍の最高指揮権を握った. 3月, ドイツ軍はオーストリアに侵攻し, 4月にはオーストリアは国民投票でドイツへの併合を承認した. 11月にはドイツ全土で約280のユダヤ教の会堂(シナゴーグ)が破壊されたり焼かれたりした (水晶の夜).

e 書簡 494 の注 a 参照.

703 青山新一 (東北帝大) → 仁科芳雄　　　　1938/02/14

　　　　　　　　　　　昭和13年2月14日　　金属材料研究所
　　　　　　　　　　　　　　　　　　　　　　　青山新一

仁科芳雄 様
　　　　侍史

拝復候　御清栄の段奉賀候　扨御尋の金属製ヂュワー壜の洋銀材料ハ大阪住友伸銅所の製品に有之候　御知り合の方有之候ハヾ便宜取計呉れ候事と存じ候へども又在庫品有之候ハヾ速に入手可能ニ候へども　然らざる場合折角の日子を要することゝ存じ候　若至急御必要にして少量の場合5寸角 (3尺角位まで厚さ1粍(ミリ)) は小生所持の分御使用は差支無之候　御買入の後御返却被下候ハヾ結構に御座候
　　次にボーア先生への紀念写真郵送遅延申訳無之候　漸く先週火曜日直送仕候
　　　　　　　　　　　　　　　　　　　　　　　　　　　敬白

704 仁科芳雄 → W. Heisenberg (ライプチッヒ大学, ドイツ)　　1938/02/20

　　　　　　　　　　　　　　　　　東京　　1938年2月20日

理化学研究所

Heisenberg さん

　11月11日付の大変興味あるお手紙ありがとうございました．今日までお返事が遅れたことをお詫びせねばなりません．

　宇宙線の中に見いだされた新粒子については，私たちは以前と同じ実験を続けております．しかしながら不幸にして，まだはっきりした結果を得ておりません．今まで新粒子の軌跡をいくつか捉えてはおりますが，その質量あるいは物質との相互作用について決定的な結論を得るには精度が足りないのです．ほどなく私たちはもっと多くの飛跡を得て，より正確な情報を得られるものと希望しております．

　宇宙線の陽子と原子核の中性子との交換に関する御指摘[a]について，写真乾板を調べてみましたが，現在まだ，イエスともノーともお答えしかねます．それは，写真からでは粒子がWilson霧箱の中におかれた鉛の板で本当に止められたのか，あるいは霧箱の暗い部分に曲げられたのか不明だからです．私たちは，この逆の過程，すなわち入射した中性子が原子核の陽子との間に交換を起こす過程も探しました．ここでも同様の困難に直面し，明確なお答えができません．一般に現在，比較的多くの透過性の粒子の飛跡がWilson霧箱の中央におかれた厚さ数cmの鉛の中で消えると考えています．このような現象があなたのご指摘で説明されるかどうかは，もっと多くの写真を撮らなければきめられません．

　ライプチッヒ大学と私たちの研究所の間の物理学者の交換プログラムについてですが，あなたの私宛ての手紙が私たちからドイツ学術交流局[b]に宛てた手紙と行き違いになったのではないかと思います．私たちの手紙ではKroll博士を貴学よりの交換研究者として希望しました．この手紙は東京の日独文化研究所長，大久保侯爵より10月にドイツ学術交流局長宛てに送られたものと了解しております．したがいまして問題は貴国の学術交流局が候補者としてBirus博士とKroll博士の何れを選ぶかになります．私たちはKroll博士を希望します．それは，私の研究室にはBirus博士の興味に沿う研究をやっている研究者が誰もいないからです．これに反して，私たちのところには，固体の量子物理学を研究している研究者が何人かおります．その内の一人は，あなたもご存知の有山君です．これが私たちの希望ですが，全ては学術交流局のご意向によります．

　朝永君があなたと非常によく研究を進めていると聞いて喜んでおります．彼の面倒をみてくださっていることに感謝せねばなりません．朝永君の交換物理学者としての任期を，以前は1年と定められていましたが，2年に延長してい

ただきたいと思います．私には1年は朝永にとって短か過ぎるように見えます．最初の1年は外国の諸条件に慣れることに費やされ，2年目は研究をより能率よく進め社会的な知識を蓄えることに利用できるでしょう．このような理由で，私は朝永君を交流物理学者として2年間採用してくださるよう希望いたします．もちろん，貴国の学術交流局の同意が前提です．正式の同意を得るために，私は東京の日独文化研究所に貴国の学術交流局と交渉するよう要請することにします．この手紙は，このことについてあなたの了解を得るために書いているのです．

　現在，私は大サイクロトロンの建設に大部分の時間をとられております．マグネットの材料はカリフォルニア大学のLawrence教授の多大のご好意とご努力により，米国より輸入される予定です．マグネットの重量は約210トン，電極の直径150 cmで，これはLawrence教授の実験室に設置されるものの複製であります．私たちは，このサイクロトロンで得られる粒子の最高エネルギーがどれだけかという点に大きな興味をもっております．

仁科芳雄
［英文］

  [a] Heisenbergは実験家にも考えを誘導するような示唆に富む質問を寄せている（書簡682）．仁科は，結果に確信のもてる範囲でYes, Noを答えるよう慎重な態度で臨んだ．
  [b] 書簡474の注b参照．
  [c] 書簡708, 715を参照．

705　木村健二郎（東京帝大）→　仁科芳雄　　　　　　1938/02/22

拝啓　トリウムの精製出来上がりましたので本日電話をかけましたら丁度東京電気にお出かけの後で残念でした．明日朝からも一度精製を行ひ3時頃品物が出来上ると思ひますから其頃御都合よければCounterで試めしていたゞきたいと存じます如何ですか．

　小生明日は10時−12時講義あり9時45分頃理研へ電話をかけて御都合伺ひます．

匆々

昭和13年2月22日　　　　　　　　　　　　　　　　　　　理学部化学教室

木村健二郎

［葉書］

a 仁科-木村のグループは,小サイクロトロンからの3MeVの重水素核をリチウムにあてて中性子をつくり,トリウム ^{232}Th を照射,Meitner らが見出していた ^{233}Th と ^{229}Ra の3種の異性核に加えて Antonov が発見していた ^{231}UY ができることを発見した.これはトリウム 4n 崩壊系列からアクチニウム 4n+3 系列に人工的に転換した点で興味深い. Y. Nishina, T. Yasaki, K. Kimura and M. Ikawa, Artificial Production of Uranium Y from Thorium, *Nature* **142** (1938) 874. 参照:書簡873.

706 梅田 魁 (北海道帝大) → 仁科芳雄　　　　　　　　　　1938/02/24

[前略]

2. 池田さんから伺えば,私の学位問題につき色々お骨折り下さいまして誠に難有うございます.お忙しい先生を又お煩わせするのは何とも申し訳ございません.池田さんのお話では早く貰ってほしいという学校としての希望ある由,私としてはまだ之ならば恥しくないという様な物もなく,小さなチョコチョコしたものではとも思いますが,北大でも学位を出す様になった関係上やはり早い方がいいといふ池田さんのお話に従い宜敷くお願いさせて戴きます.先生のお話では今度の Termabstände がよかろうといふことだった由,もしこうなりますればもう少しつけたい graph なども書こうかと思います.色々こまかいことは数物[a]に上京した時にお頼みさせて戴きます.本来ならこういう問題の時はすぐにでも上京してお目にかかってお願いすべきですが,学年末で今講義を休めないので,失礼ですが1ヶ月延ばさせて戴きます.

3. 別紙の計算(欧文は数日中にお送りします)は理研がいいでせうか,それとも余り数学的なので理研の *Sci. Paper* では具合が悪いでしょうか? 数物記事の方がいいでしょうか? Bohr Kalckar の今度の本[b]の Addendam I. Partitionsproblem の Kerntheorie への応用についてです.決めて戴き今月末迄の申し込みにして戴くかどうか……戴き……たいのです.

4. 湯川君の U-field が非常に注目されていて *Nature* に Kemmer, Bhabha の仕事あり.日本のために御同慶にたえません.

Zum mathematischen Partitionsproblem in der Kerntheorie
　　　　　　K. Umeda u. M. Kondo (数学科の講師の人)
Bohr-Kalckar の本の Add. I は Kern の Energieniveaudichte は n なる inte-

ger を小さい integer の sum に分ける分け方, Partitio Numerorum の問題に似ているから Hardy-Ramanujan の

$$p(n) = \frac{1}{4\sqrt{3n}} e^{\pi\sqrt{2n/3}}$$

を使って unit を $2\cdot 10^5$ eV とし $8\cdot 10^6$ eV の Anregung を割ると $p(40)=2\cdot 10^4$ で level distance が 10 eV となりよいといふのです。

この Gedankengang は Kern の Anregung を引き受ける Kernoszillator は Bose Statistik に従う ($n=1+1+1+2+\cdots$ というふうに同じ数字が何度出てもよいとする) としてる訳です. もしこの Kernoszillator が Fermi に従うなら, この Partitionsproblem は同じ数字は2回以上繰り返さぬとしてやらねばなりません. すると

$$p(n) \sim e^{\pi 2\sqrt{n}/3}$$

となるのですが, この係数が mathematical difficulty (modular function 等が入り) でまだ解決がつきません. その内, 数学の方との協力で出来るかと思います. これは数学の定理としても面白いというので数学の方でも乗り気です.

仕方なく, Bose とし同じ数字は何回も出るとしてやる場合を少し arbeiten してみました.

Bethe の Fermi gas としての Kernniveau の計算によると Anregungsenergie は, Kern 中の粒子の数を N とすると $\sqrt{N}$ ヶに平均 distribute する. 即ち $\sqrt{N}$ ヶが平均 excite されるといふのです.

どうもこれは general なことらしいので, この partition (Bose) の時にも使ってみたのですが, 正しいようです.

n を integer に分けるには

$n = 1+1+\cdots+1$ n 個の項からなる
$ = 2+1+\cdots+1$ $n-1$ 個の項からなる
$ = \cdots$ $\cdots$
$ = n$ 1個の項からなる

という風に項の数について Klasse に分けられます. その i 項からなる Klasse の含む partition の方法の数を $p_i(n)$ とすると, $p_i(n)$ の式はまだ数学で与えられていません. $p(n)$ との関係は

$$\sum_{i=1}^{n} p_i(n) = \underset{\underset{\text{Hardy-Ramanujan の}}{\uparrow}}{p(n)}$$

— 1938 —

$p_i(n)$ は

$$(1+xz+x^2z^2+\cdots)(1+x^2z+x^4z^2+\cdots)\cdots$$
$$=\prod_{k=1}^{n}(1+x^kz+x^{2k}z^2+\cdots)$$

の expansion の z^i の係数中 x^n の coeff. で求められる. 今 $n=36$ までやりましたが, $p_i(n)$ が max となる i, すなわち max freq. の項数は $i_{\max}=\sqrt{n}$ にあることが分かりました. 非常によく $\sqrt{n}\pm 1$ の範囲に入ります.

$n=9$ をお目にかけますと　　項数　1　2　3　4　5　6　7　8　9
　　　　　　　　　　　　　　　freq.　1　4　7　6　5　2　2　1　1

今は $n=100$ までやる積もりです. recursion formula を見つけられたので, したがって max. freq. が $\sqrt{n}$ にあることは数学的に新しい定理であり, 私達非常に張り切って居ります. 何とかこの定理を analytical に証明できないかと考えてゐます.

さて, i ヶの項にわけるということは i ヶの Oszillator が excite されるということです. その prob. は $\dfrac{p_i(n)}{\sum p_i(n)} = \dfrac{p_i(n)}{p(n)}$ です. 平均何個の Oszillator が excite されるかというと

$$\sum i\,\frac{p_i(n)}{p(n)} \sim i_{\max}\frac{\sum p_i(n)}{p(n)} \sim i_{\max} = \sqrt{n}$$
　　　　　　↑
$p_i(n)$ に対する Sattelpunktmethod で

さて, Anregung が n といふことは n ヶの Teilchen (Kernoszillator) が Anregungsenergie を分担しうるということで, $n=40$ というのは普通の mittelschwerer Kern 中の Proton or Neutron の数と same order です. Bethe の $\sqrt{N}$ ヶの Teilchen が平均 anregen されるといふのは, この mathematical Partitionsproblem からも正しいと思われます.

この mathematical の $p_i(n)$ の結果の数値を100までならべるとは500個の数値を表にならべることになります.

数学科の方と協力の仕事を前からしたいしたいと思ってゐたのが実現し嬉しく思います. 物理的な応用部分は原子核物理で話し, 数学的な算出の部分は数物の数学の方でやりたいと思っています.

[後略]

梅田　魁

a 書簡551の注d参照.
b 書簡490の注f参照.
c 核子が共通の調和振動子型ポテンシャルのなかを運動するとし各自由度あたりのエネルギーを $\hbar\omega(n_k+1/2)$ としている. 核の励起エネルギーは $(n'_1+n'_2+\cdots)\hbar\omega=n'\hbar\omega$ となる. $\hbar\omega=2\cdot10^5$ eV とすると, $8\cdot10^6$ eV の励起は $n'=40$ にあたり, それは $p(n')$ 通りの仕方で可能である. 核のエネルギー準位の密度として $\hbar\omega/p(n)$ をとり, 1/10 $(\mathrm{eV})^{-1}$ を得ている. この値がよいという理由は分からない. 参照: 伏見康治「Partitio Numerorumと核物理学」, 科学 8 (1938) 489.

707 友枝高彦 (日独文化協会, 東京) → 仁科芳雄　　1938/02/25

　　　　　　　　　　　　　　　　　　　　財団法人日独文化協会
　　　　　　　　　　　　　　　　　　　　　　　　友枝高彦[a]
　　　　　　　　　　　　　　　　　　　　昭和13年2月25日

理化学研究所
仁科芳雄 殿
　拝啓　益御清栄の段奉賀候.
　先般クロル氏を交換学生として御推薦に相成候件につき早速伯林(ベルリン)学生交換局[b]へ推薦交渉致候処別紙の通り返事有之, 乍遺憾貴意に副ふこと能はざることと相成, その事情はよく分りかね候も何卒不悪御了承被下度, 余は拝眉の上を期し申候.　　　　　　　　　　　　　　　　　　　　　　　敬具

a 書簡637の注a参照.
b 書簡474の注b参照.

708 大河内正敏 (理化学研究所) → 大久保利武 (日独文化協会, 東京)　　1938/03 [日不明]

　　　　　　　　　　　　　　　　　　　　　　　　理化学研究所長
　　　　　　　　　　　　　　　　　　子爵　工学博士　大河内正敏[a]
　　　　　　　　　　　　　　　　　　　　昭和13年3月　日

麹町区内山下町1丁目2　東京市政会館内
財団法人日独文化協会長
侯爵　大久保利武 殿

　　　　交換留学生留学期間延長の件
拝啓　春寒の候愈々御清祥奉賀上候.
　陳者ライプチッヒ大学と当研究所との留学生交換の件に関しては予而御配慮を蒙り難有奉存候．当方より派遣致居候仁科研究室研究生朝永振一郎は昨年 7 月以来ライプチッヒ大学理論物理学教室に於て熱心に研究に従事致居り，学術上は固より日独文化の交換に於ても貢献する処尠からざるもの有之，御同慶の至りに奉存候．
　而して同留学生の留学期間は最初の試みとして暫定的に壱個年と規定せられたるものに有之候へ共，朝永振一郎の今日迄の経過に照し，最初の壱個年は主として語学その他の準備に費す所多く従って真に留学をして彼我の為め有効ならしむるには留学期間を弐個年に延長する必要これあり候事は文部省派遣の在外研究員の留学期間に鑑みて妥当と存ぜられ候につき，朝永振一郎の場合は留学期間を弐個年に延長せられ度き旨，当所主任研究員仁科芳雄博士より申出有之候.[b]　就ては誠に恐入り候へ共貴協会より右の旨独逸留学生交換局[c] (Deutscher Akademischer Austauschdienst) 宛御依頼被下度奉願上候.
　尚右は朝永振一郎の場合にして，他の派遣者並にライプチッヒ大学よりの派遣者に関しては事情に応じ決定せらるべきものと存候．　　　　　　　敬具

　　[a] 手書きの下書き．大河内の名義だが，筆跡から見て仁科の代筆と思われる．
　　[b] 仁科の書簡 704 を参照．Kroll の件については書簡 673, 677 を参照．
　　[c] 書簡 474 の注 b を参照．

709　今岡賀雄（東京電気無線）→　仁科芳雄　　　　　　　　　1938/03/09

　　　　　　　　　　　　　　　　　　　　　東京電気無線株式会社
　　　　　　　　　　　　　　　　　　　　　　　　今岡賀雄
　　　　　　　　　　　　　　　　　　　　　昭和 13 年 3 月 9 日
理化学研究所
仁科　博士殿

　　　　サイクロトロン用発振器ノ件
拝復　昨日御来駕の節は所用の為め御話も落付きて御伺ひ出来不申甚だ失礼仕

り候．

　扨て 3 月 8 日附速達[a]只今落手拝見致し候．御問合せの原田電機の製品に関しては当方経験も無之，御申越の如く納入試験を厳重に致し候はゞ成程通り一辺の好成績を得ることは成し得べきも，整流器用大容量変圧器の経験なきものゝ製品は使用後反覆の過負荷又は同上時の過度現象に因る機械的衝撃により故障を生ずること有之，我々今迄に非常に苦き経験を有し居るものにして原田電機にては如何かと愚考致し候．

　尚当方に於て調査致し居りし製作所の見積漸く今朝に至り出来，左記の如くに有之候．

　　納入期日　　　直ちに発注せば 7 月末には完成の由
　1. 直流出力　　 25 kW とし変圧器容量 275 kVA のもの価格約 3,500 円
　2. 同右用濾波回路　一式　　約 2,000 円

右下請製造所は今迄も当社として製作せしめし経験も有之信用し得る製品を得らるゝ様考へられ申候．

　尚前御話しありし東京電灯の変圧器 3 個の修理見積は約 400 円に有之候．

　右の如き状況に有之候へば変圧器納期に関しては御心配無之様存ぜられ候．何れにしても右記の内何れを御採用になるや至急御決定被下度候．尚整流器回路，同制御回路並びに発振装置は別に御見積り，当社営業部より御返事致さしむべく候．

　2 月 28 日附御手紙の発振器の波長範囲として 25 米より 35 米迄の場合と 20 米より 40 米迄の場合と両用の御希望有之候へ共[b]，設計上かゝる広範囲の周波数可変の発振回路は不可能に有之，可変範囲としては上下約 5% 位に有之候へば，製作前予め御希望の周波数を御決定御通知願度く候．御見積としては前記の最長波長に於ける上下約 5% の発振回路と最短波長に於ける上下約 5% の発振回路とを必要に応じ御取換使用出来得る様設計せるものと考へ置き申候．

　　右用件のみ申述候．　　　　　　　　　　　　　　　　　　　　敬具

　　　　a この速達は残っていない．仁科の書簡 671 を参照．そこでは発振器は 50 kW のものを求めている．
　　　　b 仁科の書簡 671 では，18 m ないし 38 m のものを求めている．

710 梅田 魁 (北海道帝大) → 仁科芳雄　　　　　　　　　1938/03/13

仁科 先生

1. お忙しい所早速お返事下さいまして誠に難有うございました．お手数煩はし早速編纂に廻して下さいました由，猶御注意下さいまして難有うございました．お返事させて戴きます．お仰せの様に考へますと n なる数の Partitio Numerorum[a] は其儘 Fermi Teilchen の時而も Anregung $n\varepsilon$ の時に成立ちさうですが――事実私も始め一寸さう思ったのですが――今 n を分けた

$$n = a_1 + a_2 + \cdots\cdots + a_m \tag{1}$$

とした夫々の数に相当する level 数宛 Fermi Teilchen が anregen されるとすると [図1] と Grundzustand で下からつまってる時上の端の Teilchen はどんな Anregung でもそれより上の level が free ですから可能ですが，$a_1 \cdots\cdots a_m$ の内いくつかは下の方の粒子を anregen するのに宛てられねばなりません　すると [図2] この辺 [矢印] で2とか3とかいふのが振当てられると anregen しようにも上の level がつまってゐてだめです．勿論 $9 = 3 + 3 + 3$ の様に凡て同一数字ならば一様に数字を上の方に Translate すればよいので Pauli Verbot はきゝませんが，

　従て (1) の Partition を同じ数字が2回以上出ない様にすると a を全 System が Grundzustand にある時の各粒子に加はる Anregung と考へずに a なる level に今粒子を置くと考へると，n を gesamt Energie とする m ケの System の一つの Energiezustand です．∴ [ゆえに] 下から順に m ケの粒子をはめこんだ時即ち Grundzustand の Energie $(m/2-1)(m/2-2)$ を n から引いたのが Anregungsenergie です．その m ケノ System の Angeregte Energiezustand は n を m ケに而も同じ数字が2度以上出ないとしてやった Partitionsmöglichkeit の方法の数だけの Prob. があります．以上の様な理由から一番簡単な制限のない Partitio Numerorum は Bose Teilchen にのみ Apply されます．

[後略]

[a] 書簡 706 を参照．

711 伊国訪日使節団見学次第　　　　　　　　1938/03/22

伊国訪日使節団[a]見学次第

時日　昭和 13 年 3 月 22 日（火）　午後 4 時—午後 5 時
人員　パウルッチ侯爵以下 20 名
順序
1. 出迎　2 号館玄関ニ於テ（長岡，仁科，辻，中原，河村，等）
2. 所長室ヘ案内　長岡博士ヨリ挨拶　　5 分　4 時 5 分迄
3. 講堂
    （イ）屋上展望　　6 分　4 時 11 分迄（歩行時間ヲ含ム）
    （ロ）マグネシウム，ピエゾエレキ　福井伸二学士
    　　　　　　　　　　7 分　4 時 18 分迄（　　〃　　）
    （ハ）レントゲントーキー　　　　　渡邊俊平学士
    　　　　　　　　　　7 分　4 時 25 分迄（　　〃　　）
4. 原子核実験室　サイクロトロン　　仁科芳雄博士
    　　　　　　　　　　15 分　4 時 40 分迄（　　〃　　）
5. 辻研究室　光弾性実験爆発計　　　辻　二郎博士
    　　　　　　　　　　10 分　4 時 50 分迄（　　〃　　）
6. 鈴木（梅）研究室　栄養品薬品　　中原和郎博士
    　　　　　　　　　　10 分　5 時　　迄

> [a] イタリアでは早く 1922 年 10 月にムッソリーニが首相となり，翌月には議会が全権を委任，1925 年 1 月に議会で独裁を宣言した．日独伊三国同盟が結ばれるのは 1940 年 9 月である．

712 萩原雄祐（東京帝大，東京天文台）→ 仁科芳雄　　　1938/03/26

先日の島村君関係のことについて関口様と話しましたところ，天文台では吉祥寺の女子大数学卒業の 1 人と，女子英学塾 1 人を使ってゐるのですが，前者は月 40 円，後者は月 45 円にて女子英学塾は 45 円が最低の由です．関口様の意見では，普通の高女出の方がよいのではないかといふ話です．もっと月給が安くてすみ，かへって真面目に働くかもしれません．学校宛に申し込んで天文台では以上 2 人をとったのです．その他天文台では高女出が居りまして測定や

計算の機械的の仕事をやらせて居ります. まづ御考へ下さい.
　それから共立社の方ですが[a], 私ことまで申しあげられませんが, 此年中には執筆できない事情になりさうでございますので, 前々からの約束を誠に申訳ないことですが, 他の人といって推薦申しあげる人もありませんから, 物理の方の他の科目でお埋めおき下さるわけには参りませんでせうか. 申訳ないことですが, 官用でできないやうな事情になりさうなものですから[b].
　誠ニ相済みませんが, どうぞあしからず. 事情が決定しない, まだ公表し得ないのですが, 前もって, 緊急と申しあげてお断りいたしたいのですが. 実は以上の事情は昨日おあひしてから生じたことなのです. どうぞあしからず. いづれ拝眉の節に.

萩原雄祐

仁科芳雄 様 玉机下

　　[a] 書簡543の注a, 618注aなど参照.
　　[b] 1938年にはストックホルムで国際天文学連合の総会があって, 出席を命じられた.「行って見ると, Shapley先生が来ておられて, 会うなり, 帰りに寄れっていうんだ.」これが3度目の海外留学になった. 参考：萩原雄祐・小尾信弥・小野 周「天体物理学の歩みとともに」, 科学 **35** (1965) 58-64. p. 61.

713　仁科芳雄 → 福田 健（日本郵船）　　　　1938/03/28

　　　　　　　　　　昭和13年3月28日　　理化学研究所
　　　　　　　　　　　　　　　　　　　　仁科芳雄

北野丸船長
福田 健 様[a]

拝啓, 春雨相続き申候処其後愈々御清祥奉賀上候.
　扨て今般は芽出度御帰着被遊候段奉慶賀候. 会社よりの御通告に行違ひ有之, 御帰港を存じ不申御出迎へも致さず誠に失礼仕候段, 御海容被下度候. 長々御配慮に相成居候宇宙線測定の義も濠洲航路の方は今回を以て終了仕り候. 測定中は一方ならぬ御配慮を辱ふし御蔭を以て宇宙線の研究上洵に貴重なる資料を得候事難有幾重にも奉感謝候.
　就ては御多忙中恐縮に奉存候へ共, 一夕粗餐差上御高話拝聴仕度候間, 誠に乍御面倒御都合よろしき時日御知らせ被下度奉願上候.

尚運転士，城子様，角田様にも御案内申上置候．又理研御参観の御希望あらば御案内可致申添置候．若し御尊台にも御出で被下候はゞ喜んで御案内可申上，去る1月御覧被遊候以外の個所御目にかけ可申候．

先ハ不取敢御案内迄申述候． 敬具

二伸

4月2日，3日，4日，5日は学会の大会開催せられ候間，若し出来得れば此他の日に御繰合せ被下度奉願上候．

> [a] 書簡580, 610, 611, 666, 690, 691を参照．なお，仁科グループは，またシアトル航路の平安丸を利用して1938年4月から1939年3月まで宇宙線の緯度効果を研究している．

714 森　信胤（帝国女子医薬専生理）
人工放射能を用いた動物実験[a]（学会発表要旨） 1938/04/04

人工放射能性Natriumヲ指示トシテ行ヒタル生物学的実験（其ノ1）動物体内ニ於ケルNaノ動キニ就テ

Radiumノ如キ自然ニ崩壊変遷シテ行ク所謂放射性物質ノ他ニ，最近ニ於テハ人工的ニ或種ノ放射性物質ヲ作ル事ガ可能ニナッテ来タ．

1919年Rutherfordハ其ノ偉大ナル洞察看破力ト巧妙ナ研究手腕トニヨッテ，先ヅ原子核ヲ破壊シ且他ノ元素ヲ作ルコトニ成功シタ．即チα粒子ヲ窒素ニ当テヽ其ノ原子核ヲ壊シ，夫レニヨッテ酸素ニ変換スルコトガ出来タ．是原子ノ人工的変換ノ端緒デアッテ，以後世ヲ挙ゲテ斯ル方面ヘノ研究ガ猛然ト起ッテ来タ．然ルニ此ノ人工的ニ変換セシメラレテ原子ガ崩壊シテ行ク際ニRadiumノ如ク放射線ヲ放出スルコトガCurie et Joliot（1934）夫妻ニヨッテ見出サレ，此ノ放射能ハ全ク誘発性ニ起サレルコトガ知ラレタノデ，茲ニ人工的ニ放射能ヲ有スル物質ヲ作ルコトガ可能トナッテ来タ．是即チ人工放射能性物質（或ハ人工Radium）デアル．

扨テ原子核ノ変換或ハ人工放射能ノ賦与ニハ強力ナルEnergieヲ要スルコトハ喋々スルヲ要シナイガ，我国ニ於テハ昨年春カラ理化学研究所原子核実験室ニCyclotronガ設立サレテ容易ニ此ノ実験ガ可能トナッテ来タ．

演者ハ同研究室ニ於テ仁科芳雄理学博士ト共ニ人工放射能性物質ニヨル生理学的実験ヲ行フコトトナッタ.

茲ニ発表セントスルモノハ其ノ一部デアル所ノ人工放射能性 Na ニ就テノ実験デアッテ, 夫レカラ放出サレル放射線ヲ利用シテ Na ガ動物体内ヲ如何ニ動クカヲ検ベテ見タ結果ノ概略デアル.

(製法) 結晶苛性曹達(ソーダ)ヲ Cyclotron ノ実験函内デ重水素核 ($^2_1$D) ヲ以テ衝撃スル. 然ルトキハ

$$^{23}_{11}Na + ^2_1D \rightarrow ^{24}_{11}Na + ^1_1H$$

ニヨリ, $^{23}_{11}$Na ノ原子核カラ Proton 1 個ヲ放出シテ, 此ノモノハ放射性ノ同位体 $^{24}_{11}$Na ニ変換スル. 然ルニ此ノ同位体ハ 16 時間ノ半減期ヲ以テ自然ニ崩壊変遷シテ遂ニ $^{24}_{12}$Mg ニ変ルガ, 此ノ際 Electron ヲ放出スル. 即チ

$$^{24}_{11}Na \rightarrow ^{24}_{12}Mg + e^-$$

而シテ此ノ同位体放射能性 $^{24}_{11}$Na ヲ塩酸デ処理シテ食塩トシテ是ヲ動物実験ニ供スル.

(動物実験) 天竺鼠, 二十日鼠ニ人工放射能性 Na ヲ含有スル食塩ノ一定量ヲ食ベサセ, 一定ノ時間後ニ殺シテ各臓器ヲ夫々灰トシ, 其ノ一定量ヲ Geiger-Müller ノ計数管ニ当テテ, 其ノ灰カラ出ル Electron (並ニ少数ノ γ 線) ノ数ガ 1 分間毎ニ幾何カヲ算ヘテ Na ノ量ヲ計測スル

(計算法) 放射能ハ時間ノ経過ト共ニ逓減シテ行クカラ各時間毎ニ其ノ放射線数ヲ計測スル必要ガアル. 従ッテ実験ニ際シテハ先ヅ人工放射能性 Na ヲ含ム食塩ノ 1mg ヲ Standard トシテ存置シ是ヲ一定時間毎ニ Geiger-Müller ノ計数管ニヨッテ測リ其ノ放射能ノ逓減状態ヲ検ベテ置ク. 斯クシテ動物臓器ノ灰カラ得タ放射線数ト当該時間ノ Standard ヨリノ放射線数トノ比ヲ求メテ, 灰ノ中ニ幾 mg ノ Na ガ存在スルカヲ計算スル.

(成績概要) 1. 食塩ノ食後既ニ 5 分間デ血液中ニ Na ノ存在ガ証明出来ル. 食後 1 時間位デ血液中ノ Na 量ハ恒常トナリ 3 日間位続ク.

2. 腎臓, 肺臓, 肝臓, 脾臓等ニ於テハ Na ハ最モ増加シ且早ク減少シテ行ク.

3. 筋肉, 毛, 皮, 皮下組織ニ於テモ比較的早ク Na ガ集リ且比較的早ク出テ行ク.

4. 骨, 脳ヘハ Na ハ遅ク集ル.

人工放射能性燐ヲ指示トシテ行ヒタル生物学的実験 (其ノ 1) 動物体内ニ於ケル燐ノ動キニ就テ

既ニ述ベタ人工放能性 Na ト同様ニ，同位元素燐ヨリ放出スル電子ヲ指示トシテ鼠ノ体内ニ於ケル燐ノ動キヲ検ベテ見タ．

実験ハ，二硫化炭素液ヲ Cyclotron 実験函中ニ入レテ，中性子 Neutron ヲ以テ爆撃シ，硫黄ヲ燐ニ変ヘテ行フ．

即チ $^{32}_{16}S + ^{1}_{0}n \to ^{32}_{15}P + ^{1}_{1}H$

式ノ示ス如ク硫黄ニ中性子（$^{1}_{0}n$）ヲ当テルト其ノ原子核ガ破壊シ Proton ヲ放出シテ人工放能性燐 $^{32}_{15}P$ ガ出来ルガ，此ノモノハ 14 日ノ半減期ヲ以テ自然ニ崩壊変遷シテ再ビ硫黄ニ安定化スル．即チ

$$^{32}_{15}P \to ^{32}_{16}S + e^{-}$$

ナル式ノ示ス如キ変化ヲスルガ，此ノ崩壊ニ際シテ電子（e^{-}）ヲ放出スルカラ，此ノモノヲ指示トシテ Na ニ於ケルト同様ノ実験ヲ行ッタ．尚動物ニ与ヘルノハ燐酸 Calcium トシテ食ベサス．

（成績概略）
1. 食ベタ燐ノ略々半分位ガ 14 日間ニ尿，糞中ニ排泄サレタ．
2. 骨ヘハ日数ノ経過ト共ニ次第ニ集ッテ来テ 14-15 日位デハ甚ダ大量トナル．
3. 腎臓ノ如キモノニ於テハ早ク集ッテ以後次第ニ減少シテ行ク

[a] 日本生理学会・第 17 回総会・談話第 5 部（1938 年 4 月 4 日）において発表．日本生理学会雑誌，**3**（1938）153-154．

715　ドイツ学術交流局 (ベルリン) → Donat (日独文化協会, 東京)　1938/04/05

（コピー）

ベルリン　1938 年 4 月 5 日
（社）ドイツ学術交流局[a]

日独文化協会
Donat 博士

Donat 博士！
　1938 年 1 月 26 日の私の手紙に続けて，仁科教授のもとで働きたいと願っている Karl Birus の志願書を同封してお送りします．Birus 氏はドイツ学術交流

局から強く推薦されています.^{b} 同時に, von Massow 将軍が大久保会長に派遣について通知を送りました. Birus 氏の採用について電報でお知らせいただければありがたく存じます.

仁科教授と Heisenberg 教授の交換書簡から^{c}朝永氏はライプチッヒに 2 年間留まると了解しております. ドイツ学術交流局は, ドイツからの候補者が同じ期間, すなわち 2 年間採用されるならば, 期間の延長を了解いたします. もし Birus 氏が 1 年でドイツに帰ることを希望しているなら, ドイツ学術交流局は新しい候補を提案します.

ハイル Hitler をもって
心からの挨拶を

[独文]

a 書簡 474 の注 b を参照.
b Heisenberg の書簡 682 を参照.
c 仁科の書簡 704 を参照.

716 杉本朝雄 (理化学研究所) → 仁科芳雄   1938/04/05

前略 甚だ出し抜けで恐れ入りますが, 私事 2 週間前より耳下腺及びその付近がはれて苦悩してゐます. 丁度休みになる前の土曜日に少しはれだしたのですが大したこともあるまいと思ってゐました処翌日曜日には大分はれましたので, 近所の医者 (内科) で耳下腺炎の処置をしてもらひ冷湿布と注射等して 3, 4 日経過しましたが, 一進一退で一向に回復しませんでした.

その間 1 日理研にも出て来て実験のデーター整理等してゐたのですが, 今週の日曜日に急に悪化し, 以後耳鼻科の医者にかゝり, 一時は外科で手術をせねば駄目だらうとのことでしたが, 昼夜ぶっ通しに氷で冷したのが奏功して幾分持ち直しその後は少しづゝ良くなって来ました. 処が悪いことに 2, 3 日前より耳の鼓膜が今度は侵され, 目下そちらの方が悪化して来てゐます. 下手をすると中耳炎になる恐れがありますので今の様子では来週より出勤することは殆んど出来ないと思ひます. 再度のことでまことに申しわけありませんが, 直り次第すぐ出勤します. 人員が半分のときですし, サイクロトロンのクルーの編成^{a}等甚だ御迷惑をおかけすることと思ひますが.

幸ひ熱はあまり出ません. 一番悪かったときで 8 度 5 分位で今日等最高のときで 7 度 5 分位です. これは恐らく耳の方から来てゐると思ひます. たゞ困っ

たことは口がよく開けないことゝ物をかむことが出来ません．それでこの 2 週間流動食ばかりしか摂食出来ないのです．尚この 2 日ばかり薬の為めか胃を非常に悪くしてしまひまして殆んど絶食の状態です．食欲が全然なく舌等ひどく荒れてしまって何かのんでも気持が悪いからです．しかし左程衰弱はしてゐません．

　以上の様な次第で，人員が半分のとき，休んでしまふのはまことに申しわけない次第ですがどうぞ悪からず御諒承下さい．耳の方がよくなり次第すぐ出勤します．クルーの編成の都合もありませうから嵯峨根さんにもこの由お伝へ願ひます．

　　5 日夜　　　　　　　　　　　　　　　　　　　　　　　　　　杉本朝雄

仁科芳雄 様

　　　a 大サイクロトロンの電磁石は 1938 年 5 月に据付完了する．仁科は，発振器の発注（書簡 671）に際し納期を 1938 年 4 月末としていた．これらから大サイクロトロン建設の進行が推察される．書簡 731（5 月 10 日）には「いよいよ大サイクロトロンのコイルがきた」とある．

717　湯川秀樹 (大阪帝大) → 仁科芳雄　　　　　　　　　　1938/04/08

拝啓　上京中は何かと御引立下されその上御鄭重なる御接待に預り誠に有難く御礼申上ます．何時も変らぬ御厚情の程深く感銘致し居ります．又小林君の件[a]につき色々御配慮を煩しましたが小生 5 日夜帰阪　昨日八木教授に面会　その話を致しました所既に今迄相当の研究を発表しておられる人故直に講師として採用してよい，但し当分無給で辛抱して欲しいとのことでした．尚先生の方の御都合次第で履歴書さへ送って頂けば何時でも適当な時期に発令出来る由です．右の次第ですから何卒宜しく御願ひ申上ます．

　　先は右御返事旁々御礼のみ　　　　　　　　　　　　　　　　　　草々
　　4 月 8 日　　　　　　　　　　　　　　　　　　　　　　　　　湯川秀樹

仁科　先生
　　　　机下

　　　a 書簡 719 とその注 a を参照．

718 石原 純 (杉並区, 東京) → 仁科芳雄　　　　　　　　　　1938/04/13

　拝啓　益々御健勝のことお慶び申し上げます．さて河出書房の『廿世紀思想』中に入れる「自然科学思想」の件につき，同書房より既にお願ひに上ったことは聞きましたが，その際「量子論」について富山氏に執筆を依頼してはとの御意見であったさうで，私もそれは非常に結構と存じ，ぜひそのやうに御取りはからひ願ひたく存じ上げます．内容はなるべく思想上の問題を主として頂きたく存じます．
　なほ同書房より申し出たことですが，該原稿は，大兄と富山氏との共著として発表願ひたいとのことで，之はまことに御無理なお願ひですが，他の執筆者との関係もあり，(大兄が御執筆ならば自分も書くと云はれる人などもある由)，商売の上からも好都合のことは察せられますし，又富山氏の書かれることについて十分の信頼を置いていゝのは当然でせうから，御自身の代りに同氏が書いたと云ふ意味で，御名まへを列ねられることは恐らく差支もなからうと存じ，私よりも右の様御承諾の程お願ひする次第です．
　いろいろ御忙しいところを御迷惑とは存じますが，何れ河出書房よりもう一度お伺ひする筈ですから，右御含みの上，何分よろしく御快諾の程願ひ上げます．
　先は要事のみ，敬具
　4月13日　　　　　　　　　　　　　　　　　　　　　　　　　石原 純

仁科芳雄 様

　　a 仁科が自分で書いた．『廿世紀思想』の第9巻「自然科学思想」(河出書房, 1938年8月26日発行) の内容は次のとおり：自然科学思想概論 (石原 純), 相対性理論 (石原 純), 量子論 (仁科芳雄), 生物学方法論 (林 髞), 進化論 (小泉 丹). 書評 (科学知識, 1938年10月号) は，この叢書11巻のうち自然科学が2巻しかないことを嘆じている．もとを質せば関心をもつ読者が少ないせいで，これは深く考えねばならないというのである．

719 湯川秀樹 (大阪帝大) → 仁科芳雄　　　　　　　　　　1938/04/15

　拝啓　此度は小林君の件に就き色々御無理を申上げました所，御聞届下され，

お蔭様にて同君も住み慣れた土地で勉強が出来る様になり非常に喜んで居ります．唯今後直接先生の御指導を仰ぐことが出来なくなったことを残念に思って居ることゝ存じますが，私共一同協力して学界の為め聊かなりとも貢献し，御高恩に報ひたいと存じます．

　東京にて拝眉の節お話ありました通り，小林君が居なくなれば玉木君1人では理論の方も手薄で御気の毒と存じます．それについて重ね重ね勝手がましき事で御座いますが，当阪大物理で小生の所で理論をやって今年卒業した岡山大介君といふのが居ります．今後も教室に残って Kern 方面の勉強を続けたいと申して居りますが，小生自身ではなかなか多くの人を指導する力が足りません．もしも先生や玉木君などの御指導の下に研究させて頂ければ，本人も非常に喜ぶことゝ存じます．実の所特別の秀才といふではなく，今迄の小生の指導も不充分であったと思ひますから，急に御期待に副ふことは難しいかとは存じますが，本人も専心努力すると申して居りますから，何卒一応御考慮下さる様御頼み申上ます．色々身勝手の事のみ申上ましたが，先は右御願ひまで． 草々

二伸

　話は別で御座いますが，帰阪後 P. Ehrenfest が C. R.[b] に新粒子の実験を発表して居るのに気が付きました．その中の第2の写真は正電気を持った 200 m 程度の新粒子が壁に当って陽電子を出して居りますが，之を壁の中で非常に遅くなって結局陽電子とニュートリノに分れて了った現象と解釈出来る様に思ひます．といふのは陽電子の $H\rho = 1.6 \times 10^5$ gauss cm は約 93 mc^2 の kinetic enegy に当りますから，之を元の粒子の proper enegy の半分位と見れば上の 200 m といふ値と非常によく一致する様に思ひます．陽電子が元の粒子と正反対の方向に出て居るのは当然であらうと思ひます．

　尚他の解釈も不可能ではありませんが，少くとも上の様な U 粒子の理論に有利な解釈も可能と信じます．

　又 Blackett が最近の Proc. Roy. Soc. (March 18) で述べて居ることは，一寸要領を得ませんが之も結局 annihilation の考へで説明出来るのではないかと思ひます．同じ号の Heitler, Fröhlich, Kemmer[c] の Abstract を見ますと，私共と全く同じ事をやって居るらしく，今は Heitler, Fröhlich から寄越して来た手紙でもその意味の事を申して居ります．

　先づは右近況御報告のみ．

4月15日　　　　　　　　　　　　　　　　　　湯川秀樹

仁科芳雄 先生
　　　玉机下

- a 小林 稔. 4月5日付で大阪大学の湯川のところに移り講師となった. 書簡717を参照. 書簡733, 735も参照.
- b P. Ehrenfest, *Compte Rendus.* **206** (1938) 428-430.
- c H. Fröhlich, W. Heitler and N. Kemmer, On the Nuclear Force and the Magnetic Moments of the Neutron and the Proton, *Proc. Roy. Soc.* **166** (1938) 154; H. Fröhlich and W. Heitler, *Nature* **141** (1938) 37-38 (書簡702の注bを見よ).

720　中谷宇吉郎 (北海道帝大) → 仁科芳雄　　　　　　　　1938/04/16

拝啓　昨日帰って参りました[a]　今度は大変元気で今日から早速登校留守中の仕事の片づけをして居りますから御安心を願ひます. 只今別便にて御申付けの別刷一揃御送付申し上げましたからよろしく御願ひ申し上げます.　　　匆々
4月16日
　　　　　　　　　　　　　　　　　　　　　　　　　　北大理学部
　　　　　　　　　　　　　　　　　　　　　　　　　　中谷宇吉郎
　　　　　　　　　　　　　　　　　　　　　　　　　　　　　［葉書］

- a 肝臓ジストマを患い1936年11月から1938年の秋まで伊東温泉で療養生活を送った. 参考：太田文平『中谷宇吉郎の生涯』, 学生社 (1977), p. 96. この葉書は4月に書かれているが療養生活は秋までとなっている.

721　中谷宇吉郎 (北海道帝大) → 仁科芳雄　　　　　　　　1938/04/18

御手紙難有う御座いました, 私は去る15日帰札多分16日に別刷一揃ひ御送りしたと思ひますからもう御手許に届いてゐることと存じます. 履歴書は同封御送り申し上げます[a]. どうも色々御厚情の程難有く厚く御礼申し上げます.
札幌の方も大分暖くなり新学期の準備に一同でとりかゝってゐます.
　　とりあへず　　　　　　　　　　　　　　　　　　　　　　匆々
4月18日　　　　　　　　　　　　　　　　　　　　　　　中谷宇吉郎

仁科芳雄 様

- a 服部報公賞 (書簡725) への推薦のための別刷, 履歴書であろう.

722 湯川秀樹（大阪帝大）→ 仁科芳雄　　　　　　　　　1938/04/18

拝復　御申越の履歴書[a]御送付申上ます，尚申し遅れましたが小生此度大阪帝国大学より学位を授与[b]せられました．これも偏へに先生の永年の御薫陶の賜と今更感謝の至りに堪へませぬ．　　　　　　　　　　　　　　　　敬白
　4月18日　　　　　　　　　　　　　　　　　　　　　　　　湯川秀樹

仁科　先生
　　玉案下

　　[a] 服部報公賞（書簡725）への推薦のための履歴書であろう．
　　[b] 1938年4月5日，理学博士の学位を授与された．

723 仁科芳雄 → 久野拓治（東京電気無線）　　　　　　　1938/04/28

　　　　　　　　　　　　　昭和13年4月28日　　理化学研究所
　　　　　　　　　　　　　　　　　　　　　　　　仁科芳雄
東京電気無線株式会社
　久野拓治　様
　拝啓　其後愈々御清祥奉賀上候．
　扨テ去ル4月1日参上種々御願申上候「ラヂオゾンデ」[a]ノ方ハ其後如何相成居候哉．時局柄御多忙ノ事トハ拝察致候へ共何分宜敷御配慮被下度奉願上候．実ハ日本学術振興会[b]ノ方モ何トカ成績ヲ出ス必要有之候ニツキ，何卒宜敷御願申上候．　　　　　　　　　　　　　　　　　　　　　　　　　　敬具

　発振器ノ方ハ着々進行致居リ，御配慮誠ニ難有厚ク御礼申上候．

　　[a] 書簡620, 633, 666を参照．
　　[b] 書簡333の注a, 488の注a参照．

724 仁科芳雄 → 中村清二 (東京帝大)　　　1938/04/30

　　　　　　　　　　昭和13年4月30日　　理化学研究所
　　　　　　　　　　　　　　　　　　　　　　仁科芳雄

中村清二 先生
　拝啓　先般御話申上げました服部報公賞[a]の受賞者推薦の件，別紙[b]の通り提出したいと存じますから御承認下さいます様御願致します．
　　右要々迄．　　　　　　　　　　　　　　　　　　　　敬具

　　[a] 服部報公会については書簡347の注aを見よ．
　　[b] 書簡725．

725 仁科芳雄 → 服部報公会 (東京)　　　1938/04/30

　　　　　　　　　　昭和13年4月30日　　理化学研究所
　　　　　　　　　　　　　　　　　　　　　　仁科芳雄

服部報公会[a] 御中
　拝啓　愈々御清祥奉賀候．
　扨テ別紙ノ通リ本年度報公賞受賞者トシテ湯川秀樹氏，中谷宇吉郎氏推薦致候間，何卒宜敷御取計ラヒ被下度願上候．尚両氏ノ論文別刷ハ別封ヲ以テ御送附申上候間，御入手被下度候．　　　　　　　　　　敬具

二伸，湯川氏ノ論文ニシテ本研究ニ直接関係ナキモノノ別刷モ参考トシテ必要ナラバ後日御送附可致候．如何致スベク哉．

　　[a] 服部報公会については書簡347の注aを見よ．

726 仁科芳雄　服部報公賞受賞者推薦書　　　1938/04/30

　　　　　　　　服部報公賞[a]受賞者推薦書
1.　研究題目　素粒子間の相互作用の研究
　　研究者　　大阪帝国大学助教授
　　　　　　　理学博士　　湯川秀樹

推薦理由

　物性を支配する根源は原子核なり．而して此原子核を構成する窮極単位なる中性子と陽子とが如何なる作用により結合せらるるかは疑問とせられたるものなり．然るに湯川氏は3年前これに関する論文を発表し，此作用は従来知られざりし新しき場を通して行はるるものなる事，又これ等の所謂重粒子と軽粒子（即ち電子並に中性微子）との作用は，此新しき場を媒介として間接に行はるることを提唱せり．而して同時に此理論の帰結として電子と陽子との中間の質量を有する帯電粒子の存在すべきことを予言したり．

　然るに最近に至り此予言せられたる粒子が宇宙線中に発見せられ，湯川氏の理論は斯界の注目を惹くに至れり．其後同氏並に其共同研究者の研究により此理論は更に発展を遂げ，原子核並に宇宙線の理論に調和的進歩を齎せる功大なりといふべし．

　此基本的研究の重大性に鑑み，茲に報公賞受賞者として推薦するものなり．

2. 研究題目　雪の研究
　　研究者　　北海道帝国大学教授
　　　　　　　理学博士　中谷宇吉郎

推薦理由

　中谷氏は数年来北海道に於て雪の研究に従事し，先づ広汎に亘り天然雪の結晶を顕微鏡により観察してこれを一定方針の下に分類し，且つ各種類の成因に関する考察を行ひ，又雪の物理的諸性質を闡明せり．

　次いで北海道帝国大学にある低温実験室に於て共同研究者と共に雪の人工的生成を試みてこれに成功せり．而かも其生成の際の状況を微細に変化せしむることにより，天然に存する諸種の結晶形を実験室内に於て作ることを得，依てこれ等結晶の成因を実証することを得たり．

　従って逆に天然に降下する雪の結晶を観察することにより，これを生ぜる上層の気象状況を推知するを得べく，気象学上重要なる武器を与ふるものといふべし．

　本研究は今尚続行中に属すれ共，今日迄に得たる結果は既に学術上貢献する処尠（すくな）からず，茲に報公賞受賞者として推薦するものなり．

以上

推薦者　委員　仁科芳雄

［書簡725とともに724に同封］

a 服部報公会については書簡347の注a参照.

727 湯川秀樹 (大阪帝大) → 仁科芳雄　　　　　　　　1938/05/02

拝復　本日御手紙拝読何かと御配慮に預り有難く存じます. 別刷取纏め御送附申上ました.
　先達は当教室岡山君の件に就き, 御無理を申しましたが, 今後共機会が御座いましたら宜しく御願ひ致します.
　当高速度中性子と陽子の衝突の問題は central field の場合と相当の違ひがあることゝは予期して居りますが, 未だはっきりしたことは何も申上られません. 出来る丈早く大体の estimation をやって御報告申上たいと存じます. Breit が *Rev. Sci. Inst.* (March) に書いて居るのを見ますと, proton-proton の散乱の場合にも non-central force があってもよさゝうです.
　先づは右御返事のみ.　　　　　　　　　　　　　　　　　　　　草々
　5月2日　　　　　　　　　　　　　　　　　　　　　　　　　　　　湯川秀樹

仁科　先生
　　　侍史

728 朝永振一郎 (ライプチッヒ大学, ドイツ)
　　　→ 湯川秀樹・坂田昌一・武谷三男 (大阪帝大)　　　1938/05/03

　長らくごぶさたしました. 先日は論文有難うございました. Uの理論の目ざましい発展に感ぷくして居ます. こちらではハイゼンベルクが大変に興味をもっていて, この間の休みに彼はイギリスに行き, ババやハイトラーのところで, この理論を教わってきて, ゼミナールで2回つづけて話をしました. ユカワの第3の論文を待っていると言っていましたところへ, 貴兄の論文がきましたわけです. オイラーが昨年からコスミック・レーの実験データをたくさんあつめて分析をやっていたので, さっそく, 実験データから U子 (イギリスではユコンと言っている由. 綴りは多分 Yukon でしょう. ゼミナールのときフントが言うのに, エレクトロンでもプロトンでもみなギリシャ語だが今度は何か日本語をつかったらどうだろうと) の life をもとめました. (地上のU子と電子の数の比から出したの

です.）そして 4×10^{-6} を得ています．貴兄の理論的の値は 5×10^{-7} で大変よい一致で，みなおどろいています．ハイゼンベルクはこの理論の面白い点として universal length $1/\kappa$ のために explosion がおこるということを言っています．彼が先に ZS.[a] に出したように，将来のほんとの理論では，この explosion のために色々な粒子の位置というようなものがある程度以上くわしくはかれないという点がコンシステントに入ってくるだろうというので，貴兄の理論に κ と explosion とがつながっている点をよろこんでいるわけです．（ウェンツェルの理論では explosion がおこらない．Ann.[b] に書いています．私はまだよんでいませんが.）ババやケンマーの理論も貴兄のと全く同一らしいです．但し彼らは陽子中性子の相互作用に δ 函数の形のポテンシャルが現れるというので，それをとりのぞくために多少キタナイことをするらしいですが，貴兄のは δ 函数がうまく消えるので大へんいいということです．ハイゼンベルクの考えではしかしこの理論の丁度問題となる範囲がまさに今までの理論のつかえないはんである．この点は丁度スピンの古い理論に似ているということです．スピンはもともと古典力学のつかえない範囲であるが，古いスピン理論では電子がまわるというアンシャウリッヒな仮定である程度のことを言うことが出来たと言っています．

これから又色々とこの理論の応用が考えられるでしょうが，一つ日本が本場だという風になれば大変愉快と思っています．理研の連中にも一つおてつだいをさしていただければと思っています．

さて私の方の話を書かなくてはいけないのですが，これは一向にうまくいかず少しくさっています．答だけは出しましたが，核の粘性も熱伝導度[c]も「常温」では大へん大きくて，核はほとんど振動してくれません．これはある点ではボーアの始めの仮定，即ち核の excite 状態は熱運動の状態だといったのには都合がいいわけですが，ボーアの光電効果の論文[d]が出ましたので，今度は逆に，も少し振動してくれた方がいい（勝手なものですが）と思っています．もう少し計算の仮定をよくしてやらないと光電効果は出ないらしいです．しかしハイゼンベルクはそれでも ZS. にでも出して見ろと言いますから，とにかく，こちらで一度まとめようかと思ってはいますが，誠におはずかしいことです．どういう方針でこれから行くかは一向まだ判りません．こちらに来ればハイゼンベルクや色々な人と話が出来ていいと自分でも思い，人もそう思っているのですが，それはなかなか容易でなく，思えばもう少しドイツ語をべんきょうしておけばよかったと思いました．大ざっぱな話は出来ますがデリケートな点になると，もうしどろもどろで，従って話をしていて，一向考えがついて来ず，す

ぐ上つらだけの話で話がなくなって，さよならと言わねばおかしいような風になってしまいます．

こちらも5月に入ってやっと，気候がよくなりました．もうじき1年になります．

日のたつのは早いものです．一層御研究のほどを祈ります．

振

a *Zeitschrift für Physik*, ドイツの物理学専門雑誌．*Zs. f. Phys.* とも *Z. Phys.* とも書く．
b *Annalen der Physik*, ドイツの物理学専門雑誌．
c 書簡689，702，733を参照．
d N. Bohr, Nuclear Photo-effect, *Nature* **141** (1938) 326; Resonance in Nuclear Photo-effect, *Nature* **141** (1938) 1096.

729 杉本朝雄（療養中，自宅？）→ 仁科芳雄　　1938/05/04

お手紙有り難う御座いました．非常においそがしい処，わざわざ茂在さんの処までお出かけになってまで御心配下さる御親切にはまことに恐れ入りたゞたゞ深く感謝いたします．

私事，お陰様で脚部の溢血も完全に退きどうやら大したこともない様です．たゞ残念な事には2，3日前食べたものが悪くてために胃を害し，目下その療養をしてゐます．これも別段大したこともない様で次第に良好になりつゝありますから他事ながら御安心下さい．

その為めに幾分体が衰弱した様ですがまもなく回復するものと信じてゐます．先日来別段熱等ありませんが自重して毎日寝てゐます．この非常時にこんなことでは先生始め，親兄弟その他だれにも済まないとは思ひながらも如何ともし難く，これも運命とあきらめてゐます．たゞ一日も早く回復してとこれだけが目下の希望であります．

つれづれなるまゝに *Reviews of Modern Physics* の Bethe の Nuclear Physics[a] を読んでみましたが時間や仕事と離れて自由な落着いた気持で読んでゐると色々な疑問や問題が興味深く浮んで来ます．この調子ならたとへ長期抗戦になっても大丈夫と思ひます．尚もしも長期抗戦にでもなったら語学の勉強も始め様と思ってゐます．しかし出来たら一日も早く仕事に復帰したいのですが．

それから例のナトリウムのスペクトルの問題ですが最近の *Physical Review*

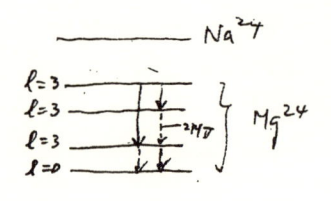

p.505–510 で Mitchell & Langer がインヂウムについて level system を取扱ってゐますがその中で p. 510 に出てゐる $T = 5 \times 10^{-21} (l!)^2 (20/\hbar\omega)^{2l+1}$ の式から考へてみますと ^{24}Mg の level system は ground state を入れて 4 つ以上でないと工合が悪い様です（註）. 若し 3 つとしますと 3 MV の γ 線が一番強いか（これは level 間に angular momentum change のないとき）さもなくば非常に弱い（$\Delta l = 1$ としても）ことになって実験と一致しません. それで例へば 4 つとしますと 4 MV の γ 線が実験で出てゐない（total intensity の 1/1,000 ならば Richard 等の実験には出ない筈）から Δl は 2 以上に取らねばなりません. それに ^{24}Mg は 4n type ですから ground state は angl. momentum D と考へられます. 従って他の 3 つの level は全部 $l = 2$ か $l = 3$ 或はそれ以上と云ふことになります. そうしますと 2 MV の line の intensity が一番弱いことになって不都合です.

註 私達の様に β 線に group が 2 つあるとすると勿論 level が 2 つでは困るのです. しかし今仮りに group が 1 つとして考へてみました.

　この点私達の様に 2 group あるとしますとこの 2 つのグループの relative intensity k を適当に取ることによって qualitative には γ 線の intensity を合せることが出来さうに思へました.（^{24}Mg の level system は前図の様に考へ ^{24}Na から ^{24}Mg の 2 番目の level に転移するとする.）それで実際の histogram を analysis してみました処同封の Fig. 6 の ink で plot したので漸く $k = 0.5, 1.5$ でこれだと qualitative にはよいのですが quantitative には 3 MV が少し小さ過ぎて出て来ます. 最も有利に解釈しても 3 MV の intensity は 0.34 で実際は 0.78 と 0.52 の間にあるべき筈です. これ以上はちょっと k の値を小さくすることは出来さうにありません. 従って私達の scheme では qualitative にしか成功してゐません.

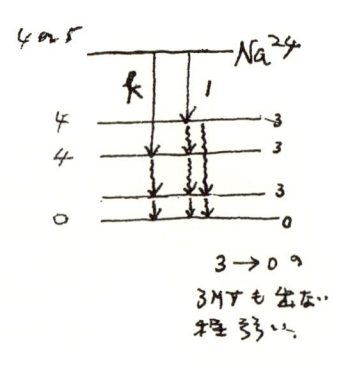

　尚 ^{24}Mg の excited level に 2 又は 3 を与へたのは ^{23}Na の spin が 3/2 ですからこれから neutron capture で出来る ^{24}Na は 2 又は 1（但しこの際出る γ 線によ

る angl. moment change があれば別です）それから β 線スペクトルが $\Delta i = 1$ の Sargent curve に大体乗ってゐるからこの様なことから考へられる l の値の内で比較的大きいものを与へたに過ぎません．又この level scheme でみますともう 2 MV energy の高い β 線の group があっても良い様ですがこの点説明つきません．この点は前の k の値とも関連してゐて同じ Sargent curve に乗るとすれば energy の大きい group の方が decay constant λ が大きい筈ですから従って k は 1 より大きい方が自然の様に思へます．しかも実際は k が 0.5 の近所で実験と合ふ様ですからこの点まだ矛盾がある様です．

　先生の御教示をお願ひします．

　それで結局の処あまりはっきりしたことが云へなくなりましたが，こんな程度で一度まとめてしまった方が良いでせうか．

　もう少し正確なことを云ふためには磁気スペクトルの装置でエネルギー分布曲線をずっと正確に出して K-U plot の analysis を更に正確にせねば駄目だらうと考へます．大学の後期の人達の準備はどの程度まで進んだでせうか．従って paper の方も幾分内容を書き換へねばならないと思ひます．

　一つ先生のお教示を願ひます．

　先づは御礼方々，乱筆御免下さい．

5月4日　　　　　　　　　　　　　　　　　　　　　　　　　　杉本朝雄

仁科 先生

茂在さんの処へ容体を知らせておきました．

> [a] H. A. Bethe and R. F. Bacher, Nuclear Physics, A. Stationary States of Nuclei, *Rev. Mod Phys.* **8** (1936) 82–229; B. Nuclear Dynamics, Theoretical, *Rev. Mod. Phys.* **9** (1937) 69–244; M. S. Livingston and H. A. Bethe, C. Nuclear Dynamics, Experimental, *Rev. Mod. Phys.* **9** (1937) 245–390.

730　梅田　魁（北海道帝大）　→　仁科芳雄　　　　　　　1938/05/07

［前略］

4.　数物でやりました Partitio Numerorum の問題[b]　私の得た Partitio Numerorum に於ける approx. Formula は今度末綱先生，彌永さん等にも訊ねました所まだ Literature はない由で日本で訊ねられるだけは訊ねたので愈々印刷に

すべく原稿書上げ別便にてお送り致しました．宜敷くお願ひ致します．終末に先生の Interesse an der vorliegenden Arbeit に対し先生に謝すと入れたことお許し下さい．あと Literature にあるかないかは Hardy に直接きくより仕方ないです．物理，数学どっちにもつかず変なものですが $P_m(n)$ の表は今朝永君に Marsano の表（1870年）を Leipzig の Mathematisches Institut で写して貰ふ様たのみましたので，それがきた上比較し 200 迄拡張して北大紀要で発表の予定です．

至急 Hardy に送り訊ねたく出来たら7月号を待たず extra にして頂きたく思ひます extra は非常に不都合のようでしたら7月号にて結構でございます．

5. Kroll の件[c]有山君からお話し申上げたと思ひますが，茅さんが急に尽力され今年1年だけ月100円に多分増額出来る様です．茅さんの所の雇がやめたのでその金がうくことになったので．来週から講義もする様になります．今部長不在で確定はしませんが，御安心願上げます．来年は何としてでも予科の方を都合して貰ふ気で居ります．

［後略］

    [a] 書簡 551 の注 d 参照．
    [b] 書簡 706 を参照．
    [c] 書簡 673, 677, 704, 707, 715 を参照．

731 杉本朝雄 (理化学研究所) → 仁科芳雄　　　1938/05/10

お手紙有り難う御座いました．お陰様で胃の工合もすっかり直り[a]大分元気になりました．心臓の方ははっきり分りませんが，近日中にも一度茂在さんに診察していたゞきたいと思って，その由茂在さんの処に手紙を出しておきました．[b]

關戸君が応召された由，關戸君も仲々大変でせうが，宇宙線の方も定めしお困りの事と存じます．石井さんでも早く帰って来るとよいのですが．[c]

それから論文の件まことに有り難う御座いました．

他の場合も皆駄目の様です．他の場合と云ひましても次の様に考へてみたのですが多分これですべての可能な場合を含んでゐると思ひます[d]．先づ ground level の l は 0 としました．それから ^{24}Na から D に直接に落ちぬためには ^{24}Na の l は 2 より大きいことを要するとします．又 β 線スペクトルの最大エネルギーと壊変常数の関係から A は l 又は $l\pm1$ で B は $l\pm1$ と考へられます．

又Cにも直接落ちぬためにはCのangl. momentumは$l±2$或はそれ以上と云ふことになります。又k_1, k_2は1より3までの値を取り得ます。

それでこの範囲でk_1, k_2を色々、変へそれと同時にlの方の組合せも変へて試してみましたがいづれも駄目でした。つまりγ線のintensityを定量的に合せることは出来ません様です。これを救ふ道はlevel schemeを更に複雑にする　例へば1 MVのlevelをもう1つ付け加へると云ふ様なことをするか、或は全然考へ方を変へてγ線のどれかを^{24}Naのisomer lineの様に考へるかしたらどうかと思ってゐますが詳細は更にゆっくり考へて見ます。これ等を決定してくれる更に一つの鍵は例のγ量子の数とβ粒子の数の比をはかることだと考へてゐます。早く治ってあの実験を始めたいと思ひます。

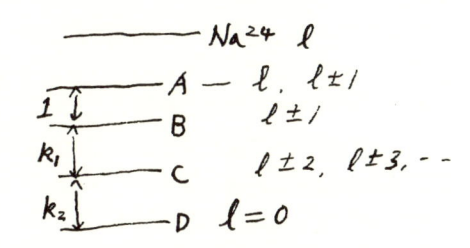

尚level schemeについてはもう一度始めから考へ直してみます。

いよいよ大サイクロトロンのコイルが来た由ですが研究室も次第に活況を呈して来ることと存じます。従て先生も益々おいそがしいことでせう　益々御健康に御研究の程を祈ります。　　　　　　　　　　　　　　　敬具

杉本朝雄

仁科　先生

茂在さんに診ていたゞいて結果が分ったら早速お知せします。

[a] 書簡729を参照.
[b] 書簡734を見よ.
[c] 書簡666, 674, 683, 695, 696, 699, 701, 732, 746, 749, 779, 804を参照.
[d] 書簡729によれば^{24}Mgの準位の話とわかる.

732　石井少尉（差出地不明）　→　仁科芳雄　　　　1938/05/14

仁科　先生　足下

5月14日　　石井千尋

前略　最近關戸君が応召せられし由[a]、浅野君の荷が増々重くなって来て彼もこまって居る事だらうと思はれます。

そろそろ宇宙線と戦争との相関が問題になる様な気がします．
只今盛に地上部隊が活気を呈して居り従って我々も中々忙しいです．
李宗仁[b]もそろそろ落着いて居られなくなって来るでせう．
さてこの先がどう変化するかは非常に面白い事です．毎夜地図の上に敵情を書き込んでながめて居ります．
敵地深く入った地上部隊の後を追って現在の地で第9回目の満月を望みつゝ

匆々

追て，關戸君の宛名御わかり次第御知らせ願ひます．

[a] 書簡734を参照．
[b] 中国，民国期の軍人・政治家．1929年から蒋介石と対立し，広東，広西，湖北，湖南の省を支配した．日中戦争では蒋介石と和解し，ともに戦った．第二次大戦後は国共内戦を指揮し，1949年の蒋介石の引退にともない総統代理となったが，国民党軍が敗退したときアメリカに亡命．1965年に本土に帰り国民党員の祖国復帰をよびかけた．

733 朝永振一郎（ライプチッヒ大学，ドイツ）→ 仁科芳雄　　1938/05/15

おてがみ有難く拝見致しました．ますます御健勝の御様子何よりおよろこび申上げます．小生も健康の方は申分なく，この冬も1度軽い風邪をひいた位で大過なくすごしました．今は全く5月の気候となり，間もなく1年になることになりますが，この分ならと思って居ります．滞在期を1ケ年延長することについて色々お手数をかけました由，厚く御礼申上げます．仕事の方は去年の暮からの核物質の熱伝導と粘性をどうやらやり上げて[a]，今文章の訂正をたのんでゐます．結果は大したことではないのですが，核の粘性も伝導度も大へん大きく，核液体の振動などいふものは「常温」では不可能といふことになりました．ですから核が exciteしてゐるといふときに，そのエネルギーは振動エネルギーであることは不可能で，熱エネルギーとしてしか核はエネルギーを持ち得ないといふことになります．熱伝導も大へん大きいので，核はいつも熱平衡にあるといふ結果になります．これはボーアの考へや，今までの色々な理論的とりあつかひに都合のいゝ結果で，ボーアの最近のフォトエフェクトの時の振動はごく例外的なものだといふことになります．これはもちろん小生のやったかんたんなモデルでは出てきません．

湯川君の理論はこちらでも大変やかましくなってきました. ハイゼンベルク は大変興味をもちだして, 先日春の休みにはイギリスに渡ってそこでババやハ イトラーとディスカスして来たらしいです. 日本にもかういふ独創的なものが 出たことは大へんよろこぶべきことですから, どうかこれからさきのその理論 の発展に日本の諸君が協力して多くのコントリビューションを与へられんこと を祈って居ります. 小林君も大阪へ行かれた由ですが, 同君にとってもこれは 誠にいゝチャンスでせう.
　ハイゼンベルクのこの理論に対する感想は, アナーレンのプランク号に書い てゐるやうに, これを古いスピンの理論にくらべてゐます. この理論を用ひて 取扱ふはんいは丁度今までの量子論, 即ち場の量子化だとか何とかいふ方法の いけなくなるところであるから, この理論がもう完成したコンシステントなも のとは言へないだらう. しかしスピンの古い理論もさうであったように, この 理論で色々なことが言へるだらうといふことです. そこで彼は, これからさき は, エクスプロージョンといふものが大いに問題になるといひます. この方面 の実験がもっとすゝむことがのぞましいと言ってゐます.
　こちらでは, そんなことで, オイラーが去年からやってゐた宇宙線の実験デ ータの分析をつづけてゐます. 彼はロッシの曲線やレゲナーのデータから先づ 普通のシャワーの部分, 即ちソフトの部分をとりさって, あとののこりのかた いやつの強度曲線を出し, それからそのハードの強度曲線の厚さ零のところの 形から (はじめ厚さを増すと硬成分の強さは増加し, ある値になってからは吸収を示 す), この硬成分が物質の中で爆発的に作られたらしいといってゐます. 爆発 は又ホフマンシュトースにあらわれるので, この方の実験も面白いらしいです. この爆発で何が出るか, 電子か湯川粒子かはまだ実験データの不足で何とも言 へないといふことです. とにかく, 強度が上り切って下りはじめる厚さがこの 粒子のレンジになる, それでそれを電子と仮定したり, 湯川粒子と仮定して, それの平均エネルギーが出せる. もし電子であればシャワーがさらに出る. さ ういふ事情を考へに入れて, 強度曲線の形をもとめて見ると, どちらも同じや うな形になるといふことです. (Zとのデペンデンスから電子の方が多少都合が悪い 由. これは湯川ハイトラーの理論に合ふ).
　他の連中は核の方をやってゐます. しかし, 何分今ここにゐる人数が大へん 少いので昔ほど華々しくないようです. ハイゼンベルクも社会状態が変って理 論などやるといふ人がへったことをこぼしてゐた由です.
　私の仕事の今後のプログラムは何ともきまって居りません. 今やった仕事を もっとすゝめるかどうか, それとも何か方面のちがったのをやるかと思ってゐ

ますが，具体的な考へにぶつかりません．何分相変らずの言葉の不自由と，気の弱さで，なかなか思ふように発展出来ません．しかしあとの1年は何とかもう少ししっかりして，しっかりした仕事をして御厚意にむくいたく思って居ります．

夏の学期のゼミナールはマグネです．初歩の学生が多いので，ごくはじめの，ランジヴァン-ワイスの理論から順を追ってはじめてゐます．何もしらない学生が如何にしてしこまれるかといふ教育的の点が大へん面白いです．私もマグネのことはあまり知りませんので大分教へられると思ひます．

さて別の話ですが，渡辺君が多分お手紙にかいたことと思ひますが，同君が私のあと交換学生となることを希望して居られること，及びも一つ，同君とハイゼンベルクと話をしたときに，交換学生を2人にするといふこともドイツ側として可能かもしれないといふ話が出たといふこと（さうなれば私のあとまで待たないでよいことになる）をお知らせ致します．但しもちろん他に希望者もたくさんあるであらうし，理くつから言へば渡辺君は3年近くフランスに居り，今またもう1年位はドイツに居られるのであるから，他に希望者があれば他の人にゆづられるのがおんとうだといふことにもなりませうが，とにかくお知らせ致します．そしてあとの方の件，交換学生を2人にする件は理研として可能性があるでせうか．（誰が問題になるかは別として）．渡辺君としては一応知りたいと思れるのも無理ないことでせうから，一つ御考慮願へれば幸甚です．これはまだ何も公の話にはなって居りませんから，ドイツ側で不可能といふことになるかもしれません．又理研側もさうなれば2人のドイツ人をひきうけることになるのですから大いに問題となるでせう．

最後に御健康を祈ります．
5月15日 　　　　　　　　　　　　　　　　　　　　　　　朝永振一郎

仁科芳雄 様

- a 書簡702を参照．
- b 朝永は滞独日記（『朝永振一郎著作集 別巻2』および『量子力学と私』所収）の1938年4月12日にこう書いている．「今日はこれからゼミナールがある．ハイゼンベルクが湯川の理論をやる．ハイゼンベルクはおそろしく湯川の理論に興味をもっている．」4月26日「オイラーと仕事の話を少しする．核の粘性や熱伝導のこと，次に湯川理論のこと．彼は宇宙線のデータを整理していたが，それでU粒子の寿命を出して$4\cdot 10^{-6}$ secを得た．湯川理論では$5\cdot 10^{-7}$ secで，この一致は不思議なくらいだという．彼の理論はほんとに近いものだといって笑った．」5月3日「ゼミナールはオイラーが宇宙線の話をする．Uの理論とやはり合うらしい由．」

c 湯川は，Heisenberg のこの考えを気にしている．湯川の書簡 739 を参照．
d 宇宙線が物質に入ると γ 線をだし，それが電子と陽電子を創る．それらは γ 線を出し，それが電子と陽電子をつくる．こうして電子と陽電子がネズミ算的に増えるが，やがて生ずる γ 線のエネルギーが下がって電子・陽電子はできにくくなる．電子と陽電子の数は減少に転ずる．物質の深さと電子の数の関係を描いたグラフを Rossi 曲線という．ここでいう Rossi 曲線には宇宙線と原子核の衝突で発生する中間子の数も含めている．
e E. Regener. 書簡 243, 252 を参照．計数管の上に鉛を積んで宇宙線の強度を測った．
f 霧箱の壁でおこる多数の粒子の爆発的な発生．

734 關戸彌太郎（金沢）→ 仁科芳雄　　　　　　　　1938/05/16

拝啓　其の後御便りも申しませず失礼致しました．先日申し上げました通り召集の方は即日帰郷を命ぜられましたので早速上京しまして出勤致すべきで御座いましたのに家事の雑用が片附かず取遅れまして恐縮至極に存じて居ります．皆様どんなにか御多忙であつた事かと存じ上げます．重ね重ね勝手がましう存じますが此の 19 日まで御暇頂き 20 日朝着京する事に御願ひ致し度う存じて居ります．

　先づは失礼乍ら要用のみ，御詫び 旁（かたがた）御願ひまで　　　　　　敬具
5 月 16 日　　　　　　　　　　　　　　　　　　　　　　　　　　關戸彌太郎　拝

仁科　先生
　　　玉案下

735 小林 稔（大阪帝大）→ 仁科芳雄　　　　　　　　1938/05/17

　しばらく御無沙汰致しました．
　御一同様にはお変りございませんか．お伺ひ申し上げます．研究室は相変らずお忙しいことゝ存じ上げます．
　小生も当地へ参りまして已に 1 ケ月になりました．追々と教室の空気も判り，理研にお世話になって居りました時と同様に愉快に勉強させて頂いて居ります．仕事は U 量子[a]の創生の確率を色々の方面から考へて見ることを主にして居ります．ベクトル場の方は非常に複雑な表式になりますので先づスカラー場の理論で order をあたって見て居ります．今考へて居ります内で最も大きさうなのは

γが来てプロトンから U$^+$ （或はニウトロンから U$^-$) をたゝき出すプロセスです．断面積は 10^9 eV 位で，U量子の Pair Creation より遥に大きくなりさうです．勿論γのエネルギーと共に急激に小さくなります．詳しいことはこちらの数物^{b}で話したいと思って居りますのでそれ迄にまとめてお報せしたいと思って居ます．

　未だ余り仕事をして居りませんので，外に御報告申し上げることもございませんので今日はこれで失礼致します．

　末筆乍ら御奥様によろしく御鳳声下さいますやうお願ひ申し上げます．
　5月17日　　　　　　　　　　　　　　　　　　　　　　　　　　小林　稔

仁科　先生

追伸　只今こちらは鯛の季節でございますのでお珍らしくもございませんが，明石鯛1尾お送り致します．御笑納下さいますれば幸甚に存じます．

　　　^{a} ここの U は湯川の場，U量子は湯川粒子．ウランではない．
　　　^{b} 書簡 551 の注 d 参照．

736　杉本朝雄（療養中，自宅？）　→　仁科芳雄　　　　　1938/05/18

拝啓　その後御無沙汰致しました．

　さて，先日申しました様に茂在さんに診察していたゞかうと思ひましたが 1, 2 度，向ふの御都合を伺ひましたが何とも御返事がないし，その後心臓の鼓動が身体全体にひゞく様で全身がふらふらする様な気がしたりしましたので，外出に自信がなく，一時茂在さんに診ていたゞくことは中止しました．それでも何となく不安なので近所の医者に診察してもらひました処，2, 3 度比較的丁寧にしらべてくれまして，その医者の診断によりますと心臓の方は悪くないらしい（別段心臓カーヂオグラフを使ったわけではないのですが）それで心臓が止ったり等して少し具合の悪かったのはやはり神経とか，身体の疲労が原因したのではないか，と云ふのです．それに目下幾分神経衰弱気味の処があると云ふのです．それで前記の心臓の鼓動がひゞく様なことも専ら神経のせいだとその医者は解釈してゐます．私自身の考へとしましてはほんの素人の解釈ですが，やはり心臓が変調になったのは心臓自身に原因があったのではなく心身の疲労が直接の原因だと思ひます．

当時講演会の仕事も比較的いそがしかったのですがその他色々な心配事もありましてそれ等が重なって幾分無理したのではないかと考へられます．それで茂在さんがカーヂオグラフをおとりになった時も尚数日前の結滞の残りの様なものがあったのではないかと思ひます．それに茂在さんは発病当時の様子を殆んど訊かれなかったので，その点幾分心臓自身が悪いと診断を下す根拠不充分の様に考へられます．それから当時血圧も高い（140, 150）と云はれましたが，目下の処全く通常の値（120）を示してゐます．又尿に蛋白があるとも云はれましたが現在は何等異常はないそうです．

　これ等の事からして，医者の測定にどれだけの精度があるか分りませんがまあ信用すれば身体の条件は相当回復したと判断されます．ですからもう少しその医者にかゝってみて目下まだ少し残ってゐる心臓の変調（これは或神経の変調かも知れませんが）がとれたら出勤しようと思ってゐます．茂在さんの方は遠かったり，又あまりおいそがしい様ですから相当の御礼をして一時やめて又後日お願ひすることにしようと思ってゐますが如何なものでせうか．

　尚今までは心臓の方を心配して専ら寝てゐたのですがその医者に云はせるとあまりとぢこもり過ぎてゐるのは却っていけないと云ふので少しづゝ出歩く練習をして様子をみようと思ってゐます．そうすれば幾分両方の診断のテストにもなりますから．

　尚問題は脚部の溢血[a]ですがこれはまだ適当な解釈が考へつきません．或は薬品のためだったのではないかとも考へられます．

　もう理研の講演会も近づいて研究室の諸兄が元気に働いてゐられるのを思ふとうらやましい気持がします．

　でも，もうすぐ働ける様な気がします．外もすっかり初夏の青葉で潑剌としてゐます．

杉本朝雄

仁科　先生

　　[a] 体の内部におこる出血．

737　梅田　魁（北海道帝大）→　仁科芳雄　　　　　　1938/05/21

仁科　先生

1　先日は論文の件につき色々御手数煩はし有難うございました　今日もう図

版の校正がきました．

2 実は1つお訊するのですが，今 Partitio Numerorum で私の見出した approx. formula がどの程度迄行くかをもう少し見たく P. N. の表を200迄やりかけてゐます（100迄はすみました 1896の Marsano の表が100迄で日本に1冊もないしそれを補ふ意味もふくめて）．所が加算が主なので，Dalton（よそから一寸かりてもらって見ました）の計算器が非常に便で Dalton ですと計算と同時に印刷されて行くのであとから誤謬発見に好都合なのです．100迄はタイガーでやりましたが印刷しないので間違ふとその行を全部始めからやり直しといふ様な有様でした．所で外国計算器は輸入禁止になったので丸善にあるのが全部売れてしまひ最後の1台（Portable ¥355）が残って札幌支店でおさへて居るのです．是非買ひたいと思ったのですが時節柄外国品が買へず，50円以上の外国品は大蔵省と相談の上でないと買へないのです[a]．でおたづねするのですが学術振興会[b]などで計算器購入を補助して貰へるでしょうか（general principle として），又補助が受けられるといふ場合に外国品を買ふことは差支へないのでせうか．

或人から計算器購入は補助しないといふ話をきゝましたが，服部報公会，文部省自然科学研究補助，は申込期限がすぎたのであと6月一杯に申請の学振だけと事務で云って居りました[c]．

［後略］

[a] 1937年9月10日に輸出入品等臨時措置法が公布され，翌年5月25日に物品別調整機関として需給調整協議会がつくられた．

[b] 学術振興会については書簡333の注a，348の注g，555の注aを参照．学振の支出した研究費総額は，1937年度には89万円であったが1938年度に133万円に急増した．ただし，個人研究補助は，それぞれ31万円で，研究費補助のはじまった1933年度の45万円から減少の一途をたどっている．その最低は1938年度の29万円で，次の年に41万円に急増した．参考：『科学の社会史』（上），p. 162.

[c] 書簡347の注aを参照．

738 杉本朝雄（療養中，自宅?） → 仁科芳雄　　　　　1938/05/28

御手紙有り難う御座いました．相変らずの御厚情，深く感謝いたします．又手当昨日確かに受け取りました．これもお礼申し上げます．

さて，その後近所の医者に2日に1回づゝ診察を受け，その薬をのんでゐますが経過は良好でして例のふらふらするのは全くなくなりました[a]．心臓のどき

どきするのも静かにしてゐるとき気になる程度で以前よりも非常によくなりました．自分でももう大部分回復したと云ふ確信が得られる様になりました．もう大丈夫だと思ひます．長い間色々と御心配をおかけしましたが，この調子ならば来月あたりから出勤出来ることゝ思ひます．

この経過から判断しますと，やはり心身の疲労が何かの都合で心臓に出たものと思ってゐます．いづれにしろ心臓の運動が変調であった事は事実ですが問題はそれを働かしてゐる神経系統であるか，動かされてゐる心臓の筋肉系自身であるか，こゝに見方の相異があったわけです．

何はともあれ終始変らぬ先生の御厚情及びお力付けによりまして長い間気楽に静養出来まして，今正に回復せんとしてゐますことは深く深く感謝いたします．それから茂在さんへの御礼はもうさし上げてしまひました．少しく早急であったかも知れませんが．

大サイクロトロンも着々進行中の由御同慶にたへません．航研機が世界記録[b]を樹立して戦時日本の底力を世界に大きく示したロングヒットにも劣らぬ様に理研の大サイクロトロンも世界の物理学界に雄飛する日の1日も早く来ることを望んでゐます．しかしそれまでには更に多くの努力を必要とすることでせうが．

次に Na の話ですが御言葉の様に今の実験材料だけでは全く行き詰ってゐます．それに level の数をふやして考へて見ましたが大したよい system も得られず，それにいづれにしろ根拠不充分ですからこの方は御言葉通り一先づ打切りまして，後日の問題とします．

それで，あの論文は Na の β 線スペクトルに2つの群があることと，その上限のエネルギー差が大体 1MV に近いことから Kurie, Richardson の γ 線と関係がありそうだと云ふ位の漠然とした処で切上げることにします．

従て論文は一両日中に書き直して先生の処にお送りします．

近頃は好天気の日なぞぼつぼつ近所を歩いてゐます．もうすっかり夏らしくなって日ざしも強くなりました．いづれ近日中に又お目にかゝれることゝ思ひます．

では御身御大切に

杉本朝雄

仁科 先生

    a 杉本の書簡 716, 729, 731 を参照．
    b 1938年5月12-15日に東大航空研究所の飛行機が 11,651 km を飛び周回航続距離

の世界記録を樹立した．

739 湯川秀樹（大阪帝大）→ 仁科芳雄　　　　　　　　　1938/05/30

拝啓　暫らく御無沙汰致して居りますが，益々御健勝の事と存じます．扨てその後の当方の研究の結果を簡単に御報告申し上げ，且つ国外での研究の模様に就き知り得た所を御伝へ致し度と存じます．

ⅰ）この間来た *Ann. d. Phys.* で Heisenberg は私共の理論を korrespondenzmässig なものと論じて居り，量子力学以前の Uhlenbeck-Gouldsmidt の spin の理論の様なものだといって居ます．[a] 私共も量子力学の根本的方法自身に相当な変革が必要であることは勿論認めますが，具体的な解決法が見つからぬ以上，どうにも仕方がないと思ひます．尚 Wentzel の理論と一緒にして論じて居るのは少し変だと思って居ましたが，最近朝永君からの手紙[b]によると，Heisenberg が英国へ行って Heitler から話を聞いて来て，2,3回講義をした由で，Wentzel との混同は解消したらしいです．尚 U 理論に $\frac{1}{\kappa}$ といふ，universal length が入って来る点に非常に興味を感じて居るさうです．

ⅱ）先日来，Chadwick, Zürich の P. Scherrer，例の Proca 等から称讃の手紙が参り，恐縮致して居ります．特に Chadwick からは，Prof. Nishina に宜しく伝へて呉れとのことでした．

ⅲ）一昨日数物大阪支部の常会があり，坂田，小林，武谷3君及び小生各々別の問題について論じました．小生の分は，neutron-proton system に於て，^1S, ^1P, ……等は互ゐに couple せず，その potential も簡単な形ですが，^3S, ^3P, ……等については相当複雑で，特に ^3S-$^3D_1$ coupling の問題を詳しくしらべて見ましたが，その時に出て来る simultaneous d equation[c] を近似的にさへ仲々解けません．従って前からお話の neutron-proton scattering の問題も未だはっきりした解決に到達出来ず，申訳なきことゝ存じております．

尚 neutron-neutron, proton-proton force の deduction に必要な neutral U-quanta の問題は，年会でも話しました様に，formal に何等の困難もありません．一昨日 Kemmer から寄越した論文（*Camb. Phil. Soc.* の *Proc.* に発表の筈）の原稿を見ますと，彼も後の問題を相当立入って論じて居ます．しかし，上記の non-central symmetry の $\sim \frac{1}{r^3}$ の singularity に関する困難には余り注意して居ない様に見えます．Bethe も後の問題をやってる様です．

iv) 坂田君の分は β-disintegration で, Fermi でなしに, K.-U.^{d} に相当する場合を量子化することが可能であることを示されました. 併し, その Ansatz が複雑過ぎますので, 何かもっと別な解決法がないものかと思って居ます.

v) 小林君の分は, γ 線による U 粒子の creation で, IIIe で一寸述べた,

γ-ray + nucleus → U^+ + U^- + nucleus

なる process による pair creation の prob. に比して,

γ-ray + neutron → U^- + proton

or γ-ray + proton → U^+ + neutron

なる process による U^- or U^+ の creation の prob. の方が遥かに大きくなります. 従って, これによって soft component から出来た secondary U-quanta として hard component を説明し得られさうです. 最近 Heitler も *Proc. Roy. Soc.* (abstract) で同様なことをいって居ます. その上 hard comp. による shower の問題をも論じて居ます.

vi) 武谷君の分は, U の magnetic moment, spin 等を一般の relativistic な場合について求め, heavy particle の magnetic moment 等を quantitative に deduce しようといふのです.

尚いひ落しましたが, Chadwick の手紙によると, Williams が最近得た heavy electron の track (*Nature* 発表の分) は非常に convincing である由, *Nature* の reproduction はあまりよくないから, 奇麗な写真を1枚送るとか申して居ります.

先づは近況御報告のみ. 乱筆御許し下さいませ.　　　　　　　草々

5月30日　　　　　　　　　　　　　　　　　　　　　　　　湯川秀樹

仁科 先生
　　　侍史

---

a 書簡 702, 733 を参照. Heisenberg が湯川理論を量子力学以前のスピンの理論になぞらえている.
b 書簡 728.
c d は「微分」の意か？ 連立微分方程式？
d Fermi と Konopinski-Uhlenbeck. それぞれ β 崩壊の相互作用の型. E. Fermi, *Z. Phys.* **88** (1934) 161–177; E.J. Konopinski and G.E. Uhlenbeck, *Phys. Rev.* **48** (1935) 7–12.
e 第3論文のこと: H. Yukawa, S. Sakata and M. Taketani, On the Interaction of Elementary Particles. III, *Proc. Phys. -Math. Soc. Jap.* **20** (1938) 319.

740 杉本朝雄 (療養中, 自宅?) → 仁科芳雄　　　　1938/06 [日不明]

前略　先日申し上げました様に[a]論文一部分書き直してお送りします．
　よろしくお願ひいたします．
　　　　　　　　　　　　　　　　　　　　　　　　杉本朝雄
仁科　先生

付記　附図のことにつきまして天木さんにお頼みする向を同封してありますから甚だ恐れ入りますがお渡を願ひます．

[同封：天木敏夫（理化学研究所）宛の書簡]
　前略　^{24}Na その他の論文の件について申します．
　^{24}Mg のレベル系は色々考へてみましたが結局不成功に終りましたから，これは後日の問題として現在の論文からは割愛することにしました．どうぞ悪からず．
　それから附図のことですが論文の内容に相当するものは方眼紙に書き直した方ですから若し先生がお望みでしたらこれをトレーシングペーパーにうつし直して下さいませんか．
　尚 ^{24}Na を分析し直したもの（方眼紙）は二枚あるのですが一枚は先生の処に以前に差上げてありますからそれをいただいて下さい．
　それには二組の直線が書いてありますがどちらが本物かすぐ分ると思ひます．upper limit 0.81 MV と 1.76 MV のものが本物です．Sb は元のまゝでよろしいのです．
　ではよろしくお願ひします．
　僕ももうすっかり元気になって来月あたりから出勤出来ると思ひます．
　　　　　　　　　　　　　　　　　　　　さよなら
　　　　　　　　　　　　　　　　　　　　　　　杉本朝雄

天木敏夫　様

　　　[a] 書簡 738.

741 梅田 魁 (北海道帝大) → 仁科芳雄　　　　　　1938/06/02

仁科 先生

拝啓

1. 先日は学術振興会[a]のことなどおたづねしお忙しい所お返事賜り難有うございました．

2. 新聞によりますと東京地方は大変な雨だった由，別にお変りもございませんでしたか，お伺ひ申上げます．

3. 学術振興会に，先日理研から出した Partitio Numerorum の論文の継続をする為 Dalton の計算機購入（既に丸善の持ってる手持品￥355）の補助を出しました．もし出来ましたら他に差支へない限り御尽力賜りたくお願ひ致します．朝永君から返事があって $n=103$ 迄やった Marsano の Table は Leipzig の大学にもない由でその点からも一つ Partitio Numerorum の table を作っておきたく思ひます．こゝの数学教室で待ってゐます．こゝの数学からの紀要で出すつもりです．$n=200$ 迄の計画の所丸善からこの計算機を借りて今 $n=165$ 迄すゝみました．

4. 先日お訊ねいたしました Liquid drop model に Debye temp を入れること，Bethe の Surface wave の treatment は plane wave でやってゐるので表面の deg. of freedom は正6面体の1面で $A^{2/3}$ でいゝのだと思ひました．さうしてやりますと

　　　surface wave の Debye temp. 　　$\Theta_s = 5.774$ MV
　　　volume 〃 〃 　　$\Theta_v = 15.29$ MV

$$\left[\begin{array}{l} I_n(x) \equiv \dfrac{n}{x^n} \displaystyle\int_0^x \dfrac{\xi^n}{e^\xi - 1} d\xi \\[2mm] II_n(x) \equiv \dfrac{n+1}{x^n} \displaystyle\int_0^x \dfrac{\xi^n}{e^\xi - 1} d\xi + \displaystyle\int_x^\infty \dfrac{d\xi}{e^\xi - 1} \\[2mm] III_n(x) \equiv \dfrac{n(n+1)}{x^n} \displaystyle\int_0^x \dfrac{\xi^n}{e^\xi - 1} d\xi - n\dfrac{x}{e^x - 1} \end{array}\right.$$

を定義すると，　　$n=4/3$,　　$n=3$ の table を作っておくことにより
　　　　　　　　　　↑　　　　　　↑
　　　　　incomplete Γ func　　之は丁度 Debye function
　　　　　を使って表をつくる

$$U = \tau\left[A^{2/3} I_{4/3}\left(\dfrac{\Theta_s}{\tau}\right) + 3A\, I_3\left(\dfrac{\Theta_v}{\tau}\right)\right]$$

$$S = A^{2/3}\mathrm{II}_{4/3}\left(\frac{\Theta_s}{\tau}\right) + 3A\,\mathrm{II}_3\left(\frac{\Theta_v}{\tau}\right)$$

$$\lambda = (2\pi)^{-1/2}\tau\left[A^{2/3}\mathrm{III}_{4/3}\left(\frac{\Theta_s}{\tau}\right) + 3A\,\mathrm{III}_3\left(\frac{\Theta_v}{\tau}\right)\right]$$

$$D = \lambda e^{-s}$$

で求まります. その結果は別表のごとく

 1. Temp は Bethe の時と余り変らない. Bethe の時より一般に高くなる. Bethe からの Deviation は Atomic weight 小なる程, Anregungsenergie が大なる程大.

 2. Spacing が一般に Bethe の時に比して大となる.

軽元素では Bethe のが実験と合わぬのに今度は合う order となる.

重元素では Bethe のはいい order だったが今度のは少し空きすぎる.

Bethe のに粒子が有限といふことを入れ verfeinern すると却っていけない.

結局 liquid drop model で実験と合わせるには Eigenschwingung の Spektrum を丁度 deg. freedom の数で切る Debye の crystal の specific heat のやり方ではだめで liquid の specific heat の Eucken の取り扱いの様に Debye temp. が Anregungsenergie U で変るとしなければ駄目なのでせう. surface tension, sound velocity が temp. とどう変るかが分からねば困るわけです. 然し Eucken の Vorbild でやることは余り複雑で断念しました.

［計算結果の表, 省略］

 5. やっと講義がすみ, ゆっくり勉強出来ますが生憎講座をうんとフンばって書上げてしまはねばなりません. U 粒子の話は湯川君自身で特殊項目ででも書かれないんでせうか.

 6. Cyclotron も活躍してることでせう. こんな所に一人ぼっちでやって居ると時代おくれになりそうです　理研の空気を吸ひたく思ひます.

 7. 時節柄御自愛専一に願上げます. 御奥様によろしく願上げます.

私達一同元気で今盛りの苺を楽しんで居ります.

梅田　魁

[a] 学術振興会については, 書簡 333, 488 の注 a 参照.

742 村越 司 (大連) → 仁科芳雄　　　　　　　　　　　　　　1938/06/04

謹啓　御不沙汰申上げて居りますが先生には御変りも無く御健祥の趣大慶に存
上げます．今日の満洲日日新聞夕刊の２面に先生と石井氏との間の御文通につ
き出て居りまして胸を衝かれました[a]．その新聞を別便で御送申上げます．根抵
のないきわ物的応用研究が不当に幅を利かせて居ります今日，将来の日本の死
活を握るべき新物理学の基礎的な御研究に当られる先生の御健闘を祈って止み
ません．

　大連は５月以来例年と異って憂鬱な天候が続いて居ります．　　匆々　敬具

[葉書]

[a] その満州日日新聞は「宇宙線の研究を戦線から激励，麗わし博士とその弟子」と題
して次のようにいう：
　若き学徒石井千尋理学士は聖戦勃発と同時に航空兵少尉として勇躍空の戦線に参
加し今は支那南北の大空を駈けめぐっている．仁科博士は，「聖戦に馳せ参ずる君達
を思うとき私は終日静かな研究室の中に座っているのが心苦しい」と兎角研究の心
根も乱れ勝ちであった．石井博士は，博士のこうした手紙を読むたびに，激励の手
紙を送るのであった．
　「先生思い出してください．宇宙線の最初の研究に乗出したドイツとスイスの学者
達はあの欧州大戦のためにその研究を中止しました．そして戦時と戦後の十年間欧
州の宇宙線研究は空白になってしまった間に米国にその研究を奪われてしまったで
はありませんか．世界人類の福祉と文化のためそして科学日本のため国家の名誉の
ために先生どうぞ研究を続けてください．」
　仁科は答えた．「有難う．よく解った．心配しないでくれ給え．私は戦線の君達に
負けぬように見えない宇宙線と闘おう．君達の晴れの凱旋に何よりも実体の一つを
得て贈呈しようと決心している．」
　この年の３月に国家総動員法が国会を通過，４月に公布された．これは，政府は
必要に応じ「試験研究機関ノ管理者ニ対シ試験研究ヲ命ズルコトヲ得」と定め，命
令に反するものは処罰すると規定していた．

743 仁科芳雄 → 湯川秀樹 (大阪帝大)　　　　　　　　　　　1938/06/05

　　　　　　　　　　昭和13年６月５日　　理化学研究所
　　　　　　　　　　　　　　　　　　　　仁科芳雄

湯川秀樹 君
拝復　５月30日附ノ御親切ナ御手紙難有拝見シマシタ．御多忙中種々愉快ナ
御通知詳細ニ御知ラセ下サレ厚ク御礼申述ベマス．

Heisenbergノ論文ハ昨今多忙ノ為メ未ダ見テ居リマセンガ, korrespondenzmässig デアルト云フコトハ, 朝永君カラノ手紙デモ H 氏ノ意見トシテ云ッテ来テ居マス. 然シコレハドンナモノデセウカ.「コレスポンデンツ」ト云フコトノ意味次第デ何トデモ云ヘルデショウ. 一体人間ノ考ヘガ korrespondenzmässig ニ進ムヨリ外ハナイノデスカラ, ソウ云フ意味カラ云ヘバ凡テノ新シイ理論ハ korrespondenzmässig デアルト云ヘルデショウ. 量子論ニシテモ Dirac ノ理論ニシテモ或ル意味ニ於テ左様ダト思ヒマス. ダカラ『コレスポンデンツメーシッヒ』デアルト云フコトト理論ノ重要性トハ相反スルモノデハナイト考ヘマス.

　ソレヨリモ大切ナコトハ新シイ理論ヲ押シ進メテ何処デ行キ詰ルカヲ見トドケテ, korrespondenzmässig デアル所以ヲ具体的ニ示スコトデアルト思ヒマス. ソレニヨッテ更ニ将来ノ飛躍ノ素地ガ出来ルワケデス. ソシテソノ飛躍モアル意味カラ云ヘバ korrespondenzmässig デアルデショウ. 勿論 H 氏ノ云フ意味ハ判ッテ居マスガ, 然シソンナニ簡単ニ片付ケラレルモノカドウカ小生ニハ判リマセン. 将来飛躍ガアッタトシテモ U 理論ヲ含ムモノデナクテハナラヌト云フ所ニ, 既ニ U 理論ノ重要性ガアルト思ヒマス.

　次ニアナタノ計算ノ結果, 面白ク思ヒマス. 只解法ガ困難トノコト折角御推進ヲ祈リマス. 小生等ノ方デ其後実験ヲ行ヒマシタ. 未ダ予備的デ正確ナコトハ云ヘマセンガ, 例ヘバ proton-neutron の scattering cross section ヲ 13〜17 MV ノ中性子デヤッテ見マシタ. 勿論 mono-chromatic デナイノデ理論トノ比較ハ困難デスガ, 実験値トシテ 5×10^{-25} cm^2 トナリ, コレハ 15 MV ノ中性子ノ散乱ノ理論値ト大体一致シマス (理論ハ普通ノモノデス). 尤モ実験ノ方ガ未ダ改良ノ余地ガアルノデ何トモ云ヘマセン. 目下促進中デス.

　坂田君ノモ面白イト思ヒマス. ドウカ好イ解決ノ方法ヲ見付ケテ下サイ.

　小林君ノ結果ハ小生等ノ実験ニハ非常ニ大切ナ関聯ガアリマス. 小林君ニモ手紙デモヒ送リマシタガ, 数物年会以来小生ハ宇宙線ノ緯度効果ト Wilson 霧函デ得ラレタエネルギー分布トヲ比較シテ, 宇宙線ノ硬成分ハ大気中デ作ラレタ二次的ノモノト云フ結論ニ到達シマシタ. 其後 Bowen, Millikan, Neher ノ論文ヲ見テ, 小生ノ此結論ハ此人達ノ所論ヲ支持スル一材料ニナリ得ルト考ヘテ居マス. コレハ其内 Nature カ Phys. Rev. カノ letter ニ出スツモリデ居マス.

　ソコデ此 2 次的 U 粒子ヲ作ル方法ガ問題トナルワケデスガ, 小林君ノ計算デコレガ解決出来タコトハ愉快デス. エネルギート σ トノ関係ナド知リタイモノデス.

　右御礼旁々要々迄. 　　　　　　　　　　　　　　　　　　匁々

a 湯川の関心について書簡739を参照.
b 書簡733を見よ. 湯川らへの書簡であるが, 728も参照.
c W. Heisenberg.
d MeV.
e 書簡551の注d.
f 北野丸(書簡580, 608, 690, 713)と平安丸(書簡713の注a)による宇宙線強度の緯度依存性の測定結果は論文になっていない. 測定結果の美しいグラフを文書1050によって示す.
g 仁科芳雄・關戸彌太郎・竹内柾・一宮虎雄『宇宙線』(岩波講座・物理学, 1941), p. 94には次のように説明されている. 宇宙線の硬成分は中間子である. 中間子が1次宇宙線であったとしたら, 緯度効果の理論によって低緯度に入射する中間子は10 BeV以上のエネルギーをもっていたはずである. 大気を通過する間のエネルギー損失は2 BeV程度であるから, 地上でのエネルギーは8 BeV以上になる. ところが, 霧箱の測定によると中間子のエネルギーは1～2 BeVのものが多い. また, 注fに引用した文書1050は, 中間子の平均寿命は$2 \cdot 10^{-6}$sだから, 1次宇宙線だとしたら地上に達する前に崩壊してしまうという理由をあげている.
h Bowen, Millikan, Neher, New Light on the Nature and Origin of the Incoming Cosmic Rays, *Phys. Rev.* **53** (1938) 855.
i 書簡739を見よ.

744 仁科芳雄 → 小林 稔 (大阪帝大)　　　1938/06/05

　　　　　　　　昭和13年6月5日　　理化学研究所
　　　　　　　　　　　　　　　　　仁科芳雄

小林 稔 君
拝復 去ル5月17日ノ御親切ナ御手紙難有拝見シマシタ. 早速御返事ヲト毎日思ヒ乍ラ, 昨今ハ大サイクロトロンノマグネットノ据付工事デ朝カラ晩遅ク迄ソノ方ニツキ切リデ手ガ離サレズ, 誠ニ失礼シマシタ.
　又其節ハ結構ナ明石鯛ヲ御恵贈下サレ大喜ビデ毎日頂キマシタ. コレ又御礼ヲト思ヒ乍ラ延引シマシタ. 今日寸暇ヲ得テ御礼ヲ書ク次第デス.
　U粒子創生ノ方ガ, 実験ノ要求スル程度ノモノガ出タサウデ, 万事解決ノ感ガアリ, 御手紙ヲ見テ快哉ヲ唱ヘタ次第デス.
　其後小生ハ緯度効果ノ方トWilson霧函ノ方ノエネルギー分布ノ方トヲ比較シテ見テ, 宇宙線ノ硬成分ハドウシテモ2次的ノモノデナクテハナラヌト云フ事ノ結論ニ到達シマシタ. 簡単ナ事デスガ, コレモMillikan, Neher, Bowenノ所論ヲ支持スル一材料トナルト思ヒマス. コレニツイテ5月ノ初頃カラ*Na*-

ture カ Phys. Rev. ノ letter ニ書キタイト思ヒ乍ラ,未ダ手ガ着ケラレナイデ居マス. 間モナク書クツモリデスカラ其内送リマス.
　コンナ訳デ硬成分ハドウシテモ空気中デ作ラレタ U 粒子デナクテハナラヌト云フ結論ニナッテ居タノデスガ,今度アナタノ計算デ万事解決サレテ愉快デス.
　其後御令閨様モ御順調デスカ. 御自愛専一ニ. 先ハ不取敢要々ノミ. 匆々

　　　a 書簡 735.
　　　b 書簡 735 および 739 を参照.
　　　c 書簡 743 およびその注 f, g を参照.
　　　d 書簡 743 の注 h を見よ.

745　澁谷醇平（日本アテンス商会）→ **仁科芳雄**　　　　1938/06/09

仁科 博士殿
拝啓　毎々各別の御愛顧に預り有難御礼申上候
　扨て先日御照会の重水に就ては早速本店に照会中の処昨夜
　　　本国に照会の上詳細回答スル
と着電致候
　多量の御用命故ニ極力安値回答可申候故何卒暫時御猶予被下度願上候
　右取急ぎ御礼旁御通知迄

　　　　　　　　　　　　　　　　　　　　　　　　澁谷醇平
　　　　　　　　昭和13年6月9日　　　日本アテンス商会

746　石井千尋（出征中）→ **仁科芳雄**　　　　1938/06/10

5月26日の御手紙ᵃ有難く拝受. 關戸君が帰ったᵇ由残念でもあり幸でもありました.
　只今無線発振器を試作して居ます.

　　　　　　　　　　　　　　　　　　　　中支派遣佐賀部隊気付
　　　　　　　　　　　　　　　　　　　　　　　　上田部隊
　　　　　　　　　　　　　　　　　　　　　　　　石井 少イ
　　　　　　　　　　　　　　　　　　　　　　　　［絵葉書］

a この書簡は残っていない．出征中の石井の動静については書簡660の注aを参照．
b 書簡734を見よ．

747 湯川秀樹（大阪帝大）→ 仁科芳雄   1938/06/18

拝復　お手紙有難う御座いました．共立社の量子物理学講座[a]にU粒子論を御追加下さる由，誠に恐縮の至りと存じます．他の完成された諸理論の間へ未熟な理論が顔出し致しますことは甚だお恥じ次第です．併し，本年末迄には未だ大分日数も御座いますから，その間に出来る丈理論を発展させ，材料を整へて執筆させて頂き度存じます．何卒共立社へも宜しく御伝へをお願ひ申上ます．

扨て $^{64}_{29}$Cu の場合の K-electron capture[b] の問題ですが，仰せの通り，e^+ の upper limit を 0.7 MeV = $1.4\,mc^2$ とすると，$\Delta w = 2.4$ で[c]，従って，$Z=27$ とすると，τ(K.-U.) $\cong$ 3 hours の程度になり[d]，もっと正確に $Z=29$ とすると，$\left(\frac{27}{29}\right)^3$ の factor 丈小さくなり，τ(K.-U.) $\cong$ 2.5 hours 程度になり，12.8 hours に比して短か過ぎます．

この discrepancy の原因として考へられるのは，この計算では transition の matrix element を 1 と見て居ることです．実際は 1 より相当小さい場合もあり得，例へば $\frac{1}{5}$ 位であることも可能と思はれます．併し，一般に，K.-U. 理論だと K-electron capture の probability が大きく出過ぎるといふ虞はあります．

Fermi の理論では，τ(Fermi) $\cong$ 1.6 days 程度ですから，Fermi と K_1-U_1 の適当な combination を取れば，discrepancy は減少するのかも知れません．

併し，いづれにしても，この場合の K-electron capture の prob. は e^+ の emission の prob. に比して遥かに大きい筈です．例へば，小生等の *Phys. Rev. Letter* の Table II に於て，$Z=27$，$\Delta w=2$ の場合[e]，

$$\frac{e^+}{K}(K_1\text{-}U_1) = 0.022 \qquad \frac{e^+}{K}(\text{Fermi}) = 0.2$$

で，従って Ni の K・X-ray quantum の数の方が positron の数より多い筈で，decay constant も主として K-electron capture できまることになります．

尚，e^+ と e^- の数の割合は van Voorleis (*Phys. Rev.*) によると 1 : 1.6 ですが，Uhlenbeck and Kuiper (*Physica* 4, 601, 1937) の計算によると，Coulomb field の影響の為めに，比は 1 : 7.2 位になる筈の由で，この discrepancy も問題になりますが，之も両方の場合の matrix element の相違か，或は実験誤差かいづれかと思はれます．

尚 U-粒子論に就いては，唯今特に申上る様なことは御座いません．最近の *Proc. Roy. Soc.* に Kemmer, Fröhlich, Heitler の論文[f]が出ましたが，Nuclear Force と Magnetic Moment の事丈が論ぜられて居り，β-disintegration, cosmic ray には触れて居りません．但し，perturbation の計算の convergency の問題に関聯して，Heisenberg の所謂 universal length が現はれて，広い意味の explosion が重要になるらしいのは注意すべきことゝ思はれます．
　以上簡単乍ら，取急ぎ御返事迄． 　　　　　　　　　　　　　　　　草々
〔日付は消印〕

- [a] 書簡 543 の注 a，618 の注 a を参照．
- [b] 書簡 600 およびその注 b を見よ．
- [c] Δw とは，原子番号 Z の核のエネルギーを $W(Z)$ とするとき，
$$\Delta w = [W(Z) - W(Z-1)]/(mc^2).$$
- [d] K. U. は Konopinski-Uhlenbeck 型の相互作用をとった場合．書簡 739 の注 d 参照．
- [e] e^+/K は核が β 崩壊して e^+ を放出する頻度と K 電子捕獲の頻度の比．
- [f] 書簡 719 の注 c を見よ．

748 青山新一 (東北帝大) → 仁科芳雄　　　　　　　　1938/06/29

仁科芳雄 様
　　　　侍史

拝啓　益御清栄の段奉賀候．扨純ルテニウム 5 瓦(グラム)に不足の結果，純ルテン酸より還元致し候結果発送遅延仕候．本日約 5 瓦純ルテニウム郵送仕候は御試験の資料に御使用被下度候．不取敢右申上候．　　　　　　　　　　　　敬白

749 石井千尋 (中支) → 仁科芳雄　　　　　　　　1938/07/01

　事変[a]一周年記念日を迎へんとするとき，はるかに研究室の御活動の様子を聞き知って先生初め諸兄の御健闘をいのる．
　中支に来てからでも丸半年になります．その間色々の戦闘にも参加したし敵の飛行機と云ふのも見ました．S. B. と云ふ露国製の軽爆撃機でした．
　爆弾と云ふものが身近かに落ちる音も聞きました．これは一種特別な音響です．物を破く音に近いものです．

これからまた敵に接近する時が来るでせう．漢口，南晶[b]に近づけばまたこの音を聞く事と思って居ります．

　明日にもこれに見舞はれて白木の箱に入るかも知れぬ身ですが至ってノンビリして居ります．思ふに弾と云ふやつは中々命中せぬものらしいです．クロスセクションは大ぶ小さいものゝ様です．

　中支の風物も大部色々見せられました．その中で気になるのは南京城外紫金山にある天文台[c]です．

　大した大きなものではありませんがあれ丈の設備をするのは一寸と大変でせう．

学振あたりで復興せしめられたらどうかしらんと思ふて居ります．

　一時敵がこもったので大部砲がうちこまれて居りますが直してつかへるものも少くありません．600ミリの赤道儀等反射鏡が一寸と見あたりませんが外は大丈夫つかへます．多分彼等が放下（ほか）ってにげたのでどこかにあるのでは無いかと思ひます．

　その外色々のものが残って居ります．

　御参考までに民国25年記念号の中の記事を送ります．（別の手紙に2通入れて）

　　　　　　　　　　　　　　　　　　　　　　　　　　　　　　匆々

7月1日　　　　　　　　　　　　　　　　　　　　　　　　　石井千尋

仁科 先生

- [a] 書簡645の注dおよび書簡680の注jを参照．
- [b] 南昌のこと．南晶と誤記されることもあるようだ．漢口攻略のための進撃戦が始まったのは1938年10月17日であった．漢口は南京から後退した中国軍の拠点となっていた．武漢三鎮（漢口，漢陽，武昌）は10月27日に陥落．南昌攻略に動き出したのは翌年である．
- [c] 1929年に計画，建設がはじめられ1934年に完成した．中国が独力で建設した最初の近代的天文台である．

750　梅田 魁（北海道帝大）→ **仁科芳雄**　　　　　　　　　1938/07/08

仁科 先生

1. 大河内所長還暦記念醵金の件御通知難有うございました．

　仰せに従ひ二口分（1円）小為替同封致しました．お手数乍ら宜敷く願上げます．すぐ出す所　外に出る時いつも小為替組むのを忘れ，丁度思ひ付くと4

時すぎだったりして遅れて本当に申訳ございません.

2. Debye temp を入れた Flüssigkeitströpfchen の Modell の spacing の問題で, 前には surface wave と body wave とに別々の Debye temp を assume しましたが, Born と Courant が昔 Eötvös の law の statistical derivation に liquid drop の surface wave と body wave を考へ共通の 1 つの Debye temp を使ってゐるのを発見しました. 即ち

$$3A = \int_0^\Theta p(\varepsilon)d\varepsilon = \frac{4A^{2/3}}{3^{2/3}(\Gamma P)^{2/3}} \int_0^\Theta \varepsilon^{1/3}d\varepsilon + \frac{2}{\pi} \frac{A}{(KP)^{3/2}} \int_0^\Theta \varepsilon^2 d\varepsilon$$

$$= \quad \text{〃} \quad \frac{3}{4}\Theta^{4/3} + \quad \text{〃} \quad \frac{1}{3}\Theta^3$$

元の Θ_s, Θ_v を使いますと Θ の Definitionsgleichung として

$$3A = A^{2/3}\left(\frac{\Theta}{\Theta_s}\right)^{4/3} + 3A\left(\frac{\Theta}{\Theta_v}\right)^3$$

or $\quad 1 = \dfrac{1}{3A^{1/3}}\left(\dfrac{\Theta}{\Theta_s}\right)^{4/3} + \left(\dfrac{\Theta}{\Theta_v}\right)^3$

$$\Theta_s = \left(\frac{\Gamma P}{3}\right)^{1/2} = 5.77 \text{ MV}$$

$$\Theta_v = \left(\frac{9\pi}{2}\right)^{2/3}(KP)^{1/2} = 15.3 \text{ MV}$$

となり夫々の Kern に異った Debye temp が考へられる. この式から A が大きいと $\Theta \approx \Theta_v$, A が小さいと $\Theta \approx \Theta_s$ となり軽い Element では Debye temp は surface wave の Debye temp に近づき丁度軽い Element では particle の殆ど凡てが surface particle と見られるといふのと一致するのを認めました.

Born, Courant は surface wave の velocity を variable としたので $p(\varepsilon)d\varepsilon$ 中で $\varepsilon^{1/3}d\varepsilon$ でなく $\varepsilon^2 d\varepsilon$ です.

今このやり方でどの程度の一致を見るかやりかけです. 数日中に分ると思ひます. 恐らく軽い Element にも重い Element にも丁度いゝ値を与へはせぬかと思ひます. 軽い Element ではこの間のがよく合ひ, 重いのでは Bethe の方が良いのでした. 所で今度は軽い方では $\Theta \approx \Theta_s$, 5.77 MV で Debye temp の存在がきゝますが重い方では $\Theta \approx \Theta_v$, 15.3 MV で殆ど $\int_0^{\Theta_v} \dfrac{x^n}{e^x-1}dx \approx \int_0^\infty \dfrac{x^n}{e^x-1}dx$ と考へられますから.

3. 時節柄御自愛専一に願上げます.
4. 以上お手数御願ひ申上げます.

梅田 魁

5. 交換学生の Birus 君が来られた由，Cyclotron で実験をするのでせうか．先日当地で水島さんにお目にか〻りましたがそういふ風に転向させるんだなんて云ってゐられました．

751　中谷宇吉郎（北海道帝大）→ 仁科芳雄　　　　　　　　　　　　　1938/07/09[a]

拝復　御手紙難有う御座いました．
　どうも今回は大変の御厚意を蒙りまして誠に難有く厚く御礼申し上げます．お蔭様で漸く日本の学界でも認めて貰へることになり，休んでゐても北大の本部に対しても少々顔が良くなり，その上多額の賞金[b]を貰ひ大変工合がよく喜んで居ります．妻もくれぐれもよろしく御礼申し上げてくれと申し添へて居ります．
　授与式の際の講演は大変名誉でもあり喜んで御引き受け致します．幻燈を主とした講演の方がよろしくと思ひますからそのつもりに御承知置きを願ひます．夜ならば都合よく又昼ならば清水さんの映写幕を借りて行きます．
　とりあへず御礼のみ匆々申し上げます．　　　　　　　　　　　　　　匆々
　7月9日　　　　　　　　　　　　　　　　　　　　　　　　　　　　中谷宇吉郎

仁科芳雄 様

  [a] この書簡には7月9日としか書かれていない．しかし，本文に「多額の賞金」「授与式の講演」とあって服部報公賞を受賞した1938年の手紙であることがわかる（書簡725，文書726を参照）．
  [b] 服部報公賞のこと．書簡725，文書726を見よ．

752　湯川秀樹（大阪帝大）→ 仁科芳雄　　　　　　　　　　　　　　　1938/07/11

拝復　御手紙有難く拝読．小生のさゝやかな研究に対し，服部報公会より賞金を授与せられます由[a]，身に余る光栄と存じます．これも偏へに先生の平素よりの御後援と此度の一方ならぬ御尽力の賜と衷心より感謝の至りに堪へませぬ．いづれ拝眉の節に万々御礼申し述べたく存じます．先生の御都合次第で8月に

一度皆と上京致しても宜しう御座います．又10月の授与式の前後にさせて頂いても結構と存じます．

次に当地方の水害に就き御心配下され，御厚志有難く存じます．当苦楽園附近は被害相当著しく，山津波にて附近の家屋流失，数名の死者を出しましたが，拙宅は幸ひに川筋から少しく離れた高見で御座いましたので何の被害もなく，家内一同無事で御座いましたから何卒御休神下され度存じます．一時は電燈電話水道凡て途絶致しましたが，漸次復旧，最早大した不自由を感ぜぬ様になりました．併し未だ何となく気が落着きません．坂田君その他の人々の家も皆無事だった由です．申し遅れましたが，先達ての御地の水害の際には如何で御座いましたか．関西の新聞ではよくわからず，御見舞も差上げず大変失礼致しました．

研究の方に就いては特に申上げる事も御座いませんが，最近ハイセンベルクから手紙が参り，「オイラーの宇宙線分析の結果（*Naturwiss.* に出て居ます）によると，硬成分の寿命は大体 2×10^{-6} sec で小生等がIIIの論文で出した値 0.5×10^{-6} sec（静止の場合）とよく一致してるし，宇宙線に関する色々な謎が解けて来た様に思ふ．併し，これは Fermi の Ansatz に相当する，これに対して，K.-U. の Ansatz に相当する仮定から出発すれば寿命がずっと短くなり過ぎはしないか，この点はどう解決するか．」といふ質問でした．私もその点は多少懸念して居ましたので，此方で早速計算して見ました所，前の場合と寿命は同じか若しくは少し長い位に出ましたので，この点も矢張り心配ないことになりました．

それからU粒子の創生の問題などIIIの一般論に従って正確に計算して見ると，高勢力になるに従って higher order process が起り易くなり，ハイセンベルクの所謂爆発が起ることになりそうです．

先づは右御礼旁々近況御報告まで． 敬白

7月11日 湯川秀樹

仁科 先生
　　　玉案下

a 書簡 725，文書 726 を見よ．
b 1938年7月5日，関西地方に豪雨．六甲連山の各河川決壊，死者933人，流失家屋 13,200戸．
c Fermi, K.-U. については書簡 739 の注 d を参照．
d H. Yukawa, S. Sakata and M. Taketani, On the Interaction of Elementary Particles, III, *Proc. Phys.-Math. Soc. Jap.* **20**（1938）319.

753 仁科芳雄 → 久野拓治 (東京電気無線)　　1938/07/13

昭和 13 年 7 月 13 日　　理化学研究所
仁科芳雄

東京電気無線株式会社
久野拓治 様

拝啓　過般来ハ度々御邪魔致シ其都度多大ノ御配慮ヲ蒙リ難有厚ク御礼申上候.
　扨テ昨年来御願申上居候「ラヂオゾンデ」[a]ノ方ハ進捗意外ノ時日ヲ要シ, 既ニ1個年余ヲ経過致候. 今日未ダ完成ノ見込ミモ相立チ不申心細ク存居候. 勿論時局ノ為御多忙ノ儀ハ充分承知致居候間, 催促ガマシキ事ハナルベク遠慮申上居候次第ニ御座候. 然ル処外国ニテモ最近同様ノ実験ヲ始メ段々面白キ結果ヲ発表致シ候為メ, 小生等ノ実験モ多分価値ヲ減削シタルヤノ感有之. 今後其実施方法ヲ如何スベキ哉ノ問題ニ逢着致候. 或ハ第 10 小委員会ノ宇宙線ノ部ノ委員会ヲ開催シテ此点ノ協議ヲ必要トスルカトモ愚考致居候.
　就テハ此装置ヲ御願ヒスルト致シテ大体何時頃完成ノ御見込ニ御座候哉. 若シ御見込ミ立チ候ハヾ, 近々参上可仕候間其際御知ラセ被下度, 其レヲ考慮ニ入レテ今後ノ方針決定ノ上, 或ハ委員会開催スベキヤ否ヤヲ相定メ度クト存居候. 孰レ拝眉ノ上ニテ詳細拝聴可致候ヘバ, 予メ御調査置被下度, 御多忙中誠ニ恐入候ヘ共宜敷御願申上候.　　　　　　　　　　　　　　　　　敬具

[余白にメモ]
松島氏 9 月 13 日来所, 計数管持参
其後相談ノ結果 10 月末完成ノコトに決定.

　　　[a] 書簡 620, 633, 723 および 646, 647, 650 を参照.

754 小林 稔 (大阪帝大) → 仁科芳雄　　1938/07/14

仁科 先生
　お手紙有難く拝見致しました. お返事が大変おそくなりまして申し訳もありません. 実はγ線によるU粒子の発生の確率は前のやうな scalar field の理論

で order を出すことが当にならないことに気付き，只今 vector field (Proca の式) で計算をやり直して居りますので少しでも結果が判ってからと思ひ遂におそくなってしまった次第です．

未だ詳しい計算をすませてゐませんのですが，入射する光子の energy E_0 が余り大きくなく，$E_0 - m_u c^2$ (m_u, U 粒子の質量) が 10^7 eV 程度の所だけで order をあたって見ましたが，その結果は鉛で大体 $10^{-27} \sim 10^{-28}$ 位の cross section になりました．尚物質による変化はその物質の proton neutron の数に比例します．お話しの $3 \cdot 10^8$ eV でも大体同じ程度でないかと思はれます．

尚 angular distribution は $E_0 - m_u c^2$ が 10^7 eV 程度では各方向一様です．$3 \cdot 10^8$ eV 位では前方へ出るものがずっと多くなると思ひますが数値は未だ計算してゐませんので判りません．

尚『科学』に出てゐるます式は scalar field で出したものです．その上 γ の energy が 10^9 eV 或はそれ以上でないと用ひられません．

以上大変要領を得ないお返事で相済みません．その内計算が進めば又御報告申し上げます．尚計算の方法や数式は一度玉木君に送って見て戴かうと思ってゐます．

お尋ね下さいました水害[a]，私共の方は全く被害はございませんでした．菊池先生や湯川・坂田氏等のお宅も被害の大きかった場所にも拘らず皆御無事でしたのは何よりでございました．申し上げるのを遅れてゐましたが先月 28 日に男子出生致しまして母子共に大元気でございますから他事乍ら御放念下さい．

末筆乍ら御一同様の御健康を祈り上げます．

7 月 14 日　　　　　　　　　　　　　　　　　　　　　　　　　　　　小林　稔　拝

[a] 書簡 752 の注 b を参照．

755　坂田昌一 (軽井沢, 長野) → 仁科芳雄　　　　　1938/07/21

先日は御多忙中に御訪ね申上げまして種々御教示を受け誠に有難う存じました．

あの翌日から当地でのんびり暮して居ります．帰途に又時間が御座いましたら御目にか〻れるかも知れません．理研並に御宅の皆様によろしく，一寸御礼迄

　　　　　　　　　　　　　　　　　　　　　　　　　　　　[絵葉書，日付は消印]

756 石井千尋 (出征中) → 仁科芳雄　　　　　　　　　　　　1938/07/28

仁科 先生 足下

　　　　　　　　　　　　　　　7月28日　　石井千尋

　前戦に近く出て居りましたので失礼申上げました．
　ラヂオゾンデが中止され相との事で一寸と残念に思って居りましたが，今日關戸君から出来るとの事で再び安心しました．
　戦も急がしいですがなれぬ業ムが沢山出て来るので一寸と手をやいて居るところです．近い中に隊名が変る事でせう．その時また御通知申上げます．
　物資不足資金不足の時に当って研究一般の不自由も増す事と存じます．こゝを切りぬけるための御尽力も想像にあまりあります．
　研究用の物資も一般と同様な制限を受ける事と存じますが何につけ御不便と存じて居ります．
　しかし考へ様によっては研究所を動員態勢におかぬ丈でも有難い事と存じて居ります．浅野君が海軍技研に決定する様子，浅野氏のため失望せられざる事を切に望んで止まぬものです．
　しかし關戸君の様な異材が残って居らるゝ事は非常にうれしい事と思って居ります．彼は苦しめば苦しむ程張切る方ですからそれ丈たよりになると思ひます．残るは關戸君のために仕事の相棒になる人の早くみつかる事を切望してやみません次第．
　大サイクロトロンの完成の一日も早からん事を望みつゝ．　　　　　匆々

　　　a 書簡753の注aを参照．

757 後藤潤生 (加西郡, 兵庫) → 仁科芳雄　　　　　　　　　　1938/07/29

前略　御免下さいませ．
　私事一昨夕応召出発の際夜分にもかゝはりませず態々御見送り下され且つ又過分の御餞別頂戴有難く厚く御礼申上げます．御陰様にて昨夕無事帰省準備全く整ひ入隊の日を心静かに待って居ります．入隊の上は早速御礼申上げます積りで御座居ますが不取敢急ぎ御礼申上げます．

758 中谷宇吉郎 (伊豆, 静岡) → 仁科芳雄　　　　　　　　　　　[年不明] 07/29 a

拝復　先日は御手紙難有う御座いました．宮崎君のことは頭はとても東大出の秀才のやうには行きませんが，何よりも性質の良いことは保証出来ます．珍らしいよい性質で勤勉で，実験が好きです．私の所で人工雪を作って居ましたが大変良かったやうです．それで關戸君でもよく一緒について実験してくれたら1年位したら相当御役に立つことと思ひます．

　所で健康の問題ですが早速きき合せました所，今日返事が来ましてもう殆んど良いので半月もしたら体格試験を受けられるだらうと云って来ました．それで医者がもう良からうと云ひましたらすぐ仁科さんの方へ伺って御願ひするやうに申し付けて置きましたからよろしく御願ひ致します．

　私はこの31日出発札幌へ行きましてこの夏休み中に腹にレントゲンをかけて見ることにしました．別に悪くなったのではなくて何時迄もぐづぐづして居ては申訳ないので少し積極的な治療をして見ようと云ふのですから御心配下さらぬやう御願ひ致します．10月にはすっかり元気になって上京沢山御馳走が喰べられるやうになって御目にかゝります．

　妻も子供も一同大変の元気で居りますから乍他事御放神の程を願ひ上げます．
　　とりあへず御返事迄　　　　　　　　　　　　　　　　　　　　　　　　匆々
　7月29日　　　　　　　　　　　　　　　　　　　　　　　　　　　　　中谷宇吉郎

仁科芳雄　様

a　この書簡には発信年の記載がない．内容（宮崎の就職の件）が書簡613と密接に関連するので1937年のものとも考えられる．しかし，「積極的な治療」とあるので肝臓ジストマが続いているが「10月には元気になって」とあるから1938年のことにちがいない．宮崎が理研に入るのは1939年1月だということもある（書簡613の注aを参照）．
b　書簡613の注bを参照．
c　書簡720の注aを参照．

759 今岡賀雄 (東京電気無線) → 仁科芳雄　　　　　　　　　　1938/08/11

昭和13年8月11日

仁科芳雄 様

　　サイクロトロン用発振器ノ件[a]

拝啓　早速御返事致スベキ所，業務多忙ノタメ，ツイ遅延致シ誠ニ恐縮ニ候．
　サテ御尋ネノ件ニ関シ以下ノ如クニ御座候．目下ノ工程ニヨレバ大体9月中旬迄ニ完成致シ，同月一杯ニハ極ク簡単ナガラ試験ヲナシ，末頃ニハ貴所ニ納入致シ得ル見込ニ之有候．タダ工場試験ハ負荷ノ関係上全負荷ニテハ行ヒ得ザル為，極ク低電力ニテ大凡ソノ見当ヲツケル程度ニ候．実際ノ負荷試験ハ貴所納入ノ後ニ行フ外無之．尚冷却装置，送風管ノ取付工事モ負荷試験ト並行ニ着手致ス所存ニ候．
　又工場試験御見学ハ何等差支ヘ無之，ソノ節ハ改メテ御通知申上グベク候間，御来社願上候．
　右不取敢要々ノミ申述ベ候．
　　　　　　　　　　　　　　　　　　　　　　　　　　　　　　　　敬具
　　　　　　　　　　　　　　　　　　　　　　　　　東京電気無線株式会社
　　　　　　　　　　　　　　　　　　　　　　　　　　　　　　今岡賀雄

　　　[a] 1937年10月に発注した．書簡671を参照．

760 湯川秀樹 (大阪帝大) → 仁科芳雄　　　　　　　　　　1938/08/20

拝復　夏も愈々酣の折柄，皆々様お障りも御座いませんか．今年は当地方は例年よりは多少涼しいので，一同元気に暮して居ります．唯阪神間は水害の後始末が簡単に行きませんので，一雨毎に何処かに出水があり，殊に神戸など気の毒です．小生の家の方などは余程の豪雨でもなければ別に心配はありませんが，大阪へ出かける途中のバス，電車等の交通機関が一寸の事で不通になる虞(おそれ)があるので困ります．
　扨て先達より夏休み中に一度上京する様との御親切なる御勧めで御座いましたが，唯今の所特に目星しい材料もありませんし，10月にはいづれ御目にかゝれることで御座いますから，勝手ながらその折まで延期させて頂き度存じます．

尚，例の理論に就いて，前便で申上ました結果に誤りがありました．誠に恐縮の至りです．即ち，β崩壊の理論に就て，Uと軽粒子の相互作用をフェルミ型に取れば，Uの mean life time は Euler の値と大体一致するのに対して，K.-U.型[a]に取りますと，前に申上ましたと反対に，life time は $\left(\dfrac{m}{m_v}\right)^2$ なる factor 丈小さくなり到底宇宙線の実験を説明出来ません．この点ハイゼンベルクの注意は矢張り正しかったのです．8月号の『科学』の寄書[b]でも同じ間違ひをやって居ます．これらの訂正の手紙を書くやら……誠にお恥しい次第です．そんなわけでβ線の分布の asymmetry の問題とUの life time の問題とが容易に融合出来ないのに悩んで居ります．今の所名案はありません．坂田君や小林君は本月中に一度東京方面に行く由ですから，そちらへ参上致しました節に詳しいことをお聞きのことゝ存じます．この問題以外にも色々 divergence の困難がありますから，これから先はどうしても量子力学的方法の改善に力を注ぐ他ないと思ひます．最近の Born の Reciprocity の考へもあのまゝでは一寸どうにもなりかねますが，兎に角相対性的に不変であるといふ点は従来の単に電子半径を持込まうとするのに比して一進歩と思はれます[c]．

　　先づは右近況御報知まで．　　　　　　　　　　　　　　　　草々
8月20日　　　　　　　　　　　　　　　　　　　　　　　　　湯川秀樹

仁科　先生
　　　机下

- [a] K.-U.型について書簡739の注dを参照．
- [b] 湯川秀樹・坂田昌一・谷川安孝「U粒子の寿命」，科学 8 (1938) 406．
- [c] Born の相反性は後に非局所場の考えに取り入れられた．H. Yukawa, Reciprocity in Generalized Field Theory, *Prog. Theor. Phys.* 3 (1948) 205–206 (L)．

761　湯川秀樹（大阪帝大）　→　仁科芳雄　　　　　　　　1938/09/01

拝復　貴翰拝読．残暑とは申し乍ら近々研究の好季節となって参りました．私共も一奮発してβ崩壊その他の難問題を解決致し度存じて居ります．Dirac の論文は小生未だ見る機会がありません．

　扨て年に2度程会合してはとのお話，私共にとってこの上もなく喜ばしいことゝ思ひます．Nature など見ますと各国学者の会合が今でも屢々行はれて居ます様子に常々羨しく思って居りましたが，先生の御尽力で我が国でも同学の

ものが集まる機会が出来ますことは非常に結構なことゝ存じます．それについて小生を貴研究室の嘱託にとの御事いつも乍ら御好意の程，お礼の申上ようも御座いません．八木教授も大変喜ばれ，教室の方には何の支障もないから何卒宜しく御取計ひ下される様との事で御座いました．同教授は前々から一度阪大でも量子物理関係の小会合を催してもよいと申して居られたこともあり，先生の御意見には全く同感の由で御座いました．尚旅費の件につき，いつも御配慮を煩はし恐縮致して居ります．八木教授もその様な際には教室の方からも出来る丈旅費を出すことにし，貴研究室の方にばかり御負担をかけぬ様にしたいと申して居られました．

いづれ拝眉の節万々御礼申述べ度存じますが，取敢ず書中にて，右御礼のみ．
草々

申し遅れましたが，御地の颱風による被害，却々(なかなか)激甚の由承知致し驚入りました[a]．御宅の方は御無事の事とは存じますが，一寸御伺ひ申し上ます．
9月1日　　　　　　　　　　　　　　　　　　　　　　　　　　湯川秀樹

仁科 先生
　　侍史

[a] 東海道線は，保土ヶ谷－戸塚間のトンネル土砂崩れのため，完全復旧までに数週間を要した．

762 小林 稔 (大阪帝大) → 仁科芳雄　　　　　　1938/09/01

拝啓　残暑却ってきびしき折柄皆々様にはお変りもございませんか．今朝の新聞に依りますと御地にはかなりの暴風がありました由驚いてゐます．お宅にはお障りがございませんでしたでせうかお尋ね申し上げます．
　さてお礼を申しおくれましたが一昨日は結構なお品をお祝に御恵送下さいまして誠にありがとう存じました．永く記念に致したいと家内一同で喜んで居ります．御芳情の程厚く厚くお礼申し上げます．
　帰阪以来毎日教室へ出て居りますが未だ休暇気分で何もはかどらずに過して居ります　先日色々とお教へ下さいましたことをしらべて行きたいと思ってゐます．
　時節柄御一同様の御自愛を祈り上げます．末筆乍ら御奥様によろしく御鳳声

下さいますやうお願ひ申し上げます．
 9月1日   小林 稔

仁科 先生

 二伸
 失礼でございますが心ばかりの内祝の品十合よりお送り申し上げましたからお納め下さいますやう．尚家内からも呉々もお礼を申し上げ度いと申して居ります．

763 坂田昌一 (御影町, 兵庫) → 仁科芳雄   1938/09/02

風害御見舞申上げます．
 両親よりも御見舞差上げる筈で御座いますが私が代りまして御伺ひ申上げます．先日は理研にて種々御教示をうけまして，誠に有難う御座いました．軽井沢より帰途今一度御訪ね申上げ度く存じつゝ時間の都合にて東京に僅かしか居りませんでしたので遂に失礼してしまひました．又10月には上京致し度く存じて居ります．其迄には少し β 理論を発展させて置き度く存じますが，出来ますかどうか分りません．時節柄御身御大切に御いとひ下さいませ．先づは御見舞迄，皆様に宜しく御鳳声下さいませ．

                  ［葉書，日付は消印］

764 湯川秀樹 (大阪帝大) → 仁科芳雄   1938/09/10

拝復　嘱託[a]の件につき色々御配慮を煩し有難う御座いました．先日の颱風に依り御高宅にも却々御被害がありました由，誠に御同情に堪へませぬ．理研の雑誌等も汚損しました由これ又残念なことで御座います．当地の颱風については御見舞を有難う存じました．併し幸ひに今回は中心が神戸よりずっと西の方を通りましたので阪神間は大した被害もなく済みましたから他事乍ら御休神下さい．

                  ［葉書，日付は消印］

  [a] 湯川を理研の嘱託にする件．書簡761，768を参照．

765 梅田 魁 (北海道帝大) → 仁科芳雄　　　　　　　　　　1938/09/14

仁科 先生
1. 其後御無沙汰申上げて居りますがお変りございませんか.
2. 先日東京地方大風だった由ですが, 丁度あの頃子供が消化不良で入院大騒ぎをして居りまして失礼申上げてしまひました. 有山さんからの手紙でお庭の樹がたふれた由, 他におさわりはございませんか　半月入院一昨日やっと退院致し元気になって居ります.
3. 夏休前の Debye temperature のを其後うっちゃりになってゐたのをでっち上げました. 別に大した結果でなく唯 Bethe の計算の Bestätigung 見たいですが, Bemerkung といふ意味で出したいと思ひます. Partitio Numerorum の table を 200迄のを作るのがやっと完成し, 紀要[a]で約50頁位の表として出版することにいたしました. つまらぬことに首をつっこんでしまひましたが, 103迄の表があっても容易に手に入らぬのと200迄のがほしかったのとで決行したのでした. 今印刷に廻ってますが校正に随分手間をくふことと恐れをなしてゐます. 先生にこんなバカなことと笑はれると思ひます.

　同封の Debye temperature の, お暇がございましたら御一覧願上げます. お許しあれば編纂へお願ひ致します. 急ぐ程のものでありません故定期で結構でございます.

　7月に書きました結果は計算違ひでありました　お許し下さい.
4. 大きい方の Cyclotron は運転を始めましたかしら　色々面白い実験結果が出たことでせう. centre から離れてゐるとボンヤリしてしまひます.
5. 御奥様お変りいらっしゃいませんか, 宜敷くお伝へ願上げます. 妻もすっかり御無沙汰して居ります.

　　　　　　　　　　　　　　　　　　　　　　　　　　　　　　梅田 魁

[a] 梅田 魁, 北海道大学理学部紀要 (2) 2 (1938) extra no. 1.

766 梅田 魁 (北海道帝大) → 仁科芳雄　　　　　　　　　　1938/09/21

お忙しい所お手紙難有うございました.

学振の方通過^a の由色々御尽力難有うございました．今年末にはこの計算器のお蔭の表が公刊出来ると思ひます．
　風の御被害お察し申上げます．
　右不取敢御礼申上げます．

[葉書]

9月21日

　　　a 計算器購入の補助が得られることになった．書簡737, 741を参照．

767 堀 健夫 (北海道帝大) → 仁科芳雄　　　1938/09/23

葉書で失礼させて戴ます．御手紙誠に有難く拝見仕りました．私ハ相変らず元気にやって居ります．Bogen中で純粋な Stark effect が観測される事を見出し Bogenの機構に対する在来の説を修正しようと頑張って居りますがその為めにハ1万ボルト程度の電源を必要としますので，学術振興会の方へ御願（高嶺先生を通して）致しましたがどうなりましたことやらと思って居ります．御申越の de Broglie の書物の飜訳の件ハ弟が去る6月から金研へ（本多研究室理研研究生として）参りましたので御手紙と共に只今受取りました書物を仙台の方へ発送して勧誘致して置きました．金研でハ大変忙しさうにやって居りますので，脈があるかどうか知りませんが仲々頑張り屋ですから引受けてくれるだらうとハ存じますが，確かな御返事ハ失礼ですが弟の方から直接貴兄宛致させますからどうぞその様に御諒承置き下さいませ．いつもいつも重ね重ねの御厚情全く感佩置く処を知りません．此上とも宜敷く御願申上ます．
　右不取敢御返事迄　　　　　　　　　　　　　　　　　　　　　　草々

[葉書, 日付は消印]

　　　a アーク放電．
　　　b 書簡737を参照．
　　　c 書簡769, 770, 807, 809および870を参照．

768 湯川秀樹 (大阪帝大) → 仁科芳雄　　　1938/09/24

拝復　嘱託の辞令，有難く拝受致しました．微力乍ら今後少しでもお役に立つ

様努力致したいと存じます．尚お言葉に甘えまして来月は小生，坂田君，小林君の3人上京させて頂き度存じます．日取は未だ確定して居りませんが，10月9日頃当地を出発，12日頃まで滞在致さうかと思って居ります．先生の方に何か御都合が御座いましたら御教示を御願ひ致します．
　　先は取敢ず御礼のみ．　　　　　　　　　　　　　　　　　　　敬具
　　9月24日　　　　　　　　　　　　　　　　　　　　　　　　湯川秀樹

仁科芳雄 先生
　　　　　机下

追而　ハイゼンベルクが復 Zeitschrift に現在の理論の限界の問題を論じて居ります．大分話がはっきりして来ましたが，積極的にどうすればよいかといふ点については，矢張り何もいって居らないのは残念なことです．

769　堀 伸夫 (東北帝大) → 仁科芳雄　　　　　　　　　　　1938/09/26

拝啓　本日札幌の兄より先生の兄宛の御手紙廻送して参りまして，私から直接先生に御返事申上げる様にとのことで御座いますので，この御手紙を差上げる次第です．
　　ド・ブロリーの『物質と光』なる書物を飜訳[a]致しますことは私に取りまして極めて望ましいことでござゐます．唯私には余り速い仕事は出来ませんので，最小限4ヶ月出来れば6ヶ月の余裕を頂きたいと存じます．若しそれ以上に急がれる様でしたら遺憾ながら御断り致します外ないと存じます．
　　右要用のみ御返事申上げました．　　　　　　　　　　　　　　敬具
　　26日
　　　　　　　　　　　　　　　　　　　仙台市片平丁東北帝大
　　　　　　　　　　　　　　　　　　　　金属材料研究所（理研本多研究室）
　　　　　　　　　　　　　　　　　　　　　　　　　　　　　　堀　伸夫
仁科芳雄 先生

　　　[a] 書簡767，770，807，809 および870 を参照．

770 堀 健夫 (北海道帝大) → 仁科芳雄　　　　　　　　　　　1938/10/02

拝啓　先達ハ河出書房所望の de Broglie "Matière et Lumière" 飜訳[a]の件に関し御厚情賜ハリ有難く御礼申上ます．仙台の弟から既に御返事申上げたことゝ存じますが弟も乗気になって居る様ですから何分宜敷く御願申上ます．本日弟からの書面に依りますと本屋の方から飜訳権を得る様原著者に交渉して呉れと言って来たとか，もうそんなことハ問題無いのかと思って居ましたがまだ之から其の交渉迄しなくてハならないのでしたら一寸弟の手にハ負へないことと存じます．就てハ甚だ恐縮ですけれども石本巳四雄さんを通してゞも日仏協会の方に飜訳権の交渉をして戴く訳にハ参らないものでせうか．実ハ数年前 de Broglie の量子力学の飜訳[b]を弟がやり度いといふので石本さんを通して御願した事がありましたが協会の方でハ承認したとかいふ話であったにも不拘其後杳として正式の通知ハやって来ず，ウヤムヤになったことが御座います．もうあの書物ハ時期遅れですから弟も出版の意志ハ持って居ない様ですけれども，兎に角飜訳権の問題が smooth に行かなかった為めに気をくさらした経験を過去に持って居ります為め今度も其の点がはっきりしない内に飜訳を始めて後々ウヤムヤになると弟にも気の毒ですから，若し学兄におかれてあれハ飜訳した方がいゝといふ御見透しで御座いましたら石本さんの方へ御掛合願へませんでせうか．重ね重ね恐縮で御座いますが何分宜敷く御願申上ます．

　　右要用而已　　　　　　　　　　　　　　　　　　　　　　　　拝具
　　10 月 2 日　　　　　　　　　　　　　　　　　　　　　　　　堀 健夫

仁科芳雄 様

　　　[a] 他の訳が公刊されることになった．書簡 807, 809 参照．また，L. de Broglie のこの本の邦訳について書簡 870 の注 a を見よ．
　　　[b] L. de Broglie の『新力学における量子化の理論』，堀 伸夫訳，白水社（1943）が出た．

771 中谷宇吉郎 (北海道帝大) → 仁科芳雄　　　　　　　　　　　1938/10/03

御手紙難有う御座いました．小生多分 5 日位に上京，6 日の日にでも理研へ伺って様子を伺ひ幻燈の手配をします[a]．清水さんの映写幕を借りましたから明るい所で幻燈を使って諸先生方を一寸驚かしたいと楽しみにしてゐます．

とりあへず   匆々
10月3日
                                          [葉書]

   a 服部報公賞の受賞講演の準備である．書簡725，文書726を参照．

772 湯川秀樹 (大阪帝大) → 仁科芳雄   1938/10/13

拝啓　昨夜無事帰宅致しました．在京中は一方ならぬお世話に相成りその上御鄭重なる御接待に預り誠に有難く厚く御礼申上ます．この度数ならぬ研究にて報公賞受賞の栄を得ましたこと^{a}も偏へに先生の御指導と御尽力の賜と深く感謝致して居ります．尚今後一層努力致し貴研究室の為め聊かなりともお役に立ちたいと存じます．
　　先づは取急ぎ御礼のみ   草々
10月13日   湯川秀樹

仁科芳雄 先生
　　　　机下

   a 書簡725，文書726を参照．

773 菊池正士 (大阪帝大) → 仁科芳雄   1938/10/20

　御無沙汰致しました．今日家で書類の整理中水害^{a}の折に戴いたお見舞のお手紙が開封されずにあるのを発見し，甚だ失礼のことを致したと恥じました．何かの拍子で家のものの不注意でございました．お詫びと共に厚くお礼申し上げます．
　家の方は何んともありませんでしたが，子供を幼稚園に出しそれが丁度住吉川の川沿ひで4,5人学童を失った所なので大変な心配でございましたがどうやら無事でございました．迎ひに行った小生も丁度河の決潰とぶつかり危い目をいたしました．未だにあの時のショックがすっかりおさまりません．
　サイクロトロンはDの改造後急に好くなり，今では3μA位出て居ります．エネルギーは4.5 MV位です．そろそろ実験に移ろうと思ってゐます．始めは

なるべく易しいことと思ひ，種々の放射性原子の性能（β線のスペクトル，γ線のスペクトル，周期等）の精密測定をやって行きたいと思って居ます．速い中性子の散乱をやりたいと思って居りましたが，そちらでお始めになったとのこと，小生の方でやってゐるD-D中性子の散乱との関係等面白い問題と存じます．D-D中性子は凡て計数管を廃し，メタンをつめたチェムバーでイオン電流を電位計で測定して始めました．チェムバーやエレクトロメーターの調整がやっと終り，そろそろ実験に移ります．此の前計数管でやった結果を確めもっと広い範囲に亘り，前よりずっとよい精密度で実験出来ます．例の中性子－電子効果は残念乍ら多少まちがって居た様です．鉛では明かに効果が認められますが，カーボンでは認められません．だから internal conversion として説明し得ると存じます．詳しくはお目にかゝってお話し致します．

先日嵯峨根さんが見えていろいろ為になる経験をきかせていただきました．そのころはまだDの改造が，すっかり整ってゐなかったので，残念でございました．今度は又おひまに来ていただきたいと思ってゐます．では又いづれ，小生の方研究費に非常に欠乏を来しました．来年度が思ひやられます．例の方の委員会から少し出していただくやう，何れお願ひしたいと思って居ります．

菊池正士
［日付は消印］

仁科芳雄 様

  a 書簡752の注bを参照．
  b 1936年に谷口工業奨励金から8万円の寄付を受けて建設された．満州事変によって不況から脱出した日本経済は，直接の実用性のない原子核物理学にも資金を支出するゆとりをもった．参考：『科学と歴史』，pp. 225-226．満州事変は，1931年9月18日，関東軍が奉天郊外の柳条湖の満鉄線路を爆破，これを中国軍のせいとして総攻撃をしたとき始まった．1932年3月1日，満州国の建国宣言がなされた．1937年7月の盧溝橋事件から中国との全面戦争になった．
  c 重水素の氷を標的にしてサイクロトロンからの重水素ビームを当てると，標的の近くに置いたGeiger-Müller計数管がさかんに反応する．この理由をいろいろ考え実験もして菊池は，重水素と重水素が衝突して発生した中性子が計数管や標的の物質中の原子核の場の中で直接に電子と陽子にこわれ，その電子が計数管を鳴らしているのだとした．この中性子が電子と陽子にこわれることが中性子－電子効果である．参考：S. Kikuchi, H. Aoki, K. Husimi, Emission of Beta-Rays from Substances bombarded with Neutrons, *Nature* **14**, (1936) 841；伏見康治『時代の証言』，同文書院（1989）pp. 137-143．

774 朝永三十郎 (大谷大学) → 仁科芳雄　　　　　　　　　　　　　1938/10/22

拝啓　過般は御多用中御邪魔申上げし段御海容願上げます．さて先般振一郎より9月20日附の書面が来着いたしましたが，仕事の方は中々思ふ様に出来ないが身体の方は丈夫だと申して参りました．かねがね健康の点を御心配頂いて居ますので此旨一寸申上げます．

　尚ほ研究上の業績が予期通りに挙らないので御眷顧を蒙って居る先生方の御期待を裏切って御申訳が無いといふ様な心持ちが行間に窺はれます．多少あせって居りはせぬかとも想像されますので私よりはそれを戒めた書面を書き送って置きました[a]．

　実は本月初旬ライプチッヒより振一郎と知り合ひの交換学生がこちらに参る筈になって居りますので，それより得らるべき消息と併せて書面差上ぐべく存じて居りましたが，今に来着いたしません．但し来月には当方より参って居る振一郎と同宿の交換学生が帰って参る筈になって居りまして，其節には幾分具体的な様子が分るかと思って居ります．此度は只中間御報告の意味で右のみ申上度匆々敬具．

10月22日　　　　　　　　　　　　　　　　　　　　　　　　朝永三十郎

仁科　博士殿
　　　　御座右

[a] 書簡794の注aを参照．

775 竹内 柾　中間子の質量測定報告メモ　　　　　　　　　　　1938/10/27

$\int$ = 3.07 cm（comparator）
3.14 cm（写真カラ）

Mass 測定報告　　　　　　　　　　　　　　　　　（27/X'38 現在）
Film No.
1. CF235P75-5　（鉛ヲ通ッタモノ）[a]

$H\rho$ initial	7.5·10⁵	$H\rho$ final	5.15·10⁵
	7.4·10⁵		4.91·10⁵
mean	7.45·10⁵		5.05·10⁵

chamber ノ distortion ニヨル error ヲ附加シテ
$H\rho$ initial　　　$7.45\pm0.1\cdot10^5$　$(7.55\sim7.35\cdot10^5)$
$H\rho$ final　　　$5.05\pm0.1\cdot10^5$　$(4.95\sim5.15\cdot10^5)$
$\therefore l_{Pb}\sim4.8_3$ cm
$m = 180\pm20\ mc^2$

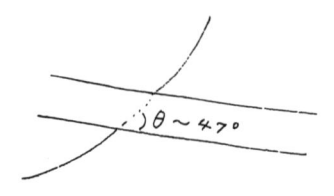

$\theta \sim 47°$

Film No.

2. CF250P142 - 19　(dense + track)[b]
$H\rho = 3.99\cdot10^4 \sim 4.0\cdot10^4$
R(on the plate) $\fallingdotseq 6.15$ cm
press $\approx 1.23\sim1.30$　over press $3.5\sim4.5$ lbs ト推定ス
$\therefore R_{N.T.P.} = 7.6\sim8.0$ cm　~8.5 cm
$m = 175\pm5\ mc^2$　(170 ± 10)

track ノ位置 centre ヨリ 2 cm ヨリ 6 cm length
ソレ故 H ノ uniformity　2.4% 位
centre ヨリ +130 gauss±130 位

3/II'36 ノ模型ノ data ヨリ
実物ノ data ナシ
$H = 126_{30}\pm1_{30} \sim 12600\pm1\%$
$\rho = 3.07\pm1\%$
$H\rho = 3.88\cdot10^4\pm2\%$
$= (3.88\pm0.08)\cdot10^4$

250　7.3 - 8.1 cm
Mass ノ大キイモノ

CFSAℓ 238

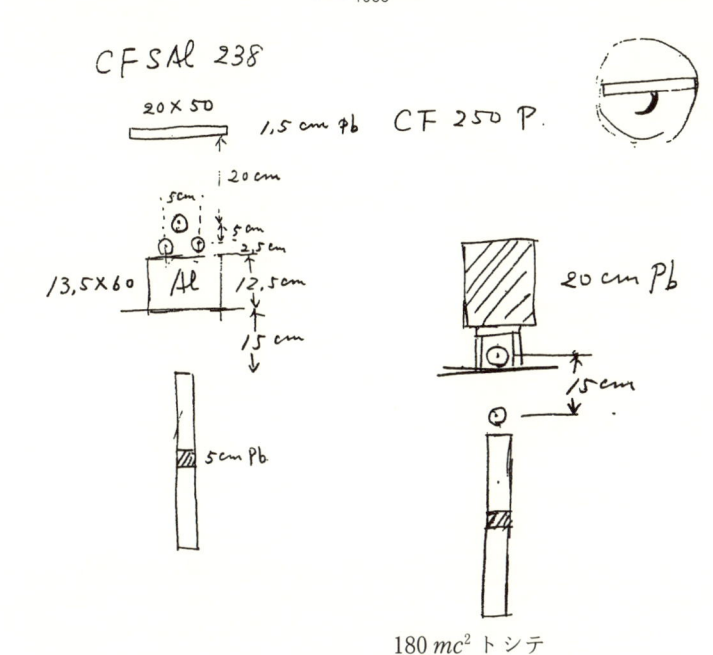

20×50   1.5 cm Pb   CF 250 P.

13,5×60 Al

空気中デ止ッテキルモノ
4.83 cm Pb ヲ通ッタモノ

$180\ mc^2$ トシテ
$H\rho = 4\cdot 10^4 \qquad E = 0.77\cdot 10^6$
$H\rho_{\text{initial}} = 7.45\cdot 10^5 \qquad E = 14.9\cdot 10^7$
$H\rho_{\text{final}} = 5.05\cdot 10^5 \qquad E = 8.4\cdot 10^7$
$\qquad\qquad\qquad\text{Energy loss} = 6.5\cdot 10^7$

$180\ mc^2$ トシテ

	CFSAl 238-32	CF 235P22-6
ionization ノミトスレバ	$7.3\cdot 10^7$ eV	$4.8\pm 0.2\cdot 10^7$ eV
実験値	$14.8\pm 3.0\cdot 10^7$ eV	$11.4\pm 3.0\cdot 10^7$ eV
ソノ差	$7.5\pm 3.0\cdot 10^7$ eV	$6.6\pm 3.2\cdot 10^7$ eV

CFSAl 238-32
  Pb   5.5 cm 通ル
  $H\rho_\text{i}$ $8.90\pm 1.00\cdot 10^5$
  $H\rho_\text{f}$ $3.20\pm 0.15\cdot 10^5$
    $400\pm 70\ mc^2$

CF235P22-6

　　Pb　3.5 cm
　　$H\rho_i$　$7.1 \pm 1.0 \cdot 10^5$
　　$H\rho_f$　$2.4 \pm 0.1 \cdot 10^5$
　　　　$370 \pm 90\ mc^2$

Anderson
1.5 M.E.V.　π ニ相当スル range
コレハ 4.4 cm in air ナリ　　π ナラ $H\rho = 1.7 \cdot 10^5$
　　　　　　　　　　　　　　実際は 1/3 ダッタ
　　$R = 4.4$ cm　　$H\rho = 0.57 \cdot 10^5$
コレカラ Mass ヲ出スト
　　$365\ mc^2$

[a] これは $H\rho$ の値から見て書簡の第1の例と同じ写真の再解析と思われる．$H\rho$ の単位は gauss・cm．である．解析の結果が袴を脱いで $m = 180 \pm 20\ mc^2$ と書かれているが，*Phys. Rev.* **55** (1939) 585 の記法に合わせれば $M_m = (180 \pm 20)\ m$ となる．M_m が中間子の質量，m は電子の質量である．

[b] これは飛程 R と $H\rho$ から質量をきめた例である．結果は，$M_m = (175 \pm 5)\ m$．下に $H = 126_{30} \pm 1_{30} \sim 12600 \pm 1\%$ という式があるが，これは $H = (126_{30} \pm 1_{30})$ gauss で，下2桁の 30 は不確定．12000 gauss に $\pm 1\%$ の誤差があることを意味している．

776　梅田 魁（北海道帝大）→ 仁科芳雄[b]　　1938/10/28

仁科 先生
1. 其後お変りございませんか．東京はいゝ気候のことと存じます．こちらもすっかり寒くはなりましたがこゝしばらくいゝ天気が続いて気持がよいです．
2. 又重電子のきれいな写真がとれた由お喜びのことでせう．
　　先日湯川さん受賞[a]の時色々新しい結果について Colloqium があった由，きゝたかったと思ひました．湯川さんも嘱託になられた由時々上京色々お話があるのでせうが，札幌が大阪位の距離だとまだその度毎に一寸上京も考へられますが，丸一昼夜では一寸勇気が出ません．本当はこゝで井の中の蛙で一人ぽっちでやってのでは埒があきませんが．
3. 学振は本決りに決ったのでせうか．もう補助金が頂けることにして当てに

してゐるのですが，まだ本通知を受けません．[c]

［後略］

    [a] 服部報公賞．書簡725，文書726を参照．
    [b] 理研の嘱託になった．書簡768をみよ．
    [c] 書簡766およびその注aを参照．

777 梅田 魁 (北海道帝大) → 仁科芳雄　　　　　　　　　　1938/10/31

前略　御心配かけました．学振援助決定正式通知只今落手致しました．[a] 難有うございました．一昨日の手紙にお訊ねを書きましたが，不悪お許し願上げます．
　　右要用のみお報せ申上げます　　草々　　　　　　　　　　　　　　　敬具
　　　　　　　　　　　　　　　　　　　　　　　　　　　　　　　　梅田 魁
　　　　　　　　　　　　　　　　　　　　　　　　　　　　　　　　［葉書］

    [a] 書簡766とその注aを参照．

778 仁科芳雄　物理学講座内容見本[a]（草稿）　　　　　　　　　［日付不明］

　此 Wilson 霧函は直径 40 cm であって，霧函の面に垂直の方向に約 10,000 Γ の磁場が加へられ，中央には水平に厚さ 3.5 cm の鉛の角棒が渡してある．飛跡を測定して見ると此粒子が鉛に入る前には $H\rho$ が 7.4×10^5 Γ·cm [b] であったものが，鉛を通過した後には 4.9×10^5 Γ·cm に減って居る．茲に H は磁場の強さ，ρ は飛跡の曲率半径である．鉛の中の通路の長さは 5.0 cm であって，此間に電離作用だけによって上述の $H\rho$ の減少を来すやうな粒子の質量は理論から求めることが出来る．今 Bhabha の式を用ひて此質量を計算して見ると，電子の質量の 180～190 倍であることが知れる．
　次に左図［省略］は同じ霧函によって撮れた湯川粒子の他の飛跡である．但し此場合には中央の鉛の棒の厚さは 5 cm に増した．図に表はれた飛跡は粒子が鉛から出て空気中で停止して居ることを示して居る．そしてその $H\rho$ は 5.6×10^4 Γ·cm で，其長さ即ち此粒子の飛程は 5.2 cm である．此粒子が陽子であるとすれば $H\rho$ に対して飛程が長過ぎ，電子であるとすると飛程に対して $H\rho$ が大き過ぎる．従って此粒子は陽子でも電子でもなく其中間の質量を有するも

のであることが知れる．上述の $H\rho$ と飛程とを与へる粒子の質量を求めて見ると，電子の質量の 170〜180 倍と出る．これは前記の値と大体一致する．

[余白に]
数字ニ 2, 3 訂正スル所がアル様デスカラ校正ヲ送ッテ下サイ．同時ニ此原稿モ一緒ニ．写真ハ御用済ノ上ハスグ御返送願ヒマス　　　　　　　　　仁科

    a 岩波講座・物理学．内容見本となっているが，実際に講座の 1 冊として刊行された仁科芳雄・關戸彌太郎・竹内 柾・一宮虎雄『宇宙線』(1941) の該当箇所とはたいへんちがう．この講座の第 1 回配本は 1938 年 12 月 15 日．内容見本はその前にでた．
    b Γ=ガウス．$H\rho$ については書簡 60 の注 b を参照．
    c 次の訂正がなされた．第 1 の飛跡について：鉛に入る前の $H\rho = 7.45 \times 10^5$ Γ·cm，後では 5.05×10^5 Γ·cm，鉛の中の通路は 4.83 cm．質量は電子の 180 ± 20 倍．第 2 の飛跡：$H\rho = 4.0 \times 10^4$ Γ·cm，飛程 7.8 cm．質量は電子の 175 ± 5 倍．これらの値は書簡 775 のものと同じである．

779　石井千尋 (出征中) → 仁科芳雄　　　　　　　　　　　　　1938/11/01

また夏を迎へました．
　宇宙線の緯度変化をサベイして歩く様なものです．[a] 支那に関するかぎりどこでも知って居る事になりませう．
　11 月 1 日

　　　　　　　　　　　　　　　　　　　　　　南支派遣藤田部隊気付
　　　　　　　　　　　　　　　　　　　　　　榊部隊　　　　石井中イ
　　　　　　　　　　　　　　　　　　　　　　樋口隊
　　　　　　　　　　　　　　　　　　　　　　　　　　　　　　[絵葉書]

    a 書簡 666 とその注を参照．

780　H. Barkhausen 夫妻 (差出地不明) → 仁科芳雄　　　　　　1938/11/10

拝啓　益々御清祥奉賀候　陳者小生等今回の日本訪問に際し多大の御配慮と御親切なる御待遇とを忝ふし候段感謝の至りに不堪候　御蔭を以て極めて愉快なる見学訪問を遂げ日本に関する理解を深むるを得候事は小生等の大なる悦びと

する処に御座候　先日本国より帰国を促がされ候ため11月12日神戸解纜のグナイゼナウ号により印度洋経由帰国の途に就くことゝ相成候間茲に出発に当り謹んで貴下の御好意に対し深甚の謝意を表し上ぐるものに御座候　　　敬具
昭和13年11月10日　　　　　　　　　ハインリッヒ　バルクハウゼン

仁科芳雄　殿
　　　　　　　　　［独文の手紙に加えて訳者不明の和訳が付されている．独文は省略］

781　梅田　魁（北海道帝大）→　仁科芳雄　　　　　　　1938/11/14

［前略］
5. 伏見君の[a]に就いては，寧ろ自分の始めの予想を証明してくれた様なので幸と思ってゐます．あの文章では私のしたのが凡てウソ八百の様ですが，私の目的が核励起の場合 $n=40$ 辺りが入用な訳でその辺の近似式が入用，そこでは $\overline{m} \sim n^{2/3}$ に近いのです．元々私が最初やり出す時は $\overline{m}$（及び m_{max}）$\sim n^{1/2}$（$m_{max} \approx \overline{m}$）を期待して始め10の時 m_{max} が3にきたので予想通りと功力さん（数学の）と喜んだのでした．其後実際100迄やると寧 $n^{2/3}$ に近く，では2/3かしらんと考へたのでした．8月に功力さんは m_{max} が asymptotic に $n^{1/2}$ の order なることを証明されましたが，もっと函数論を使ってやった上で発表しようと云ってゐる所でした．従て伏見君が1/2乗を立したことは当然の期待値で驚きませんでした．其後功力さんも段々にやってくれてゐます．私自身としては100迄（最近200迄拡張し猶0.666…乗より上です）は確に $n^{2/3}$ の私の近似式が正しいし，Partitio Numerorum について調ぶべき性質の一つとしてこういふ $m_{max}, \overline{m}$ なる量のあることを問題として提出した点で何とも思って居りません．たゞあゝいふ asymptotic formula を得たら先づ手紙ででも報せてくれたらとは思ったことでした．
［後略］

[a] 伏見康治「Partitio Numerorum と核物理」，科学 **8** (1938) 489; Partitio Numerorum as Occuring in a Problem of Nuclear Physics, *Proc. Phys.-Math. Soc. Jap.* (3) **20** (1938) 912-925;『確率論及統計論』，河出書房 (1942), pp. 30-39.

782 藤原武夫 (広島文理科大学) → 仁科芳雄　　　　　　　　1938/11/18

拝啓　先般学生達と共に参上仕りました節は御多用の折りにも拘らず御懇切な御指導にあづかりまして一同益する処多大なものが御座いまして深く感謝いたしてゐます．篤く御礼申上げます．お蔭げを得て無事旅行を終へて一同帰学いたしました故憚りながら御放心下さい．
　尚は向後共よろしくお願ひ申上げます．
　　右は御礼の御挨拶迄　　　　　　　　　　　　　　　　　　敬具
　　11月18日　　　　　　　　　　　　　　　　　　　　　　　藤原武夫

仁科　様

783 広島文理科大学物理学教室2年生一同 → 仁科芳雄
　　　　　　　　　　　　　　　　　　　　　　　　　　　　　　1938/11/19

拝啓　時下晩秋の候御高堂益々御清栄の段奉賀候
　さて先日貴所見学の折は御多忙中にもかゝわらず御懇切なる御案内御説明を辱うし誠に有難く感謝仕候
　御陰様にて有益なる旅行を終ふる事を得浅学寡聞の身啓発さるゝ所甚大に御座候
　先づは畧儀ながら寸楮(すんちょ)を以て御礼申上げ候　　　　　　　　　　　　草々
　　昭和13年11月19日　　　　　　　　　　　広島文理科大学物理学教室
　　　　　　　　　　　　　　　　　　　　　　　　　　　　2年生一同
仁科芳雄　先生

784 湯川秀樹 (大阪帝大) → 仁科芳雄　　　　　　　　　1938/11/20

拝啓　暫らく御無沙汰致して居りますが，相変らず御健勝の事と存じます．理研講演会も接近し，益々御多忙の事とお察し申上ます．扨て当方は先達上京の節お話申上ました通り，第1，explosion や universal length に関係する問題，第2，β崩壊及び U の寿命の問題に引続き頭を悩まして居ります．その中第1の方は急に根本的な解決に到達することは困難でせうが，第2の方は Euler, Heisenberg (*Ergeb. Exakt. Naturwiss* 及び *Zeits. f. Phys.*) の cosmic ray の analysis の結果や, Blackett (*Nature*) の紹介などから見ましても, U の自発的な崩壊が理論の予期通り起り, その確率も理論とさう喰違ってゐないと考へてよいものと楽観して居りました.

所が最近 Maier-Leibnitz が *Naturwiss* **26** (1938) 217 に発表してゐる Wilson chamber の写真は, 吾々の予期とは非常に相違して居るので一寸驚いて居ります. 著者のいふ通り U^+ の崩壊によって 10^6 eV 以下の positron が出てるものとすると, これは吾々の考へて居た様な,

$$U^+ \to e^+ + \nu$$

としては説明出来ず,

$$U^+ \to U^0 + e^+ + \nu$$

と考へねばなりません. 但し U^0 は中性の U で, その質量は U^+ より少し丈小さいことになります. さうなると β 線の方もこの崩壊過程を基礎として論ぜねばならぬことになりますが, Konopinski-Uhlenbeck の理論と調和さすことは却って容易になる見込はあります.

併しそのかはり U は必ずしも Bose 統計に従はなくてもよく, Fermi 統計でもよいことになります. 勿論さうすると nuclear force の方はうまくいかぬかも知れませんが.

いづれにしても Maier-Leibnitz の写真が彼のいふ通りの意味を持ってゐるとすると, 非常に重大問題だと思ひます. これについて御意見を承りたく存じます.

先づは取敢ず, 右御伺ひまで.　　　　　　　　　　　　　　　　　　　草々
11月20日　　　　　　　　　　　　　　　　　　　　　　　　　　　湯川秀樹

仁科 先生
　　机下

785　仁科芳雄 → 湯川秀樹 (大阪帝大)　　　　　　　　　1938/11/26

　　　　　　　　　　　昭和13年11月26日　　理化学研究所
　　　　　　　　　　　　　　　　　　　　　　　仁科芳雄

阪大
湯川秀樹 様
拝復　御手紙難有拝見シマシタ. 多忙ノ為返事が遅レマシタ悪カラズ.

扨テ御尋ネノ Maier-Leibnitz ノ実験デスガ, technical ニ見テ余リ感心シタ写真デハアリマセンガ, モシ先方ノ云フ通リナラバ, ソレヲ否定スベキ材料ハアノ写真ト論文面カラハ見出スコトカ出来マセン. 従ッテ理論家ノ執ルベキ態度トシテハ, 此人ノ主張スル様ナ現象ガ存在スルモノトシテ, 御意見ノ様ニ β 崩壊ノ理論ナリ核ノ力ナリヲ出シテ見ルベキダト思ヒマス. ソシテソノ結果ガ他ノ人ノ実験ト一致スルカ否カヲ見ルベキダト思ヒマス.

　尤モソレガ相当骨ノ折レル仕事デアリ, 他ノ方面ニナスベキ仕事ガ沢山アル場合ニハ, ソレ迄ヤルダケノ価値ガアルカドウカト云フ判断ガ必要デショウ. 小生ニハソノ判断ハ一寸ツキカネマス. 只何ダカ未ダノ結果ハ信用出来ナイゾト云フ直感ハアリマスガ, 直感ハ往々ニシテ間違フコトガアリマスカラ用心シナクテハナリマセン.

　トモカク図ノ Fig1 b, c ノ様ニ ^{7}Be ノ source ノ処カラ 900 ノ中 2 度モ U 粒子ガ宇宙線デ創生セシメラレルト云フ確率ハ極メテ小サイデショウ. 而カモソレガ丁度写真ノ撮レルヤウナ方面ニ出ルト云フ事ハ稀ト考ヘルベキデス. 然シ確率ハ小デモ絶無トハ云ヘマセンカラソンナ事モナイトハ云ヘマセン.

　以上取急ギ愚見ダケ述ベマシタ. コレカラ茲 10 日バカリハ目ガ廻ル程忙シイ事ガ続キマス.

　何カ面白イ結果ガ出タラ教ヘテ下サイ.

　御成果ヲ祈ッテ居マス. 　　　　　　　　　　　　　　　　　匆々

　　　a 書簡 784. この頃, 湯川からの来信が頻繁だった. 書簡 670, 717, 719, 722, 727, 739, 747, 752, 760, 761, 764, 768, 772.

786 湯川秀樹 (大阪帝大) → 仁科芳雄　　　　　　　　　1938/11/28

拝復　御多用中を早速御返事頂戴致し有難く存じます. 当方その後 Maier-Leibnitz の主張する様な過程,

$$U^{\pm} \to U^0 + e^{\pm} + \nu \tag{a}$$

が存在するとし, β 崩壊は,

$$\left. \begin{array}{l} N \to P + U^- \quad U^- \to U^0 + e^- + \nu \\ P + U^0 \to P \end{array} \right\} \tag{b}$$

なる三段の過程として, その確率が実験と一致する様に, (a) 過程の相互作用の大きさを定め, $U^{\pm}$ の mean life time を出して見ますと, 前に出した $\tau =$

10^{-6}〜10^{-7} sec とは比較にならぬ程長く, 秒の order になります. これは $U^{\pm}$ と U^0 の mass difference が小さく, 出て来る $e^{\pm}$ の勢力が 10^6 eV 以下であるといふ仮定から出て来る不可避の次第です. こんな長い寿命, いひかへればこんなに確率の少ない (a) 過程が屢々写真に現はれることは全くあり得ないと存じます. 逆に (a) の過程による崩壊の確率が大きく, それによる $U^{\pm}$ の寿命が Maier-Leibnitz のいふ如く 10^{-7}〜10^{-6} sec 程度とすると, (b) による β 崩壊の確率が非常に大きくなり全く実験と反します. この結論は K.-U. 型の相互作用を仮定しても, 又 U が Fermi の統計に従ふとしても本質的には変化しません. ですから彼の写真に彼のいふ通りの Deutung を支へることは不可能の様に思はれます. そんなわけで実験自身に対しても大分 sceptical になって居った矢先に, 先生の御返事を拝見し, 先生の直感でも彼の写真に疑問ある由承知致し, 以上の結果と照し合せて恐らく御高見の通りであらうと心強く感じて居ります. 御多用中誠に有難う御座いました.

　扨て次は未だ内々の話ですが, 去る5月京大物理教室玉城教授急逝以来, 講座担当者が定まらずに居りました所, 先日木村教授が小生の所へ見えられ, 木村・吉田・荒勝3教授の間の相談の結果として, 該講座の主眼を量子力学に改め, 明年4月より小生に就任して欲しいとの事, 但し, 最初は講座担任の助教授として来て欲しいとの話でした. 小生としましては折角阪大に多くの共同研究者の手が揃って来た矢先ではあり, 玉城先生の後には多くの先輩が残って居られることゝ, 急に承諾する気になれず, 八木教授, 菊池教授とも色々相談して見ましたが, 結局の所之を拒絶すべき積極的絶対的な理由がなく, 且つ量子力学を主とする講座が出来ることは小生一個人の問題を離れても理論物理学の為め喜ばしいことゝ思ひましたので, 大体承諾することに決心を致しました.

　それに伴って私が一番心配致して居りますのは, 坂田君, 小林君始め共同研究者の身上ですが, 今の所坂田君は講師として京都へ一緒に行って貰ふつもりですが, 阪大の方にも理論家が入用ですし, 且つ家庭の事情から見ましても, 小林君に残って貰ふのが一番好都合と思って居ります. それに京阪間は近距離のことですから, 両方から往来して充分連絡が取れるわけですから, 両方で夫々研究が進めばそれでもよいと思ひます.

　併し右の様なことになりますと, 私の責任も重くなりますので, 今後益々先生の御指導を仰ぎ, 過誤がない様に注意せねばならぬと存じます. この問題に就き御意見が御座いましたら何なりと御教示下さいます様, 偏へにお願ひ申上げます.

　いづれもっとはっきりして参りましたら又詳しくお知らせ申上げるつもりで

御座います.
　　先づは取敢ず右御知せのみ.　　　　　　　　　　　　早々
　　11月28日　　　　　　　　　　　　　　　　　　　湯川秀樹

仁科 先生
　　　机下

787 中谷宇吉郎 (北海道帝大) → 仁科芳雄　　　　　　1938/12/02

　御手紙難有う御座いました.
　茅君と二人で頭をひねりましたが殆んど決ってゐて且つ採用済になってゐまして，残った一人二人は余りひどいので残念ながら御推薦出来ません．唯一人堀さんの所に一番良いのが一人ゐますが，これは堀さんと話して見ましたが，助手に残したいのでとられては困ると言ってをられました．この方は後になったら又御願ひ出来るかもしれないと云ってゐましたから，今度御会ひになった時話して御覧になっては如何です．
　私も今後の講演会には出席致しますし，藤岡君の家の会にも出ますからいづれ御目にかゝって万々申し上げます　　　　　　　　　　　　　　　　　匆々
　　12月2日　　　　　　　　　　　　　　　　　　　　　　　中谷宇吉郎

仁科芳雄 様

788 小林 稔 (大阪帝大) → 仁科芳雄　　　　　　　　1938/12/08

謹啓　寒さ日々に加って参りましたが御一同様にはお変りもございませんかお伺ひ申し上げます．
　今度の講演会には11日に一寸私用がございますので12日から理研へ上りたいと存じて居ります．何卒よろしくお願ひ申し上げます．皆様の賑かな講演題目を拝見致しまして色々啓発されることゝ期待して居ります．私共ももう少し纏った話にしたいと存じて居りましたが期日が迫ってしまひましたので何も内容のないことで困って居ります．何れ御拝眉の上色々御高教を仰ぎたいと存じます．葉書で大変失礼でございますが御挨拶まで．
　　　　　　　　　　　　　　　　　　　　　　　　　　　　　　　　［葉書］

789　湯川秀樹（大阪帝大）→　仁科芳雄　　　　　　　1938/12/09[a]

　拝復　貴翰拝読．御多忙中にも拘はらず小生の為め色々御考慮下さいました由，いつも乍ら御厚情の程感謝致し居ります．御高見の如く，京都へ参りましても大阪と同等若しくはそれ以上調子よく研究が出来るかどうかといふ点は最も重要で御座います．それに就いては研究室内に先輩の方が何人か残って居られることゝ，今迄の沈滞した空気とが相当障害になるわけです．併し私も京都行が実現致しますれば，これ等の悪条件は漸次打破して明朗な空気を醸成して行くことに出来る丈力を尽したいと思って居ります．
　次に待遇の件に就きましては，小生自身兎や角申すべきことでは御座いませんが，日本の学術の立場から是非教授として就任する様にとの御言葉は全く小生の身に過ぎたことで，唯々恐縮致し居ります．坂田君からも申上げたことゝは存じますが，八木教授，岡谷教授共に教授の件は考慮して居られ，その後去る２日（金）に京都の木村教授が阪大物理教室へ交渉に参られました節にも，両教授より教授として就任する条件を提出され，木村教授も考慮を約して帰られました．
　いづれ近い内に京都より返事があることゝ存じますが，先生の御意見を是非八木教授にお伝へ致し置きたいと存じます．若しも京都の方で右の条件に多少とも難色がある様でしたら，小生も却って断り易いとも思ったりして居ります．併し目下の予想では右の条件は結局承認されさうです．
　尚小生として一番つらいのは，小林君に当分大阪に残って貰はねばならぬことゝ，坂田君を京都へ連れて行っても当分大阪と同等位の待遇しか出来ないことです．併し追々と路は開けて来るものと思ひます．
　次に余談ですが，先日 Henri Poincaré Institut に居る例の Proca から P. Ehrenfest と Fréon が最近にやった U 粒子の Zerfall の実験の事を知らせて来ました．実験に関する記述が簡単で充分わかりませんが，大体次の如きものと思はれます．
　Jungfraujoch で Absorber 40 cm (material は何とも書いてありません．鉛でせうか) を通過する vertical ray の数と 100 cm を通過するものとの差を取り，次に地上で 5 cm を通過するものと，65 cm を通過するものとの差を取り，その比を作りますと，

$$\frac{(I_{40} - I_{100})_{山上}}{(I_5 - I_{65})_{地上}} = 1.8 \pm 0.5$$

と出ます．これは 10^9 eV 程度の energy band の中の U 粒子が大気の 3.4 km を走る間に，電離によってエネルギーを失ふ他に Zerfall によってなくなるものがある為めと考へますと，10^9 eV 程度の U 粒子の mean life time は大体

$(4 \pm 2) \times 10^{-5}$ sec

となります．
　Proca の手紙にはこれ丈しか書いてありません．この実験についてはその中 C.R. に出る由ですから，それを見てからよく考へて見ようと思ひますが，上の値から静止した U 粒子の life time を出すと，

$(4 \pm 2) \times 10^{-6}$ sec

の程度になり，Euler-Heisenberg の値と非常によく一致して居ります．Ehrenfest の実験ではある energy 範囲の粒子丈を考へて居り，energy spectrum が殆んど利いて来ない点が一進歩でせうが，それでもまだ多少 ambiguity はある様に思ひます．これ等の実験値は小生等の理論値（Fermi の場合）より 1 桁大きいですが，この喰違ひの原因は未だよくわかりません．唯く U 粒子の質量が $200\,m$ より大分小さければ life time は少し長くなり，実験値に近づきますが，それ丈では少し不充分の様です．

　先づは御返事旁ゝ右御報告まで．　　　　　　　　　　　　　　　　敬白
　10 月 9 日　　　　　　　　　　　　　　　　　　　　　　　　　湯川秀樹

仁科　先生
　　机下

> [a] 湯川の手紙には「10 月 9 日」とあるが，消印は 12 月 9 日となっている．封筒に入れ違えた可能性も否定できないが，京大への移籍に関する内容から見て書簡 786 の後でなければならない．

790　E. Maraini （札幌）→ 仁科芳雄　　　　　　　　　　1938/12/12

　あなたの指導している研究所の一部を見ることをお許し下さり，ありがとうございました．東京を去る前に再びお目にかかることができず，悲しく思いました．理研で撮った写真を 2 枚，同封いたします．出来はよくありませんが，記念としてお収め下さい．東京に戻りましたら，またお目にかかりたく存じま

す．すばらしく興味ふかい研究所の見残した部分を見せていただけたらと願っております．

新年に幸多かれとお祈りし，あわせて私のご挨拶をお送りします．

Eosco Maraini

［英文］

791 黒田嘉男 (京城帝大) → 仁科芳雄　　　　　　　　1938/12/13

謹啓　先般勝手がましき御願ひ申上げましたにも拘らず御多用中早速御教示賜り有難く厚く御礼申上げます．御高著[a]出版まで『電気学会雑誌』にて御高訳を拝見いたし度いと存じてゐます．

厳寒の砌先生には御自愛の程祈上げます．

先ハ乱筆ながら御礼申上げます．　　　　　　　　　　　　　　敬具

昭和13年12月13日

京城帝国大学医学部
医化学教室内
黒田嘉男

仁科芳雄　博士殿

[a] I. Langmuir 述『界面化学』，仁科芳雄通訳，科学文献抄5，岩波書店 (1940). 1935年，東京および京都における I. Langmuir の講演 II の全訳．はじめ電気学会雑誌 5 (no. 562) (1935) 304-314 に掲載された．参照：書簡378の注a．

792 篠遠喜人[a] (東京帝大) → 仁科芳雄　　　　　　　　1938/12/13

拝啓　昨日は態々(わざわざ)御来宅を頂き誠に有難く厚く御礼申上げます．本日は中泉村地両氏の別刷をありがたう存じます．つきましてはビンを3本お届け申します故，どうぞよろしく御願申上げます．

尚猩々蠅の一生活史は約2週間位のため丁度冬休に教室がしまりますので，その間を卵でこさせるために来る25日－27日位の間に第1回をお願ひ頂きたくと存じます．種子の方は先生の方の御都合のおよろしい時25日以前にても差支へ御座いませんが[b]猩々蠅(ショウジョウバエ)と一緒の時でもこちらはよろしふ御座います．

右御礼と御願まで申上げ度　　　　　　　　　　　　　　　　敬具

昭和13年12月13日　　　　　　　　　　　　　　　　　　　　　　　　　喜人　拝

仁科　先生
　　　侍史

    a　篠遠について，参考：鈴木善次「追悼　篠遠喜人先生と科学史」，科学史研究 **28** (1989) 211-212.
    b　「お願い」したのはサイクロトロンによる照射であろう．サイクロトロンで加速した重水素核をリチウムにあて中性子ビームをつくって用いた．参考：仁科芳雄・森脇大五郎「サイクロトロンよりの中性子を照射して生じた猩々蠅の伴性突然変異」，遺伝学雑誌 **15** (1939) 248-249；*Sci. Pap. Inst. Phys. -Chem. Res.* **36** (1939), 419-425, **38** (1941) 371-376, 理研彙報. **19** (1940) 1343-1347.
    c　書簡 856 を参照．仁科芳雄・篠遠喜人「植物に及ぼす中性子の影響 I．そばとあさとに於ける異常」，理研彙報 **18** (1939) 721-734；Y. Nishina, Y. Shinoto and D. Sato, Effects of Fast Neutrons upon Pants II. Abnormal Behaviour of Mitosis in *Vicia faba*, *Cytologia* **10** (1940) 406-421.

793　植村敏夫（日本放送協会）　→　仁科芳雄　　　　　　　　　　　1938/12/14

仁科　先生
　　　尊台

　　　　　　　　　　　　　　　　　　　12月14日　　教養部　植村敏夫
謹啓　昨日ハ電話を以って失礼申上げました．
　30日午后9時10分より35分までの御放送御承諾下さいまして洵に有難う御座いました．「事変下の国民生活を回顧す」といふ見出しをつけまして「科学界の活動」といふ御題で御話し下さいますならば幸甚と存じます．
　　尚　顔振れの予定を申上げますと
　　　「事変下の国民生活を回顧す」
　　　　　　1. (26日)「国民思想の昂揚」　　阿部真之助先生
　　　　　　2. (27日)「経済生活の緊張」　　猪間驥一先生
　　　　　　3. (28日)「文学芸術の自覚」　　杉山平助先生
　　　　　　4. (29日)「娯楽風俗の変化」　　権田保之助先生
　　　　　　5. (30日)「科学界の活動」　　　仁科先生
　　　　　　6. (31日)「体育運動の再認識」　野津　謙先生
右の通りで御座います．
　いづれ数日うちに又例の御話の梗概（200字程度のもの）頂戴申上げたく存じ

ます.

　何卒よろしく願上げます. 書を以って失礼申上げました

粛白

794 朝永振一郎（ライプチッヒ大学, ドイツ）→ 仁科芳雄　　　1938/12/14

　10月24日づけのおてがみ有難く拝見致しました. 御変りなく御活躍の御様子何よりと存じます. 小生もその後どうやら大過なくくらして居ります. 先日京都の宅の方へ多少女々しい泣言のようなことを書きましたのがお耳に入り, 御親切なお手紙, 誠に身にしみて拝読した次第です.

　先学期の仕事誠に小さなものですけれども別刷が出来ましたからお送り致しました. 核の粘性や伝導度などいう概念が実さい問題にどの程度使用出来るかはあまりはっきり判りません. 粘性があんなに大きくては水滴モデルはあまりいいモデルではないことになりますし, 又伝導度があんなに大きくては, はじめから伝導などいうことは考えないでいいことになるからです.

　核のモデルの問題はこちらの Voltz や Grönblom などがやった以上, こちらでは進んで居りません. 渡辺君も最近仕事が大体くぎりがついたようです. Grönblom の方法で ^{5}He の状態をしらべたのです. ^{4}He にも 1 つ $_0$n がくっつくときどういうことになるか ^{4}He がどう歪むかという問題です. 将来 α 粒子から核が出来ているというモデルを作る出発点になるかもしれません.

　Euler は宇宙線のシャワーの分析をつづけています. Euler の勉強ぶりには驚嘆せざるを得ません. 我々はとてもかなわないという気がします. 私は何をこれからやるかまだはっきり致しません. この 11 月 1 日の *Phys. Rev.* の Rumbaugh & others の実けんと Gamov-Teller の理論から β の理論は Fermi の方がいいらしいというので, なぜ spectrum が Fermi 的にならないのかと考えてみましたが一向判りません. ハイゼンベルクも Fermi の理論が K. U. より正しいと信じたいと言って居ります.

　それからまだ Fermi の理論と湯川君の理論との関係もすっかり解決したと言えないかも知れない由です. それは Euler が宇宙線から算出したメソトロンの life が β-ray から湯川君が算出したものよりかなり大きいからです. 湯川君の値（後の値つまり factor 2 の誤りを訂正した値）は Euler の値の $\frac{1}{10}$ です. ところでメソトロンの質量を 100 ではなく 200 とすると, このちがいがなお甚だしくなってくるからです. このほか Fermi の matrix element M が必ずしも

Fermi の仮定したように 1 ではないとすると，このちがいがも一つひどくなって来るのです．さて，メソトロンの life を定める宇宙線的方法として，まだ 2, 3 ありますが何れも Euler の値が得られる由です．その方法はクーレンカンプの方法とブラッケットの方法の由．第一のは宇宙線の吸収が，今までの考え方では，空気でも鉛でも，その中にある equivalent な物質の量できまると考えられます（アトモスフェアは水の 10 米に相当するという如き）．ところでクーレンカンプの実験によるとそうでなく，鉛の方が吸収が少いことになる．それは宇宙線の吸収がその path の間にある物質の量によるのみならず，path の長さそのものが関係するからです．メソトロンは物質に関係なく消えて行くのですから，これがアトモスフェアの上で出来たものとすれば，長い空気の中を来る途中の方が，みじかい鉛の中を来る途中よりよけいに消えるから，「空気」の吸収が多いように見えるわけです．このことから life を算出して Euler の値と近いのが得られた由です．ブラッケットの方法は宇宙線の強度（水面の）が，夏と冬でちがうということから計算する方法です．夏は温度が高いためアトモスフェアの厚さが冬より大きく，従ってアトモスフェアの頂上で出来たメソトロンはより長い路を通って下に達する結果，強度が弱くなる．これらの実験の副産物として，ストラトスフェアの様子を知る手がかりが得られたことにもなり大へん面白いことになるかもしれない由です．

　こちらへ来てから宇宙線の方をあまり勉強していないので詳しいことをお知らせ出来ないで残念ですが，以上大体のことをお知らせしました．

　も一つお知らせしたいことは，メソトロンが空中で消えて電子が出るウィルソン・トラックはすでに 1933 年に見つかっていたということです．ZS^d の 83 の Kunze の論文にこの写真がちゃんとのっていて，「このトラックは，電子としてはイオンが多すぎるがプロトンとしては少なすぎる．その正体はまだ判らない．そしてそこにある電子のトラックはエネルギー 37,000,000 volt だ」と書いてあります．一度出してごらんになるのも一興でしょう．

　間もなく今年も終りになります．こちらはもうすっかりクリスマス気分です．
　終りに先生の御健康を祈ります．

朝永振一郎

仁科　先生

[a] 朝永振一郎の「滞独日記」（『朝永振一郎著作集 別巻 2』，p. 130；『量子力学と私』，pp. 153–154）にこうある．1938 年 11 月 22 日：仁科さんから手紙がくる．その手紙を見てなみだが出てきたのは，実にセンチだ．だが話はこうだ．せんに，うちに仕事がうまくいかないのでゆううつになっていると心を打ちあけてかいたのを，仁科

さんが知って，それに対する返事なのである.「業績のあがると否とは運です. 先が見えない岐路に立っているのが吾々です. 右へ行くも左へ行くもただそのときの運や気できまるのです. それが先へ行って大きな差ができたところで余り気にする必要はないと思います. またそのうちに運が向いてくれば当たることもあるでしょう. 小生はいつでもそんな気で当てにできないことを当てにして日を過ごしています. ともかく気を長くして健康に注意してせいぜい運がやってくるように努力するほかありません云々.」これを読んでなみだが出たのである. 学校へ行くみちでも，この文句を思い出すごとに涙が出たのである.

b 朝永は原子核をほとんど縮退した Fermi 気体のようにあつかって核の熱伝導度や粘性を計算したのである. その目的は核反応をあつかう Bohr の複合核モデルがどの程度よいかを見極めることであった.

c 書簡733（注 b）の段階では，湯川理論による寿命は実験に合うように見えた.

d ZS については書簡728 の注 a を参照.

795 増田時男 (差出地不明) → 仁科芳雄　　　　　　1938/12/17

拝啓　寒気日増しに厳しき折にも拘らず益々御健勝の事とお嬉び申上げます.

　今度は如何に一身上の急用とは云へ，東京の副保証人，大阪の叔父，呉の保証人と相談をして居る内に案外の日数を要し貴重なる1週間を殆んど無断にも等しき態度にて休みまして恐縮至極の事と存じます.

　つい2月程前今後ともよろしくと無理にお願ひしました直後の事とて誠に申憎い事ですが家庭の事情と申しましても主に経済的の問題でありますが，今後独立せねばならぬ破目におち入り，此の際御迷惑をもかへりみず又旅先からで失礼とは存じましたが，退職をお許し下さる様切にお願ひ申上ます.

　尚届書は同封致して置きましたが，急ぎ上京お伺ひの上，此の度の失礼をお詫び申上げ，其の上あらためてお願ひ申上げたいと存じて居ります. 尚又上京までに後2, 3日の御許しを得たく，勝手がましき事ながら，重ねてお願ひ致します.

　終りに臨みまして先生の御健勝をお祈り致します.

　12月17日　　　　　　　　　　　　　　　　　　　　　　　　　　増田時男

仁科芳雄　先生

[退職願同封]

796 湯川秀樹 (大阪帝大) → 仁科芳雄　　　　　　　　　1938/12/21

拝復　御手紙有難う御座いました．小生の方も最近色々頼まれものが多く，落着く暇がなくて弱って居ります．
　京都行の件は八木，岡谷両教授から木村教授に対して，教授として転任といふ条件を持出されたまゝにて，京都よりは未だ返事はありません．
　U粒子のZerfallの問題早くはっきり解決する様にとそればかり望んで居ります．菊池さんの所の実験では ^{13}N の β 線の分布は勢力上限附近でFermiの分布に非常によく合ふ由ですが，今迄の他の実験結果とどういふ関係になるのか，兎に角注目すべきことゝ思ひます．併し尚確定的なことはいへない由です．mesotron, mesoton 等の名前は barytron 等に比して感じのよい名前と思ひます．Procaからの手紙にもその名が見えて居りました．但し米国で発見されたのですから，deuteronの場合の様にその方の意見を尊重するといふことも考へられはしますが，結局感じのよい名前が広く使はれるのではないでせうか．小生としましては，自分の名前が附いて居ることにいつも恐縮して居ります．それも他の方々がお使ひ下さることに対しては誠に有難く感謝致して居りますが，自分自身としては適当な名がないと困ります．先日も『科学知識』に頼まれて「重電子の生涯」といふ題で寿命の問題を中心に書きましたが，広告で見ると題を勝手に「湯川粒子の生涯」とかへてあるらしく，呆れて居ります．
　先づは取敢ず御返事のみ． 　　　　　　　　　　　　　　　　　　　　早々
　　12月21日　　　　　　　　　　　　　　　　　　　　　　　　　　　　湯川秀樹

仁科　先生
　　　　机下

797 篠遠喜人 (東京帝大) → 仁科芳雄　　　　　　　　　1938/12/22

拝啓　陳者ハ過日手紙にて来る 25, 6 日頃お願ひ申上度旨申上げました[a]ところ色々にて都合いたしかねますので今年ハ中止にいたし1月になりましてから更めてお願に上りたく存じます故不悪お願ひいたします．
　右　勝手なこと申上げ失礼の段御許し下され度御願申上げます　　　敬具
　　12月22日　　　　　　　　　　　　　　　　　　　　　　　　　　　　喜人　拝

仁科　先生

侍史

a 書簡 792.

798 坂田昌一（大阪帝大）→ 仁科芳雄　　　1938/12/23

拝啓　其後御無音にのみ打過して居ります．今年も押迫りましたので何かと御多忙の御事と拝察致します．本日は過分の御配慮に預かりまして誠に難有う存じました．何の御役にも立ちませんのに此様にして頂きましては誠に恐縮で御座います．厚く御礼申上げます．扨て其后私共は雑務にのみ追はれ，一向に仕事の方は捗りませんで御恥かしい次第です．
　最近の NATURE に依りますと Blackett や Rossi が種々な方法で「メソトロン」の寿命を決めて皆同じ様な結果になって居りますから矢張 Zerfall と云ふ考は正しいものと思はれます．Zerfall の機構を明瞭に示す様な写真が早く撮れて呉れるとよいと思ひます．
　今年は大変暖い暮で御座いますが又御寒くなる事と思ひますから，御身御大切に御いとひ下さいます様，願ひ上げます．先づは取敢へず御礼迄
　　23 日　　　　　　　　　　　　　　　　　　　　　　　　昌一 拝

仁科芳雄 先生

　末筆乍ら御宅の皆様に宜しく御鳳声下さいませ．尚宅より粗品御送り申上げた由ですから御受納下さいませ．

799 湯川秀樹（大阪帝大）→ 仁科芳雄　　　1938/12/24

拝復　昨日は何のお役にも立ちませんでしたのに，御礼を頂戴致し大変恐縮致して居ります．併し折角の御厚意で御座いますから有難く御受け致します．来年からはもっと奮発して貴研究室の為め，少しでも貢献させて頂かねばならぬと思って居ります．
　尚 mesotron の名前，Anderson, Neddermeyer が Nature に出して居るのを今日初めて承知致しました．米国側から提出した名前ですから，これでよいの

ではないでせうか．これに対する日本名をどうするか，先生にお考へ置きをお願ひ致します．

　それから Dec. 3 日号の *Nature* に Blackett, Rossi が mesotron の寿命を出して居ます．いづれも 2×10^{-6} sec の order になってゐます．私共の理論の値がもう少しこれに近づかないと具合が悪いと思ひます．質量が小さい程，life time は長くなるわけですが，それ丈では不充分の様です．

　先づは右御礼旁々近況御報告まで．　　　　　　　　　　　　　　早々
　12月24日　　　　　　　　　　　　　　　　　　　　　　　　　湯川秀樹

仁科　先生
　　　机下

800　仁科芳雄　論文草稿　　　　　　　　　　　　　　　1938［月日不明］

　われわれは宇宙線の中に見出した湯川粒子の質量が［電子と陽子の］中間の値をもっているという結果を発表して以後，霧箱を用いた同じ実験を続け，去る9月に第1図に示す写真を得た．

　直径 40 cm の霧箱の中央に厚さ 5 cm の鉛板をおいた．霧箱は空気とアルコールの蒸気で満たし，13,000 エルステッドの磁場をかけた．負電荷をもち質量が中間の値の粒子が，イオン化しない粒子によって鉛板の中で創られ，霧箱のガス中で静止させられた．$H\rho=(3.99\sim4.0)\times10^4$ oersted-cm だったから[a]

　　　　　　　　　　　　　　　　　　　　　　　　　　［英文，手書きの下書き］[b]

　　[a] ここで下書きは中断している．
　　[b] これは文書813の論文となった．この論文で $H\rho=(3.88+0.08)\times10^4$ oersted·cm とされ，中間子の質量として $(170+9)m_e$ を与えている．m_e は電子の質量．

801　渡邊扶生 (理化学研究所) → 仁科芳雄　　　　　　　　　　　1938/12/30

拝啓　歳末に際し何かと御多用の事と拝察仕候．本日は年末賞与御送付に与り有難く拝受仕候．公務に追はれ何の御役にも立たざりしに返って恐縮に存候．
　人工放射能物質を軍用に供する事には兼々考慮致居候処一つの成案を得申候には来年度に於て予算を請求致度存居候．出来得れば理研へ委託研究と致した

き心組に御座候. 総動員法第25条による試験研究令も近く発動致す事と相成るべく, 又別に企画院に於ても来年度より一般的の科学研究統制機構の新設せらるべき事略々確定致居り兼々問題となり居りし科学動員[a]も近く現実の問題として実施せらるべきは必然の情勢と相成候. 果して如何なる程度の統制が行はるゝかは目下の処未だ予測致難く候へども一部強硬論者中には時局に直接関係なき研究は之を中止せしむべしとの議論をなし居る者も有之候様漏聞え候. 此の如き極端なる議論はもとより識者の耳を煩す処とならず到底実現致す筈も無之候得共いづれにもせよ純学問的研究は今後益々その困難を加へ来るべき事は予測に難からざる処かと愚考仕候.

如此情勢下に於て原子核の研究も何等かの意味に於て軍部と関連を保持せられ置く事は何かと御便宜の点も多かるべきかと存候. いづれ明春早々にも拝趨の上御意見伺ひたく存居候.

先は御礼旁々貴意を得度如斯御座候　　　　　　　　　　　　草々

昭和13年11月30日　　　　　　　　　　　　　　　　　　　渡邊扶生

仁科芳雄 先生
　　　　侍史

 [a] 1938年に, それまで小学校教育に力を注いできた文部省が科学研究の振興に乗り出した. 1938年5月に陸軍大将・荒木貞夫が文部大臣となり科学振興調査会をつくって大学・専門学校における科学の研究・教育の拡充を審議 (本田弘人「科学振興調査会に就いて」, 科学知識, 1938年8月号), 1939年3月に (それまで年7, 8万円だった研究奨励費を改め) 文部省科学研究費300万円を計上した (仁科芳雄「文部省科学研究費」, 科学 9 (1939), no. 9巻頭). その配分は学術研究会議に委嘱された. 科研費は1941年度から500万円, 1943年度は570万円, 1944年度は1870万円となった. 交付は始め理・工・農・医に限られていたが1943年度から人文・社会科学にも広げられた. 1939年5月には企画院に科学部がおかれ, その科学動員委員会が科学動員計画の作成をはじめていた. 1940年4月に決定された「計画」は「科学研究を重点主義により時局目的に集中統合し, 各研究機関をして最適とする研究に専念せしむるよう調整し, 不足せる研究者および資材の活用を図る」とした. 5月には陸軍が学士院長・長岡半太郎以下, 学界代表百数十名を招いて兵器研究への協力を要請した. こうした一連の動きの背景には日中戦争の長期化, 1939年5-9月, ノモンハンでソ連の機械化部隊に圧倒されたこと, ヨーロッパで第二次世界大戦がはじまったことがあった. 参考:『科学の社会史』, 第6章 科学技術新体制.

802 朝永振一郎 (ライプチッヒ大学, ドイツ) → 仁科芳雄　　　　1938/12/31

　12月4日づけのお手紙拝見致しました. 講演会, 懇談会の様子など想像して色々そちらの御様子をしのんで居ります. ZS^{a}の私の仕事を御覧になりました由, そして, あれを学位論文にしてはどうかとのおすすめ, 私としてはあの小さな仕事で学位を申請するなど少々心苦しく思って居りますが, いつも色々私のことを御配慮下さる御厚意にあまえて, おすすめに従おうかと思って居ります. 申請は特に京都に出す必要はないと思います. 特に今, 京都には玉城先生も居られず, 理論物理の専任教授もまだ決定されていない様子ですから, やはり出すのなら東京と私も考えて居ります. 京都の宅の方でも, この話を北海道の堀を通じて聞き, 事務的な手続をやる必要があればやると申して来ました. それで, おおせの様に, こちらに用紙その他がありませんから, 書式をペンで書いて同封^{b}お送り致します. 一応御覧の上, お手数ながら京都の宅にお送り下さり, そこで清書, 捺印して手続をとるようにしたらどうかと思って居ります. 何とぞ, 御便宜のように京都の方に御指図願えれば幸甚に存じます. 以上要件.
　当地この冬は10年ぶりの寒気とかでクリスマス前はマイナス15度位の有様で大いに面くらいました. 今は少し寒さがゆるんでほっと一いきついて居ります. 小生の仕事はその後一こう発展いたしません. 湯川の理論について何かもう一つやっておみやげにしたいと思って居りますが五里霧中です.
　寒さのおりから御自愛を祈上げます.
　12月31日　　　　　　　　　　　　　　　　　　　　　　　朝永振一郎

仁科 先生

　　　^{a} 書簡728の注aを参照.
　　　^{b} 論文目録は文書816に添付.

803 仁科芳雄 → 竹内 柾 (横須賀海軍工廠)　　　　1938/12/31

　　　　　　　　　　　　　　昭和13年12月31日　　理化学研究所
　　　　　　　　　　　　　　　　　　　　　　　　　仁科芳雄

竹内 君
　拝啓 例ノ霧函ノ中デ止ッタ track カラ質量ヲ計算シタノハ如何シタノデスカ. 知ラセテ下サイ. 小生ノ考ヘデハ $H\rho$ カラ $M\upsilon$ が出, Bethe ノ proton ノ energy-

range ノ曲線カラ velocity-range ノ曲線を得, 吾々ノ track ノ range カラ v ヲ求メ, 初メノ Mv の中ニ入レテ M ヲ求メルモノダト諒解シテ居ルノデスガ, 実際左様シタノデスカ. 今 letter ヲ書キカケテ一寸気ニナルノデ此手紙ヲ書キマス.

　今年も愈々暮レデス. 来年ハ一ツ好イ仕事ヲシヤウデハナイカ. 　　　匆々

804　石井千尋 (出征中) → 仁科芳雄　　　　　　1939/01 [日不明]

新年のおよろこび申上げ候[a]

南支派遣安藤部隊
本郷部隊榊部隊　樋口隊
石井中尉
[絵葉書]

　　[a] 書簡 666 とその注を参照.

805　竹内 柾 (横須賀海軍工廠) → 仁科芳雄　　　1939/01/03

　御手紙にて御問合せの件, 下記の通りで御座います.
　自分が Mass を出しました方法は, Bethe にあります Energy-Range の Curve の Energy 軸を $H\rho$ と致しまして $H\rho$-Range の Curve とし, 次に求める Mass を $M\,mc^2$ としまして, $H\rho \times \dfrac{M}{1824}$, range $R \times \dfrac{M}{1824}$ の $(\pi = 1824\,mc^2)$[a] 数値を種々の M に対し求め graph を書いておきました. この graph から自分の得ました $H\rho;R$, の2軸で Mass を求めたわけです.
　$H\rho$ から Mv が出まして, v が, Range により如何なる Mass のものでもそれに関せず一義的に決まればよいのですが, そうならない様であります.
　これは velocity count の時に Energy loss が Mass に関せず一定なので, この Energy の所に M が入って, (velocity const. の件, velocity change が Mass に関せず一様といふわけにゆかぬ為) Range が亦 Mass に depend するからだと考へて居ります.
　それ故 v を求める事を致しませず, $H\rho$ と Range から出したわけであります.
　尚, Energy, $H\rho$, Range, 共 Mass に proportional (velocity const で) であ

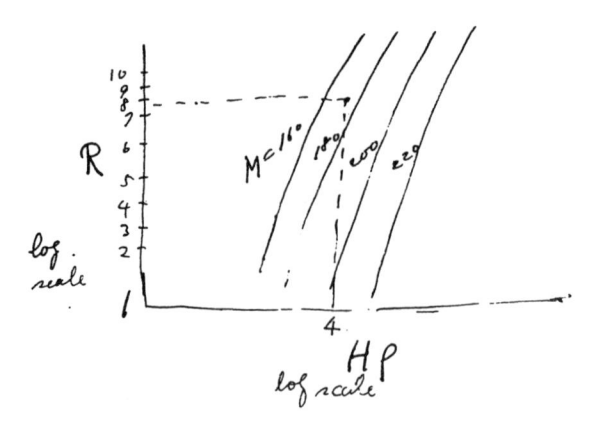

りますから前の様にしたわけであります．どうも判然と書けない様に思って居りますので亦御目にかゝりまして，申し上げます．

御小さい方の御恢復の早からん事を祈って居ります．取敢へず要用のみ悪筆にて失礼致します．

1月3日　　　　　　　　　　　　　　　　　　　　　　　　　　竹内 柾 拝

仁科 先生

　　　[a] π は陽子の質量を表わす．m は電子の質量．竹内は質量に c^2 をかけてエネルギーとして書く習慣らしい．

806 朝永振一郎 （ライプチッヒ大学，ドイツ） → 朝永三十郎 （大谷大学）
　　　　　　　　　　　　　　　　　　　　　　　　　　　　　　　1939/01/04

12月10日のおてがみ有難く拝見しました．寒さにもかかわらずお変りない御様子何よりと思います．大へん長い間ごぶさたして，色々御心配をかけ申訳ない次第です．今年のこちらの寒さは昨年にくらべて実に甚だしく，こちらでも10年ぶりとか言うことです．クリスマス前の3，4日はマイナス15度という程度，何もかもすっかり氷で，スティームの部屋も何となくひえびえとしている有様，クリスマスの前日から雪になって，この寒さは少しゆるみましたが，それでも，電車のまどは一面氷の模様がついています．それで私も一寸鼻かぜを引いてくしゃみをしていましたが，2，3日ねてもうすっかりよくなりました．何しろ暖ぼうがいいので風邪のなおりは早いようです．

さて，学位の件，丁度，仁科さんからもお手紙をちょうだいしました．[a] 仁科

さんが色々私のことを考えていて下さるので，誠に有難く感じたわけです．あの仕事にはあまり自信もないのですけれど，そして自信のない仕事で学位をとることも心苦しいのですけれども，仁科さんがそうおっしゃって下さるので，私もその気になりました．仁科さんは書式のうつしなど送って下さいました．こちらにミノ紙などがないだろうから，その書式をペンで書いて，仁科さんあてに送るようとのことでした．多分，それを仁科さんが御らんになった上，うちの方へ送られることと思いますから，そのときは，ミノ紙に清書の上，更に手続をお願いしたいと思います．申請は東京大学へがよかろうと仁科さんの御意見です．用件はこれで終りますが，中村君は，この11月に帰省の予定のところ，病気のためにこれを延期されて，今スイスのサナトリウムに居られます．同君は，滞在をもう1学期のばしたいというので，体格検査をうけたところが，胸の方が悪いことを発見されたのです．こういうわけで幸に早期に発見された（同君は前に日本で悪かったことがある由）のですから，少しも心配なことはない由ですが，そして今なら日本へかえることも少しも差支ない由ですが，同君の希望によって，スイスで少し療養することになりました．誠にお気の毒なことです．私もからだを気をつけなくてはならぬと思いました．それからレクラム君は，出発が何やかやでおくれて，来年の春位になるらしいです．ドクトルの試験をすますためにおくれているらしいです．レクラム君は，やはりハイムに居たので，いつもいろいろお世話になっています．どうかそちらへ行ったら何なりと同君のためにお世話ねがえればと思っています．外国へくると，外国人には親切にしてやるものだと身に感じますから．事務的なことはもちろん学生課でやるでしょうから，ただ精神的なことで結構です．同君はまだ日本語がほとんど話せませんし，ことばはあまり得意でないらしいですが，交換学生は，日本語をしゃべることになっていますし，今までの交換学生はみな1,2年で上手になって帰ってきますから，そして又，うちのパパはドイツ語をしゃべるの苦手らしいと，言っておきましたから，会話は，日本語でいいでしょう．

ヤス子様．そちらでクリスマス記念に何か切手（日本風景の）が出たそうですが送ってくれませんか（2クミずつ，何でも外人むきの切手が出たということをこっちの新聞で見たのです）．

[a] 書簡802を参照．

807 堀 健夫 (北海道帝大) → 仁科芳雄　　　　　　　　1939/01/05

　新年御目出度う御座います．
　御手紙有難く拝誦仕りました．相変らず元気にやって居りますから乍他事御安心下さいませ．本年札幌ハ大した積雪で連中ハ何れも山へ山へと遠征して居ります．偖て de Broglie の書物の翻訳の問題に関してハ格別の御厚情と御配慮を辱うし有難く御礼申上げます．丁度本日弟が仙台から遊びに参りましたのでよく聞いて見ました処翻訳は河出書房の方から屢々催促が来たので既に或る程度迄（1/3 ばかり）やって了って居たのださうです．本屋の方からも已に賠償の意味で 100 円贈るとか言って来たさうですが其後何の音沙汰も無い由で，弟としてハそんなものハ要らないと言ってやったそうですけれども，私ハ「何も遠慮する必要は無からう，当然な話なんだから貰ったらいゝだらう」と言って笑ったことです．まあ然しこんなことハ何れに転んだって別にガミガミ言ふ程のことでハ御座いませんし，重ね重ね恐縮ですけれども適当の御処置御とり下さいまして一日も早くイザコザから手を御引き下さいます様御願申上げます．ほんとにつまらないことで度々御面倒を煩しまして恐縮なことで御座います．
　2 月にハ当地へ御出で下さいます由御目にかゝれることを楽しみに致して居ります．でハ其折に．
　　　　　　　　　　　　　　　　　　　　　　　　　　　　草々
　1 月 5 日　　　　　　　　　　　　　　　　　　　　　　　堀 健夫 拝

仁科芳雄 様
　　　榻下
　　　とうか

a 書簡 767, 769, 770, 809 および 870 を参照．

808 梅田 魁 (北海道帝大) → 仁科芳雄　　　　　　　　1939/01/08

仁科 先生
1. 先日はお手紙難有うございました．
　承れば 2 月 6, 7 日北大の文化講義にお越し下さる由，又お目にかゝれ嬉しく存じますが相手が文化講義では先生はさぞ御迷惑のこととお察し申上げます．札幌―東京間は相当に疲れるのでお忙しい先生には本当にお気の毒に存じます．私などでも相当にこたへますから殊に冬期では汽車がおくれ勝ちですから．

2. 就きましては折角の冬のお越し故, 兼ね兼ねスキーをしたいしたいと仰っしゃってた御奥様御一緒にお越し下さる様心からおすゝめお待ち申上げます. 妻も是非是非と申して居ります.
3. 2月8日が丁度水曜日で雑誌会の日故教室でお話し願ひたいと思ひます (もし9日位にお立ちでよければ), 何でもいゝのですが先日理研講演会で承った heavy electron についてのお話など一同待望のものと信じます.
4. お手紙頂戴しすぐお返事書く所でございましたが先日上京の節申上げました Euler の Schwankungsbindung の計算の Extension がもう一寸で片付くのでその結果を一緒に申上げたいと思ひ1日のばし2日のばしをしてゝ1週間近くおくれてしまひ申訳ございません.
5. Euler は Kern の Bindungsenergie を 2nd order 迄とり, [中略]
　数日中に Kroll が帰りますから近々full paper をお手許にお送り出来ることと存じます.
　こんどの計算をしてみて Euler の数学力には敬服してしまひました.
6. 上京の節色々御厄介になったきり御無沙汰申上げ, 申訳ございません.
　札幌でお目にかゝれる日を心からお待ちして居ります.
　時節柄御自愛専一に祈上げます.

梅田 魁

809　堀　伸夫 (東北帝大) → 仁科芳雄　　　　　　　1939/01/11

拝啓　御手紙拝読致しました. 正月早々より札幌地方に旅行致し居りました為御返事遅延致しました. 翻訳の件は既に書店の方より通知あり承知致し居りました. 種々御配慮の段あつく御礼申上ます.
　翻訳は書店の方よりどしどし進めて呉れと度々申して居りましたので兎も角も着手致しては居りましたが元より損害などは皆目ござゐませぬ故左様の御心配は是なき様御願申上ます. 書店の方より御詫の為一百円送ると申出られましたがそれも御断り致しました様な次第でござゐます.
　尚河野與一氏が小生に直接諒解を得られる等のことも小生はもはや了解ずみでござゐます故御無用のことゝ存じます.
　右不取敢御返事まで　　　　　　　　　　　　　　　　　　　　敬白
　1月11日　　　　　　　　　　　　　　　　　　　　　　　　　堀　伸夫

仁科 先生

  a 書簡767, 769, 770, 807 および 870 を参照.

810 梅田 魁 (北海道帝大) → 仁科芳雄   1939/01/21

仁科 先生
1. お変りもございませんか．御来札の日が近づき，お目にかゝれるのを楽しみにして居ります．
2. お陰様にて本日理学部より学位記が届き之で一段落[a]，色々と御心配戴きお忙しい所をお邪魔致しまして，こゝに改めて厚く御礼申上げます．
［後略］

  a 書簡706を参照.

811 小林一三 (東京電燈) → 仁科芳雄   1939/01/28

拝啓　愈々御清福之段奉慶賀候　陳者此度ハ御研究報告論文1組御送与被下好個の啓蒙資料に有之御芳情厚く御礼申上候　右不取敢御請まで如此に御座候
                    敬具
1月28日　 東京電燈株式会社
                  社長　小林一三

仁科芳雄 様

812 朝永三十郎 (大谷大学) → 仁科芳雄   1939/01/28

拝啓　過般は御多用中御邪魔申上候段御海容被成下度．さて今度ハ振一郎学位請求のことにつき一方ならぬ御配慮且つ御手数を煩はし感佩且つ恐縮之至に不堪候．
　仰せに従ひ書類に捺印審査料為替券相添え御送申上候．重ね重ねの御手数誠に恐入り候得共可然御取計らひ被下度御厚情に甘え此段御願申上候．

尚々先般私上京中振一郎より3ヶ月余ぶりに珍らしく委しき通信参り居候.
右によれば軽微の風邪ひき候様に候得共大した故障も無之様子, いろいろ取越
苦労いたし尊慮まで煩はし候段恐縮且つ汗顔之至存居候. 御諒恕のほど願上候.
先は右御願と御詫まで如斯御座候　　　　　　　　　　　　　　　　敬具
　　正月28日　　　　　　　　　　　　　　　　　　　　　　　朝永三十郎

仁科芳雄 様
　　　御座右

813 仁科芳雄ほか2名　「メソトロンの質量について」
　　　　　　　　　(*Phys. Rev.* 編集局宛原稿)　　1939/01/31

　　　　　　　　　メソトロンの質量について[a]

　われわれは, 湯川によってその存在が理論的に予言された中間子の質量の測定結果を報告して以後[1], ウィルソン霧箱を用いる同じ実験を続けてきた. 去る9月に, Fig. 1に示す写真が得られた. 直径40 cm の霧箱の中央に厚さ5 cm の鉛板を入れた. 霧箱は空気とアルコールの蒸気で満たし, 約12,600 oersted の磁場をかけた. 霧箱はそのすぐ上においた一対の Geiger-Müller 計数管によって制御された. 計数管の間隔は15 cm であった. 計数管の上には厚さ20 cm の鉛のブロックをおいた.

　負電荷をもち $H\rho = (3.88 \pm 0.08) \times 10^4$ oersted の粒子が, イオン化しない何かによって鉛の中で創られたように見え, 霧箱のガスの中で停止している. 飛跡の長さは約15 cm であった. 霧箱の圧力が25°C で1.23ないし1.30気圧であったこと, また飛跡が霧箱の平面に対して傾いていたことを考慮すれば, 気圧760 mm 15°C での飛跡の長さは7.3ないし8.1 cm であった[b].

　Livingston と Bethe によって得られたエネルギーと飛跡の長さの関係によれば[2], 上記の $H\rho$ と飛跡の長さから粒子の質量は

$$M_m = (170 \pm 9)m \tag{1}$$

となる. ただし m は電子の質量である.

　飛跡の終端には, 中間子の崩壊を証拠だてる電子の飛跡を示すような形跡は

ない.

われわれは以前の論文[1]で用いた写真を再検討し, 次のような値を得た. 正電荷をもち $H\rho = (7.4 \pm 0.1) \times 10^5$ oersted·cm の粒子が厚さ 3.5 cm の板を約 $47°$ の角度で通過したので, 鉛の中の軌道の長さは 4.8 cm となる. 鉛板を通過した後は, $H\rho$ は最終的に $(5.0 \pm 0.1) \times 10^5$ oersted·cm となった[3].

粒子の質量を仮定すれば, その最初と最後のエネルギーを求め, 鉛の中で衝突によって失われたエネルギーを見いだすことができる. 一方このエネルギー損失は, 質量の値と初期エネルギーを仮定すればブロッホの公式によって理論的に計算できる. 粒子の質量は, 2 通りに計算したエネルギー損失が一致するよう調整してきめることができる.

先に示した値

$$M_m = (180 \sim 260)m \tag{2}$$

は, このようにして得たものであった.

この計算では, ブロッホの公式で, 粒子が自由電子と直接に衝突する際に渡す最大のエネルギーを非相対論的な理論から $2mv^2$ と仮定した. しかし, われわれの場合には, 相対論的値を用いなければならない[4];

$$W = \frac{2mM_m(1+\eta)}{m^2 + 2mM_m\eta + M_m^2} E \tag{3}$$

ここで, E は粒子の最初のエネルギー, $\eta = 1/\sqrt{1-v^2/c^2}$, v は粒子の速さ, c は光の速度である. もしこれを用いれば,

$$M_m = (180 \pm 20)m \tag{4}$$

となり, 上記の新しい実験値により良い一致を得ることになる.

より詳しい報告は当研究所の *Scientific Papers* に発表される.

仁科芳雄
竹内 柾
一宮虎雄
日本学術振興会宇宙線小委員会
理化学研究所

東京, 日本
1939 年 1 月 31 日

［英文, 手書きの下書き］

1 Y. Nishina, M. Takeuchi and T. Ichimiya, *Phys. Rev.* **52**（1937）1198.
2 M. Livingston and H.A. Bethe, *Rev. Mod. Phys.* **9**（1937）268.
3 c.f. W. Heitler, *Quantum Theory of Radiation*, Oxford 1936, formula（1）, p. 218.
4 H.J. Bhabha, *Proc. Roy. Soc.* **164**, 255（1938）.
a 下書き 800 の完成版. 次の論文になった: Y. Nishina, M. Takeuchi and T. Ichimiya, On the Mass of the Mesotron, *Phys. Rev.* **55**（1939）585-586. 印刷されたとき多少の語句の修正があった. 大きな修正は (3) 式の後の $\eta=1/\sqrt{1-v^2/c^2}$ が $\eta=(1-v^2/c^2)^{1/2}$ のプラス 1/2 乗に変えられたことだけである. この論文の出した（中間子の質量）/（電子の質量）=(180±20) は今日の値 206.8 をほとんど誤差範囲に含んでいる.
b これは書簡 775 の例 2 のデータではないかと思われる. そこには R (on the plate) ≒6.15 cm とあるのに, ここでは飛跡の長さは 15 cm とされているところだけ食い違っているかに見えるが, on the plate には縮小されて写るということだろう. 霧箱の圧力は一致し, 常温常圧の飛跡の長さ RNTP もほぼ一致している. 得られた中間子の質量も一致している.
c これは書簡 775 の例 1 のデータである.

814 梅田 魁（北海道帝大）→ 仁科芳雄　　　　　　　　　　1939/02/01

仁科 先生
1. お忙しい所お手紙難有うございました. 愈々御来札楽しんで居ります.
2. 共立社の件^a誠に申訳なく早くせねばせねばと思ひ乍ら自分の仕事に追はれ一方次々新しいのが出るので決心がつきません. 大部分はもう書いてあるのですが, この 2 月一杯には是非完成させます. 12 月末に湯川さんから湯川さんが書いて呉れる所につき程度其他の問合, 打合せがありました. 湯川さんも今 U 粒子及び β Zerfall を書いてゐてくれると思ひます. 今御送附申上げる仕事がさっぱりしないので共立社に断言的の返事出来かね, 返事をせずそのままほうってしまひ済まないと思ってゐる次第でございます. 之から暫らく自分の仕事には目をつぶって原稿を完成する積りでございます.
3. 朝永君との共著のは先日お送り申上げました.
4. 8 日 12 時半迄御講演の様ですが, 8 日は前便申上げました様に物理雑誌会の日故是非お話しを願度皆待望して居ります. その為に又御時間を奪っては申

訳ありません故先日理研でお話になりました heavy electron についての Discussion など待望して居ります．8日の午後4時55分の急行（船で寝て上野翌夕7時）になさいますか．9日朝例の9時50分の急行（東北線でねて翌朝10時半上野）になさいますか．尤も中谷さんの好きな8日夜9時発函館までねて，東北線を昼1時から翌朝7時迄のる鈍行もありますが．
［中略］
6. Wefelmeier の Modell につき理研でやりました Konkavität につき Wefelmeier 自身が手紙をくれましたのでお話し出来るのを楽しみにして居ります．Thomas-Fermi-Dirac の eq. の Solution につき Jensen に問合せてゐた返事も来て，誤差の範囲では一致してる様で安心しましたが，どうしても学振に提出した方法をやる必要を痛感致しました．
［後略］

  a 書簡 543 の注 a を参照．

815 朝永三十郎（大谷大学）→ 仁科芳雄　　　1939/02/04

拝啓　振一郎学位要求のことにつきいろいろ御手数を煩はし恐縮之至奉存候御来示に従ひ書類に捺印の上御送申上げ候間可然御取計らひ被下度御願申上候先ハ御返事且つ御願迄如斯御座候　　　　　　　　　　　敬具
　2月3日　　　　　　　　　　　　　　　　　　　　朝永三十郎

仁科　博士殿
　　　　御座右

816 朝永振一郎　学位申請書（東京帝国大学総長宛）　　1939/02

      学位申請書
私儀今般学位規則第3条ニ依リ自著論文ヲ提出シ理学博士ノ学位ヲ請求候間東京帝国大学理学部教授会ノ議ニ附セラレ度履歴書3通及ビ論文目録3通相添ヘ此段申請候也
　昭和14年2月　日
　　　　　　　　　　　　　　　　　　京都市左京区吉田近衛町9番地

平民　朝永振一郎

東京帝国大学総長　平賀譲殿

論文目録

主論文
Innere Reibung und Wärmeleitfähigkeit der Kernmaterie.
Zeitschrift für Physik, Bd. 110. Heft 9-10（1938）ニテ発表
核物質ノ粘性及ビ熱伝導度ニ就テ
昭和13年10月雑誌 *Zeitschrift für Physik* 第110巻9-10号ニテ発表

参考論文

一. On the Creation of Positive and Negative Electrons（Joint-work with Yoshio Nishina）
Proceeding of Physico-Mathematical Society of Japan, Vol. 3, No. 15（1933）ニテ発表
陰陽電子ノ創生ニ就テ（仁科芳雄ト共著）
昭和8年8月雑誌 *Proceeding of Physico-Mathematical Society of Japan* 第3巻15号ニテ発表

一. On the Negative-Energy Electrons（Joint work with Yoshio Nishina）
Japanese Journal of Physics, Vol. 9, No. 1（1934）ニテ発表
負勢力電子ニ就テ（仁科芳雄ト共著）
昭和9年1月雑誌 *Japanese Journal of Physics* 第4巻1号ニテ発表

一. On the Photo-electric Creation of Positive and Negative Electrons （Joint work with Yoshio Nishina and Shoichi Sakata）
Supplement to Scientific Papers of the Institute of Physical and Chemical Research, Vol. 24, No. 17（1934）ニテ発表
陰陽電子ノ光電的創生ニ就テ（仁科芳雄，坂田昌一ト共著）
昭和9年5月雑誌 *Supplement to Scientific Papers of the Institute of Physical and Chemical Research* 第24巻17号ニテ発表

一. On the Annihilation of Electrons and Positrons（Joint work with Yoshio Nishina and Hidehiko Tamaki）
Supplement to Scientific Papers of the Institute of Physical and Chemical Research, Vol. 24, No. 18 ニテ発表
陰陽電子ノ消滅ニ就テ（仁科芳雄，玉木英彦ト共著）
昭和9年8月雑誌 *Supplement to Scientific Papers of the Institute of Physi-*

cal and Chemical Research 第 24 巻 18 号ニテ発表

一. On the Creation of Positive and Negative Electrons by Heavy Charged Particles. (Joint work with Yoshio Nishina and Minoru Kobayasi)
Scientific Papers of the Institute of Physical and Chemical Research, Vol. 27, No. 584 (1935) ニテ発表
重イ荷電粒子ニ依ル陰陽電子ノ創生ニ就テ (仁科芳雄, 小林 稔ト共著)
昭和 10 年 8 月雑誌 *Scientific Papers of the Institute of Physical and Chemical Research* 第 27 巻 584 号ニテ発表

一. A Note on the Interaction of the Neutron and the Proton (Joint work with Yoshio Nishina and Hidehiko Tamaki)
Scientific Papers of the Institute of Physical and Chemical Research, Vol. 30, No. 650 (1936) ニテ発表
中性子ト陽子トノ相互作用ニ関スル一考察 (仁科芳雄, 玉木英彦ト共著)
昭和 11 年 8 月雑誌 *Scientific Papers of the Institute of Physical and Chemical Research* 第 30 巻 650 号ニテ発表

一. Eine Bemerkung über die gegenseitigen potentiellen Energien zwischen zwei Deutronen (Zusammenarbeit mit Kwai Umeda und Yôrô Ôno.)
Scientific Papers of the Institute of Physical and Chemical Research, Vol. 32, No. 712 (1937) ニテ発表
2 ツノ重水素核ノ間ノ位置勢力ニ関スル一考察 (梅田 魁, 大野陽朗ト共著)
昭和 12 年 7 月雑誌 *Scientific Papers of the Institute of Physical and Chemical Research* 第 32 巻 712 号ニテ発表

一. Eine Bemerkung zum Austauschintegral (Zusammenarbeit mit Kwai Umeda)
Scientific Papers of the Institute of Physical and Chemical Research, Vol. 32, No. 713 (1937) ニテ発表
交換積分ニ就テノ一考察 (梅田 魁ト共著)
昭和 12 年 7 月雑誌 *Scientific Papers of the Institute of Physical and Chemical Research* 第 32 巻 713 号ニテ発表

一. Bemerkungen über die kinetische Kernenergie im Hartree-Fock-Modell
Scientific Papers of the Institute of Physical and Chemical Research, Vol. 32, No. 724 (1937) ニテ発表
ハートリー・フォック模型ニ於ル原子核ノ運動勢力ニ就テノ考察

昭和12年9月雑誌 Scientific Papers of the Institute of Physical and Chemical Research 第32巻724号ニテ発表

一．On the Collision of a High Energy Neutrino with a Neutron (Joint work with Hidehiko Tamaki)
Scientific Papers of the Institute of Physical and Chemical Research, Vol. 33, No. 733 (1937) ニテ発表
高勢力中性微子ト中性子トノ衝突ニ就テ（玉木英彦ト共著）
昭和12年11月雑誌 Scientific Papers of the Institute of Physical and Chemical Research 第33巻733号ニテ発表

一．Scattering and Splitting of Photons on the Non-linear Field Theory of Born and Infeld (Joint work with Minoru Kobayasi)
Scientific Papers of the Institute of Physical and Chemical Research, Vol. 34, No. 852 (1938) ニテ発表
ボルン・インフェルトノ非一次的場論ニヨル光子ノ散乱ト分裂
昭和13年11月雑誌 Scientific Papers of the Institute of Physical and Chemical Research 第34巻852号ニテ発表

817 F.M. Eaton （アメリカ農務省） → 仁科芳雄・中山弘美 （理化学研究所）
1939/02/04

合衆国農務省　植物産業局
U. S. 地域塩分研究所
カリフォルニア州リバーサイド　　1939年2月4日

理化学研究所
仁科芳雄 様，中山弘美 様

あなた方の論文，
　　　　植物におけるナトリウムの吸収と移動について
を Alvin D. Ayers 博士と私に，あわせて2部，お送り下さいませんか．

F. M. Eaton
上席生理学者
［英文］

818 朝永三十郎 (大谷大学) → 仁科芳雄　　　　　　　1939/02/07

拝啓　振一郎学位請求申請書理学部へ御提出いただきし由御厚情の段奉深謝候　私方にて致すへき雑務まて御取計らひ頂き誠に恐縮の至奉存候　先ハ右御礼のみ申上度如斯御座候　　　　　　　　　　　　　　　　匆々敬具
　　2月7日　　　　　　　　　　　　　　　　　　　　　　　朝永三十郎

　　仁科　博士殿
　　　　　　御座右

819 朝永三十郎 (大谷大学) → 仁科芳雄　　　　　　　1939/02/14

拝啓　振一郎学位申請書，論文，並に手数料受領証御送附を頂き有がたく落掌重ね重ね御手数を煩はし候段恐縮の至奉存候　右不取敢御受取並に御礼まて如斯御座候　　　　　　　　　　　　　　　　　　　　　　　　　敬具
　　2月14日　　　　　　　　　　　　　　　　　　　　　　　朝永三十郎

　　仁科　博士殿
　　　　　　御座右

820 寺澤寛一 (東京帝大) → 仁科芳雄　　　　　　　　1939/02/18

　　　　　　　　　　　　　　　　　　　　昭和14年2月18日
　　　　　　　　　　　　　　　　東京帝国大学理学部長　寺澤寛一
　仁科　講師殿
　朝永振一郎氏ヨリ別紙論文ヲ提出シ学位請求ニツキ2月17日開催の教授会に於テ審査委員委嘱致候間御通知旁々此段得貴意候也
　　追テ審査委員ハ貴下ノ外落合教授，坂井助教授ニ有之候

　主論文
　　　Innere Reibung und Wärmeleitfähigkeit der Kernmaterie.

核物質ノ粘性及ビ熱伝導度ニ就テ

821 仁科芳雄　朝永振一郎学位論文審査報告（草稿）　　1939/02/18

朝永振一郎学位論文審査報告

朝永振一郎君学位請求論文ハ主論文1篇参考論文11篇ヨリ成リ，孰レモ量子論殊ニ原子核ニ関スル理論的研究ナリ．

主論文 (Zeitschrift für Physik 110. Band (1938), 573) ハ原子核物質ノ粘性及ビ熱伝導度ニ関スル研究結果ニシテ，原子核ヲ著シク縮退セル Fermi 瓦斯ト見做シ，之レヲ気体運動論的ニ取扱ヒ，依テ原子核ノ粘性並ニ熱伝導度ヲ求メタルモノナリ．

ソノ結果ハ常態ニ於ケル核ノ粘性ハ甚ダ大ニシテ到底液滴ノ場合ノ如キ外形ヲ変化スル振動ハ行ヒ得ズ，カヽル種類ノ運動ハ直チニ制止セラレ，ソノエネルギーハ核構成粒子ノ熱運動ノエネルギーニ変化スルコトヲ明ニシタリ．従テ将来核ノ運動ヲ取扱フニ当リテハ，此結果ヲ考慮セザルベカラズ．但シ充分高キ温度ニアル核ニ於テハ粘性ハ減少シ液体同様ノ振動モ可能トナルベシ．

次ニ核ノ熱伝導度モ常態ニ於テハ極メテ大ニシテ，外部ヨリ粒子ヲ衝突セシメテソノ温度ヲ高メル場合ニモ，核ノ温度ハ直チニ均一トナリ，衝突局部ヨリ他ノ部分ヘノ熱伝導ニ要スル時間ハ無視セラルルモノナルコトヲ示セリ．但シ温度ノ甚ダ高キ場合ニハ伝導度ハ減少スルガ故ニ充分大ナルエネルギーヲ有スル粒子ト原子核トノ衝突ノ如キニ於テハ熱伝導ニ要スル時間ヲ考慮スルヲ要シ，核ノ温度ガ均一トナル前ニ局部ヨリ構成粒子ノ蒸発ヲ見ルコトモアルベシ．

以上ノ結果ハ今後原子核ノ問題ヲ取扱フニ当リテ常ニ念頭ニ置カルベキ基礎的性質ナリ．

参考論文第1篇（Japanese Journal of Physics, Vol. 9 (1934), 21）ニ於テハ仁科芳雄ト共同ニテ，原子核ノ電場ニ於テハ高エネルギーノ光子又ハ帯電粒子ハ陰陽電子ヲ創生セシメ得ルコトヲ指摘シ，第2篇（Japanese Journal of Physics, Vol. 9 (1934), 35）ニ於テハ仁科芳雄ト共同ニテ負ノエネルギーヲ有スル電子ニ関スル考察ヲ行ヒ，第3篇（Supplement to Scientific Papers of the Institute of Physical and Chemical Research, Vol. 24 (1934), 1）ニ於テハ原子核ノ電場ニ於ケルガンマ線ニヨル陰陽電子創生ノ確率ヲ仁科芳雄，坂田昌一トノ共同ニヨリ計算シ，第4編（Supplement to Scientific Papers of the Institute of Physical and Chemical Research, Vol. 24 (1934), 7）ニ於テハ仁科芳雄，玉木英彦ト共同シテ陽電子ガ物質

通過ノ際, 陰電子ト衝突シテ消失シガンマ光子トナル確率ヲ求メ, 第5篇 (*Scientific Papers of the Institute of Physical and Chemical Research*, Vol. 27 (1935), 137) ニ於テハ仁科芳雄, 小林 稔トノ共同ニヨリ帶電粒子ニヨル陰陽電子創生ノ確率ヲ計算シ, 第6篇 (*Scientific Papers of the Institute of Physical and Chemical Research*) ニ於テハ仁科芳雄, 玉木英彦ト共同シテ中性子ト陽子トノ相互作用ヲ研究シ, 第7篇 (*Scientific Papers of the Institute of Physical and Chemical Research*, Vol. 32 (1937), 87) ニ於テハ梅田 魁, 大野陽朗ト共同シテ2ツノ重陽子間ノポテンシャルヲ Heisenberg ガ2個ノアルファ粒子間ニ於テ求メタルト同様ノ方法ニヨリ計算シ, 第8篇 (*Scientific Papers of the Institute of Physical and Chemical Research*, Vol. 32 (1937), 97) ニ於テハ梅田 魁ト共同シテ第8篇ノ計算ニ表ハレタル交換積分ノ特異性ヲ研究シ, 第9篇 (*Scientific Papers of the Institute of Physical and Chemical Research*, Vol. 32 (1937), 229) ニ於テハ原子核ヲ Hartree-Fock ノ方法ニテ取扱フニ際シ, 重心ノ座標ヲ除去シ運動エネルギーヲ求ムル方法ヲ示シ, 第10篇 (*Scientific Papers of the Institute of Physical and Chemical Research*, Vol. 33 (1937), 288) ニ於テハ玉木英彦ト共同シテ高エネルギーノ中性微子ト中性子トノ衝突ニヨリ Heisenberg 型ノシャワーヲ生ズル確率ヲ求メ, 此確率ガ重要トナルハ 10^{12} eV 以上ナルベキコトヲ明ニセリ. 第11篇 (*Scientific Papers of the Institute of Physical and Chemical Research*, Vol. 34 (1938), 1643) ニ於テハ小林 稔ト共同シテ光子ガ原子ニ衝突セル際ソノ電場ノタメ光子ノ分裂スル確率ヲ Born-Infeld ノ電磁場論ヲ用ヒテ計算セリ.

以上ノ諸研究ハ量子論並ニ原子核ノ理論ノ進展ニ貢献スル處顕著ナリ. 依テ提出者朝永振一郎ハ理学博士ノ学位ヲ受クル資格アルモノト認ム.

　　　　　　　　　　　　　　　審査委員
　　　　　　　　　　　　　　　教授
　　　　　　　　　　　　　　　教授
　　　　　　　　　　　　　　　講師　仁科芳雄

822　仁科芳雄　嵯峨根遼吉学位論文審査報告（草稿）　　1939/02/18

　　　　　　　嵯峨根遼吉学位論文審査報告

嵯峨根遼吉氏学位請求論文ハ主論文3篇, 参考論文6篇ヨリ成リ, 孰レモ原子核物理学ノ実験的研究及ビコレニ関聯セルモノナリ.

　主論文第1篇 (*Physical Review*, Vol. 50 (1936), 1141) ハ硫黄ノ人工放射能ノ

研究結果ニシテ，4〜6 MeV ノ重陽子並ニ Be ニ重陽子ヲ当テテ得ラレタル中性子ニヨリ硫黄ヲ衝撃シテ次ノ人工放射性元素ヲ生ズルコトヲ認メタリ．

被衝撃元素	反応	人工放射性元素	半減期	放射線
^{32}S	(d, α)	^{30}P	3 ± 0.1^m	e^+
^{32}S	(d, n)	^{33}Cl	33 ± 1^m	e^+
又ハ ^{33}S	(d, n)	^{34}Cl		
^{34}S	(d, α)	^{32}P	14 ± 0.3^d	e^-
^{32}S	(n, p)	^{32}P	〃	〃
^{34}S	(n, α)	^{31}Si	2.6 ± 0.2^h	〃

主論文第 2 篇 (*Physical Review*, Vol. 53 (1938), 492) ハ Be ニ重陽子ヲ衝撃セシメテ生ズル中性子ノエネルギーガ中性子放射ノ方向並ニ重陽子ノエネルギーニヨリ定式ニ従ヒテ変化スルコトヲ利用シ中性子損失ニヨリ人工放射性元素ヲ発生セシムベキ中性子ノ最小限界エネルギーヲ定メテ次ノ結果ヲ得タリ．

被照射元素	人工放射性元素	半減期 (m)	中性子ノ最小限界エネルギー E_n
^{14}N	^{13}N	10	$5.5 < E_n < 7$
^{31}P	^{30}P	2.8	5 〃 7
^{63}Cu	^{62}Cu	10	12 〃 13
^{64}Zn	^{63}Zn	35	9.0 〃 10
^{69}Ga	^{68}Ga	66	6 〃 7
^{70}Ge	^{69}Ge	30	5.5 〃 7
^{79}Br	^{78}Br	6	9 〃 13
^{92}Mo	^{91}Mo	17	12 〃 13
^{107}Ag	^{106}Ag	25	5 〃 7
^{113}In	^{112}In	1	12 〃 13
^{121}Sb	^{120}Sb	16	5.5 〃 7

又上記元素ノ中近キ限界エネルギーヲ持ツモノニ就テソノ大サノ順序ヲ次ノ如ク定メ得タリ．Ga＞Ge＞Sb＞Ag＞P．

逆ニ此結果ヲ利用シテ種々ノ原子核反応ノ際生ズル中性子ノエネルギー並ニ其反応ニ於テ発生スルエネルギー量ヲ罸定スルコトヲ得タリ．

主論文第3篇 (*Physical Review*, Vol. 55 (1939), 31) ハ銅，亜鉛，ガリウム，ゲルマニウムヲ速並ニ緩中性子及ビ重陽子ニヨッテ照射シ，其際得ラル、人工放射性元素並ニ其原子量ヲ認定シ，其生成反応，半減期，放射線ヲ決定シタルモノニシテ，其結果ノ概要次ノ如シ．

	被衝撃元素	反応	人工放射性元素	半減期	放射線
+1	^{63}Cu	(n, p)	^{63}Ni	2.5 ± 0.3^h	e^-
2	^{63}Cu	(n, 2n)	^{62}Cu	10 ± 0.5^m	e^+, γ
3	^{63}Cu	(n, γ)	^{64}Cu	12.8 ± 0.3^h	e^-, γ
4	^{63}Cu	(d, p)	^{64}Cu	〃	〃
5	^{65}Cu	(n, 2n)	^{64}Cu	〃	〃
6	^{65}Cu	(n, γ)	^{66}Cu	5 ± 1^m	e^-
7	^{65}Cu	(d, p)	^{66}Cu	〃	〃
+8	^{63}Cu	(d, γ)	^{65}Zn		
9	^{64}Zn	(n, p)	^{64}Cu		
10	^{64}Zn	(n, 2n)	^{63}Zn	35 ± 3^m	e^+, γ
11	^{64}Zn	(n, γ)	^{65}Zn	210 ± 30^d	e^+, γ
12	^{66}Zn	(n, p)	^{66}Cu		
+13	^{68}Zn	(n, γ)	^{69}Zn	57 ± 3^m	e^-
14	^{69}Ga	(n, 2n)	^{68}Ga	66 ± 2^m	e^+, γ
15	^{69}Ga	(n, γ)	^{70}Ga	20 ± 1^m	e^-
16	^{71}Ga	(n, 2n)	^{70}Ga		
*17	^{71}Ga	(n, γ)	^{72}Ga	14.1 ± 2^h	e^-, γ
*18	^{70}Ge	(n, 2n)	^{69}Ge	30 ± 3^m	e^+
×*19	^{70}Ge	(d, n)	^{71}As	50 ± 3^h	e^+, γ
*20	^{70}Ge	(n, γ)	^{71}Ge	26 ± 3^h	e^+, γ

*21	^{70}Ge	(d, p)	^{71}Ge			
×*22	^{72}Ge	(d, n)	^{73}As	88 ± 2^m	e^+, γ	
*23	^{73}Ge	(d, n)	^{74}As	16 ± 2^d	e^-, γ	
*24	^{74}Ge	(n, γ)	^{75}Ge	81 ± 3^m	e^-	
×*25	^{74}Ge	(n, p)	^{74}Ga	6 ± 1^d	e^-	
*26	^{74}Ge	(d, p)	^{75}Ge			
*27	^{76}Ge	(d, n)	^{77}As	55 ± 5^d	e^-, γ	
*28	^{76}Ge	(n, γ)	^{77}Ge	8 ± 1^h	e^-	
*29	^{76}Ge	(d, p)	^{77}Ge			

但シ右ノ表ニ於テ*ヲ附シタルモノハ嵯峨根氏ノ始メテ認メタル放射性元素ニシテ, 他ハ既ニ他ノ研究者ニヨリ発表セラレタルモノナルモ, 嵯峨根氏ノ再検討ヲ行ヒタルモノナリトス. 又×印ハ尚検討ノ余地アルモノニシテ+印ハ存在ノ確実ナルモ質量番号等ハ尚不確定ノモノナリ.

以上ノ研究ハ米国加州大学ニ於テ行ヒタルモノナリ.

参考論文第1ニ於テハ, ガンマ線ニヨル人工放射性物質ノ生成ヲ Chang, Goldhaber ト共同ニテ行ヒタル結果ヲ, 第2ヨリ第4ニ於テハ小島, 宮本, 井川諸氏ト共同ニテゲルマニウム, 砒素, イットリウム, ジルコン, モリブデン, ニオブヲ速並ニ緩中性子及ビ重陽子ニヨリテ衝撃シテ得ラレタル人工放射性元素ノ研究結果ヲ, 第5ニ於テハ国産材料ヲ用ヒテ製作セル直線的増幅器ノ報告ヲ, 第6ニ於テハ仁科, 竹内, 富田諸氏ト共同ニテ行ヒタル ^{30}P ノビータ線スペクトルノ研究結果ヲ記載シタルモノナリ.

以上ノ諸研究ハ原子核物理学ノ進展ニ貢献スル所尠カラズ, 依テ理学博士ノ学位ヲ受クル資格アルモノト認ム.

　　　　　　　　　　　　　　　　　　　　審査委員
　　　　　　　　　　　　　　　　　　　教授　西川正治
　　　　　　　　　　　　　　　　　　　教授　木内政藏
　　　　　　　　　　　　　　　　　　　講師　仁科芳雄

823 朝永振一郎 (ライプチッヒ大学, ドイツ) → 玉木英彦 (理化学研究所)
1939/02 ［日不明］

　ごぶさたしました．きっと手紙かいても返事くれないし，物をおくっても受とりもよこさないとおしかりだろうと思いますが，重々おわび致します．その後は相変らずかぜもひかず，どうやらこの冬は，かえってそちらにいるときよりよさそうな様子です．今年は幸に大へんあたたかい由，それも長くはつづかずに間もなく又寒さがくると思っていますのに一向さむくならず，雪はお正月の4, 5日までふりましたが，それからは雨となり，池の氷もとけてしまいました．こんなのはかえって日本の方がさむい位です．公園の池が凍ってスケートが行われたのはほんの2, 3日の間でした．いまではいけがきにもう何か黄色の花さえさき出しました．しかしまだまだ油断はなりません．このごろは一寸しごとをはじめました．しかしこの方は日本でやっていた流儀のままにやればいいので，それに大分なれてきたせいか，ドイツに居るのだか何だか判らなくなってきました．ただ一寸，イナカ亭だの平八だのと思い出して，ふるさとをこいしがっています．もうじき又春休みになりますがまあほんとの春になるまではもうしばらくおとなしくしているつもりです．このごろファッシングというきせつで，盛んに舞踏会などがあり，こっちの人は，朝の5時ごろまでおどるなど平気で，私にも会に出ろ出ろというので閉口です．私はおどりたくもなし，おどれもせず，いつもおことわりです．そちらではダンスホールが禁止になったとか新聞で見ましたし，戦争も又カントン方面で行われて，長くつづくらしいので我々も大いにあまりぶらぶらしていないで勉強しなければいかんというわけでしょう．但しオペラは大変面白いと思って時々行くつもりです．あとは活動にビール位．もうあと書くの面どうになりましたからここらで失礼します．
　　　　　　　　　　　　　　　　　　　　　　　　　　　　　　しん

[a] 1938年8月22日, 大本営は武漢 (武昌, 漢陽, 漢口) および広東の攻略を命令, 日本軍は広東を10月21日に, 武漢を10月27日に占領した. 国内では, 政府は1939年2月9日に国民精神総動員強化方策を決定, 総動員委員会の官制を公布した.

824 湯川秀樹 (大阪帝大) → 仁科芳雄
1939/02/22

　拝復　御手紙有難う御座いました．実は京大の件[a]に就きはっきりしない点がありましたので，御返事が延引致し誠に申訳ありません．昨日京大へ特別講義に

参りました際に木村教授に承りました所では，最初より教授として赴任するといふ件に対し，京大物理教室の方には異議なく，あとは学部の教授会その他の手続があるので，4月末乃至5月初位に発令の運びになるだらうとのことでした．そんな訳でこの問題は特別の事情がない限り，最早や決定したものと見るより他ありません．

貴翰によりますれば，東京帝大の方でも希望があります由，実に光栄の至りと存じますが，右の次第にてこれは今の所お断りするより他ありません．何卒東大の方々にも宜しく御伝へ下さる様お願ひ申上ます．毎々小生の為め御配慮下され深く感謝致し居ります．

尚小生一身上の問題のみならず坂田君，小林君等同僚の人々の事や今後の研究方針等に関し，色々御教示を御願ひ致したいことも御座いますので，先生の御都合のよい折に，4月迄に一度上京致し度存じて居ります．

　　先づは右御返事のみ．　　　　　　　　　　　　　　　　　　　敬白
　　2月22日　　　　　　　　　　　　　　　　　　　　　　　　湯川秀樹

仁科 先生
　　　机下

追而　最近こちらで計算した結果によりますと，Uの寿命は質量に相当関係し，$100m$とすると$200m$の場合よりずっと長くなります．従って質量が$100m - 200m$の間とすることによって，実験値$\tau_0 = 2 \times 10^{-6}$ sec と大して矛盾しないことになりそうです．

　　　　[a] 書簡 786, 789, 796 を参照．

825　仁科芳雄 → 湯川秀樹（大阪帝大）　　　　　　　　　　　1939/02/23

　　　　　　　　　　　昭和14年2月23日　　　理化学研究所
　　　　　　　　　　　　　　　　　　　　　　仁科芳雄

湯川 君
　　御手紙難有拝見．
　　予期通リノ御返事[a]デ小生トシテハ寧ロ「安心」ト云フ心境デス．
　　先日西川サンカラ話ガアッタトキニ一度会ッテ話ヲシタイト考ヘテソノ手紙ヲ書イタノデスガ，学期末ノ多忙ナトキト考ヘテ手紙ヲ書キ変ヘタノデシタ．

御上京ノ御意嚮喜ンデ待ッテ居マス．2月27日ノ午前中講義ガアリマスガ其外ハ目下ノ処何ノ予定モアリマセン．但シ2月25日ハ学術振興会ノ会ガアリマスガ，ソレ迄ニハ未ダ上京ハナイモノト考ヘテ居マス．
然シ突発的ナ事ガ時々起リマスカラ，御上京ノ日取ガ決定シタラ御知ラセ下サイ．ソノ日ヲ空ケテ待ッテ居マス．
　万事拝眉ノ上．　　　　　　　　　　　　　　　　　　　　　　　匆々

　　　a　書簡824．

826　梅田　魁 (北海道帝大) → 仁科芳雄　　　　　　　　　　1939/02/23

仁科 先生
　1. 先日は折角の御来札に拘らず時間なき為何の御もてなしも申上げず申訳ございません．行届かぬことばかりであったのに御丁寧なお手紙賜り恐れ入りました．お忙しいのですから御用の外はどうぞおかまひなく願ひ上げます．長途の御往復再も続け様にお話を要求され，お疲れの御事と拝察致して居ります．
　2. 扨お忙しい所御持参下さいました Schwankungsbindung に関する私の原稿御注意の点を直し，更に出来るだけ compact にする目的で数日前有山さんに考へて貰ふ様頼みましたら，本日葉書にて大体あのまゝでよからうとの事，有山さんが先生の御手許に持参致しましたら，お忙しい所何とも恐れ入りますが有山さんより御聴取の上何分の御意見お聞かせ願ひ上げ度，もしお許しあれば，編纂の方へ御願ひ致し度く存じ上げます．
　3. 学振[a]に Fermi-Dirac Gleichung mit Austausch の genauere Lösung を求めることで補助を申請致しましたが，目下 Jensen と Discussion の最中是非何分の御配慮願ひ上げます．
　4. 昨年中の懸案だった Partitio Numerorum の表やっと出来上がり，御送附申上げました．物理の方で之以上どの位役立ってくれるか疑問ですが数学の方で功力さん始め皆が喜んでくれ嬉く思って居ります．然し物好き，暇潰しの感なきに非ずです．
　5. 時節柄御自愛専一の程願上げます．
　お陰様にて私達一同元気で居ります．急に暖かになってきて雪がどんどん融けて居ります．
　乍末筆御奥様に宜敷く願上げます．

梅田 魁

    a 学術振興会については，書簡333の注a参照．

827 湯川秀樹（大阪帝大）→ 仁科芳雄　　　　　　　　　　　　　　　［日付不明］[a]

拝復　先日は学振申請の件につき御懇篤なる御教示を賜はり有難う御座いました．
　仰せの通りの趣旨にて書類を作製しました．
　いづれ上京の節万々御礼申述度存じますが取敢ず右御報告のみ　　　早々
　　　　　　　　　　　　　　　　　　　　　　　　　　　　　　湯川秀樹
仁科 先生
　　　侍史

    a 日付不明．「学振申請」とあるので，仮に，同じ内容を含む書簡826の次におく．

828 湯川秀樹（大阪帝大）→ 仁科芳雄　　　　　　　　　　　　　　　1939/03/03

拝啓　先般申上げ置きました小生上京の件は次の如く決定致しました．6日鷗にて午後5時20分東京駅着，宿所（大体学士会館の予定）に立寄り，直ちに貴研究室へ参上致すつもりで御座います．
　先づは右御一報のみ　　　　　　　　　　　　　　　　　　　　　　　草々
　　　　　　　　　　　　　　　　　　　　　　　　　　　　［葉書，日付は消印］

829 梅田 魁（北海道帝大）→ 仁科芳雄　　　　　　　　　　　　　　　1939/03/06

拝啓　お変りございませんか，堀さんのお話によると先日お願ひ致しました学振の「Thomas-Fermi-Dirac eq. の解の接点[a]の研究」補助としまして戴けました由，いつも乍ら御世話になりまして誠に難有く御礼申上げます．
　之で，来年度は Thomas-Fermi-Dirac の Austausch の入った場合の原子半径 の exact determination と Bloch の Thomas-Fermi Gaskugel の Eigenschwingung の (Numerical) determination をやって多年の Thomas-

Fermi に関するひっかかりを片附ける積りで居ります．札幌もめっきり暖かくなり先生の御来札当時に比し，1尺5寸位積雪も低くなりました．
　以上不取敢乍失礼葉書にて御礼申上げます．　　　　　　　　　敬具
[葉書]

　　　a 書簡857には接点を示すグラフが示されている．

830　荒勝文策（京都帝大）→ 仁科芳雄　　　　　　　　1939/03/10

拝啓　大分暖かく相成候段御清祥奉賀候
　4月の数物年会も接近致候　小生本年は何も出来ず準ビで了り候
　アチコチの御話も承り結局原子核に関する分は2日の午前9時より午後4時迄全部を原子核の部会とし約18ケの論文を発表講演とし時間充分なるを以て他少し討論を許し進行致し，3日の朝より原子核討論会として約9ッ（？）の論文（申込居りし分）全部メソトロンに関する物のみを集め時間の制限無くユックリ読んで戴く事に致候（プログラムには申込の時間は入れて居れど）　貴兄の御講演の中メソトロンに関する実験の分が当日の最終と相成様プログラムに仕組置候　其時メソトロンに関する一般的解説の如きものを適宜含ませて御講演下され候はゞ一般に此問題につき知識少き会員には或は便利かとも存居候　御考へに御まかせ致候
　何卒年会にはユックリ京都を楽しみに御越し下され度御待致候　高圧装置も種々御教示御願致度存居候
　尚これは既に御耳には入り居ると存候へど阪大湯川氏を当京都物りの教授として故玉城教授御後任に御迎へする事に内々進行致居候　私の所へ来られては何かと学問的には御損かとも存候へど私から申せば非常に有難い事と相成り同氏も御快諾下されし事に相成候故，私としては出来るだけ同氏の学問的発展を期する様其コンディションを作り日本学界を茲に世界へ勇飛せしむる事に努力致度と存居候　何分今後共同氏との学的交渉を度々緊密になし下され種々御援助下さる様なし下され度候　私も追々無為老骨と相成候故セメテ若い人々の邪魔にならぬ様若い人の発展を期する様暮し度と存居候　同慶御鞭撻下され度候
　　　　　　　　　　　　　　　　　　　　　　　　　　　　敬具
　　　　　　　　　　　　　　　　　　　　　　　　　　　荒勝文策

	1	2	3	4
第1部	波動キカ	原子核	原子核討論会	活動スタディオ
				御所拝観

仁科 博士殿

 a 書簡 551 の注 d 参照.

831 湯川秀樹 (大阪帝大) → 仁科芳雄　　　1939/03/10

拝啓　先日は上京，御手厚き御接待に預り，誠に有難う御座いました．帰阪の車中，御姉上様宛に参りました電報にて，御郷里の御姪御様御逝去の由承知致しました．誠に哀悼の至りに堪へませぬ．
　次に数物の件ですが，以前に京都帝大物理教室の意向としては，今年の年会では原子核に関し，特に討論会は催さぬ由承って居りましたので，何か小さなグループの会でもと存じ，菊池さんなどゝ相談の結果，先生の御意見をも御伺ひした様な次第でした．所が帰阪後昨日，京都へ参り荒勝さんに面会致し右の件につき聞いて見ましたが，東京本部では今年も是非討論会をやって欲しいとのことだったので，当初の予定を変更，4月3日にメソトロンに関するもの丈集めて討論会を行ふことに決定した由です．その方にまはった論文は先生の方の分と小生等の方の分併せて八つ位とのことです．私としては今度は大して自信のある報告もありませんし，毎年私共のものばかりが特別扱ひを受けるのも心苦しく，その旨荒勝さんにも申しましたが，最早印刷に廻って居り変更出来ぬ由でした．
　右の次第に就き，先日当方で考へて居りました β 崩壊の討論の方は自然消滅の形です．唯ゝ菊池さんの β 線の実験などは討論会の方へまはる方がよかったのではないかとも思はれます．
　右の次第にて，色々御配慮を煩はしましたことを大変恐縮致し居ります．西川教授へも宜しく御鳳声下され度願ひ上げます．
　尚，先生も御郷里へ御帰りの由承りましたが，兎も角も理研宛，右御報告申上ます．
　　　　　　　　　　　　　　　　　　　　　　　　　　　　　敬具
　3月10日　　　　　　　　　　　　　　　　　　　　　　　湯川秀樹

仁科 先生
　　机下

　ａ 書簡551の注d参照.

832　森脇大五郎（東京府立高等学校）　→　仁科芳雄　　　　　1939/03/13

前略失礼
　過日お願ひいたしました中島さん後任者の履歴書御送りいたします．何卒よろしく，御願ひ申上げます．
　尚，蠅ªの飼料等に関する費用，商人よりの請求書同封いたします故之亦お願ひ申上げます．
　3月13日　　　　　　　　　　　　　　　　　　　　　　　森脇大五郎

仁科 先生

　ª 書簡792（およびその注b）に猩猩蠅（ショウジョウバエ）がでてくる．

833　K. Birus（旭川，北海道）　→　仁科芳雄　　　　　　　1939/03/18

　　　　　　　　　　　　　　　　　　　旭川　1939年3月18日
尊敬する仁科 博士！
　月曜日の研究の討論で忘れたことがあると思います．テストにおいて3重のコインシデンス（偶然のもの）は4重のコインシデンスなので，偶然の3重コインシデンスの数は数えられていません（何故なら，すべての2重コインシデンス a は3重コインシデンス b でもあるからです）．偶然の3重コインシデンスの数（1時間あたり～0.2）を別の方法で測定しなければなりません．そして3重＝4重（1時間あたり～0.9）を差し引く．したがって，中性粒子はもっと少ないことになります！

　　　　　　　　　　　　　　　　　　　　　　　　　　　　［独文，絵葉書］

834 K. Birus （札幌） → 仁科芳雄　　　　　　　　　1939/03/18

　　　　　　　　　　　　　　　　　札幌　　1939年3月18日
尊敬する 仁科 博士！
　休暇を，スキーのために創られたような景色と山の上で過ごしています．心からの挨拶を送ります．梅田教授とKroll博士に出会いました．彼らは間もなく東京に向かいますが，先生にご挨拶をといっています．今日，私はイタリアの友人，日本の学生とともに数日の遠足に出発します．水曜日の夕方，東京に真っ直ぐ帰ります．大きな感謝をこめて
　　　　　　　　　　　　　　　　　　　　　　　　　Karl Birus

われわれの実験については別に書きます．
　　　　　　　　　　　　　　　　　　　　　　　　［独文，絵葉書］

835 菊池正士 （大阪帝大） → 仁科芳雄　　　　　　　　1939/03/19[a]

　大変御無沙汰致しました．先日はわざわざお悔みをいただき誠に有難うございました．お礼が大変おそくなり申訳ございません．一昨日出京しましたのでお寄りしやうと思って其の間がありませんでした．先日湯川君よりいろいろお話伺ひました．こちらではサイクロトロンは中へ入れるターゲットでやってゐますが，色んなものが蒸発して真空が悪くなり困ります．^{24}Naと^{32}Pのスペクトルをやるつもりです．^{24}Naの方は大体片づきました．杉本さんのとは可成り異った結果になりました．矢張りK.U.よりFermiに合ひさうです[b]．詳しいことはいづれお目にかゝってお話致します．今度の数物は始め特に原子核の討論はないらしかったので有志でβ崩壊の討論をやろうと云ふことにして先日湯川さんがお話しに参ったのですけど，其後の話しだと矢張り数物の方でやるさうなので話は沙汰止みになりました[c]．
　おひまがありましたらついでに皆さんに大阪にも寄っていただけたらと思ひますけど，ちょっと御無理かと存じます．嵯峨根さんを始め，皆さんに宜しくお伝へ下さい．
仁科芳雄 様
　　　　　　　　　　　　　　　　　　　　　　　　　　　　菊池正士
　　　　　　　　　　　　　　　　　　　　　　　　　［日付は消印］

a 本文，封筒に日付がないので日付は消印に拠っているが，消印の判読が難しい．書簡に「お悔やみ」とあるので書簡957との関連も考えられるが，その頃は958によればサイクロトロンが不調で，この書簡835に「^{24}Naの方は大体片づきました」とあるのと合わない．
b 書簡739の注dを参照．
c 書簡830を参照．

836 朝永三十郎 (大谷大学) → 仁科芳雄　　　　1939/03/22

拝啓　益御清祥の段奉賀候　陳者豚児の健康についての御懇示誠に難有奉存候　私方には当人よりは暫く音信無之がライプツィッヒ滞在中の知人よりの先日の消息中に振一郎事元気の旨報知し参り先づ先づ安心罷在候次第に御座候　何時も何時も御配慮を頂き不堪感謝厚く御礼申上候　先日来一寸旅行中に有之御礼遅延御海容を戴度先つ右迄如斯御座候
　　　　　　　　　　　　　　　　　　　　　　　　　　敬具
　3月22日　　　　　　　　　　　　　　　　　　　　　朝永三十郎

仁科芳雄　様
　　　　御座右

837 石原　純 (杉並区，東京)[a] → 仁科芳雄　　　　1939/03/24

拝啓　この書状持参の村上喜一氏を御紹介申し上げます．御迷惑の次第とも存じますが，熱心な研究者のことですから，内容は一寸疑問ですが，誰か若い方にともかく一応見て頂くことが出来れば，同氏にとっても満足かと存じます．御多忙中，甚だ失礼ながら何とぞ宜しくお願ひいたします．
　（先年一寸同氏の書いたものを見ました縁故にて名古屋から上京せられたとのことで尋ねられましたので，それだけの事ですが，どうぞよろしく御諒承下さい）
　　　　　　　　　　　　　　　　　　　　　　　　　石原　純

仁科芳雄　様

a 1925年から住んだ東京市目黒区から1938年2月に杉並区に転居した．1938年には『自然科学的世界像』(3月，岩波書店)，『科学と思想』(11月，河出書房)を出版した．後者には「科学動員論」があって次のように述べている：科学動員を国策の一つとして認める以上は，宜しくこれに処する道を講じなくてはならない筈である．

それならば具体的にいってどれ程の経費を適当とするかというなら，私は他国よりよほど思い切って内輪に見積もったつもりで，先ず試みに1千万円と答えて見よう．だが，そんなことをいえば，多分大蔵省当局は胆をつぶしてしまい，それは飛んでもないことだと撥ねつけるに違いない．して見れば，科学動員が今日政府に必要を認められたとはいうものの，それがどれだけ真剣であるかを大いに疑わねばならないことになる．1千万円としたところで，それは来年度の総支出予算約80億円の僅かに1/800にしか上らないのである．……私は，これを徒にいうのではない．ドイツの大戦後の惨状を救ったものが科学の力であるなら，わが国の将来を大にするものもまたそれでなければならないことを確信するからである．書簡801の注aを参照．

838 湯川秀樹（大阪帝大） → 仁科芳雄　　　　　　　　　　1939/03/26

拝復　貴翰拝読．討論会の最初に小生に何か解説をする様との御依頼に接しましたが，これは勿論先生にお願ひ出来れば一番結構と存じます．併し是非小生がやらねばならぬのでしたら，甚だ僭越とは思ひますが，そのつもりで少し準備して置きます故御安心下さい．
　尚，前に荒勝教授に会ひました折に小生に討論会の座長をやる様申されましたが，これは思ひもよらぬことで固く御辞退致しました．そして座長は当然先生にやって頂く様に申し置きました．
　先づは取敢ず，右御返事のみ．　　　　　　　　　　　　　　　　　草々
　3月26日　　　　　　　　　　　　　　　　　　　　　　　　　湯川秀樹

仁科　先生
　　　机下

839 菊池正士（大阪帝大） → 仁科芳雄　　　　　　　　　　1939/04/05

先日は失礼致しました．そちらのサイクロトロンの工合が悪くあまり充分実験がお出来にならなかったのは大変残念でございました．又学術振興会の方の援助金に就てはいろいろと有難うございました．お蔭で安心して来年も研究を続けられます．主としてβとγのスペクトルを探ることをやって参りたいと思って居ります．ウラニウムのフィッションも始めやうと思って居りますが，今

からでは余程がん張らないといけないかと思ひます．日本の学問も今一息と云ふ所まで進むで来たやうに思ひますので此処で今一がん張りお互ひに励まし合って大いに致したいと存じます．原子核の小委員会でも研究費以外に今少しお互ひの連らくをきん密にすると云ふやうな催しでも出来たらよいと存じますが，なかなか具体的にどうするとよいかむづかしいと存じます．今度の数物の会で痛切に感じましたこと，ちょっとお漏し致します．仁科さんに申し上げるのは或は見当違ひで御迷惑かと存じますが，一応，お耳に入れておきたいと存じます．それは討論に於ける嵯峨根さんの態度であります．此の前理研に参った時，小生等の ^{13}N のスペクトルの研究に対してもまるで米国でやってあるんだからそれと異った結果が出るとはおかしいと云ふやうな議論で閉口致しました．勿論人が充分やってあるものと異った結果が出た時は充分注意すべきでありますから，その注意をされたものとしても，それなら年寄がずっと年下のものを捕へて云ふなら分りますけどあの様な席での議論としては失礼千万と存じます．我々一同大変感情を害しましたが，外国より帰りたてにはとかく妙に独りよがりになりがちですから其の為と思って我慢致して居りました．其の後自分でも後悔されたことだろうと思って居りましたが，今度の討論で又すっかり驚ろきました．何んの根拠もなしに人が一生懸命やったことをそれはおかしいとかそんな筈はないとか，我々一同憤慨はもとよりのこと呆れてしまひました．僕もあの調子では今後嵯峨根さんとはまともな議論はできません．又とにかく今後原子核の方では一方の頭としてやって行かれやうと云ふ人があれでは我国の学問の進歩の為にも憂ふべきだと思ひます．討論は勿論，どこまでもつっこんでやるべきです．又どんなつっこまれたって気持を悪くしたりするやうなけちな考へはもって居りませんが，人を無視したやうな無茶な言葉や態度はお互ひに出来るだけつゝしむべきだと存じます．勿論僕は丁度当事者である為に嵯峨根さんの態度が特に悪く見えるのかもしれません．仁科さんが公平な立場から御覧になってどう感じられたか，伺へれば大変嬉しく存じます．日本には原子核の方の研究室は僅しかなく，理研と我々の方などはどこまでも仲よくやって行きたいと思ってゐますのに，こんな事でうまく行かなくなるやうでは甚だ残念に存じます．何かの機会に仁科さんからでも嵯峨根さんに御忠告願へないでせうか，どうも勝手なことを申し上げて失礼致しました．では又いづれ

菊池正士

仁科芳雄 様

　　　a 学術振興会の第10委員会は，はじめ宇宙線の研究を目的として設置されたが，1937

年から原子核の研究もあわせ行なうことになり3月31日で改組, 拡張され, 委員長も岡田武松から長岡半太郎に変わった. 参考:書簡348の注g;書簡555とその注a, 書簡558, 560;『科学と歴史』, p. 214.
b 菊池のグループは原子核による中性子の散乱の実験でも成果をあげた. 参考:『菊池正士 業績と追想』, 菊池記念事業会編集委員会 (1978);伏見康治『時代の証言――原子科学者の昭和史』, 同文書院 (1989);熊谷寛夫『実験に生きる』, 自然選書 (1974), 中央公論社;山崎正勝「大阪帝大における中性子散乱実験」, 科学史研究 **21** (1982) 10-15;M. Yamazaki, An Early Development of Nuclear Physics in Japan, *Historia Scientiarum* **22** (1982) 69.

840 仁科芳雄 → 菊池正士 (大阪帝大)　　　1939/04/06

　　　　　　　　　　昭和14年4月6日　　仁科芳雄
菊池正士 様
　拝復　御手紙拝見シマシタ, 嵯峨根君ノ学会講演会ニ於ケル討論ノ態度ニツキ又ソレガ我国ノ学術ノ進歩ニ及ボス悪影響ニツキ御意見大体ニ於テ小生モ同感デス. コレハ小生ハ嵯峨根君ノ過去ヨリ今日ニ至ル径路ヲ知ッテ居ルノデ前カラ心配シテ居ルコトデス. 只小生ハ同君ノ態度ニツイテハ日常馴レテ居ルノデ貴兄程ニハ感ジナイカモ知レマセン.
　コレニ就テハ小生モ予テカラ忠告シヤウト思ッテ居ルノデスガ, 只1度ヤ2度ノ忠告デ直ルモノトハ思ハレマセンシ忠告ノヤリ方デハ寧ロ却テ逆ノ結果ヲ来スト云フ可能性ガ多分ニアルノデ如何ニスベキカト云フコトヲ独リデ悩ンデ居ル次第デシタ. 貴兄カラ御手紙ヲ貰ッテモ少シモ驚カナイト同時ニ益々悩ンデ居ルワケデス. 然シ何トカシテコレヲ改善シナクテハナラヌト思ッテ居マスカラ折角努力シマス. 然シ直ルト云フ保証ハ困難デス. 殊ニ嵯峨根君ハ外国ニ行ク前カラ大学ノ人トナルト云フ約束デアッタノデス. 今日デモ大学ノ方ガ名義上本職ニナッテ居ルノデス. 米国ヘ出発前ニハ帰朝後モ「理研デ実験シナイコト」ト云フコトガ条件ニナッテ居タノデスガソレハ帰朝直前ニ大学ノ方デ取リ消サレタ様デシタ, 帰朝シタ年ノ6月ノ理研ノ講演会デハソンナ訳デ講演ハシナイト云フコトヲ嵯峨根君カラ表明シタノデスガ12月ノ時ニハ自分カラ進ンデ講演シタヤウナ次第デス. コンナ訳デ同君ハ毎日理研デ実験ハシテ居ルモノノ実ハ本職上ハ大学ノ人デス. 従テ自分一人デ自由ニスルコトハ出来ナイ事情モアリマスカラ中々六ケ敷イト思ヒマス.
　一体ニ日本ニ於テハ人ノ正当ナ評価ト云フコトガ兎角行ハレ難イノデ困リマ

ス．少シ出来ルト周囲ガ余リヨク評価スルノデ評価サレル本人ノ健全ナ発達ガ妨ゲラレルコトガアリマス．嵯峨根君ノ場合モ多少ソンナ傾キガアリマス．従ッテ此問題ノ責任ハ周囲ノ人モ幾分負ハナケレバナラヌト思ッテ居マス．トモカク色々ノ事情カラシテ相当ナ難問題デス．貴兄ノ御手紙ヲ見テ大阪ノ方ト理研ノ方ト仲ヨクヤッテ行ク上ニ此問題ガ影響ヲ及ボスノデハナイカト云フ感ジガシマシタガ，ソンナ事ガアッテハ非常ニ困リマス．コレハ只一個人ノ問題デ決シテ対研究室ノ問題デハナイコトヲ御諒解願ヒマス．此点ハ貴兄ノ方ノ人々ニモヨク諒解シテ貰ヒ度イト思ヒマス．

尚場合ニヨッテハ貴兄ノ御手紙ヲ理研，大学ニ関係ノアル西川サントカ嵯峨根君ヲヨク知ッテ居ル人トカニ見セナクテハナラヌ事モアルト思ヒマスガ差支ヘアリマセンカ，要スルニ嵯峨根君ノ為ニ又日本ノ学術ノ為ニ何トカシナクテハナラヌ問題デス．

右要ゝ迄

841 三木 清 (杉並区, 東京) → 仁科芳雄　　　　1939/04/06

拝啓　先日は失礼いたしました．

さて今度自然科学と文化科学の関係者が10人ばかり毎月1回くらゐ何の目的もなしに集っていろいろ話をしてみたら面白からうといふ提案がなされ，その第1回の会合を来週月曜（10日）午後6時から丸ノ内Ａワン（有楽町日々新聞横）で開きます．

先生にもお繰合せ御出席いただけますれば仕合せに存じます．なほ自然科学の方面では石原，菅井，玉蟲，富山の諸氏[a]に案内を出しておきました．

4月6日　　　　　　　　　　　　　　　　　　　　　　　　　　三木 清

仁科 先生

　　[a] 石原 純，菅井準一，玉蟲文一，富山小太郎．

842 湯川秀樹 (大阪帝大) → 仁科芳雄　　　　1939/04/07

拝啓　数物討論会[a]も先生の御尽力にて盛会裡に終了致し，誠に喜ばしく存じま

す.
　扨てその節, Institut International de Physique Solvay より statuts が参ってる由申上居りましたが, その後同会々長 P. Langevin より小生宛, 次の如き招待状ᵇが参りました.

Mon cher Collègue,
　　Cette année, du 22 au 29 octobre, se tiendra a Bruxelles le huitième Conseil de l'Institut International de Physique créé par Ernest Solvay et maintenu depuis sa mort par ses descendants.
　　Le Conseil s'occupera du sujet suivant:
　　LES PARTICULES ELEMENTAIRES ET LEURS ACTIONS MUTUELLES:
　　Le Comité scientifique de l'Institut a l'honneur de vous inviter à participer à ce Conseil et serait heureux de pouvoir compter sur votre présence.
　　Les invités sont les hôtes de l'Institut qui leur offre l'hospitalité dans les locaux de la Fondation Universitaire ou dans un hôtel voisin. Les frais de voyage en première classe（à partir d'un port européen si une traversée est nécessaire）leur sont rembourses.
　　Veuillez agréer, mon cher Collègue, l'assurance de mes sentiments bien sincèrement dévoués.
　　　　　　　　　LE PRESIDENT DU COMITE SCIENTIFIQUE,
　　　　　　　　　　　　　　　　　　P. Langevin

P. S.　Vous recevrez avant la fin de juillet les rapports qui ont ete demandés
　　　pour préparer la discussion.

　文面によればヨーロッパのある港から先の旅費及び滞在費は先方から支出して呉れるものと思はれます. 併しそれ迄の旅費は矢張りこちらで支弁せねばならぬものと解せられますが, 如何でせうか.
　いづれにしましても至急先生に拝眉の上, 色々御高見を承り度存じます故, 明8日の鷗にて上京, 夕食後6時半頃に理研へお伺ひ致さうと存じますが, 御差支は御座いませんでせうか.
　いづれお目に懸りまして万々申上度, 先づは右御知せまで.　　　草々
　4月7日　　　　　　　　　　　　　　　　　　　　　　　湯川秀樹

仁科　先生
　　　机下

a 書簡 551 の注 d 参照．
b 招待状の文面は署名を除いて書簡 859 と同じ．

843 W. Heisenberg（ライプチッヒ大学，ドイツ） → 湯川秀樹（大阪帝大）
1939/04/13

ライプチッヒ大学
ライプチッヒ　1939 年 4 月 13 日

理論物理学教室
湯川 教授！

　今年の 9 月にマリエンバートでドイツ物理学会の会合が開かれます．聞くところによれば貴方は 10 月にブリュッセルで開かれるソルヴェー会議に招待されている由[a]，ヨーロッパに来られると存じますので，ドイツ物理学会の名において，マリエンバートの会で貴方の理論について小さな講演をしていただけないか，お伺いしたく，お手紙いたします．

　この件について困難は，どこの言葉で講演なさるかだけだと思います．もちろん，ドイツ語でお話くだされればありがたいのですが，もし不可能でしたら英語でも結構です．外国語での講演は，これまで，いわゆる小講演のグループに分類され，この場合，御講演は 20 分を超えないことになります．

　学会は，御講演のための旅費を適切に補助することになっています．

　秋にお目にかかって多くの物理の問題についてお話できたら幸いです．

W. Heisenberg
〔独文〕

a 書簡 842，859．

844 湯川秀樹（大阪帝大） → 仁科芳雄　　　　　　　　1939/04/16

拝復　先日上京の節には色々と御厄介に相成り，又一昨日は御懇篤なる御手紙頂戴致し，誠に有難く厚く御礼申上ます．

　扨てこの度は小生外遊の件に就き，一方ならぬ御配慮を煩はし，御厚情の程感謝の至りに堪へません．長岡先生は既にこの件御承知の由，これは阪大，岡谷教授にも小生より一寸話したことがありますので，その方から聞かれたことゝ思ひます．長岡先生は自費洋行を勧められた由ですが，小生の方には長岡

先生や岡谷教授の想像される程の資産は御座いません．養父死後遺産の一部を譲り受け，これを長期の預金に致してありますが，これを融通致しますことは亡父の遺志にも反しますことゝて相当の困難を伴ひます．
　併し長岡先生がその様な御意見である以上，学研[a]から費用を出して頂くことは，たとひ先生の御尽力で実現致すとしましても，結局先生に非常な御迷惑を掛けることになりはせぬかと思はれます．
　そこで話が初めへ遡りますが，招待状を受取りました直後の私の気持としましては，第一段として時局柄国外へ金を持出さず向ふから費用を出して貰ふ可能性があるかどうか，先方へ問合せてはどうかと思って居りました．その後，阪大及び京大の諸教授，京都の実父等にこの話をしました所，いづれもそれは恐らく不可能であらうから，学研あたりから出して貰ふ他ないだらうといふ意見でした．それで先生に色々御無理をお願ひ申上た様な次第です．
　そんな訳で，小生一個人の気持としては，全く無駄としても一応先方へ費用の点に就き問合せて見てはどうかと思ひます．今からでも別に遅過ぎはせぬと思ひますが．それともそれは，却って拙いでせうか．最近の欧州の雲行では，会議そのものが中止になる懸念もある様ですから，先方から多くを期待するのは無理かも知れませんが．
　右に就き，先生の御高見を伺へれば幸甚と存じます．
　先づは右御礼旁ゝ御伺ひ申上ます．
　　　　　　　　　　　　　　　　　　　　　　　　　　　　　草々
　4月16日　　　　　　　　　　　　　　　　　　　　　　　湯川秀樹

仁科　先生
　　　玉案下

　　　[a] 日本学術研究会議（書簡344の注cを参照）．100名以内とされていた定員は1939年に200名に増やされた．1939年に創設された科学研究費の配分審査を1942年に委嘱された．1949年に学術会議が発足するまで科学行政において中心的な役割を果たした．学術研究会議の成立と変遷について，参考：永野　宏・佐納康治「学術研究会議第1部の戦時研究班」，科学史研究 **36**（1997）162-168．
　　　1932年には，学術研究会議の建議もあって，人文・社会科学も含めて研究費を補助することを目的に日本学術振興会が設立され，主に綜合研究を通して国家重要問題の解決に力を注いだ．仁科の宇宙線研究も学振の第10小委員会（1934年発足）に負うところが大きい（書簡488，注a）．1938年には内閣に科学審議会が設けられた．参考：『科学の社会史』（上），pp. 136, 205, 214；『科学と歴史』，pp. 147-184；『長岡半太郎伝』，pp. 630-635．
　　　科学審議会については参照：藤沢威雄「科学審議会に就いて」，科学知識，1938年6月号．その第1回会議に出席して総理大臣はこう述べた．「軍需資材ノ供給ヲ確

保シ其ノ整備ヲ図リ，以ッテ皇軍ノ行動上遺憾ナキヲ期シマスルト共ニ，他方ニ於イテ急激ナル軍需ノ増加ト輸入ノ抑制トニ因ッテ生ズル重要物資，特ニ原料品等ノ不足ニ基ク国民生活上ノ不安ヲ除キマスコトハ，刻下喫緊ノ要務ト信ズルノデアリマス．」増産と代用品の研究のため，必要な資料はすべて政府で整え，答申・決議の内容はすべて委員に任せるという方針であった．

845 湯川秀樹 (大阪帝大) → 仁科芳雄   1939/04/17

拝啓　昨日速達にて御返事旁々御相談の御手紙差上げましたが，本日阪大へ参りました所，ソルヴェイの方より別紙の如き講演日程及び招待者氏名の通知状が来て居りました．

　文面によれば出来る丈早く出欠の返事をせよとのことですが，本年は招待される人数も相当多数に上り，又講演者も既に決定して居ります事故，先便にて申上ました様な費用を先方に期待することは，最早不可能なことかと推定されます．

　従って矢張り学研その他適当な機関から支出して頂けないのならば，多少は無理でも自費で行くとして，出来る丈滞在期間を短かくして金額が少くて済む様にする他ないと思ひます．

　取急ぎ右御通知旁々御高見をお伺ひ申上ます．　　　　　　　　　　草々
4月17日　　　　　　　　　　　　　　　　　　　　　　　　　　　湯川秀樹

仁科　先生
　　　机下

846 野上茂吉郎 (九州帝大) → 仁科芳雄   1939/04/18

東京を発ちます前には色々と御心尽しを賜って真に有難う存じました．

　私は大分県の郷里に寄ったり致して居りましたので10日からこちらの大学に参って居ります．元からしっかり勉強致さうと存じます．量子力学，原子核の方面に専心致す決心でございますから今後も何卒御指導下さいますやうにお願ひ申上げます．

［葉書，日付は消印］

847 湯川秀樹（大阪帝大） → 仁科芳雄　　　　　　　　　　1939/04/20

　拝復　一昨日は御懇篤なる御手紙2通拝受，誠に有難く存じます．当方より勝手のみ申上ましたにも拘らず色々御尽力下さいました由，御礼の言葉も御座いませぬ．昨日京都の実父に会ひ現状を話しました所，父も先生よりの御教示の如く，先方より外務省宛公式の招待状を差出して貰ふのが最も有効な方法であらうと申し居りましたので，早速その意味の返事を認めることに致しました．
　尚父は昨夜東上致しました故，いづれ長岡先生及び先生にも拝眉の事と存じます故，何卒宜しく御取計下さる様御願申上ます．
　先づは取敢ず，右御礼のみ．　　　　　　　　　　　　　　　　　　　草々
　4月20日　　　　　　　　　　　　　　　　　　　　　　　　　　　湯川秀樹

仁科　先生
　　　机下

848 湯川秀樹（大阪帝大） → 仁科芳雄　　　　　　　　　　1939/04/23

　拝復　20日附速達の御手紙有難く拝見致しました．
　当日の学研にて小生ソルヴェー会議に出席出来ます様一方ならぬ御尽力を煩はし，且つ小生を学研の本部委員に任命して頂く上に，思ひもかけず物理学部会員に推薦の栄を得ました由，これも全く先生の御高庇の賜と唯ゝ感謝の念に堪へませぬ．若輩浅学，固よりその任では御座いませんが，先生始め諸先輩の御指導に従ひ大過なからんことを期したいと存じます．
　次に旅費の出所に関し種々御配慮を煩はし，誠に恐縮の至りと存じます．海外持出し金は壱万円は困難との事．小生も時節柄出来る丈切詰め会議出席丈に限定致すのが穏当と存じますし，又その方が京都帝大の講義等にも差支が少ないことにもなります．尚又理研から出張といふことにしてもよいとのお考へ，御好意有難く存じます．併しお手紙にもありました様に京都帝大の方で何とかして貰ふのが当然かとも思はれます．
　先方への返事についても御懇篤なる御教示有難う御座いました．
　いづれその中参上拝眉の上，万々御礼申述べ，又御相談申上度存じますが，取敢ず書面を以て感謝の微意を表する次第で御座います．　　　　　　　敬白

尚長岡先生にも種々御配慮を煩はしました由に就き，早速御礼状を差上げ置きましたが，上京の節一度拝眉の栄を得たく思ひ居ります故，その際には又宜しく御願ひ申上ます．
　京都帝大へ転任の件は19日教授会通過，20日評議員会通過，あとは文部省の手続のみとなりましたから，来月始めまでには辞令が出ることゝ思ひます．
　4月23日　　　　　　　　　　　　　　　　　　　　　　　　湯川秀樹
仁科　先生
　　　机下

849　湯川秀樹（大阪帝大）→ Ch. Lefebure（Solvay会議運営秘書）　1939/04/25

京都帝国大学理学部　物理学教室
1939年4月25日

Solvay物理学国際会議
運営秘書　Ch. Lefebure 様

　あなたのお手紙と会長Langevin氏のお手紙[a]，拝受しました．第8回Solvay物理学国際会議に御招待くださる由，心から感謝いたします．
　参加したいと存じます．近々，私は京都帝国大学の教授に任命されます．あなたの会議に出席するためには，この大学から何ヶ月かにわたる欠勤の認可を得る必要があります．また，日本政府から旅行の費用について許可を得なければなりません．あなたの会議から，できるだけ早く日本外務省を介して公式の招待状を京都帝国大学の学長あてにお送りいただければ幸いです．それがあれば，私は日本を出てあなたの会に参加することができます．
　予めの感謝をこめて．私の尊敬と帰依の思いをお受けください．

湯川秀樹
［仏文］

　　　[a]　書簡842を見よ．

850 湯川秀樹 (大阪帝大) → 仁科芳雄　　　　　　　　1939/04/26

　拝啓　本日坂田君より先生が岡山へ御法事で御帰郷なされ，その帰途30日の燕に御乗車の由承りました．就いては小生その折神戸にてお待ちし，御一緒に京都辺まで御同車致し，色々御相談申上度と存じます．御都合は如何ですか．尚坂田君の話では，坂田君の父君は洋行の費用を啓明会に頼んで見てもよいといって居られた由．これも御一考をお願ひします．
　尚先方への返事は先生の御意見に従ひ，日仏学館の先生に頼んで別紙[a]の如く認め発送しました．但し，京都の父の意見で京都帝大総長宛といふ文句を入れましたが，これは或は不必要であったかも知れません．尚向ふの返事如何に拘はらず，こちらの見込がつき次第，出席の旨電報でも打っておけばよいと思ひますが，いづれ拝眉の上，御相談申上度，先づは右用件のみ．　　　　草々
　4月26日　　　　　　　　　　　　　　　　　　　　　　　　　　湯川秀樹

仁科　先生
　　　机下
　　　　　　　　　　　　　　　　　　　　　　　　　　　[仏文の書簡同封]

　　[a] 書簡849のこと．

851 落合麒一郎 (東京帝大) → 仁科芳雄　　　　　　　　1939/05/01

　拝啓　先日御話し申上げました朝永氏の論文の件に就て坂井氏に都合をききました処，他にもう一つ見なければならないものも残って居りまだ一寸間に合ひ兼ねるとの話でしたので，今しばらく御猶予を願ひ上げます．準備出来次第，改めて御知らせ申上げます．
　5月1日　　　　　　　　　　　　　　　　　　　　　　　　　　落合麒一郎

仁科芳雄　様

852 湯川秀樹 (大阪帝大) → 仁科芳雄　　　　　　　　1939/05/05

　拝啓　先日は色々御教示を賜り，有難う御座いました．

拝て，本日小生宛ハイゼンベルク教授より手紙[a]が参りましたが，その内容は，小生が今秋のソルヴェー会議に招かれて居る由聞いて居る，所で丁度9月にMarienbadで独逸のphysikalische Tagungがあるから，その席上で何か講演をして呉れないか，なるべく独逸語でやって欲しい，相当の謝礼をする，といふ事なのです．小生も独逸語は不得手ですが，曲りなりにも是非やりたいと思ひます．

次に昨日，これは先生の方にも既に参って居るかも知れませんが，瑞西(スイス)のチューリッヒで矢張り9月4日からInternationale Tagung der Physikが行はれるが，これに出席しないかといふ案内状が参りました．これはチューリッヒでNational Exhibitionが開催されるので，それを機会に人を集めるらしく，Kern-physik部門ではボーア，ハイゼンベルク等7,8人の講演がある予定で，独逸の会よりは，この方が前と思はれます．

これ等に出席する為めには少し早く出かける必要があります．

先日日本郵船で聞いて見ました所，印度洋航路は次の様なScheduleの由です．

	Kobe	Marseilles
Yasukuni Maru	July 7	Aug 10
Kasima Maru	July 20	Aug 28

従って前記の諸会合に出席する為めには，靖国丸で7月7日に出発する必要があります．但し太平洋航路なら，

	Yokohama	San Fransisco
Kamakura Maru	July 26	Aug 9

ですから，7月26日に出発しても充分間には合ひます．

本日右諸会合にも出席したき旨，阪大八木教授にお話し致し，且つ仁科先生が旅費は理研の方に頼んで見ると言って居られた由申上ました．その際同教授は大阪方面の個人に費用を出して貰ふ心当りがあるから頼んで見よう，その方が手取り早いであらうといって居られましたので，兎に角宜しくお願ひ致して置きました．

右の諸点に就き，お気付きの点が御座いましたら何卒，御教示下され度存じます．

尚チューリッヒの方は出席の申込，ホテルの予約等を本月末迄にして欲しいとの事です．但しそれは後で取消すことも出来る由．

取敢ず右御報告まで．
5月5日
　　　　　　　　　　　　　　　　　　　　　　　　　　草々
　　　　　　　　　　　　　　　　　　　　　　　　　湯川秀樹

仁科 先生
　　　机下

　　ａ 書簡843．

853 木村正路 (京都帝大) → 仁科芳雄　　　　　　1939/05/05

拝啓　益々御清栄の段奉賀候　陳者過日上京の節御話有之候湯川君外国出張旅費支出の件につき本部に聞合せ度く存し居り候処，4月26日の教授会に於て本年度の海外出張旅費は満支への出張旅費に繰入れ，各学部に4600円づゝ配当したる旨報告有之候　その数日後同君御来訪有之候節右の趣申置き候　2,3日前山鹿氏御来訪有之，湯川君に対して海外出張旅費支出方可能なりやとの御尋ね有之候につき右の次第申し置き候　就ては今一度部長に右支出方可能なるや否を尋ね候処，本学よりは右支出方困難なる旨回答有之候　此議悪からず御思召下され度く候
　　　　　　　　　　　　　　　　　　　　　　　　　　敬具
　5月5日　　　　　　　　　　　　　　　　　　　　木村正路

仁科芳雄 様

854 朝永三十郎 (大谷大学) → 仁科芳雄　　　　　1939/05/07

拝啓　春暖の砌益御清祥の段奉賀候　陳者ライプチッヒ学生寮に長く下宿いたし居り最近帰朝いたせし人の直話によれば振一郎事心身共至極元気との事に有之候条乍他事御休神被成度かねて御心配を頂き居候故此段御報告申上候　先右申上度如斯御座候　匆々
　　　　　　　　　　　　　　　　　　　　　　　　　　敬具
　5月7日　　　　　　　　　　　　　　　　　　　朝永三十郎

仁科芳雄 様
　　　御座右

855 湯川秀樹（大阪帝大）→ 仁科芳雄　　　　　　　　1939/05/08

拝復　早速御返事を頂戴致し有難く存じます．
　扨て第一の旅費の件ですが，先生の御尽力により理研から出して頂ける由，私としてこれ以上喜ばしいことは御座いません．厚く御礼申上ます．公共団体から出して貰ふ方がよいとの御意見は小生も全く同感です．今期早速八木理学部長に面会，右の事情お話し致しました所，同部長も先生の御意見は誠に尤もだといって居られました．同部長は一昨日楠本阪大総長にこの問題を話された所．総長自身から誰かに頼むといふ段取りになって居りました由．それにつき小生直接総長に面会，好意を感謝し，旅費は理研から出る由申しました所，総長もそれは一番結構だと申して居られました．
　右の次第故，旅費の方は先生のお考へ通りにお任せ致します故，何卒宜しく御願ひ申上ます．
　尚八木部長も阪大として力添へ出来ることは何なりと致したいと申し居られました．
　次に学研の本部委員の件は，先日学研本田主事より，小生に異存がなければ履歴書を提出する様申越して居りましたので，早速送って置きました．
　次に出発は仰せの如く7月7日の靖国丸に乗れれば路順もよく，最も好都合と存じます．愚図々々して船室が無くなってはと思ひますので兎に角申込丈はして置きました．
　それから船賃の方は往船を印度洋，復船を米国廻りとする世界一周の切符を買って置けば，割安である上に，米国の鉄道，大西洋の船賃も含んで全部が内地払ひになります故，持出しも少くて済むと思ひますが如何ですか．大体全部で190磅（ポンド）といふのが最上級です．
　第二の文部省の研究費の件ですが，先生の御計画に参加させて頂くことは寧ろ小生の方からお願ひ致すべきことですから，勿論御申出は双手を挙げて賛成致します．お役に立ちますことならば何なりとやらせて頂きます．又必要な節には，御知せ下されば何時にても上京致します．
　先づは右御礼のみ．
　尚 Heisenberg の依頼状，これも金の持ち出しの際に多少役立つかとも思ひますので，取敢ず写しを作って同封致し置きました．適当に御取計を御願ひ致します．
　　　　　　　　　　　　　　　　　　　　　　　　　　　　　敬具
　5月8日
　　　　　　　　　　　　　　　　　　　　　　　　　　　　湯川秀樹

仁科 先生
　　　机下

[書簡843の写し同封]

856　篠遠喜人（東京帝大）　→　仁科芳雄　　　　　　　1939/05/09

拝啓　過日中性子をかけて頂きましたソバ[a]について今日の調を御報告申し上げます．多少の差が見られます．今後尚様子を見る予定です．[b]

	中性子をかけたもの	対　照
1. 発芽率	54%	74%
2. 生長度　根	オクレル	普　通
体	オクレル	普　通
3. 異　常　斑入	58%	──ナシ（1株疑はし）
葉の不規則形	7.5%以上	──ナシ

　ソバは次には種子を発芽しかけたものに中性子をかける予定ですが如何でしょうか（之はも少し後に願ひます），
　次にアサの実をおあづけしてあると思ひましたが之は御都合およろしい時，種子を12時間程（或はもっと短かく）水に浸しておいたものに中性子をかけて頂き度，此方は早い方よろしいかと存じます．
　次にも一つおうかがひ申上げたいのですが，私共でアセナフテンと申す物質を種子や芽に働かせてミュータントを作ることをやって居りますが，此ものが水にとけにくく又細胞膜も通りにくいらしいのです．こんな物質に放射能を与えるとか（私にはよく分りませんが）して細胞膜を通り易くするとゆうようなことはできませんでしょうか．右その中，参上御示教にあづかり度存じます．
　まづハ右御報告と御願まで申上度　　　　　　　　　　　　　　　　　敬具
　5月9日　　　　　　　　　　　　　　　　　　　　　　　　　　　　喜人 拝

仁科 先生
　　　侍史

[a] 書簡792を参照．
[b] その後，論文にまとめた：仁科芳雄・篠遠喜人「植物に及ぼす中性子の影響 I．そばとあさとに於ける異常」，理研彙報 18 (1939) 721–734．この論文は1939年7月31日受理となっている．

857 梅田 魁 (北海道帝大) → 仁科芳雄　　　　　　1939/05/11

仁科 先生
1. 其後すっかり御無沙汰申上げてしまひました．数物で上京の時も出産其他で急ぎ帰札致しゆっくりお目にかゝる時がなく，又次に母の不幸で上京しました時もゴタゴタ致し一方学期が始ったので急いで帰りましてお訪ねも致さず失礼申上げました．
　御奥様からは筍を頂戴致しましたので御礼に上りたく存じましたが，忌中故次の機会と思ひ失礼申上げました．
2. 先生，御奥様お元気でいらっしゃいますか，お蔭様で私達最近やっと平常になり元気にして居ります．札幌はやっと花が二三分といふ所，今日など又寒く，ストーブをたき冬のオーバーを出しました．
3. 学術振興会の補助が半額ときいて居りましたら決定通知には申請全額になりました．色々御骨折下さいまして誠に難有うございました．早速かゝりました．
　切点 a を仮定し逆に $x=0$ に向って行くのですが切点での Expansion も旨く行き目下 $x=0$ へ向って進行中です．何本 Kurve を引いて旨く決るか分りませんが，色々お指示戴いた東北の松隈先生も大いに期待してゐて下さるので早く片づけたいと思って居ります．
　Thomas-Fermi Funktion, Li, Na, Cu に対する Thomas-Fermi-Dirac Funktion の結果を Slater に直接送って呉れる様頼みましたら昨日送ってくれたのがとゞきました．割合 rough な計算でした．Jensen のは遥に精密でした．その内両方の Data を写してお手許に差上げたく存じます．
4. 講演会への申込をさせて戴きたく存じます．自分がしたいよりも新しいことをきゝたいのが目的ですが．
　Wefelmeier との手紙の往復の結果と Uranium の分裂の問題につき Weizsäcker がやった Exzentrizität と Stabilität の問題につき一寸考へたことを述べたいと思ひます．
　Weizsäcker によると $\lambda = \dfrac{20\pi r^3 k}{3Z^2 e^2}$ （k: surface tension, r: 核半径）が 1/2 よ

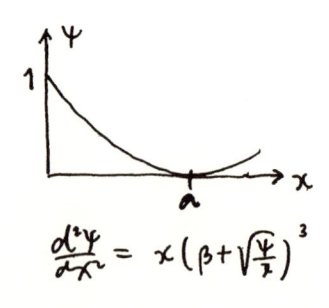

り小になるとうんと細長いのが stable になりますが分裂をこれへの jump と考へると Uran で普通の時には λ が 1/2 より一寸大きいのが Annegung をうけると Eötvos Gesetz で surface tension がへるので 1/2 の下に出て急に Exzentrizität が大きくなるのだと考へられます.

　Kernflüssigkeit の Debye temp の私の計算では slow neutron capture の時の temp rise では surface tension が 1/1,000 位の減少ですが, 之だけの減少でも initial の所だと充分な気がします. 尤も temp rise による drop の expansion も考へられますが之は小さいものと考へられます.

　分裂を起すと Wefelmeier の vollständig bedeckte の α Teilchen が減少するので, inner neutron が surface neutron にならなければならず, こゝの関係を目下考へ中です.

5. Kroll も 100 円の月給に校正料を其時にといふのだったのを校正料を月 20 円平均と見て 120 円の固定給にすることになりました. 然しいつまでもこの儘といふ訳にも行かず困ります.

6. 以上御願並に近況御報知申上げます.

　乍末筆, 御奥様によろしくお伝へ願上げます.

梅田　魁

    [a] 書簡 551 の注 d 参照.
    [b] 書簡 737, 741, 766 を参照.
    [c] 接点か？ 書簡 829 には「Thomas-Fermi-Dirac eq. の解の接点の研究」とある.

858　湯川秀樹 (大阪帝大) → 仁科芳雄　　　1939/05/14

拝復　9 日附御手紙拝読. 仰せの如く, 世界一周の切符を申込んで置きました.
本日学研より本部委員の辞令[a]が参りました. これも先生の御尽力の賜物と感謝の至りに堪へませぬ. 学研より後援して頂く件, 何卒宜しくお願ひ申上ます.
　文部省の研究費の方も色々御配慮を煩はし有難く存じます.
　尚, 京大の方の辞令は未だ出ませんが, この方が発令次第, 谷川氏の件も申請したいと思って居ります故, その節は又宜しくお願ひ致します.
　先づは右取敢ず御通知迄.

草々

5 月 14 日　　　　　　　　　　　　　　　　　　　　　　　湯川秀樹

仁科　先生

侍史

[a] 書簡 848, 855 を参照．それまで学術研究会議の定員は 100 名であったが，1939 年 6 月に 200 名に改められ，新委員が任命されたという．参照：『科学の社会史』（上），p. 214. 湯川への辞令は 5 月にきている．

859　E. Stahel（Solvay 会議秘書）　→　湯川秀樹（大阪帝大）[a]　　1939/05/15

Solvay 物理学国際会議

　　　　　　　　　　　　　　　　　　　　　　ブリュッセル自由大学
　　　　　　　　　　　　　　　ブリュッセル　　1939 年 5 月 15 日

　本年 10 月 22 日から 29 日までブリュッセルにおいて第 8 回ソルヴェー国際物理学会議が開催されます．
　これは Ernest Solvay によって創設され，彼の死後は遺族によって維持されてきています．

　会議は次を主題として行なわれます：

　　　　　　　　　　素粒子とそれらの相互作用

　会議の科学委員会は，あなたを会議に御招待いたします．御参加いただければ，たいへん幸いです．
　招待された方々は会議の主人公で，会議は彼らを大学会館か近くのホテルにお泊めします．旅費はヨーロッパの港からの一等料金をお支払いします．
　私どもの誠意と献身をお受けください．

　　　　　　　　　　　　　　　　　　　　　　　　　実行委員会のために
　　　　　　　　　　　　　　　　　　　　　　　　　　　　　E. Heurioc

　　　　　　　　　　　　　　　　　　　　　　　　　科学委員会のために
　　　　　　　　　　　　　　　　　　　　　　　　　　　　　E. Stahel

　会議の報告は 7 月末に発行されます．

日本
京都帝国大学
湯川秀樹 様

[仏文]

 a 書簡860の注bを見よ.

860 湯川秀樹 (大阪帝大) → 仁科芳雄   1939/05/18

　拝復　15日附御手紙有難く拝読. 理研より小生の旅費を支出して頂く件, 大河内所長より御快諾を得ました由, 尚又金額も1万円乃至それ以上出してもよいとの事, 先生の御尽力といひ, 所長の御好意といひ誠に有難く, 御礼の申上ようも御座いません. 大河内所長へも呉々も宜しく御伝へ下さる様御願ひ申上ます.
　これに就いて先づ滞在期間の問題ですが, 小生京大では力学第1, 第2及び量子力学の講義を受持つ訳です. その中前二者は数学, 地球物理, 宇宙物理の共通課目ですから, 物理教室の都合丈でも行かぬ由故, 矢張りある時間数の講義をしないといけない様です. 誰か他の人に講義を頼むことも京大物理の方針から見て難しさうに思はれます. その上に転任の発令が遅れ, 今日まで講義してはいけないといふ状態にあります.
　右の事情故, 私自身としては御好意に甘へて成るべくゆっくり致し度は存じますが, 理学部教授会に対しては, 本年末頃には帰朝, 3学期には講義する予定と言って置かないと色々異議が生ずるかも知れぬとの事です.
　従って7月から約半年間といふことにする他ないと思ひます.
　次に必要なる金額の問題ですが, 小生の友人中に最近留学から帰った人もありますが, 一個所に長く居たことゝ小生の場合との比較は困難と思ひます.
　それで八木先生にお訊ね致しました所, 一昨年矢張り半年の間に欧洲から米国を一巡して来られた際には経費総額7千円だった由, 旅慣れた八木先生の様に経済的には旅行出来ないといふことを考慮しても, 8千円あれば先づ充分であらうと言って居られました.
　尚先方でも多少は滞在費を持って呉れますし, 又経済の許す限り小生自身も当然負担すべきでありますから, 右の金額以下にて充分と存じます.

本来理研から出して頂きますことは私としても恐縮ですし，又長岡先生の御意向もありますこと故，何卒右の程度にて宜しく御願ひ申上げます．

今仮りに総額8千円として一周切符が精々190 磅(ポンド)として大体3千円余りですから，持出す金が5千円足らずかと思ひます．

大蔵省の許可の方は何卒宜しくお願ひ申上げます．

京大の方の出張許可，旅券の申請，先方への返事，等に就いてどんな手順に行ふべきか，一度上京御教示を仰ぎ度存じ乍ら，京大転任の辞令がもう出るかと毎日心待ち致し居り，自然一日延しになって居ります．

先づは右御礼旁々用件御返事のみ． 　　　　　　　　　　　草々

尚先般来谷川氏の件に就き色々御配慮を煩はしつゝありますが，同氏の俸給は大体小生の講座費用中から出せるものと思はれます．併し他の教授の意見もあり猶確定致しませぬ．

5月18日　　　　　　　　　　　　　　　　　　　　　　　　　湯川秀樹

仁科 先生
　　　侍史

　　a 書簡844, 855を参照．
　　b 湯川は1939年5月26日に京都大学教授に任じられた．

861　P.M.S. Blackett（マンチェスター大学, イギリス）→ 仁科芳雄　1939/05/22

P.M.S. Blackett 教授
マンチェスター大学　物理学教室
1939年5月22日

仁科 教授

Physical Review の最近号に出された，気体の中で止まったように見える中間子の美しい写真にとても興味をひかれました．これを (a) 期待される40 MeV の崩壊電子がない，または (b) 他の過程があって中間子が崩壊する前に吸収される，のどちらの証拠とされるか，あなたの最終の結論を知りたいと存じます．崩壊過程が起こらないとすると何がおこったのか非常に興味があります．

写真そのものをお送りいただければ，雑誌からよりも良いスライドができる

ので幸甚です．
　この他にも同様な写真があるのかも，お聞かせください．

P.M.S. Blackett
[英文]

　　　[a] Y. Nishina, M. Takeuchi and T. Ichimiya, On the Mass of the Mesotron, *Phs. Rev.* **55** (1939) 585-586 (L). この論文の写真の場合，粒子の質量は $H\rho$ と飛跡の長さ（飛程）から（エネルギー損失を求めて）決定された．

862　三木　清　(杉並区，東京)　→　仁科芳雄　　　　　　　　1939/05/22

拝啓　例の会[a]は今月はこの木曜（25日）午後6時から前回の如く丸の内Aワンで開きます．今度は先生のお話をうかがふとのこと，菅井氏から聞きましたが，何分よろしくお願ひします．

杉並区高円寺4ノ539
三木　清
[葉書，日付は消印]

　　　[a] 書簡841を参照．

863　坂田昌一　(大阪帝大)　→　仁科芳雄　　　　　　　　1939/05/26

拝啓　大分御暑くなりましたが御変りも御座いませんか．
　湯川さんの洋行の日が間近かに迫まりましたので毎日落着ぬ日を送って居ります．本日は理研より多額の賞与を御送付下さいまして誠に有難う御座いました．平素遠方に居りまして何の御力にもなることが出来ませんのに，此様にして頂きまして何とも御礼の申上げ様も御座いません．厚く御礼申上げます．私の出来ます事ならば何なりと致しますから何卒今后共宜しく御指導下さいませ．先づは取敢ず御礼まで．
　　26日

昌一　拝

仁科芳雄　先生
　　　　玉机下

864 湯川秀樹 (京都帝大) → 仁科芳雄　　　　　　　　　1939/05/27

拝啓　先般来御多忙中を色々と御手数を煩はし，誠に恐縮の至りと存じます．
　扨て小生の京都転任は予期より遅れ，講義も始められず，毎日手を拱いて居りましたが，昨日漸く発令されました．それに伴って明後29日（月）の京大理学部教授会で小生の洋行問題が議題に上る筈ですが，教室主任吉田教授より「経費は別の方から出ること．為替関係も別途に交渉中．これが決定するに先立って，予め海外出張の承認を教授会に求める．右為替許可の見込立てば，大学より旅券を出して貰ふ様取計ふ」といふ様な趣意で説明がある筈です．これにつき，学研の方との関係はどういふ風にすればよいでせうか．吉田教授は大学教授として出張の命令を出して貰ふのが一番よいだらうとは申して居られましたが，右に就き御高見を承り度存じます．
　ソルヴェーより外務省経由京大宛の招待状は未だ来ない様です．
　尚本日の朝日新聞など見ますと，外遊は非常に難かしさうに書いてありますが如何でせうか．先生にも定めし御苦心の事と拝察致します．小生東上の必要あらば何時にても御申付下され度存じます．
　先づは取敢ず右御報告のみ．　　　　　　　　　　　　　　　　　　　早々
　5月27日　　　　　　　　　　　　　　　　　　　　　　　　　　　　湯川秀樹

仁科　先生
　　　机下

865 湯川秀樹 (京都帝大) → 仁科芳雄　　　　　　　　　1939/05/31

拝復　30日附貴翰拝読．難関の大蔵省の方も大体欧洲行を認めて呉れます由，誠に喜ばしく存じます．これも偏へに先生の御尽力の賜物と感謝の言葉も御座いません．
　京大より欧米出張の上申をして貰ふ件は本日早速吉田教授に相談，野満理学部長にも話しました．生憎今明日事務の係員が不在ですが，帰り次第手続をして貰ふつもりです．
　尚一昨日の教授会にて部長より一寸小生出張の話出で，勿論一同異議ありませんでした．

尚又右に関し「米国経由」が難しい様なら，最初から欧洲丈として上申すべきでせうか，それとも申請丈は両方にして置きませうか．
　先づは取敢ず右御礼旁々御伺ひまで．　　　　　　　　　　　　　敬具
　5月31日　　　　　　　　　　　　　　　　　　　　　　　　　湯川秀樹

仁科　先生
　　　侍史

追而　谷川氏の件についても色々御配慮を煩はしましたが，小生の講座より俸給を出せることになりましたので，取敢ずその方に決めました．併し他に岡山氏の件などもありますので，将来又研究者養成費を利用させて頂く機会があることゝ存じます．その節には何卒宜しく御願ひ申上ます．

866　向坂義太郎（浦和高等学校）→　仁科芳雄　　　　　　　　　1939/06/03

拝啓　本校理学部生徒儀先生に御願致したき儀有之由に付き御面接の栄を賜り度御願申上候
　6月3日　　　　　　　　　　　　　　　　　　　　浦和高等学校物理教室
　　　　　　　　　　　　　　　　　　　　　　　　　　　　　　向坂義太郎
仁科　先生
　　　御侍史

867　湯川秀樹（京都帝大）→　仁科芳雄　　　　　　　　　　　 1939/06/03

拝啓　昨日は早速電報を頂戴致し有難う御座いました．本日物理教室主任吉田教授より理学部長宛，出張願ひを出して頂きました．その書類には出張目的その他を別紙の如く記し置きました故，御承知置きをお願ひ致します．
　いづれ拝眉の上万々御礼申述度存じます．
　6月3日　　　　　　　　　　　　　　　　　　　　　　　　　湯川秀樹

仁科　先生
　　　玉机下

826

　　　　　　　　　　　記
一．官職氏名　　教授　湯川秀樹
一．出張目的
一．白耳義国ソルベー万国物理学協会ノ招聘[a]ニヨリ本年10月ブラッセルニテ
　　開催サルベキ第8回ソルベー物理会議ニ出席
一．独逸国物理学協会ノ依頼ニヨリ本年9月マリエンバッド[b]ニテ開催サルベキ
　　物理学会ニテ講演
一．瑞西国物理学協会ノ勧誘[c]ニヨリ本年9月チューリッヒニテ開催サルベキ万
　　国物理学会ニ出席講演
一．北米合衆国諸大学ニテ理論物理学ニ関シ専門諸教授ト討論シ且ツ原子核研
　　究情況ヲ視察
一．出張国名
　　伊太利，瑞西(スイス)，独逸，丁抹(デンマーク)，瑞典(スウエーデン)，諾威(ノルウエー)，和蘭，白耳義(ベルギー)，仏蘭西，
　　英吉利，北米合衆国，加奈陀
一．出張期間　　6ヶ月間
一．出発期日　　7月7日
一．旅費　理化学研究所ヨリ支出　金額約1万円
　　　　　　（理化学研究所研究員仁科芳雄博士ヨリ大蔵省並ニ文部省ニ内交渉済）
　　　　　　　　　　　　　　　　　　　　　　　　　　　　　　　　以上

　　[a]　書簡859.
　　[b]　書簡843.
　　[c]　書簡852参照.

868　仁科芳雄　湯川秀樹の旅券取得申請書（草稿）　1939/06［日不明］

　　取得ノ目的
1. 本年10月22日ヨリ同29日迄ベルギー国ブラッセルニ於テ開催セラルベキ
　 ソルベイ国際物理学会議ノ招聘[a]ニ応ジテコレニ参加
2. 同年9月4日ヨリ同16日迄スヰス国チューリッヒニ於テ開催セラルベキ国
　 際物理学会議ノ招待ニヨリ同会議ニ参加
3. ドイツ物理学会ノ要請[b]ニヨリ同年9月中（時日未定）ドイツ国マリエンバッ
　 トニテ開催セラルベキ同学会大会ニ於テ講演

4. 丁抹(デンマーク)コペンハーゲン，英国ケンブリッヂヲ訪問シテ権威者ト意見ノ交換ヲナス
5. 同年12月上旬米国シカゴニ於テ開催セラルベキ米国物理学会大会ニ参加
6. 同年12月下旬米国カリフォルニア海岸（開催地未定）ニ於テ開催セラルベキ米国物理学会大会ニ参加

取得ヲ必要トスル事由
　京都帝国大学教授，理化学研究所嘱託，理学博士湯川秀樹ハ約5年前物質構成ノ窮極単位ヲナス素粒子間ノ相互作用ニ関シ画期的新説ヲ提唱シ，其帰結トシテ電子ト陽子トノ中間ノ質量ヲ有スル全ク新シキ粒子ノ存在スベキコトヲ指摘セリ．然ルニ約2年前此粒子ガ宇宙線中ニ含マルルコト米国ニ於テ確認セラルルヤ，湯川博士ノ予言ハ実証ヲ得，其ノ理論ハ一躍世界物理学界ノ驚嘆ト頌讃トノ的トナルニ至リ，遂ニ本年秋開催セラルベキソルベイ国際物理学会議ハ其議題トシテ「素粒子ト其相互作用」ヲ選ビ，湯川博士ノ出席ヲ慫慂シ来レリ．
　抑々ソルベイ会議ハソルベイ氏ガ欧州大戦前創設セルモノニシテ，世界物理学界ニ於ケル最高権威ガ一堂ニ集マリ，当時ニ於ケル尖端ヲナス新発見並ニ新理論ニツキ各出席者ハ蘊蓄ヲ傾ケテ意見ノ交換ヲ行ヒ，以テ物理学ノ進路ヲ示シ，コレニ推進力ヲ与フルヲ目的トスルモノナリ．而シテ従来ノ例ニ従ヘバ此会議ノ議題ヲナス新発見又ハ新理論ノ創唱者ハ屢々ノーベル賞ヲ受クルコトアリテ此会議ハノーベル受賞候補者ヲ選定スル下準備トモ見ラルルモノナリ．
　従テ湯川博士ガ此会議ニ出席シテ自ラ其新理論ノ討議ニ加ハルコトハ，ノーベル受賞ノ成否ヲ決定スル極メテ重要ナル鍵ヲ握ルモノナリ．
　前述ノ如ク湯川博士ノ理論ハ斯界ノ専門家ノ間ニ於テハ讃嘆ノ的トナリタルモ其真価ハ未ダ一般物理学界ノ認識ヲ経ザル点無キニシモ非ズ，従ツ機会アル毎ニ人ヲシテ其真相ヲ知ラシムルコトハ我国学界ノ名声ヲ世界ニ重カラシムル所以ニシテ，惹イテハノーベル受賞ヲ確実ナラシメ，現時局下ニ於ケル我ガ国民ノ活動力ヲ海外ニ示スモノト云フベシ．コレ湯川博士ヲシテスキス，ドイツ諸国ノ招請ニ応ジテ其諸会議ニ参列セシメ，又米国ノ学界ニ列席シテ其意見ヲ吐露セシムル所以ナリトス．殊ニ米国ニ於テハ，初メ湯川博士ノ理論ニ反対ヲ唱ヘタル一派アリ，故ニ博士ヲ渡米セシメテコレ等ノ学者ヲシテ湯川理論ノ根底ヲ納得セシムルコトハ世界ノ物理学界ヲ風靡スル為メニ絶対ニ必要ナリトス．
　又丁抹並ニ英国ニハ世界物理学界ノ意見ヲ左右スル有力ナル学者ノ存スルアリ．コレ等ノ地ニ湯川博士ヲ赴カシメ，直接其口ヨリ新理論ヲ説カシムルコトハ我学界ノ成果ヲ知ラシメ，ノーベル受賞ヲ早カラシムルモノト信ズ．

抑々ノーベル賞ハスエーデン国ノーベル氏ノ創設セルモノニシテ，其賞金ハ邦貨ニ換算シテ十数万円ニ該当ス．コレガ受賞者ハ真ニ世界学界ノ最高権威者トシテ尊重セラレ，国威ノ発揚ニ資スル処甚大ナリ．然ルニ我国ニ於テハ未ダ1人ノ受賞者ヲ出サザルハ甚ダ遺憾トス．幸ニシテ湯川博士ノ業績ハ正ニノーベル受賞ニ値ス．此機ヲ逸スルコトナク努力スレバ其実現難カラザルベク，依テ以テ内ハ我ガ学界ノ伝統ヲ樹立シ外ハ我ガ学術ノ真価ヲ知ラシムル（地位ヲ高カラシムル）コトヲ得ベシ．

 a 書簡859.
 b 書簡843.

869 湯川秀樹（京都帝大）→ 仁科芳雄　　　　1939/06/06

拝復，昨日御手紙並びに許可申請書写拝受致しました．御多忙中を何から何まで御配慮を煩はし，何と御礼を申上げてよいやら，唯々有難く存じ居ります．
　本日大学の事務の方へ右申請書を参考の為め内示し置きました．一昨日御送附申上ました当方の出張理由は右に比して少し言足りぬ点もありますが，大体に於て矛盾がないと存じますので，そのまゝに致し置きました．
　小生京大転任以来日増しに雑務多く弱って居ります．併し他事は最小限度に止め，今後は渡欧準備に万全を期し，先生の御愛顧に報ひねばならぬと存じ居ります．
　いづれ来週拝眉の上，万々御礼申述べます．　　　　　　　　　　敬白
　6月6日　　　　　　　　　　　　　　　　　　　　　　　　　湯川秀樹

仁科　先生
　　　玉案下

870 吉野源三郎（岩波書店）→ 仁科芳雄　　　　1939/06/07

仁科芳雄　先生
　　　　　　　　　　昭和14年6月7日　　岩波書店編輯部
　　　　　　　　　　　　　　　　　　　　　　吉野源三郎
過日は別して御多忙中を御引見下さいまして甚だ無躾なる御依頼を御引受け

頂き，誠に感謝に堪えない次第に存じました．

　何分にも，啓蒙的普及書としてド・ブローイ氏の著作を取入れる試みは我が国として最初の試みでございますので，一般読者のため権威ある解説を附することはぜひ必要と存ぜられます．幸にして先生の序文を賜はることになり，岩波新書としては此の上もなき喜びでございます．訳者河野與一氏にこの旨伝へましたところ，河野氏も光栄に存ずる旨折返し返事がございました．御迷惑ではございませうが，本邦の読書人の科学的教養を高むる一助として，曲げて御執筆頂きたう存じます．私共の都合を申させて頂くならば本月10日前後が好都合ではございますが，これは押して申出づべき限りではございませぬ故，先生の御都合にて出来る限りお早く願へれば，勿論それで結構であります．何分よろしくお願ひ申しあげます．

　とりあへず，右御礼まで． 　　　　　　　　　　　　　　　　　　　頓首

> [a] L. de Broglie『物質と光』(上)(下)，河野与一訳，岩波新書 (1939). 書簡767, 769, 807, 809を参照．岩波新書は1938年11月に20点の刊行ではじまった．いずれも1万部以上印刷したが，たちまち売り切れた．『物質と光』は1939年の7月に，A. Einsteinの『物理学はいかに創られたか』は上巻が10月に出た．

871 今堀克巳（北海道帝大）→ 仁科芳雄　　　　　　　　　　1939/06/08

仁科芳雄 先生

　　　　　　　　　　　　　　　　　　　　　　　　　　　　　　今堀克巳

　突然御手紙を差上げる失礼をお許し下さい．実は此度，服部報公会の研究補助費を受くべく「変化する振動の分析法」と題する研究の補助申請を致しましたのですが，当教室堀先生より伺ひますと，申請書の説明不備のため却下される所を仁科先生の御尽力により保留されて居ります由，小生の不明を御詫申し上げると共に，先生の御厚意に対し心より感謝致します．堀先生の御注意によりまして，早速或程度まで精しい説明を書きまとめまして，同封御送り致しますから，何卒よろしく御願ひ申し上げます．尚此説明書は早急に書き上げましたため説明法の不備のみならず，或は誤り等御座いますかも知れませんが，何卒御見逃がしを御願ひ致します．御多忙の所を色々と御面倒をおかけ致しまして誠に恐れ入れますが何卒よろしく御願ひ申し上げます．

　昭和14年6月8日

a 仁科芳雄は1934年7月から服部報公会の常任委員を務めている．いつまでかは分からない．服部報公会については書簡347の注aを参照．

872 湯川秀樹（京都帝大）→ 仁科芳雄　　　1939/06/09

拝復　御蔭様にて小生外遊の件，願書の通り大蔵省の内諾を得ました由，誠に有難く厚く御礼申上ます．

　京大よりの上申書も既に文部省へ発送した由です．旅券下附の手続も早速致します．

　それについて昨日偶然英字新聞を見ました所，靖国丸の神戸出帆の日が6月30日になって居りますので，驚いて日本郵船に問合せて見ました所，矢張りその通り予定の7月7日を1週間繰上げた由です．

　さうしますとあと20日しかありませんので旅券査証等果して間に合ふかどうか案ぜられますが如何でせうか．靖国丸の次は7月20日出帆の鹿島丸です．これですとナポリが8月26日，マルセーユが8月28日です．靖国丸に間に合はぬ場合を考慮して，取敢ず鹿島丸の方も室を頼んで置きました．

　尚小生は14日（水）の鷗にて上京の予定です．17日（土）頃まで滞在のつもりをして居ります．坂田，小林，谷川諸君も恐らく同時上京と思ひます．岡山君も多分上京する筈です．

　先づは取急ぎ，右御伺ひのみ．

6月9日

草々

湯川秀樹

仁科　先生
　　　侍史

873 仁科芳雄　理化学研究所学術講演会講演草稿[a]　1939/06 ［日不明］

精製セル硝酸トリウムニnをアテ水ニ溶解，酸性ニテ硫化水素ヲ通ズル時，鉛，蒼鉛又ハ白金ノ硫化物ニ伴ッテ沈澱スル active ノモノアリ．コレニ就テハ既ニ昨年6月述ベタ (1, 2, 3参照)[b]．

　コノ active ノモノハ，モシ硫化水素ヲ通ズル前ニ塩化銀又ハ塩化第一水銀ヲ沈澱サセルト沈澱ノ方ニ集マリ，Bi 又ハ Sn (4参照) 又ハ Cu (11参照)，硫

化物ノ沈澱ニハ来ラズ.

　此ノ塩化物ノ沈澱ヲアムモニアニテ処理シ, 銀, 水銀及ビタリウムノ分離ヲ試ミタルニ, 放射能ハ銀ニハ殆ド来ラズ Hg ノ部分ニ集マリタリ (5参照). 但シコノモノガ水銀ニアラザルコトハ後ノ実験ニテ判明セリ.

　次ニハロゲンノ active ノモノヲ生ジタルカ否カヲ見ルタメ, Th+n ニ NaBr, NaI ヲ加ヘ, 之ヲ塩素水ニテ処理, CS_2 ト振ッテハロゲン元素ヲ CS_2 層ニ抽出シタ.

　此ノ CS_2 層ヲ検査シタルニ弱キ放射能アリ. 又水ノ層ヨリ Ag_2S 及ビ HgS ヲ沈澱サセテ後, 銀及水銀ヲ分離シタルニ, 放射能ハ HgS ニ集マリ, 銀ニハ殆ド来ラズ (6参照).

　次ニアルカリノ active ノモノヲ生ジタカ否カヲ見ルタメ, Th+n ニ $Ba(NO_3)_2$ 及 NH_4Cl ヲ加ヘ, 先ヅアムモニアニテ処理, 水酸化トリウムノ沈澱ヲ濾去シ, 此ノ濾液ニ炭酸アムモニウムヲ加ヘテ炭酸バリウムノ沈澱ヲ除イタ後, 濾液ヲ蒸発乾涸シ, 残滓ヲ焼灼シテ残留物ノ放射能ヲ見タ (7参照).

　之等ノ実験ニヨリ, ハロゲン及ビアルカリノ active ノモノ存スルモノノ如シ.

　サテ始メニ立チカヘリ酸性ニテ硫化水素ニ通ズル時沈澱スルモノニ就テ, 吟味ヲ試ミタ.

(ア)　硫化物ヲ稀硝酸ニテ処理, Hg と Pb トノ分離ヲ行ヒシニ, HgS ニ放射能来ル (8参照).

(イ)　硫化水素ノ酸化ニヨリテ硫酸ヲ生ジタメニ, 硫化物ニ伴ヒテ硫酸バリウムノ沈澱ヲ生ズル虞アリ. 故ニ Th+n ニ $Ba(NO_3)_2 + HgNO_3$ 及 $Cu(NO_3)_2$ ヲ加ヘ, 硫酸ニテ先ヅ $BaSO_4$ ヲ沈澱セシメタルニ, $BaSO_4$ ノ部ニハ殆ド放射能ナシ. 即チ上述ノ如キ疑ハナキモノト認メラル.

　$BaSO_4$ ヲ濾去セル濾液ヨリ順次 HgCl 及ビ CuS ヲ沈澱セシメタルニ, HgCl ニモ CuS ニモ放射能来ル (10参照).

(ウ)　酸性ニテ硫化水素ヲ通ズル時沈澱スル方ニ集ル active ノモノハ, モシ硫化水素ヲ通ズル前ニアムモニアニテ水酸化トリウムヲ沈澱セシムル時ハ, 水酸化トリウムノ沈澱ニ集マリ, 此ノ濾液ヨリ順次 AgCl 及ビ CuS ヲ沈澱スルモ, 沈澱ハ殆ド放射能ヲ示サズ.

　コレニ反シ水酸化トリウムノ沈澱ヲ硝酸ニ溶解シ, コレヨリ AgCl ヲ沈澱セシムレバ, コノ沈澱ハ放射能ヲ示ス. 但シ, AgCl ノ沈澱ヲ濾去セル濾液ヨリ CuS ヲ沈澱セシムルモ沈澱ハ殆ド放射能ナシ (11参照).

　上記ノ結果ニヨリ,

酸性ニテ硫化水素ヲ通ズルニ先チ
AgCl ヲ沈澱セシムレバ　AgCl 沈澱ニ,
Th(OH)₄　〃　　〃　　Th(OH)₄ 沈澱ニ放射能ハ集ル.
但シ先ニ BaSO₄ ヲ沈澱セシムルモ, BaSO₄ 沈澱ニハ放射能殆ド来ラズ.

(エ) CuS 及ビ HgS ノ混合沈澱物ヲ作リ, 之ヲ強ク焼キテ水銀ヲ逐ヒ出シタルニ, activity ハ残滓ニ完全ニ残ル. 即チ Hg ニアラズ (12 参照). 即チ塩化物ノ沈澱ニ放射能ハ来ルケレド, 銀, 水銀ニハアラズ (Th+n ヲ水デ処理スル代リニ王水デ処理シタ後酸ヲ追出シ塩化銀ヲ沈澱スル時ハ放射能ハ著シカラズ. 6月6日ノ実験参照).

(オ) 王水ト煮タ後, H₂PtCl₆, SnCl₂, Bi(NO₃)₃ ヲ加ヘ H₂S ニテ沈澱, 沈澱ヲ黄色硫化アムモニウムニテ処理シタルニ残滓, 即チ Bi ノ方ニ強ク, 溶液即チ Sn, Pt ノ方ニ弱シ. (5月27日ノ実験及6月3日ノ実験)

(カ) Au, Bi, Se, Cd 等ノ塩ヲ加ヘ SO₂ ニテ金, セレンヲ還元沈澱セシメタルニ, 沈澱ニ少シク放射能アリ. 濾液ヲアムモニアニテ処理, Bi ト Cd トテ分離シタルニ, Bi ニ activity 集ル. Cd ハ少シ.

(キ) H₂PtCl₆ ヲ加ヘ亜鉛ニテ還元シタルニ, 沈積物放射能強シ. 塩酸ニテ可溶ノモノヲ除クモ放射能強シ (6月9日実験).
又別ニ, Th+n ニ SiO₂ ヲ加ヘ硝酸ト蒸発乾涸シ水ニ不溶ノ残滓ヲ検スルニ activity アリ (13 参照).

上記ノ実験ノ結果ヲ見ルニ,
アルカリノ部, ハロゲンノ部, SiO₂ ノ部, Au, Se ノ部, Sn, Pt ノ部, 等ニ放射能アリ. サレド, 最モ強キモノハ Bi ノ部ニアリ.
<u>Bi カ Cu カ</u>

---

[a] 第35回・理研学術講演会 (1939年6月15日) において, 仁科芳雄, 矢崎為一, 木村健二郎, 江副博彦, 井川正雄「中性子によるトリウムの分裂」と題して研究を仁科が口頭発表したが, その草稿である. トリウム (^{232}Th) を速中性子で照射してウラン (^{231}U) を人工的に創ったという仁科らの有名な研究があるが (Artificial Production of Uranium Y from Thorium, *Nature* **142** (1938) 874), これはその続報である. Fission of Thorium by Neutrons, *Nature* **144** (1939) 547 にでた. 参照: 書簡 705.

[b] 1, 2, …, 12 は注の番号と思われるが, これらの注は残っていない.

874　湯川秀樹 (京都帝大) → 仁科芳雄　　　　　　　　　　1939/06/19

拝啓　17日夜無事帰宅致しました．上京中は一方ならぬ御世話に相成り，御礼の申上様も御座いません．
　17日にお電話で申上ました通り，信用状は旅券交付後でないと受取れぬ由で，兎に角金丈渡し信用状を取組んで置いて貰ひました．小生自身もう一度上京する暇もありませんので，物理教室助手佐藤益市君に行って貰ふ予定です．若しも旅券が遅れる様なら，京大へ廻る前に東京で受取り，直ちに正金へ行く必要があるかとも思ひます．
　尚ソルベーから京大総長宛の正式招待状本日到着した由です．それに添へて小生自身宛の手紙も入って居りましたが，その写を同封致し置きました通り，前と全く同じ文面です．
　先づは取敢ず，御礼旁々右御報告まで．

　　　　　　　　　　　　　　　　　　　　　　　　　　　　草々
　　　　　　　　　　　　　　　　　　　　　　　　　　　湯川秀樹

仁科　先生
　　　侍史

875　湯川秀樹 (京都帝大) → 仁科芳雄　　　　　　　　　　1939/06/29

拝復　貴翰拝読．色々御注意下され有難く存じます．連日準備等に忙殺され，御返事延引致し申訳ありませぬ．
　去る26日（月），当教室佐藤氏を東京に派し，旅券及び信用状の受取を委任致し置きましたが，学研山鹿氏の一方ならぬ尽力により，その日の中に無事終了，27日（火）佐藤氏帰洛，それより小生直ちに大阪の英・米領事館にて査証を受けました．
　右の次第にて手続は全部終了，旅行の準備も昨日完了致し，唯乗船の時を待つのみとなりました．
　その様に凡て好都合に参りましたのも全く先生の御蔭と深く感謝致して居ります．
　先づは取敢ず右御報告のみ　　　　　　　　　　　　　　　草々
6月29日　　　　　　　　　　　　　　　　　　　　　　　湯川秀樹

仁科　先生

机下

876　湯川秀樹 (京都帝大) → 仁科芳雄　　　　　　　　1939/06/30

拝啓　前便にて申し忘れましたが，8月-9月，伯林(ベルリン)に於ける小生宿所は
　　Pension Erichsen
　　　Innsbrucker Str. 18
　　　Berlin-Schöneberg
の予定です．　　　　　　　　　　　　　　　　　　　　　草々

尚先日は多額の賞与を頂戴致し有難う御座いました．
　　　　　　　　　　　　　　　　　　　　　　[絵葉書，日付は消印]

877　湯川秀樹 (靖国丸船上) → 仁科芳雄　　　　　　　1939/07/01

本日無事神戸より乗船，只今瀬戸内海を航行中です．船中では食過ぎぬ様にし，充分運動して元気になり度いと思って居ります．
　いづれ又．時節柄一層御自愛の程御祈り申上ます．　　　早々
　　　　　　　　　　　　　　　　　　　　　　[絵葉書，日付は消印]

878　三木 清 (杉並区, 東京) → 仁科芳雄　　　　　　　1939/07/02

拝啓　例のＡワンの会[a]，6日（木）午後6時から同所で開きますから，お繰合せ御出席お願ひいたします．
　　　　　　　　　　　　　　　　　杉並区高円寺　4ノ539
　　　　　　　　　　　　　　　　　7月2日　　三木　清
　　　　　　　　　　　　　　　　　　　　　　[葉書，日付は消印]

　　[a] 1939年4月10日（書簡841），5月25日（書簡862）につづく会である．6月の会の通知は残っていない．

879 野上茂吉郎（九州帝大） → 仁科芳雄   1939［月日不明］

御無沙汰致して居ります．その後お変りございませんでせうか？ 私もその後元気で勉強して居ります．毎週土曜日には武藤さんと，原子核に関する新しい paper を読んだり，discussion をしていたゞいたりして居ります．

先生の下さつた高速中性子の陽子との elastic-collisions の計算はこちらに来て，も一度，25, 30, 35 MeV を計算し直して見ました．武藤さんにも目を通していたゞいて色々と critical な批評をして貰ひました．若し出来れば，先生に communicate していたゞいて理研の paper に出したく思ひましたので同封いたします．よろしくお願ひ申し上げます．私は今年中は講義も暇なので，上の paper の続きとして軽い核の性質の discussions を続けたいと望んで居ります．

今後もよろしく御指導をお願ひ致します．

880 野上茂吉郎（九州帝大） → 仁科芳雄   1939/07/04

その後御無沙汰致して居ります．

最近 *Phys. Rev.* の一番新しいのに 15 MeV の中性子の proton による elastic scattering の experimental data が出て居りました．cross-section が 0.65×10^{-24} cm^2 と書いてあり僕の計算によく合つて居るように存じますが，甚だ軽率ながら計算の控へを（数値の）紛失致しましたので，校正の時に Note added in proof を付け加へたく存じます．それで校正を東京の自宅の方に送り下さるやうお取計ひ戴けませんでせうか？

　　荒川区日暮里町 9 丁目 1040

でございます．お手数おかけして恐縮に存じます．

私は 15 日頃上京致すつもりでございます．

その後 α 粒子 2 つの間の potential を水素原子 2 つの場合の Heitler-London の方法のやうにして計算して見ました．近距離では repulsive で途中に minimum が出ました．しかし minimum が浅すぎて $^{8}_{4}$Be の核の stability を説明出来ません．

$^{12}_{6}$C，$^{16}_{8}$O の場合もやつて見るつもりで居ります．

御自愛の程を祈ります．

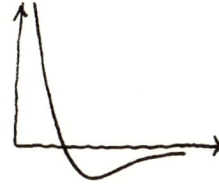

881 湯川秀樹 (靖国丸船上) → 仁科芳雄   1939/07/07[a]

　船上生活も1週間になりましたが，毎日元気に暮して居ります．昨日は香港に上陸，想像以上に奇麗なのに一驚しました．昨日頃から非常に暑くなって参りました．船中友人も大分出来ましたが，学問の話相手のないのが残念です．

7月7日
［絵葉書］

　　　[a] この書簡には7月7日とのみあって発信年がないが，湯川がソルヴェー会議に招かれて渡欧するのは1939年である．消印は7月11日で，これが書かれた7月7日と離れているが，船の上からの投函だからか？

882 朝永振一郎 (ライプチッヒ大学，ドイツ) → 仁科芳雄   1939/07/07

　その後お変りなくお過しのことと存じます．小生も元気で居りますから他事ながら御安心下さい．もっと度々お便りを差上げてこちらの様子などお知らせしなければならないのですがいつも御無沙汰ばかり致しまして誠に申訳なく存じます．小生の滞在もいよいよ2年となり又理研へもどる時が来ましたわけですが，この2年間に御期待に沿うだけの活動出来なかったような気が致しまして甚だ心苦しく思って居ります．今やって居ります仕事は湯川君の理論でプロトン，ニュートロンの構造（プロトン，ニュートロンのまわりの場）を少しくわしくしらべようと思っているのですが，うまくいかないので閉口している次第です．ハイゼンベルクの考えでは $\frac{g^2}{\hbar c}$ を小さいとして摂動でやるのはとうていだめだというので何とかして $\frac{g^2}{\hbar c}$ の展開でない方法と思って，場のイナーシャが大へん大きいという性質を利用して他の近似法をと思ったのでしたが，なかなかそう簡単に行かず，又実さいの事情も，これを大きいとして近似計算に利用し得るほどそんなにイナーシャが大きいかどうかあやしい気がしているのです．詳しいことを申上げるにはまだあまり目鼻がつかない状態で残念に思って居ります．

　今学期のハイゼンベルクの講義はコスミック・レー[a]の理論というので甚だ有益でありました．今ハイゼンベルクはアメリカのシカゴの学会に招待されてオ

イラーが代講して居ります．何れ帰りましたら，コロキウムででもこの内容を御紹介する機会があると思います．とにかく湯川君の理論があってから，コスミック・レーはよほどはっきり分析出来るようになったわけで同君の功績は非常なものです．同時に，コスミック・レーのふくざつな実験データ，人々によって色々ちがったり，矛盾したりしているデータをうまく分析して整理したオイラーの手腕も大したものです．

さて，小生の今後の予定でありますが，この6月一ぱいで2年はすぎたのでありますけれども，今年は学期が少し延長されて，7月一ぱいになりました．そして又，9月には学会があり湯川君も来られるのですから，私も一寸様子見に出てみたく，とにかく9月一ぱいはヨーロッパに居りたいと思って居ります．私の仕事の方はもう，何やかやでおちついて進めることは出来ないと思いますが，多少帰朝のおくれることをおゆるし下されば幸甚です．お金の方はまだ十分すぎる位残って居りますから（カワセ管理のむつかしいところを色々お骨おり下さったことをお礼申上げます）こちらの方の心配はございません．多分コペンハーゲンにも立よって，アメリカはざっと見るだけになると存じます．おそくとも今年末には日本にかえりたいと思います．はじめソルヴェー会議というのは公開かと思いこれもついでにと思いましたが，これは公開でないということですからやめました．

こちらで行われた新しい研究は，ハイゼンベルクのメーヤファッハプロセス[b][多重過程]に関する考察（一ばん新しいZS[c]に出ましたから御承知と存じます）とオイラーの空気シャワーの研究です．アトモスフェアの上から下までつき通す，半径30メートル位のシャワーの大柱があるというのは何れにしろ面白いことです．その他，目ぼしい研究はありません．ワイツェッカーがUの分裂をしらべている由です．表面張力の外にクーロン力を考えて核滴の振動を考えると，Zが大きくなると，一ばん下の固有振動（エリプソイドの形に振動する振動）がアペリオディックになり（或はνが0となり）[d]，球形であった核がニューっとのびて（或は平らになって）しまう様なZがあるのだそうです[e]．それが大体Uの近くにくるというのです．

日本は梅雨がすぎて，又もうれつな暑さが来ると存じます．御自愛を切に祈り上げます．

　　　　　　　　　　　　7月7日　ライプチヒにて　　朝永振一郎

仁科芳雄 様

a 宇宙線.
b 核子の衝突で中間子が多数発生する過程. W. Heisenberg, Zur Theorie der "Schauer" in der Hohenstrahlung, *Zs. Phys.* **101** (1936) 523–540; Zur Theorie der explosionsartige Schauer der kosmischen Strahlung, II. *Zs. f. Phys.* **113** (1939) 61–86.
c 書簡728の注aを見よ.
d νは振動数.
e 書簡888の3, 896の7では小林 稔のアイデアとして同様の問題が述べてある.

883 森脇大五郎 (東京府立高等学校) → 仁科芳雄　　1939/07/10

前略　失礼致します.
　過日御相談申上げました通り, 来る14日（金）午後6時－9時東大山上会議所で催されます遺伝談話会例会で発表することになりました. 表題は「サイクロトロン使用の中性子照射に依て生じた猩々蠅の伴性突然変異……仁科・森脇」といたしました. 私達のよりも前に2ツ講演がありますから, 7時半頃か8時頃からになると思ひます.
　尚, 内容に関しまして2,3予め御伺ひいたし度いことが御座いますので13日（木）午後御邪魔いたし度く存じますが, 御差支へ御座いませんか.

〔葉書, 日付は消印〕

a 書簡792の注bを見よ. 14日（金）は, おそらく7月14日. 和文の論文は遺伝学雑誌の8月号に出た. 書簡885の注aを見よ.

884 今堀克己 (北海道帝大) → 仁科芳雄　　1939/07/12

拝啓　酷暑に向かって参りました. 扨今回小生の研究に対する服部報公会の援助が決定されましたについては, 御多忙の所を一方ならぬ御尽力を戴きまして, 誠に有難う御座いました. 厚く御礼申し上げます. 此上は専心研究に勉励致し御好意に報ひたいと存じております.
　尚　今後もよろしく御指導の程宜敷御願ひ致します. 先は右取敢えず御礼まで.

7月12日　　北大物理
　　　　　　今堀克己

仁科芳雄 先生

    a 参照：書簡871.

885 森脇大五郎（東京府立高等学校） → 仁科芳雄　　　　　　1939/07/24

前略失礼
  先日の論文今月中に纏め度く存じて居りましたが，其後引続き校用に追はれましておくれて居ります．又明日から3日間沼津の水泳宿舎の方へ行かねばなりません様な始末ですので，英文の方は来月になるかも知れませんが不悪．講演要旨（和文）[a]の方は大体出来て居りますので沼津よりかへりまして，28日（金）午後に持て御伺ひいたし度う存じますが，御都合如何でせうか，宇宙線のこともその節御報告いたします．27日は1日中学校に居ります．　　敬具

[葉書，日付は消印]

    a 書簡883参照．これが「談話会講演要旨」として遺伝学雑誌，1939年8月号，pp. 248-250にでた：仁科芳雄・森脇大五郎「サイクロトロンよりの中性子を照射して生じた猩猩蝿の伴性突然変異」; Y. Nishina and D. Moriwaki, Sex-linked Mutations of *Drosophila melanogaster* induced by Neutron Radiation from a Cyclotron, *Sci. Pap. Inst. Phys. -Chem. Res.* **36**（1939）419-425.

886 木村健二郎（東京帝大） → 仁科芳雄　　　　　　1939/07/26

拝啓　本日出校致しまして，御病気の由承り驚きました．御快癒の速かならんことを祈ってをります．
  今日は急に教室の会議があり夜は温泉研究談話会にて理研に行く機を逸しましたが，斎藤，松浦両君がウランを作りあげて理研に持って行き前回のトリウムと同じことをやる手筈になってゐます．小生は27日，28日午后[a]29日は出校，30日より当分休みますけれど，御快癒の上打ち合せが出来る様になられたならばいつでも理研に参りますから
    神奈川県藤沢町鵠沼海岸
      下岡6703（及部氏貸家）
            木村健二郎

宛速達を下さる様御願ひします．（たまには東京に出たいと思ってゐるのですから御遠慮なく御都合の日取御知らせ下さい）

　御快癒を祈ります．そして無理をなさらぬ様に祈ります．　　　　　敬具

昭和 14 年 7 月 26 日　　　　　　　　　　　　　　　　　　　　　　木村健二郎

仁科芳雄 様

　　　　a 書簡 873 を見よ．書簡 965, 966, 書簡 1002 の注 d, e, f も参照．

887 關戶彌太郎 (越後湯沢, 新潟) → 仁科芳雄　　　　　　　　　1939/07/28

謹啓　昨晩は御多忙中に電話を御願ひ申しまして失礼致しました．其後私共 3 名元気でやって居ります．
1. 電線の件

　4 種線 60 米及電流計 2 個本日受領致しました．すぐに湯沢の電力区へ電話をかけて戴きまして，明日引込工事をやって戴ける筈になって居ります．
1. 電圧の件

　昨晩御願ひ致しました，80 V – 100 V トランス（300 W）が出来ればそれで勿論結構ですが，出来合ひのものでスライダックがありましたならばそれでもよいと思ひます．適宜に御取計らひ下さる様御願ひ申します．
1. 宿の件

　電話でお話申しました通り湯檜曾(ゆびそ)の温泉旅館では 1 泊（中食，入浴料をのけて）2 円 50 銭以上の割になりますし，又宮崎君の知人の紹介で泊りました瀬下屋はあまりひどい木賃宿で然も大して安くなく，又下宿といっても適当なのがありませんので，当分湯沢駅前の素人下宿原沢方に落付く事に致しました．共同風呂が少し遠いのですが，湯檜曾に居るよりは汽車賃を入れても安く上りますし，まあ当分これでやってみようと思ひます．
1. 実験費及滞在費の件

　先日お預り致しました　100 円は 1・実験用の材料を水上その他で数回買ひましたのと，2・数日の宿泊料其他で殆どなくなりましたので，当分の実験予備金と滞在費を御送付下さいます様御願申し上げます．
1. 電源切換の件

　こゝ数日電気時計を動かして居りますと，1 日に 10 分前後電流が止ってゐ

る様に思はれます．又何かの事でそれがかなり長時間になることがあるかも知れません．それで，折角2つのトランスから電力が来てゐるのですから，一方が停電した場合測定用の電力だけでも他方に切換へる様にし度いと思ひます．差し当っては手働の引換へにする事にして，2極切換スヰッチ（20A）2個飯島君宛電報で御願して置きましたから宜しくお願ひ致します．

1. 列車の記録装置の件

風によって列車の通過を記録する装置は2, 3日働かせて見ました所，列車は洩れなく記録する様です．モーターカーは記録しません．列車の通過が増幅器に働くかどうかはまだ調べるまでに至って居りません．

1. マンホールの位置の件

只今観測の準備を致して居りますマンホールは5月7日に下検分に来ました時に鉄道の方が「之が第2マンホールです」と言はれた所に違ひありませんし，又小屋も「第2マンホール」に建てて戴く様お願ひして只今の小屋が出来た訳でありますが，どうも毎日歩いてゐますと，距離が変に思はれましたので調べて見ました所，只今の所は第3マンホールです．（5月7日に第4マンホールと思って測定しました所は今考へてみますと第5マンホールです．）鉄道の深さは土480米で，第2マンホール（土, 175米）と最深部との中間位になります．やり始めた事ですから一先づ此処で測定をした方がよいと思って居ります．鉄道の方にはまだ何とも申し上げてありません．

先づは御報告並に御願ひまで．東京は連日お暑いことと存じます．御体お大切に．

　7月28日晩　　　　　　　　　　　　　　　　　　　越後湯沢にて
　　　　　　　　　　　　　　　　　　　　　　　關戸彌太郎　拝

仁科　先生
　　　玉案下

888　梅田　魁　(北海道帝大)　→　仁科芳雄　　　　　　1939/07/29

仁科　先生

[前略]

3. 先生のお室での discussion の時小林さんの出した idea,

○→○の途中を∞といふ形でつなぐ即ち∞の Surface 及び Coulomb energy

を計算するのを小林さんと話合ひで私の所でやりかけて居ります．♡といふ形の Coulomb energy の計算が途中でつかへて居ります．the integral を又 integrate せねばならなくて．

4. 先日拙著別刷お目にかける節，Slater が送ってくれました Thomas-Fermi eq. 及び Li, Na, Cu に対する Thomas-Fermi-Dirac eq. の解の写を同封申上げました．

5. お蔭様にて学振をとほして戴きました Thomas-Fermi-Dirac eq. を origin からでなく切点から解き逆に origin に向ふのは着々進みまして，origin から解いて切点をきめた Jensen, Slater の結果は全然訂正を必要とする様です．

例へば $d^2\phi/dx^2 = x(\beta + \sqrt{\phi/x})$ を Argon につき Jensen の与へた $x = 12.7$ を切点にして逆にすゝむと origin を1で切るべきものが 0.7 辺りを切り 12.7 が本当の切点でない即ち origin から進んで切点をきめることが不正確なることが分りました．

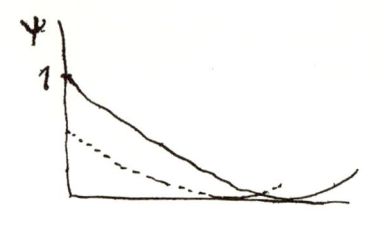

元の方程式で A を任意の const として

$$x \to A^{1/3} x \qquad \phi \to \frac{\phi}{A} \qquad \beta \to \frac{\beta}{A^{2/3}}$$

としたものは同じく元の方程式を満足します為，12.7 からすゝんだのが 0.7... で切れば $A = 0.7...$ とすると origin で1となる正しい x 単位に切する解が得られます．然しそれは β が Argon の β でなく（$\beta = \mathrm{const}/Z^{2/3}$ なる時）AZ なる Atomic No. の元素の正しい Thomas-Fermi-Dirac の解となります．AZ は fraction ですが元々欲しいのは Z と切点－原点の長さ（原子半径）との関係，Z と initial tangent との関係等ですから，その関係を表はす曲線を求める一点を提供します．従って Argon の正解を探す step, step が無駄にならないので助かります．今 12, 12.7 から出発したのがすみ何れも origin で1より小さいので 15, 20 から出発したのをやって居ります．一本の曲線を引くのに1ヶ月から1ヶ月半は必ずかゝるので大変です．

出来上ると Jensen, Slater がやった解で出した numerical result を全部やり直す必要が起ると楽しみにして居ります．

［後略］

889 湯川秀樹（ナポリ，イタリア）→ 仁科芳雄　　　　　　　　1939/08/02

無線電報
15　ユウセンヤスクニマルナガサキムセン
27 セ 4 : 0
リカガクケンキュウショ
ニシナヨシオ
ニヒブジナポリツクユカワ

890 湯川秀樹（ローマ）→ 仁科芳雄　　　　　　　　　　　1939/08/04

　その後お変りありませんか，お蔭様にて私も海上恙（つつが）なく2日夕ナポリ上陸，ポムペイを見物，唯今ローマに居ります．大学も覗いて見ましたが誰も居ません，明日一寸市中を見物，明後日朝ベルリン向出発の予定です．先づは近況御報告のみ，貴研究室の皆様にも先生から宜しく
4日
　　　　　　　　　　　　　　　　　　　　　　　　ローマにて
　　　　　　　　　　　　　　　　　　　　　　　　　湯川秀樹
　　　　　　　　　　　　　　　　　　　　　　　　　　［絵葉書］

891 關戸彌太郎（越後湯沢，新潟）→ 仁科芳雄　　　　　　1939/08/10

　謹啓　8月6日附御手紙有難く拝見致しました．其後の進行状況左に御報告申し上げます．
　7月一杯は丁度観測小屋内の設備と電源の配線に費しました．その成績は今迄の所左の様であります．
　1. 室内乾燥の件，2 kW ヒーター（電圧が低い為実は 1.7 kW 位）を昼夜用ひまして，床上 5 尺位の位置で室温 22 度，湿度 60% で一定になります．此の点申し分ないと思ひます．
　1. 屋根の件，室内が乾燥した為と思ひますが屋根板がずい分反って来て隙間が出来ましたのでなるべく早く補強する様清水組を御督促下さる様御願ひ申します．
　1. 使用電力の件，供給して戴いてゐます電圧は普通 85 V，一方の電源から

はヒーター 8.5 A，測定 3.5 A，計 12 A を連続使用，他方の電源からはヒーター 8.5 A，電灯 2 A，計 10.5 A を連続使用，その他ハンダ鏝，充電器等を時々使用致します．何れも室内引込のスキッチに 15 A のフューズを用ひて居ります．

又測定側の電源が停電した場合に備へて，他方の電源に切換へる様引換スキッチを備附けましたがまだ（長時間の）停電はありません．

1. 電源変動の件，電源の電圧が 1 秒間位著しく降下し，同時にサイラトロンがショックを受けた事が 1 回ありました．又電源電圧が 1 秒間位著しく上昇（100 V 位に）した事が 1 回ありました．

1. 短時間停電の件（数秒乃至数分間の停電），隧道(すいどう)全体の電灯線が短時間停電する場合と，誰かゞ電灯スキッチを切った為に短時間停電する場合とあります．何れもサイラトロンがショックを受けますが之は別に停電をテープに記録する装置を作りましたので一々確める事が出来ます．今までの電気時計の遅れは之等の集積かと思はれます．此の 2 日間になってから短時間の停電も，電気時計の遅れもありません．

今月の月始め 1 週間は小生法事，墓参の為帰省致しまして，その間宮崎君が増幅器其他を点検致しました．

計数管は 10 個だけ使って見ましたが損傷はありません．他の 10 個はまだ出して見ません．増幅器は少しも故障がありません．

テープ記録機は相変らず順調．

たゞサイラトロン・セット，計数器，高電圧源に少しづつ心配な点がありましたので其後調べたり直したりして居ります．

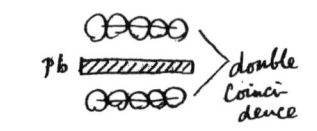

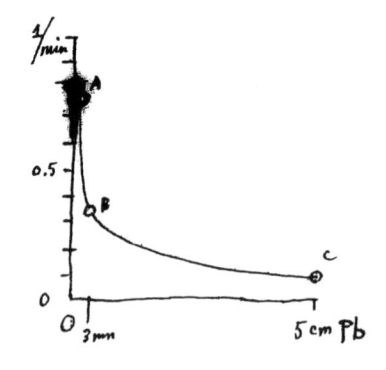

昨日まで之等の個所を直しまして，まだ絶対安心ではありませんが，本日仮配線で一寸実験をしてみました．シールドケースも用ひず，測定時間も甚だ短いのでありますが結果は次の様であります．

1. 汽車による妨害はない様です．
1. 実験，

A： 9 個／10 分＝0.9　21 個／30 分＝0.7

B：13個／30分＝0.41　8個／30分＝0.27
C：　4個／40分＝0.1

　　double コインシデンスを起す ray が 30 糎(センチ)平方位の所へ 0.8/min 位来る．之の大部分が鉛 5 糎以下で吸収される．
　　残りの 0.1/min は accidental らしい事は次の実験でわかる．
実験第 2，
　　真の　coincidence＝C, accidental coincidence＝A とす．
　　電灯の光によって accidental を増す時の factor＝m
　　resolving time を長くして accidental を増す factor＝n とす．
　　次の 4 つの測定をしました．
　　　　　$C+A = 0.75$/min　（之は実験第 1 の測定点 A）
　　　　　$C+mA = 2.5$　　　（電灯）
　　　　　$C+nA = 1.4$　　　（τ：大）
　　　　　$C+mnA = 20.$　　（電灯　且　τ：大）
　　　　之を解いて　　　$A = 0.07$　（前の測定の 0.1 と大体合ふ）
　　又，この accidental coincidence A と single count（計数管各 1 個に附 200〜250/min）より，
　　　　　τ：小の場合　　　$\tau \fallingdotseq 2\times 10^{-6}$ 秒．
実験第 3，
　　次に真の double コインシデンスは宇宙線に原因するものかラヂウムに原因するものかを知る為に計数管セットを 10 cm Pb で囲んで実験しました．斯うすると single count は 4 乃至 5 分の 1 に減ります．コインシデンスは今晩測定中になって居ります．
　　御送付下さいました金 100 円の受取証を同封致しましたから御査収下さいませ．
　　下宿の事を御心配下さいまして有難く存じます．下宿は現在の所で結構でございます．
　　亀田君からの手紙によればネヤーのネヂ捲き装置はモーターの力が足らぬ由，小生も近い中上京して調べ度いと存じますが何分よろしく御願致します．
　　本日上野保線事務所の保線係長稲穂氏（新任）が管内視察中小屋に立寄られました．同氏は四高出身で宮崎君と同輩であり

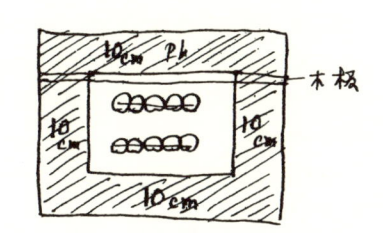

ます．
　ビルスさん遭難[b]の由心配致して居ります．
　東京はまだお暑い事と存じます．御体御大切に．
　宮崎君よりも御よろしくと申して居ります．
　　8月10日晩　　　　　　　　　　　　　　　關戸彌太郎　拝

仁科　先生
　　　玉案下

　追伸　本日保線係長と同行して鴫原氏が御見えになりましたのでマンホールの位置の件を一寸申し上げて置きました．ペーパーコンデンサー $0.5\mu F$ 乃至 $0.1\mu F$ のもの数個御急送願ひます．

- [a] 仁科らは1936年には清水トンネルで8月14日から9日間にわたって宇宙線強度の観測を行なった（書簡506およびその注b）．その深さは水相当でいって340mから2500mにおよんだ．今度は，水相当1400mの地点で1939年9月から1940年7月まで4600時間にわたり同時計数法を用いてシャワーの観測をする．書簡897の注aを参照．
- [b] 書簡715を見よ．
- [c] K. Birusは1938年に来日，關戸のグループで仕事をすることになった．8月末，前穂高の吊尾根から涸沢に滑落して松本の病院に入院．頭蓋骨に損傷が見つかり手術した．全快して，中性中間子の実験をして帰国．参照：書簡914, 917；竹内柾，「仁科研究室物語」，『仁科芳雄』，p. 219.

892　宮崎米治郎　(差出地不明)　→　仁科芳雄　　　　　1939/08/13

仁科芳雄　様
　残暑御伺ひ申上候．
　暑さ厳しき折柄益々御健勝之段奉賀候．先日は貴重なる参考書御恵贈に預り尚又御丁寧なる御書面に接し誠に恐縮且厚く御礼申上候．早速御礼申上可き処実は他所へ出張致し心ならずも遅延致し誠に申訳御座無く深く謝奉候．
　御陰様にて宇宙線に何等素養なき私にも多大に得る事の出来得たるを重ねて御礼申上候．
　　先は右御礼旁々御挨拶迄　早々　　　　　　　　　　　　　　敬具
　　8月13日　　　　　　　　　　　　　　　　　　　　　　　　宮崎米治郎

893 關戸彌太郎 (金沢) → 仁科芳雄　　　　　　　　　　　1939/08/18

拝復　越後湯沢にて御手紙有難く拝誦致しました．東京にては連日お暑い中に御多忙の御事と存じ上げます．ネヤーの方は如何でございますか．トンネルで増幅器を少々改良致しまして調整に暇がかゝりましたので上京致さず直ぐに当地へ参りました．明19日簡閲点呼を終へまして20日に上京，21日に理研にて御報告申し上げようと思って居ります．　　　　　　　　　　　敬具

[葉書]

894 佐藤重平 (東京帝大，植物研究所) → 仁科芳雄　　　　　　1939/08/19

拝啓　研究を嘱託されましてから御報告致しませんので，未だ完了したわけでありませんが簡単に今迄の経過を次に書きます．まとまり次第に報告に参上しますし，今後の実験について御指導願ひます．
　私は細胞学的方面を担当しましたので，篠遠先生がやられましたソバ，アサの花が咲きましたのを，細胞学的に見ました．それから純粋に細胞学的目的としてソラマメに中性子をかけました．

|ソバ|
之は理研の報告に載る論文に簡単に説明があった通りです．
(1)　茎がねぢれたり帯化したもの（染色体異常なし）
(2)　矮性のもの（染色体異常なきも幾分分裂異常）
(3)　葉が部分的に厚くなり花も花弁を欠くもの（染色体も部分的に倍加をしてキメラをなしてゐる）
(4)　第1葉又は第2葉しか出ないもの（(3)と同様でキメラをなしてゐてバランスのとれないもの）
(5)　緑の花の咲くもの（之は染色体は異常ないが細胞質が変化したらしく乾燥した4分子を作る）
(3)と(4)は部分的に染色体キメラがあるが，他は染色体は異常なく，遺伝子が変化したか又は細胞質が変化したと考へられる．
　ソバには種々の斑入りが現れたが，之は花の減数分裂とは関係なく斑入りは

葉緑体の突然変異又は直接の中性子の影響と思はれる．

　　アサ　目下観察続行中
(1)　斑入りのもの．アサは最初は非常によく認められるが成長すると殆ど斑入りが消失する．残ってゐた著しいもの（染色体の異常はなく正常）
(2)　茎のねぢれたもの（染色体の異常なきも分裂は幾分異常で花粉に大小あり）
(3)　矮性のもの．茎がねぢれて矮性のもの（染色体に異常ないが分裂が異常花粉に大小著しい）
(4)　第1葉，又は第2葉が出るだけで枯れるもの（細胞学的には観察しないが，次のソラマメの実験で染色体の異常の著しい為に死んだもので余り著しくないものは，他の正常の部分の成長によって異常が認められない．かく恢復の著しいのは他の実験コルヒチンの場合にも認められる）

　ソバ及びアサに於て染色体の異常は認められないか又は子孫が得られないのであるが，此実験の目的である突然変異は子孫を分析して解決する．優性であればF_1で劣性であればF_2で解ります．従って交配を今してゐます．

　第2回目のアサの実験は失敗です．余り温度と湿度が高いので種子が発芽すると共に腐敗しかけたのです．冷房装置をすると宜しかったのですがうっかりして失敗しました．時期でない時に種子を播いたのが一番失敗の原因です．

　ソバの第2回目は秋播ソバがある位で大丈夫ですが，9月の天候のおさまった時にしたいと思ひます．今ですと又腐るおそれがあります．

　　ソラマメ　目下観察中
最初に行った方だけ報告します．
　一番弱いもの（I）でも影響が認められます．一番強いもの（III）では間もなく枯れてしまひます．勿論全部ではありませんが．
1. 中性子をあてゝ直ぐに固定したもの（直接の影響）
(1)　前期の早期のものは静止期に戻る．
(2)　前期の進んだものは進行を続けるが，染色体の異常は認められない．
(3)　中期のものはどんどん進行し異常の分裂を示す．
　　(1)　紡錘体の表面張力が減少し（之は細胞質が影響をうけて変化した為と考へられる），時には極に2つに分れることがある．［図a］
　　(2)　染色体が分断融合する．［図b］
　　(3)　正常の場合に比較して染色体の染色性が失はれる．之は中性子の通過によって直接に影響されたと考へられる．

(4) 後期終期のものは染色体の変化はないと考へられるが観察は出来ない.
(5) 著しい時に細胞が死んでしまひ，核が凝固してしまふ. 然し之はⅢの場合でも割合に少ない.

2. 間接の2次影響
(23時間後に固定せるもの. 40時間後に固定せるもの)
(1) 分裂像が著しく減少する. 之は中性子の影響によって前期のものが静止期に入ったり，又静止期のものも共に分裂が遅れる為である. 之は根の伸長を遮げる原因となる.
(2) 中期のものは正常に分裂をする.
(4) 終期のものは異常核分裂をしたのが認められる.
[図 c] 染色体が断片となったもの, 融合したもの, 細胞が隔膜でくぎられたもの, くぎられないで融合したもの等多数生ず.
(5) 影響の著しいものでは之等のものの他に核が一塊となってしまったもの, 又死んでしまふもの等がある.
(6) 中性子をあてた時の分裂組織が死んでしまひ，分裂した伸長組織のみのびて根端が太く短かくなったもの. [図 d]

細胞質が影響を受けて分裂中でも静止期のものでも一様に死んだもの. アサの若くて死ぬ芽生が之に類すると考へられる.

此の実験は今後もっと精しく研究して細胞分裂の機構を明かにしたいと思ひます.

以上で報告を終へますが，遺伝の方は今後2ケ年を要しますから確実なことは予言出来ません.

細胞学的研究はＸ線とどう違ふかが問題ですが, 之は多分同じでは

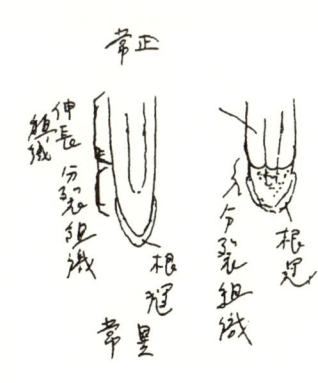

ないかと考へます．然し之は今後中性子で種子を処理する場合の参考になるものですし，細胞分裂の機構の問題にも関係するので徹底的に実験して見たいと考へてゐます．

　尚遺伝学的方面は篠遠先生と相談して方向をきめます．それから仁科先生と御相談申上げます．ソバは9月になってからかけていゞきたいと思ひます．

　中性子の実験に只今かかりきりなのですが，篠遠先生も留守ですから取敢へず見たゞけ報告します．

敬具

8月19日　　　　　　　　　　　　　　　　　　　　　　　　佐藤重平 拝

仁科 先生
　　　侍史

　　　a 2つ以上の異なった遺伝子型の細胞からつくられた1個の生物個体．

895　朝永三十郎（大谷大学）→ 仁科芳雄　　　　　　　1939/08/28

拝啓　残暑なほきひしき折柄益御清祥の御事と奉賀候　陳者今朝振一郎より電報「靖国丸ニテベルゲンニ行キ形勢ヲ見ル」旨申参り申候貴方にも多分御消息申上候事と存候得共為念右申上度如斯御座候　匆々

8月28日　　　　　　　　　　　　　　　　　　　　　　　　　　　敬具
［葉書］

896　梅田　魁（北海道帝大）→ 仁科芳雄　　　　　　　1939/08/28

仁科 先生
1. 残暑酷しき折柄御無沙汰申上げて居りますがお変りございませんか．
2. 先日 Kroll 上京，Kroll にきゝましたが Birus 君大怪我の由御心配のことだったとお察し申上げます．誰方か仁科研究室から応召もされた由，お忙しい所色々と事件で大変でございます．
3. 札幌も例年ならもうすっかり涼しいのに今年はまだ海水浴が出来さうな位です．閉口して居ります．お蔭様にて一同無事どうやら本夏は昨年の様な入院騒ぎはせずに済む様でございます．2児共順調でございます．

4. 気候の悪いせいか理学部関係病気多く，この23日に池田さんの2番目のお嬢様（庁立高女3年生15才）が肺炎で亡られお気の毒でした．御存じかとも存じますがお報せ申上げます．

中谷さんのお母様も大学病院に入院中ですが，経過よくなくもう永いことはないといふお話です．

5. 先日は彙報への報文に就てお煩はせ致し難有うございました．

6. お蔭様にて Thomas-Fermi-Dirac eq. の exact solution の問題（学振補助）順調にすゝみ，3本 Kurve が引け間もなく4本目が終ります．Atomic Radius の値 Slater Jensen の大分違ってゐるので今後を楽しみにしてゐます．やりかけたのですから本当の complete investigation にしようと思って居ります．25本位 Kurve を引き interpolation formula を出す積りで居ります．

附きましては，今5人の計算手を使ってやって居りますが，計算器が必要でその計算器が時局柄註文しても10ヶ月位かゝり，間に合はなくて困るのです．殊にこの計算には連乗式が非常に好都合なのですが，今註文してあるのが12月にならぬとこないのです．所で仁科研究室にあるのが幸ひ連乗式なのであれを12月迄拝借したいのですが出来ませんでせうか．計算器が全然なくなっては困るといふのでしたら，こちらの普通の奴（特製型）を1台交換にお送りさせて戴きます（もし無交換条件で貸して下さればこの上ないのですが）．今連乗式をやっと2台手に入れましたが連乗式とさうでないのとだと，3乗がよく出るので大変 speed の違ひになります．12月に今註文中のが来ましたら早速お返し申上げます（多分私が講演会に上京の時持って行けると思ひます）．木の箱にでも荷造りさせてお願ひをお聴届け下さる様お願ひ申上げます．

7. Fission につき小林君の idea $\bigcirc \to \infty \to \circ\bigcirc$ となるとする計算中途で Coulomb integral につまって居ります．さうして居ましたら先日東北の中林君が手紙を寄越され○に♡と cleavage が入りその両部分の Coulomb repulsion で cleavage が発達して2つに割れるとし大体の数値が reasonable であるといって居られます．大変面白いと思ひます故其手紙を同封致します．御覧下され Discussion された後お返し願へれば幸せでございます．

8. 湯川さんも Marienbad の Tagung で Zusammenfassung を vortragen される様子，日本として実に愉快ですね．

9. 時節柄御自愛専一の程祈上げます．

乍末筆御奥様によろしくお伝への程願上げます．妻も子供のことに追はれ其日暮しで御無沙汰申上げて居ります．

10. 以上御機嫌伺ひ並に御願ひ申上げます． 敬具

梅田 魁

a 書簡891の注cを見よ．

897 宮崎友喜雄 (越後湯沢, 新潟) → 仁科芳雄　　1939/09/01

　残暑未だお酷しき折，先生には弥々(いよいよ)御元気に御過しの御事と存上げて居ります．大変御無沙汰のみ申上げ失礼いたしました．
　關戸氏帰京されましてから数日間器械の調節に過して居ました時，4フォルドをやる様にとの御通信によりまして急ぎ準備を為し4,5日前より続けて4フォルドコインシデンスをやって居ります．結果は大凡の所を關戸さん宛御知らせいたしましたので御承知と存じますが［図］の状態にて0.3/h乃至0.4/hのオーダーとなりました．未だ測定の時間が短い為自信は持てないのでありますが，地表（理研精機部5階にて）にて1100/hといふ値を得て居りましたものから，第3マンホールの地層の厚さ480米と考へ前記の値は信ずるに値するものではないかと愚考いたして居りますが．先生の御賢察御教示を仰ぎ度いと存じて居ます．τは大体$3×10^{-6}$secのオーダーと計算いたして居ります．一昨夜来湯の増田君の助力を得て更に処々に手を加へ出来得る限り完璧を期して居ります．
　シャワーをやる場合に以前Birusさんとやった方法を採用される可く決定されましたと承りましたが，唯今の測定も3つと4つの同時放電システムを行った方が結果に充分自信が持てるのではないかと考て居ります．何も分りません事とて時日のみすぎ一向御期待に沿い得る様な仕事の出来ません事を誠に申訳なく存じます．いろいろ小生の身の上を御心配いたゞきまして，増田君と交代せよとの御厚志たゞ有難く存じて居ります．大した事もございませんが少しの間太陽と共に生活させて頂き度く存じます．器械の操作その他の都合上もう4,5日居りまして帰らせていたゞきます．
　末筆になりましたが，29日，金100円並に出張追加金として金16円50銭有難くいたゞきました．御厚礼申上ます．鉄道の方々も非常に御深切にして下さいまして嬉しく思って居ます．御承知とは存じますが水上保線区助役鴨原氏最近上野保線事ム所に転勤せられました．絶大な後援者を失ひ少々悲観いたして居りましたが新助役も大変深切にして下さいまして安心いたしました．新助

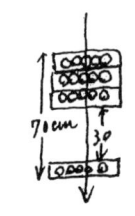

役は房宗久眞治氏であります.
　つまらぬ事のみ申上ましたが，御送金御礼を兼ね，僅かな結果を御報告申上げ御無沙汰の御詫といたします．帰京の節いろいろ御教示いたゞき又御報告申上度く存じて居ます．
　　　　　　　　　　　　　　　　　　　　　　　　　　　　　匆々
　9月1日　　　　　　　　　　　　　　　　　　　　　宮崎友喜雄 拝

仁科芳雄 先生

　[a] 4重のコインシデンス．各層に5つずつ4層に並べた計数管の，各層の少なくとも1つが反応したとき1つの事象とする.
　　論文[Y. Nishina, Y. Sekido, Y. Miyazaki and T. Masuda, Cosmic Ray at a Depth Equivalent to 1400 Meter of Water, *Phys. Rev.* **59** (1941) 401 (L)]では上の計数管を2層にし下の計数管を10個に増やして，下の層と上の2層の計数管の間に鉛板をおいた場合（場合I），上の計数管の上に鉛板を置いた場合（場合II）に，各層の計数管が1つずつ反応したとき1粒子の通過とみなし，上の2層の1つ筒，および下の層の複数の計数管が反応したときシャワーとみなすことにして，それぞれの場合に鉛板の厚さxを0から5cmごとに30cmまで変えながら事象の時間当たりの数nを数えた．観測は1939年9月から1940年7月まで4600時間にわたった．nをxに対してプロットすると，1粒子事象とシャワー事象のグラフが平行になった．これは1粒子事象が実はシャワーの片割れを見ているのだと解釈された．観測されたほとんどの事象はシャワーなのである．また，グラフは場合IとIIでほとんど重なった．これはシャワーが鉛板の中でおこったのではなく，岩を貫く間におこったことを意味する．
　[b] 数字から考えて，これは湯川粒子の寿命である．地表と地下の計数の比と地層の厚さ，粒子のエネルギーから，地層での散乱を考慮して出したのであろう．散乱を考慮せず，相対論的な寿命の延びも考えなければ $1/\tau = (c/480\,\mathrm{m})\log(1100/0.4)$ から $\tau = 2 \times 10^{-7}$ s となる．粒子は，ほとんど光速 c で走ってきたとした．

898　湯川秀樹（ベルゲン，ノルウェー）　→　仁科芳雄　　　　　　1939/09/03

　その後お変りありませんか．色々御心配の事と存じますが，小生は安全な北欧に居り，元気ですからご安心下さい．去月25日伯林大使館より当靖国丸に乗船避難する様勧告あり，28日多数の船客と共に当Bergen港に安着．形勢によっては再びハムブルグに帰るか，或は日本に向ふか待機状態にありましたが，愈々本日午前11時15分ChamberainのLondonよりの放送により，英国は参[a]戦と決定しましたので，船は一路日本に向ふことゝなりました．
　小生としては，Zürich, Marienbad, Brussels いづれも未だ済まない先に欧

洲を立去ることは誠に不本意ではありますが，大戦となれば結局これ等の会合も取止めになる訳ですから，大使館の勧告に逆って迄踏止まることは無意義と信じ，兎も角も一旦靖国丸にて欧洲を退去，紐育に上陸することゝ致しました．(但し，大戦となれば紐育上陸も不可能となるかも知れません)．

従って，Zürich, Marienbad 共出席不可能となりましたが，これ等も恐らく中止になることゝ思はれます．

万一戦争が拡大せず，Solvay 会議が予定通り開かれるならば，米国から再び欧洲に戻ってこれに出席し得る場合もないとは言へません．でなくても兎に角米国丈でも見学出来たら満足すべきでせう．

思へば伯林到着後，20日足らずの間，夏休中とて教授連にも会はず，講演の準備や独逸語の稽古などに日を暮してゐる間にこんなことになり，本当に心残りです．第一色々渡欧の為め御尽力下さった先生や理研に対して申訳なきことゝ思って居ります．大河内所長や長岡先生に対しても宜しく御取なしを御願ひ申上ます．

先づは取敢ず，現状御報告のみ．　　　　　　　　　　　　　　　　草々

9月3日
Norway, Bergen にて
湯川秀樹

仁科　先生
　　　机下

  a　イギリスがフランスとともにドイツに宣戦布告した．Hitler のドイツは1939年9月1日にポーランド進撃を開始していた．第二次世界大戦が勃発したのである．

899　梅田　魁（北海道帝大）　→　仁科芳雄　　　　　　　1939/09/05

5. 9. '39

仁科　先生

1. 折返し御丁寧にお返事賜り恐れ入りました．厚かましいお願ひを聞き届けて下さいます由誠に有難うございます．お返事戴きましたのが土曜夕で，タイガー計算機がもうしめてゐまして荷造の相談出来ず少々御礼がおくれました．

　本日タイガー計算機の社員参り荷造りして客車便にて発送致しました．明後

日かその次あたりお手許に届くと存じます．計算機は其れ特有の荷造ケースある由で委せました．従お手許につきましたら御面倒お手数乍ら，東京のタイガー計算機にお電話下され，荷造りさせ札幌向発送方お命じ願上げます．札幌支店から東京の店に手紙は出して置きます由，荷造，送料は全部札幌支店にて私の所支払になって居ります故念の為御申添へ致します．
2. 私の所の計算では連乗を使ひまして方法を改善して元1本の curve が2ケ月かゝったのが1ケ月一寸で済む様になりました．先生のを拝借出来ますと又もう1人の speed が早くなり大幸せです．
3. 以上不取敢厚く御礼申上げ旁御報せ申上げます．

梅田 魁

900 P. Debye ほか （ドイツ物理学会など） → 仁科芳雄　　　1939/09/06

通　知

1939年9月24日から28日までマリエンバードで開かれるはずだったドイツ物理学者・数学者大会は中止される．

  P. Debye － ベルリン － ダーレム   K. Mey － ベルリン
   ドイツ物理学会・議長   ドイツ工学会・議長

  W. Süss － ブライスガウ郡フライブルク G. Hamel － ベルリン
   ドイツ数学会・議長   ドイツ帝国数学者連合・議長

  L. Prandl － ゲッチンゲン   W. Grotrian － ポツダム
   応用数学・力学・議長

［独文，葉書］

901 仁科芳雄 → P.M.S. Blackett （マンチェスター大学，イギリス）　1939/09/07

理化学研究所東京，1939年9月7日

Blackett 教授
　去る5月22日の御親切なお手紙[a]，まことにありがとうございました．不在

にしておりましてお返事ができず申し訳ありません．1939年3月15日号の *Physical Review* に公表されました私どもの写真からの最終結論に関するご質問ですが，私どもはまだ確定的な結論にいたってはおりません．それでも下記に示すような，いろいろの可能性が申し上げられると思います．

　私の意見では，上記の写真は崩壊による電子が存在しないことを証明するものではありません．霧箱を照明できる深さは，わずか1 cmか2 cmでして，写真から問題の飛跡は照明された部分のほぼ終端にあることが分かります．したがって，電子が霧箱の暗い部分に放出され観測を逃れたということも充分あり得ることです．

　これに対して，この場合，崩壊による電子は存在しなかったということも同じくらいあり得ることです．中間子が原子核によって変換あるいは吸収される種々の過程が理論的に考えられるからです．しかし，写真に写っている中間子は負の電荷をもっており，飛跡の終端では反跳した荷電粒子は見えません．この2つの事実は種々の可能性を否定し，おこり得る過程として恐らく次の3つのみを残すことになります．

　　a) 負電荷の中間子が衝突して陽子が中性子に変換し，同時に108 eVのオーダーのγ線を放出する．
　　b) 負電荷の中間子は陽子と衝突して中性中間子に変わる．坂田と湯川の共同研究者である谷川が間もなく公表する予定の理論によれば，中性中間子の寿命は荷電中間子のそれよりも，はるかに短く，しかもそれが3個又はそれ以上のγ量子に崩壊するということです．したがってこの過程の最終結果は1個の中性子といくつかのγ線になります．
　　c) 負電荷の中間子が原子核と衝突して中性中間子に変わり，原子核の電荷が1だけ減少する．そして中性メソンが前と同様にγ線に変わる．この過程では原子核はわずかに反跳を受けるが，それは小さすぎて写真では見えないかもしれない．

　これらの過程のおこる確率は，入射中間子の速度が小さいほど大きくなります．もし，これらの過程の一つがおこっていたら，われわれが「レター」に書いた質量は大きすぎたことになるに違いありません．質量を飛程から求めようとする限り，この種の誤りは避け難いものです．

　私は4種の写真をお送り致します．その内最初のもの (A) は1939年3月15日発行の *Physical Review* に掲載されたものです．もう1枚 (B) は2年前に撮ったもので，これに基づいて *Physical Review*，1937年12月1日号の計算と *Physical Review*, 1939年3月15日号の「レター」後半の再計算がなされ

ました．3番目の写真（C）は厚さ 3.5 cm の鉛板を通過する際に曲げられた中間子の飛跡を示します．中間子の質量を $180\,m$ とすれば，鉛の中でのエネルギー損失は約 114 MeV となり，そのうち 48 MeV はイオン化により 66 MeV は原子間衝突によるものです．鉛の原子核はこれによって励起されるか，または崩壊することが考えられます．そのような過程は理論的にも予想されるものです．4番目の写真（D）は，厚さ 20 cm の鉛を通過した恐らく中間子が鉛の原子核を壊したところで，これについては *Physical Review*，1937 年 12 月 1 日号に触れております．

私どもは同じような写真をもっと持っておりますが，それらはここに同封した物ほど良いできではありません．

私どもは，あなたがヨーロッパの危機的な状況にもかかわらずご健勝でおられることを念じております．

仁科芳雄
［英文］

 a 書簡 861.
 b Y. Nishina, M. Takeuchi and T. Ichimiya, On the Mass of the Mesotron, *Phys. Rev.* **55**（1939）585–586（L）.
 c Y. Nishina, M. Takeuchi and T. Ichimiya, On the Nature of Cosmic-Ray Particles, *Phys. Rev.* **52**（1937）1198–1199.

902 中川重雄（中野区，東京） → 仁科研究室御一同 1939/09/08

謹啓 初秋の候益々御清栄奉賀候
 偖小生今般応召電信第 1 聯隊に入隊勤務致す事と相成候に就き御通知申上候
  昭和 14 年 9 月 日   東京市中野区氷川町 3 番地
                  中川重雄

尚其節は御餞別を賜り有難く御礼申上候

［葉書，日付は消印］

903 梅田 魁 (北海道帝大) → 仁科芳雄　　　1939/09/13

　拝復　お忙しい所お手紙賜り難有存じました．
　お願ひ致しましたタイガー計算機只今到着，荷造り其他異状なく，安全に来た様でございます．早速使ひましたが，実は，違算が出ます．少し早くすると76と出る所が66と出たり致します．早速タイガーにかけて修理させる所です．簡単に直る様です．只心配なのは先生の所は之1台でおやりだったので今迄の計算に誤算がないかといふことです．私の所では同じ計算を2台でparallelに独立にやって居りますので之を発見致しました．今迄でも永く使ふとどこかネヂがゆるむと見え時々違算が出る様になります．器械だからと信じ切って居て失敗致し其以来総て必らず独立に2台でparallelにすることにして居ります．さうかと云って今迄の先生の許の計算もう1度試すのは大変でせうが少し気になります．
　お忙しい所余計なお願ひをしてお煩はせ致し相済みません．お手数厚く御礼申上げます．
　数日前，Jensen が丁寧な手紙をくれ彼の所の計算の結果を沢山送ってくれました．彼は飽迄origin からなのと相当怪しいので旨くないです．[a] 私の所あと4本曲線を引くと（連乗になり少々早く1ヶ月位ですむ予定です）Thomas-Fermi-Dirac による Atomic No. と Atomic Radius の関係が大体引け，Slater, Jensen の結果を批評出来ます．12月の講演会には之を持出す積りです．人手と計算器がうんとあれば一挙に片附くのにと思ふと研究費なるかなと思ひます．
　fission をβとして途中の山の高さを計算し，[b] この両方の大さの割合がどういふ場合が activation energy 最低かを見るのは少し計算進んで来ました．お序に有山さんにでも先生のお手許の fission の色々な mode を書寄越して戴きたく存じます．
　時節柄一層御自愛祈り上げます．
　右不取敢御礼旁御報せ申上げます．　　　　　　　　　　　　　　　敬具
　9月13日　　　　　　　　　　　　　　　　　　　　　　　　　　　梅田 魁
　　　　　　　　　　　　　　　　　　　　　　　　　　　　　　　［日付は消印］

　　a 書簡888のThomas-Fermi-Dirac eq. の解法を見よ．
　　b 書簡888, 896の核分裂の扱いを見よ．

904 朝永振一郎（ドイツからの引き揚げ船上） → 仁科芳雄　　　1939/09/13

　しばらく御無沙汰致しましたがその後お変りないことと存じます．先日電報をうちましたから，大体のことは御承知と思いますが，今度は思いがけぬ事態で急に引き上げのこととなりました．もっとも私はすでに2年たっているのですから，もう心のこりはないわけですが，それでもあまりやぶから棒のことで何だか未だに妙な気もちがして居ります．湯川君などはせっかく出てこられた矢さきで大変お気の毒なことです．先月25日の夜に総領事館から突然電報を受取りました．それによれば時局がせっぱくして居るから，在留日本人引上げのため，靖国丸をハンブルクに待機させてある，至急同船むけ出発されたしとのことです．何分ドイツでは新聞は非常に統制をうけて居るので，事態がこんなとは，我々は夢にも思わず，ドイツ人らも戦争などは100パーセントおこらないと言っているのですから，私もこの電報1本で出発する気にもなれず，とにかく電文ではよく判らないからとベルリンの方へ電話で問い合せて見ましたところ，船は27日未明に出発する，ベルリンにいる連中は大体そこに職務のない連中はもう出発したということでした．そこでその時ベルリンに居た湯川君はどうしているかと思い，同君に電話をかけましたら，宿の人の話に，もうハンブルクへ出たということでありました．その宿には日本人が10人位いた筈でしたが，全部もう引上げたという話です．それで私もあまりのんきにして居られず26日の朝早くからおきて，大急ぎで荷作りをはじめました．そのときに又領事館から電報で，少しも早く船に来いということで，ひるごろどうやら無茶苦茶に荷物をつめこんで，これをもって駅に行きあずけ，私はベルリンに先ずよって，銀行の方をかたづけに正金へ行きましたら，船は出帆を又早めて，明朝でなく今夜にしたということです．そこで又いそいでハンブルクへ行きました．幸，荷物はもう駅について居りましたが，当時赤帽がちょうはつされたらしく，大きな駅にたった2, 3人より赤帽が居らず，手荷物引渡し所の役人たちもたった4, 5人でやって居て，一向らちがあかず，人々は引渡し所の前にたかっていて順番をまっていては出帆に間に合いそうもないので無理に自分で荷物おき場の中に入れてもらって，役人に少しお金をやって，とくべつにはこび出してもらいました．船についたのは出帆の15分位前でした．船は先ずノールウェイのベルゲンに行き，ここで様子を見て居りました．事態がこれでおさまれば又ハンブルクにかえる，そうでなければパナマをへて日本へ向かうということであります．ベルゲンに約1週間居りましたが，その間にとうとう英仏が宣戦しましたので船はハンブルクにもどらぬことになりました．しかし

船はパナマに行く前にニューヨークによりますのでアメリカに上陸できるかと思っておりましたが，ヴィザをとる間がなかったので，これもどうかわかりません．しかし今は全く危険区域をぬけましたから，あとは船に身をまかせてかえる次第です．この船は多分10月の中ごろ日本につくことになるでしょう．アメリカに上陸出来れば又いく分おくれるかもしれませんが，何れにせよ，間もなくお目にかかれることとたのしみにして居る次第でございます．

　　右一寸おしらせまで.
　9月13日　　　　　　　　　　　　　　　　　　　　　　　　朝永振一郎

仁科芳雄　様

　　　　a　湯川の書簡898の注aを参照．

905　朝永振一郎（靖国丸船上）→　仁科芳雄　　　1939/09/14

288　327　421　ユウセンヤスクニマルオツチシムセン　112　コ 4：0
カミフジマヘ」
リカガクケンキュウショ
ニシナヨシオ殿
ジキョクアククワノタメヤスクニマルニテパナマケイユカヘル」ゲンキ」トモ
ナガ

　　　　　　　　　　　　　　　　　　　　　　　　　　　　　　　［電報］

906　關戸彌太郎（越後湯沢，新潟）→　仁科芳雄　　　1939/09/18

謹啓　只今は誠に珍しい果物を沢山に頂戴致しまして有難うございました．早速増田君や下宿の人達と共に賞味致さうと思って居ります．コインシデンスの方はあと2,3日で測定に取りかゝれる事と思ひます．但しテープ記録機が故障して居りますので記録はもう少し遅れるかも知れません．蠅は，鉛をかけてない方を時々見て居りますが，生きて居ります．私共2人共至極元気故御放念下さいませ．

　　　　　　　　　　　　　　　　　　　　　　　［日付は駒込局の消印］

a 蠅について，書簡 792 の注 b，833 とその注などを参照.

907 松尾俊郎 (差出地不明) → 仁科芳雄　　　1939/09/18

　先日は御多忙中を御面会下さいまして誠に有難う御座いました.
　御言葉に甘へ是非一度研究室を拝見させて頂き度く存じます.
　日付は何時でも小生方は宜敷う御座いますが今週金曜日午后 2 時頃参上致しましては如何で御座いませうか，4 人許り拝見させて頂き度いと存じます.
　右の日時は御忙しい中ですから御都合の宜敷い時に御変更くださいますれば幸甚に存じます.

[葉書]

908 朝永三十郎 (大谷大学) → 仁科芳雄　　　1939/09/19

　拝啓　先日は大変失礼申上候段御海容被成度候　陳者振一郎より電報の旨御報知頂き御高情の段奉深謝候　玉木兄を介して申上候如く私方へもパナマ経由帰国の旨電報来着仕候　靖国丸にて渡米のことは尊台へはまだ御消息申上げ居らずと存じ候　「時局悪化の為め云々」の意味は，亜米利加旅行断念の理由でなく欧洲早期切上げの理由の説明として一応了解出来ぬことも無之と奉存候　唯，米国旅行断念の理由は全然見当つかず，私方への電報によれば健康上の理由にては無之様ニ有之　残るは唯，旅費の欠乏（銀行より出す余裕なき等の事情による）か，船室の余裕なきことか位の外は考へられず，それにしても如何様にか工夫できぬことはなかりしなるべしと疑惑に苦しみ居申候　その内ニューヨークにての郵書にても参り事情も相分ることもやなど心待ちに存居候次第に御座候
　何かにつけて御心配を煩はし候段恐縮の至に不堪　先ハ無聊並に御礼旁如斯御座候

敬具

　9 月 19 日　　　　　　　　　　　　　　　　　　　　朝永三十郎

仁科　様
　　　座右

909 湯川秀樹（ニューヨーク）→ 仁科芳雄　　　　　　　　1939/09/20

　暫く御無沙汰致しましたが，お変り御座いませんか．
　先日は電報を頂戴致し有難く存じます．色々御心配を掛け恐縮致し居ります．大河内先生にもお序の節に何卒宜しくお伝へをお願ひ申上げます．お指図に従ひ米国の視察して帰ることに致します．
　それにつけても欧洲に於ける肝心の仕事が何一つ済まぬ中に帰るのは実に残念で，それに色々と戦争の事などに気を使ひましたので，米国へ来て少し気が抜けた様になって居ます．早く日本へ帰って自分の仕事を始めたいといふ気持も強くなって来ました．それで10月12日桑港（サンフランシスコ）発の鎌倉丸で帰らせて頂くことにします．紐育上陸が9月14日で約1月ですが，出来る丈有効に過さうと思って居ます．
　独逸に居た時は今から考えると少し大事を取り過ぎて時期を失した感がありますので，今度は兎に角行当りばったりに人に会ふことにしました．15日にColumbia Universityへ行き，折良くFermi教授に会ふことが出来ましたが，現在は大した仕事もやって居ない様で，変った話も出ませんでした．彼はSolvayには初めから出席しないつもりだった由です．
　16日にはRabi教授に会ひましたが，却々（なかなか）親切な人で実験や結果を詳しく説明して呉れ，沢山の人を紹介して呉れました．先生とはHamburgで一緒に仕事をしたことがあるなど申して居りました．彼の実験は着想も手際も大したものと思ひますが，最近一番面白いのはdeuteronのquadrupole momentの問題でせう．これはmesotronの理論にも重要な意味を持って居ます．丁度Sternが欧洲から帰って来てRabiを訪ねて来たのに会ひました．18日にはRabi教授からNordsieck, Szilard, Dunning, Urey その他沢山の人に紹介されましたが，何しろ米国の言葉が随分難しい上に，名前は特にわかり難いので，名前を書いて貰って初めてこれがあの人かと悟る有様です．
　19日には蓮沼君（木内教授の所でspectrumをやって居られた人）と一緒にUreyの所へ参りましたが，現在は^{14}Nと^{15}N，^{12}Cと^{13}Cの化学反応による分離をやって居ります．部屋の中^{15}Nを数十％も含んだNH$_4$Clの入った瓶などごろごろして居るのには一驚しました．
　それからDunningの所へ行きました．現在は専らcyclotronを使って実験をして居ます．彼は純粋の米国人らしい明朗な男です．Uraniumのfissionをやってましたが，sourceは600万voltのproton＋Beと聞きましたが，あるひは間違ひをして居るかも知れません．

その他に Wilson (?) とかいふ人が Fermi の指導で cosmic ray の実験をやって居ました. その principle は counter 3 丈が efficiency が悪く, slow mesotron 丈に感ずる様にしてあり, 1, 2, 4, 5 の coincidence の数と 1, 2, 3, 4, 5 の coincidence の数から, ある velocity 以下の mesotron の percentage を定め, 一方 absorber の厚さから min energy を定め, velocity と energy の関係から mass を定めようといふらしいのですが, 詳しいことはわかりませんでした. 実験は未だ始めたばかりで, 着想は面白いでせうが, 果して mass を定める所まで行くかどうかわかりません.

それから Dr. Beyer といふのが neutron scattering をやってます. 理研の木村君と殆んど同種類の実験です. この人の紹介で今日は University Height の New York University に行き, 同じく neutron scattering をやってる Prof. Whittaker に会ひました. この大学の方には大した人は居りませんが, 300万 volt の electrostatic generator を建設中でした.

それから理論の方では Prof. Feenberg に会ひました. この人は紐育の街の真中の Washington Square にある university の建物の中に居ます. 理論をやるには少しやかまし過ぎはせぬかと聞いて見ましたら, 勉強は家でするといってました.

明日は Princeton, 明後日は Washington に行くつもりです. それから一旦紐育に戻り, Harvard, Chicago 等を見て California に出るつもりです. 毎日忙しいのでお手紙をする暇が無くてついつい失礼致しましたが, 先づは近況御報告のみ.

草々

9月20日

湯川秀樹

仁科 先生
　　　侍史

---

[a] J.M.B. Kellogg, I.I. Rabi, N.F. Ramsay, J.R. Zacharias, An Electrical Quadrupol Moment of Deuteron, *Phys. Rev.* **57** (1940) 677–678.

910 篠遠喜人 (東京帝大) → 仁科芳雄　　　　　　　　1939/09/26

前略　中性子の別刷をお送り下さいまして有難う存じます．代金はいかゞいたしましょうかおうかゞいたします．
　花粉の植物中々適当なものなく，目下極力さがして居ります．
　英文にて原稿作って居ります．

[葉書]

　　a　おそらく，書簡856の注bにあげた論文．英文版は，この論文の続き：Y. Nishina, Y. Shinoto and D. Saito, Effect of Fast Neutrons upon Plants, II. Abnormal behaviour of mitosis in *Vicia faba*, *Cytologia* **10** (1940), 406–421：III. Cytological Observations on the Abnormal Forms of *Fagpyrum* and *Cannabis*, *Cytologia* **10** (1940) 458–466.

911 關戶彌太郎 (越後湯沢，新潟) → 仁科芳雄　　　　　　　　1939/09/26

謹啓　一昨日は電報並に御手紙有難く拝受，昨日は森脇先生がおいでになって蠅の餌をとりかへて行かれました．コインシデンスの方は17日に増幅器をシールドケースに納め19日に配線の訂正も終ったのですが20本のロールから来るショックに相当不揃がありましたのでサーキットの方で一々補正するのに23日までかゝりました．其後2晩運転してみましたがシャワーが一つも現れませんので昨日調べました所，ショックが前に見ました時よりも総体に小さくなってゐました（其の原因はまだわかりません），それでバイアスを減らして昨夜から働かしてゐますから，今日行ってみれば多分結果が出てゐるだらうと思ひます．

[葉書]

912 關戶彌太郎 (越後湯沢，新潟) → 仁科芳雄　　　　　　　　1939/09/26

謹啓　コインシデンスの件本日見ました所，昨夜来17時間半にて3-fold 9個その内シャワーを伴ふもの4個，従て1時間に附3-foldは0.51，シャワーは0.23となります．多分正しい値と思ひますが念の為あと2, 3日様子を見て帰らうと思ひます．
　先づは取敢ずお知らせまで．

913 森脇大五郎 (東京府立高等学校) → 仁科芳雄　　　　1939/09/26[a]

御病気の由承りましたが如何でいらっしゃいますか．呉々も御大切になさって下さい．

昨日清水トンネルに入りました．

關戸，増田両氏が迎へに来て下さいました．蠅[b]は殆ど大部分健在でした．

先程村地氏にお電話にて申上げて置きましたが宇宙線の測定は今のところ次の様だそうです．

　　　　3folds　23日　0.5 per/hour
　　　　　　　　24日　0.6　〃　〃
　　　　4folds　23日　0
　　　　　　　　24日　0

恒温器のパイロット電球が切れましたそうです．おついでの節2個程お届け下さいとのことでした．

マイクロ，アムメーターを御委頼に依りまして持もどりました．

トンネルの蠅は10月10日迄の予定で御座いましたが，12,13日が動物学会大会ですので11日に処置を済ませ度く存じます．従て10日中に入手出来ますと好都合です．予定を早めて9日迄で打切りましてすぐ郵送していたゞきますか，或は10日に又とりに参りませうか．適当に御指示下さい．

先ハ右要用のみ．

御自愛の程祈上げます．

　　　　　　　　　　　　　　　　　　　　　　　　　　　　　敬具
26日　　　　　　　　　　　　　　　　　　　　　　　　森脇大五郎

仁科　先生
　　　御侍史

[a] 4月21日と書いた封筒に入っていた．手紙には26日としか書いてない．「10月10日までの予定で」とある手紙なので，4月21日発信は不自然．よって，9月26日の手紙と推定した．

[b] 蠅について，書簡883とその注aおよび885の注aを参照．1939年9月9日の東京朝日新聞に次の記事がある：仁科博士と東京高校・森脇大五郎理学博士との共同研究にかかる宇宙線が生物の遺伝に影響して突然変異を起こさせるのではないか，という疑問を確かめるため変種の出来易い「猩猩蠅」を携えて清水トンネルに潜り……．」

914 K. Birus（松本，長野） → 仁科芳雄　　　　　　1939/09/27

　　　　　　　　　　　　松本・中房温泉　　1939年9月27日
尊敬する仁科 博士！
　2, 3日，松本の近くにいた後，川瀬医師の勧めに従い中房温泉に来ております．もうアルプスの中です．天気が好いので回復が速いようです．10月1日に川瀬博士を訪ねます．それで松本から東京に戻り，だんだんに，願わくば直ちに，研究所の仕事をはじめることができるでしょう．
　ご挨拶とお骨折りに対する心からの感謝をこめて

　　　　　　　　　　　　　　　　　　　　　　　　　　　Karl Birus[a]
　　　　　　　　　　　　　　　　　　　　　　　　　　　［独文，絵葉書］

　　　　[a] 書簡891の注c参照．

915 佐藤重平（東京帝大，植物研究所） → 仁科芳雄　　　　1939/10/02

拝啓　電話で話しましたソバの結果[a]を今度の実験の為に誤解のない様に報告します．

処理（2時間半水に漬けた種子，2時間40分中性子をあてる．）
　上表の如く全部が対照より発芽率が大であるが，その発芽率は同種子の春の発芽率より著しく低下してゐます．（春の場合対照区74%，処理区54%）処理区の平均は殆ど同じ．（処理区のものは発芽したゞけで生長を止めるものもあり．）

ソバの発芽試験

		種子数	発芽数	発芽率
対照		400	185	46.25
処理区	I	400	189	47.25
	II	390	242	62.0
	III	400	222	55.5
総計		1190	653	54.8

此の実験で古い種子（去年の初秋の種子．春に用ひたものと同一材料）の為と考へられますが，対照が同一条件にないことも挙げられます．但し出来るだけ同一条件にしました．尚2時間半で浮いてゐた種子は非常に多く，之は2日間水漬にしたら殆ど全部沈みましたが，之を分けて発芽試験をしましたが，Ⅲ，Cのものでは2割→3割の多数あったが，発芽率は大した差を示さなかったので一緒にして計算しました．それで浮いた種子を除くのが果して此の実験の正確を期す上に余り役立ない様です．

尚芽生の生長度は（発芽しただけで殆ど生長せぬものは除外する），

Ⅰ：皆長，最良，Ⅱ：長短あれど良，Ⅲ：短・最悪，C：Ⅰより短くⅡの短いものよりは長くそろって良（発芽しただけで生長せぬもの少し）．

尚2回目のアサの発芽試験の結果も又ソバの結果に対して示唆的です．

上表で見れば発芽率は春の場合より著しく低下してゐます．総計で比較すると発芽率が大差がないので，之も古い種子の影響と中性子の影響と一緒になった場合と考へられます．

アサの発芽試験（2回目）

	種子数	発芽数	率
対照区	500	175	35.0
処理区 Ⅰ	500	203	40.6
処理区 Ⅱ	500	161	32.2
処理区 Ⅲ	500	145	29.0
総計	1500	509	33.9

春の場合

対照区	89.2%
Ⅰ	87.3%
Ⅱ	87.2%
Ⅲ	85.4%

問題は，新しい種子を用ひると，左の様な結果は出ないと思ひますが，古い種子を用ひた為に出て来たとしても，その原因をはっきりさせたいものです．今度実験する時には，発芽試験をどう云ふ風に分けてするかゞ問題と思ひます．もっと正確に浮いた種子を区別するとか（中性子をあてた後3時間水に漬けた後に分けたのですが，之を直ちに分けるか），発芽しただけで生長しない種子の割合を正確に検べるとか，考へてゐますがうまい考がありません．

ソラマメでは20分処理のもの
　対照　正常．
　　Ⅰ　殆ど正常．染色体的異常なし．⎫
　　Ⅱ　異常あり．　　　　　　　　　⎬　生長著しく減退す．
　　Ⅲ　異常著し．　　　　　　　　　⎭

以前の実験 30 分（300 単位）．Ｉで染色体の異常あり．

ソバの種子は金曜日朝に届けます．実験に御指導願ひます．

佐藤重平 拝

仁科 先生
　　　侍史

    a 書簡 792 の注 c を参照．書簡 856 も参照．

916 森脇大五郎 (岩国町, 山口) → 仁科芳雄　　　1939/10/02

先般来母急病の為郷里に帰っておりました処，今朝死去いたしました．色々仕事の上にて御迷惑をかけましたことと恐縮に存じて居ります．
　10 日の清水トンネルより蠅をとり出します件につきましては如何相なりましたでせうか．8 日が初七日に該当いたしますのでそれをすませました上上京の予定で居りますので，9 日（月）には学校に出てゐる筈です．それ迄に学校の方へお電話でも下さいます節は助手の笠原君をお呼出し下さい．
　先ハ右要用のみ　　　　　　　　　　　　　　　　　　　　　匆々
　10 月 2 日

［葉書］

917 K. Birus (松本, 長野) → 仁科芳雄　　　1939/10/03

松本　　1939 年 10 月 3 日

尊敬する 仁科 博士！
　中房温泉から松本に戻りました．私の健康は，川瀬博士の診察によっても確かめられていますが，完全に元に戻りました．病気のあいだ個人的に，また研究所をあげて多くを与えられた御親切に心から御礼を申し上げます．川瀬博士もよろしくとのことです．私の不運な出来事のあいだ御心配と御心痛をおかけしたこと，申し訳なく思っております．
　多分，木曜日には東京に戻り，おそらく週末には研究所に出て，直ちに仕事が始められると思っております．

改めて，心からの御礼と御挨拶をもって

Karl Birus
［独文］

918　朝永三十郎 (大谷大学) → 仁科芳雄　　　1939/10/12

拝啓　本日振一郎よりニューヨークにて発送の書面来着　それによれば欧洲引上げの際旅券の査証を受ける余裕無之その為め米国横断不可能と相成候事相分申候　ニューヨークにて何か臨機の取扱ひをして貰ふ訳に行かないものかと残念に存候得共今更致方無之候　右ハ当人より御消息申上候筈と存候得共例の怠慢の為め如何歟と存じ不取敢申上候　　　　　　　　　　匆々不尽
　10月12日　　　　　　　　　　　　　　　　　　　　　　朝永三十郎
仁科　様
　　　御座右

919　梅田　魁 (北海道帝大) → 仁科芳雄　　　1939/10/14

拝啓　漸く秋も本格的になって参りました．先生にはお変りもございませんか．かねがね御心配戴きました Kroll の件でございますが，今度小樽高商にゐた独逸人教師が帰国致しましたので，その後釜に入れて貰ふ様頼んで居りましたが今度確定し今週から行って居ります．1週2回（月と水）2時間宛で120円といふことになりました．之で懸案が片附き御安心戴けると存じます．私も之で教室への気兼が軽くなりホッと致しました．
　当地はもう朝など3度4度といふ日もありそろそろストーブが欲しい位ですが，石炭饑饉で気が気でありません．東京は今いゝ時候，間もなく朝永さんも帰られる様子話をきゝに上京したいことしきりですが学期中で難しいです．
　お蔭様で私共一同元気にして居ります．
　時節柄御自愛専一に祈り上げます．
　乍末筆御奥様によろしくお伝へ願上げます．
　右不取敢お報せ申上げます　　　　　　　　　　　　　　　　　　敬具
　10月14日　　　　　　　　　　　　　　　　　　　　　　　　　梅田　魁

仁科 先生

    a 書簡 527, 550, 655, 660, 673, 677, 707, 857 を参照．

920 仁科芳雄 → 早船慧雲 (新潟医科大学)　　1939/10/24

                昭和14年10月24日　　理化学研究所
                                    仁科芳雄

新潟医科大学学生課長
早船慧雲 殿
拝啓　10月18日附貴書正ニ拝見致候．左ニ要項御返事申上候．
一．講演題目
　　元素ノ人工変換ト其応用
一．講義要項
　　従来永劫不変ト考ヘラレタル元素モ今日ノ科学ノ進歩ニヨリ一ヨリ他ニ或ル程度ノ自由サヲ以テ微量乍ラ変ヘ得ラルル様ニナッタ．講義ハコレニ関スル歴史的変遷，現在ノ状況ヲ述べ，更ニ其生物学的応用ニ就テ説クツモリデアル．
一．講堂ノ調度
　　幻燈装置，黒板ヲ要ス．
　　講義ハ殆ド幻燈ニヨリ説明スルモノ故，ソノ準備ヲ御願ヒシタシ．幻燈板，大サハ手札形，幻燈板ノ数ハ50枚位ニツキ，手早ク取替ヘル必要有之候間，両側ニ一人宛居ッテ一方ノ幻燈板ヲ映シテ居ル間ニ他ハ次ノ準備ヲシテ待ッテ居ル様ニセラレ度ク，幻燈板ヲ入レル枠モ右様ノモノニ御願ヒ致度シ．
一．講義当日前後ノ日程ハ未定．
一．旅館ハ別段ノ希望無之御手配御願致シ度シ．
　　右要々申述候　　　　　　　　　　　　　　　　　　　敬具

921 宮崎友喜雄 (越後湯沢, 新潟) → 仁科芳雄　　1939/10/30

　御手紙有難く拝見いたしました．当方より御挨拶申上げねばなりませんのに誠に失礼申上げて居りました．
　其後順調に日々測定いたして居ます．御注意によりPbナシの場合から再び

測定して居ます．既に關戸氏宛データー 2,3 送りましたが左の如きものであります．

Pb ナシ	4fold	$5/24 = 0.209/h$
	3fold	$12/24 = 0.500/h$
Pb 2.4 cm	4fold	$5/27.5 = 0.181/h$
	3fold	$15/27.5 = 0.545/h$
Pb 5 cm	4fold	$4/28 = 0.222/h$
	3fold	$7/28 = 0.388/h$

コレハ今測定中ニテ時間ガ少キタメハッキリト申上ゲラレマセン．3fold ハ今迄ノトコロ減少．

なほ詳細にやってから御報告申上ます．

蠅は 25 日夕刻到着いたしましたので 26 日から隧道(すいどう)に持込み恒温器に入れました．前回の実験にて Pb にて囲みたる恒温器を外部に出し然らざるものを Pb にて囲み実験中であります．一方の恒温器 (Pb ニテ囲メルモノ) は非常に恒温を保持いたしますが他方のは調節頗る微妙にて 25 度を少し上下いたし困って居ります．森脇先生には早速，2,3 御報告申上げて置きました．

小屋の屋根が修理出来て室が幾分温くなりました．有難く御礼申上ます．近頃鉄道の職員連がよく休憩に立寄られます．いろいろ深切にして頂き一昨日は炭 8 貫目 1 俵頂戴してしまひました．又土合線路班との間に電話も架設して下さる様なお話でした．

御蔭様にて 8 日以来 1 日も休まず頑張って居ます故乍他事御安心下さいませ．

先は右御返事ながら御挨拶迄　　　　　　　　　　　　　　　　　　　匆々

30 日　　　　　　　　　　　　　　　　　　　　　　　　　　　　宮崎友喜雄

仁科 先生

922 宮崎友喜雄 (越後湯沢，新潟) → 仁科芳雄　　　　　　　　1939/11/02

御無沙汰申上て居ます．

其後器械も好調に測定を続けて居ます．蠅の方も支障ございません．データーは日々關戸氏宛送って居ます故それを御覧下さいませ．

昨日電力区助役より左の要領のお話がありました．

最初研究は 1, 2 ヶ月との事であったが，大変長くなりいつ迄やるのか

大体の時日を知らせて欲しい．初め1,2ヶ月との話故隧道中の電灯を
つけっ放しにして置く様な方法を取ったが1ヶ月電灯代が100円以上
にもなり電力節約のやかましい昨今，誠に困るから，更に今後長く研
究を行ふならば電線を引くなり何なり適当の方法を考へたいから至急
返事をしてくれる様に．
　小生まだ数ヶ月は続ける様にならうとだけ申して置きましたが，先生から何
とか御返事下さいます様御願申上ます．電力問題さへ片づけばいつ迄居ても大
して邪魔にはなりませんと思はれます故，この際はっきりと解決して気持よく
仕事の出来る様何分よろしく御願申上ます．
　現在実験には増幅器，ハイテンション等に約6 A，電灯等に3 A，ヒーター
に10 A，程度でヒーターは以前20 A使って居ましたが電圧の降下する為10
Aに止め，煉炭等にて温度を保ち又，室内照明も出来る丈け電力節約に注意
して居ます．
　トランスより電線を引くとなると400米以上にもなり電線不足の折にとても
出来ない事かと思はれます．といって現在のまゝでは電灯をつけっ放しにする
訳で，何れにしても，むづかしい問題と思はれますが御相談の上，区長に御返
事下さるなり私宛御返事下さいます様願上ます．
　先は右要件のみ申上ました．　　　　　　　　　　　　　　　　　匆々
　2日　　　　　　　　　　　　　　　　　　　　　　　　　　宮崎友喜雄

仁科　先生

923　宮崎友喜雄（越後湯沢，新潟）→　仁科芳雄　　　　　　1939/11/07

　4日附御手紙有難拝見いたしました．細々と御注意頂きまして誠に有難く存
じて居ます．
　本日湯沢電力区に宮崎氏を御たづね致しました．未だ公務御多忙の為充分調
査して居られませんではっきりと御報告申上げられません．併し，トランスを
取つける事は差支なき様にて安心いたしました．
　○適当なトランスをさがしてみよう
　○ケーブル線，及ヘッド（高圧線とケーブル線とを接続するもの）及びスキッチ
（鉄砲スキッチと申して居られました）2ケあるかないか，との事故，当方でいろ
いろ当って居る旨申して置きました．

猶ほ 2,3 日中に宮崎氏より呼出しがある筈でその時具体的に話が進捗いたす筈でございます．その時詳細に申上ますが，トランス取付けの件は差支なき事だけ申上げます．猶ほケーブル線は約 10 米必要と思はれます．8 米位にてもよろしいかと思はれますが，余裕をとって 10 米と申上げて置きます．
　変圧器がつけば電圧の変動もあまり起らず実験にも大変好都合と思はれます．2,3 日御猶予願上ます．
　猶ほ本日土合駅にて保線係長稲穂氏に会ひました．小屋の件を区長に話して置いたから近い内に取かゝるでせうとの事で大変好都合と思って居ます．若しなかなか建てない様であったら君の方から区長に頼んでかまはないからと申されました．いよいよの時には私が行って話して参りますが先生に一応御報告申上ます．
　先はとりあへず御返事ながら右迄．
　本日 10 月分小生の給料いたゞきました．厚く御礼申上ます．

匆々

7 日　　　　　　　　　　　　　　　　　　　　　宮崎友喜雄

仁科芳雄 先生

924　茅 誠司 (北海道帝大) → 仁科芳雄　　　　　1939/11/11

拝啓　過日は御多忙中にも拘らず御案内して頂きまして誠に有難く存じました．又翌日は結構なドイツ料理の御招待に預り田舎者の味覚を驚ろかして下さいまして尚更に恐縮に存じました．厚く厚く御礼を申上ます　小生はクロール氏と共に 7, 8 日の仙台磁気研究会に出席後 9 日夕札幌に戻って参りました．当地は翌日早速雪混りの雨が降りすっかり冬の気分になりました．クロール氏はストーブの用意がしてなかった為寒くて困惑して居る様子です．こんなに寒いのが厭ひではやはり永く札幌に止る訳には行かないのではないかと考へます．
　奥方様其後あまり御病状はかばかしからぬお話　充分御療養になります様祈って居ります．

敬具
札幌市南区西 12

11 月 11 日　　　　　　　　　　　　　　　　　　　茅 誠司

仁科芳雄 様

925 小林 稔 (大阪帝大) → 仁科芳雄　　　　　　　　1939/11/12

　御無沙汰申し上げてゐます．先日はお葉書を頂戴致しまして恐縮に存じました．
　先生には益々お元気に御研究の御由承りお慶び申し上げてゐます．先日来朝永・湯川両氏より種々有益なお話を承り大いに啓発されました．これから賑やかになりますので我々も少しは仕事をさせて頂けるかと楽んでゐます．理研の講演会には出席させて頂きます．通知を昨日やっと入手致しましたので講演申込が遅れましたが若し間に合せて戴けましたらどこかへ入れて下さいませんか．先生宛お送り致しますのは大変失礼とは存じますが期日がございませんので勝手乍らお願ひ申し上げます．勿論〆切りになって居りましたらそのまゝお捨ておき下さいませ．
　宇宙線の方も湯川氏からアメリカの近状を承り色々計算致したい問題が出て参りましたが学校の雑務に追はれ中々捗りません．又お目にかゝった折に色々御教へ願ひたいと存じて居ります．
　向寒の折柄御一同様の御自愛の程願ひ上げます．
　11月12日　　　　　　　　　　　　　　　　　　　　　　　　　稔　拝

仁科 先生

926 P. Wang (カソリック大学, 北京) → 仁科芳雄　　　　　　1939/11/16

　　　　　　　　　　　　　　　　　　　　　　1939年11月16日
　　　　　　　　　　　　　　　　　　　　　　カソリック大学, 北京
仁科 博士
　あなたのサイクロトロン建設に関する論文[a]の別刷を1部，送って下さい．
　　　　　　　　　　　　　　　　　　　　　　　　　　　　P. Wang
　　　　　　　　　　　　　　　　　　　　　　　　　　　　　［独文］

　　　[a] Y. Nishina, T. Yasaki and S. Watanabe, The Installation of a Cyclotron, *Sci. Pap. Inst. Phys. -Chem. Res.* **34** (1938) 1658–1668.

927 湯川秀樹（京都帝大）→ 仁科芳雄　　　　　　　　1939/11/17

　拝啓　先日上京の節は思ひがけぬ御接待に預り恐縮致し居ります．いづれ 12 月上京の節万々御礼申述度存じます．
　扨て小生の方も日々多忙にて，ゆっくり勉強する時間もなく弱って居ります．それから研究費の問題ですが，講座の予算はあっても，外国の書籍費として使ひ得る部分は極度に制限されて居ますので大困りです．その上に人件費も勿論充分ではありません．就いては来年度から学術振興会の方から補助をして頂き度存じ，本月中に申請書を出したいと思ひます（文部省の援助の方の分は矢張り外国図書の購入が難しくて駄目かと思ひますが，学振の方はその点は梢ゝ楽かと存じますが如何ですか）[a]．それに関しどんな研究題目にして置くのがよいか，又「費用の使途明細」といふ所をどんな風に書いて置けば最も具合がよいのか，御教示下さらば幸甚と存じます．私のつもりでは実際の所，2 年間継続位で年 1,000 円乃至 1,500 円程度で，その半分位を人件費残りを研究費として図書，雑誌を買ひたいと思ひます．
　少し漠然として居て適確な御返事に苦しまれるかも知れませんが，先生の御指示に従って細目を定めて行き度存じます．
　毎度御厄介ながら何卒右御教示下され度願ひ上げます．
　先づは要用のみ
　11 月 17 日　　　　　　　　　　　　　　　　　　　　　　　　湯川秀樹

仁科　先生
　　　机下

　[a] 1940 年度で見ると総額でいって，文部省の科学研究奨励費は 7.3 万円，学術振興会の研究費は 199.3 万円であった．後者を総合研究と個人研究に分ければ，158.0 万円と 41.3 万円となる．湯川は総合研究のひとつである第 10 小委員会（原子核・宇宙線の研究）に属していた．参考：『科学の社会史』（上），pp. 153-167.

928 荒勝文策（京都帝大）→ 仁科芳雄　　　　　　　　1939/11/21

　御手紙拝見仕候　益々御清祥奉賀候　学振小委員会御通知被下ありがたく御上候　会には是非出席させて戴く存居候　拝眉の上種々拝承致度存居候

匆々
[葉書，日付は消印]

929 早船慧雲（新潟医科大学）→ 仁科芳雄　　　　　　1939/11/24

　芳翰拝誦仕候
　先般日本文化講義の為め御多忙中御来学下され候節は有益なる御講義を拝聴するを得一同感銘罷在候　難有御礼申上候
　猶其節は万端不行届勝にて申訳なく存じ居候処却て御鄭重なる御礼状賜はり恐縮罷在候
　時下向寒の候御自愛の程祈上候
　先は右御返事を兼ね御礼まで
　　　　　　　　　　　　　　　　　　　　　　　　　　敬具
　　11月24日　　　　　　　　　　　　　　　　　　　　早船慧雲

仁科芳雄　殿

930 中泉正徳（奉天）→ 仁科芳雄　　　　　　　　　　1939/11/27

拝啓　東京は却って当地より寒きかの如く聞き及び候が其後の御容態如何に候や御案じ申上候　当地は快晴つゞきにて左程寒くもなく元気に講義講習を継続仕り居り候　先日撫順の石炭露天掘を見学し奉天郊外工場地帯の発展を見て祖国の大陸進出の目ざましさに驚き申し候
　季候不順の折から御自愛の程願上候
　奉天にて
　　11月27日　　　　　　　　　　　　　　　　　　　　中泉正徳

11月10日過に帰京の予定御承知置き願上候
　　　　　　　　　　　　　　　　　　　　　　　　　　　[絵葉書]

931 梅田 魁 (北海道帝大) → 仁科芳雄　　　　　　　1939/11/29

拝啓　お忙しくいらっしゃることと存じ上げます．そこをお煩はせ致し申訳ございませんが実は例年の如く先日当地新巻鮭鉄道便にて御送り申上げました所ずっと御不在にて引渡不能といって戻して参りました．或は御奥様か御子様でもお悪く御転地でも遊ばしてるのでせうか，それともその頃数日お留守だった丈でございませうか，万一御転地でも遊ばしてるのでしたら其の宛所お教へ願ひ上げます．

　　右要用のみお伺ひ申上げます　　　　　　　　　　　　　　　　敬具
　　　　　　　　　　　　　　　　　　　　　　　　　　　［葉書，日付は消印］

932 森脇大五郎 (東京府立高等学校) → 仁科芳雄　　　　　　1939/12/08

前略失礼
　理研講演会準備お打合せに参上いたしますのが大変おくれましたが，まだ少し調査が残って居りますのでもう2, 3日御猶予いたゞき度う存じます．唯今のところ12日（火）午後3時頃にお邪魔させていたゞくつもりで居ります．
　　一寸右御ことはり迄　　　　　　　　　　　　　　　　　　　　敬具

尚今度のトンネルの分はかなりよく繁殖して居ります．[a]
　　　　　　　　　　　　　　　　　　　　　　　　　　　　　　［葉書］

　　　a　繁殖しているのは蠅である．書簡913とその注bを参照．

933 湯川秀樹 (京都帝大) → 仁科芳雄　　　　　　　　　　1939/12/08

拝復　御手紙有難う御座いました．御申越の別刷早速御送付申上ます．小生12日燕にて上京学士会館に泊るつもりで居ります．16日午後京都に用事が御座いますので遅くとも16日朝の燕で帰り度存じ居ります．
　右の次第故，若しも15日午後御多忙でなくゆっくり御話しする機会でもあれば好都合で御座いますが．毎度勝手ばかり申しますが，何卒右御諒承下され度存じます．

先づは取急ぎ右御返事のみ　　　　　　　　　　　　　　　　　　早々
　　12月8日　　　　　　　　　　　　　　　　　　　　　　　　湯川秀樹

仁科　先生
　　　　侍史

　　　a 第36回・理研学術講演会. 12月13日，湯川は坂田昌一，谷川安孝と共著の「一次
　　　　宇宙線に対する陽子仮説について」講演.

934　湯川秀樹（京都帝大）　→　仁科芳雄　　　　　　　　　　　1939/12/09

195　162
15　ケウトヒャクマンベン　24　コ 1:50
コマゴメカミフジマエテウ」
リカガクケンキュウショ」
ニシナヨシヲ殿

サクジツハッソウシタ」ユカワ
　　　　　　　　　　　　　　　　　　　　　　　　　　　　　　　　［電報］

935　増田時男（越後湯沢，新潟）　→　仁科芳雄　　　　　　　1939/12［日不明］

拝啓　厳寒の砌益々御健勝の段慶賀至極に存じます.
　お言葉に甘えまして充分東都の香にも接して，昨夕無事来湯致しました. 早速電力区へ宮崎助手殿を尋ねましたが最早官舎へお引揚になった由，失礼とは存じましたが，電話にて一通りお伝へ申して置きました.
　何はともあれ卑近な事として，26日より来月8日迄の事を心配して居られるようでありましたから，今迄通り私が滞留する旨お答へして置きました. 悪からず御了承の程お願ひ致します.
　尚御用納めは28日の由でありました.
　御健勝をお祈り致します.
　　　　　　　　　　　　　　　　　　　　　　　　　　　　　　増田時男

仁科芳雄　先生

編者略歴

中根良平〈なかね・りょうへい〉 1921年 大阪に生まれる．1943年 大阪大学理学部化学科卒業，理化学研究所（仁科研究室）入所．1962-1980年 主任研究員，1983-1987年 副理事長．現在 理研名誉相談役，仁科記念財団常務理事．理学博士．専攻 物理化学，原子力工学．原爆研究に参加，後，重窒素分離，ウラン濃縮など同位体分離の研究を行う．共著書『重窒素利用研究法』（学会出版センター，1980），『重水素およびトリチウムの分離』（学会出版センター，1982）ほか．

仁科雄一郎〈にしな・ゆういちろう〉 1930年 東京に生まれる．東京大学工学部電気工学科卒業後，1954年 フルブライト留学生として米国アイオワ州立大学大学院物理学専攻課程に進学，1960年 PhD取得（固体物性），MIT国立強磁場研究所研究員を経て，1971年 東北大学金属材料研究所教授．半導体の磁気-光効果の実験研究に従事．現在ナノメーター尺度の物性とその応用について研究中．東北大学名誉教授．米国特許（ナノチューブ束）．

仁科浩二郎〈にしな・こうじろう〉 1932年 東京に生まれる．1957年 東京大学理学部物理学科卒業．1961-1966年 日本原子力研究所，1969年 ミシガン大学にてPhD取得（原子力工学）．同年より名古屋大学工学部講師，助教授を経て，1985年 教授．専門 原子炉物理学・動特性．名古屋大学名誉教授．訳書 ラマーシュ『原子炉の初等理論（上・下）』（共訳，1974，1976，吉岡書店）．仁科芳雄についての著作に，①日本物理学会誌 **45**, 726 (1990)，②日本原子力学会誌 **32**, 1179, (1990)，③「父芳雄の留学生活」，『仁科芳雄』(1991, みすず書房) 所収，④Assoc. Asia Pac. Phys. Soc. Bull. **4**, 2-8 (1994) がある．

矢崎裕二〈やざき・ゆうじ〉 1940年 東京に生まれる．1967年 東京大学大学院理学系研究科（物理学専攻）修士課程修了．1970年 博士課程退学．1970-2001年 都立高等学校教諭（物理担当）．2001-2006年 都立小石川高等学校嘱託．2001年より現在，東京理科大学非常勤講師（科学史担当）．理学修士．専攻 統計力学，物理学史（特に仁科資料の調査，整理，研究を行う）．訳書 E. セグレ『X線からクォークまで』(共訳, 1982, みすず書房)，同『古典物理学を創った人々』(共訳, 1992, みすず書房)．

江沢洋〈えざわ・ひろし〉 1932年 東京に生まれる．1960年 東京大学大学院数物系研究科修了．東京大学理学部助手．1963年 米・独に出張．1967年帰国．学習院大学助教授，1970年 教授，2003年名誉教授．理学博士．専攻 理論物理，確率過程論，科学史．著書『だれが原子をみたか』(1976, 岩波書店)，『波動力学形成史』(1982, みすず書房)，『フーリエ解析』(1987, 講談社)，『漸近解析』(1995, 岩波書店)，『量子力学 1, 2』(2002, 裳華房)．編書『仁科芳雄』(玉木英彦と共編, 1991, みすず書房)，『量子力学と私』『科学者の自由な楽園』(ともに朝永振一郎著, 各1997, 2000, 岩波文庫) ほか．

翻訳協力者略歴

山本義隆〈やまもと・よしたか〉 1941年 大阪に生まれる．1964年 東京大学理学部物理学科卒業．同大学院博士課程中退．学校法人駿台予備校勤務．著書『知性の叛乱』(1969, 前衛社)，『重力と力学的世界』(1981, 現代数学社)，『熱学思想の史的展開』(1987, 現代数学社)，『古典力学の形成』(1997, 日本評論社)，『解析力学（I・II）』(共著, 1998, 朝倉書店)，『磁力と重力の発見』(全3巻)(2003, みすず書房) ほか．編訳書『ニールス・ボーア論文集（1・2）』(1999-2000, 岩波文庫)．訳書 カッシーラー『実体概念と関数概念』(1979, みすず書房)，同『認識問題（4）』(共訳, 1996, みすず書房) ほか．

岡村浩〈おかむら・ひろし〉 1941年 福岡に生まれる．1964年 東京大学理学部物理学科卒業．同理学系大学院博士課程物理学専門課程修了．東京大学原子核研究所教務補佐員，工学院大学講師，助教授を経て1980年より工学院大学教授，現在に到る．理学博士．専攻 理論物理学，一般相対論と重力の理論．著書『現代の古典物理』(共著, 1975, 現代書館)，『新訂 相対論』(2004, 放送大学教育振興会) ほか．訳書 A. パイス『神は老獪にして…』(共訳, 1987, 産業図書)，S. チャンドラセカール『「プリンキピア」講義』(共訳, 1998, 講談社) ほか．

仁科芳雄往復書簡集 II
現代物理学の開拓
宇宙線・小サイクロトロン・中間子 1936-1939

中根良平　仁科雄一郎　仁科浩二郎
矢崎裕二　江沢　洋
編

2006 年 11 月 29 日　印刷
2006 年 12 月 6 日　発行

翻訳協力　山本義隆・岡村　浩
協力　財団法人 仁科記念財団
発行所　株式会社 みすず書房
〒113-0033 東京都文京区本郷 5 丁目 32-21
電話 03-3814-0131(営業) 03-3815-9181(編集)
http://www.msz.co.jp

本文・口絵印刷所　理想社
扉・カバー印刷所　栗田印刷
製本所　青木製本所

© Misuzu Shobo 2006
Printed in Japan
ISBN 4-622-07262-9
落丁・乱丁本はお取替えいたします

仁科芳雄　日本の原子科学の曙	玉木・江沢編	3990
朝永振一郎著作集　1-12・別1-3		各3150
ヴァリエテ　物理・ひと・言葉	高林武彦	3150
部分と全体　私の生涯の偉大な出会いと対話	W. ハイゼンベルク　山崎和夫訳	4725
ハイゼンベルクの追憶　非政治的人間の政治的生涯	E. ハイゼンベルク　山崎和夫訳	1890
現代物理学	M. ボルン　鈴木・金関訳	6510
リプリント　量子力学　第4版	P. A. M. ディラック	4725
物理学者ランダウ　スターリン体制への叛逆	佐々木・山本・桑野編訳	5040

(消費税 5%込)

みすず書房

拒絶された原爆展 歴史のなかの「エノラ・ゲイ」	M. ハーウィット 山岡清二監訳	3990
ビキニ事件の真実 いのちの岐路で	大石又七	2730
ヒトラーとスターリン 上・下 死の抱擁の瞬間	A. リード/D. フィッシャー 根岸隆夫訳	各3990
東京裁判とオランダ	L. v. プールヘースト 水島・塚原訳	2940
米国陸海軍 軍事/民政マニュアル	竹前・尾崎訳	3675
日本の200年 上・下 徳川時代から現代まで	A. ゴードン 森谷文昭訳	各2940
現代史資料 1-45・別 オンデマンド版		11550-21000
続・現代史資料 1-12 オンデマンド版		11550-18900

(消費税 5%込)

みすず書房

本 の 中 の 世 界 　　大人の本棚 第3期	湯 川 秀 樹 池 内　了 解説	2625
量　子　力　学 I 　　第2版	朝 永 振 一 郎	3675
量　子　力　学 II 　　第2版	朝 永 振 一 郎	6300
角 運 動 量 と ス ピ ン 　　『量子力学』補巻	朝 永 振 一 郎	4305
物　理　学　読　本 　　第2版	朝永振一郎編	2415
量 子 力 学 と 経 路 積 分	ファインマン／ヒップス 北 原　和 夫 訳	5460
ク　オ　ー　ク 　　物質の究極を求めて	H. フ リ ッ チ 山 田 作 衛 訳	2310
相　対　性　理　論	C. メ ラ ー 永田・伊藤訳	6090

(消費税 5%込)

みすず書房

書名	著者・訳者	価格
化学熱力学 1・2	I. プリゴジーヌ/R. デフェイ 妹尾 学訳	各 4725
存在から発展へ 物理科学における時間と多様性	I. プリゴジン 小出・安孫子他訳	5250
確実性の終焉	I. プリゴジン 安孫子・谷口訳	3570
不完全性・非局所性・実在主義 量子力学の哲学序説	M. レッドヘッド 石垣壽郎訳	5040
科学と情報理論	L. ブリルアン 佐藤 洋訳	7245
磁力と重力の発見 1 古代・中世	山本義隆	2940
磁力と重力の発見 2 ルネサンス	山本義隆	2940
磁力と重力の発見 3 近代の始まり	山本義隆	3150

（消費税 5%込）

みすず書房